创新在路上

北京广播电视台节(栏)目创新奖
2012-2014年度获奖作品创作谈

北京广播电视台◎主编

中国传媒大学出版社

前　言

北京广播电视台节(栏)目创新奖评选于2012年启动,现已连续举办三届,启动之初设有“栏目创新奖”“节目创新奖”“节目形态创新奖”“节目制作创新奖”“主题宣传创新奖”,2014年增设“数字电视节目创新奖”和“新媒体视听节目创新奖”,三年来全台共计267件作品参加了评选,56件作品获得创新奖励。评选从创新做法、创意策划、选题选材、主题立意、表现方式、制作技术、剪辑编排等方面全面系统地评定参评作品,同时把评奖与培训交流相结合,加强创新奖后续的应用与研讨,持续推进节目内容的创新创优。

经过三届的扎实运行,北京广播电视台节(栏)目创新奖覆盖范围不断扩大,参评作品不断丰富,评选机制不断完善,实践效果不断显现。创新意识深入人心,创新活力持续增强。创新奖评选在全台范围内树立了倡导创新、鼓励创新的创新导向,带动了品牌营销、管理创新、经营创新,使得创新推动发展、形成合力的聚合效应日益显现。

本书收录了6篇上级主管部门领导和台领导就如何更好地做好内容生产创新所撰写的文章、51篇2012年至2014年创新奖历届获奖作品主创创作笔谈及6篇专家分类评析。为了帮助大家了解作品全貌,我们在北京网络广播电视台开设了创新奖获奖作品专区,并为每个作品配以二维码,在阅读创作笔谈的同时,可以扫描二维码或登录北京网络广播电视台,收听、收看获奖节目。

目 录

节目创新奖

节目形态创新奖

节目制作创新奖

主题宣传创新奖

数字电视节目创新奖 新媒体视听节目创新奖

创新就是要讲好中国故事

中华全国新闻工作者协会党组书记、常务副主席　翟惠生

北京广播电视台节目的创新,是很有推广和借鉴意义的。现在国家在创新、社会在创新,大家都在说创新,但是一定要搞明白新闻媒体为什么要创新和怎么创新。媒体的创新究竟指的是什么?我认为,核心就是要解决如何讲好中国故事的问题。为什么呢?因为讲好中国故事是习近平总书记在十八届四中全会上对全党提出的要求。他说,有四个当前需要注意的问题:第一个是党建,第二个是反腐败,第三个是政治纪律和政治规矩,第四个就是讲好中国故事。总书记把讲好中国故事与党建、反腐败、政治纪律和政治规矩并列提出来,说明讲好中国故事多么重要!而且这也说明现在离讲好中国故事还有很大差距。总书记说我们能把中国的事情办好,还不能讲好中国故事吗?他号召全党都来讲好中国故事,宣传战线更要身先士卒。现在,讲好中国故事还有什么问题需要我们通过创新来解决?我认为有三方面:

第一个就是"歌德"者多,"讲德"者少。"歌德"是讲概念、说奉承话、讲一堆大道理。这不能说不对,但谁爱听呢?尤其媒体传播不是坐在台上讲话,受众不可能"被听"。所以我们应该提倡"讲德",别瞧"歌德"和"讲德"只有一字之差,但内涵可差远了。习近平总书记和奥巴马在中南海瀛台会见的一两个小时里,不管奥巴马接不接受我们的观念,他说,这都是中国领导人第一次这么完完整整地阐释治国理政理念的来龙去脉。所以无论是政治问题、经济问题、社会问题、文化问题还是民生问题,都需要我们去讲清楚这其中的故事。这个"讲"是个难事。怎么才能讲清楚?就得"奔着问题去",人家哪儿不明白,你就给人家讲明白,这就叫"讲德",讲出人民群众的需求。

第二个就是"追俗"者多,"通俗"者少。"追俗"是一味迎合,是抢眼球,或者说是炒作、忽悠,这样的例子不胜枚举。但是,我们想没想到新闻传播要坚持以人

民为中心的工作导向？心里有人民群众，笔头和镜头才能“通俗”。“通俗”是最大的高雅，而不是庸俗、低俗和媚俗。我们说的“通俗”，应该把三种话语体系有机地融合：即领导话语体系，是吃透“上头”；学者话语体系，是理性思考；百姓话语体系，是朴实表达。如果把这三种话语体系结合好了，就是真正的“通俗”，大家都愿意听。

第三个就是“包装”者多，“化妆”者少。“包装”是形式大于内容，正所谓“戏不够灯光舞美凑”，或名人凑、明星凑，这就是“包装”。如同喊电影票房有多高多高，但是没有人想去看第二遍。我问过好几个人，说看一部电影挺好，但电影名字都记不清楚。而“化妆”则是把美的内容以更美的形式展现给受众，“化妆”是“形式为内容服务”。首先是因为有美好的内容，再加上新闻传播的“化妆”美，就使它更朴实、更美丽、更吸引人。

如果我们跨越了上述三个障碍，就叫创新。过去没有，或者是有问题的事情你给它改变了，那不就叫创新吗？如果坚持这样实实在在地做，我想创新就有可持续性。因为中央有要求，百姓有期盼，媒体发展有需求。现在说媒体融合，有人总是从资金、人才、技术上去讨论，这些固然重要，但媒体融合的核心，首先是要学会讲好中国故事，把大家乐于接受的主流内容承载到互联网上，才能无限放大正能量。北京广播电视台在讲好中国故事方面已经作了表率，有很多好栏目给受众留下了很深的印象，真切希望它能够继续在全国带好头，因为毕竟处于首善之区。习近平总书记提出的讲好中国故事的要求，不能只停留在文件传达和学习层面，必须贯通于节目制作和栏目安排中。

［摘自翟惠生在2014年北京广播电视台节（栏）目创新奖颁奖仪式上的讲话］

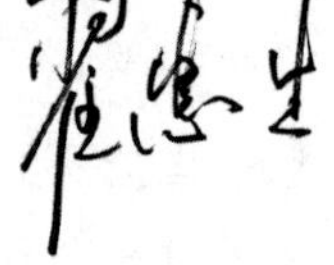

攀登正能量的高峰

国家新闻出版广电总局宣传管理司司长　高长力

刚才会议组织者问我讲的题目是什么，我当时说还没有题目，刚刚想出这个题目，叫作《攀登正能量的高峰》，因为这是这一段时间以来，我一直在思考而且最想说的一句话，也可以说是我一直在焦虑的一个问题。

习近平总书记在文艺工作座谈会上提到现在文艺创作有高原没高峰，这是我们当前在文艺创作、广播电视创作中一个非常大的难题，也是我们必须突破的、要实现的一个目标，就是要达到这个高峰。对广播电视节目来讲，它的高峰的主要指标就是正能量？那么怎么理解正能量，你可以说是所有广播电视节目的终极目标——正能量就是真善美，但是好像还不确切。我在力图解析它，一个好的节目，它的标准是什么？我们今天表彰的是创新节目，创新就是从形式上创新、从内容上创新，无非这两方面。形式上创新就是我们以前没有见过的一些形态，那为什么要搞形式创新呢？就是要用最新的手段、最新的理念引起大家的兴趣，因为大家需要不断看到新的东西。内容上创新，就是说我们还有哪些更好的内容以前没有发现，现在需要把它传达出来。那么我理解的创新节目就是好节目中的好节目：好节目可能有一大堆，但是在此基础上又赋予了很多新意的就是好节目中的好节目。那么我为什么还说要攀登正能量的高峰？就是因为当前我们广播电视节目正处于这样一个状态——好节目很多，创新节目很多，但是也要承认，大量存在的是既不攀登正能量的高峰，又不触碰负能量的底线，这样处于中间地带的节目。我们看到有很多节目收视率不低，然后你说它有什么大毛病大问题、需要对它作点什么处理？也不用，但是就是感觉不给力。那怎么办？我们政府主管部门、管理部门要有一个鲜明的导向，就是要鼓励攀登正能量高峰的节目。

什么样的节目是攀登正能量高峰的节目？这个正能量不是说这个节目里的言语、口号都讲得非常高大上，而是说这样的节目里，这个正能量有知识的能量，它能够给你很多知识；有思想的能量，它能让你去深刻地思考；还有道德的能量，它能够引导你去做个好人，这样的节目才是有正能量的节目。但是我们还有相当一部分节目，虽然它用了很多手段，能够吸引你的眼球，但是你发现它没有营养，没有价值，这是我们当前需要深刻思考的一个问题。所以我希望大家都努力，带着一种社会责任感、一种广播电视媒体人的良心，去制作一种真正的有价值的节目，它既有意思又有意义，就是不能光有意思没意义，既有收视率收听率，又能给人们传递一些有用的东西，而不是唯收听率收视率至上。让我们大家一起努力，去攀登正能量的高峰！

[摘自高长力在2014年北京广播电视台节(栏)目创新奖颁奖仪式上的讲话]

高长力

实事求是 即是创新

北京市委副秘书长、市委宣传部副部长 严力强

北京广播电视台坚持评选年度创新节(栏)目,是一个很好的导向,广播电视的受众比报纸的受众表达更直接,因此,这些获奖节(栏)目的作者可能多少对自己的作品是否受欢迎有个底,尽管市场(受众)的评价非常重要,我仍认为北京广播电视台的评奖十分必要,因为后者更专业。

获奖的作品可谓琳琅满目。创作者的介绍和专家的评价都值得我认真学习。为了不说没把握的话,我想说一点我个人对"创新"的理解。

创新是一种态度,却不能成为标签。受众是很害怕见到不靠谱的"创新"的。真正的好作品,创作者未必时时想着要"新",挖空心思出怪招,失败的例子比比皆是。依我看,真正成功的创新无外乎都遵循了这个原则:实事求是。实事求是的前提,是先"知事"。

一要知历史。最近受到猛烈批评的抗战神剧,大约作者的本意也是想与众不同。他们共同的毛病是不懂历史,也不了解历史。学历史的人大约最领会"温故知新"的奥妙。即便是被说过多次的历史,只要你好好再读几遍,新的认识便会油然而生。

二要知现在。这个现在就是受众。不同时期的受众、不同阅历的受众,欣赏趣味和习惯自然不同。很多人喜欢老电影、老歌曲,但要是真的按老方法再搞出一个东西来,估计不会有人成功。老东西的味道是和过去的岁月相连的,那些岁月已经逝去,欣赏的心境是仿不了古的。

三要知未来。就是说要清楚你的作品想要达到的效果,也就是创新的目的、目标。这是最重要的,决定了作品的立意。有一个词叫“高下立判”,立意好的作品和立意差的作品放到一起,放到市场上去检验,就是这样一种效果。

创新的要点很多,我能说出来的就这么点了,听起来也像是空话,真正搞创作的人才算是“冷暖自知”的。我的话,其实是一种愿望。

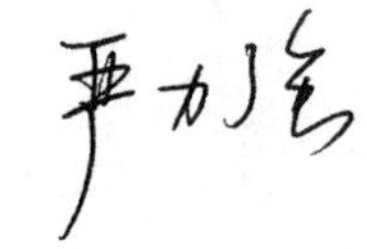

创新是媒体之本

北京市新闻工作者协会主席 梅宁华

媒体是传播工具,是大众接受各种信息的渠道,对社会生活产生着广泛的影响。任何媒体的存在和发展,都有赖于创新的能力和效率。特别是在新媒体蓬勃发展、媒体形态不断变化的条件下,表现形式的创新、内容的创新,更成为媒体竞争的主要方式。失去创新能力就意味着失去传播功能和受众,而强大的创新能力对提升媒体的影响力和传播效能至关重要。北京广播电视台把创新作为工作重心是真正抓住了媒体建设的根本,值得称道。

在媒体创新实践中,内容创新和表现形式的创新是着力点,而内容创新需要引起媒体从业者的更大关注。当前很多人把精力放在表现形式的创新上,投入了很大精力,也取得了不少成绩。但从根本上看,表现形式是为内容服务的,只有表现形式的创新而没有内容的创新,不能从根本上提高媒体的传播效能和品质。这就是当前一些媒体的节目看似热闹,实则影响缺失的症结所在。当然只有内容创新而没有表现形式的创新,也会使媒体传播效能受到影响。这就是被人们常诟病的说教式、程式化的表现方式。

内容创新是媒体创新的根本,好节目要先有好策划、好剧本、好选题,这就需要创作者有清醒的头脑和明辨是非的能力。特别是在社会多元,各种思想相互冲突的环境下,把握事物的本质,透彻分析各种纷繁复杂的现象,敢于发声,善于引导才会产生有生命力的好作品。要做到这一点,要求创作者政治上坚定,自觉地把党性和人民性的统一融入创作实践,也只有政治上坚定,才能创作出富有时代特点、具有中国风格的作品。作品的平庸源于思想的平庸,作品的力量来自思想的力量。正确的政治思想始终是出好作品的保证。能够认识并把握住这个本质,就会在创新上不断有新的收获。

表现形式的创新对各类媒体都是极为重要的任务。事实上不同的媒体都有其独特的表现形式,并以此实现传播效能的最大化。而只有在创新上有所建树的媒体,才能成为有影响力和竞争力的媒体,也才能保持发展的动力。报纸、电台、电视台、网络媒体都需要充分发挥传播效能,认识自身在表现形式方面的不足与缺失,通过创新实践不断拓展新的表现形式。传播方式的先进并不会自然形成传播优势,优势必然要通过创新实现。广播电视媒体及从业人员要有清醒的认识:广播电视在传播领域的独特优势并没有因新媒体的出现而逊色,它的视觉效果和叙事方式无可替代,但长期以来也存在表现方式固化单一的问题,广播电视在表现形式上还有很大潜力,这就需要通过创新去开发和拓展。我相信,只要坚持创新,不断实践,广播电视事业一定会有美好的未来。

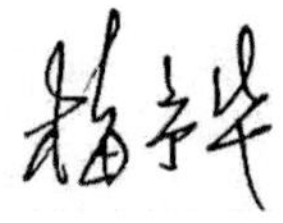

以创新撬动融合

北京广播电视台党委书记　刘志远

当前,创新已成为广播电视(以下简称为“广电”)发展的“新常态”。如何认识和适应这一“新常态”,在很大程度上决定着一家广电媒体的未来走向。北京广播电视台成立之初即确立了“融合＋创新”的发展思路,始终将创新摆在突出位置,大力推进创新体系和创新机制建设,形成了包括内容、平台、渠道、业务、经营、管理等各方面在内的全面创新格局。

作为全面创新格局中的一个方面,内容创新具有重要的地位和作用。内容创新既牵引和带动其他方面创新,又反映和体现其他方面创新的成效。抓住内容创新这个关键,也就找到了推进全面创新的集中发力点。近几年北京广播电视台不断加大内容创新力度,通过开展节(栏)目创新奖评选活动、打造品牌节目带、加强内容人才队伍建设等方式,将内容创新的重点逐步引向内容形态与生产方式的创新上。一方面,以内容形态与生产方式为创新重点是使命所在。广电媒体大力弘扬和践行社会主义核心价值观,必须创作生产出既传播正能量又满足群众需求的内容,将积极向上的价值主题不断融入多样态的新内容,切实从不断变化的群众文化消费方式出发,组织内容的创作生产。另一方面,以内容形态与生产方式为创新重点是竞争所需。互联网企业、民营影视公司凭借资本、技术、市场和经营优势不断抢占内容产业空间,广电媒体面临着前所未有的挑战,只有深度开发品牌、人才、用户等具有相对优势的资源,加快生产流程的再造,创造出具有竞争力的内容产品和服务,才能获得争夺未来内容产业发展主导权的机会。

创新势在必行,创新正当其时。几年来,在上级领导的关心、帮助下,在专家学者的大力支持下,在全台干部职工的共同努力下,北京广播电视台的内容创新取得了一些成绩,也积累了一些经验,为下一步深化全面创新和推进整体转型升级奠定了坚实基础。内容创新产生了实实在在的成果,催生出《我是大医生》《照亮新闻深处》等一系列新的广播电视栏目，推动了《档案》《一路畅通》等多个品牌栏目从内容到形式的多维度创新。内容创新树立了持续改进的导向，将评奖与培训相结合，注重跟踪服务与后续激励，为创作生产者提升自身能力、不断精益求精提供了有利的条件，也营造出良好的环境。内容创新增强了融合发展的自信，品牌栏目在融合中彰显出的强大吸引力，既说明了优质内容依然是稀缺资源，更证明了北京广播电视台具备适应融合发展要求的内容创作生产能力。

创新没有止境，创新永远在路上。未来，广电媒体的转型升级，将越来越依赖于创新。主动创新、善于创新，才能找到“四两拨千斤”的窍门，才能真正撬动起融合发展这盘大棋。

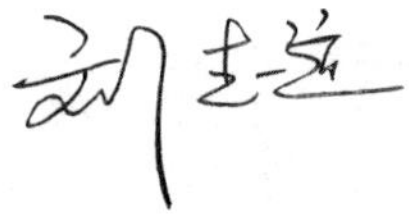

我们比以往任何时候都更需要创新

北京广播电视台台长　赵多佳

写下这篇文字之时，恰逢北京成功申办2022年冬奥会的历史性时刻。2015年7月31日晚，在祝贺北京成功取得冬奥会举办权的热烈欢呼声中，北京电视台12.5小时大型新闻直播《通向2022》完美收官。这场充分彰显全球视野与首善风范、展示新闻实力与融合能力的全媒体大型直播，集合了传播规律创新、融合模式创新、直播技术创新的丰硕成果，也宣告了广播电视人不断攀登高峰的勇气、决心和信念。

与时创新，是广播电视事业的灵魂。这本由北京广播电视台组织编辑的《创新在路上》，辑录了三年来节目创新的实践与总结。翻阅下来，可以清晰地感受到传统广电媒体对创新精神的诠释，逐渐变得更加立体、浓厚和扎实。今天的广播电视人，一方面承受着新兴媒体的猛烈冲击，面临着传播业态的深刻动荡的局面；另一方面也正逢文化产业风起云涌之时，身处全面深化改革浪潮之中——当前比以往任何时候都更需要释放创新的力量，燃烧创新的价值。我们不仅要建设“学习型广播电视台”，更要进一步建设“创新型广播电视台”。

从管理学角度上讲，创新型组织的实质在于用文化、制度等固化创新精神，从而形成创新灵感迸发、创新活力良好的内部生态环境，进而持续地强化组织的核心竞争力。对照来说，我认为建设“创新型广播电视台”，至少应在三个方面下功夫。一要夯实创新的基础，依托多种形式春风化雨地强化创新意识、树立创新思维、营造创新文化、健全创新制度；二要丰富创新的实践，积极研发符合传播规律、艺术规律、市场规律的新节目样态，大胆探索适应时代特征、市场特点、自身特色的新机制流程，着力开发顺应多屏趋势、生产需求、用户体验的新技术手段；三要促进创新的转化，开拓竞争蓝海并转化成新的市场，深挖资源潜力并转化成新的价值，培育核心人才并转化成新的生产力。

创新，不是无根之木、无源之水。在这个挑战和机遇并存的传媒变局中，希望我们北京广播电视台人既要胸怀大局、把握大势、着眼大事，又要立足实际、脚踏实地、务求实效；既要善于总结经验、研究规律、继承传统，又要敢于突破阻碍、打破成规、超越自我，在行动中思考，在实践中汲养，为实现快速发展、辉煌腾飞的梦想，贡献出全部的热情、智慧和力量。

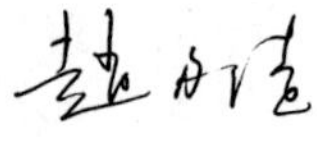

L ANMU CHUANGXINJIANG

栏目创新奖

▶▶**栏目创新奖评选标准：**

栏目创新强调栏目模式与表达的创新性、原创性，须在栏目定位、主题立意、组织策划、节目形态、制作技术等方面，至少有两项以上鲜明的创新要素，栏目在受众中有一定的影响力。栏目类型不限，至少每周首播一次，时长不限。

2012—2014年栏目创新奖获奖作品

2012年:

1.《毛毛狗的故事口袋》(北京人民广播电台爱家广播)

2.《1039都市调查组》(北京人民广播电台交通广播)

3.《一路畅通》(北京人民广播电台交通广播)

4.《奇妙实验室》(北京电视台科教节目中心)

5.《徐徐道来话北京》(北京人民广播电台交通广播)

2013年:

1. 金奖:《春妮的周末时光》(北京电视台文艺节目中心)

2. 金奖:《谁敢挑战小学生》(北京电视台动画节目中心)

3. 银奖:《艺海藏家》(北京人民广播电台文艺广播)

4. 银奖:《国人自述——我的梦》(北京人民广播电台)

5. 银奖:《书香北京》(北京电视台青少·海外节目中心)

2014年:

1. 银奖:《娱乐72变》(北京人民广播电台文艺广播)

2. 银奖:《我是大医生》(北京电视台卫视节目中心)

3. 银奖:《照亮新闻深处》(北京人民广播电台新闻广播)

专家评析

潮平两岸阔，风正一帆悬

——栏目创新奖历届奖获奖作品评析

高晓虹

对创新的追求，在中华文化几千年的发展历程中，始终处于生生不息的状态。“苟日新，日日新，又日新”，《礼记·大学》之中有关创新的精神内涵，对当今中国广播电视的发展，依旧有着珍贵的借鉴意义。

党和国家一系列重要会议的召开和方针政策的出台，使得当今中国的政治生态与舆论环境发生了深刻的变化。“加快传统媒体和新兴媒体融合发展，充分运用新技术、新应用创新媒体传播方式，占领信息传播制高点”，“着力打造一批形态多样、手段先进、具有竞争力的新型主流媒体，建成几家拥有强大实力、传播力、公信力和影响力的新型媒体集团”，国家从战略层面推动媒体融合发展，力图通过对信息传播资源的高效使用和科学把握，从根本上促进中国传媒业紧跟现代科技、时代潮流和社会发展的步伐，从而提升我国的文化软实力，为实现中华民族伟大复兴的中国梦而奋斗。对传统广播电视而言，在这样的时代背景之下，面对汹涌澎湃的新媒体大潮，它拼的不再仅仅是平台，更是生产、创造和传播的能力。因此，在压力重重的激烈竞争环境中，能帮助传统广播电视突破重围的创新思想和行动就具有更加重要的战略意义。

从2012年上半年起，北京广播电视台用创新思维统领内容生产，开展了北京广播电视台节（栏）目创新奖评选工作。目前，北京广播电视台节（栏）目创新奖评选已举办了三届，该奖的评选理念不同于常规节目评选，它把“创新性”作为衡量节目质量的首要标准，首次打破了媒体之间的壁垒，将广播、电视和新媒体作品放在了同一个标准之下。不同媒体作品在创新性标准的衡量下同台竞技，体现的是北京广播电视台融合发展的理念和鼓励创新、崇尚创新、保护创新的战略气质。对新形势下传统广播电视差异化、创新性发展而言，北京广播电视台节（栏）目创新奖评选工作具有重要意义和引领作用。

一、讲好中国故事，助力中国梦的实现

当今的中国，正在强劲发展的康庄大道上“直挂云帆济沧海”，各族人民团结一致，为实现民族复兴的中国梦同心同行，这是最生动鲜活、振奋人心的中国故事。2013年，习近平总书记在全国宣传思想工作会议上指出，要着力讲好中国故事，传播好中国声音。2014年，总书记在中央外事工作会议上再次提出，要提升软实力，讲好中国故事，做好对外宣传。中国故事，是中华民族五千年灿烂文明的历史故事，是国家自强不息、艰苦奋斗的发展故事，是百姓勇敢追梦、幸福圆梦的奋斗故事。与此同时，中华全国新闻工作者协会和人民日报社、新华社等25家媒体共同发起了《以强烈社会责任感为实现中国梦传递正能量》的倡议，倡议全国各级新闻媒体担负起为实现中国梦鼓与呼的社会责任。中国梦，是国家的梦，也是每一个中国人的梦。国家以“中国梦”为主题，统领历史文化、爱国主义、科学发展、当代生活等多种题材的节目创作，就是希望媒体能够把弘扬中华文化放在重要位置，用讲好中国故事的方式，助力中国梦的实现。

讲好中国故事，在北京广播电视台的创新栏目中，有着丰富多彩、匠心独运的表现方式。获得2013年北京广播电视台节（栏）目创新奖栏目创新金奖的《春妮的周末时光》和获得银奖的《国人自述——我的梦》，把视角对准具有典型意义的当代中国人，将温暖、温情、温馨的感情基调融入节目，用鲜活、饱满的人物故事，阐释中国梦对百姓个人的积极意义。《春妮的周末时光》是北京电视台文艺频道首次推出的大型全景式戏剧访谈节目，也是首次以主持人为中心打造的节目。该栏目一反普通访谈节目中规中矩的对话模式，把舞台布置成一个舒适温馨的“家”，让嘉宾在节目中以朋友做客的形式，卸下心理防备，和“女主人”徐春妮轻松畅聊。明星们在居家的环境中互相爆料、互相玩笑、互相配合，走下神坛、卸下光芒，以最朴素真实的形象面对观众。在这样“天然雕饰”的状态中，明星们就和普通人一样，诉说着自己追梦的经历、对传统文化的热爱、对中华艺术的敬畏、对美好品德的坚守等等，话题是随意的，但聊天的内容却处处彰显着打动人心的人文精神。偶像是具有感召力的，栏目营造出的家庭氛围，能让这种透露着传统美德的感召力更加深入人心。北京人民广播电台的《国人自述——我的梦》可以说是一组由声音搭建的高度凝练的中国人群像。栏目通过人物自述的形式，描绘了当代中国人为自己、家人、社会、祖国圆梦的故事。故事的主人公来自各行各业，既有已经实现梦想的成功人士，又有胸怀梦想、仍在奋斗的普通追梦

者。广播的声音优势在一分半钟的单条节目内被发挥到了极致,声音的魅力在听众的脑海中勾勒出一个个情绪饱满的中国梦追梦者的形象和一个个层次丰富、充满温情的故事。每个故事都没有旁白、没有说教、没有劝诫,听众只能自己去倾听人物的独白、感受人物的故事、体味人物的心绪、理解什么是中国梦。也可以说,每一个故事都是一则中国梦的公益广告。

获得2013年栏目创新银奖的《书香北京》和《艺海藏家》,通过生动地讲述丰富多彩的中国历史故事,聚焦我国博大精深、源远流长的传统文化。北京电视台品牌读书栏目《书香北京》将演播室营造成一个非常传统的文人书房,邀请著名作家、教授等重量级嘉宾一起畅言读什么书、该如何读书、怎样学以致用。该栏目并不是简单的荐书栏目,而是通过一本书的内容,带着观众一同思考一种现象、一种人生、一个时代,从而号召观众"多读书、读好书、好读书",也为观众阐释了"全民阅读"的顶层设计。广播领域在此前一直没有专业的收藏类栏目,在这个背景下,全国首个专业收藏类广播节目《艺海藏家》应运而生了。该栏目用轻松幽默的表达方式解释了收藏领域的专业知识,为听众讲述了一件件藏品背后令人回味的历史故事。中国著名语言学家许嘉璐在《真实影像:中华文化传播之翼——关于茶、茶人、茶文化的几次谈话》一文中谈到,"文化,不等于都是阳春白雪;深刻,不等于晦涩难懂;核心是意蕴的深沉、感情的醇厚",北京广播电视台在讲述中国故事的过程中,不仅表达出了故事承载的文化本身所带有的情感,更注重使用优质的视听语言,为用户带去丰富体验,完全没有束之高阁的疏离感。

二、重视健康传播,促进全面小康

习近平总书记在2013年指出,"人民身体健康是全面建成小康社会的重要内涵,是每一个人成长和实现幸福生活的重要基础"。2014年12月13日,习近平总书记在江苏考察时再次提出,"没有全民健康,就没有全面小康"。国家卫生计生委领导在《以全民健康促进全面小康,为实现中国梦而不懈努力》的报告中这样解读习近平总书记的指示:"健康是幸福的起点,一人之健康是立身之本,人民之健康是立国之基,以全民健康来促进全面小康是实现中国梦的重要支撑。"国家对全民健康的重视,加速了健康传播理念在我国的发展。健康传播是传播学的一个分支。从狭义角度理解,它是指以人人身心健康为出发点,通过各类媒介信息的分享与传播,促进公众健康素养的提高和健康生活方式的养成。《健康时报》总编辑孟宪励还认为,从广义上理解,健康传播包括政策法规、场地活动、公众教育等所有健康教育、健康促进行为及其传播。媒体合理利用健康传播理念，为用户的身心健康制作相关节目，破除谣言迷信、倡导健康生活，是在讲好中国故事的基础上，从全面小康的角度助力中国梦的实现。

随着生活条件的改善，百姓越来越重视自身、家人和朋友的身心健康，这使得健康服务类节目得到了越来越高的关注度。获得2014年栏目创新银奖的电视栏目《我是大医生》，是一档全新模式的大型健康服务栏目，它将专业医生组建成主持团，为国内的同类型节目开启了全新的表现模式。该栏目打破了传统健康服务类栏目的访谈对话模式，充分运用各种道具，通过场上场下的互动，让观众最直观、具体地了解复杂的医学知识，教授观众简单易学的体检方法，提醒观众科学合理地服药就医。

孩子应该有专属自己的健康广播栏目，孩子的身心健康也需要得到全社会的高度关注。2012年获得栏目创新奖的《毛毛狗的故事口袋》，是在北京人民广播电台爱家广播播出的一档儿童栏目，主体听众定位是3—6岁的学龄前儿童。栏目在孩子的睡前时间，通过绘声绘色的故事向孩子传递爱和知识。栏目从孩子的角度出发，在播出时间、主题设计、故事选取、音乐音效等各方面，都力求符合孩子的收听习惯，尊重孩子的接受能力，用积极向上、充满阳光的观点和有趣好听、日常实用的科学知识，陪伴孩子健康成长。

获得2012年栏目创新奖的《奇妙实验室》是北京电视台首档大型科学实验栏目。该栏目突破了传统科学节目娓娓道来的方式，以常人难以完成的大实验为鲜明特色，通过奇思妙想的实验设计、娱乐化的包装手段和先进的制作方式，将科学知识告知观众，把最具视觉冲击力的画面呈现给观众。该栏目最大的社会价值在于，用现场最真实的科学实验破除谣言迷信和伪科学，让观众在轻松的收看状态中，树立正确的科学观。

三、用京腔京味儿，展现首都的精气神

这里有可以眺望万家灯火、重铸天际线的摩天大厦，也坐落着缀满斑驳光阴、身披红漆金顶的皇宫院落，这里是北京，是怀着“爱国、创新、包容、厚德”的精神，日新月异的首都北京。“千百年来，北京创造了世人瞩目的科技和文化成就，这座城市也以厚重的文化底蕴，向世界诠释着一个城市的创新和进取精神。”中国科学院院士怀进鹏说。媒体亦如游子，走得再远也不能忘了那片如母乳的故土。京味儿藏在紫禁城的波澜壮阔里，也藏在胡同的热闹质朴里。用带着原汁原味北京味道的栏目，展现中国首都意气风发、阔步前行、海纳百川、不忘传统的精气神，是北京广播电视台的特色。

广播栏目《徐徐道来话北京》是该类栏目的典型，于2012年获得栏目创新奖。该

栏目每期都会由青年曲艺演员徐德亮以评书或单口相声的形式，用地道的京味儿语言，为听众讲述一个或多个与北京有关的故事，内容涉及北京的历史沿革、传说掌故、名胜古迹、绝活技艺等等。徐德亮妙语连珠的讲述，让听众在保持放松心情的状态中，对北京这座国际大都市产生了全新的认知。特别是每期节目中的“北京小曲”单元，更是该栏目的一大亮点。单弦岔曲是北京市级非物质文化遗产，但目前还在传唱的却不足百段。在《徐徐道来话北京》栏目中，徐德亮发掘演唱，录制约400余段单弦岔曲，传承了这一北京市级非物质文化遗产。而评书相声元素的加入，使得该栏目既具有鲜明的时代特征，又富有北京独特的怀旧气息，北京精神也在节目过程中得到了“润物细无声”的完美表达。

2014年获栏目创新银奖的作品《娱乐72变》，是北京文艺广播一档即兴脱口秀和情景剧相结合的娱乐栏目。该栏目将社会新闻中的真实素材演化成故事脚本，把广播情景剧的真实感与脱口秀的即兴发挥融为一体，别具一格、令人捧腹、不落窠臼。栏目明确定位在长居北京、关心并热爱北京的25—60岁听众群体上，从百姓日常生活中鸡毛蒜皮的小事着手，体现了北京的发展进步。该栏目还以百姓视角关注北京的老传统和新变化，描绘了一幅生活在北京、喜忧在北京、深情系北京的市井生活图景以及一群阳光、乐观的百姓群像。

四、探索媒介融合道路，改进节目生产方式

2014年年底，我国网民的规模达到了6.49亿，互联网普及率达到了47.9%。无处不在的新媒体正在倒逼传统媒体的时效优势，它以海量信息倒逼传统媒体的资讯容量，以亲和力倒逼传统媒体的表达方式，以互动性倒逼传统媒体的用户体验。现代科技的加速发展，推动着新媒体的迅猛壮大，中国的媒体格局和舆论生态正在发生着深刻的改变。2014年8月18日，这一天必将被写入中国媒体融合发展的史册。中央全面深化改革领导小组第四次会议审议通过了《关于推动传统媒体和新兴媒体融合发展的指导意见》（下简称为《意见》）。《意见》强调，推动传统媒体和新兴媒体的融合发展，就要强化互联网思维，坚持传统媒体和新兴媒体优势互补、一体发展，坚持以先进技术为支撑、内容建设为根本，推动传统媒体和新兴媒体在内容、渠道、平台、经营、管理等方面的深度融合。这阐释了媒介融合发展的工作理念、实现路径、目标任务和总体要求，为媒介的融合发展指明了方向。与此同时，发展改革委、财政部门积极支持媒体融合发展基本建设项目的立项审批，网信部门也积极推动重点网站建设，规范网络传播秩序等等，因此推动传统媒体和新兴媒体的融合发展，可谓因势而谋，应势而

动，顺势而为。值得注意的是，我国的媒介融合正处于以内容为主，争夺渠道的竞争阶段，掌握内容生产优势的媒介会顺势开发专属渠道，掌握渠道拓展优势的媒介则会加大对自身内容生产的投入，因此渠道需承载优质内容为媒介争夺阵地。传统广播电视需把握自身的内容优势，把内容建设放在突出位置，重视传播渠道的拓展，实现思维观念、生产方式、推广策略等的革命性转变，形成具有中国气派、体现时代脉动、代表品位高雅的文化品牌，还需与新媒体深度融合，共同构筑立体多样、融合发展的现代传播体系。

2012 年获得栏目创新奖的《一路畅通》是深受北京百姓喜爱的广播栏目，稳居北京广播市场收听率及市场占有率首位。可以参与节目互动的移动收听，是广播和新媒体结合的一个十分典型的表现，这种收听方式，可以让封闭的车厢无限拓展，让原本单调的行车时间更有意义。在机动车保有量已超过 500 万辆的北京，各类资讯已成为移动人群不可或缺的重要信息。《一路畅通》是北京交通广播一档集路况信息、新闻资讯、生活提示、话题交流为一体的大型互动直播节目。该栏目的直播间设在北京市公安交通管理局指挥中心，可以为广大出行者提供最及时、最权威的路况信息。与此同时，栏目还提供最新、最快的新闻资讯，每天都会设计一个可以通过短信、微博等形式参与的、贴近百姓生活的互动话题，内容涉及现代生活的方方面面，为移动人群搭建起了一个巨大的信息收发平台。

该广播栏目最大的特色在于 UGC(User Generated Content)，即用户原创内容，听众通过短信、微博、微信等新媒体渠道与节目互动，发送的文字和语音一经被节目采用，就会成为节目播出内容的一部分。随着社交媒体的日新月异，新媒体用户的交互作用得以呈现，用户既是节目内容的接受者，同时也是节目内容的创造者。这在增加节目互动性的同时，又使节目更加生动有趣。网络化、移动化、互动化，让该栏目呈现出明显的媒介融合特征，也彰显出该栏目打造“用户”概念，强调“服务”意识，将信息发布与信息服务合二为一的理念。

五、加强节目原创，凸显差异化特征

早在 2013 年 8 月 19 日，习近平总书记在全国宣传思想工作会议上就曾强调，“要保持思想的敏锐性和开放度，打破传统思维定势，努力以思想认识新飞跃打开工作新局面”。总书记关于创新的方法论对传统广播电视的可持续发展有着深远的指导意义。近两年，各大卫视频繁引进国外版权节目。相比原创节目，引进节目有相对成熟的制作模式，风险更小，易于复制和产品化，因此市场逻辑下的功利心态使同质化节目的数量在短短一年时间内爆炸性增长。然而,同质化竞争格局的弊端和国家新闻出版广电总局调控政策的出台,使各大卫视节目生产的重心从 2014 年起逐渐回归自主研发,这使得“满眼尽是舶来品”的状况大有好转。各大卫视纷纷成立创新节目研发部,以逐渐提高的自主创新能力、多样化的节目类型和良好的收视口碑,为原创节目的发展注入了新的活力、提供了有效的保障。由此看来,只有保持理念创新、坚持手段创新,扭转“小作坊式”的节目生产方式,不盲目、不跟风,开发具有本地特色的风格化节目,寻求差异化创新,使原创节目拥有清晰且分工明确的流水线式的制作体系,才能让节目走上长远的可持续发展之路。

获得 2014 年栏目创新银奖的《照亮新闻深处》,是北京人民广播电台新闻广播旗下的一档科普类新闻栏目。该栏目以谈话为主,邀请专家学者做客直播间,分析解读新闻事件中蕴含的深层次科学道理。该档栏目最大的创意在于用科学的眼光看新闻,把科普与新闻有机结合,深度挖掘新闻背后的科学知识,让每一个知识点都能给听众一种“就在你身边”的实用感。这是一种全新的新闻视角,它不拘泥于新闻事实本身,而是把焦点放在新闻背后更为广阔的科学领域,引领听众用科学的思维思考新闻。

获得 2013 年栏目创新金奖的《谁敢挑战小学生》是一档全民参与的知识类少儿栏目。该栏目以小学知识为依托,创造性地让成年人与小学生在游戏中同台对抗。在比赛过程中,成年人回归课堂,重温童年记忆;孩子们团队合作,体验由不同的学习方式所带来的乐趣。该栏目突破传统知识竞赛的常规,建立了一个成年人与孩子平等沟通的平台,寓教于乐,以轻松有趣的方式为孩子构建了一个全新的学习平台。这样类似“户外课堂”的创新栏目,让大人和孩子在学习、竞技、合作、分享、承担的过程中共同成长。《谁敢挑战小学生》自 2013 年 1 月开播以来,月均市场份额增长高达 43%。

六、秉承科学精神,理性分析思考

在历史的演进过程当中,新闻报道在不断地失范与纠正之间,朝着更客观、更真实的方向曲折前进。也正是在这条道路上,严谨、理性的科学精神也逐渐成为新闻工作者的一个共识。中国著名新闻理论家甘惜分曾严肃地指出,“我们的新闻事业不但要成为共产主义的学校,而且还要成为现代科学的百科全书”,他还鲜明地提出,“传播科学文化知识不仅是科学专栏和专文的任务,也是新闻报道的任务”。科技发展至今,新闻报道的方式也几经革新。在信息爆炸的时代,大量繁杂的、真假莫辨的数据和信息堵塞着新闻传播的通道,使公众对媒体的信赖度大幅下降。在这样的背景下,基于大数据分析思维的新闻报道——大数据新闻应运而生了。在当今时代,用户需要的是对信息更明确的展现和更深层的解读,“用数据说话”的大数据新闻,就弥补了传统新闻报道在宏观和中观叙事中的不足,彰显出可贵的科学精神。

2012年获奖栏目《1039都市调查组》是一档典型的大数据新闻栏目,它围绕“都市生活的意见集散中心”这一主旨,专门通过调查数据展示普通大众对社会各个层面、各种问题的态度,并邀请相关领域专家解读探讨数据背后的动因、补充专业知识。栏目联合业内的数字100市场研究公司、零点调查公司、中观经济调查公司等市场研究机构,利用Surveycool在线调查系统、计算机辅助电话抽样调查系统、街访系统等进行科学的抽样调查,并通过后台分析得出准确的数据。栏目利用科学手段分析出的数据,充分表达了公众的意见、传递了专业的知识和方法,严谨、真实、可信。

移动媒体趋势报告《中国网络媒体的未来2014》显示,当今中国用户使用移动终端获取资讯的比例已经达到了七成,这意味着蓬勃发展的新媒体已经成为许多百姓日常生活的“必需品”。新媒体的强势介入降低了用户获取信息的门槛,对用户而言,如何筛选和理解信息却成了新的挑战。数据新闻的视听化制作是浩如烟海的信息海洋中的一座灯塔,它把碎片化的信息串联成一副完整的新闻画卷,以帮助用户解读信息背后蕴藏的价值和意义。

结　语

“日新之谓盛德”(《周易・系辞上》),“惟进取也,故日新”(梁启超《少年中国说》),从古至今,贤者们一直在提醒着创新的重要性。当今的中国社会正发生着深刻的转型,各大广播电视纷纷希望在多种因素带来的挑战和困境中,走出一条别具一格的发展道路,在竞争激烈的生态系统中获得更多的雨露阳光。从北京广播电视台节(栏)目创新奖获奖作品中,我们可以看出中国广播电视栏目创新发展的多种可能性;而且这些具有高度借鉴意义的典型作品所带来的效益,也证明了创新思维能够对传统广播电视影响力的提升产生巨大的推动作用。“潮平两岸阔,风正一帆悬”,对中国广播电视而言,这是最需要大步前进的时代。回归北京广播电视台节(栏)目创新奖本身,这种聚焦“创新性”的长效评选机制,能不断增强广播电视机构的内容生产能力,提高一线采编和制作人员的业务素质,促使其创作出更多用户喜爱的精品,使中国广播电视真正走上“创新驱动发展”的道路。

(高晓虹:中国传媒大学新闻传播学部学部长、教授;
北京广播电视台节(栏)目创新奖专家评审)

从细节入手，抓住受众特点

——《毛毛狗的故事口袋》栏目创新总结

左小群

《毛毛狗的故事口袋》栏目的受众定位是3—6岁的学龄前儿童及其家长。节目的主体部分，也就是故事部分针对的目标受众是学龄前的孩子，这就要求节目从播出时间、栏目设置、故事选取到音乐音效使用等所有细节，都力求符合孩子的收听习惯、尊重孩子的接受能力，要求制作者从一个完全不同于成人的角度来“布置”节目。

读书笔记：

一档节目的创新，可以是形式上独辟蹊径，也可以是内容上让人出乎意料，但《毛毛狗的故事口袋》在形式和内容上都比较传统，它的创新点在于抓住了“节目为小朋友服务”这个核心，在细节上下足了功夫，从而使节目有令人耳目一新的感觉。

总结节目的创新点，主要集中在以下几个方面。

一、用故事的手法呈现整期节目，将节目做成一个“大故事”

与为成人制作的节目不同，为孩子制作的节目最重要的一点是要“好听”，要吸引孩子的耳朵和心灵，而学龄前的孩子最爱的就是故事。《毛毛狗的故事口袋》就把节目做成了一个好听的“大故事”。在节目中，讲故事是最主要的内容，其他内容，比如知识、常识、对孩子的提醒等都是用故事的形式来呈现，而不仅仅是一位主持人在对孩子“说信息”。

节目中，小群姐姐用了“约定”的说法，好像跟孩子勾勾手指头做了个游戏，让孩子每天都记得“听完故事就睡觉了”是毛毛狗、小群姐姐和小听众三个人之间的约定，是要遵守的。

小群姐姐告诉孩子“想对小群姐姐和毛毛狗说悄悄话就可以发短信给我们”，这说明该节目将孩子的角色不仅仅设定在“听众”上面，而且还让孩子时时刻刻觉得在“毛毛狗、小群姐姐和我”的这个情境中，“我”是一个重要的角色，是参与其中的。这是节目主持人打破“我是主持人”身份的一种成功的尝试。

教孩子们一些基本的生活常识是节目义不容辞的责任，而为了让孩子们更容易地接受这些知识，就要让知识变得好玩、好听。比如，关于上学的节目中，主持人配合着音乐说：

“妈妈说等树上的叶子开始变黄，门口的那棵大树像下雨一样落下好多叶子的时候，我就可以背上我的新书包到小学里去了……那门前的大树什么时候才能落下黄色的叶子呢？我每天每天每天都趴在窗台上使劲地看，使劲地看。妈妈说先学会系鞋带吧，等什么时候我能自己把两只鞋子的鞋带都系得整整齐齐，不再打个死结解不开的时候，叶子就会落了。”

小群姐姐告诉孩子“叶子开始变黄”的时候，也就是秋天即将来临的时候，会是开学的时候。另外，小群姐姐还告诉孩子“学会自己系鞋带”（以及其他相关的生活自理能力）是上学要作好的准备。虽然这是一个关于时间的常识，但这样故事性的表述打破了“知识”的框架，很容易被孩子接受。

二、以孩子的生活规律作为节目选题策划的“节点”，既“服务”也“引领”孩子

做家长的人都知道，孩子的生活有着自己显著的特点，季节交替时的“生病高峰期”、开学前后的“作息混乱期”、每年一次的“入园过渡期”、令人头疼的“幼小衔接期”，对一档儿童节目来说，这些都是重要的时间节点。而节目对选题的策划、内容的重心选择也都是紧紧围绕着这些“孩子的特有节律”进行的。

在每个季节交替的时候，节目都会做一些特别的策划，比如“听，春天来了”“树叶为什么掉下来?”“我们去玩雪”等等，这些都包括了关于季节的知识，也会包括给孩子的生活细节的提醒，比如“你的帽子还不能摘掉，也许还会下雪呢”“你仔细听，都能听见屋檐上的雪化了，滴滴答答的声音了”……

每年，节目中的一些固定选题都会陪伴孩子和爸爸妈妈，比如在每年孩子升学之前播出故事《准备好去上学》，9 月开学的时候播出《小朋友去上学》，这两个内容连续的故事讲述了一个小朋友从幼儿园升入小学的前后一两个月的故事，和孩子们的生活内容完全同步，因此这不仅是一个故事，同时也是对孩子们面对人生中一个“重要”转

变的心理支持,帮助孩子和父母顺利度过孩子从家庭到社会的重要阶段。

对学龄前的孩子来说,生活技能的学习比文化知识的学习更重要,这是很多幼教工作者的一个共识,尽管我们的节目并没有放弃古诗、数数等内容,但更偏重给予孩子生活常识和技能。当然,这些知识的传递仍然是糅合在讲故事里的。一位父亲曾经说:“一次,两岁多的女儿走在街上,突然指着房檐下的遮雨棚说,‘打雷下雨的时候要躲在这里,不能躲在树下面’,我惊讶地问她怎么知道的,她说是《毛毛狗的故事口袋》里面说的。”其实,我们播出过的故事里确实没有关于怎样躲避雷雨的,但在涉及雷雨的故事之后,我们一定会加上几句关于如何躲雨,如何防雷击的话,也会以情景式来呈现。

每天晚上,提醒小朋友刷牙洗脸再上床,天冷的季节提醒盖被子,天热的季节提醒不可以吹空调,都是节目的固定选项,孩子们持续地收听和节目持续地提醒,使孩子的习惯养成也成了听故事的一部分。

三、以丰满生动的细节,持续为孩子“造梦”

“细节决定成败”,这句话用在给孩子的节目上一样贴切。儿童发育的特点决定了他们集中注意力的时间短于成年人,为什么孩子更喜欢看电视、看卡通片?不可否认,电视多元素传播信息的特点起到了重要作用。声音加画面,丰富的视觉信号能够紧紧抓住孩子的眼睛,这也是为什么爸爸妈妈能够在孩子看电视的时候稍作休息的原因。相比电视和电脑,广播的劣势是传播元素单一——只有声音。

当然,声音包括了人声、音乐、音效以及空白。

怎样只用声音做出能够持续吸引孩子的节目?《毛毛狗的故事口袋》经过种种尝试后,决定以细节取胜。通过每期节目的音乐使用统计能够看出,每期一小时的节目,使用的音乐永远在十几种以上,还不包括音效的使用,这使得节目的声音元素变得丰富,不仅音乐数量多,而且在质量上也是有保证的。

在每年的节目技术指标质量打分和节目抽听评比中,《毛毛狗的故事口袋》的分数在本频率始终是最高的。主持人斟酌每段音乐音量的大小,每段故事垫乐进出的时机,也注重音乐和人声的搭配,不吝惜让音乐做主角也绝不喧宾夺主。片花结束后空几秒开始说话?是让两段歌曲叠进叠出还是中间加入空白?这些都绝不是随机的,而是经过设计的,这使节目听起来更加完整流畅,也保证了节目对孩子持续的吸引力。

有的家长不明白为什么《毛毛狗的故事口袋》会比同类型的节目更能吸引自己的孩子,答案也许就在每一个细节当中。我们尊重孩子的耳朵,更希望我们对细节的追求能够培养孩子对事物更高品质的要求。

儿童节目另一个更加重要的细节就是“要说孩子听得懂的话”。儿童故事的来源是书本,是书面语言,所以从书面语言向口语转化需要大量的改动。

“语序改动”。以故事《大变小》中的片段举例说明。

天气好晴朗啊,这一天蓝皮鼠和大脸猫在草地上散步,他们看到了一头牛。

大脸猫说:“嘿,一头大牛。”

可是突然之间,牛变小了,小得像小老鼠一样。它们俩吃惊极了。“哟,怎么大牛变小牛了。”

这时候一头大象摇摇晃晃地走过来,大脸猫说:“快看快看,一头大象!”可是它刚说完,大象也变小了,变得像兔子一样小。

以上是实际播出的语言,而在故事原文中,很多语序都不是这样的。很多作家会让人物语言先出现,然后是说话人,如将“大脸猫说:‘嘿,一头大牛。’”写成“嘿,一头大牛。’大脸猫说。”故事播出时将语序调整了,因为这种先出现人物后出现人物语言的语序更符合广播的线性传播特点,也更符合孩子的理解习惯。孩子对逻辑关系的理解比成年人差很多,所以节目中对这种细节的调整比比皆是。

“用词改动”。孩子掌握的词语量有限,修辞更不用说,在节目中,特别是故事播讲中,主持人把所有超出孩子理解范围和语言习惯的词语都用简单词替换掉,或者进行了解释,使孩子听得懂。

比如在故事《狮子和臭鼬》中,有一句话“臭鼬身上臭烘烘的,大家都唯恐避之不及”,播讲时被改成了“臭鼬身上臭烘烘的,大家一见了它就要远远地躲开”。这样孩子们就能听懂了,我们始终牢记,节目的核心价值是通过故事给孩子“提供快乐,感受美好”,语文学习可以是潜移默化的,却绝不能影响孩子听的乐趣。

“生动的播讲”是节目注重的另一个细节,也是最吸引孩子的元素之一。

小群姐姐凭借较强的声音控制和塑造能力,把故事里的众多人物演绎得生动可爱,使家长们常常会问“真的只有你一个人在讲故事吗?我们还以为有很多人呢”。当然,这种问题孩子很少问,因为他们觉得说话的就是小猫、小狗、小鸭子。

(左小群:北京人民广播电台爱家广播《毛毛狗的故事口袋》栏目制作人、主持人)

让数据开口说话

——《1039 都市调查组》栏目创新简述

金盛博

《1039 都市调查组》是中国广播界第一档专门通过问卷调查数据展示大众对社会各个层面、各种问题的态度，并邀请相关专家予以解读探讨的节目。节目紧紧围绕“都市生活的意见集散中心”这一主旨，以调查为核心，多媒体联动展示都市人群对热点问题的看法。自2009 年开播至今，从初创期、改进期，到成熟期，节目组一直秉持着踩准社会发展节奏、技术进步节奏的原则，通过大大小小的创新，保持了节目的出品水准和竞争能力。

读书笔记：

一、用声音巧妙表达数据

在这个讲求“用数据说话”的时代，越来越多的媒体开始以数据为基准和线索进行内容的生产。调查数据原本并不适应于通过广播这种介质进行传播和表达，广播的不可视性、不可逆性都容易让受众对数据听不清楚、听不明白。

但是，对于媒体而言，数据的意义并不在于海量的数字，而在于数字背后反映出来的被调查者的行为和心态；数据的精髓也不在于一两个百分点的差值，而在于数据结构背后所反映的社会发展趋势和不同人群的差异。在节目初创期，节目组明确了数据之于广播的终极意义：行为和态度——不需要把大量的数据扔给受众，而是要帮助受众从海量的数据中提炼出行为和态度、找出差异和争议，进而为节目提供讨论阐释的理由与空间。

节目通过声音这一广播介质融合了多种表现元素：通过街头采访

现场和微信微博等新媒体互动,直击第一手的声音素材和多样化观点;通过数据调查汇总受访人群的态度;通过性别、年龄、职业的交叉分析,更科学地展示数据;通过嘉宾的参与解读数据背后的动因,补充专业知识、提供服务和知识信息;通过短信、微信互动和网络聊天室展示直播状态下听众对数据和话题的第一反应和即时意见。

这些手段,都让数据不再复杂和枯燥,而变成了一系列有血有肉的观点。同时,节目紧扣晚间八点时段收听人群的心理状态和心理需求,通过轻松幽默的叙述聊天方式,营造热烈欢快的谈话现场。

二、外松内紧、整合资源:提供科学准确的数据支撑

虽然节目的表现形式活泼生动,但是作为在主流媒体上播出的节目,数据的专业性和准确性是节目的重要支撑。当前,中国广播节目在幕后制作上最大的特点就是小团队、低成本。调查组初创期,整个节目组只有两个人,他们既是记者编辑、也是主持外联;既要策划节目,也要实施节目;在没有人手、没有资金、没有专业数据收集分析能力的情况下,每天一份不同主题的调查报告从哪里来?

得益于北京交通广播强大的影响力和节目设计的创新性,通过节目制作人在各种渠道的介绍推荐,《1039 都市调查组》节目在 2009 年开播前就得到了行业领先的调查公司的支持——节目需要准确的数据,调查公司需要面向公众进行行业普及和知名度提升的平台,两方需求成功地对接了。在长达六年多的节目制作过程中,调查环节的流程已经日臻完善:节目组讨论选题→节目组拟定调查要点和提纲→调查公司形成调研问卷→节目组修改问卷→调查公司投放调查→调查公司回收结果→节目组进行提炼加工→正式直播。这个流程中,节目组把握调查核心和要点,调查公司负责问卷的科学性和结果的准确性,从而让调查报告既能符合节目内容生产的要求,又能准确科学。

在调查数据来源方面,根据调查目的、话题属性、时效性要求等的不同,《1039 都市调查组》已经拥有了五大类稳定的高品质调查合作伙伴:

第一大类:在线抽样调研(数字 100 市场研究公司等)

特点:可进行抽样、样本可逆、具备甄别设计、具备跳答系统、最快 12 小时内反馈报告、置信率误差为正负 5%。

第二大类:计算机辅助电话抽样调研(中观经济调查公司等)

特点:搭建合理样本结构、电话抽样、样本可逆、人工问答。

第三大类:指向特定人群的数据回收平台(前程无忧、智联招聘、汽车之家、搜狐

汽车、网易汽车、凤凰汽车、腾讯汽车、搜狐健康、好大夫在线、新浪女性、百合网、世纪佳缘等垂直类门户网站或者 APP)

特点:精准指向节目调查主题针对的特定人群,能够在 12 小时内回收超过一千份数据。

第四大类:第三大类数据回收平台背后的数据分析公司(慧聪 DNA、零点市场研究等)

特点:问卷设计、细致的样本甄别、数据分析、在线问卷能嵌入第三方网页并在调研公司后台回收分析数据。

第五大类:大数据汇总分析类机构(百度、腾讯等)

特点:能够根据节目组需求汇总大数据,并进行相关的归类分析。

这些调查合作伙伴,让节目能够灵活地根据当下社会热点和新闻事件,进行不同纬度和方式的调研,为节目的内容制作提供了强有力的数据支撑。

三、用新技术拓展互动渠道

节目在技术创新上也一直走在前列:2011 年节目就开始运用当时比较新鲜的米聊与听众进行语音互动,通过语音方式来真实展现听众对话题的态度和意见;2012 年年初,节目与中国移动北京分公司达成合作,利用全新的手机图文交互系统——网信(NMS)向注册听众的手机发送调查问卷,并且迅速地回收调查结果;2013 年节目组开发了决策社交 APP“表态”,通过图文主题加简单的投票进行数据的收集,并且允许听众自己发布调查主题进行社交互动;2014—2015 年该节目又开通了微信公众账号,进行投票收集、精彩节目推送和节目预告等互动。

节目自 2009 年开播以来市场份额同时段保持第一,市场份额最高达到 23%,收听率最高达到 2.4%,持续保持领先,平均每天收听人数最高达 16.7 万人。节目在官员和管理者、公务员和白领群体中有广泛影响力,这部分听众始终保持在 40% 以上的比例。

在保持高收听率和高占有率的同时,《1039 都市调查组》在节目创收方面也有不俗的成绩:通过客户话题植入、特定话题调查等创新经营方式吸引了包括搜狐、58 同城、赶集网、微软、新加坡航空等机构的商业投放,目前年创收已超过了 500 万人民币。

(金盛博:北京人民广播电台交通广播《1039 都市调查组》栏目制作人、主持人)

创新为先，打造品牌栏目

——《一路畅通》栏目创作笔谈

曹　倩

读书笔记：

《一路畅通》创办于2000年1月1日，是一档集路况信息、新闻资讯、生活提示、话题交流为一体的大型互动直播栏目，是北京人民广播电台的名牌栏目，也是北京交通广播的主打王牌栏目。开播以来，《一路畅通》始终践行“大家帮助大家”的节目宗旨，以优质的节目内容，创新的节目理念，赢得了广大听众和业内同行的认可，常年稳居北京广播市场收听率及市场占有率首位。

2004年，《一路畅通》获得了中国广播奖“十佳社教类栏目”奖项；2003年、2014年两次获得北京新闻奖“最佳栏目”奖项；2009年获得了由国家新闻出版广电总局评选的“影响新中国60年60个广播电视节目”之一；2013年年底，《一路畅通》被认定为北京市名牌商标，这是传媒界第一个被认定为名牌商标的栏目。此外，《一路畅通》连续六届被评为“北京电台听众喜爱的十佳栏目”，先后有五位主持人获得了中国播音主持最高奖“金话筒奖”，在京城老百姓当中具有较大的知名度和影响力。

当下，随着新媒体的蓬勃发展，媒介融合已是大势所趋，传统媒体受到了很大的冲击，创新是应有之举。《一路畅通》作为一个有着15年历史，代表着新世纪广播节目发展方向的栏目，更需要创新。

对于《一路畅通》来说，创新一直是融入栏目血液的基因，正是在不断地创新中，《一路畅通》在2012年获得了北京广播电视台节（栏）目创新奖栏目创新奖；《一路畅通》“说进世界杯”特别节目获得了2014年北京广播电视台节（栏）目创新奖节目创新奖银奖，这都是对栏目在创新方面所付出努力的一种认可。具体说来，《一路畅通》的创新经验可以概括为以下几个方面。

一、在坚守中创新

创新并不是全盘推翻过去的做法另起炉灶，而是在既有的良好基础上，发扬优良传统，坚守能经受住时间的考验、获得市场认可的做法，在坚守中不断地进行创新。

《一路畅通》开创了“综合节目”的形态，在两个小时的碎片化传播中，将交通、新闻、音乐、娱乐、话题交流等内容融为一体，在主持人与听众的亲切互动中，传递各种实用信息。三对主持人搭档风格各异，在长期的节目主持中形成了其特有的语言方式，为听众所喜闻乐见。主持人的能力是《一路畅通》的核心竞争力，以主持人为中心打造个性化节目，是《一路畅通》一直坚持的原则之一。

在沿袭节目整体形态、重点打造主持人风格的基础上，《一路畅通》更多地把创新思路定为：以内容环节的创新带动栏目创新，比如，先后推出了“我爱北京”小栏目、季播节目“胡同那么多”，以及 2014 年足球世界杯期间的特别节目“说进世界杯”等具有创新性的内容。

“我爱北京”从 2012 年 5 月底开始推出，每天播出一期，以生活在北京的形形色色的普通人为中心，适应媒体碎片化传播的特点，用大约一分半的时间，从他们的职业出发，以他们琐碎的日常生活为切入点，用声音来记录这一切；以对人、事、物、景的感情为线索，突出普通人的喜怒哀乐，展示了他们在这个城市中的经历，以及对北京这座城市的热爱。“我爱北京”的采访对象涵盖了社会各个领域，并且还不定期推出富有特色的系列节目。三年来，“我爱北京”已经播出了近 900 期，成为《一路畅通》在节目内容上的一项重要创新，在广大听众心目中留下了深刻的印象。

2012 年，《一路畅通》推出季播节目“胡同那么多”。该节目分两季播出，共 40 集，每集时长三分半，围绕北京的多条胡同，展示了胡同的历史、文化和发展现状，展现了胡同居民的生活，具有很强的人文色彩，获得了听众的一致好评。季播节目由此也成为《一路畅通》栏目的一大特色。

2014 年巴西世界杯，《一路畅通》在晚间版时段精心打造的世界杯特别节目“说进世界杯”更是全方位体现了节目的创新思想。在长达一个月的时间里，每期内容以互动话题为主线，除了提供足球知识和赛事分析以外，该节目还将游戏、娱乐、生活、文化、竞技等元素都融在其中，致力于打造一档“不是最专业，但却是最好玩的足球节目”。另外，它还注重打好“嘉宾牌”，陆续邀请一些名人明星做客直播间，每天都为听众奉献不一样的精彩。加上微信语音竞猜等游戏，充分调动了听众的热情，收听率显著上升,世界杯期间,《一路畅通》晚间版时段,市场份额最多时达到了48.583%,收听率达到了4.736%。

正是这些特色栏目、系列节目、特别节目的推出,让《一路畅通》在保持自己既有形态和风格的基础上,与时俱进,不断呈现出一种新的面貌,带给听众一种新鲜感。同时,通过这些渠道,以这些节目为载体,《一路畅通》也在不断实践一些新的广播创作思路。

二、在新媒体环境下创新

传统媒体必须与新媒体结合,探索属于自己的发展模式,这已经成为传统媒体从业人员的一个共识。《一路畅通》顺应形势,注重与新媒体结合,充分利用栏目的官方微信、官方微博等平台,在推送的形式和内容上不断创新,拓展自身的传播优势,延伸节目内容,将新媒体打造成宣传本栏目的一个重要窗口。

《一路畅通》的微信公众平台是广大听众参与互动的主要渠道,从2014年正式运行到目前,微信服务号粉丝人数已经突破了20万大关。每期节目的信息互动数量平均超过了4,000条。《一路畅通》在微信公众号上还推出了会员积分制,听众实名注册成为会员后,每天登陆微信进行签到、参与话题互动、回答节目所出的题目、参与微信投票等都能获取积分。听众可以凭借自己的积分,换取奖品,或者争取参与节目举办的某些活动的优先权。事实证明,这是一种很有效的激励制度,加强了节目与听众之间的粘合度。

配合《一路畅通》的各种活动,微信平台也不断推出相关页面。比如2014年巴西世界杯期间,微信平台推出了语音竞猜比分的系统,微信消息发送次数日均达9万条以上,截止到2014年7月14日,期间最多的一天达到了170,069条。2015年,《一路畅通》又先后举办了"畅通家庭过大年""畅通车生活""1039行动派有爱抱团善行启动"等活动,听众可以通过微信平台进行报名,参与相关话题的互动。

另外,在微信公众号发展相对成熟后,《一路畅通》又推出了微信订阅号"一路畅通 club",每天推送和节目相关的内容,为听众提供他们所需的实用信息,以弥补服务号推送数量有限的缺陷。同时,结合官方微博,通过文字、图片、音频等形式对主持人和节目内容以及节目活动进行全面宣传,帮助听众了解更多台前幕后的故事,拉近了听众与主持人、与节目的距离。可以说,《一路畅通》在对新媒体的使用方面进行了多方面的创新尝试,推动了节目的发展,扩大了其在听众中的影响力。

三、在互联网思维下创新

在这个互联网飞速发展的时代，听众的需求也在不断变化，他们需要更加新颖的话题、更加实用的信息、更具个性的服务，总的来说，就是求新、求变。在此形势下，《一路畅通》除了利用好新媒体这个强大的平台之外，也在不断加强团队建设，优化工作流程，秉承互联网的思维模式，打造互联网时代符合受众需求的广播产品。

首先，从2014年开始，《一路畅通》整个团队都进行了调整，除了六位主持人以外，还引入了编辑岗位，这是《一路畅通》在团队建设方面的一项创新。编辑和主持人一起确定节目话题，对节目进行整体规划并准备相关资料，同时，编辑还要负责新媒体的维护等工作。团队的壮大和优化，使得节目策划可以更加完善，内容更加讲究，最重要的是，可以有更多的力量去实现一些创新的想法。

其次，引入编辑后，《一路畅通》在话题设置方向上也作出了调整：更加关注社会热点，与互联网结合更加紧密，加强了话题的时效性，在角度设计上更加新颖。另外，减少了一些表层的描述性话题，增加了更多具有讨论性质、富有思辨性的话题，并在抛出话题的同时，还经常辅之以微信投票，以及和节目内容有关的微信问答等形式，将广播本身和新媒体结合起来，激发了听众收听的积极性。

再次，《一路畅通》现在更加注重开展线下活动，注重对节目的包装。在互联网时代，闭门造车的做法已经不再适应当下的传媒发展态势，传统媒体应该加强对自身的宣传。在节目之外，通过各种方式加强和受众的联系，举办和节目有关的活动就是其中一种重要的宣传方式。《一路畅通》先后举办过“说进世界杯——今夜我们一起说足球”大party、人缘大赛、“畅通家庭过大年”等活动，将传统广播和互联网紧密结合，强化了自身的品牌影响力。

《一路畅通》秉承老牌节目“在坚守中创新”的发展思路，在坚持一直以来的优良传统的基础上，不断进行新的尝试，取得了一些成功，获得了一定的成绩。不过，在这个过程中，我们也遇到了不少困难，面临过诸多问题，由此也积累了不少经验教训。在今后的日子中，我们将继续探索传统广播优质节目的制作道路，开发具有节目特性的广播产品，最大限度地满足不同听众对广播节目的需求。

（曹倩：北京人民广播电台交通广播《一路畅通》栏目编辑）

积极创新打造大型科学实验类节目

——《奇妙实验室》栏目创作笔谈

彭　皓

读书笔记：

《奇妙实验室》是北京电视台科教频道2012年重点打造的，也是北京电视台唯一一档大型科学实验类节目。节目时长50分钟，首播时间为每周日21:02。

《奇妙实验室》特色鲜明、视角独特，主要有以下五个特点：一是突出实验特色和实证方法，趣味性地用实验讲述原理、用实验辨别流言、用实验检测真伪；二是紧密结合现实生活和社会新闻热点，围绕当下社会广泛关注、公众普遍关心的现象，从科学的角度、用实验证明的方法给予独到的、科学的解释；三是主持人亲历实验，节目把主持人功能化，在其创办之初就推出主持人“实验小胖”，在追求实验的真实感和亲身经历上下功夫；四是把实验做到极致，开拓了节目的选题范围，在《双面人》的节目中我们探索性地把道德上的问题引入了实验，来解读看到有人摔倒了不去扶的现象，用实验的方法论证人的内心深处是爱干好事还是爱干坏事；五是立足权威高端，走进国家实验室。

节目通过新闻事件引出实验，通过大型道具实验和国家级实验室的实验证明真伪，让权威的专家来解释现象和原理，这种三段式的制作方法构成了节目架构。

节目样态上分为演播室探究现象环节、演播室实验环节和外景实验环节。演播室设有两位主持人（马丁博士和实验小胖）、多位体验嘉宾（演艺界人士或其他社会知名人士）、多位科普专家和国家级实验室负责人。

演播室实验环节是适合演播室环境的道具实验和嘉宾体验，外景拍摄环节主要为大型道具实验、现场体验实验和国家级实验室的实验。拍摄的大型道具实验包括：电梯15米极速坠落生存实验、汽车失速刹车实验、家用胶带吊装重物实验、声音的力量实验、北京山泉水大调查实验、连续熬夜是否会致死的生存实验、人类是否有助人为乐的潜意识的科学实验等。除了上述实验外，我们还针对北京“7·21”特大暴雨事件制作了水下逃生实验、针对陕西高速连环相撞致使多人死亡事件制作了探究雨天大车相撞原因的实验等。

我们走进的国家级实验室有清华大学碰撞国家实验室、物理实验室、噪声与振动控制国家重点实验室、北京航空航天大学虚拟国家实验室等几十家。

《奇妙实验室》特别注意服务生活，在选题的贴近性上下功夫。生活科普类实验是我们的重要选题，我们已拍摄了《分不开的黄页》《“万能”的可乐》《爱美女孩身上的易燃杀手》等节目。比如在《你所不知道的盐》中，我们以卫生部发布的中国人食用盐超标的警示为由头，引出对盐的解读，层层深入地讲解盐对我们的好处和危害，并用实验对观点进行解读，以食盐为主线加上精心策划和有理有据的实验，从服务性和贴近性上做文章，真正让观众长了知识，明白了道理。《熄灭火焰山》的内容涉及公共安全，为大家解读了新闻事件中的灭火科学，并通过惊心动魄并且权威的实验，揭示了不按照科学规律办事的严重后果，为百姓上了一堂鲜活的正确用火和灭火的安全课，节目中的实验也力求按照日常生活的着火情景进行，做到了情景鲜活生动，使观众看了有所收益。

《心脏危机》以连续出现白领因熬夜而猝死的新闻为契机，通过4个志愿者48小时连续不休息的耐力实验，从医学的角度测试了可能引发猝死的原因。数据翔实明确，节目环环相扣，引人入胜。测试实验明白，内容丰富，信息实用性强。

当然，由于实验类节目在中国尚属初期，观众特别是中老年观众为主收视群的科教频道对实验的接受度不大。发现了这一点后，《奇妙实验室》在节目中注意由小到大地进行实验，层层深入，从生活小实验开始，最终引入终极实验，这样做了以后收视率明显提高了。

（彭皓：北京电视台科教节目中心《奇妙实验室》栏目副制片人）

原汁原味地坚守 勤恳认真地挖掘

——《徐徐道来话北京》栏目创新初探

张世强

北京人民广播电台交通广播日播节目《徐徐道来话北京》于2001年元旦开播，很快就脱颖而出，受到了众多听众的喜爱和追捧，最高收听率达到了1.57%，最高市场占有率为37.8%，同时，也得到了专家老师的认可和好评，不仅多次获得北京交通台和北京人民广播电台的奖励，还获得了2012年北京广播电视台节(栏)目创新奖栏目创新奖。虽然获奖已经三年，但栏目组仍然夙夜在公，不敢懈怠，在每年的改版中，每期节目的策划、编辑、录制、主持中不断创新，力争再创辉煌。

读书笔记：

截止到2015年6月，经过四年多1,600多期内容繁多、史料翔实、京味十足、幽默风趣的节目制作，节目组工作人员有了一个深刻的体会，那就是广播节目的创新并不一定要和最新科技、时尚潮流相结合，做到原汁原味地坚守，勤恳认真地挖掘，同样是一种创新，并能获得听众和专家的认可。为做到这两点，我们分别在节目内容、节目表现形式、节目主持和后期合成录音制作上不断尝试。

首先，在节目内容上，我们做到了原汁原味地坚守，勤恳认真地挖掘。

大家都说内容为王，因此，节目内容也是这档节目获得成功的重中之重。北京是一座拥有悠久历史的文化名城，可以说北京城的各个角落都有着与众不同的故事。近年来，伴随着人们物质生活水平的提高，大家越来越关注精神生活，所以对身在北京城的很多人来说，了解北京文化就成为他们的首选。特别是2008年北京奥运会举办之后，越来越多的外地朋友和国外友人也开始关注北京文化。正是在这样的大环境下,各类媒体上出现了很多涉及北京文化的栏目和节目,这些制作精良的节目就成为人们认识北京、了解北京的窗口,不过这类节目也存在着一些很明显的问题,比如:过分突出专家学者讲述,在注重知识性的过程中,大大削弱了节目的欣赏性;力求节目的花哨,忽略了节目的知识性、系统性与连贯性。而《徐徐道来话北京》节目,更加注重节目内容的京味特色和故事性。主持人、著名相声演员徐德亮声情并茂的讲述,让听众身临其境,从而避免了那种照本宣科,枯燥乏味的感觉。

为了做到原汁原味地坚守,节目组成员虽有轮换,但一直保持着清一色的"北京土著"加盟,北京生、北京长,潜移默化地深入骨髓的京味文化和京味熏陶使原汁原味的京腔京韵浑然天成,他们常能把自己的生活体验倾诉到节目当中,以增加和听众的共鸣。他们常常从自己最了解的北京胡同和北京风土人情入手,以达到鲜活和准确。对于自己不熟悉的部分,则采取查阅书籍资料、请教民俗专家、实地考察、采访座谈等形式,力争让每一期节目中的内容既生动有趣,又地道权威。

如2012年是相声大师侯宝林先生诞辰95周年,2012年2月7日,《徐徐道来话北京》栏目从2011年年初开始的系列节目《侯门往事》也进行到了第52回——完结篇。这一期节目,讲述了曲艺杂家崔琦和侯宝林的弟子丁广泉对侯大师的回忆故事,更精选了侯宝林和侯耀文两位先生生前的珍贵录音,播出了很多鲜为人知的故事,让我们感受到了一位北京艺术大师在人生晚年和弥留之际的真挚情怀。最后,我们请侯宝林先生的儿子侯耀华先生总结了侯大师的一生,让这期节目增加了厚重感。倾听本期节目,听众可以在侯宝林先生的往事中,真切感受到一位老北京人对北京的热爱,对观众、友人和弟子的关爱。

再如2011年11月3日,本节目播出了《景泰蓝古今谈》专题节目。倾听本期节目,听众不仅可以听到妙趣横生的景泰蓝形成的传说故事,更能通过对非遗传承人的采访,直观地了解到北京的传统精品手工艺文化的发展以及辉煌成就。

在已经制作播出的1,600多期节目中,很多专题都别具特色,并且京味十足,如《从"让子弹飞"到北京南站》《五环以外的北京土著》《北京人说您》《北京人说劳驾》《毛泽东第一次北京之行》《同仁堂——穿越古今的光明》《舌尖上的北京》《地铁七号线站点故事》系列等,通过徐德亮妙语连珠的讲述,让听众们在欢声笑语中对北京的各个领域获得了全新的认识和了解。

此外,在《徐徐道来话北京》节目中,我们还深度挖掘,由徐德亮演唱录制了近400段已经具有200多年历史,颇具北京特色的单弦岔曲作品,这是之前所有北京文化节目都没有做到的。在前三年播出的每期节目中,特别辟出了播放单弦岔曲的"北京小曲"单元,这是本节目的一大亮点。单弦岔曲是北京市级非物质文化遗产,但目前仍然还在传唱的却不足百段,在传承发展这一北京市级非物质文化遗产的过程中,也为北京交通广播保留下了一批珍贵的单弦岔曲独家有声资料。可以说,岔曲是区分本节目与其他介绍北京的栏目的典型性标志。在 2015 年,节目还邀请了北京京剧院青年京剧艺术家、著名京剧名家孟广禄先生的弟子富博洋创作并演唱了京腔京味的主题歌《徐徐道来话北京》,获得了听众和同业人员的一致好评,众多听众纷纷索要歌曲录音和歌片,进行学唱,并在公园老年合唱团中传播,对节目进行了强有力的推广。

其次,在表现形式上,我们也做到了原汁原味地坚守,勤恳认真地挖掘。

本节目以评书、单口相声这两种听众喜闻乐见的艺术形式,以巧妙的视角和切入点,在轻松快乐的气氛中,引领听众走近北京文化,感受北京文化的独特魅力。评书和单口相声,都是北京的地方曲艺形式,在北京听众中具有强大的影响力和传播力,也是京味文化保持原汁原味的独特表现形式。在老北京,书馆、茶馆、剧场中,说书人、从事相声曲艺表演的人拥有深厚的群众基础,所以,利用最原生态的表现形式,完成了坚守原汁原味这样的初衷。除此之外,根据节目故事的内容和风格的不同,我们也尝试过配乐诗歌朗诵、情景栏目剧等形式,主持人满嘴京腔的表演,同样获得了听众的认可和喜爱。

再次,在节目主持上,我们也做到了原汁原味地坚守,勤恳认真地挖掘。

北京人说北京话,讲北京故事,自然也离不开北京俚语和京味风格。为了演播好每一期节目,主持人徐德亮和节目编辑会对每一期稿件进行京味语言的再加工,有时,甚至能将初稿改得面目全非,以达到原汁原味的京腔京韵。为了让外埠听众也能听懂这些京味语言,我们还特别开辟了北京话单元,经常会用普通话讲解节目中出现的北京土话。此外,节目中,我们也经常利用京味影视剧录音片段及展现北京风情的相声、曲艺作品,让听众感受北京话的语言魅力,以强化主持人的京味主持风格。

最后,在后期合成录音制作上,我们也做到了原汁原味地坚守,勤恳认真地挖掘。

本节目充分利用徐德亮会播讲评书,会说相声的语言优势,将新老北京的传说故事、人物故事及新鲜事,用地道的京味语言徐徐道来,使广播节目加入了评书相声的元素,打造了一档具有鲜明时代特征的现代京味怀旧节目。在节目中,您可以听到传统评书的帅气,也可以听到相声中包袱的幽默运用,让人从故事中感受到北京精神"润物细无声"的完美表达。为了能让听众具有听书、听相声的代入感,在后期合成录音制作中,我们特别加入了醒木音效、快板音效、笑声音效,让评书、相声的表现形式,令人身临其境。而在有的节目中,音乐、片花、音效的合理运用,结合了广播剧的情景特征,从内容和形式都给听众带来了前所未有的听觉美感和听觉享受。

在 2012 年北京广播电视台节(栏)目创新奖终评会上,很多专家都对节目大力表扬，其中时任北京市广播电视学会会长的张晓爱女士认为，创新某种意义上也是坚守，作为传统媒体，北京人民广播电台的坚守，是非常重要的。不能说哪时髦，我们就换成哪，今天时兴红裙子，大家都换红的，明天时兴蓝裙子，大家都换蓝的。这种坚守，能获得听众的认可，这就是创新成功。时任中国广播电视协会会长的李丹老师这样评说："我也非常喜欢这个节目，我有的时候想，创新不是不顾一切的，也不是说凡是新的东西就是好东西。成熟的已经被大众接受，特别是在你所传播的这个地区受欢迎的这样的内容、形式、形态，你坚守它，在坚守的基础上，你再出出新，这就是很大的创新了。我觉得这个节目，就是在这个范畴之内创新的节目。"

综上所述，《徐徐道来话北京》的最大创新之处，就是专家和节目创作组一直以来孜孜不倦追求的坚守，并且是对原汁原味的坚守。现如今，现实中原汁原味的北京城已经所剩无几，在广播中塑造一座听觉上的原汁原味的北京城，是我们一贯不懈的追求。为了制作本节目，节目制作团队收集购买了各类介绍北京的图书 2,000 多册，其中包含清代、民国和新中国早期出版的古籍善本，其内容可以支持节目至少十年以上，再加上节目组对老北京民俗专家、非遗传承人的采访，可以让节目持续保证精彩并有延续性创新的可能。也许，在不久的将来，《徐徐道来话北京》还会在节目营销、节目推广上进行创新尝试，让我们拭目以待。

（张世强：北京人民广播电台交通广播《徐徐道来话北京》栏目制作人）

锐意创新的全景式戏剧访谈节目

——《春妮的周末时光》创新突围

李雪萍

读书笔记：

北京电视台文艺频道于2012年7月7日推出了由北京电视台当家花旦徐春妮主持的全国首档戏剧访谈节目《春妮的周末时光》，节目在借鉴其他优秀访谈节目的基础上，积极创新，以一种全新的姿态跃入观众视线，给北京地区的观众带来了别开生面的全景式戏剧访谈节目。节目新颖的形式和轻松的内容受到了颇多称赞，自开播至今赢得了很好的口碑及影响力。第一期节目的网络点击率达到了200多万次，栏目收视至今稳居频道前列，并已渐显品牌价值。该节目是北京电视台文艺频道首次推出的大型全景式戏剧访谈节目，也是首次以主持人为中心打造的节目。节目获得了2013年北京广播电视台节（栏）目创新奖栏目创新金奖和全国地面频道节目20强。现就节目的创新性谈几点经验和体会。

创新点一：居家设计，形式新颖

节目创作初期，节目组考虑国内外各大电视台都已有自己的特色访谈节目，如《鲁豫有约》《超级访问》《杨澜访谈录》等，都称得上是访谈节目的典范。那如何能打破常规，创新性地开创一个属于我台自己的访谈节目呢？考虑到春妮的亲和力等各种因素，最后“家”的概念应运而生。《春妮的周末时光》首创将演播室设计成主持人春妮的“家”，节目嘉宾以客人的身份到春妮家做客。这种首创的新颖形式获得了观众的认可和业界的良好口碑。

节目通常以主持人春妮独自在家的场景开始，或摆餐具、打扫卫生,或看杂志、练瑜伽,塑造一种居家的形象。紧接着门铃响起,客人(嘉宾)来访。嘉宾们有时一起出场,有时前后脚赶到,与女主人春妮寒暄,并随手带一束花或一瓶酒等小礼物。这些细节设计,符合日常生活中的真实场景,让节目的居家感大大凸显,营造了轻松活泼的氛围。

节目的舞台设计也依据家的形式设计。舞台的主体是一个宽敞的客厅,连接着开放式厨房及吧台,沙发区为主体区域,并设计了书房这种相对静谧的空间,落地窗旁边是通往卧室的旋梯,玄关处设计了鞋架和衣帽钩等,这种舞台设计,为嘉宾和观众营造了"家"的环境,为接下来的访谈和话题起到了助燃剂的作用。

创新点二:以主持人为核心,突出嘉宾的主动性

《春妮的周末时光》是以主持人为核心,引导嘉宾凸显其主动性的谈话节目。由于谈话节目话题的广泛性,所以对主持人的控场能力要求很高。节目的场景设置在春妮的"客厅"里,为春妮赋予了"女主人"的角色,相比其他的访谈节目,春妮多了"主人"的姿态,引导和把握嘉宾的表现。除了与嘉宾聊天时把握话题走向和谈话时间,她还要兼顾对环境的把握,适时加入戏剧感的表演。节目设计主持人不能主导性过强,每期出现的三到四位嘉宾也在做客时展现了积极主动的风采。不论嘉宾是谁,都要求其配合节目中做客的氛围设计环节,嘉宾在"春妮家"做饭、煮咖啡、端饮料等,使现场气氛更加活跃,让观众把注意力分配到现场每个人身上,使节目整体更加符合家庭式的和谐氛围。

创新点三:明星平民化

明星平民化也是《春妮的周末时光》的一大特点。节目以"做客"的方式隐藏了嘉宾的"明星"属性,这种"家"的环境气场让谈话更贴近百姓,更贴近现实生活,还明星以生活的一面。

通常明星参加节目录制都会穿着正装,但在本栏目中,所有的嘉宾都被要求身着便装、生活装,平实、自然增添了生活化的气息,也符合周末朋友聚会的规定情境。主持人春妮也是身穿生活装,系着围裙,马尾辫亮相,形象十分亲民,节目中的春妮就像是现实生活中隔壁的邻居或是观众自己,从心理上拉近了和观众的距离,观众对她的造型也非常喜欢。

在环节设计上,节目也通过日常朋友聚会串门的真实场景,反映了明星嘉宾们的真实生活。例如,濮存昕比赛切土豆丝、成龙做爱心咖啡、李莉和春妮做面膜等。区别于星路历程、人生经历等明星节目的常规话题,《春妮的周末时光》节目中涉及的看似都是些家长里短，但实际流露出的却是普通人的“情”“幸福”和“爱”，带给观众一种社会“正能量”。

创新点四：利用多媒体载体，使节目更加娱乐性和多元化

谈话节目如果只是一堆人坐在一起聊天，难免会引起视觉疲劳。但是，如果谈话被表演打断，又会打乱谈话节目应有的节奏。《春妮的周末时光》利用“客厅”这一场景，将谈话和表演巧妙地融合起来。例如，借助茶几，韩红大展茶艺；借助电视，濮存昕和冯远征玩起了滑雪游戏；奥运冠军们在饭桌上打起了乒乓球……这样的环境安排，不仅丰富了节目内容，而且突破了谈话节目的局限性，唱歌、弹琴、运动、做饭、做家务等，“客厅”成为展示嘉宾“技能”的全面舞台，使节目充满了娱乐色彩。节目尽量多采用丰富的手段，如电视机、游戏机、卡拉 OK、XBOX 等游戏项目的引入，为内容的呈现制造了新奇的效果和轻松的娱乐氛围。访谈节目中经常出现的嘉宾照片，在《春妮的周末时光》中以数码照片的形式出现在 iPad 上，更加方便、快捷、清晰。在嘉宾和主持人手中的 iPad，不仅作为一个道具出现，还体现了节目的时尚都市气息。

创新点五：内容与形式高度统一

《春妮的周末时光》的节目内容衬托了形式，形式契合了内容，尽量做到了谈话节目真实性、娱乐性、观赏性的高度统一。

由于到访的嘉宾一般是三到四位，因此《春妮的周末时光》话题的设计尽量避免针对性，话题转换要求自然，利用道具或嘉宾的动作转换下一个话题，尽量做到话题和表演的衔接不着痕迹。

谈话节目的热点话题往往能够吸引观众的眼球，而具备可讨论性和热点性的话题，能够吸引观众的持续关注。节目设计紧跟时事热点，在嘉宾的斗嘴揭短、插科打诨中插入时下最新热点和对时事的评价、关注和讨论，栏目始终把控着一个原则：嘉宾即使有不同观点，形成争论，也无需标出输赢，只要恰到好处地表达自己的观点即可。小小的争论，三言两语就能让节目的氛围达到顶点，不需浓重的火药味，做到引起观众的兴趣和思索并符合做客的气氛即可。

创新点六：传达人文情怀，引领主流价值

作为北京电视台文艺频道在周末黄金时段推出的一档谈话节目，《春妮的周末时光》旨在传达人文情怀，引领观众的主流价值，体现了较高的文化追求，展现了首都大舞台的风范；强调并体现明星作为公众人物的示范引领作用；力求做到每一期节目都有一种主流价值的体现,并力求以积极的人文情怀贯穿节目始终;始终秉承着健康的人文精神和娱乐态度,体现北京电视台的大美品质,这也是我们电视人的责任!

《春妮的周末时光》播出已三年,获得了较好的收视口碑和冠名广告签约,我们会继续在创新的道路上不断前行!

(李雪萍:北京电视台文艺节目中心导演、《春妮的周末时光》栏目制片人)

唱响主旋律 传播正能量

——广播媒体做好主旋律宣传报道的思考

刘　莹

读书笔记：

习近平总书记在全国宣传思想工作会议上强调意识形态工作是党的一项极端重要的工作，“能否做好意识形态工作，事关党的前途命运，事关国家长治久安，事关民族凝聚力和向心力”，要求“坚持巩固壮大主流思想舆论，弘扬主旋律，传播正能量，激发全社会团结奋进的强大力量”。然而，随着我国改革开放的不断深化，各种思想文化交流交融，人们的思想观念日益多元化，同时，随着科技的发展，媒体的竞争也日趋激烈，面对双重压力和挑战，广播媒体如何创作出既“鼓舞人、激励人”，又让“群众爱听爱看、产生共鸣”的优秀主旋律作品？北京人民广播电台（下简称为“北京电台”）在“中国梦”主题报道的创作上进行了积极探索，首次全频率推出系列励志故事《国人自述——我的梦》，并获得了良好的社会反响。笔者以此为例，和大家共同探讨这一课题。

一、节目基本情况

“中国梦”的宣传是贯彻落实“十八大”精神的一个重要组成部分，是当前宣传思想工作的重中之重。一时间，“中国梦”的宣传成为各级各类媒体宣传工作的重点。在强大的宣传态势面前，北京电台提出了“贴近生活、整合资源、强化优势、形成规模”的报道思路，整合北京电台九个专业广播原本零散和相对独立的各种资源，首次全频率推出了系列励志故事《国人自述——我的梦》。节目邀请改革开放以来的各界代表人物真情讲述自己的梦、圆梦经历以及他们对中国梦的理解。每个故事时长1分30秒,在北京电台九个专业广播的黄金时段滚动播出,并在北京广播网和《新广播》报以专题页面和专栏的形式连续刊播、刊载,形成大规模、高密度、立体化、全覆盖的宣传态势,以达到弘扬中国精神、凝聚中国力量的宣传效果。

在节目采制的四个月时间中,北京电台全台七十余人参与,共采访百余位人物,播出作品九十九篇。历时八个月,在北京电台九个频率每天滚动播出两轮。节目播出后在听众中引起了强烈反响,听众反映:"这些圆梦故事,让我切身感受到,实现中国梦,需要每一个人付出辛勤劳动和艰苦努力,增强了我为实现中国梦奋斗的责任感和使命感。""我要把实现中国梦的美好愿望转化为实际行动,脚踏实地地做好本职工作。""节目有现场感、有冲击力,扣人心弦。"

二、播出情况调查

重拳出击效果如何?在第一轮节目播出之后,北京电台广播发展研究中心通过微博、拨打短信平台号码库和听众服务中心号码库等方式招募了58位热心听众,现场用近100分钟的时间,连续收听51个人物故事,并就"人物选择""语言感染力""启示性和触动性""制作水准"四项指标,为每个人物作品打分。在此基础上,通过问卷调查和访谈的方式,收集听众对这一报道的评价,具体情况如下:

1. 节目制作水准

当天参与调查的听众连续收听了51个人物报道,用时近100分钟,中途没有听众离席,听众行为反映出这一系列节目对听众具有很强的吸引力。听众评分结果显示,其中有50个人物故事的分数在80分以上。从问卷调查结果来看,系列报道达成了当初的策划设想,在传递正能量、以个人事迹影响广大听众方面得到了听众极大的认可。

听众认为报道最吸引人的因素	
正面因素	百分比
有励志启示作用	72.41%
生动贴近生活	68.97%
语言有感染力	55.17%
能够引起共鸣	53.45%
报道丰富多样	46.55%
人物选择精准	39.66%
不死板不僵硬	37.93%

续表

听众认为报道最吸引人的因素	
故事吸引人	37.93%
节目制作精良	25.86%
大策划大制作	17.24%
其他	1.72%

2. 受众达到情况

问卷调查结果显示,高达81%的听众表示曾经收听过该系列报道。

3. 受众分享意愿

问卷中“您是否会向亲友分享《国人》系列报道,或向他们推荐这一报道?”一题中,75%的听众确定会与亲友分享。

听众分享和推荐意愿	
是否会将此报道推荐给亲友	百分比
否	3.57%
是	75.00%
不确定	21.43%

4. 多平台传播效果

曾经收听过相关信息的听众中,98%的听众是从广播中收听的;23%的听众曾经从北京广播网上获取过相关系列报道的信息;13%的听众从《新广播》报上看过相关系列报道的信息。从数据分析的结果来看,广播渠道担当了系列报道的传播主力,北京广播网和《新广播》报也起到了明显的正向协同效果。

从以上分析我们可以看出,这是一次得到受众认可的成功尝试。实践证明,主旋律作品照样可以唱得既荡气回肠,又委婉动听,成为广大受众既喜闻乐听,又愿意收藏的艺术精品。对其进行认真的分析,或许能为广播媒体作好主旋律宣传报道,提供些许有价值的参考。

三、创作特点分析

系列励志故事《国人自述——我的梦》在主旋律报道的内容和形式上都进行了积极探索和创新,包括以下几个方面:

全新的叙事角度　节目完全采用人物自述的形式，不加任何旁白。故事主人公来自科技界、军事界、教育界、音乐影视界、曲艺界、体育界等各行各业，既有像于丹、张召忠、李云迪、郎平等受众熟知的、已经实现梦想的成功人士，也有像“光爱学校”校长石清华、交警孟昆玉等胸怀梦想、仍在奋斗的普通人，他们带着感情、富有个性地讲述自己的人生故事和奋斗足迹。像海军少将、军事专家张召忠，“英语神厨”张立勇从小生长在艰苦的农村，通过自己的努力走出大山；濮存昕、韩红在实现梦想的路上到处碰壁，但坚持让他们最终成功；社科院教授杨佳虽然失明，但没有放弃心中的梦想，一直奋斗在自己的研究领域……在讲述自己经历的时候，都穿插着感人的小故事。例如，国家级功勋试飞员徐勇凌讲述了曾因驾驶失误导致飞机坠毁的故事；濮存昕讲述了自己第一次登台时刻骨铭心的记忆；张召忠讲述了自己带病在地震棚坚持学习的日子……没有说教，没有训诫，也没有劝导，让听众自己去感悟、去体味，从他人的人生故事、奋斗足迹当中找到自己前进的坐标。该节目从一个全新的角度诠释了“每个人的前途命运都与国家和民族的前途命运紧密相连”“国家好，民族好，大家才会好”的主题，对社会起到了正面激励的作用。

标准化的生产方式　节目打破了传统广播常用的单兵作战、单打独斗的生产模式，采取了标准化的生产制作方式，即在每一个时间节点，每一个工作流程都有非常具体的要求。例如：在工作安排上，总编室统筹协调，各台记者为主要采编力量，负责前期采访和粗剪素材，制作人员后期加工，台领导亲自带领审稿团队严格把关审听，广告部和各专业广播安排播出。各部门既有合作又有各自的任务。在具体的节目内容上，要求节目必须涵盖主人公的自我介绍、个人梦想、圆梦历程以及对中国梦的理解四部分内容；采访要求要有具象描述，有细节，有必要的音响，语言表达和声音素材要清晰；表现形式上要求必须是人物自述，不能有旁白，不能是喋喋不休的讲述，要给音响、音乐、音效以表现的空间，要通过音乐的转换来实现内容和情感的深化。

依据这样的标准化流程制作生产出来的节目质量均匀，比个体生产的作品水平大幅提高，好作品占了绝大多数。

广播剧的创作手法　该节目采访人物涉及面很广，形形色色的经历和职业，使他们讲述的故事内容非常丰富，语言特色鲜明。像郎平的豪气、农民企业家张宝贵的朴实、“爸爸”校长石清华的热情、奥运冠军林丹的霸气、学者张颐武的文气、军事专家张召忠的严谨……在创作过程中，制作人员有侧重地突出主人公与常人的不同之处，很好地把握住主人公身上的特色和亮点，结合主人公过往经历中留下的声音片段，并配以符合他（她）身份特点的音乐、音效，营造出一个富有画面感的、生动的场景，将一个个奋斗者的形象真实、立体地呈现在听众面前，从而增强故事整体的可听性。

例如:“奥运冠军叶诗文”一则中,节目一开始,叶诗文自述的时候,叠压她游泳训练的录音,当叶诗文讲到她克服种种困难,为了梦想咬牙坚持时,节目马上加入了伦敦奥运会游泳比赛现场直播时的音效。主持人那种激昂、振奋的解说,使主人公的身份马上鲜活地浮现在听众眼前,而且迅速地把听众拉回到那个激情四射的赛场,使主人公的整体形象很丰满,特性鲜明,能够给听众留下深刻的印象。

在“盲人钢琴调音师陈燕”一则中,首先出现的是陈燕给钢琴调音的音效,一个一个按琴键的声音很独特,能够从一开始就吸引听众的注意力,同时能够引出主人公的身份,直观地为听众描绘出“钢琴调音师”这一陌生职业的特点。之后主人公讲述了她第一次到客户家服务的经历,再说到“一下车就走错路”的时候,节目为其配上了车辆川流不息、汽车鸣笛而过的音效,不但能够还原现场,而且充分地体现了一个盲人面对车水马龙时那种慌忙、无助的心境,也为展现主人公的顽强、自立起到了铺垫作用。

再如,“法官宋鱼水”一则中,宋鱼水的工作性质决定了她的采访内容没有太多的情节和冲突,想要让内容鲜活起来就得和她的生活和工作场景紧密地结合在一起。采访内容中,生活的内容很短,但要突出,这样可以使听者与之更亲近,所以节目特别选取了一些农村生活的场景音效,合以淡淡的音乐再现了她小时候生活的画面感,工作场景则选取了她最有代表性的法庭审判片段来展现她的工作状态,让听者有亲临现场的感觉。最后升华的部分选取了宋鱼水被评为“中国十杰法官”颁奖时的一段宣誓,虽然很短,但它的庄严和肃穆让结尾处立刻丰满起来,起到了升华主题的效果。

立体化的宣传手段 一分半时长的节目,就像短小的公益广告在北京电台的九个频率,每天以八次以上的频次滚动播出;在北京广播网推出专题页面,刊载人物故事的音频、文字、照片;在北京广播网的微信推送的新闻报中开辟同名专栏,每天推介人物(包含文字、照片、音频),并向新浪、凤凰、千龙三家网站推介;北京电台的《新广播》报以专栏形式连续刊载。电台、网络、报纸三大不同媒体大规模、高密度、立体化、全覆盖的组合出击,不留传播死角,争取一切出口接触受众,扩大了节目的传播力。

四、做好主旋律报道的思考和启示

广播没有电视的冲击力,不似报纸的易保存、可重复,也没有新媒体的海量信息,因此要想让受众在众多媒体同时发声的主旋律报道中听到广播人独特的声音,我认为应该做好以下四方面工作:

1. 节目内容——贴近生活,大能量要有小出口。主旋律报道容易陷入“生搬硬套、教条说教”的泥潭,所以要做好主旋律报道,人物选择非常关键。听众对重量级的人物会有更高的关注度，这种对“感兴趣的人”的关注，有可能转化为对整个主题报道的关注。但平民化的生活背景，对听众而言更具有亲切感和现实意义，因其奋斗轨迹可追溯、奋斗历程可效仿。所以，能将作品中的事例投射到自身的生活和工作中，这类节目对听众而言更有可听性。找准节目细微处的落点，使它与受众的感受紧密连接，让受众自主思考，从浅显易懂的小故事、小细节中参悟道理，获得鼓舞。

2. 生产方式——加强资源整合，以规模化的精品节目吸引听众。在强大的媒体宣传攻势面前，依靠个人力量的单打独斗，就好似战场上的散兵游勇，不战而败。在重大主题宣传报道中，要改变广播日常节目的生产模式，在做好顶层设计、科学策划、统筹安排的基础上，集结最优秀的采编、制作人员，根据标准化的制作流程，各部门通力合作，成系列、成规模、分步骤、有节奏地推出有分量的优秀作品，重拳出击，才能产生影响。

3. 节目制作——强化资源优势，突出媒体特色。广播的优势是什么？是声音。广播的声音是实在的、具体的，它能给人无限的想象空间，帮助收听者产生联想，撩拨人的心弦，不知不觉中完成其传达与说服的功能，这是广播的魅力所在，也是广播生存之本。在创作中，就要把广播的声音优势发挥到极致，利用各种手段，丰富听觉体验，用声音激发情感引起共鸣，达到以声传情，以情感人的效果。

4. 播出宣传——立体多元化，全覆盖的组合方式扩大宣传力。如今是“酒香也怕巷子深”的时代，因此要把握好广播传播的主战场，充分利用自身媒体优势，加大宣传力度，同时也要加强与报纸、电视以及新兴媒体的互动融合，做宽传播渠道。对节目进行适度加工，多渠道推送，用主动、自信的声音和姿态去融入、引导各种媒体中的多元声音，让受众以更便利的方式获得更好的收听体验，以达到最佳的传播效果。

我们知道重大新闻战役是对新闻媒体竞争力、影响力的高度检阅，广播媒体只有把自身做大做强，才能赢得应有的地位和尊重，才能更有力地承担时代赋予的重任。让我们以社会主义建设者的姿态担当起光荣的历史使命，以积极主动的心态不断探索创新，以强烈的社会责任感为实现中国梦传递正能量。

（刘莹：北京人民广播电台总编室副主任）

另辟蹊径的诚意之作

——《书香北京》世界读书日特别节目“读书有道”创作谈

吴　玮

从2010年至2015年，北京电视台读书品牌节目《书香北京》已经连续五年在“世界读书日”制作推出了一系列特别节目。一番体验下来，我真切地感受到了“贵在坚持，难在创新”这八个字。每年策划特别节目的时候，我们都希望能找到一个全新的切入点，但每次都很难，而且越来越难。2013年，在我们反复研讨、争论、打磨之后，我们最终确立“世界读书日”特别节目的主题为“读书有道”。说到这个主题的来源，还要从一本书说起。

读书笔记：

这本书叫《怎样读书》，它汇聚了胡适、蔡元培、林语堂、丰子恺等文化学者多年来孜孜不倦读书的经验，介绍了众多读书方法及门道，也是台领导特别推荐给节目组的，他期望这本小书能对我们倡导全民阅读有所启迪，能对当下的读书环境和读书风气有所帮助。

这本书让我受益匪浅。当今这个时代，读书的价值容易让人懂，但读书的方法却很难求，与其一味地劝人读书，不如给大家一些更实际的读书方法。古往今来的文化大家均有一些独到的读书方法。宋朝著名学者朱熹遵循“循序渐进、熟读精思、虚心涵泳、切记体察、著紧用力、须教有疑”二十四字法。明末清初学者顾炎武也很讲究读书方法，他给自己规定：每年春秋两季，分别复习冬夏两季所读的书，即半年读书，半年复习，把阅读和复习交叉进行，有效记忆。顾炎武的三读法即“复读法”“抄读法”“游戏法”，这种在阅读时既动口、又动手、还动脑的学习法，大大提高了读书效率。现代文学奠基人鲁迅先生读书有一套“跳读法”：“若是碰到疑问而只看那个地方，那无论多久都不懂，所以，跳过去，再向前进，于是连以前的地方都明白了。”这种读书方法是对陶渊明的“不求甚解”读书法的进一步发挥，把精力放到了原著的整体理解和最重要的内容上。

当下，全民阅读愈发流行，如果我们《书香北京》能够邀请一些真正的读书人，汇集他们的读书经验，讲述他们的读书之道，真实地展现守真、养善、藏美的心灵体验，让观众们选择适合自己的读书之道，不是一件非常有意义的事情吗？

这是一个务实的主题，同时也是一个非常安静的主题。读书节目和娱乐节目不同，它需要一个高尚而又淡雅的气场。在当今大多数电视节目都被高度娱乐化的背景下，我们的这个选择可谓是另辟蹊径。

所谓另辟蹊径，就是在其他节目攀比热闹的时候，我们在展现安静的力量；在其他节目追逐明星的时候，我们在挖掘有学养的读书人。

所谓另辟蹊径，就是不煽情、不猎奇，以一个求真求美、务实诚意的态度，和大家交流读书方法，由术悟道，体味“读书与生活”融合的境界。

所谓另辟蹊径，就是“取之有度，用之有道”，不仅要做给读书人看，更要做给很久不读书的人看，调动大家重拾书本的欲望。

我们选择的四位嘉宾不是大众眼中的“明星学者”，而是真正爱书、读书、写书的名家。我们根据四位嘉宾的思想精髓予以提炼，将其与文房四宝的“纸、墨、笔、砚”的人格化寓意相对应：旅美作家严歌苓的“做人如运笔”；美学家、北大教授叶朗的“治学如知墨香”；新华社前总编辑南振中的“心境如雅砚”；《三联生活周刊》主编朱伟的“情怀如纸之淡然”。

在演播室的布景上，我们也作了一些创新，力求体现读书节目的审美趣味。明代高濂在《遵生八笺》中描述书斋环境：“窗外四壁，薜萝满墙，中列松桧盆景，或建兰一二，绕砌种以翠芸草令遍，茂则青葱郁然。旁置洗砚池一，更设盆池，近窗处，蓄金鲫五七头，以观天机活泼。”根据这样的描述，我们运用高科技的视频技术，还原了书中颇具古意的画面，营造了一个传统的文人书斋，辅以砚、笔、墨、纸、笔洗、印章等文房用具，插花、印石、香炉、太湖石、茶盏等文房清玩，展现了三两好友在书斋内品茗清谈的盎然趣味。

在内容上，四位嘉宾从如何选书、该怎么读书，到如何学以致用等话题，逐一娓娓道来，传授读书的门道，并推荐了他们心中的经典著作。阅读首选经典；既要读万卷书，更要行万里路；既要读有字之书，也要读无字之书……这些深刻的读书之道，都是嘉宾们从各自的人生体验中一点点体验到的真知灼见，简单而又深邃。

读书是一种积蓄，你存了八分，可以用的也许只有一分，这就是所谓的“书到用时方恨少”。严歌苓和朱伟不约而同地提到，自己成功的秘诀是“笨鸟先飞”，日积月累才能细水长流。这些体验可能不仅仅是简单的读书之道，更蕴含着博大的做人之道。

这期《书香北京》特别节目还指出了当下人们读书的一些误区，并请嘉宾给予建议，希望对观众有所裨益：

1. 不要以忙为借口而忽略读书，真正的读书人都是大忙人，要善于化零为整，挤出碎片与缝隙的时间读书。

2. 当下年轻人热衷沉溺于网络，但“百度搜索”不能代替读书，情绪不能替代思想，我们不要做“一分钟的学问家”。

3. 读书固然有方法，但精读一定是必须的。阅读经典最好的方式是精读，用古人的话来说就是“熟读玩味”。精读一本前辈大师的著作，并不是一件容易的事，读经典不能太性急，不能贪多求快，肯下笨功夫才能把书读懂、读通、读透。一年能精读两本，坚持下去，十年就精读二十本，二十年精读四十本，那就很了不起了，就可以脱胎换骨了。

4. 我们当今很多人不读经典，对文化作品、社会现象丧失了辨识力，只好把自己的头脑交给一些所谓的“文化明星”“成功学专家”；但我们建议不要迷信那些所谓立竿见影的“成功学”书籍，读书是在完成自己的心灵功课，精读经典的最终目的是提高我们的人生境界，它所赐予的营养与力量，可以让你走得更远。

5. 丰富的人生是一本永远读不完的书，一个人如果把书读进去了，让书伴随自己成长，再观照自己，那么他所获得的世界观、人生观和幸福感将完全不同，快乐地读书是学习的最高境界。

制作这期特别节目，对我而言，也是一次难得的学习。这么多年坚守在书香之中，我已经爱上了她。我们希望通过《书香北京》这个节目，能让大家安静下来，能够从中得到一些启发，进而思索和回味。

读书最美。

（吴玮：北京电视台青少·海外节目中心《书香北京》栏目制片人）

“娱乐”这些年，怎样“72 变”

——《娱乐 72 变》栏目创新有感

邸帅颖　应　宁

做娱乐节目很多年了，我们生生地从一个文静的“软妹子”做成了又“贫”又“乐”的“女谐播”，这次有幸获得了 2014 年北京广播电视台节（栏）目创新奖栏目创新银奖，心里既激动又欣喜。别看娱乐做久了好像能笑谈很多事，但是一路走来也让人感慨，创新不易，让人乐起来更不易，所以这份荣誉我和搭档们都非常珍视。

读书笔记：

说起《娱乐 72 变》的演变，咱们借用拍电影“前传”“后传”的设计来娱乐一下吧，参演的男主角儿各个发展不俗，让我们从头说起。

回首当年

《娱乐 72 变》起源于 2005 年北京人民广播电台文艺台设置的《娱乐网天下》节目。节目的设立源于网络的兴起，而年轻的我们（我和张帆）成为指定的搭档。当时潮流下我们开始尝试声音的表演和塑造人物。想想当年，我们大海捞针般地寻找网帖，泡西祠、泡猫扑、泡榕树下，然后编改小广播剧的日子还是挺乐的，好像永远有使不完的劲儿，为了几篇好帖子，我俩能多吃碗饭。

节目反响不错，获得过“听众最喜爱的广播节目”。

再看前传

2007 年，《娱乐网天下》的男主角盛博闪亮登场了。北京体育广播主持人梁言老师“说媒拉纤”，我们俩又“情投意合”，很高效地结为了搭档。由于网帖资源的逐渐枯竭，我们便想走出一条新路，但我们又希望继续发挥用声音来表演的特色，于是就想到了原创青春、热点广播剧，让它年轻化一点，跟“热舞青春”似的。于是在不断地筛选、更替中，我们确认了六位编剧。那段日子，催稿、写稿是我最头疼的事，每期录音却是我最快乐的事，三年就这么下来了，我和盛博搭档时期的《娱乐72变》，获得了中国广告协会（以下简称为“中广协”）娱乐类节目评选的二等奖，更重要的是，我们搭建了目前这个节目大致的结构场景和人物关系，也由于分包赶角，锻炼了一人分饰多角的能力。

话说今朝

2009年至今，《娱乐72变》正式确定现在的阵容和定位。新生代青年相声演员应宁、王磊加入节目，一次次磨合后，情景脱口秀的创新风格逐步形成，节目收听率提升至文艺台前列，成为原创型、新娱乐节目的代表。节目曾连续被评为“北京电台最受听众喜爱的节目”，我们创作的《长走记》曾获得市委宣传部优秀科普作品奖，《面子问题》也曾获中广协娱乐类节目一等奖，我们还受邀参与央视“笑星大联盟”小品节目录制，该节目被天津文艺广播购买。

随着节目影响力的扩大，我们对于树立节目品牌的意识也越发强烈。2010年，我们商量也该做点儿树立品牌、服务听众的实事了，于是组织了“清凉一夏——为司机师傅送水听相声”的公益活动，没想到反响挺热烈，大家在园子里热情地叫我们“小花”“小柱”“大磊”，无不透着街里街坊的亲切，给了我们很大的鼓励。那时“大数据”概念还没满世界流行，但我们的节目真是吸引了一些北京人，当时北京电视台《这里是北京》的制片人李欣老师也成为我们的忠实听众，时常发个短信说说听后感。2013年我们再次组织听众走进星夜相声会馆一起见证《娱乐72变》五周年的成长，现场气氛热烈。

一档优秀的节目，应在收听效果、经济效益、社会反响等多个方面取得成绩。

几年下来，我们走过弯路，也在路口徘徊过，不过《娱乐72变》始终在我们心中的小山坡上行。就像女人努力摆脱地球引力想做到“无龄”一样，创新也是我们对原地踏步、千篇一律、无聊重复的最大抵抗。我们尽力尝试新鲜的想法，观察身边的变化，解决出现的问题。

创新正传

下面就来聊聊我们的创新正传吧。

《娱乐 72 变》定义为一档轻松好玩的“即兴脱口秀 + 情景剧”节目，将社会新闻演化成故事脚本，节目明确定位在长居北京、关心并热爱这个城市的 25—60 岁受众群体上，并仔细分析这一群体的语言习惯、日常喜好和生活状态，从而制作出幽默、放松、精巧、好听的娱乐节目。

调查数据显示近些年各地广播市场的竞争呈现区域化和贴近性的特点，因此节目本地化、接地气的模式也将继续保持并形成特色，以便培养黏性收听人群，随着人群的变化有必要及时更新数据的分析、不断调整方向。

创新点及其特色体现在以下几个方面：

有专家这样点评《娱乐 72 变》的创新形式（创新点）：类似以应时性、时事性为特征的戏剧类型，能及时反映时事，就像“活的报纸”。演出时，常常把人物漫画化，并辅以点评议论。而《娱乐 72 变》更好地运用了现代传媒资讯量大、传播快、吐槽议论、反馈积极的特点，创作本土的、新时代的幽默剧。

情景剧与即兴脱口秀的组合成为节目的另一创新点。由于日播节目频率高、成本有限，因此在情节的发展中，三位主创需要利用手边的新闻素材短时间内碰撞出一个有“包袱”、带“槽点”的剧本，因此在结构搭建、人物塑造上很难期期达到标准情景喜剧的要求，于是开始尝试结合即兴脱口秀的特长。相声式的语言噱头、日常的搞笑、“现挂”“抖包袱”的优势确实能够提升喜剧效果，不过单纯的插科打诨长久来看却易受冷落，所以贴近生活、贴近现实、贴近百姓的新闻素材与主创的“现挂”“脱口秀”能力相结合才可能实现“1 + 1 > 2”的效果。虽然难度较大，但形式独特、听众反响较好，也因为难度较大而避免了被竞争台轻易模仿。

节目地域性强，情节机动性强，角色多变是其第三个创新点。作为根植于北京本地文化的节目，京味儿是一种不可忽视的特色，也是一种鲜活的文化生态。与其相联系的是北京人，而北京人、北京话、北京的环境、风俗、习惯和北京人的心理素质都在不断变化，在这个开放包容的城市中，老北京人、新北京人不断融合，创造出新的城市风貌。故《娱乐 72 变》所定义的“京味儿”风格，绝不局限在单一方面，而是通过主持人、嘉宾声音的表演、性格的刻画来塑造不同来历、不同背景的北京人，我们三位恰好都从小生长在北京，与这个城市建立了深厚的感情，对老北京的味道、新北京的风貌也毫不陌生，并深有感触，所以转化角色、运用语言都较为自然，主创人员多变的表演能力、情节推动能力,使得一人可以分饰多角。

节目一般根据剧情设计人物,不僵化地要求固定人物,但在可能的情况下也会优先使用几个具有鲜明性格和语言特点的固定核心人物,便于人物的性格冲突以产生幽默感,从而建立起角色与听众间的感情。固定的核心人物有:小花(快言快语的胡同女孩)、小柱(鬼机灵的小瘦子)、大磊(老被欺负的小胖)。

2015 年,节目动漫版登陆北京电视台“卡酷频道”,我们拥有了属于自己的动画人物形象,并尝试网络点击数据统计,首日无宣传状况下,优酷点击量过万。

未来后传

首先我们要争取更广泛的听众群。

未来开车及乘车人是主流听众群,具有较高的商业价值和较高的广告时间容忍度。但车上时间有限且他们的注意力不够集中,《娱乐 72 变》的轻松、节奏快、搞笑、与现实结合紧密的幽默短剧很适合他们。

对 90 后和 00 后而言,轻松、搞笑的极短剧他们非常熟悉而且喜欢,剧情和人物设计也考虑到了这个群体,主持人“吐槽”式的点评也是他们熟悉和喜欢的方式,因此需继续研究、摸索他们的语言特点、心理习惯。

目前节目不仅在传统广播中收听率名列前茅,在整个北京电台数百个栏目中,北京广播网的点播次数也位居前五,这证明网络收听、新媒体可探索的空间较大。

我们已建立主持人微信公众号,计划通过新媒体社交平台更好地服务忠实听众,扩大节目品牌效应,增强新媒体平台上的传播力,吸引并抓住爱玩、爱北京的人群。

闲聊两句

2014 年及 2015 年上半年,可谓是韩国综艺节目在华的“井喷年”,不论数量还是版权费用,韩国的综艺节目都大幅上涨,其中一档韩国综艺节目版权费甚至最高涨了 10 倍。拿韩国综艺节目代表《Running Man》举例,创作之初的样貌是这样的:最开始一年多时间里,节目只是以分队游戏对抗、输者惩罚的普通流程进行,成员各自也找不准自己的定位,无法形成一个有效的整体,节目的娱乐性、艺能感偏弱,导致那时节目的收视率一直不高。后来节目组不断探索研究,慢慢找准了方向,节目的形式不再拘泥于分队对抗,而是编排故事或安插情节来使节目更加多样化,加上成员们彼此熟悉找准了自己的定位,于是节目走出低谷迎来了爆发。

所以一个好创意就可以变成一个好产品，创意只是个想法，将其落实在节目中是以无数的细节设计和一系列成功或失败的实践来推动的。

也许用不了多久，我们又会按捺不住一颗想改变的心，在下一个转弯处与新老朋友们相会。

（邸帅颖：北京人民广播电台文艺广播《娱乐72变》栏目制作人、主持人；
应宁：《娱乐72变》栏目演员、煤矿文工团青年演员）

不走寻常路的健康节目

——《我是大医生》栏目创作经验分享

吴犁犁

读书笔记：

《我是大医生》是团队自主研发的一档全新模式的大型健康服务类节目。节目首度将专业医生组建成嘉宾团，打造“医生梦之队”的概念，为国内的健康服务类节目开启了全新的主持模式。同时，栏目也在国内开创了一种全新的医学互动方式，打破了传统健康服务类栏目的“访谈场”，充分运用化学物理原理以及栏目自主研制出来的各种道具，将复杂的医学知识通过精彩的互动，准确展现。通过这些生动灵活的讲解、关联感极强的互动，节目向大众传播最具趣味性、实用性、权威性的医学知识；用活跃、直观、综艺的方式，解读健康的奥秘。

2015 年以来，《我是大医生》的平均收视率达到了 0.5%，微信公众号粉丝达到了 20 万并保持持续上升的态势，在同类型节目的竞争中稳居榜首，单期最高收视率也达到了 0.86%，位居省级卫视同时段排名第一位。同时，在 2014 年度全国广播电视优秀民生栏目评选中，《我是大医生》荣获“2014 年度全国十大创新民生栏目”奖；并荣获“2013—2014 年度‘两岸四地’最具创新力电视栏目”生活服务类大奖、2014 年北京广播电视台节（栏）目创新奖栏目创新银奖；同时，在 2014 年第七届广电总局《综艺》评选中，斩获“年度健康服务类节目”大奖。较之传统健康节目，《我是大医生》打造了活泼、时尚、健康、综艺、贴地的气质，不仅牢牢吸引住了中老年观众，更让许多年轻观众成为节目的粉丝。

一、在创新中开拓健康节目新模式

依托北京卫视的平台气质,《我是大医生》独一无二的“医生梦之队”留给了观众深刻的印象,如哈佛博士后、中国心血管专家李建平、中国“乳房再造之父”栾杰、形象堪比韩剧明星的急诊医生王成钢等。在专业的基础上,无论从定位、表达还是形象,“医生梦之队”都是其他健康节目难以超越的。而将“素人”医生打造成“医生梦之队”并不是一件容易的事。这些医生全都是一线主力医生,要协调他们的时间难度很大,为此《我是大医生》也在陆续发掘一些有潜质的医生继续加入我们的团队。而且作为纯粹的“素人”,节目初期医生们确实会出现记不住台词的状况,《我是大医生》曾创造过一期节目录制 10 个小时的“壮举”。不过,经过将近两年的历练,“医生梦之队”的成员站在舞台上已经非常自如,并在节目录制过程中逐渐找到了每个人的舞台个性特点。“医生梦之队”已经渐渐成为观众心目中真正的“偶像医生”。

同时,《我是大医生》是一场医学健康节目中的综艺秀。从格局、气质到栏目的内容包装、讲述方式、视觉效果,栏目追求的都是独一无二的呈现。形式上,“细胞体”概念的舞美设计,让观众觉得《我是大医生》不是在舞台上讲课,而是在“细胞体”中聊天。同时,《我是大医生》充分利用 3D 动画,形象阐释了医学健康原理,打造了电视节目中的《阿凡达》。内容包装上,《我是大医生》致力于用大家前所未见的互动、呈现方式来讲述。无论是实证、测试还是互动道具的运用,《我是大医生》都在“意想不到”上下足了功夫。每一个细节,都在准确科学的基础上,要求精美和细致,以保证节目的品质。

二、在快乐中传递严谨的医学知识

如果光有“医生梦之队”,而没有快乐的外衣,《我是大医生》也只会是一档枯燥的专家访谈节目。而在众多健康养生节目当中,《我是大医生》做到了将严谨的健康知识与娱乐巧妙结合。生病本来就是一件挺痛苦的事情,如果再讲得很严肃、很沉重,观众的心情会更压抑。为此栏目组在节目创建之初,就提出了快乐健康的理念,在欢笑当中传递健康知识。目前,《我是大医生》的目标收视人群不仅是 50、60 岁以上的主力受众,而且已经拓展到 35 岁以上乃至 20 多岁的观众。如今《我是大医生》已经渐渐成为一档适合全家老小一起观看的“合家欢”电视节目,这其中的重要秘诀就是节目的趣味性。

一档健康养生节目要想存活下去,就不能在健康观点上出任何问题。网络上也有很多健康类节目比较有趣味,但如果不够严谨,对观众来说就没有信服度。《我是大医生》在讲求趣味性的同时,一直强调不能把严谨性丢了。每期节目录制,都会邀请最权威的医学专家来参与节目。节目中的所有健康观点都有文献和专家的支撑,所有话题都经过了医生们的反复研讨。

2015 年以来,《我是大医生》已经越来越成熟,播出时间提到了黄金电视剧之后的 21:20 档,同时节目进行了扩版,时间拉长到了 70 分钟,面临的竞争也更加激烈。对于一档健康节目来说,未来的难度将集中在新知识点的挖掘上。而对于我们而言,除了将知识点挖掘到"寸草不生"之外,互动形式的创新也将是栏目需要不断面对的课题。栏目组不会原地踏步,创新将是栏目生存的唯一途径。

(吴犁犁:北京电视台卫视节目中心《我是大医生》栏目制片人)

新闻让科学更新鲜

——《照亮新闻深处》栏目创作思考

段玉龙

《照亮新闻深处》是北京新闻广播在2013年度推出的一档新闻类科学栏目，本栏目立足每日发生的新闻事件，邀请相关领域的权威专家以科学的角度解读新闻。

本栏目在播出后受到了听众的广泛好评，收听数据较之前也有了明显上升，足以说明听众需要多样化的资讯传播方式，同时也启示我们探索一种全民科学普及的新方法。

在制作过程中每期节目都恪守三个原则：

1. 新闻的时效性

在选材中紧跟时事，一般选择当天或前一日发生的新闻事件，这样不但符合了播出平台北京新闻广播的频道属性，同时借由大众对热点的关注来引导收听。

例如报道2014年马航MH370空难事件，本栏目在当天直播中邀请了航空领域专家，从技术角度解读了执飞航班机种的特点，以及民航飞机路线如何设定、雷达如何监测、航班失联的原因可能有哪些等问题，而随着后续的调查进展，栏目又播出了海上搜救专题、历次空难回顾与调查专题，以及国际专家如何确定失事海域等节目。

马航失联事件在当时受到了全世界的热切关注，栏目也紧跟热点事件，从科学知识的角度解读了新闻。

2. 科学的权威性和新鲜度

本栏目在强调新闻性的同时更加注重知识的权威性以及新鲜程度。虽说新闻热点是吸引关注的要素，但一期节目能否得到认可最终

读书笔记：

还得看专家的解读是否全面与到位,而这一点就需要找到该领域在学术上有成果以及懂得广播表达的专家。

例如某期节目解读我国新建的南极科考站点,中国社会科学院的高登义教授是我国迄今为止唯一一位去过“地球三极”(南极、北极、珠峰)的科学家,并且还参与过南极科考站的建设。这期节目几经周折邀请到了高教授做客直播间,给听众讲述了南极科考站点建设的难点及意义。

“科普中国”是中国科学技术协会面对全国人民的一项大型科学普及活动,这个活动出台后,节目也邀请到原中国科技馆馆长、被誉为科普界诺贝尔奖的“卡林嘉”奖获得者李象益做客直播间,从他三十年来的从业经验说起,和听众聊如何做到全民科普以及科学知识普及的重要性。可以说,节目在制作过程中做到了新闻性与权威性的良好结合。

与此同时,面对科学研究突飞猛进的发展,栏目力求和听众分享全球科技界的前沿成果,每天在节目中分享全球科研动态,同时还邀请专家做客直播间,讲述在他们的研究领域中有哪些新发现和新成果。

3. 传播的趣味性

提到新闻报道或者科学普及,很多人下意识地认为它们是枯燥且无趣的,所以节目在制作中力求两者以“有趣”的形象展现在听众耳边,在话题选择、音频素材选用、嘉宾语态调整等方面尽量做到趣味化,营造舒适轻松的谈话场,在陪伴听众的同时和他们分享知识。

随着传媒行业的不断进步,新闻传播变得越来越模式化,在这个大背景下,我们以科学的角度解读新闻,可以说是创立了一种全新的新闻传播方式。而传统的科普工作相对是一个“闭环”,把每天鲜活的新闻事件加入科学元素,使得科学传播更有活力。

是科学让新闻有特点,是新闻让科学更新鲜!

(段玉龙:北京人民广播电台新闻广播《照亮新闻深处》栏目制作人、主持人)

JIEMU CHUANGXINJIANG

节目创新奖

▶▶节目创新奖评选标准：

节目创新强调节目内容与形式的创新性、原创性，须在创意策划、选题选材、主题立意、表现方式、制作技术、剪辑编排等方面，至少有两项鲜明的创新要素，并且这些要素的创造使该节目类型在所属的专业领域具有重要的启示作用。参评作品不限体裁、题材、时长，广播剧、电视剧、动画片不在评选之列。

2012－2014年节目创新奖获奖作品

2012年:

1. 金奖:《档案:苏联解体——“八·一九”事件内幕》(北京电视台卫视节目中心)
2. 金奖:《辛亥》(北京电视台)
3. 银奖:《服务就差这一步》(北京人民广播电台新闻广播)
4. 银奖:《2012BTV环球春晚》(北京电视台青少·海外节目中心)
5. 银奖:《缅怀先贤燕园立志——北京打工子弟学生2012北京大学清明咏诵会》(北京人民广播电台)
6. 银奖:《古韵京风端阳情——北京电台2012文化端午特别直播节目》(北京人民广播电台)
7. 银奖:《2011年度北京流行音乐典礼》(北京人民广播电台音乐广播)

2013年:

1. 金奖:《英雄求职记》(北京人民广播电台新闻广播)
2. 金奖:《2013卡酷少儿动画春晚》(北京电视台动画节目中心)
3. 银奖:《芦山地震特别报道》(北京电视台新闻节目中心)
4. 银奖:《2013BTV环球春晚》(北京电视台青少·海外节目中心)
5. 银奖:《感动非洲的中国人》(北京人民广播电台外语广播)

2014年:

1. 金奖:《一个法国人的红楼梦》(北京电视台青少·海外节目中心)
2. 银奖:《2014卡酷少儿动画春晚》(北京电视台动画节目中心)
3. 银奖:《一路畅通——“说进世界杯”》(北京人民广播电台交通广播)
4. 银奖:《档案:伟大的抗美援朝》(北京电视台卫视节目中心)
5. 银奖:《2014北京电视台春晚》(北京电视台文艺节目中心)

专家评析

守正出奇 老干新枝

——节目创新奖历届获奖作品评析

周 勇

对今天的广播电视业来说，这是一个高岸为谷、深谷为陵的时代。一方面新媒体的崛起和转型期中国社会环境的剧烈变化使传统广电媒体辉煌不再，而另一方面，作为后现代社会重要特征的“图像转向”则显示出了视听传播在社会文化中日益重要的作用。这是一个极具挑战的时代：云谲波诡的媒介生态提出了如此丰富的问题单，它考验着我们的智慧，也衡量着我们存在的价值。北京广播电视台近年来持续推动的节（栏）目创新奖评选，就是面对这一挑战的积极回应。从目前已举办的三届评选来看，这一以内容生产为根本、以创新为牵引的战略举措催生出了不少优秀的作品，更重要的是，从这些作品中，我们看到了广电人在新媒体环境下突出重围的决心、智慧和能力。

一、以内容生产为根本，守正出奇

在媒介环境日益复杂的今天，“内容为王”似乎正在变成一个遭到怀疑的命题。不可否认，在新媒体环境下，优质的内容并不天然产生相应的回报。但是，没有优质的内容作为基础，有效的传播依然是镜花水月。可喜的是，这些获奖节（栏）目没有在纷扰的媒介环境中迷失方向，而在追求创新的过程中始终把握了内容生产这一根本。无论是《档案：苏联解体——“八·一九”事件内幕》《辛亥》《档案：伟大的抗美援朝》《芦山地震特别报道》这些宏大叙事，还是《一个法国人的红楼梦》《服务就差这一步》《英雄求职记》《感动非洲的中国人》等微观视角的作品，都体现出了以创新出精品的意识。

这种创新首先表现在对重大题材的驾驭上。以《档案:苏联解体——八·一九事件内幕》为例,节目抓住苏联解体20年这一契机,从单一事件入手、从细节展开,以讲述震惊世界的“八·一九”事件故事的方式,着眼于苏联解体进程中,几个核心人物的行动和命运,讲述了一个跌宕起伏、精彩纷呈的故事,以此来呈现苏联解体背后的动因。这样的创意策划,直接拉近了历史与观众之间的距离。为了精准地体现这样的立意,《档案》栏目在讲述故事的同时,从俄罗斯联邦档案馆等十余家机构,取得了大量一手、珍贵的档案资料。另一重大题材获奖作品《辛亥》的创新则主要体现在视角上。与汗牛充栋的同类题材作品相比,《辛亥》努力摆脱“政治史”的单线思维,从更为广阔的历史文化视野出发,以“文明史”的视角和态度,从“近现代化史观”的视角阐述辛亥革命,丰富了“辛亥革命”的认识视角,从而开辟了“辛亥革命”叙述的新境界。除了这些沉淀时间长、精心雕琢的大制作,在需要快速反应的新闻报道领域,《芦山地震特别报道》也是颇见功力的作品。连续三天对抗震救灾的并机直播,不仅显示了北京电视台面对突发新闻事件的应急能力,而且在同类、同题报道中做出了特色——“为了受灾者报道”就是节目最大的亮点,体现这一思想的一个感人细节是:在2013年4月21日晚间的一次现场报道中,一位灾区的高三男孩提出想要通过电视台去寻找自己尚未联系上的同学,记者随即留下男孩的姓名、联系方式及他要寻找的同学姓名,并在随后的节目中重复这些信息,由于信息的及时发布,在22日晚间的直播中,这名同学最终找到了自己失散的同学。

创新也体现在微观话题的开掘上。《英雄求职记》跟踪报道了一位在北京“7.21”特大暴雨灾害中救人的英雄李川南找工作的经历。在“李川南求职结果未知”的前提下,节目组采取边采访边制作的方式进行报道,运用大量实况音响,整个节目情节曲折、真实感人,是“走基层”报道的一次创新。《一个法国人的红楼梦》以中法两国建立外交关系50周年为背景,通过《红楼梦》法语版校译、在中国生活了五十年的汉学家铎尔孟的传奇人生故事,从一个独特的人文视角生动阐释了东西方文化互动交流、互生共荣的重大主题。《服务就差这一步》则是平中见奇的一个代表性作品。反映“公共服务不到位”的报道常见诸媒体,但这组系列报道的创新之处在于将着眼点放在了因为最后一小步而功亏一篑的问题上,“小新闻”道出了群众的“大麻烦”。

二、创新表达语态,凸显内容活力

好的内容需要好的表达,这在今天信息丰富、受众口味日益挑剔的媒介环境下尤其关键。作为曾经的新媒体,广播电视依然能生产优质的内容,但其面目在当下移动互联、社交媒体的时代已显得有些传统和沉闷,亟须通过创新表达语态来凸显内容活力。所以语态的创新也是这些获奖作品的一个共同特征。

这种创新首先体现在新媒体技术与内容表达的有机结合上。

《2013 卡酷少儿动画春晚》运用“电影级全三维虚拟制作”,将真实人物植入动画场景,将动画形象、动画歌曲、主持明星、春节主题、流行歌舞等鲜明的综艺元素融于一身,辐射全年龄段收视。《芦山地震特别报道》利用 Flyaway、海事卫星、3G 等设备第一次在异地对受灾情况、灾民安置、救援进展等问题进行了直播报道,把全国民防联网通信系统作为独家获取信息的渠道,最早展现了许多芦山灾区的实时画面。《2013BTV 环球春晚》运用全息与立体投影相结合的技术,以具有视觉冲击力的电视化呈现实现了北京电视台自办春晚的技术突破。节目通过对德国歌后莎拉蔻娜(Sarah Connor)的 *Just One Last Dance* 和英国著名组合 BLUE 的 *All Rise* 这两个节目的打造,在国内的舞台上首度呈现了裸眼 3D 全息投影成像节目,让不能够莅临晚会现场的重量级明星的虚幻形象与真实的舞蹈演员相结合,造成亦真亦幻的舞台效果。

除了技术,语态的创新也表现在叙事方式上。

《辛亥》以历史人物口述替代了以解说词推进叙事的传统模式。创作者对历史口述人详细考证和精心遴选之后,启用职业演员对其进行舞台化的塑造,从而赋予纪录片多种观察视角,相对传统纪录片专访专家学者、当事人的叙事“话语场”,这种叙事方式是一种突破。《2012BTV 环球春晚》以“大美品质、诗意呈现、北京情怀”为叙事结构,艺术化地表达了精神文化内核。《档案:伟大的抗美援朝》以主题化的结构处理与故事化的叙事、悬疑化的讲述与时空结构的巧妙安排,借助大量珍贵的一手档案和实物资料,为观众展现了抗美援朝战争诸多不为人知的一面。《缅怀先贤燕园立志——北京打工子弟学生 2012 北京大学清明咏诵会》以“清明文化”为背景,选择生活在首都北京的 113 名打工子弟学生登上北京大学舞台,通过诵读名篇,讲述感人故事,展现了在首都北京生活的来京务工人员子女群体的精神风貌和理想追求。《古韵京风端阳情——北京电台 2012 文化端午特别直播节目》将核心放在“重五”的概念上,放大端午节与“五”结缘的含义,于老话题中凸显新内容。

三、基于媒介融合的传播平台打造与传播效果的优化

在“互联网 +”的时代,传统媒体面临的一个严峻问题是,优质内容的生产与收益并不天然等价,这也是“内容为王”遭受质疑的重要原因。在传统传播渠道“失灵”的情况下,如何打造新型传播平台、解决传播的“最后一公里”问题,是优质内容能够顺

利到达终端用户，达到“质量”与“效果”相匹配的关键。总体来看，在提升内容质量的同时，很多获奖作品都已经开始重视传播渠道的问题，通过基于媒介融合的传播平台打造实现传播效果的优化。

《一路畅通——“说进世界杯”》特别节目利用微信平台，通过“比分竞猜”和“对阵”的形式，以用户体验为中心，形成了传播的扩散和闭合循环。《感动非洲的中国人》探索音视频同做的模式，实现了单一音频向视听双线的突破。在广播专题报道之外，它还专门拍摄制作了六集视频专题片。专题片在网络上播出后点击量达到了五万多次，成为外语广播网络电台的点击量冠军。《芦山地震特别报道》充分利用微信、微博、网站等新媒体信息资源，利用新媒体平台与观众展开爱心互动，有效地扩大了直播信息量。

这些尝试依然是初步的，但已经体现出了生命力，也提醒我们的广播电视从业者，“内容＋渠道”才是当今媒介生态下“内容为王”的准确内涵。

四、创新与坚守

对于已经被冠以“传统媒体”的广播电视而言，创新是激烈竞争的媒介环境下不能回避的话题，也是当今广播电视业发展的潮流，但这种创新也或多或少出现了“为创新而创新”的形式主义问题。在创新中维系和强化广播电视媒体的核心竞争力，是创新必须坚守的灵魂。

广播电视的核心竞争力首先体现在其视听媒体的媒介特性上。

广播是“听”的媒体、电视是“看”的媒体，这是传统上对广播电视媒介特性的描述。在媒介融合的今天，这种界限似乎开始日益模糊，跨界融合成了媒介发展的追求。利用新媒体技术弥补自身原有劣势、拓展传播空间，这诚然是正确的选择。但是，如果在这种融合的过程中简单追求“全”媒体、变成了样样都有而又样样平庸的“万金油”，显然是一种不明智的行为。融合媒体的道路，必然是在坚守自身传统优势的基础上有序扩张的道路，是“一专多能”的道路。令人欣慰的是，在这些获奖作品中，无论是《一个法国人的红楼梦》《辛亥》《档案：伟大的抗美援朝》《2014 北京电视台春晚》《BTV环球春晚》等电视作品中对视觉语言的极致追求，还是《英雄求职记》《一路畅通——“说进世界杯”》对实况音响和伴随式、参与式收听的充分利用，我们依然可以从其创新、变化中清晰地感受到对广播电视媒介特点的不变坚守。

广播电视的核心竞争力还体现在传统媒体的价值观上。

作为大众媒体，广播电视在长期以来的发展过程中塑造了自己的主流价值观和人文情怀。从《辛亥》《档案:伟大的抗美援朝》《芦山地震特别报道》到《一个法国人的红楼梦》《英雄求职记》《感动非洲的中国人》《服务就差这一步》,无论题材大小,这些获奖作品都体现出强烈的责任意识和人文关怀,这也是它们成为精品的独特气质。正如《纽约时报》前任老板 Arthur Ochs Sulzberger 所说:“这个世界从不缺新闻。如果你要看新闻,你可以上网,可以找到很多垃圾。但我不认为很多人有担任编辑的才能、时间或兴趣。所以当你买《纽约时报》,你不是买新闻,你是买判断。”无论媒介如何融合、技术如何发展,在信息海量丰富甚至过载的今天,基于价值观的判断力将是媒介竞争的关键力量。

结　语

北京广播电视台连续三年的节(栏)目创新奖评选,将媒介融合环境下广播电视媒体人的努力、坚守以有形的作品具体而微地呈现出来,这些作品虽然并不完美,但都从不同角度、不同程度显示出广播电视人创新的锐气,这对面临重大转折和转型的传统广播电视来说是至关重要的气质。守正出奇、老干新枝,前路可期。

(周勇:中国人民大学新闻学院副院长、教授、博士生导师;
北京广播电视台节(栏)目创新奖专家评审)

创新，从量变到质变的结果

——《档案：苏联解体——"八·一九"事件内幕》节目创作笔谈

胡　杰

苏联解体，全球震惊，反思无穷，影响深远，《档案》怎能不讲？

这是2011年间，萦绕在《档案》栏目组思绪中的一个巨大心结。这一年中，大事不断，在成功地推出了纪念中国共产党成立90周年的系列节目——《海外寻党》，以及纪念辛亥革命100周年的系列节目——《辛亥档案》之后，作为一档历史揭秘类纪录片栏目，作为代表首都文化形象的电视媒体一员，北京卫视《档案》栏目，一直都没有忽视过这样一个日子：2011年12月25日，苏联解体已经20年了。

读书笔记：

1991年12月25日，随着戈尔巴乔夫黯然辞去苏联总统职位，苏联，这个曾经世界上最雄伟的红色政权，轰然倒塌，留下种种谜团，抛洒几多反思。面对这起"20世纪最深重的地缘政治灾难"（普京语），甚至影响了人类历史和世界格局的事件，《档案》不甘于失语，更希望能够在这样重大的历史题材上，有所涉猎和表现。

为此，从2011年年末，《档案》栏目组就成立了专门的团队，对关于苏联解体方面的内容进行调研，采访了多名该领域的权威专家，通过各种资源渠道获取素材——尤其着重于原始档案材料的搜集。在经过了长时间的摸索和探究之后，《档案》的团队对苏联解体的背景、成因、过程、后果等等因素，都有了相对丰富而清晰的了解。而此时，苏联解体20周年的纪念日，已经过去。

伫立于2012年的开端，似乎这一选题已无操作的必要。但相对于诸多"赶趟应景"，推出各类"短平快"（甚至很多都含有不真实信息）专题报道的媒体，掌握了大量核心资料和关键素材的《档案》团队，反而更加渴望就这一选题进行运作，并彰显出栏目“打开尘封档案，还原历史真相”的宗旨。

北京市市委宣传部领导及北京电视台领导，对这一重大历史题材表示高度重视，指示《档案》栏目将这一选题规划列为特别节目，并特别批示，本节目应由中国社会科学院《居安思危》课题组进行顾问把关。

苏联解体，千头万绪，盘根错节，乱花迷眼，《档案》到底讲什么？

苏联解体，是一个极其宏大、繁杂、充满着多方角逐，更兼有西方势力渗透的过程，这样的过程，《档案》节目该如何来表现呢？通过对浩如烟海的资料进行分析、梳理，栏目组在选题规划的时候就已经确定：从单一事件入手、从细节展开，以讲述震惊世界的“八·一九”事件故事的方式，来呈现苏联解体背后的动因。而这样充满着交锋、冲突，凸显人物个性，必须从国际视野出发去讲述的故事，正是《档案》栏目所擅长，并极为符合栏目定位和气质的题材。

这一规划得到了特别节目总顾问、时任中国社会科学院副院长、《居安思危》课题组组长、世界社会主义研究中心主任李慎明同志的赞同和支持。李院长认为，“八·一九”事件貌似单一，但它绝不应该被看作是一个仅仅持续了四天的变故，而应是促成了苏联“实质性解体”的起始。在它的背后，蕴含着苏联国家和社会 69 年的兴衰史，暗藏着苏联共产党在执政、改革，乃至最终背弃马克思列宁主义、失去人民拥护的整个历程，如果能够把这个故事说清楚、讲漂亮，那么，这将成为在苏联解体历史研究领域中点睛、超越政论的一笔。而当栏目组在讨教“如此敏感的内容，是否存在导向红线”的时候，李院长的回答令人深思：“没有红线，阐述客观事实，就是最正确的导向！”

的确，对于苏联解体，20 年间，国内国际、东方西方，有着无数立场迥异、观点交锋的反思，甚至有某些势力出于自身利益，基于歪曲捏造事实而产生的反思。为此，《档案》栏目在运作过程中，选取的材料均来自事件当事人第一手的回忆，以及从俄罗斯联邦档案馆、戈尔巴乔夫基金会、美国中央情报局、美国白宫总统档案馆、美国国家安全委员会等机构取得的大量一手、珍贵的档案资料，秉承《档案》一贯的“相信白纸黑字”的原则，一切以事实为基础，铺陈叙述，峰回路转地讲述了三集《“八·一九”事件内幕》。而正是在这样的事实的衬托下，节目的核心立意、最关键的中心思想也就跃然而出——正如政论专题片《居安思危》所深刻指明的：苏联解体，是多种原因、多种因素所促成的结果，但究其最主要的原因，是苏联共产党在“执政为了谁”“改革为了谁”等原则性问题上，偏离了正路、脱离了群众、背弃了信仰，面对西方势力节节败退从而丧失了广大人民群众的信任，最终导致的悲剧。而这一点，也正是处于改革攻坚期的中国和中国共产党最值得关注和警醒的。

苏联解体，题材重大，理论艰深，素材繁杂。操作时间极其紧迫，《档案》能够怎么讲？

《档案》创办三年，一直秉承着这样一个操作理念：带着情怀做节目。即便是日播，每一集片子，都当成作品来追求——因为历史容不得儿戏。为此，《档案》团队放弃了春节、周末，对成百份文献、上万页原文档案进行翻译、归纳，逐字逐句地加以分析；同时，栏目组以打破常规的方式，几乎不惜成本，购买独家素材、聘请课题专家、协调制作编排，保证团队在极短的时间内，以近乎"闭关"的方式，撰写出三集文学稿件，并提请专家组和领导审阅。在一天时间内，频道和专家组团队即完成了逐字批改。之后，《档案》团队迅速赶制出分镜脚本，进棚录制。

节目录制期间，正逢京城春寒料峭时。面对如此宏大的历史事件，《档案》栏目的讲述人谭江海进行了特色鲜明的精彩演绎。在完全没有题词器，人名、地名、故事极其繁复的情况下，谭江海从每天清晨七点录到晚上十点，在棚内温度逼近零度的条件下，日工作时间达到了 15 小时，《档案》栏目组的前期棚内团队，更是加班加点，毫不顾及自己的休息，终于在两天半的时间内，高质量地赶拍出了长达 35,000 页纸的台本内容。

之后，《档案》栏目的导演团队即奔进机房，进行节目的后期剪辑和包装。最终在全国两会结束前两天，完成了初级合成。李慎明特意为此片向两会请假，率专家组前来审核。

在审片后，专家组对三集节目进行了充分肯定，并对《档案》团队能够在如此短暂的时间内，完成这样艰巨的任务表示了赞赏。专家认为：这三集节目导向正确、立场坚定、制作精良、讲述精彩，是值得推荐的好作品。同时，对于片中出现的一些细节不足，专家组也给出了极其细致和恳切的指正，《档案》栏目组也根据专家的意见，在第一时间，连夜对节目进行了修改和调整。

苏联解体，教训深刻，以史为镜，以史为鉴，《档案》的启示在何方？

功夫不负有心人，在《档案》团队的辛勤努力、专家小组的严格把关，以及北京电视台全台宣传的大力配合下，《苏联解体——"八·一九"事件内幕》于 2012 年 3 月 14 日—16 日期间，在北京卫视播出，获得了广泛好评。

前外交部副部长、中国驻俄罗斯大使刘古昌指出："这部片子很好，资料翔实，而且很多是第一手资料，说服力强，应当让更多的人看看这个片子。"他因事没有看到第一集，表示要找来补看。

中央文献研究室原主任逄先知看完后说，片子拍得好，并向北京卫视和中国社会科学院世界社会主义研究中心的同志们表示祝贺。

时任中央文献研究室副主任、电视片《邓小平》的撰稿人陈晋在看完三集之后用“太好了”这三个字来形容这部片子。

前驻白俄罗斯等国大使于振起评价说:“这个片子很有看头,提供了不少鲜为人知的材料。1991 年‘八·一九’事件发生时,我正担任外交部苏联东欧司副司长,基本了解事件的经过。今天来看,很多情况更加清楚了。譬如,很多人都认为‘八·一九’事件发生时戈尔巴乔夫是处于软禁之中,现在看来并不是这么一回事。这也充分说明戈尔巴乔夫这个人就是‘两面派’。”他还感慨道:“能找到如此之多的珍贵的档案资料来制作这部片子,殊为不易。”

时任中国社会科学院俄罗斯东欧中亚研究所党委书记李进峰在看完该片后,专门打来电话谈自己的感想与思考。他说,这部片子充分证明:第一,苏联解体是戈尔巴乔夫等人在西方思想诱导下的结果;第二,戈尔巴乔夫提出的新思维,他所主张的民主化、公开性,实质上导致了苏共威信的下降和党的分裂,带来了社会经济发展的混乱,最终引发了苏联解体;第三,这部片子也给我们以警示:当前我国正处于改革攻坚期、社会发展的关键时刻,必须以史为鉴,汲取苏联历史的经验教训;当前我们要着重解决党内的腐败现象,以消除社会矛盾,特别要慎重处理政治体制改革问题,推动改革稳步发展。

时任中共中央外办外宣局局长崔启民曾任中国驻俄罗斯大使馆政策研究室主任,他表示,这部片子很有教育意义,将建议其他同志收看。

谈到《档案》栏目在创新方面最大的感受,就是要坚持科学发展观,以科学发展、求真务实的态度,去进行电视节目的创作。作为电视从业人员,其实大家每天都在谈创新,但创新绝不是一蹴而就的,而是在扎实的钻研过程中,自然产生的从量变到质变的结果。而只有坚持锤炼,创新才能无止境。

(胡杰:北京电视台卫视节目中心《档案》栏目主编)

建立时代的认识坐标

——历史纪录片《辛亥》的突围

吴 群

十集大型历史纪录片《辛亥》在2012年北京广播电视台节（栏）目创新奖评选中夺得节目创新奖金奖，在颁奖典礼上评委会这样评价《辛亥》："节目在尊重历史发展客观性和必然性的前提下，摆脱了近代史中人物脸谱化的评价，以人物观察的客观视角，通过演员扮演、情景再现的叙述形式，立体地呈现出辛亥时期中国社会的全景。"

读书笔记：

《辛亥》于2011年10月在北京卫视播出，播出后便引起了学术界和文化艺术界的普遍关注与讨论。它陆续斩获第26届中国电视金鹰奖优秀纪录片奖、第十八届中国纪录片系列片年度特别作品奖、中国纪录片学院奖最佳创意奖、第二届历史题材广播电视节目优秀作品奖等多项国家级、专业级奖项。

2012年12月，在由中国电视艺术家协会举办的第18届中国电视纪录片盛典上，《辛亥》"PK"掉了包括中央电视台、东方卫视、湖北卫视、广东卫视的同题材纪录片，摘得"年度特别作品奖"，成为获奖作品中唯一一部辛亥革命题材的纪录片。组委会评价："如何展现一段思想交汇、新旧杂陈、势力纷争、英才辈出的历史，纪录片《辛亥》提供了一个令人耳目一新的样板。作品准确把握了历史与文学的平衡点，以文学家的眼光看历史，以历史学家的视角去讲故事。作品大胆采用人物扮演的方式，用讲述的方式带领观众回看了'辛亥革命'，为纪录片创新提供了有益的尝试。"该奖项颁给了三部纪录片，其他两部为2012年风靡全国的《舌尖上的中国》（第一季）和2011年另一重大题材"建党90周年"的纪录片《旗帜》。

同在2012年12月，《辛亥》斩获第二届"光影纪年——中国纪录片学院奖”“最佳创意奖”。“中国纪录片学院奖”由中国传媒大学主办,中国纪录片研究中心承办,国家新闻出版广电总局支持,以每年一届的形式举行,被业内称为中国纪录片界的“奥斯卡”。“中国纪录片学院奖”组委会由国内外学界专家、业界精英及知名媒体从业者组成,颁奖词称:“该作品充分尊重历史事实,审慎地进行人物选择,利用人物口述来重新构建场景,形成了历史叙述的开放性。在该作品中,电影语言的使用,并没有妨碍其真实性的表达。语态的丰富,对历史类题材纪录片的发展起到了积极的开拓性作用。”

上述不同奖项的颁奖词表明,纪录片《辛亥》在现代史观、叙事语态、影像风格等方面的突破性尝试,收获了业界的高度肯定。

大型历史纪录片《辛亥》,是2011年北京电视台纪念辛亥革命100周年的重点项目。《辛亥》以上世纪初叶的北京为中心舞台,以1911年辛亥革命前后(1908—1925年)波澜壮阔的历史风云为背景,以“共和”理想从落地生根、新基初肇,到屡受挫折、前路迷茫的过程为故事主脉络,表现了清末民初思想交汇、新旧杂陈、势力纷争、歧路纷繁的复杂历史面貌,展示了近代精英和革命先贤革命斗争的艰难过程和失败命运,刻画了中国两千年封建帝制走向崩溃和现代民族国家诞生的过程。

在创作中,摄制组确立了一些基本的价值原则,并努力开拓了相对敏感的近代史题材的表达空间。

一、创新思维——史观表达

《辛亥》努力摆脱“政治史”的单线思维,从更为广阔的历史文化视野出发,以“文明史”的视角和态度,从“近现代化史观”的视角阐述辛亥革命——填补了“辛亥革命”史实的叙述空白,丰富了“辛亥革命”的认识视角,开发了“辛亥革命”的认识价值,开辟了“辛亥革命”叙述的新境界。

1. 传统的近代史书写,其兴趣往往侧重于“政治史”,形成了“革命模式”的叙述,即将近代中国的历史主题定位于“反封建、反殖民”,并将历史以“革命与反革命”“进步与落后”“爱国与卖国”等进行二元划分,一部中国近代史便是双方的斗争史。这种本质主义的认识模式,主观色彩较浓,忽略了历史本身的复杂性,对复杂的历史互动缺乏理论阐释能力,甚至体现出某种知识上的不足。《辛亥》则将这一段历史置于“文明史”的大框架之下,以“场域论”和相对主义的认识模式,去考察历史中各种力量之间的复杂影响,各种影响历史进程的因素的一种合谋、合作、合力——把辛亥革命描述为一场由社会各方力量参与的、混合动力的、创建现代民主国家的全民革命——在革命党人的革命行动之外，给了其他社会力量（立宪党人、北洋实力派等）合理的叙述空间。

2.《辛亥》对近代历史人物的描述和评价，以“文明史”思维框架下的“近现代化叙述模式”为标准，以其是否符合“中国近现代化的时代需求”为最重要的衡量标尺，开发了大量新鲜史实，突破了传统僵化的认识窠臼，摆脱了“脸谱化”的人物塑造，以人文化的视角作生命感的呈现，塑造了一个更为立体、多面、真实的时代精英群像，深刻描画了旧中国的时代精英为时代所困、无力作为的失败命运和人生悲剧。

3.《辛亥》以“文明史”的视角和态度，在片中充分体现出思想史、文化史、制度史、社会史、心态史等多种历史认识的视角，从而立体地呈现出辛亥时期中国社会的全景画卷。

二、创新形态——叙述方式

《辛亥》采用了以演员扮演历史人物进行口述的基本叙述形态，改变了“宣讲式”解说词的旧有模式和纪录片叙事的传统程式，丰富了历史观察的视角，营造了更为真实、客观、可信、可感的历史叙事氛围，深化了解说内容的表达意涵，为观众留下了深刻印象。

1. 历史人物口述的基本叙述形态以“陌生化”的手法，还原了历史在场者和观察者的多重声音，还原了时代的多元面相，从“全知视角”“限制视角”“目击视角”等多种视角及立场出发，构成了一部历史的“多声部合唱”，赋予了全片一种鲜明的客观立场，一种真实的历史质感，一种浓郁的生命实感和情感氛围。

2. 历史人物口述的主体内容，来自书信、日记、笔记、报章报道、回忆录、随笔、奏折、公文等各种一手材料，或由这些材料改写而成。大量“亲见、亲历、亲闻”的私人化材料，经由历史在场者和经历者的口吻说出，最大限度地接近了历史真实，还原了历史的本来面目。

3. 历史人物口述的叙述形态，改变了纪录片的传统观赏语境和话语场，叙述视点的不断转换、叙事节奏的不断变换、叙事质感的多样呈现，充分调动了观众的智力参与和情感参与。这种叙事方式也成为一种鲜明的形式符号，突破了观众的认识和审美经验，给观众留下了深刻印象。

三、创新影像——美学风格

《辛亥》的影像由口述、内景再现、外景再现、历史视频、历史图片、影视剧段落投影、湿版照片外景拍摄、特效镜头等多种视觉元素构成。《辛亥》为全片进行了整体的视觉设计，使用了多种创新性的表现手段，并实现了成功的影像控制，形成了鲜明的影像风格。

1.《辛亥》的口述拍摄，营造了民国老照相馆“历史证人说出证言”的空间氛围。《辛亥》的再现拍摄，是“照相取证”概念和“老照相馆”空间的延伸，它以“意象化、局部化、造型化”为整体原则，在拍摄中大量运用影视造型手段和舞台艺术手段，以高度主观化、内在化、陌生化的手法，将拍摄对象置于“老照相馆”的内、外景时空场中，言说文稿表达的情境、情绪、情感，走出了纪录片再现拍摄“写实化”的传统模式，达到了再现拍摄的新境界。

2.《辛亥》的历史影像资料，搜集自世界各地，找遍了国内的所有文献机构及相关个人的渠道，网罗了国际知名中国历史影像收藏地的重要素材，大量独家的历史影像在中国的电视荧屏上被首次披露。大量新鲜、陌生的近代中国图景，使人感到心灵震撼，大大提升了观众对那一段历史的兴趣，丰富了观众对近代中国的了解。

3.《辛亥》还通过为历史照片着色、将影视剧段落投影、设置湿版照片外景拍摄、后期全片过色、精良包装制作等多种创作手段，成功将多种视觉元素统一在一种调性、质感、表达趣味之下，实现了对影像的解放与控制的统一。全片呈现出凝重、细腻、诗意化、陌生化的影像风格，其浓郁的情感氛围，真实还原了创作者对那个时代的认识，传达出文本的主旨诉求，感染了观众。

综上，面对“辛亥百年”这一重大历史题材，《辛亥》摄制组表现出一定的文化自觉意识和历史责任感，以展现当代中国人对这一段历史的前沿思考成果为目标，用现代史观和前沿手法对它进行了创新处理，建立了时代的认识坐标和审美坐标。这种创新探索，最终得到了业内人士和主流人群的高度认同。

中国传媒大学纪录片研究所所长何苏六在微博上对《辛亥》进行了赞扬和推荐，并由此表达了对《辛亥》创作团队的肯定：“在中国，历史纪录片占据比例很大，可惜几乎绝大多数都为应景之作，不仅话语内容不二，话语方式也几乎雷同，传播功效可以想见，同时，势必对原本就很稀缺的纪录片人和资金造成极大浪费。《辛亥》让清政府的人讲当年的事情，并以此建构新的史观，难得。我们应该热情欢呼这种突围。”

（吴群：北京电视台大型历史纪录片《辛亥》总导演、撰稿）

传统媒体热线新闻的创新路径：信息整合与媒介融合

——对北京电台《服务就差这一步》系列报道的思考

谢先进

北京人民广播电台(下简称为“北京电台”)新闻广播依托新闻热线65159063播出的系列报道《服务就差这一步》在2012年北京广播电视台节(栏)目创新奖评选中获得节目创新奖银奖。一个热线类新闻报道,能在众多的广播电视节目中脱颖而出,重在新闻理念、操作模式、表现形式和新闻资源的整合利用等多方面的创新尝试,其中最关键的是对新闻资源的优化整合和对媒体的多面融合。这些创新使得报道及其所属媒体在竞争中具有了比较优势。正如迈克尔·波特所言,“如果一个企业能够提供给顾客某种具有独特性的东西,那么它就具有了有别于其竞争对手的经营歧异性”,而“一个企业在使某项活动具有歧异性时便拥有了很大的成本优势”。①

读书笔记:

一、在平淡无奇中标新立异,在媒体和节目成熟期创新形式,对广播节目听觉“形象”再设计,以争夺听众的耳朵也即争夺其“注意力”

从市场营销的角度来看,在北京媒体市场,无论是北京电台新闻广播还是新闻热线栏目,它们都处于品牌的成熟期。热线节目是媒体为了争夺独家新闻、增强与受众的贴近性而创办的。正是如此,几乎所有的都市媒体都有热线类报道,仅在北京电台就有三个频率开通了

① ［美］迈克尔·波特著,陈小悦译:《竞争优势》,华夏出版社1997年版,第122、123页。

热线类节目。这些节目的侧重点有所不同,但是其报道内容不外乎四个方面:

首先是舆论监督,通过曝光推动一些受众关注或头疼的问题的解决。这样的报道最能为媒体聚拢人气,扩大影响。

其次是突发新闻,报料者人数多、分布广的特点弥补了新闻媒体获取渠道少、时效性差的不足,把突发事件第一时间通过热线电话呈现在受众面前。

再次是咨询服务,在受众和政府部门、服务单位之间建立信息沟通的桥梁,对受众感到疑惑的典型问题予以及时解答。

最后是奇闻趣事,这种媒体放下身段、把新闻做“软”的努力,其目的是增强媒体的亲和力与亲近感。

经过多年运作,进入成熟期①的热线新闻基本上形成了“你报料,我报道”这种“一问一答”式的报道模式,甚至连报道的形式和格式都大致雷同:先是一段听众来电,接下来是记者调查、部门回应、专家评析。长期如此,报道程式化,受众会对这类节目逐渐产生听觉钝化和收听疲劳。

有学者指出,现代经济是注意力经济,现代媒体的一个显著特征是追求受众的注意力②,对广播媒体来说,就是对听众耳朵的争夺,一个节目或频率要争取尽可能多的听众收听,要有高到达率、收听率和市场份额。而所谓的注意力经济,指的是“企业如何配置现有的资源,以最低的成本吸引客户的注意力,通过培养其潜在的消费群体,获得最大的无形资本,即经营消费者的注意力”③。在暂时难以开发替代产品的情况下,热线类节目的市场营销策略就是对听觉“形象”再包装、再设计,重构节目在听众心目中的品牌形象。新闻广播新闻热线推出的《服务就差这一步》系列报道,除了一贯使用已经在受众心中形成品牌的新闻热线栏目曲外,紧随其后的是特意打造的《服务就差这一步》小栏目曲。它既如同报纸的栏头一样为报道的内容圈定了性质和范围,给听众以收听提示,又使这个处于成熟期的老牌节目在听觉“形象”设计上给人耳目一新的感觉,对受众产生了一定的新鲜感和冲击力,它在提示受众:新闻热线的报道将有所变化,而且展现的是集群式的报道,从而提高受众对节目的注意力。新闻的魅力在于常做常新,这种“新”既体现在内容上,又表现在形式上。

---

① 所谓一个媒体及其节目进入“成熟期”,借用的是市场营销学上的概念。具体到北京新闻广播的新闻热线来说,它呈现的产品成熟期的主要市场特征包括:在北京媒介市场已经被目标听众所熟知;各个都市媒体的同类产品进入市场,争夺受众;媒介竞争者的技术质量和服务质量逐渐趋于同质化。

② 招卓宁:《锁定听众的注意力》,载《第七届广播电视学术论文选集》,中国广播电视出版社 2005 年版,第 629、633 页。

③ 张雷:《注意力经济学》,浙江大学出版社 2002 年版,第 3 页。

二、跳出热线新闻报道琐屑化、碎片化、情绪化的窠臼，对听众提供的新闻资源加以优化整合，在传播力和影响力上形成聚合效应

热线新闻线索来自受众的报料，它接地气，有热度，媒体热衷报，听众乐意听。但是这些报料也存在两个天生的缺陷：一是大多和个人的利益、感情高度关联，报料者往往从自身角度出发，在叙述中带有个人情绪，有时候还比较夸张，这和新闻报道的客观性相悖；二是仅仅局限于个人、局部的“点”，缺乏典型性和普遍性，有的时候甚至是家长里短、鸡零狗碎，这和新闻报道的社会性互斥。一段时间下来，热线类报道打着“民生新闻”的幌子，为了获得高视听率，沉溺于这种琐屑化、碎片化、情绪化的泥淖，一味迎合取悦受众的低端媒体需求。真正的民生新闻，应当“不满足于高收视率掩盖下那种对老百姓日常生活状况的琐碎化、碎片化的新闻表达局限，而力求更多地通过严肃新闻报道促进社会公共事务的讨论”①。

另外一种情形是，新闻广播的新闻热线很大一部分报道内容属于批评报道，其中不少报道如泥牛沉海，被报道对象忽视，受众反映的问题也得不到及时有效的解决。这样的报道分散作战，是媒体自主使之陷入报道的“碎片化”，它最终只能淹没在信息的海洋中，影响的是节目甚至媒体的公信力和可持续发展。

鉴于此，新闻热线对听众报料这种信息资源加以分类整合。针对政府部门和服务单位在工作中“临门一脚”的缺失，比如：天然气通到小区外，居民却长期用不上气；地铁开到家门口，乘车却要绕上40分钟；东二环车水马龙繁华喧闹，却有平房区骑车上厕所、看不上电视、用不了水的怪相……《服务就差这一步》系列报道对这些听众报料加以筛选、优化、整合，在新闻热线中集中一段时间，推出一批集纳式报道，对报道对象形成长时间的舆论声势，为这些单位在主流媒体的黄金时间打造了一份服务缺失的“黑名单”，客观上加速了问题的解决。

综合来看，这组报道具有以下几个特点：

1. 在媒介竞争中抢占主动权：在媒体报道同质化的情况下，主动设置报道议程，进而形成社会议程，从而对报道对象形成舆论压力。正如传播学者李普曼的“探照灯理论”所说，媒体就像探照灯，探照灯照到哪里，受众就关注到哪里。系列报道把部分市民反映，但又和更多受众有着利益、感情、心理上的关联度的个案聚集在高亮度、长时

---

① 陈阳：《为什么民生新闻记者期望着转向公共新闻?》，第三届文人论政学术研讨会“中国记者和传媒的专业主义——历史路径与现实建构”论文，香港城市大学，2012年4月26日—27日。

间的“探照灯”下，置于受众关注的目光之下和讨论的焦点之中。

2. 在报道形式上最大限度地发挥广播的媒体特点和优势：一方面要求记者走进现场，实地采访，采录生动鲜活的同期声和场景音，记录感人的情节和细节，增强节目的可听性和吸引力；另一方面，真实表现有关方面的官僚主义、推诿搪塞，使之和市民因此遭受的生活困窘形成强烈的反差，对这些单位和部门产生一种无形的压力。

3. 在深度挖掘上推出专门评论：这些报道内容千差万别，但是“服务就差这一步”是问题的共同性质。在报道持续一段时间之后，采编人员推出了一期题为《服务如何不再就差这一步》的录音述评，有市民意见，有专家观点，也有有理有节的分析。评论指出这些现象之所以层出不穷，表面上看是这些部门和单位不把服务对象的利益和便利放在心上，其实质却是缺乏一种过程管理、事后追惩的监管机制，他们不作为、不好好作为，是因为他们不必为之承担相应的责任。评论的引入，不但帮助受众理解了新闻，也提升了节目的深度，正所谓“在碎阅读的时代，要给出更完整的信息；在浅阅读的时代，要给出深刻的思想”①。深入现场的采访和揭示实质的评论使得系列报道形成了完整的组合拳，也使之摆脱了热线类报道的鸡毛蒜皮的“碎片化”属性，转而拥有了硬新闻的特质。更深层次的是，它“扩大了整个社会可以共同思考的内容”，它通过作为“培育民主政治的场所”的公共领域，和“通过新闻得以维持”的“想象的共同体”这两种形式，“促成了共同的社会世界的日常反思与再建构”。②

三、对广播新闻报道的流程再造：既做好广播的音频传播，也尝试借助网络的“融合新闻”

美国南加州大学安利伯格传播学院教授 Larry Pryor 认为，“融合新闻发生在编辑部中，新闻从业人员一起工作，为多种媒体的平台生产多样化的新闻产品”③。《服务就差这一步》系列报道较好地实施了“融合新闻”的操作：它不仅是新闻广播新闻热线栏目的报道，也是北京广播网的报道，实现了传统媒体和新媒体的台网联动。

1. 传播渠道的拓展

系列报道不是简单的广播报道网络化，把广播新闻报道粘贴到网上，而是每天把报道推到北京广播网的首页显著位置，网络编辑还为此制作了形式和语义都比较醒目

---

① 赵兵、李建春：《求解“两个舆论场”的最大公约数——自媒体时代党报创新实践的“集体性自觉”》，《新闻战线》2012 年第 11 期，第 65 页。

② ［美］迈克尔·舒德森著，贺文发译：《为什么民主需要不可爱的新闻界》，华夏出版社 2010 年版。

③ Stephen Quinn and Vincent F. Filak，editors（2005）*Convergent Journalism*：*An Introduction*，Elsevier Inc，p5，转引自蔡雯：《试论媒介融合趋势下的新闻创新》，《今传媒》2008 年第 10 期。

的标题，以吸引广播网用户收听阅读。这克服了广播传播的转瞬即逝和地域限制，在广播之外为系列报道开辟了新的传播渠道，可以增加其覆盖面。这种同步甚至是提前在网络上发布信息，已经成为很多传统媒体争取受众的运作模式。

2. 传播形式的扩充

除了音频，北京广播网还会同步把报道的文字、图片形式显示在网上，这是把节目转化为产品、把传播转化为服务、把听众转化为用户的做法。它不但丰富了报道的形式，还增加了报道的视觉形象。除了当天的报道，广播网还把同主题的其他报道集纳成链接，满足用户查阅的需要。

3. 互动方式的补充

传统媒体的互动性较弱，新闻热线尽管是传统媒体中与受众互动的专门渠道之一，但是它的渠道容量有限，有时候还会占线；每天人工接听的时间也有限，语音留言尽管在理论上为受众互动畅通提供了技术保障，但是在实际操作中，它对怀着满腔热情报料和互动的受众来说并不友好。而网络恰恰克服了这些不足，使用户对信息、节目的互动变得无障碍。这种互动不但引导用户对既有节目评论的积极性，为解决问题给出思路，分析出路，也引导他们提供更多线索，为《服务就差这一步》系列报道的持续开展提供了源源不断的素材。

4. 传播影响力的扩大

由于北京广播网的推介，《服务就差这一步》系列报道还被新浪网等门户网站、千龙网、中国网、中广网等重要新闻网站转载，其影响力更为扩大。这一点从很多批评报道涉及的相关单位的反应就可以看出来：他们除了希望广播不要重播之外，更强调的是请求从北京广播网上把相关报道撤下。

探讨和实践传统媒体与新媒体的融合成为当今媒体界的热点话题。尽管有学者指出，不可能打造全媒体记者，但是在全媒体时代，对媒体管理人员和一线采编人员来说，可以不追求做全媒体记者，但是一定要有全媒体经营理念，这也是《服务就差这一步》系列报道实际操作中“融合新闻”尝试的收获之一。

（谢先进：北京人民广播电台总编室副主任，时任新闻广播特报部主任、《服务就差这一步》策划）

创新·融合·情怀

——《2012BTV 环球春晚》导演阐述

段 嵘

读书笔记：

任何民族都有其特定的文化符号，而节日文化则是各国民族文化中的标志性符号。在众多的节日文化中，“春晚文化”品牌可以说是承载了一个民族感情最深的品牌，因为春晚这个新民俗已经融入到大众的生活中。春晚是年度情感的汇聚，春晚是时代潮流的印章！从2010 年开始，北京电视台着力打造环球春晚的全新品牌，作为全国唯一一台“国际化春晚”，环球春晚是北京献给世界的新春大礼，是多元文化的凝聚，也是北京国际影响力的精彩绽放。《2012BTV 环球春晚》以“天下一家”的构想、歌舞并胜的艺术形态，汇聚中外顶级明星，集成世界经典文艺，上演环球景观大戏，演绎出“相容共生”“和而不同”的和平与友谊的文明理念。

在接受任务之初，作为晚会的创作者，首先要思考的，就是如何让整台晚会在“牵手世界、欢动五洲”的主题指引下，既能突破传统春晚语境，寻求差异化竞争，让人耳目一新；又能让“国际化春晚”表达出中国年的节日文化情感内涵。在此目标的指引下，可以说，“创新”“融合”与“情怀”，是《2012BTV 环球春晚》创作过程中贯穿始终的几个关键词。

对于春晚创作而言，什么是创新？曾经执导过五届央视春晚的郎昆导演说，创新就是你进步的速度，永远要高过观众的期望值。全国各地的春晚节目很多，粗略地计算，2012 年前后上星的就有 50 多家，地面的有 100 多家，而且一直以来，全国的春晚创作都面临着一个“复制央视模式”的问题，前三个节目就已将整场的叙事方式定性。如何能够突围春晚大战，在众多的晚会中让观众对环球春晚留下独特的印象，那就要做到“人无我有、人有我新、人新我优”。像田忌赛马一样，用不同的节目去作差异化竞争，使晚会整体呈现出新意与别致。

说到底，一台晚会的核心竞争力靠的是内容、节目的内涵、品位与水平。晚会的主体和灵魂是节目。《2012BTV 环球春晚》首先在节目的选择上，把握了以下几个原则：

一、独特的艺术性

环球春晚是注重创新、创意与品质的国际化春晚，是中外明星同台、中外文化荟萃的特色春晚。这个基本属性决定了我们在演员的选择上必须注重品质及其独具的艺术特色。巴黎小天后卓尔斯·乔纳森、克罗地亚摇滚钢琴王子马克西姆、中国音乐诗人李健、丹麦国宝级乐队迈克学摇滚、偶像歌王费翔等都是深受观众喜爱的青年艺术家，形象靓丽、技艺超群，深具独特的艺术感染力。

二、熟悉的陌生感

演员是世界级水准，表演的内容更要精心设计。在央视春晚，费翔唱的是《故乡的云》，主打怀旧，而在环球春晚，他首次翻唱了杰克逊的经典金曲，则是另一番风采；李健与迈克学摇滚互相致敬，翻唱《传奇》，更成为观众们热议的话题。同时，晚会还大量地运用中外混搭的方式，中国明星陈楚生、沙溢、沙宝亮、小胖等翻唱经典英文歌曲，国外明星如日本 Exile 主唱佐藤笃志，翻唱王菲经典歌曲《我愿意》等，让观众沉浸在“熟悉的陌生感”之中，消除了心灵上的距离感。把国际化内容作本土化加工，把本土化节目作国际化包装，使晚会呈现出独特的协调之美。

三、情感的融合性

在创作理念上，环球春晚把中国欢度传统佳节春节和全球共迎春天的概念链接，把中外文化融合起来，在差异中寻求共同点。音乐人小柯创作的环球春晚主题歌《我爱你》，被来自五大洲的全体演员创新演绎，《我爱你》也成为《2012BTV 环球春晚》的温暖主旋律。《2012BTV 环球春晚》从世界各地调集了众多的国外演员，他们不仅是春晚的表演者，也是中国春节的体验者和参与者，回国后更将成为中国节日文化的传播者。《我爱你》不仅是北京对世界的情感表达，也是人类对新年、新春的相互祝愿，以及对世界、自然的感恩之情，凝聚着人类心灵共通的伟大情感。也正是这种情感，让国际文化和中国春节的语境之间突破了地理和心理上的阻碍；也正是这种情感，当西方的小提琴与中国的马头琴共同演绎中国名曲《赛马》时，台上的艺术家与台下的观众都深深陶醉其中，此时此刻此景，印证着艺术无国界、情感无国界的真理。

如果说创新是“内容为王”，那么形式的创新，就是为内容添加“隐形的翅膀”。《2012BTV 环球春晚》充分借助中国节日文化的基础，融入更多的时代文化内容，创新文化形态，既形成开放的格局，又传承中国传统文化。基于以上的考虑，形式创新，也是《2012BTV 环球春晚》的必然选择。

（一）创新舞美，拓展符合多样性文化表达的视觉空间

创新的舞美空间能承载多样性的节目，是克服视觉疲劳的载体。如今，大家通过各种娱乐方式体验和感受了 2D、3D、4D 等多样式的艺术，有了自己的视觉记忆，如果我们仍然坚守着二维表达的春晚空间，那一定会落伍于观众丰富的视觉记忆。为此，理想的春晚舞台美术空间一定是智能化、节能环保型的，让可变的舞台空间成为节目依存、变换的大型道具；让科技手段与节目有机结合，形成出神入化的意境；让观众感受科技创新形态下的新时代春晚文化，为受众体验插上想象的翅膀。

2012 年是壬辰龙年，水立方是世界知名的奥运场馆，是北京的“新十大建筑”。在中国龙年，邀请全球的朋友们来到这个奇妙的水上世界，讲述中国龙年的故事和“大爱”“上善若水”等传统文化理念，真是再合适不过了。在初步勘探场地之后，根据春晚对艺术氛围的独特需求，我们确定了“中心搭台”的舞美方案。因为，空旷的水立方会带给人冰冷的感觉，搭建在中心的水上舞台很好地聚拢起温暖的气场，四条通道又恰似天然 T 台，为节目创作提供了新的空间。东侧，保留跳台；西侧，搭建一个船形舞台，当作交响乐队和儿童歌队的舞台。将“大舞美”的概念延伸至整个水立方，并通过视频的配合，营造出漫天樱花、梵高星空、建筑奇迹、异域风光、古都风貌、万花景色等壮丽景观，拓展出更为广阔的创意与创智空间。

舞美的创新也与节目创新相辅相成，密切配合。由于舞美设计突破了传统的观演关系，所以节目创作也有了更新的突破。杂糅型的立体景观秀《加勒比海盗》就充分利用了 360 度的空间和碧池清波，将器乐、杂技、空中威亚、武术、高台跳水结合起来，上演了一出精彩纷呈的“景观大戏”。

（二）创新结构和叙事方式，追求艺术性与情感性的融合

任何一台优秀的电视文艺作品，都会在如何讲好故事上做文章。因此，追求独特的叙事方式，是我们在环球春晚创作过程中一直思考的问题。2012 年环球春晚要显示出北京电视台作为首都媒体的广阔视野和世界眼光，同时，它也是面向世界的“北京之夜”，将中国节日盛景中的北京推介给全世界。

本届环球春晚的年度主题是“美丽北京欢迎你”。因此，面向世界，宣传北京精神、表达北京情感也是环球春晚的重要任务。面向世界的语境不能过于直白，如何将北京精神巧妙地融入到艺术之中，达到“春风化雨、润物无声”的境界？如何能做到“大气、淡定、从容”，既要坚守泱泱大国的文化胸怀、不卑不亢的从容气度，更要体现出宾至如归、如沐春风的中华待客之道？因此，我们确立了以艺术形式的创新作为核心，体现创新思想，展示创新成果，充分展现北京精神的“创新”；而多元文化的交融，荟萃的世界潮流，兼容并蓄的风范正是北京精神“包容”的体现；通过多种串联形式和语言表达的温暖、友爱、携手主旨则体现北京精神“厚德”与“爱国”。

基于上述想法，在叙事结构上我们追求的是“大美品质、诗意呈现、北京情怀”，将精神文化内核艺术化地表达——晚会以“一滴水”的故事开篇，是对中国人所寓意的“一滴水是三千大千世界”的大时空观的现代理解；并以龙所象征的奔放与自由的图腾精神，激励人们重新体味节日庄严神圣、温暖友爱的特质，从而获得与众不同的审美体验，这迥然区别于其他类型春晚。

晚会以大型交响乐队、百名中外儿童组成的合唱队为串联形式，追求戏剧化的自然转场与衔接，使节奏更为紧凑、风格更加诗化。通过“传奇”“记忆”“梦想”三个篇章，体现出北京的过去、现在与未来。

晚会的节目编排注重“融合性”，追求中外融合、情感融合与时空融合的统一。晚会的上半场，充分展示了世界文化与北京的交融，以尽待客之道，而到了下半场，《梦幻紫禁城》《美丽北京》等展示北京悠久历史与现代前卫气质的节目，一一雍容登场亮相，显示出从容不迫的文化自信与力量。在《美丽北京》优美的歌声中，百名模特颇具创意地展示了含“富春山居图”在内的五十多幅故宫藏画的服饰景观，舞台上水墨丹青的古韵气息和时尚前卫的潮流风尚交相辉映，共同传递了“美丽北京欢迎你”的热情。同样，展示北京形象的大型舞蹈《梦幻紫禁城》以“满城尽带黄金甲”的梦幻场景，再现了有着八百年古都史的紫禁城的盛世辉煌，让观众在气势恢宏的氛围中感受首都独特的灿烂历史和文化渊源。

追求艺术的过程是完美的，但结果总会留一些遗憾。环球春晚对传统春晚语境的突破还可以更彻底，内容和形式的创新也还可以有更多提升的空间，并且深具开拓市场化道路的实力。在执导环球春晚的过程中，我积累了许多宝贵的经验。相信来年，环球春晚一定会以更高的国际视野、更丰富的节目内容、更创新的春晚语境和大家再次见面，成为北京电视台荧屏上闪闪发光的经典品牌。

（段嵘：北京电视台文艺节目中心导演）

将创新进行到底，为歌坛创造经典

——《2011 年度北京流行音乐典礼》创作介绍

中歌榜导演组

《中国歌曲排行榜》(下简称为《中歌榜》)由北京人民广播电台音乐广播于 1993 年创建，是内地历史悠久、业界及听众心中最具权威度和公信力的华语流行音乐排行榜之一；多年来耕耘、扶持原创乐坛，推出了众多健康积极、脍炙人口的歌曲和深受群众喜爱的歌手。作为《中国歌曲排行榜》年终战绩总评，一年一度的《北京流行音乐典礼》星光耀眼、万众瞩目。

读书笔记：

2012 年 1 月 19 日，《2011 年度北京流行音乐典礼》在国家奥林匹克中心体育馆隆重举行。本届典礼在创意策划、选题选材、主题立意、编排表现、制作技术等方面的诸多创新之举，使典礼不但获得了出色的收听、收视成绩，成为各大媒体争相报道的热点，更在华语歌坛历史上写下了难忘的一页。归纳起来，本届典礼的创作创新从以下几方面着手：

一、创意策划——“双英”牵手《中歌榜》，创划时代新经典

民歌天后与流行天后在舞台上携手，是具有历史意义的划时代的跨界合作——宋祖英和那英，民歌界与流行歌坛两位时代巨星“英英相惜”，以最震撼的组合压轴《中歌榜》本届盛典。

这是宋祖英平生第一次与女歌手合作，两位天后同时代出道，都以众多不可替代的大热金曲深入人心。演唱编排上，在中国爱乐乐团 20 多位音乐家组成的交响乐队和电声乐队的伴奏下，首先由那英用流行唱法演唱了宋祖英的成名作《小背篓》，之后宋祖英以民族唱法

演唱了那英原唱的《山不转水转》，最后二人合作演唱了美声与流行“跨界”的《告别的时刻》，她们精湛的唱功令全场华语歌坛精英们及在场观众赞叹不已。在场的资深业内人士无不感慨：2012 年《中歌榜》为歌坛奉献的这次“《中歌榜》——双英会组曲”已是歌坛无法超越的巅峰！

二、主题立意——“爱自己·爱明天”鼓舞歌坛

每年，《中歌榜》典礼的年度口号都代表着这个华语歌坛历史最悠久的排行榜对歌坛的总结和期许。充满信心与希望的 2011 年度口号“爱自己·爱明天”从典礼正式启动的 2011 年 9 月 28 日即公布，并贯穿十场在全国十大城市举行的为典礼预热的地面活动。典礼上，“爱自己·爱明天”的精神贯穿整体：汪峰与乐队带来的“《中歌榜》爱自己·爱明天主题组曲”，包括《春天里》《怒放的生命》《飞得更高》，激励心灵、鼓舞歌坛，获得了台下华语歌手的一致共鸣；视频主题片抚今追昔——崔健、罗大佑、李宗盛、蔡琴、齐豫、梅艳芳、张国荣、张雨生、黄家驹等人的作品和影像带来了巨大力量，感人肺腑，播放后，全场先是静默，继而爆发暴风雨般的掌声。

三、选题选材——巨星云集，组曲、串烧、跨界、合作惊喜不断

典礼上，宋祖英、那英、周杰伦、张惠妹、孙楠、汪峰、张靓颖、李宇春、孙燕姿、戴佩妮、钟汉良、张杰、林宥嘉、杨幂、周笔畅、谭维维、田馥甄、陈楚生、王啸坤、苏醒、王菲菲、BY2、袁咏琳、刘力扬、曾轶可、江映蓉、郁可唯、戚薇、刘惜君、许嵩、LOLLIPOP F、MIC 男团、陈翔等歌坛当红明星汇聚一堂，同庆新年最盛大的歌坛盛事，而其中为典礼特别奉献的独家表演精彩纷呈，充分呈现了歌坛的传承与希望。

周杰伦、张惠妹、孙楠、汪峰等当今歌坛的中流砥柱们难得同台；新生代代表张靓颖献上华丽震撼的开场秀《爱的开场白》，挑战视听极限；汪峰自带乐队送上了典礼主题表演环节“《中歌榜》爱自己·爱明天”组曲；孙楠送上了五首歌曲串烧的“楠人情歌”组曲；屠洪刚的“英雄本色——铁汉柔情”组曲铿锵威武；两岸青春偶像团体 MIC 男团和 Lollipop F 带来的“龙腾舞跃”组曲热力四射；宋祖英、那英的划时代携手“《中歌榜》双英会组曲”更是铸就了跨界合作不可超越的典范！

四、制作技术——创国内流行音乐颁奖典礼制作水准新标杆

本届现场制作规模再度升级:近 1,000 平方米的超大型 LED 错落有致地包围贯穿整个舞台,使舞台呈现出剧院的效果。舞台又分上下两层,两个升降台,令人耳目一新,国际标准的音响、舞美、灯光、视频,堪称整体创新的震撼大制作。由 13 位国内最好的乐手构成的电声乐队和中国爱乐乐团 20 多名音乐家组成了超豪华的伴奏阵容。

可以说,从视觉、听觉冲击到精彩的表演桥段,本届典礼均以翘楚之姿,再创了华语歌坛流行音乐颁奖典礼的新典范!

五、传播效果——广播电视网络等传统媒体、新媒体全面飘红

再创乐坛新经典的本届典礼通过音乐广播协作网 26 家全国电台直播,覆盖四亿人口;收听率 2.99%,市场份额 7.43%。

典礼也引发了各大媒体的热烈评论。凤凰网评论称:“《北京流行音乐典礼》每年的颁奖现场都会有一个出乎意料的组合,昨晚的压轴好戏是宋祖英和那英两位‘天后’的跨界合作。她们以精彩的表演致敬这个举办了 19 年的颁奖礼。”新浪娱乐评论:“台下众多艺人纷纷起身迎合台上的表演,气氛十分热烈。典礼堪称完美。”

歌手们也非常享受本届典礼盛况。张惠妹兴奋地表示:“拿奖很高兴,更高兴的是看到那英和宋祖英的合作。”张杰表示:“非常感谢《中歌榜》做了一个这么精彩、让人感动的颁奖典礼。”创作歌手王啸坤表示:“《中歌榜》年度典礼就是歌坛‘年会’,评定员工一年努力的成果,并给以最有公信力的肯定和奖励。”马来西亚歌手戴佩妮表示:“我等了十几年,今天得到《中歌榜》这个奖,很满足!”

典礼更多地成为微博和论坛的头条热点话题,在电视播出和网络视频点击方面都成为最大热点。截至典礼结束后一个月,参与典礼现场报道媒体总计 86 家,共发报道 142 篇,视频 192 段,电视新闻播出及视频总长 884 分钟;百度搜索典礼相关内容 858 万条;新浪关于典礼的微博发帖数 745,000 条,《中歌榜》官方微博评论25,000条,转发 65,000 条。

毫无疑问,《2011 年度北京流行音乐典礼》书写了华语流行歌坛灿烂的一页!

(中歌榜导演组:北京人民广播电台音乐广播)

“广播真人秀”，让真实的音响说话

——《英雄求职记》创作思考

张 悦

读书笔记：

前言

近年来，各大电视台出现了一种创新的节目形式——电视真人秀节目。以《爸爸去哪儿》《花儿与少年》《奔跑吧，兄弟》为首的综艺节目占据了各大电视台的黄金档，收视率一直居高不下。

电视真人秀的特点是：焦点人物的言行无死角呈现，力图让受众感受最真实的内容，拉近高大上的电视人物与受众的距离，从而回归“走转改”的真实本质。

电视节目通过这种“真人秀”创新了节目形式，吸引了受众。那么广播节目是否也能以这样的形式，更加真实地呈现新闻人物呢？广播版“真人秀”与电视版“真人秀”有何区别？广播版“真人秀”的独特优势又在哪？这是本文思考和研究的问题。本人采制的广播节目《英雄求职记》获得了2013年北京广播电视台节(栏)目创新奖节目创新金奖，我们暂且以《英雄求职记》为例，探究“广播真人秀”的价值。

一、《英雄求职记》的背景

《英雄求职记》顾名思义就是一篇报道英雄找工作的故事。这位英雄名叫李川南。北京“7.21”特大暴雨灾害中，农民工李川南与50位工友正在京港澳高速路边工地干活，恰巧遇到一辆大巴车深陷雨水之中,车上乘客的性命危在旦夕,李川南和他的工友们一起在京港澳高速上救起了200多条生命。他是主持人崔永元"请农民工吃一顿饭"的嘉宾之一。然而李川南在救人过程中,右脚被钢筋穿透,无法继续从事重体力工作。

《英雄求职记》真实记录了负伤后的李川南一瘸一拐地重新寻找一份"轻松"工作的曲折经历,反映出社会的人情冷暖。

二、什么样的节目适合"广播真人秀"

1. 事件本身应具有"曲折性"和"未知性"

这样一位受伤的英雄,他能在北京找到一份什么样的轻松工作?是坐办公室的文职,还是超市销售、商场保安?他的右脚一瘸一拐,有哪家公司愿意聘用他?这些问题连记者本身都很好奇。

"求职"这件事具有未知性和曲折性,而"英雄"找工作,更具矛盾性和猎奇性。因此人物和事件高度契合,听众很愿意知道"英雄"找工作的各个细节,这样的节目适合以"广播真人秀"的形式呈现。

中央电视台专职评论员徐慨认为,《英雄求职记》作为"广播真人秀"的首次尝试,对于一个未知的带有悬念式的过去新闻事件当中的小人物来说,用他的求职经历来反映这个时代的人情冷暖,选题本身就已经获胜。

2. 多样化的采访环境会使"广播真人秀"更具可听性和丰富性

由于广播只有声音没有画面,因此丰富的音响是广播取胜的关键所在。环境的不同,自然会形成不同的音响效果,同样受众也会根据丰富的音响,进入不同的环境当中,跟随新闻人物一起进出场景,形成"受众身临其境"的收听感受。

在《英雄求职记》中,场景从李川南出"汽车站"开始,经历了"地铁""超市""洗手间""卧室""公司办公室""拉面馆""嘈杂的马路""喧哗的闹市"等一系列复杂的环境,这些复杂的环境,给予了"广播真人秀"节目丰富的音响,使节目更具有可听性。

三、"广播真人秀"的具体节目形态有哪些

1. 记者应全方位无死角地跟踪人物,做到完整客观

在采访《英雄求职记》中,记者与李川南同吃同住5天5夜,共采录了30多个小时的原始素材,而节目播出仅仅只有30分钟,其中包括李川南漱口、穿衣、打鼾等音响,

以及他找工作的整个艰辛过程。

值得一提的是，节目在北京新闻广播《资讯早八点》的百姓生活故事栏目中，以连载的形式连续报道了三天，这三天的节目采取边采访边制作边播出的方式，记者把当天采录的李川南找工作的情况，制作成音频传回台内播出，因此李川南究竟能不能找到工作，节目本身也不知道，节目完全客观真实，形成了“真人秀”的报道雏形。

在北京广播电视台创新节目研讨会上，中央人民广播电台著名主持人傅成励认为，《英雄求职记》采用了跟踪贴身采访的形式，用录音机记录下主人公在找工作当中的言行和经历，形成了一种“广播真人秀”，真实地再现了人物的精神面貌，包括他的坚强和软弱，以及人们对他的支持，甚至还有一些讥讽。

2.“广播真人秀”是一种广播业态的新型模式，它区别于“广播特写”

“广播真人秀”和“广播特写”的区别在于“广播真人秀”节目完全按照时间和空间的先后顺序，没有经过诱导式的重新编排，而是全方位原生态地呈现。节目中，可以听到李川南吃饭打嗝、睡觉打呼噜、号啕大哭，甚至还有路人讽刺他的原生态音响。而“广播特写”，往往以报道人物本身为主题，为了围绕某一主题，需要经过刻意编排和诱导，从而产生了符合主题的人物特写。

三、“广播真人秀”与“电视真人秀”相比，更具优势

1.记者“我”的介入，记者在真人秀节目中成了“男二号”

在《英雄求职记》中，整个节目没有采用惯用的第三人称报道，而是以“我”的视角采用了记者第一人称报道，节目中记者“我”陪着李川南一起找工作，这使得这个节目更加具有了人情味。

在节目中，记者以夹叙夹议的方式，描写了李川南的心理变化，甚至有记者和李川南因为某一个工作应聘没成功而吵架的声音，有记者数次感动落泪的哽咽，这些声音带领听众来到现场，陪着川南一起找工作。

记者“我”在广播真人秀《英雄求职记》中出现，是节目的亮点，也是节目的需要。和“电视真人秀”相比，“广播真人秀”不仅缺少画面，更缺少焦点人物的表情，单纯凭声音去判断一个人物的情绪往往不准确，而这个时候如果有记者的介入，用记者的话去夹叙夹议地描述整个真人秀过程，类似于“足球解说”一样，将会使得焦点人物更加丰满。

中央电视台一套综合部副主任李伦听过《英雄求职记》后评论道，记者的描述本

身给了听众最好的了解事实的桥梁，所提供的看似是记者主观的描述，其实却是更可触摸的客观。

2.“广播真人秀”相较“电视真人秀”呈现的人物状态更加真实

湖南卫视《爸爸去哪儿》的导演谢涤葵曾表示，“每一期《爸爸去哪儿》节目，湖南卫视要派出40余个机位，100多个工作人员”。在摄像机的“监视”下，新闻人物很难呈现所谓的“真实状态”，因为多架摄像机的“狂轰滥炸”，新闻人物会不由自主地趋向于“表演”。

而“广播真人秀”，由于录音机的隐蔽性较强，当事人并不排斥和担心“录音机”，因此做出的举动更加真实、全面、贴切。

在2013年北京广播电视台节（栏）目创新奖终评大会上，专家认为，“广播真人秀”的尝试，值得思考，在《英雄求职记》中，有太多大量的真实音响值得回味，这是好久都没有在广播节目中听到的音响，包括李川南的大哭、唱歌，在求职过程当中跟人讨价还价，包括他自己的一些“小九九”、小心眼、还有跟他父亲的交流，都非常真实，非常具有穿透力。

后　记

刘云山同志在第二十四届中国新闻奖、第十三届长江韬奋奖颁奖报告会上表示，广大新闻工作者应该讲好中国故事，要真实、生动、鲜活地讲，真实的故事最精彩，百姓的故事最生动，要走出办公室、走出高楼大厦。在路上心中才会有时代，在基层心中才会有群众，在现场心中才会有感动，采写接地气、有温度的好新闻。

用真实的音响说话，这是广播乃至新闻界本应遵循的原则。“广播真人秀”，通过大量的真实音响，客观完整地记录了新闻人物的言行举止。业界也有专家将“广播真人秀”这种创新节目形态评价为“广播走转改之本”。

当然，由于“真人秀”节目内容的未知性，因此客观真实的记录就未必会有“爆点”“亮点”，这是真人秀节目的客观规律。因此，“真人秀”节目背后是默默无闻的贴身追踪采访，是一种耗时、耗力的良心作品。

（张悦：北京人民广播电台新闻广播主持人、记者）

不仅仅是一场动画的狂欢

——从卡酷动画春晚系列“盛典”解读少儿媒体的专业化创新

李　严　刘贺春

2013 年，BTV 卡酷少儿动画春晚“盛装大典”，聚童心，聚快乐！

2014 年，BTV 卡酷少儿动画春晚“剧星盛典”，全民动画大秀，炫出梦幻童年！

2015 年，BTV 卡酷少儿动画春晚“吉羊盛典”，吉羊送吉祥！

读书笔记：

三年动画春晚，三场豪华盛典，三个酷炫口号，卡酷少儿新年期间的系列“盛典”，既是创新，又是坚守。卡酷人懂得在激烈的媒体竞争大环境下，精准把握“少儿频道”的特色定位，凸显了“首都媒体＋卫视平台”的双模优势并在全国卫视中脱颖而出。卡酷在“动画春晚”这一黄金品牌的打造中，探索并初步实现了电视作品的全新风格，实现了专业少儿媒体的文化创新，同时，对如何建设专业化电视媒体这个课题具有更加独特、更加实际的解读。

卡酷——cartoon&cool。表面来看，cartoon（卡通）是少儿频道的核心元素，是卡酷电视艺术的出发点；而 cool（酷）是频道的气质、风格和表达，决定着“卡酷风”电视作品的表现手法和呈现方式。

深层来看，cartoon 是精神层面的艺术创作。虽然在语言翻译上“cartoon = 动画”，但是在中国，国产动画更多具备的是功能性：安抚、陪伴和服务于儿童；而在国际艺术领域，cartoon 更能体现艺术美，传递特立独行的思想、精神诉求，这决定着卡酷的电视制作人需要用更先锋的思想、更高层次的精神境界和更深入的社会思考，将 cartoon 融入到电视媒体中来，用 cartoon 来推动电视制作，丰富电视节目的内涵层次，用 cartoon 的艺术精神提升电视节目的艺术品质。

而 cool 是卡酷电视人的“操守”。“操守 = 操作 + 坚守”，在操作上，需要新鲜而有活力的设计理念、艺术理念、合作理念，这样才能搭配和诠释 cartoon 艺术的文化内涵；而在坚守上，要坚守“卡酷式”的创作要求和卡酷人的社会责任。卡酷需要先锋性、开创性和探索性的节目尝试，这样的创作要求不容易做到。“卡酷式”需要接地气但不媚俗，需要走进孩子内心但不浅薄，需要颠覆但不浮夸，需要用儿童元素产生全龄共鸣，因为卡酷的社会责任永远是在儿童最纯净的人生扉页，写上最芬芳的一笔，让每颗童心都有一个梦的家园。如果这个梦想可以实现，那真的很酷。

所以，三年的动画春晚系列“盛典”，始终紧密围绕“卡酷”品牌，从表层和深层两个维度出发，紧密结合动画，寻求最酷炫的表现手法，同时用电视来呈现动画艺术的文化精髓，传递“快乐”“童真”“成长”“梦想”的卡酷精神。找准艺术创作的精神核心，是专业化的第一步。

一、专业化——电视发展的客观规律

对于传统电视媒体而言，“专业化”一直在演进。

在电视发展史上，国内外的电视媒体都遵循“一家电视台一个频道，一个频道一个节目”到“一家电视台多个频道，一个频道多类节目”的规律。这取决于社会分工的不断细化，标志着社会成熟度的不断提高，观众的精神需求变得更加具象、更专一、更有个性需求，电视媒体“专业化”本身是由社会发展来决定的。

专业化的少儿电视频道“卡酷”应运而生。

所以，作为目标受众极其明确的电视频道，要实现为观众提供更有针对性、更切实的内容信息，实现精准抓住类型化观众的内心喜好，实现电视节目的丰富样态和优化呈现。这也是每个卡酷人的责任。通过总结动画春晚“盛典”三年的制作历程，可以得出衡量全新的电视媒体“专业化”的价值要素，分别为“思想价值”“品味价值”和“运作价值”。

（一）“思想价值”决定电视媒体的专业程度

“思想价值”的衡量要素包括颠覆、内涵和文化。

1. 颠覆

“颠覆”比创新更新，颠覆是更勇敢、更狂野、更震荡的。2013 年的“盛装大典”，BTV 全台知名主持人，化身动画人物，为全国观众歌舞庆新春；2014 年的“剧星盛典”，用国际级三维虚拟影棚首度拍摄电视综艺节目;2015 年的“吉羊盛典”,将各类动物作为晚会的表演嘉宾,这样的“颠覆”,秉承了电视与生俱来的创新性,更体现了专业电视媒体在当代的媒体竞争大环境中的胆识。

2. 内涵

“内涵”体现思想的深度。2013 年的“盛装大典”,用哪吒来呈现流行金曲的先锋时尚,用现代的方式表现“勇敢、阳光、自信”的哪吒精神;用欧美经典英雄主义动画人物希瑞和希曼,表演中国民谣风格的兄妹对唱,唱出童真的友情。2014 年的“剧星盛典”,打造了中国动画 90 年经典人物百人入场式,动画明星携手航天英雄,在中国地标建筑“鸟巢”中,传递出时代记忆和家国情怀。2015 年的“吉羊盛典”,将动物主题、人物主题、艺术主题、动画主题的四场晚会用动画一脉贯通,来呈现现实与动画紧密结合的“梦想世界”。这样的深度,是电视艺术与动画艺术的形式结合,更是时代化的电视文明与动画的精神文明的深度融合。

3. 文化

“文化”是一切创意的基石,是电视艺术的价值和归宿。2013 年的“盛装大典”,体现了北京电视台作为首都媒体所独有的文化多样性。2014 年的“剧星盛典”,是中国动画 90 年文明历程的纪念,既用动画的方式向中国动画致敬,又在内容设计中融汇各种动画元素,混搭丰富的艺术形式,时刻保持兼容并蓄、和而不同的传统文化特色。2015 年的“吉羊盛典”,更是突破性地用四场晚会主题,将人与自然、中西文化、中国歌舞美学与中国本土动画精神逐一体现,突破了传统意义上的少儿电视题材,打造了艺术创作独有的世界情怀。

“颠覆”“内涵”“文化”这三点特质是相互交融的,共同形成了电视作品的“思想价值”,“思想价值”依托于作品背后的电视创作者,这样的电视创作者深刻影响着电视作品的专业程度。

(二)“品味价值”决定电视作品的艺术品质

“品味价值”体现在设计和风格两大方面。

1. 设计

电视艺术的设计是既全面又具象,且有细节的,卡酷少儿动画春晚系列“盛典”始终遵循的设计规律是:一定要让“人”的性格与“人物”的性格发生碰撞!

纵观几大现象级电视节目可以发现:《非诚勿扰》的看点在于一个“男人”的性格与一群“女神”的性格发生碰撞;《爸爸去哪儿》的看点在于“明星”性格与“爸爸”性格

发生碰撞;《中国好声音》的看点在于“草根”性格与“导师”性格发生碰撞;《中央电视台春节联欢晚会》的看点在于“我家”的性格与“国家”的性格发生碰撞。

所以,动画春晚系列“盛典”,首先设计“表演者”与“角色”的碰撞,如端庄的春妮扮演了活泼的哪吒;严谨的谭江海扮演了搞笑的葫芦娃;访谈出身的悦悦偏偏扮演了蹦蹦跳跳的樱桃小丸子;知性大气的栗坤既要扮演摇滚版白雪公主,还要扮演魔幻的美少女战士。表演者的性格与人物角色的性格碰撞的同时,还有人物与歌舞、人物与人物组合表演的多重碰撞,这样的设计从创意初期就决定了最终电视所呈现的力度。

设计,形成了品味当中的趣味。

2. 风格

风格是品味最外在的部分,也是更为精神层面、更为纯粹的艺术境界。风格是魅力、是腔调、是灵魂的外露面,是文化说服力的重要组成部分。

从动画春晚系列“盛典”来看,风格的产生主要来自导演的个性化审美,特别是负责具体节目设计的导演,有格外喜爱传统文化的,有长期热衷日韩综艺和流行演唱会的,有喜欢新锐的 cosplay 和舞台剧的,有擅长天马行空改编撰写、具有幽默表达能力的等等。传统文化型导演能将动画人物与传统曲艺形式和道德理念有机结合,日韩潮流型导演格外注重舞美设计和视觉冲击力,新锐小众文化型导演会特别注重个性化的细节设计,表达型导演会将各种人物和艺术元素进行符合主题的艺术加工。这样的风格会让节目产生鲜明而独特的气质。

风格,形成了品味当中的玩味。趣味吸引观众,玩味使观众产生共鸣。“品味价值”不单决定了艺术品质,它更重要的意义在于决定了“人与艺术”的亲密关系。不管是春节期间的观众与动画春晚系列“盛典”,抑或是少年儿童与卡酷频道,还是艺术体验者与电影、音乐、绘画、摄影等等,这些都是“人与艺术”的关系,观众对艺术的欣赏,往往取决于他们对一种题材类型、一种表达方式,甚至一个演员、一个导演、一个摄像师的艺术理念和艺术手法的期待,期待产生信任,而用“品味价值”形成的艺术品质,对观众的信任始终给予诚意的回报,那么信任将决定忠诚。

赢得观众的忠诚,这是媒体专业化的重要意义。

(三)“运作价值”决定利益最大化的实现

艺术高于现实,但是又必须依托于现实,这对于电视艺术创作、对于电视媒体的运营来说,格外重要。

“运作价值”是衡量媒体专业化最重要,也是最实际的价值要素。

卡酷少儿动画春晚三年系列“盛典”是同一个制作团队，而团队中的核心导演始终保持5—7名左右。首先，团队领导具备“听年轻导演观点”的理念，不具体干涉导演的审美、创意、执行方式等，保证团队的活力，保证思维的活跃和创意。

其次，核心导演具备“一专多能”的能力，除了有自身擅长的内容设计之外，在整条电视节目制作流程的各个环节，都可以进行参与，既能从整体上把握节目大方向，又能在节目细节和节目前后期运作方面进行有效掌控。

这样的配合既能有效控制运营成本，又可以让制作团队发挥优势、积累经验、迅速成长，保证电视作品的制作水准和诚意。这种“利益最大化”的意义在于塑造人才，人才是这个时代的最重要的价值，只有这样才能将此前提及的“思想价值”“品味价值”与“运作价值”紧密结合。而由此产生的电视作品，才会真正具备标志时代价值的意义。

所以对于电视媒体的发展来说，在专业化的大趋势里，节目的专业、艺术的专业、媒体的专业，根本上是人的专业，而人的专业化，需要机遇、需要空间、需要引领，更需要坚持。未来社会各个行业一定会更加专业化，这意味着电视人需要高效化、精准化和深度化地把握电视内容。

（李　严：卡酷动画春晚总导演；
刘贺春：卡酷动画春晚执行导演、《剧星派》栏目制片人）

突发事件直播中从“个体创新”到“集体创新”的改变

——关于“四川省芦山地震”直播报道的创新探索与思考

马 迟

2013年4月20日，四川省雅安市芦山县发生了7.0级强烈地震，BTV新闻频道第一时间进行了直播报道，BTV新闻频道直播平台的优势得到了充分的体现，既有丰富的第一手信息又有感人至深的救灾故事。通过对此次地震的报道，BTV新闻频道不仅锻炼了队伍，也进一步扩大了频道影响力。

读书笔记：

在此次芦山地震的直播中，BTV新闻频道直播报道总时长46小时，播发新闻报道1,100余条，引领了社会舆论，传递了党和政府的声音，危难中彰显了媒体责任和人文关怀。新闻直播平台的建立让BTV新闻频道在面对突发事件时的新闻播报能力得到了很大程度的提升。在硬件方面，每天有十多路信号回传到机房，各种设备运转正常，工作人员应对有序，没有出现任何技术上的差错。在软件方面，由于有完善的突发事件报道预案，直播中各个工种之间衔接完美，在全中心内形成了良好的直播机制。

一、报道团队的形成过程

1. 发出声音——从“零点”到“一点”的突破：在地震发生后的数小时内，我们在四川芦山震区的报道力量为零，新闻资源全部来自央视新闻和四川台及成都台相关记者的电话连线。前方报道力量的零突破是北京电视台抗震直播报道首先要解决的问题，下面是一份前方报道团队首次发回不同类型新闻报道的时间表：

表 1　前方报道团队首次发回不同类型新闻报道的时间表

距离地震发生	播报地点	播报形式
4 小时后	芦山震区	电话连线
10 小时后	四川双流机场	3G 回传信号
11 小时后	四川成雅高速公路	3G 回传信号
14 小时后	芦山震区	3G 回传信号
24 小时后	四川成雅高速公路	海事卫星新闻对播
26 小时后	芦山震区	SNG 对播(成都台提供)
32 小时后	芦山震区	Flyaway 卫星新闻对播

从上面的数据中能够了解到,北京电视台在地震发生 4 小时后就首先实现了前方报道力量的零突破,这个速度几乎与央视新闻频道、四川台、成都台的新闻报道时间不相上下。

我们在前方震区的报道的第一阶段(电话连线)和第二阶段(新闻回传)中都处于领先优势,只有在进入第三阶段(卫星对播)时,我们的优势才逐渐丧失。在事后反思中,我们发现这种优势的丧失与前方单兵作战的记者深入震区所采取的策略是有直接关系的,下面再让我们看一组图表:

表 2　记者深入震区所采取的不同策略

距离地震发生	到达地点	进入人员	进入芦山震区策略
4 小时后	芦山震区	赵静、吴奕萱	地震发生后两小时内,封路前进入震区。
12 小时后	芦山震区	颜葵、张虎	跟随四川军区进入震区。
12 小时后	芦山震区	张默、龚飞	跟随四川军区后勤部队进入震区。
26 小时后	芦山震区	侯爵、杨钧	跟随 999 急救中心,后租用当地居民摩托车。
28 小时后	芦山震区	涂艳、李昂	跟随志愿者救援队,后租用当地居民摩托车。
32 小时后	芦山震区	范奕、励嘉霖	到成都办理媒体通行证件后进入震区。

从上面的图表可以看出,进入芦山县震区的报道组无一不是跟随官方车辆进入的,这是进入震区的基础条件和保障。对于地震这种大型应急类报道而言,快速进入震区的方法有三类:

(1)黄金进入时间——地震后在政府启动相关应急预案前进入震区核心:这期间,公安、交管、路政等部门在没有得到相关部署前,是不会有任何动作的,抢在这个时候进入震区可以说是一路畅通,既没有过多的社会车辆,救援车辆也来不及在同一时刻蜂拥而至。但是,通常这种快速反应机制是非常成熟的直播团队有熟练的直播流程才能够做到的。

（2）次黄金进入时间——在地震后12小时内跟随救援部队进入震区核心：这是进入震区的次黄金时间，在这个时间段内政府应急预案已经启动，通往震区的道路基本已经封闭，社会车辆已经禁止通行，只允许军队救援车辆即政府指定的救援车辆进入，来自社会各界的救援车辆和民间救援队正在向震区外围集结，多数车辆还未到达，通往震区的道路还未出现大面积堵车的现象。我们在震后14小时进入震区核心的两组记者全是跟随军队救援车辆驶入震区核心的。

（3）公共进入时间——搭乘震区居民的交通工具进入震区核心：在这一阶段，跟随军队或救援队进入震区同样会遭遇道路拥堵的情况。我们的多路记者就是在这一时间赶到成都，但大部分人员被堵在了路上。在这种情况下，只有借助震区居民的交通工具，比如摩托车、三轮车等小型机动车才有可能快速进入震区核心。

综上所述，正是遵循客观规律的发展和实战经验的积累，我们的报道实现了多个零突破，我们前方的报道力量也从一个报道组发展为一支报道团队。

2. 团队形成——从一点到多点，由个体到群体再到团队："个体""群体""团队"在管理学上是三个不同的概念。从发展的角度看，一个团队的形成都会经历从个体到群体再到团队的过程，此次震区的前方报道团队的形成也同样经历了这一演变过程。

（1）由"报道个体"到"报道群体"的转变——当我们的报道在震区前方实现多个零突破，各组记者通过各种方式传回前方报道后，我们在一线的报道力量逐渐充盈起来！在震后32小时，携带不同设备、跟随不同团队、采用不同交通方式来到芦山县震区的记者悉数到齐。这个过程，正是由"报道个体"向"报道群体"转变的过程。这之前，每个"个体"由于震区信号中断等原因，接不到前、后方指挥的明确指令，都在按照自己的报道思路，根据自己掌握的信息和资源去完成独立报道。值得一提的是，报道团队建立了微信群，前后方记者、编辑、领导在同一个平台上直接交流，无差别无等级地进行有效沟通，台长可以与一线记者实时交流，实现了"扁平化"指挥，有了固定的报道"根据地"。"报道个体"的新闻资源和人员业务特点被逐一汇总统计；微信平台的建立在最短的时间内将报道群体组合报道采访的能力变得更加强大，成为行之有效的报道团队。

（2）由"报道群体"向"报道团队"的转变——"群体"与"团队"的最大不同，就在于"团队"中的每个成员是有共同目标的；"团队"中成员之间是有明确分工的；在统筹资源方面力求资源共享、资源使用最大化，团队的效率要远高于群体的工作效率。对于前方报道团队而言，负责人要在短时间内根据人员的业务特点来完成报道记者的分工协作，同时搜集每个报道个体所掌握的资源以便进行统筹管理。

3. 报道团队的分工协作——各取所长，从"个人独奏"到"集体交响乐"：此次地震报道，北京电视台派往芦山县震区的前方报道力量共有 16 人，其中记者 12 人、编辑 2 人、直播导演 2 人。在团队建立过程中，前方负责人需要了解每位队友的业务能力，充分发挥每个个体的长处，根据大家的业务特点分配任务，形成一个分工明确、相互协作、职责清晰的报道团队。在震区报道的实际工作中，由于经验不足，时间相对仓促，我们并没有细化工作分工，形成更为高效的运行团队，事后总结应在前方把团队成员分为以下几方面人员：

表 3　团队成员的职责分工

人员分工	具体职责	职责说明
前方外联人员	前方震区搜集信息、拓展外部资源、为报道人员安排采访报道。	此次地震报道，芦山县城是各方赈灾指挥部的所在点，公安部、消防局、急救中心、救援队、临时居住点等汇聚在芦山县的中心街道两旁，而这些机构绝大多数我们并没有接触过，这就需要我们的前方外联人员逐一接触、沟通，尽快建立联系并获取新闻资料和一手信息，之后在与统筹人员沟通后，给记者分派任务。
应急报道人员	对前方出现的突发性新闻事件、临时出现的新闻热点进行快速反应，快速报道，以“短、平、快”的方式进行新闻制作。	在此次地震直播报道中，有三种情况是需要应急报道人员进行抢发报道的。 第一种是在震区前方临时突发的新闻事件，比如：余震的频发导致伤亡数字的不断更新，余震的频发导致山体滑坡及堰塞湖的形成等等； 第二种是随着救援时间的推移不断涌现的一些救援的最新成果和进展，比如：在重灾区（双石镇、宝兴县等）抢救出来的伤病员，四川军区空降师向龙门阵紧急空投救援物资，临时安置房建设破土动工等； 第三种就是在芦山县震区指挥中心随时召开的新闻发布会和对于震区居民的物资发放等。 这些新闻消息的共同点就是时效性强，这就需要安排头脑灵活、沟通能力强，能够在短时间内报道成片的记者进行采访报道，并在第一时间回传给后方。此次在震区报道中，应急报道的数量占绝大部分。
专题报道人员	对于震区出现的新闻焦点进行重点关注，充分利用现有的新闻资源进行人员跟踪报道，以专题、长消息的新闻形式进行呈现。	随着时间的推移和救援的深入，震区的各项工作将逐步稳定，救援、医疗、补给等各工种之间的配合趋于默契。同时，随着救援的进展，媒体的报道也从应急类的短、平、快向着更深层次和有深度的专题报道、震区故事转移。在震后 32 小时，报道团队形成后，我们根据记者的报道特点和掌握的新闻资源，分派出部分报道力量沉下心来去制作记者日记和人物专题，同时将这些记者在报道条数上的要求降下来，专门潜心挖掘震区的人物和故事，挖掘出一些我台独家报道的新闻。
对播主持人员	充分了解震区情况，在新闻直播时段与后方进行直播连线的报道人员。	震区前方根据地的建设，主要承担两大功能，一个功能是及时向后方传输最新的新闻报道（应急类新闻和专题类新闻）；另一个功能，就是在技术设备允许的条件下实现前后方的新闻对播，只有新闻对播的实现，才能够算是真正意义上的应急直播。此次震区报道，我们总共进行了上百次的对播连线。 电话连线：在不具备视频连线的情况下，使用最广泛的对播方式就是电话连线，这种方式机动性强，但是缺少电视的画面语言优势，表现力弱。 视频连线：对于直播节目而言，前方的直播信号是其重要的促成部分，需求量也是最大的，这就要求负责报道统筹的人员和前方外联人员将获得的最新震区动态源源不断地提供给对播人员。同时，对播人员也要自己去发掘震区的信息，并转化成自己的语言。此次前方报道，两天内共进行了 50 多次前后方视频对播，每次的时间都在 5 分钟以上，累计时长 300 多分钟，在信息的搜集、新闻现场的变换、采访人员的数量都是非常大的，因此，对播人员必须具有较高的综合能力才有可能完成报道任务。

续表

人员分工	具体职责	职责说明
技术支持人员	负责新闻对播、新闻传输、设备支持、供电保障、通讯保障等工作的专业技术人员。	前方报道团队中,技术人员是报道成功的基础,只有确保前方采访设备的良好状态,才能保障新闻音、视频的正常采编;只有保障前后方传输设备的通畅,才能够确保前后方新闻对播的实现和采编新闻的回传。
报道统筹人员	负责传达前后方指挥的报道要求、前方工作人员分工、前方报道资源统筹、前后方报道内容沟通、前方报道人员饮食起居等。	报道统筹人员相当于前方团队的中枢神经,他需要了解每位队员的报道特点、身体素质、掌控新闻资源多少等情况,要能够科学合理地分派任务,让新闻报道的数量和质量达到最大化。同时,需要具备较强的采编能力、沟通能力和团队组织能力。能够在震区恶劣的生存条件下确保团队的凝聚力、基本生活保障并能够不断将报道"根据地"发展壮大,为打"持久战"作好准备。统筹人员是后方策划人员的眼睛,通过他可以随时掌控震区报道的内容、体量和未来的计划,并通过前后方的沟通随时调整报道的方向和格局。

二、资源共享——新闻报道资源最大化

震区报道团队的形成,另一重要标志就是能够实现资源的共享和互换,通过前方统筹人员的协调分配,达到资源的合理化分配,以达到前方报道的最佳效果。在资源共享方面主要涵盖两方面内容:

在团队形成之前,各组记者在进行"单兵"作战的时候都掌握着一定的报道资源,也针对新闻资源进行了一定程度的挖掘。团队成立之后,一方面,统筹人员要对队员掌握的现有资源进行整合,并按照记者的特点、新闻资源的特性、新闻资源的预判等进行重新整合分配。比如:在团队成立之初,北京蓝天救援的资源由张默、龚飞报道,团队整合后,张默被指定为对播主持人,蓝天救援队的资源由其他记者接手,并根据新闻资源特性制作成应急新闻和专题新闻。另一方面,前方外联人员在现有资源的基础上不断拓展新资源,并将资源整合处理并及时分配给记者和对播主持人。

团队形成后,前方的采编设备、传输设备和其他日常工作设备要由前方统筹人员统一管理,由技术支持人员具体负责,确保重点新闻报道的回传、前后方的对播报道以及采编设备的日常维护运行。此次地震报道,我们在设备资源共享上作到了优化处理。由于此次直播的特点是由"单兵"作战向震区核心集结,时间相对仓促,事先来不及召开技术协调会,导致各路记者携带的采编设备并不相同。在震区汇合后,很多记者的采编设备与卫星传输设备并不匹配而无法达到传输要求。六组记者中,只有三组前期采编设备符合卫星传输要求,其他设备则只能通过 3G 信号回传,但信号不稳定

且画面质量不高。在这种情况下就要求团队将前期采编设备汇总起来并统一分配给重点报道的记者，并随时调整报道侧重点，确保采编、传输设备在前方使用的最大化。

在本次报道中，对其他通信力量的借用也是一个创新的方面。在芦山县城，报道团队凭借多年来与民防系统建立的良好关系，与在现场的民防指挥通信车建立了有效联系，使用民防系统的通信线路与视频设备使我们在所有媒体中第一家直播了芦山县城中心的实时画面，也成为借用社会资源为我直播所用的典型案例。

这些在实战过程中的创新探索，能够为我们在今后的工作中提供宝贵的经验，为更加合理化配备报道团队的技术设备提供有力的数据支撑。

（马迟：北京电视台新闻节目中心《北京您早》栏目制片人）

不拿创新作幌子 增加创作含金量

——《2013BTV 环球春晚》创新思考

郭 巍

作为 BTV 的原创先锋，从 2010 年创办以来，环球春晚每年都以独特的形象、创新的形式以及出众的品质为全国观众奉献一场汇聚全球多元文化的文艺饕餮大餐。六年间，我们始终坚持晚会的独特性、国际化特色和视野以及高品质，并始终力图创新，使得环球春晚逐步成长为独树一帜、亮点突出的一个独特品牌。

读书笔记：

我们的团队从 2012 年接手环球春晚以来，始终沿袭环球春晚一贯的创作理念，不断创新、不断进步。从收视率来看，2013—2015 年环球春晚，从 4.12% 增长到 5.42%，每年以 20% 的比例提升；从收视统计显示的整体观众结构来看，这几届环球春晚也呈现出一个非常突出的特点：深受高知受众青睐，高端收视观众一直占据 70% 以上，观众的忠诚度也提升了 35%，持续收看率大幅上升；同时，晚会每年也得到了来自观众、网友和业界专家的一致好评，并获得了中国电视艺术的最高奖项——“星光奖”第 23 届电视歌舞节目大奖、第二届亚洲彩虹奖电视综艺节目大奖、“‘两岸四地’最具创新力电视栏目”综艺类大奖等多项大奖。而这些成绩的取得，都跟环球春晚一贯对品质的坚持、对创新的要求是分不开的。现将近几年环球春晚在创新上作出的努力总结如下：

创新亮点 1：大使推荐仪式化 创造独一无二的品牌环节

作为以国际化为特色的一台晚会，环球春晚拥有独家的使馆资源及海外资源，在逐年与各国大使馆及海外媒体的合作中，建立了非常亲密的关系。每年，各国大使馆及海外媒体都会为环球春晚推荐大量国宝级艺术家及高品质节目。各国驻华使馆的官员也一向是环球春晚的贵宾粉丝。每年环球春晚录制当天,都会有来自十几个国家的超过 50 位驻华大使、公使、文化参赞及贵宾们出席,他们的莅临也成了每年环球春晚独有的一道风景。

基于此,2013 年环球春晚增设了大胆而又新颖的特殊环节——“大使推荐”环节,即运用大使舞台推介的特殊形式,让各国大使直接站上环球春晚的舞台,推荐各国特色节目及重量级嘉宾。

2013 年至今,共有来自澳大利亚、以色列、法国、泰国、加拿大、俄罗斯、阿根廷、冰岛、南非、西班牙、瑞士 11 个国家的大使及公使登上了环球春晚舞台,为我们推荐了各国高品质高艺术水准的艺术家及团体。而独创的“大使推荐”节目样式,不但成为环球春晚近年来最大的创新亮点,更是体现了《BTV 环球春晚》独树一帜的国际化理念、“高端民间外交典范”的独一无二的品牌引领力,以及不可替代的文化和外交价值。

创新亮点 2:首创全息与立体投影结合技术 运用科技元素为节目插上翅膀

作为一台不断寻求突破的晚会,坚持高科技创新寻求技术突破也成为环球春晚的创新亮点之一。

《2013BTV 环球春晚》通过具有视觉冲击力的电视化呈现,实现了 BTV 自办春晚的技术突破。通过对德国歌后莎拉蔻娜(Sarah Connor)的 *Just One Last Dance* 和英国著名组合 BLUE 的 *All Rise* 两个节目的打造,环球春晚首创了全息与立体投影结合的技术,在国内的舞台上首度呈现了裸眼 3D 全息投影成像节目,让不能够莅临晚会现场的重量级明星,借助科技的力量以虚幻形象结合真实舞蹈演员的方式,“欺骗”观众眼睛,造成亦真亦幻的神奇效果,成为当届环球春晚最大的创新亮点之一。

创新亮点 3:倡导“零舞美”理念 坚持国际化的简约时尚风格

作为一台国际化春晚的制作团队,在不断学习和研究各种国外高品质节目及晚会的过程中,我们始终在寻求更加国际化的舞台语言为我们所用,力求在视觉呈现上让环球春晚具备更高品质的国际化特色。

从 2013 年开始,环球春晚开始尝试运用“零舞美”的理念,即摒弃大制作大规模的舞台搭建及大型景片道具的使用,不要舞美焊死舞台,而充分利用 BTV 大剧院的机械优势,以立体方式打造舞台空间。通过对剧院机械装置的不断“排列组合”,环球春晚创纪录地将八种移动方式用于节目表现,同时辅以独立制作小型移动舞台等手段,将 BTV 大剧院先进的舞台移动功能运用到了极致。秉承“简约不简单”的理念,以各种方式不断移动变换的舞台结构并加以灯光、视频的结合,充分为节目营造了移步易景的视觉效果，让整台晚会把其作为电视节目的特性放大到了极致。

创新亮点4：中外演员“对儿”出 激发世界文化与中国文化的“化学反应”

“中外文化共融、中外明星同台”一直是《BTV环球春晚》的最大特色，通过节目，让中外演员共同演绎经典节目的方式，一直是环球春晚一个非常具有代表性的创新手法，也正因如此，环球春晚被业界认为是“树立了高端晚会的标杆”。

近几届晚会中，50%以上的节目我们都采用了中外演员混搭的演员搭配模式，用中国演员的观众熟悉度来提升外国演员的接受度，并凸显中外合璧、“1+1>2”的效果。其次，对于演出曲目及内容的选择，我们多采用中国观众耳熟能详的曲目。观众在回味经典曲目的同时，更欣赏到了中外混搭所带来的创新的、多样化的表达。同时，通过中外混搭的创新形式，同一作品通过中外艺术家和而不同的演绎，也让观众感受到了国际化与中国风水乳交融的完美表达，从而更加体现了环球春晚跨界交流和艺术对话的创作指导理念，也更加体现了环球春晚的主旨：充分展现中国文化与世界文化的碰撞与对话。

创新亮点5：全新理念打造晚会新形态 “四位一体”全方位拓展品牌价值

作为BTV的重要品牌，在不断寻求创新的六年间，除了将节目内容做大做强，如何不断提高环球春晚这一品牌的影响力，并逐步拓展品牌的价值，也是我们一直在寻求创新的方向。

从2012年开始，我们逐步将环球春晚这一台晚会进行放大，连续三年推出以大型选秀活动为依托的环球春晚副线节目：《我@神曲——2013环球春晚大征集》《环球神奇炫》第一季以及《环球神奇炫》第二季。其中2013年的《环球神奇炫》第一季，还开辟了美国、泰国、澳大利亚和南非四个海外分赛场，首度为环球春晚进行了“全球化”的达人选拔。这些前期活动为晚会充分预热的同时，也体现了环球春晚开门办春晚、接地气、聚人气的创新尝试。

2015年环球春晚进行了更加创新的品牌拓展尝试，全面打破了“一台晚会”的概念，将环球春晚品牌放大为“BTV环球春晚演出季”“《环球神奇炫》第二季大型选秀预热活动”“环球春晚环球行”特别节目以及“2015BTV环球春晚”四项产品，四位一体地呈现环球春晚这一品牌。通过“BTV环球春晚演出季”，环球春晚首度尝试了晚会线上播出与线下商业演出的良性互动机制，实现了品牌与市场的垂直对接；通过“环球春晚环球行”特别节目对8个国家超过20个城市的探访和拍摄，进一步拓展了环球春晚的海外影响力及海外资源，同时，全方位、立体化地展现了中外文化在不断碰撞、交流、合作的过程中所呈现出来的无处不在的精彩，全面凸显了环球春晚多元文化交流平台的特别品质及无限延伸的品牌价值。

历经六年的精心打造，BTV 环球春晚正在从每逢春节的一道荧屏靓影，逐渐演变扩展为一个跨越国度、跨越民族、跨越语言，实现中外文化交流互鉴的文化事件。六年中，环球春晚一直秉承和坚守着原则：坚持汇聚全球多元文化，凸显 BTV 的国际定位；坚持高规格、高品质的节目呈现，凸显 BTV 的国际特色；坚持中外融合、交流碰撞，体现 BTV 的国际视野和胸怀；坚持全球化合作伙伴与资源平台的拓展，显现出 BTV 的国际影响力；坚持务实作风与艺术品位，回归艺术创作本身，凸显 BTV 国际化的独特气质和文化主张。今后，无论是在前期策划、内容执行还是在品牌打造、市场运营等方面，我们都将采取“早动手、早采风、早调查、早规划”的方式，不断探索，不断创新，力求更好地树立环球春晚的品牌价值，将环球春晚打造成为一个具有国际影响力的中国文化品牌。

（郭巍：2013—2016 年《BTV 环球春晚》总导演）

感动·记录

——《感动非洲的中国人》多视角下的在非中国人

刘兴宇　洪　新

八集广播系列报道《感动非洲的中国人》、六集网络视频专题片、上千张图片，以及三十多个连线报道，这是北京人民广播电台先后派出三路记者，远赴非洲的苏丹、肯尼亚、埃塞俄比亚、几内亚、赞比亚和津巴布韦六国，对工作生活在那里的中资机构、中国医疗队等进行专题采访后交出的成绩单。

读书笔记：

这次的系列报道是北京人民广播电台（下简称为“北京电台”）外语广播乃至北京电台在广播节目策划中的创新力作，主要表现在以下几个方面：

第一，这是“走转改”报道方式和报道范围的创新。一位新闻前辈曾经说过：“采访要沉下去！”你沉到最基层，沉到第一线，你就能找到许多鲜活的人物、带着露珠的群众语言、难忘的场景和感人的故事；你的报道才能说“人话”而不是打官腔。这才是“走转改”的真实注解。此次北京电台外语广播非洲采访小组吃在食堂、住在工地。几内亚、埃塞俄比亚采访组的记者则跟随中国工程师深入到距离首都几百公里的施工工地，其中一段山路徒步行进需要三到四个小时，记者们全程记录了在行进过程中工程师的淡然和当地民众的友好以及施工环境的恶劣。行进的途中，记者通过越洋电话与外语广播直播节目《听世界》进行连线，把工程人员的所思所想、一颦一笑同步传播到各个角落。还以这次非洲报道为例，在我们的采访对象中，有深受传统教育的50后、60后，也有改革开放后的80后、90后。这些生长于不同年代的人，其人生观、价值观是不尽相同的，所以同样是面对远离家人的寂寞、亲人去世的痛苦，他们的表现形式完全不一样。50后的总经理陈牧可以置家人、亲友于不顾，一心为了事业，因为他最美好的年华被耽误了，他要争分夺秒地抢时间，在职业生涯的最后书写一段华彩的乐章；而80后的小青年金达面对事业与亲情的抉择时，就显得纠结万分，他要反复掂量孰重孰轻，然后才会作出抉择。老一代的义无反顾和小一辈的百转千回，无关乎道德的评价，而在于他们立足点的不同。因此，在报道中，陈牧不是没人性的"高大全"，金达也不是沉溺于卿卿我我的"小男人"，他们都是一个个有血有肉、有声有色、活生生的普通人。正是因为这些受众身边的人和事对受众的吸引力是无法抵挡的，所以才有了节目在网络上五万多次的播放量。

采访是新闻记者最基本的功夫。关于采访的论述汗牛充栋："用眼睛去观察、用心灵去体验"说的是采访的方法；"别人把门关上，我就从窗户爬进去"讲的是采访的执着；"采访要沉下去"则是对采访态度的一种概括。刘云山同志强调"走基层、转作风、改文风"要回答解决好"为了谁、依靠谁、我是谁"的问题。我们作为新闻从业者，如果想回答好这些问题，就应该从最本分的地方做起、最根本的地方着手，沉到基层、沉到第一线。

中国人对非洲的认识，大多数还停留在非洲的贫困、自然环境的恶劣这个层面；对于中非关系，大多数人也还想当然地以为是援助与被援助的关系。到非洲六国采访之前，记者头脑中的一些固有观念也与此相类似。其实，随着国际环境的变化，中非关系已经形成了政治上增强互相信任、经济上扩大互利共赢、文化上注重互相借鉴、安全上加强互相合作、国际上密切配合的新型战略伙伴关系的态势。当我们的记者来到非洲这片风光壮丽、资源丰富、文化独特、充满生机与活力的土地上时，我们所看到的景象着实与我们固有的观念大相径庭。于是我们的笔下就有了《我在非洲挺好的》《异国耕耘路》《天下大事，做于具细》等反映中国人在非洲开创事业的报道。

"沉下去"才会有新闻。作为媒体的一员，我们时常为没有独家新闻而发愁，为报道的同质化而烦恼。当采访"沉"下去以后，这种烦恼便一扫而光了。以这次非洲之行为例，记者所看到的、听到的、感受到的是一种从未有过的强刺激。赞比亚中赞友谊农场场长宋国强介绍说，非洲大陆面积3,020万平方公里，许多地方的土质并不贫瘠，有些地方甚至像中国的北大荒一样，扔颗种子就能发芽。非洲每年都向世界市场提供70%的可可、34%的咖啡和50%的棕榈制品。在非洲从事农业种植大有可为。宋国强在非洲将近10年，尽管经历过当地农场工人的罢工，甚至被抢劫，但是他依然认为非洲是他事业腾飞的起点。这个独特的人物出现在我们的报道中，通过我们的广播报道和互联网传播的放大效应，宋国强场长被中国对外友好协会评选为2012年度"感动非洲的中国人"。

在西方媒体中，不时有中国到非洲掠夺资源的报道，事实上，中国为非洲带去了先进的科学技术和大量的就业机会。在苏丹，中国制药企业生产的抗疟疾特效药成为当地民众的救命药，同时它还把当地的药品价格拉低了 50%。在肯尼亚，仅中国路桥公司在内罗毕的项目就有 75% 的员工来自当地。我们无需用激昂的声音去辩驳，当我们的报道勾勒出事实的时候，西方媒体的不实报道也就不攻自破了。也许我们发出的声音很微弱，可是一旦有很多这样微弱的声音汇成一曲大合唱，那么我们在世人面前发出的就是中国的声音，展示的就是中国的形象。

第二，这是一次音视频同做的探索与实践。这次外语广播派出了三支队伍，每队两名记者，基本搭配就是一名广播记者加一名视频记者。

以往广播只闻其声，不见其人，而随着新媒体的发展与普及，广播网络化、广播视频化已经成为一种趋势。北京电台所有的直播间都配备了视频直播设备，外语广播作为北京电台第一个独立的网络电台、第一个拥有专门的网络直播间的频率，在广播节目音视频同做方面一直在探索。2012 年外语广播曾经与加拿大国际广播电台共同推出了音视频同做的大型直播《中加走过四十年》。但那次只是两个小时的同步直播，而这次却是在广播专题报道之外，专门拍摄制作了六集视频专题片，并且为了适合网络播出的特点，视频专题片时长较短，与广播节目既有关联，又有不同。因此在网络上播出后其点击量达到了五万多次，成为外语广播网络电台的点击量冠军。

第三，这是立体传播的成功策划。此次外语广播在策划这一系列报道之初，就设定了立体化传播的策略和构想。报道实施前，相关话题就在网络电台开始预热，外语广播还派出记者前往赴非中国机构在国内的总部和预定采访人物的家中进行采访。赴非期间，记者每天都通过越洋电话与外语广播直播节目进行连线，实时地向听众传递最新采访动态，并且每天都传回前方的最新图片；赴非归来后，马上制作成 3—5 分钟的短报道在外语广播《听世界》栏目中密集播出，让听众有更多机会集中收听赴非报道。随后外语广播又精心制作了八集广播系列报道和六集视频专题片，广播系列报道还在北京新闻广播和北京交通广播播出，进一步扩大了这一特别策划的影响力。同时，这次报道还紧密结合了中国人民对外友好协会“中非友好贡献奖——感动非洲的十位中国人”评选活动。作为这些候选人物报道的重要载体，该报道为评选增加了更多的感性认知，其中两位被采访者成功当选为 2012 年度“感动非洲的中国人”的十大人物之一。总之，这是一次立体的、全方位的，充分发挥广播采访报道优势的成功策划。

（刘兴宇：北京人民广播电台外语广播主持人；
洪新：北京人民广播电台外语广播记者）

潜移默化中传播中国文化

——纪录片《一个法国人的红楼梦》创作手记

王赤 吕敬

纪录片《一个法国人的红楼梦》荣获2014年度北京广播电视台节(栏)目创新奖节目创新奖金奖,兴奋之余,我们回顾和总结两年多的创作历程,其经验可引导未来的发展和进步。

读书笔记:

习近平主席已多次倡导利用传统文化推动中国文化,推进人类各种文明交流交融、互学互鉴,从历史走向未来。作为具有20年经验的“老外宣人”,我们不断思考:在新的国际传播环境下,如何实现“中国文化走出去”,如何讲好中国故事,让中国传统经典散发时代魅力?带着这样的使命,我们将这次创作视同于一次“中国文化产品输出”的尝试,将这部纪录片作为国际化的文化产品来打造并向海外推广。

一、用海外观众熟悉的视角来诠释主题

在市场经济中,任何一件成功的产品,都有精准的定位。这部纪录片之所以能够成功创新,首先缘自创意独到、视角独特。2012年6月,时任中国驻法国大使的孔泉先生,应当地政府的邀请,来到位于巴黎市郊40公里的华幽梦修道院,参加了著名汉学家安德烈·铎尔孟故居的揭牌仪式。铎尔孟先生曾于1906至1955年在中国生活了近半个世纪,担任过民国政府政治顾问,参与创办中法大学,翻译《大学》等古籍,对中国文化有着极深的造诣,对中国怀有深厚的感情,甚至购买了墓地准备长眠于北京西山。铎尔孟人生的最后十年在巴黎郊区华幽梦修道院过着几乎与世隔绝的生活,他专注于古典名著《红楼梦》的校译,以这种方式继续他的中国生活。他的中国学生,《红楼

梦》法文版翻译者李治华，每个星期二下午都会带着新译出的章节赶到华幽梦修道院，与铎尔孟一起探讨翻译问题。这个著名的“星期二之约”无论刮风下雨，从未间断，直到先生过世。铎尔孟去世后 16 年，法国伽里玛出版社终于推出了全译法文版《红楼梦》，震动了法国翻译界、汉学界。与孔泉先生一起参加揭牌仪式的市委宣传部常务副部长王海平同志立刻意识到，这是一个具有国际视野的好题材。由此，纪录片《一个法国人的红楼梦》应运而生了。

这部以《红楼梦》法文版校译者铎尔孟生平为线索的纪录片，从一个西方人的视角，生动阐释了东西方文化互动交流、互生共荣的重大主题。铎尔孟本人具有谜一般传奇的经历，他旁观见证了中国近代史的波澜变迁，他校译的《红楼梦》入选了法国出版界最高级别的“七星文库”，成为图书收藏家的珍品。这些元素，使这部纪录片天然具备了较大的艺术表达空间和跨文化交流的传播优势，可以说视角决定胜负。

二、用国际流行的方式和技巧讲述中国故事

创作伊始，我们发现，拍摄铎尔孟这个人物难度非常大。他是一个刻意不在世间留下任何痕迹的人：终生未娶，没有子女亲属，身世神秘；生前，他拒绝发表任何作品，去世前烧掉了自己所有的日记和书信；他去世已经有五十年了，同辈好友多已离世。作为文史类纪录片，缺少文献资料及见证人，这是其先天不足的软肋。

1. 像侦探一样抽丝剥茧，还原事实

基于事实还原历史是我们秉承的原则，调查采访贯穿了我们创作的整个过程。策划初期，主创到法国实地调研。在巴黎，我们靠走访、翻黄页，甚至搜索警察局的出生和死亡记录，寻找与铎尔孟有关的蛛丝马迹。我们有幸找到了铎尔孟生命最后阶段的好友伊莎贝拉女士，得到了一些拍摄线索和资料。我们对铎尔孟的学生、《红楼梦》的翻译者李志华进行了抢救性的采访拍摄。当年拍摄时，他一百岁了。第二年，习近平主席访问法国拜访李志华时，他已经不能说话了。但是仅存的实物和见证人的采访无法勾勒出铎尔孟神秘的一生。回到北京，我们继续进行了大量的调研工作。在北京小胡同里，我们通过派出所的线索，确认了铎尔孟当年生活的故居，这为再现铎尔孟在中国的生活提供了鲜活的场景和资料。2013 年年底，当拍摄结束进入后期制作时，我们又得到了重要信息。铎尔孟生前的挚友贝熙业大夫的儿子在整理母亲遗物时，发现了铎尔孟的书信、照片以及唯一的接受记者采访的剪报。在这篇采访中，铎尔孟完整地回顾了他在中国的五十年经历，这对我们来说弥足珍贵。这次发现和补充拍摄，导致

我们推翻了之前的剧本，重新解构故事。本片从策划到完成，历经两年，六易脚本。可以说，我们这部纪录片的每一个线索，都是从无到有，一点点挖掘出来的。这种从无到有的探索过程，是创新所必须具备的基础。

2. 用电影手段和“跨界”艺术元素讲述中国故事

具体到拍摄，本片采取国际上最流行的纪录片创作手法，通过电影的镜头语言，在唯美的光影中表现铎尔孟的内心世界。影片的故事结构由铎尔孟的自述作为主干，历史再现和现实走访两条线索交织并行。其中，再现部分突出历史的质感和浓浓的怀旧味道，节奏舒缓，娓娓道来；纪实部分则展示后人寻访、回忆铎尔孟的过程，节奏明快，充满现实的色彩。故事线在两种不同基调间交替切换，时空在法国和中国、过去和现在中来回转换，全片呈现张弛有度的节奏。

值得一提的创新点是我们再现部分的拍摄。该部分有历史尘封的感觉，因此我们强调真实还原，虚实结合。为了达到真实效果，我们请法国画家复制铎尔孟的手稿，从法国友人家里借来具有时代感的服装，在跳蚤市场淘得老式手动打字机。我们在华幽梦修道院铎尔孟曾经住过的房间、使用过的书房里再现当年的场景，在秋天营造大雪纷飞的意境。再现的拍摄，突出人物眼神、纸笔、字迹、光影等细节，以诗化的镜头语言带观众进入中国情境。为充分体现中国文化的美对铎尔孟的影响，我们抓住两点——诗词和戏曲。法国的汉学研究在全世界领先，中国古代文化在法国精英知识分子阶层广为流传，甚至成为时尚。铎尔孟在华幽梦修道院的生活是单调近乎幽禁的，我们拍摄这部分再现时没有设计对白，托衬画面的是法语吟诵的《红楼梦》诗词，以及优美凄婉的昆曲《红楼梦》曲调。据见证人伊莎贝拉介绍，铎尔孟经常在修道院的走廊里散步，嘴里念叨着别人听不懂的中国诗词。其次，铎尔孟的中国古典文学造诣颇高，精通诗词曲赋。全世界的《红楼梦》外文版中，只有法语版翻译了原著所有的诗词。我们这种再现的处理，符合主人公的身份特质，用艺术的手法呈现了事实。影片中，委婉如歌的法语吟诵与优雅的昆曲回旋萦绕构成了唯美的意境，浓缩了中国文化的大美。

本片力图以个人的历史呈现恢宏的社会变迁和文化交流史，以细腻的情感打动观众，与不同文化和不同时代的受众沟通。在纪实部分，为了不破坏纪录片整体的感情色彩，我们全片没有采访学者和史学家，在资料十分有限的情况下，我们坚持全部采访由与铎尔孟有着直接或者间接关系的当事人完成。其实如果找学者讲述，片子会容易做得多，但之所以最后片子所呈现的情感点能让人有所触动，其实和这些点滴的创意是分不开的。

三、针对海外市场做产品定位

从创意到推广，我们按照国际市场的需求，设计并完成了一整套产品生产和营销的流程。

1. 巧用海外观众熟悉的符号——“名人效应”

本片的一个创意点，就是以精英人才推介精品文化。本片在策划阶段邀请了中法文化界精英参与内容策划，包括舒乙先生、阎崇年教授、旅法传媒专家刘昶教授和旅法作家郑碧贤女士、法国资深纪录片评委米歇尔·诺、法国以及戛纳、FIPA 电影节创始人等，就本片内容和市场定位进行了论证。为了吸引法国的文化精英，本片邀请了巴黎第八大学艺术系主任菲利普·唐塞林先生扮演晚年的铎尔孟。唐塞林先生本人就是欧洲知名诗人，担任过许多艺术节和电影节的评委，他以诗人特有的气质演绎出了铎尔孟的内心世界，他的旁白以及朗诵的《红楼梦》诗词，都为本片增加了强烈的艺术张力。本片还邀请了旅法华裔作家、龚格尔文学奖获得者山飒女士参与采访，并担任法文版翻译。山飒女士在法国出版界的影响力和文学功底，为本片法语版的制作水准和推广打下了良好的基础。

2. 选择恰当的节点发布

我们在 2012 年接到选题任务时，就瞄准了 2014 年中法建交五十周年纪念活动。2014 年，这部纪录片推出前夕，恰逢习近平主席访问法国。习主席特地参观了铎尔孟参与创建的里昂中法大学，并会见了法语版《红楼梦》的翻译者李治华先生。国家领导人对这一段历史的重视必将引发人们对那段历史更多的关注，从而也带动了本片在法国的传播。

3. 地面活动和衍生产品拓展影片的影响力

2014 年 10 月，在塞纳河畔的中国文化中心，《一个法国人的红楼梦》巴黎首映式如期举行。铎尔孟的扮演者菲利普·唐塞林教授围绕本片主题，就《红楼梦》及其诗词举办了一场生动的讲座，吸引了法国的文化界人士及当地华人。活动之后，巴黎市政府给剧组发来感谢信，并邀请本片于 2015 年春节期间，在巴黎 13 区政府再次放映。

为了扩大影片的传播范围，本片在法国电视媒体播出后，又参与了法国的纪录片展映，使其走进了巴黎的院线。影片播出后的影响，吸引了各方面的合作意向。法国制作公司正在制作本片的英文版和法文版，准备向更多的国家和地区发行；中国的图书出版公司也在着手出版本片的中、英、法三种语言的图书和光盘。一部纪录片可以带动全媒体的传播，中国文化就像蒲公英的种子一样遍洒大地。

四、脚踏实地，做新时代的国际传播者

通过这次跨国的纪录片创作，我们深深地体会到，创新不是简单地吸引眼球，而是实实在在地在创作手法上进行探索和尝试，是付出努力后制作出来的精品。“中国文化输出”不仅仅是加大投入、“一窝蜂”地走形式，我们要在对自己的文化充分理解和信任的基础上，尊重并了解其他文化，掌握现代传播和市场营销的技巧，用国际化的创作模式和人才队伍，打造并且向世界推广我们的文化产品。润物无声，相信我们更自信了，更宽容了，更娴熟了，更开放了，我们的文化也就走得更远，植根也就更深。

（王赤：北京电视台青少·海外节目中心《一个法国人的红楼梦》节目制片人；
吕敬：北京电视台青少·海外节目中心《一个法国人的红楼梦》节目导演）

以平台思维推动广播媒体“转身”

——《一路畅通》特别节目“说进世界杯”的新媒体之路

郭　炜

怎样在传统广播品牌依然有较强影响力的情况下，走出广播独有的新媒体之路？怎样利用新媒体给传统广播的传播插上新的翅膀？所有的问题都需要通过实践获得答案。

2014年6月12日至7月14日，北京人民广播电台交通广播《一路畅通》栏目进行了“说进世界杯”特别节目的直播，节目历时三十三天，每天17点至19点播出，在行业内和听众中引起了巨大反响。来自央视索福瑞媒介研究有限公司的调查数据显示：“说进世界杯”开播的第一周，同时段的收听率、市场占有率两项数据同时创造了2004年以来的最高纪录（北京人民广播电台自2004年开始采用央视索福瑞媒介研究有限公司的调查数据）。而这一切不得不说是归功于“说进世界杯”的微信平台。

读书笔记：

一、借力“世界杯”，引爆新媒体

《一路畅通》栏目有着十五年的历史，但是，“说进世界杯”的微信平台第一次将节目、听众、主持人、编辑、新闻事件、热点话题乃至“世界杯”本身共同置于这个“平台”之上，突破了“传统媒体和新媒体孰优孰劣”“广播节目和新媒体谁是主导、谁是从属”等一系列问题。从某种意义上来讲，这就是一个成功的媒体融合的案例。

严格意义上讲，“说进世界杯”是特别策划的一档阶段性节目。具体来说，这是一个基于“微信”的平台，就是将《一路畅通》原有的微信“订阅号”公众平台升级为一个专门针对“世界杯”的微信互动平台。从6月9日起，在整个世界杯期间，所有加入《一路畅通》微信公众平台的听众，均可以通过这个平台进行语音竞猜，包括世界杯四强、主队选择、比分竞猜等。每场比赛结果出来之后，听众可以获得积分奖励，并进行排名。

微信竞猜平台自6月9日正式上线后，用户增长量变化直线上升。在6月9日之前，节目的平均每日用户增长量在150—300之间，但6月9日一天就增长了8,000余人，6月10日增长更是超过了1万人。之后随着节目的开播和竞猜的进行，一直保持较高的增长率。微信竞猜的核心部分"比分竞猜"和"对阵"这两种玩法，最终竞猜总人次达到了906,548人，平均每天有超过3万人参加竞猜。与猛增的用户数量相对应，微信用户的消息互动量也大幅度增长。微信竞猜开始之前，每天的微信互动消息数量大约在300条左右，而整个世界杯期间平均消息数量将近10万左右，增长量非常惊人。

另外，节目采用"2+2"模式，形成了新的群聊话语场，即两名《一路畅通》的主持人+两名嘉宾。两名嘉宾中一位是有专业评球水准的评论员（潮东、梁言、胡建平），负责赛事的专业分析、知识解读；一位来自文娱界、主持界、体育界具有一定知名度的特约嘉宾（邓超、白岩松、水均益、朱军、春妮、沙宝亮、印小天、曹云金、韩乔生、南方、"铿锵玫瑰"刘爱玲、王为、白杰、麦麦等），负责活跃气氛、聚拢人气、延展话题、贡献亮点。

由于节目出人意料的轰动性效应，节目还应听众需求举办了落地收官活动——竞猜揭幕、互动游戏、红包分发等有趣有温度的收官大活动。为了增加微信用户黏度，节目通过微信召集了200多位听众（网友）到现场参与活动，参与的上网晒现场、晒奖品，为节目作了二次传播。

二、一个微信平台何以成为一个奇迹

广播的兴衰发展，始终和移动密切相关，伴随性极强的交通广播和移动互联网社群交互有很多共同的气质：双向互动、开放、受众参与度高等。它是最容易和移动互联网融合、并把自己的优势衍生到互联网领域的媒体，通过移动互联网找到新的思维模式、运营模式、商业模式。而《一路畅通》"说进世界杯"正是强化了这些特质，学习了互联网思维，借助互联网的运作方式，以用户体验为中心，形成了传播的扩散和闭合循环。

1. 互联网的玩法：有意义之前先有意思。这就要求媒体人了解这个时代的接受心理学。我们的定位是，《一路畅通》应给受众更多的放松与娱乐，有再多意义，也要先把它解构成有意思的内容。意思在前，意义在后，尽量消解、解构严肃重大的叙事。当一档节目有了意思，其后的意义和文化营养才能够真正地被接受和吸收。

"说进世界杯"开始时，我们觉得话题设置很重要、有意义，文案写到"不能仅仅停留在对世界杯的被动报道,而要争取做到对足球以及健康生活方式的指导与引领”。但后来我们发现听众不跟着走,因为我们全程开放了听众参与的节点,随时了解听众的反馈,微信平台后台每日、每时的互动曲线告诉我们什么效果好,什么效果不好。真正最欢乐的有趣的点往往是听众制造的,比如主持人李莉被叫作“李贝利”(竞猜中“点儿背”,但越挫越勇,自我解嘲开涮,开朗乐观)、节目编辑被叫作“亮神”(内向腼腆、诚恳厚道、但有点小蔫坏,经常在节目里被主持人“呼来唤去”,在听众心目中他是个“屌丝暖男”形象)。这些听众的兴趣点是很生活化的,我们就借势炒作、自嘲到底,但其中却是满满的人情味儿和正能量。技术分析、世界杯历史、巴西风情、竞技哲理、足球与人生等等,应该说那些有文化承载的信息量在节目里俯拾即是,但它们被裹挟在生动活泼的互动海聊中,在一个不太严肃的欢乐的氛围里被碎片化地重组了。特别是对于现在新生代年轻受众而言,刺激他们消费的头号驱动力是参与,对品牌的需求是好玩、可玩,“你若端着,我就无感”。所以,我们的节目和微信社群的运营,都是遵循着这个思维统筹安排的。

2. 抓住互联网生态圈裂变式的传播效应。学会制造热点,利用新媒体扩散话题,这是移动互联网时代有效的营销手段。我们有个共识:在世界杯这件事儿上我们肯定抢不到重要节点的发布,但可以靠到场大咖的只言片语在新媒体生态圈和传播链上做些“头条”和“首发”,做不到深度事件传播,也可以做个有裂变的娱乐传播。比如前面提到的“李贝莉”“亮神”;比如利用名人嘉宾制造传播效应,截取节目精彩片段,先后给腾讯体育、新浪体育、“今日头条”APP 推了三个头条,包括“白岩松评球”“老婆反对熬夜 邓超卫生间看球”“名嘴阿丘爆料央视四大‘球霸’”等。

还有诸如白岩松即兴关于“交通与世界杯”的表述:很多人堵在了去往世界杯冠军的路上,只有很少的球队能一路畅通,越是有好的心态,越不会堵得心烦,越有可能一路畅通……我们每天把这些名人名言即刻微博推送、做成片花滚动播出,用各种新旧媒体渠道手段,把热度炒起来。

听众也是可以帮你做营销的:选拔参加地面活动的环节里,让听众发一张和通关密语“说不进还踢不进”有关的创意合影、微博晒奖品,分享喜悦等等,节目已然变成了用户参与的社会化媒体活动。

3. 动态运行,边做边改,小步快跑,快速迭代。“小步快跑,快速迭代”,这是互联网产品的特性,小米手机、微信产品本身等互联网创业最核心的武器是靠持续的快速迭代,吴晓波说《吴晓波频道》一百天的运营就是一个不断试错的过程。现在竞争的环境已经不允许我们在一个相对稳定的情况下研究方案、讨论方案,方方面面想得很周全、万无一失了再高举高打地去展开一场战役。“说进世界杯”从一开始就学习互联网的运作方式,敢于不断试错,不断改进,得失自知。好评率可以达到多少? 如何能够让受众更满意? 效果好,方向对了,就使劲推;没反响,拿掉,边做边改,不断迭代。

三、引爆过后平台再升级

世界杯即将结束之际,我们看到了"说进世界杯"期间微信竞猜平台用户的巨大反响以及节目收听率的稳定走高,《一路畅通》栏目组意识到了保存平台成果的紧迫性和重要性。世界杯之后怎么玩儿? 平台上的10万多人怎么办? 我们面临的最大课题是如何像经营一个频率那样去经营这个平台上的社群。

怎么借助新媒体运作方式把信息准确传递给特定的精准的看得见摸得着的受众,创造价值,发掘受众细分的可能性? 12万用户对《一路畅通》而言是以节目为核心的公众社交群,其中每天有3万多活跃用户(忠诚度、黏性很高),这部分我们归为泛熟人社交,争取通过有效的活动组织、运营,比如根据其不同的爱好兴趣需求,分类组织成不同社群,订制不同的活动,分类作营销。

追求高活跃度、高黏度比追求规模更紧要,而且,对于媒体来说,应该是通过高黏度的用户去发展下线、把不活跃用户发展为活跃用户。我们的想法是,通过广播互动中的"微信+线下活动"等各种途径建立完整的用户体系,掌握活跃用户的收听行为、习惯、偏好、个人信息等资料,然后以"节目内容+新媒体营销+活动营销+广告营销"同步化、一体化运营,实现线上线下真正有效的融合。

经过商讨与论证,《一路畅通》节目组决定延续世界杯竞猜期间的积分排名核心体系,并设计了与节目日常播出紧密结合的各种互动功能。在世界杯结束之后两天,新平台版面就迅速完成了切换,并于2014年7月20日正式开放功能上线。在接下来几个月的运营中,用户的积极性仍然非常高,节目的收听率也随之保持在一个较高的水准,世界杯期间形成的良好互动氛围在节目中得到了延续。目前已经开通的三个功能中,平均每天签到的人员在12,000人左右,每次早晚节目话题互动的信息量在4,000条左右,每道问答题的回答人数也在4,000人左右。截至目前,在《一路畅通》平台上完成详细资料填写的听众人数接近20,000人。

尽管对未来发展作出一个确凿的判断还需要进一步比较长期的数据统计与观察,但我们现在已基本可以做出结论:即使没有了世界杯这样举世瞩目的客观条件,《一路畅通》仍然可以建设出一个有着很大潜力和发展空间的平台,而这个平台使得传统的广播本身变成了一个"新媒体"。

(郭炜:北京人民广播电台交通广播《一路畅通》栏目主持人)

这一仗告诉你：和平才是最大的幸福

——北京卫视《档案：伟大的抗美援朝》创作手记

彭璐萌

读书笔记：

谈及《档案：伟大的抗美援朝》成功的最大原因，我们主创人员都认为："观众之所以能把它抬到很高的高度，就是因为它好好地给你讲述了一个故事。"

如此，我们创作的不仅仅是一个抗美援朝的历史过程，我们更多的诠释是对一个时代的理解和把握，历史观的表达更为深刻和完整。不同角度的切入让观众从不同侧面理解了抗美援朝的必要性和重要意义，一以贯之的内在思想让整个系列变得浑然一体，达到了多样性和整体性的完美结合。结构如同骨架，主题化的结构方式使主题思想的表达更为立体，也给各种艺术手段得以展现提供了平台，显现出一种恢宏和大气的审美风格。

希拉·柯伦·伯纳德在《纪录片也要讲故事》中明确地谈到："对绝大多数优秀的纪录片来说，如何讲故事正是他们吸引人的关键所在，其中包括富有感染力的人物、强大的戏剧张力以及一个让人信服的结局。"《档案》栏目的制片人吕军曾说："人的一生伴随着故事，从小时候听的神话、童话故事，到成年后读的小说、传记和历史，看的电影、电视，甚至连睡觉时做的梦，直至墓碑上的碑文，都由故事组成。而宗教、哲学和科学也经常在故事中传达它们的教义和学说。所以，作为历史纪录片类的一档栏目，如果降下自己作为纪录片类型的身段，蹲下身来给观众讲述，一个个故事就成了节目内容的首选。而档案和真实的文史记录，又为多少有些不真实的故事类型奠定了坚实的基础，同时可以为节目蒙上神秘的面纱。"

《档案:伟大的抗美援朝》的故事化的叙事方式主要集中在以下几点:其一,发掘出伟人不为人知的“小故事”。例如,在第一集《抉择》中多次提到关于毛主席睡觉的小故事,片子一开头就讲到在新中国一岁生日节庆的晚上,毛主席“就是吃安眠药也睡不着”,那原因是什么呢?这不仅引起了观众的兴趣,同时片子就这个话题将观众引到了 1950 年 6 月 25 日朝鲜战争爆发的时候,将中国抗美援朝的历史背景和国内外形势和盘托出,避免了“从头开始说”的俗套,让人们看到了在关键性时刻国家领导人作决定的艰难,也让观众更容易接受。其二,发掘出小人物在历史大潮中的真实故事,注重宏观历史的描述和微观故事的结合。例如,第三集《英雄》中战士杨连弟修桥的故事,不仅讲出了杨连弟的英勇和机智,也将这个故事与补给线上的战斗结合在一起,让人看到了“小人物”在“大格局”中的关键性作用,更突出了整个系列的英雄主义色彩。

节目录制的空间可分为两类:一类是真实还原场景,另一类是演播室档案区。真实还原场景借助大屏幕的背景和舞台道具,搭建了相当逼真的历史场景,可以马上把观众带入到真实的情境之中,在营造真实感的同时,也会让观众产生疑问:在这历史场景中到底发生了什么?

演播室档案区基本上可以分为四个区域:纸质档案区(翻阅纸质档案)、幻灯机区(放映平面的资料照片)、录音区(传递史实原声)、胶片放映机区(展示历史的影像)。为了与这四个区域搭配,栏目也设置了主持人对应的四种程式化的表现方式:进入档案区后,主持人戴上手套再打开档案袋,用戴手套的方式呈现史料的真实、珍贵以及栏目对史料的珍惜态度;进入幻灯机区后,镜头显示照片推入卡槽,再转向放映照片的屏幕,呈现形象具体的静止资料画面;进入录音机区,主持人按下开关,打开录音机,再表现主持人悉心聆听的专注神态,通过历史声音资料,将原本平面的文字和图像延伸到声音维度,再度佐证历史的真实性;进入胶片放映机区,主持人按下遥控器,将活动的历史影像资料显示在投影屏幕上,为观众提供更为丰富的历史资料。

真正用于片中的资料与搜集到的资料相比,可谓百里甚至是千里挑一。目前在国内出版的历史题材的书本中,以讹传讹演绎的错误不计其数,常常遭到读者对其真实性和史料性的质疑。在参考这些资料的过程中,栏目的创作团队必须努力找寻各种相关的原始文件。《档案:伟大的抗美援朝》的主创团队表示:该片在整个创作过程中,前期撰稿时间比后期拍摄与制作周期要长得多。为了保证内容的绝对真实,他们必须去档案馆等机构翻阅海量的历史资料,每一段被引用的内容往往要通过与国内外各种资料作对照。在第一集《抉择》中毛泽东发给斯大林的电报就是一个例证。当时导演在中央档案馆看到了一封关于毛泽东发给斯大林,告知他中国准备参加朝鲜战争的电报,就打算将这份绝密史料应用到片中;但实际上,这份电报是写了未发,苏联在解密档案时,斯大林并没有收到这份电报。经过一番寻觅,导演又找到了另外一封毛泽东真正发给斯大林的,关于"暂不出兵"的电报。意外的周折成就了片中的一个戏剧点,也保证了讲述的真实权威。此外,当时战地记者冒着生命危险拍摄的特别珍贵的影像资料;散落在民间的,捐献的支票、粮票、家信这样的文物都是栏目组艰辛地通过各种手段搜集而来的。以上所举的正是《档案》这档节目相比其他相同题材栏目的优势所在,他们对节目内容的把握始终是以真实资料的应用为主要手段的。

《档案:伟大的抗美援朝》这部专题片,在基于权威的档案与文献揭秘历史真实的同时,依靠细节还原真相也是其重要特色。细节还原的真相,对于揭秘历史而言具有极强的说服力。不同于以往对抗美援朝战争的那种单纯说教式的叙述,《档案:伟大的抗美援朝》这部专题片把镜头聚焦在具体的历史细节和历史过程方面,通过大量的档案与文献等手段,尽可能地将观众带入历史,用故事化的讲述力求全面地复原这部历史。片中除了对决策以及重要战役的发展和进程进行重点描述,它还集中笔力对当时国内各族人民节衣缩食支持战争的场景进行呈现,这正是以往相关作品中容易忽视的细节。

从《档案:伟大的抗美援朝》这部作品开始,除了历史照片、文献资料、幕后采访、实物、海战和战局图展示等内容传统的延续,栏目组还恢复了栏目开播之初的一些比较仪式化的形式,比如栏目开播之初对"转盘"的运用的同时,主创团队专门做了"三维动画"等工作。栏目特色的回归与现代化手段的应用都使得细节还原得心应手。该片本着故事化讲述历史真实的基础,最大可能地通过各种手段还原了细节的真实,将观众带入彼时彼刻。第一集《抉择》在讲述彭德怀被接到北京的一幕时,栏目组将当时彭老总进京所住的北京饭店309房间进行了还原。随着讲述人对当时情况的描述,观众与历史的距离一下子拉近很多,仿佛置身于彼时彼景。这种场景化的呈现,营造了一个场景,虽然并不十分逼真,但仍在一定程度上达到了历史还原的效果,拉近了与观众的距离。此外,片中基本上每集都会用到以前的歌曲,这是请专门的音乐公司制作的配乐和音效,目的也在于将观众拉回到那个时代,找到共鸣。

在《档案:伟大的抗美援朝》开拍之前,为了确保我们节目在所有方面都能够精准、独到,栏目组还约请了十几位专家组成了专门的节目团,对节目进行指导和把握。政府部门与电视台制作方组织了多次研讨会,请的专家每次必定到场。主创团队一直在找嘉宾研讨,专家们对片子的拍摄提出了很多建设性的意见与建议,他们在陈述历史史实之后会给出大致的点，主创团队再根据具体情况分配任务。稿子成形之后再交由专家一遍遍地审核，最终双方共同定稿。权威专家的参与，无疑成为该片能够“解开尘封档案，还原历史真相”的重要筹码。

与纪录片一样，作为一档纪实栏目的《档案》也要有人物采访、实事跟踪、现场拍摄以及录音。但与纪录片的延续性不同，《档案》算是纪录片的栏目化体系，不算是很纯粹的纪录片模式，它要拿出历史性的东西作跟踪。过去相同题材的纪录片一般是从某一细节角度进行叙述，比如抗美援朝战争中的一个人、一件事或者一场战争，而这部专题片主要是从纵观的角度讲述和记录，每一集都在纵观整段抗美援朝历史。这一点在前面提到的主题化的结构处理中已经谈到。《档案》前期后期工作人员有八十人，每个组组员有七至八人，每月每个组会有一次拍摄和播出，负责一个星期的节目。每次拍摄的分工，基本由每个组的组长各自负责其中一集。

《档案：伟大的抗美援朝》从 2013 年 11 月开始筹备，春节前期开始正式开工，年假过后开始定稿制作，三月中旬正常播出，整个制作周期在时间安排上是非常紧张的。在这六集专题片的拍摄中，有三位女编导。她们对战争并非特别感兴趣，但必须在短时间之内系统地了解这个事件。电视台邀请权威专家参与研讨，有些研究抗美援朝的专家热情高涨地试图将自己几十年的研究心血一吐为快，而主创团队必须强制让自己在短时间内领悟专家见解，这对他们形成了巨大压力。最忙碌的时候，主创人员的写稿时间几乎每天成一稿，一万多字要反复修改。由于涉及重大历史题材，词句拿捏必须由专家指正。经过一个月的艰苦努力，主创团队基本确定下来需要哪些档案，然后经过一系列复杂的申报手续，进入搜集档案文物阶段。如何把一个宏大的历史缩短成一个节点，缩短在十八天，又要把一个过程讲清楚，讲出戏剧冲突？每集只有一个大主题，怎样准确定位下来？这都是他们所面临的难题。导演必须根据每一集的不同要求，将所要讲述的一个点讲透彻。

拍摄这部专题片的主要目的之一是驳斥历史虚无主义关于抗美援朝这一仗的质疑和否定。现在网上热炒的很多东西，说抗美援朝战争是一场得不偿失的战争，这是不对的。有很多人在疑问当初志愿军们浴血奋战是为了什么。片子每一集都会对这些疑问进行回答。在当时的时代精神正走向消逝的今天，作为媒体人，我们必须用这种相对真实的方式去普及历史知识。

此外，作为以 85 后为主要力量的主创团队，其关于片子最大的感受就是对历史多了一些敬畏。他们坦言：像我们这一辈人，祖父辈是我们与那段历史唯一的交集，而我们的下一代就脱节了，如果现在不解释一些历史观点，历史就被误解了，他们永远不太可能了解到伟大的抗美援朝是反抗侵略最成功的一场战争。节目主创之一刘晓彤导演说:“在现在的时代背景下,年轻人对那个时代发生的史实并不了解,我们这个片子不一定讲得很全面,但是它讲了,而且是以北京电视台这么好的一个平台宣传出去的,相信对年轻人还是很有教育意义的。对我们而言就已经很欣慰了,所有的付出都是值得的。”

(彭璐萌:北京电视台卫视节目中心《档案:伟大的抗美援朝》第一集导演)

平凡的人们给我最多感动

——《2014 北京电视台春晚》"走转改"之实践

孙 仝

《2014 北京电视台春晚》获得了第 27 届中国电视金鹰奖优秀电视文艺节目奖。同时让我们导演组兴奋的是,2014 年年初的时候,这届春晚还获得了第 15 届《新周刊》"2013 中国电视榜"的推委会特别大奖。这是一个非官方的,基于网络和观众收视反应而评出的一个奖项。推委会给我们的评语是"它是最好吃的一顿中国马年年夜饭,热气腾腾有滋有味,走心、真诚、温暖,好玩、会玩、敢玩,有笑点、有泪点、有槽点,它是业界良心,把人还原成了人,把欢乐还原成了欢乐,把好旋律还原成了好旋律。"所以,我这次的总结就从"业界良心"这几个字开始。

读书笔记:

这几年来,我一共做了四届北京电视台春晚,两届中秋晚会,一届建党九十周年晚会,这些做晚会的经验告诉我,晚会的真谛是真诚与感动。在 2014 年春晚中,我们竭力想达到的就是让晚会回到人间,说人该说的话,唱人该唱的歌,演适合春节的节目。首先,我们从舞美说起,2014 年春晚的舞美不仅是舞美,它还是我们的第一个演员,是一个亮点节目。舞美是晚会映入观众眼帘的第一个形象,所以它必须要有灵魂,要会说话,这样才能打动观众。晚会的舞美不是为了展示华丽的灯光,而是为了展现我们的感情。从去年年初开始,我们就在全市范围内向 4—12 岁的孩子们发起了寻找"北京的春天"舞台征集活动,我们希望从北京市孩子们的画中,了解到对于孩子来说,什么是北京的春天,什么是春天的希望。我们一共收到了三万多幅画,在这些色彩缤纷的画中,有一幅没有颜色的画却一下子吸引住了我们所有人的目光。这是一幅来自北京市盲校,一个叫孙娅芬的孤儿画的画,她画的是她心中的家,有花有草温暖的家。这不正是春节晚会所需要表达的吗?这样一幅简单的画,却给了我们极大的震撼。我们觉得自己有义务,为这个孩子还原出她画中的世界,给她一个"家"。为什么要在后面衔接小臭臭的《你是我的眼》?因为我们就是这个孩子的眼睛,春晚的舞台就是孩子的眼睛,为她圆了一个家的梦想。之后的节目,是北京市轮椅篮球队的小伙子们跟沙宝亮一起演绎歌曲《跟着希望跟着光》,我们希望这个"三三制"连贯的节目能说出一个阳光向上,有正能量的道理,跟着希望跟着光。从播出效果来看,我们的设计是成功的,这一段落打动了许多观众。

2014 年春晚的主题定位为"欢乐北京中国梦",什么是中国梦?去年所有电视台都在做"中国梦"这一主题,那如何阐述中国梦?我想到的是一句大家耳熟能详的话——平凡的人们给我最多感动。中国梦就是我们每一个普通人的梦聚在一起。我们从许许多多的北京小人物出发,从这些小人物的梦想开始,形成晚会脉络,由点到面,构建晚会。我们一共挖掘了八大梦想:

春之梦——舞台的设计者孤儿盲童孙娅芬;

幸福梦——数十名老年社区舞蹈队共跳《桃花源》;

艺术梦——被誉为"歌剧精灵"的 13 岁男孩刘珅;

舞台梦——67 岁高龄的京剧表演艺术家裴艳玲;

国际梦——中芭五代琼花聚首;

顽童梦——杨洪基、李光羲、刘秉义《狂野之音》;

成长梦——最美和声选手丁泽强出生百天的孩子;

爱之梦——携手走过 83 年的北京爱情故事的代表百岁老人。

在晚会的最后,我们还请百岁老人为我们讲述了现在的中国梦——"儿女健康、国泰民安"。

为了使晚会生动,我们并不是将这八大梦想平铺直叙,简单地罗列在一起,而是设计了一系列"三三制"情感节目。例如刚刚提到过的,以盲童的画为核心打造的"三三制"节目;又如,去年春晚,普遍受到业内人士赞誉的中芭五代琼花聚首。2014 年是舞剧《红色娘子军》首演的 50 周年,我们为了向经典艺术致敬,请来了中央芭蕾舞团表演最为经典的舞剧选段。然而,出于对普通观众看节目趣味性的考虑,我们又找来了著名演员范明,饰演老班长这一角色。在这个舞剧选段之后,我们请来了中央芭蕾舞团五代琼花的扮演者,让五代琼花聚首春晚,并借她们的口来表达我们对芭蕾精神的敬佩。在这个"三三制"节目的最后,我们请来了李谷一女士,用经典电影《小花》的主题曲《绒花》来升华情感,一句"世上有朵美丽的花,那是青春吐芳华"其实就是我们导演的内心独白,我们希望以此向一代代为中华艺术事业作出贡献的艺术家们致敬。

顽童梦《狂野之音》这一节目的最初,我们就是想以小品的方式包装歌舞节目,让台上和台下能进行有意思的互动。我们让三位老艺术家分别演唱羽泉、小沈阳、萧敬腾的歌,这就形成了互动的基础,然后又用《不想长大》作为整体包装,就这样完成了一个有趣的节目框架。现场录制的时候,就像最初预想的一样,小沈阳等人的意外反应极大地带动了现场氛围。所谓"意外反应",其实是我们导演设计的。播出后,这个节目反响特别热烈,在网络上极其火热,让三位"不想长大"的老顽童在网络上也火了一把。随后"当郎遇上阳"这一环节,是希望同为东北人的郎朗和小沈阳能够有一次深层次的合作。他们一个是阳春白雪的代表人物,一个是下巴里人的代表人物,他们的碰撞本身就是一种惊喜。这种有趣的设计,让节目的衔接生动自然,不死板,也令晚会成为一个有机整体。后期我们并不能随意调动节目设计,因为节目都是环环相扣、有关联的。

再比如,2014 年春晚那个令人动容的段落——百岁老人。我们从一把梳子开始,让主持人以一个小孙子的角度讲述故事——百岁老人董爷爷、宋奶奶一起走过的 83 年,接着我们用范玮琪的《最重要的决定》来升华情感。这首歌是著名音乐人姚若龙、陈小霞联手送给范玮琪的结婚礼物,这首歌本身就具有特别的意义。我们用歌曲来表达"有情人终成眷属",希望所有的观众都能感受到老人携手 83 年的甜蜜。在晚会的最后,我们把百天的婴儿和百岁的老人放在同一个镜头内,用镜头语言说话,也印证着最后我们用百岁老人表达的中国梦——"儿女健康、国泰民安"。

电视历来都是集体创作的产物,集体创作融合了多项艺术形式。今年春晚演职人员多达 2,000 余名,这台晚会凝聚了我们所有人的心血和热情。我认为 2014 年北京电视台春晚与央视春晚以及其他省台春晚最大的不同就是:我们北京电视台的春晚不依靠某一位或几位大腕明星。去明星化是我们北京电视台春晚最大的特点,我们本着明星演员为节目服务,节目为主题服务的原则,用艺术的脉络去打造北京电视台自己的品牌。我们积极响应了中央五部委关于"节俭办晚会"的指导方针,拒绝浪费,拒绝跟风,用节目设计来吸引观众,用有灵魂的晚会来吸引观众。

在这几年的大型晚会创作中,我带领的导演团队积累了许多经验,我们坚持把每一台晚会都做成精品。创新创优,需要我们导演对节目坚持不懈的奉献精神,这也是一种北京电视台的精神,这种精神带领着我们前进。这几年,我们从节目的创作中收获良多,我们最兴奋的事,就是沉醉于节目创作,通过每天完善节目一点点,让节目更加好看、有意思,让晚会更加真诚、令人感动。

(孙仝:《2014 北京电视台春晚》总导演)

JIEMU XINGTAI CHUANGXINJIANG

节目形态创新奖

►►**节目形态创新奖评选标准**:

作品在表现形式、内部结构、过程设计和讲述方式等方面具有独创性，能够生动、深刻、完美地表现内容或主题思想。

2012—2014 年节目形态创新奖获奖作品

2012 年:

1.《世界地球日》(北京人民广播电台)

2.《"任仁好"爱"范美丽"》(北京人民广播电台爱家广播)

3.《脱口而出》(北京电视台文艺节目中心)

2013 年:

1.《应急:高速路上的险境》(北京电视台科教节目中心)

2.《北京味道》(北京电视台生活节目中心)

3.《节节高升》(北京电视台体育节目中心)

2014 年:

1.《"敬·爱传递"五一快闪行动》(北京电视台新闻节目中心)

2.《陈小 mo 的健身周记》(北京人民广播电台体育广播)

专家评析

在创新中前行

——节目形态创新奖历届获奖作品评析

张晓爱

北京广播电视台连续三年举办了节(栏)目创新奖评选,从2012年至今已圆满完成了评选中的各项工作。回忆和总结创新奖评选工作,有很多值得赞扬的地方。

作为评委,我有幸参加了三年创新评奖工作的全过程,收听收看了一线记者选送的节目,倾听了作者们的经验介绍,参与了专家学者们的点评,亲临了节目主创和专家的互动……在评奖过程中看到了编导的创新精神和一线主创人员对作品的诠释。

在媒体竞争激烈的今天,节目内容和形态的创新尤为重要。无论是传统媒体还是新媒体,都需要不断求新、不断创新。北京广播电视台举办的节(栏)目创新奖评选全过程体现出了创新精神。首先是节目奖项设置,奖项分类为:栏目创新奖、节目创新奖、节目形态创新奖、节目制作创新奖、主题宣传创新奖、数字电视节目创新奖和新媒体视听节目创新奖。节目形态创新奖等包括了常态节目和特别节目。无论是评奖标准、评奖方式、评奖流程还是评奖设置,都注重创新精神的发扬,注重在同类节目中策划有新意、内容有广义、制作有创意。评奖强调有创新点,有亮点,这就区别于其他的评奖。评奖要求节目做到人无我有、人有我新、人新我巧,要求节目突出个性,突出新意,突出亮点。

连续三年的评奖过程就是学习的过程。北京广播电视台组织了一线工作的记者、制片人、编导走上讲台介绍创作体会,讲述创作经验,专家学者再把对节目的精到点评和建议送给勇于创新的年轻人。在这种讲述、提问、评论、建议轮流交替的热烈气氛中,大家体会到了节目创新的收获,得到了创新精神的滋养,也充分交流展示了同行们的经验。

在节目形态创新奖评选中,选送的节目分为两大类别:一是常态节目,常态化制作和常态化播出：包括日常栏目、专题等；二是特别节目：特别的日子，特别的策划，特别的视角，特别的播出。

一、常态化节目

北京人民广播电台爱家广播的节目《“任仁好”爱“范美丽”》；

北京电视台文艺频道的娱乐类节目《脱口而出》；

北京电视台科教频道的知识类节目《高速路上的险境》；

北京电视台生活频道的服务类节目《北京味道》；

北京电视台体育频道的竞赛类节目《节节高升》。

这些获奖节目类型不同，服务对象不同，但它们的共同点都是追求创新，追求原创，追求个性。

1. 北京人民广播电台选送的《“任仁好”爱“范美丽”》是个一分钟的小栏目，以迷你生活音乐剧的形式播出。由“任仁好”和“范美丽”这对小夫妻搭建一个“虚拟家庭”，为听众送上一段段家庭小笑话。节目塑造了多个音乐形象，演绎了老中青不同年龄段的夫妻，新颖别致，创新点突出，在广播节目中别开生面，令人耳目一新。

节目立意贴近普通家庭生活，情节设置巧妙，矛盾冲突集中，笑点多，亲切幽默，发人深省。节目充分发挥了广播特点，集知识性、服务性、娱乐性于一体，以碎片化的呈现方式，舒缓紧张的生活节奏，创节目新形式。内容原创，剧中角色鲜明，广播特点浓郁，收听效果好。

2. 北京电视台选送的《脱口而出》节目将中国的单口相声和欧美脱口秀节目相结合，由相声演员方清平播讲，“一张口、一个人、一台戏”。节目内容全部原创，把“日子”说成了“段子”，展现了北京百姓的生活，讲述了北京人身边的奇人轶事；让观众喜闻乐见，从“小”话题入手，引起了百姓的共鸣。节目语言犀利而不失轻松，诙谐幽默，大话世事家常。

节目为了加强互动，开辟了栏目《北京人说北京事儿》，让观众站在台上表演，讲述自己的事儿、亲朋好友的事儿、道听途说的事儿，还开展了“语速”大赛，深得观众的喜爱。

该节目为新兴媒体平台量身定做，碎片化播出，全力打造了网络互动脱口秀节目。节目定位准、制作精、收视好、影响大。

3. 北京电视台选送的《高速路上的险境》节目，邀请了一位逃离生死车祸的亲历者来到节目现场，讲述他所经历的车祸经过；节目还聘请了特约嘉宾北京警察学院的专家,结合案例为大家讲述安全知识,警示更多的人远离行车危险。

节目组找到一个事故车作为道具,恢复事故现场,讲述事故的全过程并结合安全知识,警示大家远离危险,珍爱生命。

与同类节目比较,该节目创新点突出。节目中选拍了新生儿诞生记录,展示了生命的宝贵,让观众记住每个人的生命不仅属于自己,属于家人,还属于社会。珍惜生命,因为生命只有一次。节目全方位、多角度地讲述了救命的知识和珍惜生命的重要性。

节目丰满,立意新颖,制作手法新鲜,得到了同行的好评。

4. 北京电视台选送的专题片《北京味道》有独特的视角,有精美的制作。节目在生活频道播出后受到了好评。

"民以食为天",该片聚焦了城市中"做饭的人和吃饭的人",通过美食和美食背后的故事展现了北京城市的生活。

《北京味道》通过一个个真实的人物故事,以平民化视角,叙述了日常生活的城市人对自然生活的向往和共鸣。上有情怀,下接地气。节目内容平民化,讲述方式剧情化,拍摄手段故事化。它打破了纪录片惯用的宏观叙事的表现手法,反映了当下北京人的生活,同时又引发了新的思考。该专题片的拍摄采用蒙太奇的电影艺术手法,将众多的人物和故事放在作者表达的主题下进行梳理叙述。

5. 北京电视台选送的《节节高升》,是一档"扑克益智竞技类"节目。节目组还原了扑克竞技的真实感和现场感,把小众收视的节目大众化,是同类节目中第一档用纸牌进行的真人秀节目。为了提高观众的实战技术水平,节目组用电视手段即在比赛过程中采用牌局回放、复盘讲解等各种形式,来增加比赛的知识性、技巧性和趣味性,使观众有期待感。

节目形态上,该节目实现了内容的返璞归真和入乡随俗。节目采用电脑操作,提升了比赛速度,看点集中,展示得体。节目还采用网络海选,微信账号互动等各种方式来增强电视节目的影响力。

二、特别节目

北京人民广播电台的《世界地球日》;

北京电视台的《"敬・爱传递"五一快闪》;

北京人民广播电台的《陈小 mo 的健身周记》。

特别的日子,特别的策划,特别的视角,特别的播出。

1. 北京人民广播电台选送的《世界地球日》，是为“世界地球日”特别制作的直播节目。这个节目以大视野、大手笔、大融合的方式，九台一网共同播出。形态上它打破了以往单一频率、单打独斗的做法，通过与连线、专题、短信等互动形式的有机结合，完成了内容丰富的11个小时直播。

节目内容丰富多彩，表现形式立体多样。在节目中，52位国家大使接受采访；26位环保者与主持人对话；直播间还有9位嘉宾轮流介绍环保知识，可见节目达到了全方位、多层面的“地球日连线地球”的收视效果。

在特别的日子做特别的节目，需要特别的策划，需要制作团队的特别奉献。这个有一百多人参加的创作团队历经六个半月的时间制作出了以广播为主的多媒体传播的不可多得的特别节目。

2. 北京电视台选送的《“敬·爱传递”五一快闪》是一个为“五一”劳动节制作的特别节目。近年来快闪得到了一些媒体的认同，这次快闪行动聚集了时尚新能量。快闪是指很多人在指定的时间和地点同时参与一项活动，以达到吸引公众关注的目的，是当前一种城市时尚文化。

北京电视台策划的“敬·爱传递”在“五一”劳动节期间播出，展现了劳动者对社会的奉献，社会对劳动者的敬意。

特别的节目需要特别的策划。节目选择了与北京市市民“吃穿用住行”密切相关的行业，展示了这些行业的普通劳动者。快闪演员全部采用来自基层的劳动者，歌曲则选择“幸福在哪里，朋友我告诉你……”等一批在百姓中广为流传的曲目，表达了对劳动者的祝福。

节目的创新点在于其实现了主流媒体宣传与街头时尚文化的有机结合；用网络平台和多媒体手段扩大了影响，数字电视、楼宇电视、地铁电视、公交电视，户外大屏等全城同放，唱响了“劳动最光荣，劳动最幸福”的主旋律。这个节目是一次有益的尝试，对传达社会主义核心价值观是一次有力的推动。

3. 北京人民广播电台选送的《陈小mo的健身周记》，通过对记者练习跑步到全程跑完马拉松这一过程的完整记录，讲述了一个人的真实体验、深度体验的故事。

节目采取日常栏目和特别节目相结合的播出方式，特别策划、特别播出。节目制作播出历时一年，内容真实，全程记录，具有广播特点。记者进行了大量录音，从筹备训练到参加跑步，持续一年的记录中，跑完了自己第一个全程马拉松。同时节目也记录了参加马拉松比赛的参赛者的精神风貌。

节目让我们看到了友谊和亲情。有知识、有技巧、有精神、有力量、有追求、有探索，这是一个职业记者坚守的记录，也是一个创新节目的好典范。

纵观北京广播电视台连续三年节(栏)目创新奖评选工作,我们体会到,无论做常态节目,还是特别节目,都需要全球眼光、全国视点,站得高,才能看得远;创新更需要源于群众,服务于群众,需要多层面、全方位地把信息融汇到节目中去。

在媒体竞争激烈的今天,创新是媒体工作者的目标,也是群众的需求。在节目创新的过程中,继承和发展往往就在节目中的点点滴滴、策划中的前前后后、制作中的方方面面。愿我们的编辑、记者在节目创新的道路上勇往直前。

(张晓爱:原北京市广播电视学会会长;北京广播电视台节(栏)目创新奖专家评审)

力量因凝聚而非凡

——2012《地球日连线地球》特别节目创作所得所思

张友信

2012年4月22日“世界地球日”当天,北京人民广播电台九台一网推出大型环保特别节目《地球日连线地球》。该特别节目在新媒体发展高歌猛进的时代背景之下,为广播进一步谋求生存与发展进行了有益的探索实践和带有启示性的尝试;该特别节目有所突破创新,创造了新的纪录,续写了广播传奇。

读书笔记:

策划高举高打,声音擦亮品牌。选择地球日节点,话题围绕全球人共同的环保话题展开,调动全台优质资源,九台一网音视频共做及多媒体跨地域传播,连线全球各地关心环保的各界人士,采访联合国官员和驻华大使,打造北京广播史上单日最具影响力的特别节目和品推活动。以上策划,充分体现了北京人民广播电台身居中国首都北京文化高地的视野及眼光,和本地最具统治力广播品牌的气魄及胆识。

特别节目和品牌活动从创意策划到立项实施和制作播出,历时半年,全台200多人参与,最终收获了以下成果和突破创新:

1. 2012年4月22日“世界地球日”当天,北京人民广播电台九台一网11个小时的特别节目采用联播和分播的方式播出。其中四个联播时段由新闻、交通、城管、外语广播分别作为主播台,九台一网并机直播;五个分播时段由体育、故事、音乐、文艺、爱家广播分别实施。形式的创新,实现了内容的共享与选择;播出的集中与分流,北京人民广播电台单日围绕一个主题的策划,使节目既有气势恢宏的集群覆盖,又有专业特色的单频推送,堪称突破。

2. 在11个小时的特别节目当中,时任联合国副秘书长的沙祖康及欧盟、美国、英国、俄罗斯、加拿大、澳大利亚、德国、法国、日本、韩国、巴西、肯尼亚等50个国家驻华大使通过北京人民广播电台向公众传播了各国的环保理念和地球日寄语。这既是中国广播媒体的记录,也是中国新闻媒体的记录。

3. 在11个小时的特别节目当中,共连线了世界各地及中国港澳台地区的26位媒体人士、环保人士、当地居民和我国驻外记者,共播放了33段录音报道,实现了“地球日连线地球”兼听则明、开卷有益的初衷。

4. 节目直播当天,北京广播网发布图文报道160篇,新浪微博直播发布内容147条,广播网网络点击量42,000余条,视频回放点击量82,000余次,菠萝电台播放量40,000余次,新浪微博网民发布北京人民广播电台特别节目相关微博70,000余条,新华网还把北京人民广播电台“世界地球日”节目作为当日新闻头条向网友推荐。如此的表现,说明北京人民广播电台完全有能力依靠独家创意策划、独特内容声音,借助新媒体传播手段,继续赢得属于自己的生存与发展的空间。

5. 节目播出当天,BBC英伦网、联合国电台中文网进行了同步直播,澳洲广播电台中文网、美国洛杉矶1,300家电台、新西兰华人之声也安排播出了这一特别节目的内容。北京人民广播电台以大制作的节目形式赢得了多国同行的尊敬和认可,同时也借助国际平台在更宽阔的疆域扩大了自己的影响力。

6.《新广播报》和《北京青年周刊》为该特别节目发表特刊和专刊,十几家中央和北京报刊相继报道了北京人民广播电台的“世界地球日”义举。

7. 北京人民广播电台广告经营部为特别节目定制了赞助和广告,特别节目创收170万元,创造了主题宣传特别节目和品牌活动单日创收与盈利的新纪录。

8. 北京人民广播电台决定将“地球日连线地球”品牌活动一年一度地延续下去,精心打造属于自己的传统保留项目,到目前为止已经成功举办了四届“世界地球日”广播活动。

利润源自想象力。用原创来赢得受众和市场,以文化品位和个性风格来提升品牌价值,这就是北京人民广播电台独家开创的《地球日连线地球》的启示。

(张友信:北京人民广播电台体育广播副台长)

小兵立大功

——《“任仁好”爱“范美丽”》创作体会

浩 齐

《“任仁好”爱“范美丽”》获得了2012年北京广播电视台节(栏)目创新奖节目形态创新奖,得知这一消息时的惊讶、惊喜,现在我都记忆犹新。这样一个不到一分钟的小栏目,竟能获此殊荣,着实让人有些意外。但转念一想,虽然仅是个一分钟左右的小栏目,但确实“新意十足”。领导高屋建瓴的决策,栏目与频率定位的契合,编播人员独具匠心的创意,同事朋友的“众人拾柴”……这些因素的集合,才让这档“小剧”“小兵立大功”,实现了社会效益、经济效益双丰收。

读书笔记:

这个栏目由北京爱家广播“逢半点播出”,全天15次“曝光”,也确实让“任仁好”“范美丽”这对小夫妻,还有他们可爱的小外甥“小乖乖”等这些剧中的角色成了“名人”,也让这档迷你生活剧成了“北京市广播影视名牌栏目”。

写到这里,我去翻看了一下剧本,从2009年4月开播到现在,这档栏目已经播出了3,000多集,截至2015年6月26日,在北京广播网上的点击率已达1,816,023次。“小剧”聚沙成塔,“小剧”已然不小。

“小剧”是时任节目监制的韩建强主任对爱家迷你剧《“任仁好”爱“范美丽”》的昵称,每次审稿、改稿、给主创说戏,韩主任都会亲切地唤起这一昵称,慢慢地,也变成了我们对这档栏目的内部称呼。时长不过一分钟,剧中人物对白不过四五句,还真是名副其实的“迷你剧”,还真是“小”;但这迷你小剧中,却蕴含了诸多创新因素,因此变得“小剧”不小。

一、标题里有大想法

《"任仁好"爱"范美丽"》中，男主人公叫任仁好，女主人公叫范美丽，两位主人公的名字来自栏目曲中的那句英文——"Everyone loves family"，意思就是"人人好爱家"，任仁好来自"人人好"的谐音，范美丽来自"family"的谐音。这样一来，"'任仁好'爱'范美丽'"这个名字，除了表达出任仁好和范美丽这对小夫妻的恩爱之外，还蕴含了"人人好爱家"这样一层更大的含义，也就暗藏了由"小家"到"大家"共谋和谐的"大想法"，赋予了栏目名称多层新意。

二、小兵立大功

《"任仁好"爱"范美丽"》栏目自播出以来，已经成为爱家广播的频率标志之一。爱家广播是以重视家庭生活的人群作为主要收听群体、以家庭生活为主要内容的专业电台，而《"任仁好"爱"范美丽"》就是将一对虚拟小夫妻的家庭生活搬到了广播中，从而让爱家广播的频率形象更加具体、生动。

该栏目在多项奖项评比中也有收获，曾获得中国广播电视协会主办的"广播娱乐节目评析研讨"二等奖；2010、2011 年的《"任仁好"爱"范美丽"之欢喜新春》还蝉联了北京人民广播电台春节节目大赛最佳节目奖。

并且，该栏目还被安徽小说评书广播采购，在安徽播出。

三、剧本出新，为有源头活水来

"小剧"虽小，但同样对剧本要求严苛。而如此大的播出量，能够保证剧本鲜活，素材充沛，原因就在于故事来自生活——身边的领导、同事、朋友都会把自己日常生活中的逸闻趣事和栏目主创分享，为栏目提供了源源不断的创作素材。

比如下面这个片段：

小广播：话说这天，任仁好和范美丽吵架了，吵完架之后两个人开始冷战了。

范美丽：任仁好！

任仁好：嗯？

范美丽：你一圈一圈地在那儿溜达，找什么呢？

任仁好：找什么啊？我没找什么啊！

范美丽：没找什么？呵呵，我知道你在找什么！

任仁好：找什么？

范美丽：你在——找、台、阶！

这个段子就是时任爱家广播台长的陶津女士所贡献的自己的生活趣事。

四、“小剧”大智慧，新角度看生活

其实，如果单纯是逗人一乐，那“小剧”只是实现了自己的娱乐功能，如果能让人“开怀”或“莞尔”之余，还能收获一些智慧和幽默的方式，来解决生活中的问题的话，那“小剧”就帮大家找到了看待生活的新角度。

就拿刚刚提到的那个小片段来说，生活中夫妻拌嘴吵架是经常的事儿，吵完之后，双方气都消了，但碍于面子，谁也不好意思先开口说话，但是这段冷战持续的时间越长，越不利于情感的缓和。而节目中的范美丽，如此善解人意，任仁好在哈哈一笑之后，尴尬就化解了。这就是生活的智慧！

五、“小剧”大制作，穿越、魔幻、主题曲，多方位包装打造

“小剧”篇幅不长，但都是大制作，这并不是说栏目组有很多人，其实整个栏目组只有三个人——范美丽和小乖乖的扮演者米夏、左丽，她们两人在不同时期参与栏目创作，但都是一人分饰两角；任仁好的扮演者浩齐，同时负责编剧、导演加后期制作。制作的每一道工序都不敢偷工减料，如此一来，才能充分发挥广播优势，调动听众的想象，营造出大跨度、多时空的大制作效果。

（一）穿越

比如，剧中的一句“话说很久很久以后，任仁好变成了老爷爷，范美丽变成了老奶奶”，就把人们拉到了主人公的老年生活中，比如：

任仁好：哎呀，老太婆，我回来啦！

范美丽：哦，你参加的那个专家讲座怎么样啊？

任仁好：什么讲座啊？

范美丽：就是那个“防治老年人记忆力衰退”的讲座啊！

任仁好：哦，专家给我推荐了一种防止记忆力衰退的药，叫，叫什么来着？哎呀，我就记住后半截名字了，前半截给忘了！

范美丽：哎哟，瞅你这记性！你说说后半截，看我听说过没有？

任仁好：后半截名字是——胶囊！

（二）魔幻

除了这种时空的穿越，主人公还经常在梦中幻化成各种形象，比如这次梦中，任仁好变成了一只猴子，而范美丽变成了一只长颈鹿。范美丽嫁给了任仁好，一年后……

范美丽：离婚！！我要离婚！我再也不要过这种上蹿下跳的日子了！

任仁好：离就离！谁见过亲个嘴还得爬树的！

（三）主题曲

一般来讲，大部头的电视连续剧，都会有自己的主题曲，而我们的"小剧"也会有主题曲——根据剧情，配上合适的歌曲，起到了烘托气氛、深化主题的作用。比如下面这个"小剧"，说的是任仁好已经爱上了范美丽，但是在约会时，又不知道说些什么：

任仁好：（内心独白）嗯！我要找话题，表白我的爱！您母亲很好吧？

范美丽：谢谢，她很好。

任仁好：您父亲挺好吧？

范美丽：嗯，谢谢，他也很好。

任仁好：兄弟和姐妹呢？

范美丽：谢谢！他们都生活得不错。

任仁好：（内心独白）哎……我干嘛一下都问完啊？这往下说什么好啊？

范美丽：我还有爷爷奶奶呢！你怎么不问了？

这个"小剧"的后面，就配上了歌曲《爱你在心口难开》的片段："哦～哦～耶～，爱你在心口难开，我不知应该说些什么……"既调侃了任仁好的窘态，又点明了任仁好对范美丽的爱。

六、"小剧"大锻炼

虽然这是个"小剧"，但是它对主创人员提出的要求却不低。

体量小,就要求编剧时,使戏剧效果、冲突更加集中,这样才能保证后面的包袱抖得响;台词少,对主创人员的演播水平就提出了更高的要求,主创人员要在短短的时间内,通过个性化的语言,包括语音、语调、口头语等,迅速地将人物“立”起来。另外,音效、歌曲的运用和选择,又要求主创人员具备音响方面的素质,最常见的一种音响“笑声”的运用就不简单。一个小小的“笑声”应该什么时候用,用“嗤笑”“讪笑”“窃笑”还是“大笑”都需要琢磨。而在“主题曲”的选择上,我得到的锻炼就更多了。有时,要根据主题,从三五个歌曲中确定一个最合适的;有时,搜肠刮肚,也想不出一个合适的歌曲来,真是“歌”到用时方恨少啊。这也促使我尽可能在平时多听、多记,扩充自己的“歌曲库”存量。

《“任仁好”爱“范美丽”》,小小的“小剧”,就这么一天天地上演着;小小的“小剧”,就这么一天天地积累着、发酵着……由“小剧”生发出来的小品《劝架》获得了北京人民广播电台春节大联欢的一等奖;而爱家广播的《爱家帮你忙》节目,在 2011 年全新改版之后,更是将任仁好、范美丽请到节目中,让小两口在更大的“房子”(指节目时长)里,开开心心地过日子,突破了以往男女主持人对播的形式,进行了角色化主持的全新尝试。

听完这些,您是不是也觉得这“小剧”处处新意,“小剧”不小?再小的栏目,只要认真耕耘,追求创新,也能看到它的成长,也能欣赏到它独特的风景!

（浩齐:北京人民广播电台爱家广播《任仁好爱范美丽》栏目主创）

打造北京人自己的脱口秀

——《脱口而出》创作谈

孙　仝

读书笔记：

《脱口而出》是2012年开播的一档“京味儿脱口秀”节目。节目最初以欧美脱口秀节目为范本，根据方清平“一张口，一个人，一台戏”的表演特色，结合北京文化，体现北京精神，讲述了北京人身边事，打造了北京话语言博物馆。每期节目，方清平以单口相声的形式，用自己独特的角度调侃身边的大小事情，把日子说成段子。主要演员方清平为北京籍相声演员，其另类的单口相声表演被人以十六个字来形容——一袭长衫，不苟言笑，蔫头蔫脑，絮絮叨叨。该节目既区别于以叙述故事见长的传统单口相声，也区别于夸张说唱的新派脱口秀。方清平木然地站在桌子后面，既无过多表情，也无太大身段，似与您家常聊天，但是句句幽默至极，段段切中时弊。他大多为自嘲，顺带嘲笑同台演员，零表演，超真实。

《脱口而出》节目在2012年开播之初收视良好，为节目的广泛传播奠定了基础，业界和坊间颇为关注，于是导演组决定将节目从方清平的个人脱口秀拓展为“北京人的脱口秀”。最初《脱口而出》一直将重心放在打造相声演员方清平身上，成功地提升了方清平的自我知名度，但由于方清平的固有形象、节目包袱，导致观众一度对节目的新鲜度感知较少。虽然当时通过加入“微剧”提升了一定的节目质量与关注度，但由于微剧剧本和演员的限制，长此以往，也难以扩大、更新整个节目的表演新鲜度，使节目也一度遭受了收视瓶颈。于是导演组决定再次对节目进行重新整合创新，在固有的演员团体基础上，引入一分钟脱口秀概念，致力于打造一个全新的接力脱口秀形式。节目在围绕方清平、何云伟、李菁、王玥波等演员的脱口秀基础上，每期融入不同演员的脱口秀小段落、丰富的节目素材和表演形式,并通过各种出乎意料的脱口秀接力方式,来吸引观众注意。脱口秀(Talk Show)的核心元素为“说”和“演”,为了得到更多观众的认可,导演组除了打破现有的《脱口而出》单口加微剧的表演形式,还致力于把“演”带入“说”,将演绎成分巧妙地融入每一部分话题里。《脱口而出》一期节目为二十分钟,然而每次录像全部稿件平均字数为至少三万字,诚然,任何一位演员都难以完成将其全部背诵下来的任务。方清平一直依靠提词器进行表演,眼达嘴快,甚至被业内评为最会看提词器的相声演员之一,但不脱稿表演始终难以完成眼神、气口儿、动作等表演因素的自然协同统一。因此《脱口而出》开发了接力脱口秀新形式,一是为了观众看着新鲜好玩儿,二是为了符合节目内容的高要求,每位演员脱稿连贯完成每次表演,来提升节目录制水准,用最完美的姿态与观众沟通交流。同时,我们将更加严格地把控每期话题,强调“北京”元素,突显“北京人的脱口秀”概念。

《脱口而出》自开播以来,其收视率较高的节目都是与北京老百姓生活极为贴近的话题,例如北京春夏秋冬吃点啥系列、婚姻、养生等等。北京作为历代古都,人文气息浓郁,北京观众对以北京为题材的内容更亲切,更容易达到情感共鸣。我们将放“大”形式,缩“小”话题,力争每期节目选择的话题尽量贴近北京百姓生活的小事件,从如百姓的衣食住行、身边的奇人异事、观众的喜闻乐见、网络的热评热议等“小”话题入手,再往外延伸扩展。节目将用犀利而不失轻松,诙谐而兼具内涵的幽默点评来大话世事家常,做到内容和节目形式创新。同时,为了加强节目互动,我们还开辟“每期一说”环节,扩展观众收视基础。2012 年,《脱口而出》大力推广“北京人说北京事儿,脱口而出,北京人的脱口秀”概念。节目在明星群体接力脱口秀的基础上,发掘演绎新势力,从民间的脱口秀业余团体挖掘新鲜脱口秀力量,积蓄北京电视台演员资源的同时,开辟了节目“每期一说”招募通道,推广“北京市民说脱口秀”的概念。你说的可以是自己的事儿、亲朋好友的事儿、道听途说的事儿,只要你敢想敢说,就能站在《脱口而出》的舞台上表演。在每期节目中加入素人脱口秀演出,容易拉近节目与观众的距离感,不管观众是看热闹还是看笑话,只要出奇出新,就能吸引观众。同时,开展“每期一说”还能拓展节目的编剧资源,导演组从参与节目的脱口秀新秀中,选出适合电视栏目的优秀写手进行重点培养,因为舞台脱口秀节目在当年是国内的新兴节目形态,相对成熟的编剧难寻。传统的电视喜剧作者缺乏灵敏的时事嗅觉,难以适应快餐式的创作模式,产速慢,产量少;而新兴的网络写手则对电视播出的尺度难以把控,而且对电视喜剧包袱的设计欠成熟。《脱口而出》通过节目培养了自己的优秀编剧,让每期的包袱更加精彩。

除了各种音乐竞技类真人秀,一些更加多元化发展的节目也出现在人们的视野之中。到了2015年,《脱口而出》希望重点打造品牌亮点活动“语速大赛”,从而提升《脱口而出》的品牌影响力。“语速大赛”源于《脱口而出》近两年大获好评的环节“片尾贯口”。每期片尾方清平以“时事贯口”的形式,超快语速地盘点热门话题,这更成了让观众停留到节目最后一秒的“杀手锏”,有时节目的最后一分钟竟能是当期收视的最高点。2015年,《脱口而出》将力争与北京网络电视台以及几家固有的强势网络媒体展开多方面合作,积极开展语速大赛,致力将贯口推广到北京的大街小巷。相对于“每期一说”,“贯口语速大赛”基本上零门槛,只要你会说普通话就能参加节目。这将是一个真正意义上的零门槛电视竞技比赛,它拥有最广泛的群众参与基础。

2012年,《脱口而出》获得了北京广播电视台节(栏)目创新奖节目形态创新奖。我们一直致力于创新,以“微剧”概念丰富了节目内容,未来将全面升级节目形态,力争用最前沿最新潮的节目形式吸引观众目光,开拓更大的市场份额。2015年,我们将紧密联合北京网络广播电视台,积极利用新建的多媒体演播室,开发融合多媒体的新型脱口秀形式。同时,我们将积极尝试联合互联网(包括桌面与移动)等新兴媒体平台,量身定做,碎片化播出,全力打造全国首档真正意义上的精品网络互动脱口秀节目。

(孙仝:北京电视台文艺节目中心《脱口而出》栏目导演)

责任媒体 百姓情怀

——《应急:高速路上的险境》创作思考

王未央 刘 薇

作为填补北京电视台安全知识类栏目空白的节目,《应急》栏目试图从生死攸关的每一个“大灾小祸”背后,找寻应急危机处理的技巧,为民众传递安全自救的科学知识。这是一档由死亡线上逃生的真实幸存者讲述其亲身经历的安全自救知识类节目。亲历幸存者、安全观察团、权威科学专家将在一个又一个悬念迭起的细节中,帮你化解每一个生死攸关的瞬间。

读书笔记:

2013 年,《应急》栏目中的《高速路上的险境》这期节目在中国广播电视协会生活委员会举办的全国广播电视优秀生活节目优评活动中,荣获了一等创优节目奖。这份殊荣让我们感受到,好的节目不是唯收视论的,而是一定能够服务百姓的,让百姓从中受益,甚至让观众感受到生命的可贵。

这期节目邀请了一位逃离生死线的车祸亲历者来到现场,讲述他所经历的惊险车祸经过。嘉宾高潮东结合自己的所见所闻,讲述了一个个真实的车祸案例,同时节目也邀请了北京警察学院的教授柳实,结合相关道具,为大家传递了行车安全知识,警示更多的人远离行车危险。节目播出后,受到了业内人士和观众的一致认可,创作者也是倍感欣慰,然而这却是一个痛并快乐着的过程。

创新与突破一直是栏目组坚守的理念。《应急》栏目播出时,并没有华丽的演播室舞美,也没有强大的嘉宾阵容,更没有独家的报道资源,但作为额头上烙印着“科教符号”的守望者,这些“先天不足”的因素,并没有阻挠《应急》成为一个坚强的战士,在各大频道重资打造娱乐节目的混战中,执着地坚守着自己的差异化竞争战略。而且在栏目改版之后，栏目组更是提出了一个大胆的想法，即试图将一辆真实的事故车搬到演播室现场，一是为了突出栏目符号，二是为了能够给观众起到警示的作用。面对这个艰巨的任务，无数个难题摆在我们的面前：从哪儿找一辆事故车？一辆小汽车的重量至少在一吨左右，怎么运到台里？运到台里后，又怎么在每次录像中安放在公用的科教六百平方米的演播室里？然而，就是这样一个看似不可能完成的任务，在大家共同的努力下完成了。在多番辗转后，在大兴的一个事故现场，栏目组一同找寻到了这个特殊的“舞美道具”。

不过好事多磨，这辆事故车在节目组的第一次录像中，就“崭露头角”——在搬运事故车到演播室的过程中，制片人的手指被车辆的锐角划出了一道又长又深的伤口，血流不止，虽然迅速地进行了伤口处理，但手指活动极不方便。即便如此，这位二十出头的小姑娘还是忍着疼痛，坚持上道具，坚持录完了节目。

求真与服务一直是栏目坚守的定位。每一期节目，我们都希望通过实证研究方法和严谨的实验，邀请权威专家，来传递科学的安全知识。而在这个过程中，我们也有幸结识了北京警察学院的柳实教授。

当柳教授第一次参加我们的节目录制时，他竟然拿了三个巨沉的大轮胎来到现场，而且每一个轮胎都有所不同，这完全是为了展现不同的细节，再看那一整包大大小小的节目道具，我们再次确信这不仅是一位好嘉宾，更是一位负责任的好教授。作为一档安全知识类的谈话节目，好的嘉宾不仅是节目需要的，更是观众需要的，因为嘉宾还承担着为民众传递安全科学知识的责任。柳教授做到了，也让我们再一次体会到了作为一名媒体工作者所需要承担的责任。

品质与人文关怀一直是栏目坚守与追求的目标。为了给观众传递“远离危险，珍爱生命”的宗旨，《高速路上的险境》这期节目选取了一些真实的案例视频，目的就是为了时刻提醒电视机前的观众，一个错误的举动可能导致致命的危机。而为了突出这个宗旨，我们在节目改版之后，在每一期节目的结尾，播放一段三十秒的新生儿诞生记录，这是编导去医院产房实地蹲守所拍摄到的新生儿诞生时的感人瞬间。虽然呈现给大家的只是简短的三十秒，却是节目组编导坚守一天、用真诚打动家属并获得同意后，争取到的宝贵素材。我们只是希望电视机前的观众，当他们看到母亲在分娩时的痛苦与勇敢时，当他们看到父亲焦急又兴奋地等待着新生命诞生时，当他们看到一个稚嫩又鲜活的小生命来到这个世界时，会记住自己的生命并不仅仅属于你一个人。

作为一档安全知识类节目的编导，我们希望可以通过每一期节目为观众送上平安，虽然在这痛并快乐着的坚守道路上，也许还会面临诸多的困难，但如果电视机前的观众看了我们的节目,可以从中获得一些救命的知识,在某一个危急的关头能够救人一命,哪怕只有一次,所有的困难都将变得有意义。在未来的道路上,《应急》栏目会一如既往地履行媒体责任,传播正确的舆论导向,为广大的观众服务,做科教频道最重要的守望者。

(王未央:北京电视台科教节目中心《记忆 2015》栏目负责人;
刘薇:北京电视台科教节目中心《记忆 2015》栏目主编)

一座城市的味道故事

——《北京味道》的多元视角创作

王昱斌　李　志

2012年5月，纪录片《舌尖上的中国》于中央电视台播出，讲述了千百年来中国人独特的饮食习惯，展现了中国各地的美食生态。该片的播出引起了收视狂潮，选题的特殊性、平民化和故事化的创作理念更让其引起了热议。不可否认，《北京味道》是在《舌尖上的中国》引起关注的大背景下创作的，有致敬，有传承，但更有独创和发展。

读书笔记：

一、《北京味道》的创作缘起

《北京味道》是北京电视台生活频道独立策划、制作的首档大型人文美食纪录片。它不同于《舌尖上的中国》讲述人与自然的和谐之道，而是将目光投向了漂泊于城市、远离家乡、失去孩提时味道体验的城市人，关怀一座城市2,000余万人的味蕾记忆，探寻“人与城市、美食”的和谐之道。它展现城市、人与美食的微妙关系，观照北京当下生活，从美食，以及围绕美味而工作生活的人们的角度，努力探寻专属于北京的味道。节目力求通过“美食视角”去展现北京这座城市世俗生活中最常见，而又最不容易被关注的劳动者、行业，以及他们能透露出来的城市社会的“人情味”。

北京这座城市在作为政治文化中心的同时，成为所有美食汇聚的中心。发达的物流成就了一个全民食堂，勤劳的人们造就出了都市的美食总动员，国际化的交流成就了一个美食联合国。一方水土孕育一方饮食，一方饮食又塑造一方人文。这座城市的底蕴和多元，成为节目创作主题深度挖掘的精准方向。

北京电视台生活频道定位于“具有首都特色、大都市风格、全面介入北京人生活的电视专业频道,北京人最贴心的生活服务平台”。“民以食为天”,现代美食既是广大群众的生活必需消费品,也是中华饮食文化传承的一脉。自2012年改版以来,节目以提供美食指南的《美食地图》为开端,陆续推出了《幸福厨房》《上菜》栏目,而原创纪录片《北京味道》则区别于其他栏目重服务的做法,聚焦于北京城市生活的全面展现,以及做饭的人和吃饭的人,以“美食”为主题与生活在这座城市中的每个人进行沟通。

二、多元的创作视角展现丰富的城市故事

相对于人物、历史、科技、社会等纪录片惯用的题材,美食让节目有了天然的观众缘,《北京味道》播出后,在北京电视台生活频道获得了高于同期节目的高收视率,更在网络上受到了热追。节目以新颖的城市美食视角,讲述了从自然到城市,从前店到后厨,从普通“吃货”到美食家,从传统名吃到互联网美食,带来了完全不同的讲述视角和人情故事,快速获得了观众的高度认可。

1. 平民化视角,美食的味道由每一个个体创造

尊重每个个体生命的存在价值,以平等、理解的视角与普通百姓沟通交流,即为纪录片平民化创作理念。美食、文化和情感是《北京味道》的三大主题,在拍摄和编辑中,我们遵循“人是主体,情感为内容”的原则,而美食仅仅是线索,因为人决定了食物的口碑,能把食物做成美味的人一定倾注了大量的情感,最后美食呈现在了我们面前,这是《北京味道》讲述故事的方式。

一部好的纪录片有很多构成因子,如故事情节、矛盾冲突、拍摄环境、画面构图、音乐音响、精良制作等,但作为片中的每一个以个体存在的人物则是最关键的。第一集《味道序曲》中讲述了“北平羊汤”老板黄北平刮头的故事,看似偏离主题,但刮光头却是和黄北平的羊汤紧密相关的。每两天刮一次头是卫生的保证,更是做餐饮的范儿,所谓“态度决定一切”,美味也是如此。所有被拍摄者让我们看到了希望,因为他们是那么执着,那么敬业,那么充满活力,那么爱他们所做的事情。《北京味道》正是要传达这种信息,每道美食的背后都有一个抱有信念的人,都有一段自己的故事。

2. 文化的视角,《北京味道》不光是一部美食纪录片,更是一部描写美食背后故事的人文小品

老北京小吃代表的是历史和传统,构成了北京底蕴深厚的饮食文化,它还是一张

张地域名片。《北京味道》的每一个镜头都透露着现代与传统融合的北京美食文化。而节目第四集《都是吃货》则展现了繁华都市中一种以“吃”为信仰的社群文化。一群“吃货”自发组织的民间探店团活跃于北京各大餐饮美食之中,美食上来先不吃,拿着手机相机先拍照,这样具有仪式感的环节就是新派“吃货”的范儿。家住东南西北的人通过网络凑在一起,这么吃,是他们的一种生活方式,也是连接美食与普通食客之间的桥梁,他们传播的是“吃货文化”。节目第二集《谁是厨神》、第三集《后院秘道》则记录的是少有被关注的中国厨文化。

3. 国际的视角,展现传统,但更观照作为国际化都市的当下生活味道

节目一方面希望观众看到那些最西方化的,最奇特的异域美食,另一方面更希望观众看到这些西的、洋的为我们所用,被我们改变。老一的餐厅是最正统的法式餐厅,很多时候上菜都会推着一个金属餐车上来,当着客人的面,完成菜色的最后一部。来自韩国的小金做着一手的正统韩国料理,但中国的琴棋书画,饮茶刻章都是他的爱好,虽然这很容易让人忘记他的本职工作是一个厨师。实际上,北京人可以接受任何风格的美食,外国美食就如同这座都市的时尚一样,也在不断地变幻着自己的姿态。他们的故事好像是我们自己的镜子,来自世界的美食,交融在这个城市的过去和现在。

4. 发展的视角,节目的最后走向是将观众带入对城市美食文化的未来走向的思考

自从乾隆年间,满汉全席由宫廷风行神州开始,北京形成了鲁菜打底,外加清真菜和宫廷菜的格局。后来川菜、粤菜、湘菜、东北菜陆续进京,洋食西餐纷纭而至,北京成为一个包吃天下的烹饪秀场。在全球化的今天,面对纷纭复杂的经济形势和崭新的时代机遇,北京的老字号、新字号将何去何从?传统与流行、传承与创新,老字号与新风向被节目组通过一个个鲜活的人物、故事展现出来,互相碰撞,共同思考。

三、《北京味道》的创作启示

从《舌尖上的中国》到《北京味道》,叙述方式上的剧情化、故事化、细节化,打破了以往纪录片惯用的宏观叙事表现手法,以日常生活中随处可见的食物为主选题,下接地气,上有情怀,这可能是受到观众热议的主要原因。就《北京味道》来说,还有以下几个特点引发了创作人员的共鸣。

第一,日常生活选题获得观众认同感。《舌尖上的中国》之所以能打动人,在于它引起了观众对节目内容的共鸣、共振和认同,是城市人对自然生活向往的共鸣、对家乡味道的回忆共鸣。而《北京味道》因其精准的区域化定位和几十个真实的、身边的、可

以接触到的人物，让观众与节目之间的距离更近，这种认同使每一个观众有身临其境的自然认同，每一个故事就在身边，一些人物还可能认识。

第二，以平等的关系叙事、平民的观众视角讲述。“平视”是一种眼光，更是一种态度。用“平视”的眼光看问题，用“平视”的方式记录真实，创作人员既是每一个人物的朋友，也是独立思考的观察者。我们用身边的故事触及北京观众的“痛点”，调动起人性的内在因素而产生情景再现与情感共鸣。

第三，“理性的写意”创作手法成就节目美学。纪录片需要有一定的持续时间和过程来展示其真实的故事，以带给观众真实的视听震撼。纪录片美学的基本立足点处在纪实性与艺术性交互作用的“临界点”上，完成了对现实的创造性处理。在节目的创作中人物故事的选取必须真实，但又要有特质，既能反映当下北京生活，又能引发思考，所以编导既是忠诚的观察者，又是艺术化表达的创作人员。《北京味道》通过平行剪辑，采用了很多蒙太奇的电影艺术手法，将众多的人物和故事放在重新梳理过的主题下，进行交叉叙事，让每一个曾经被人忽视的故事增添更多写意成分，节目也更加具有戏剧效果，成就了节目的真实美、过程美、人文美和思辨美。

（王昱斌：北京电视台生活节目中心《北京味道》《幸福厨房》《上菜》栏目制片人；
李志：北京电视台生活节目中心《北京味道》《上菜》栏目策划）

“扑克益智竞技类”节目“大众化”的创新尝试

——从《节节高升》到《欢乐二打一》

李 岩

2013 年,《节节高升》节目获得了北京广播电视台节(栏)目创新奖节目形态创新奖,整个创作团队把这次获奖作为了一个新的起点,在创新的道路上继续前进。

读书笔记:

2014 年年末,体育频道播出了近四年的日播“扑克益智竞技类”节目《节节高升》,随着“百姓双升挑战赛”的结束,该节目告别了首都荧屏。与此同时,另外一档同类型节目《欢乐二打一》从 9 月 1 日起在体育频道傍晚时段开播,出人意料的是,该节目在没有任何前期宣传的情况下开播后,收视率一路攀升。播出四个月的期平均收视率达到了 1.04%,月平均收视率达到了 1.60%,最高单期收视率达到了 2.27%,很快成为体育频道最具成长力的日播类节目之一。2015 年,《欢乐二打一》节目的收视率继续稳居高位,上半年平均收视率达到了 1.2%,占有率达到了 9.57%,同时节目全年已完成创收 300 万元,实现了收视率和节目收入的双赢。总结经验,我认为这要归功于用创新思维对“小众节目”进行的“大众化”改造。

一、过去:三年以来《节节高升》节目的经验和教训

《节节高升》“百姓双升挑战赛”,是一个在北京广播电视台两任台领导关心下一步步走过来的节目。这个节目,开创了体育频道非黄金时段首播自制栏目的先河,它从诞生起就是创新思维的产物。

为了还原扑克竞技的真实感和现场感,它是国内同类型节目中第一档用纸牌进行的真人秀节目;为了最大限度地保证比赛的公平性,

它是第一个在扑克牌比赛中采用同一副牌进行开闭室打法的节目；为了尽可能地提高观众的实战技术水平，它是唯一一个在比赛过程中可以进行牌局回放和复盘讲解的节目；为了增加比赛悬念感，提升观众期待值，它是双升扑克牌比赛中第一个采用抄底规则的节目……

2013 年年末，这个节目的创作生产达到了顶峰，并在当年获得了北京广播电视台节(栏)目创新奖节目形态创新奖。我记得，在评审会上，一些德高望重的评委老师都对这个节目表示出了浓厚的兴趣，一位中央人民广播电台的评委老师的点评给我留下了深刻印象："乍一听说北京电视台做了打扑克的节目，我还吓了一跳，感觉你们胆子够大的，看了节目之后我明白了，这个节目的做法彻底打消了世俗观念中对扑克牌节目'涉赌'印象的担心，节目定位于益智竞技类节目非常准确。"

《节节高升》为北京电视台体育节目中心制作"扑克益智竞技类"节目积累了经验，在北京地区相对独立地占有了网络资源的市场，为之后节目的进一步深化转型，提供了理论基础、技术保证和数据支持。

但不容回避的事实是，《节节高升》节目发展到最后也遭遇了难以突破的瓶颈，主要表现在以下三个方面：

(一)收视方面：如前文所述，因为这是体育频道唯一一个在非黄金时段首播的日播节目(周一至周五午间 12:30 左右播出)，因此三年多时间里这个节目的收视率始终不甚理想，平均收视率一直在 0.20% 上下徘徊，最高一期首播收视率不过 0.59%。这样的收视成绩无论是在台内的横向比较还是体育频道内部的纵向比较，都是一档有口碑有影响但收视率低的节目。

(二)收入方面：在三年半的时间里，这个节目的合作营收总额不足 500 万，年均 100 万元上下，栏目创收占比在体育频道中并不突出，即便每年均有递增，但始终是小幅度提升，不能形成质的突破。

(三)题材局限：客观分析"双升"这项扑克牌打法作为运动项目来说还是比较"小众"，在北京地区能够把打"双升"作为第一休闲运动的观众数量并不多，而且"抄底""开闭室"等打法过于专业化，对参选选手的素质和牌技水平要求较高，限制了这个项目更进一步发展。

鉴于上述原因，台领导和频道领导及时调整思路，从 2014 年年初开始责成节目对新的节目样态进行研究，上半年节目组参照"双升"节目的制作模式制作了四期各 90 分钟的"二打一扑克挑战赛"，在没有任何前期宣传的情况下取得了平均 0.5% 的收视率。最终在台编委会的批准下，脱胎于"斗地主"打法的全新"扑克益智竞技类"节目《欢乐二打一》于 9 月 1 日开播。

二、现在:《欢乐二打一》是对扑克牌节目“小众属性”的突破

开播第一个月的《欢乐二打一》节目没有预期中的“高开”,首播收视率仅0.19%,9月平均收视率为0.49%。显然观众没有在第一时间把这个节目和具有强大人气的扑克牌打法“斗地主”联系起来,然而意识到这一点对于观众来说只是个早晚的问题。当观众发现只用一副牌的“欢乐二打一”在规则上和“斗地主”近似时,便迅速地投以关注,节目也在开播的第二个月里实现了收视率过1%,10月平均收视率达0.89%,11月达1.29%。数据说明,观众一旦获知这个节目的规则,便有很高的黏着度,分析起来有以下三个方面的经验。

(一)节目样态上实现内容的返璞归真和“入乡随俗”

《欢乐二打一》的规则非常简单,一副牌的“二打一”游戏界面与两副牌的“双升”比起来更一目了然,每期45分钟的节目设置十五局是经过节目组多次实际演练的,既可以充分展示三位参赛选手的牌技,又不至于让观众因为节目冗长而失去兴趣,节目整体节奏显著提升,节目样态上也适时采取了电脑操作,用相对简单的表现形式把看点集中在了节目的内容本身。

北京地区参与“斗地主”运动的人数相当庞大,尽管这项运动的起源是本世纪初的武汉,但在北京这座多元文化交汇的大城市里,“斗地主”的普及程度要高于“双升”十倍,这就扩大了节目的观众认知度和影响力。以往“双升”50分钟的节目是六局牌、三个开闭室,观众必须全神贯注,才能看得进去、看得明白,稍一错眼神很可能就看不明白整期节目。现在,十五局“二打一”的内容既有连续性,更相对独立,观众随时都可以无障碍加入。我们研究过分时数据,在北京卫视的《养生堂》节目结束后,我们的节目收视率瞬间大幅增加,这说明节目的观众群以中老年人居多,另外大量观众涌入时正好是有加倍模式的后六局牌,往往这个时候也是最精彩的六局牌,即便错过了之前的九局,也丝毫不影响观众继续收看比赛,这就大大增强了一档扑克节目的可视性和观赏性。

(二)把电视媒体的自身优势发挥到极致,打造“平民偶像”

互联网时代,电视媒体面临着前所未有的冲击和压力,甚至面临着生存的挑战。然而,身为一个电视媒体工作的从业者,我们又不得不认真地去思考出路。即便是“电视衰亡论”甚嚣尘上的今天,是否依然有一些层面或领域是网络视听节目无法企

及的先天优势呢？答案是肯定的，或许我们无力对抗科技浪潮的席卷之势，但人文领域和意识形态领域的“中国特色”是必须存在也一定是长期存在的，这就是对权威信息和权威资讯的信任感。

比如说，在网络流言满天飞的今天，人们判别一个消息的真伪往往会以电视媒体的发布为准，一方面是眼见为实的心理，更重要的是几十年来电视媒体在公众心目中难以撼动的权威性和可信性，甚至公众都有一种对电视媒体莫名的崇敬感。这一点，是网络媒体难以改变的现实，在人人都是“自媒体”的时代，依然有很多观众会把登上电视荧屏作为一件非常荣耀的事情，可以在亲朋好友面前展示自己的风采，这种心理需求的满足是微信和微博乃至QQ签名都无法替代的。因此我们的节目不知不觉地打造出了一群“平民偶像”，观众对民间高手的发挥评头论足，讨论得不亦乐乎。就像我们的节目口号：“你可以跑不快、游不远、跳不高，只要你牌技出众，一样可以登上体育频道的舞台，展示自己的风采。”这种吸引力，绝对是电视媒体的魅力之一。

（三）利用新媒体环境扩展电视节目影响力，搭上“顺风车”

新兴媒体的大规模发展的确一度让电视媒体措手不及，也在前期攻城略地，让电视媒体受到了不小的冲击。痛定思痛之后，电视媒体从业者也必须在网络媒体的包围中杀出一条血路，找到一条自我发展的道路。他山之石，可以攻玉。充分利用好新媒体环境所带来的优势，利用网络海选、微信公众账号互动、宣传片网络转发推广等多种方式也可以增强电视节目的影响力，网络是把双刃剑，用好了，对电视节目的推广及其知名度的扩大会有事半功倍的效果。

三、未来：“扑克益智节目”的大众平台架构思路

四年多来，从《节节高升》到《欢乐二打一》的历程，为今后建立可持续发展的“扑克类”电视节目衍生“流水线”提供了多种可能和借鉴。摒弃固有的“小众”思维，把《欢乐二打一》置身于大众文化传播的背景之下，这是对整个节目组最大的启示。创新驱动生产力的发展，以往人们提到创新，总是主张“不破不立”，而继承和发扬中同样可以有“创新”施展的空间。未来，《欢乐二打一》还将进一步在“接地气”上下功夫、做文章，争取让更多的扑克牌爱好者投身于“二打一”这项运动中，“壮大队伍，播撒欢乐”。

（李岩：北京电视台体育节目中心《欢乐二打一》栏目副制片人）

媒体融合 弘扬社会主义核心价值观

——“敬 · 爱传递”五一大型新闻行动传统媒体和网络媒体的融合之道

李光军

2014 年五一期间，北京电视台与北京市总工会再次推出“幸福绽放”大型新闻行动，为了创新报道，打造更广泛的传播力，此次，北京电视台策划了“敬 · 爱传递”主题报道 +“敬 · 爱传递”实物传播 +“敬 · 爱传递”微信传播 +“敬 · 爱传递”快闪传播 + 全城同放等全方位的报道形式和传播介质，展现了劳动者对社会的奉献，社会对劳动者的敬意。

读书笔记：

一、“敬 · 爱传递”五一大型新闻行动的概述

1. 主题报道“幸福绽放”为劳动放歌

2014 年的“幸福绽放”主题报道在报道题材和报道内容等方面均有所拓展和创新。报道特别选取了与市民“吃穿用住行”密切相关的普通劳动者，有北京玉器传统技艺的传承人，有利用风投基金创业的中关村人，有在传统百货商场坚守了 30 多年的售货员，有离开校门专门研究电脑试衣软件的大学老师，有 24 小时不停工作的三联书店职员和网络新闻中心主编等等。报道用“走转改”的方式，展现基层劳动者的工作场景和心路历程，用心灵化、纪实性的叙事风格，原汁原味地记录劳动者的工作过程和生活状态，通过讲述他们爱岗、敬业、诚信、友善的故事，颂扬劳动者的激情、梦想、奉献和坚守。

2.“敬 · 爱传递”传递关爱和感动

“敬 · 爱传递”是 2014 年“幸福绽放”活动的亮点之一，它设置了

线下、线上两个环节。“敬·爱传递”线下活动通过在本市各大公交场站、各条地铁线站点设置鲜花传递点，以在市民中传递鲜花的方式，将人们对劳动者的敬意和爱心不断传递下去，并从中挖掘劳动者的故事，突出展现了践行社会主义核心价值观的理念。“敬·爱传递”线上活动在网络和微信平台发起，通过虚拟献花的方式，北京电视台、《北京新闻》微信、BRTN网站同时上线网络版传递软件，在微信中掀起了尊敬劳动者、热爱劳动者的良好风气。

3.“五一敬·爱传递”快闪行动聚集时尚新能量

快闪是指很多人在指定的时间和地点，同时做一个动作或者参与一项活动，以达到吸引公众关注的目的，它是当前的一种城市时尚文化。“五一敬·爱传递”快闪行动的成功举办，实现了主流媒体正面宣传的多项创新和突破，主要表现为以下几个方面：

(1)创新性地采用街头流行艺术形式宣传社会主义核心价值观，让快闪成为传播“劳动伟大、劳动光荣、劳动幸福”理念的载体，实现了主流媒体宣传与街头时尚文化的有机统一；

(2)首次利用网络平台助推传统媒体的主题宣传，通过快闪在电视、网络、手机、报纸等媒体的集中和广泛传播，增加到达率，扩大影响力，实现了新媒体和传统媒体的相互作用、相互促进和有机融合；

(3)快闪演员全部采用来自基层的劳动者，通过记录他们富有行业特色和激情的肢体语言，突出展现了劳动者风采，成为新闻媒体持续深化“走基层、转作风、改文风”，把镜头始终对准基层劳动者的生动实践。

4.全城同放是整个新闻行动的高潮和收官

5月1日19:45，三分钟的“五一敬·爱传递”快闪行动宣传片，在北京十几处地标性户外大屏，以及4.5万台楼宇电视、地铁电视、公交电视同步播放，劳动者幸福的笑脸成为节日之夜首都最灿烂的景色。

二、“敬·爱传递”五一大型新闻行动的代表作品——《“敬·爱传递”五一快闪行动》简介

此次北京电视台新闻节目中心将快闪这种城市时尚文化形式与五一国际劳动节主题相结合，利用网络特别是手机等移动终端，在年轻人中唱响了“劳动最光荣、劳动最幸福”的主旋律，在全社会汇聚正能量，让社会主义核心价值观更加深入人心。

“幸福在哪里，朋友我告诉你……它在辛勤的工作中，它在艰苦的劳动里，啊！幸福就在你晶莹的汗水里……”《“敬·爱传递”五一快闪行动》以《幸福在哪里》为主题曲，由一位儿童和北京电视台主持人范奕、孙扬的现场演唱开始，随后一百多位首都普通劳动者加入其中，他们当中既有厨师、快递员，也有公司员工、公交司机、音乐教师和科技工作者。此外，全国劳动模范刘美莲、于凯、朱良玉，北京市劳动模范孟昆玉和北京首钢金隅篮球队主教练闵鹿蕾也加入了快闪队伍，大家用歌声和音乐表达了对劳动者的祝福，迎接五一国际劳动节的到来。

快闪行动录制现场吸引了众多市民和外国游客的关注，他们有的驻足观看，有的不停地用手机拍摄，还有的走进了快闪队伍和大家一起载歌载舞。最后，参与快闪的人们将1,000多支康乃馨一一送给市民和游客，请他们把鲜花传递给身边令人尊敬的劳动者，使活动达到了最高潮。

《“敬·爱传递”五一快闪行动》的成功举行在现场就取得了良好的宣传效果，而经过精心制作的“敬·爱传递”五一快闪视频在腾讯、爱奇艺、优酷、乐视、百度、新浪、搜狐、酷6等视频网站推出后，也立刻成为网民关注的热点。百度搜索连续3天将这段视频置顶；腾讯视频上线仅1小时，点击播放量就突破了4万，20小时后，突破了300万；爱奇艺、优酷、乐视等网站的点击播放量也很快破万，“敬·爱传递”五一快闪成为2014年劳动节网络视频搜索的热词之一。

很多网友看过视频后纷纷留言，对“敬·爱传递”快闪视频给予了高度肯定，在腾讯网上，点赞者是吐槽者的五倍多，在爱奇艺网上，点赞者是吐槽者的十五倍多。有网友说：“太棒了！这是一种凝聚力！”有网友说：“精彩，说明这个社会很凝聚，我们只是需要一种力量培养的方式。”有网友说：“真的很幸福，看到每个人都很开心这不就够了么！”有网友说：“正能量，好好好。”有网友说：“五一劳动节，在岗的工友劳动者们辛苦了，双手勤劳创造中国人的智慧，节日快乐！”还有一位台湾同胞在转发这段视频时说：“朋友们，花点时间看看，片中的歌曲你们一定熟悉，但是片中的人呢？你们了解吗？他们都是普普通通的劳动者，让我们听听他们的声音吧。”

最终，“敬·爱传递”五一快闪视频在网络总点击播放量超过1,800万次，其中腾讯视频为1,750万次，爱奇艺视频为24万次，优酷视频为13万次，乐视视频为5万次。据腾讯、爱奇艺等视频网站介绍，作为主流宣传视频能够获得如此多的点击播放量，以前很少出现，而作为一个地区的宣传视频更是前所未有，很多商业视频网站都表示希望今后能加强深度合作。

三、"敬·爱传递"五一大型新闻行动的评析

此次通过实施《"敬·爱传递"五一快闪行动》,我们将传统媒体的主题报道与网络新媒体实现了全面的结合,并收到了良好的宣传效果。根据视频网站提供的数据统计分析,快闪视频实现了全国各地区、各年龄结构人群的全覆盖,获得了广大受众的高度认可。五一快闪视频不仅点击播放量实现了突破,在传播媒介、覆盖人群、覆盖范围上也都呈现出新特点。

1. 80% 的视频观众来自手机媒介

根据点击播放量最大的腾讯、爱奇艺、优酷、乐视四家视频网站统计显示,80% 的视频浏览者来自手机媒介,20% 的浏览者来自 PC 平台。通过手机媒介在人与人之间推送,成为五一快闪视频最主要的传播途径之一,这也从侧面体现了受众对五一快闪视频的高度认可。

2. 90% 的手机观众为 12—35 岁青少年

根据腾讯视频对点击观看人群的分析,五一快闪视频获得了社会中坚阶层的广泛认可。相关数据显示,观看的男性比例高于女性,PC 平台上男性观看比例达到了 71. 18% ,手机媒介上男性观看比例达到了 63. 79% 。而在年龄结构上,从 12 岁到 47 岁年龄段的比例最多,PC 平台上 12 岁到 23 岁占 23. 24% ,24 岁到 35 岁占 45. 51% , 36 岁到 47 岁占 19. 33% ;手机媒介上 12 岁到 23 岁占 45. 46% ,24 岁到 35 岁占 45. 38% ,36 岁到 47 岁占 5. 63% 。在知识结构上,PC 平台上拥有高中和本科学历的受众分别占 54. 31% 和 28. 36% ,手机媒介上则为 56. 74% 和 23. 46% 。

3. 实现全国和港澳台地区受众整体覆盖

根据腾讯视频进行的统计,32 个省、市、自治区和港、澳、台地区都有用户观看了五一快闪视频。其中广东省最多,在 PC 平台和手机媒介上的比重分别达到了 13. 26% 和 14. 38% ,其次为浙江、江苏、山东、河北、河南、北京、上海等省市。此外,香港、澳门和台湾地区的受众为 0. 14% 。由此可以看出,北京电视台的影响力通过五一快闪视频扩散到全国,北京劳动者积极向上的形象也传遍了全国。

四、"敬·爱传递"五一大型新闻行动的启示与思考

"幸福绽放"大型新闻行动自 2011 年推出以来,北京电视台新闻节目中心就不断

创新形式，丰富报道，让行动年年有突破，年年有创新。

2011 年成功实施《幸福绽放》宣传片全城同放。全市主要户外大屏以及 4.5 万台楼宇电视、地铁电视、公交电视同步播放了《幸福绽放》宣传片。此外，天安门广场也首次播放了该宣传片，劳动模范的幸福感言让来自全国各地的游客们深受鼓舞。

2012 年成功实施《幸福绽放》宣传片香港户外大屏播放。《幸福绽放》宣传片首次走出北京，在香港轩尼诗大道的户外大屏幕上播放，首都劳动者的感言在维多利亚港湾传播开来。

2013 年以“中国梦”为主题，《幸福绽放》实现了两大突破：一是首次招募志愿者一同体验采访劳动模范，通过这些年轻人对劳动的体验，鼓励大家去学习、传承普通劳动者身上的优秀品质；二是《幸福绽放》宣传片首次进入主要门户网站和北京政府政务微博、网络微博平台与全市各主要大屏幕同步播放。

而 2014 年《“敬 · 爱传递”五一快闪行动》的成功实施，实现了传统媒体的主流宣传报道与网络新媒体的完美融合，其中既有在传统电视媒体中的主题宣传报道，也有在网络、手机等新媒体网上突破 1,100 万次的点击播放，还有以 1 万朵鲜花在现实中传递对劳动者的敬佩和爱戴。

经过对视频网站提供的数据进行分析和对观众的走访，北京电视台新闻节目中心认为此次“敬 · 爱传递”五一大型新闻行动之所以能够取得如此好的成绩，主要原因有三点：

一是它与“五一”国际劳动节大氛围相适应，借助了社会热点，迎合了社会大众当时的收看需求。

二是快闪这种艺术表现形式新颖，能够吸引大众关注，且视频制作内容精良，反映的内容积极向上充满正能量。

三是视频推广手段多样，不仅借助了电视媒体，还在互联网、微博、微信等平台上进行了广泛传播，特别是手机媒介上的推介对视频的快速传播起到了至关重要的推动作用。

纵观“幸福绽放”大型新闻行动的报道历程，特别是今年在网络、手机等新媒体上的成功推广，我们看到只有不断创新，不断突破，才能日益提高主流媒体的传播力。作为传统媒体，在组织主题宣传报道时，不仅要牢牢把握宣传主旨，还要通过创新表现形式，让主题宣传报道能够俯下身更好地接近受众，为普通观众所接受；同时在传播渠道上，还要从媒体融合发展的高度来看待主题宣传报道的传播。不论是传统媒体还是新媒体，都要利用一切可以利用的资源，只有这样才能将党的声音传播得更远。

（李光军：北京电视台新闻节目中心《北京新闻》节目主编）

深度体验，真实再现

——《陈小 mo 的健身周记》创新探索

陈　姝

读书笔记：

2013 年的北京马拉松赛，是我采访报道北京马拉松赛的第七年。那年，我在终点等候了六个小时，当比赛的计时牌显示为六小时，比赛的栅栏徐徐拉上的时候，我采访了一个还在向终点跑来，却被关门的选手。做完了这样一个马拉松赛道上关于坚持的故事之后，我在想，明年的北京马拉松比赛，我要选取什么角度去报道？

比赛的当天，中午和节目连线，主持人在节目中跟我说，“听众发来短信说了，你年年报道马拉松，什么时候你自己跑一场马拉松？”我为什么不能跑一场马拉松，在真正的马拉松比赛中去采访呢？

2013 年，当时中国的跑步热潮刚刚开始，越来越多的人参与到跑步活动中来，但是越来越多的问题也在出现。刚入门的跑步群体，像无头苍蝇一样乱撞。既然自己打算跑马拉松，就必须要开始练习。所以当时我希望能做一个跟踪纪实类的节目，给准备跑步的人做一个范例，从而带动更多的人运动。

在做节目之前，我曾看过几个马拉松选手的电视报道。在短短的几十分钟里，记录一个人的跑步变化过程，从时间的纵向上看，头一个镜头就跑了 10 公里，可能后一个镜头就是半程马拉松了。看着励志，却没有勾起别人跑步的欲望，人们很难去体会其中的故事。而广播最擅长的就是讲故事，持续关注事态的发展进程。所以，这个小栏目就是要像大家看电视剧一样，持续欣赏着别人的跑步经历，就像看邻居闺女在跑步一样，深度体验，真实记录。

将栏目定名为《陈小 mo 的健身周记》，一是在体育广播的新闻节目中，听众对记者已经比较了解，而《健身周记》的内容，更加涵盖了现在全民健身的内容。这个栏目不仅仅是记录一个人的跑步历程,更是要带领大家走进一个健身的世界,也就是一种运动的生活状态。而在竞技体育当中,运动员每天都要写训练日记。栏目把周期延长,变成周记,这样能够较好地展现锻炼成果,记录锻炼内容。栏目每期5分钟左右。

栏目的定位就是真实地记录一个人怎样才能通过练习跑完42.195公里的马拉松。而大众练习马拉松的时间基本都要半年到一年,所以栏目播出的周期定为一年。

一、主题层层递进,内容丰富

一年的播出时间,作为一个周播的小栏目,在内容上要不断更新保持新鲜,并且要根据跑步的不同阶段去丰富内容。比如对于新手而言,一开始怎样才能找到正确的跑步姿势;到了夏天,很多人去夜跑,夜跑去哪里跑,穿什么跑。并且由于栏目还记录了个人的跑步经历,就要适应变化,遇到记者出差,内容就变成了带一双跑鞋出差;记者出差采访比赛时,内容也相应地加入专业运动员教练对跑步的经验介绍,以及外地跑团的活动等等,这些都丰富了栏目的内容。这一年,在北京举行的所有跑步活动,如彩色跑、长跑节、摇滚跑,还有民间的一些比赛等等,栏目都有所涉及,营造出了一种一旦开始接触跑步就会展开一段丰富多彩生活的氛围。

二、内容真实,全程记录

节目开始制作的时候也是摸着石头过河,不知道怎么做怎么体现,因为记者本身也没有那么多的跑步经验,一切都是"先跑了再说"。在第一期节目《为什么要跑》当中,记者记录了自己在奥林匹克森林公园(下简称"奥森")的第一次跑步:因为没有跑步习惯,早晨起不来,下午去了奥森,还穿着羽绒服,结果出了好多汗,就冻感冒了。之所以把这些情景真实地展现出来,是因为一个人遇到的问题,别人或许也会遇到。这期节目在试探性地播出后,听众反映他们也不知道衣服应该存放哪里。所以在第二周的节目当中,到奥森门口租柜子,多少钱,我全部记录下来,给大家作一个解答。因此在全年的跑步、健身过程当中,采访机一直都是开着的,真实地记录。

而这种真实也体现在不可预知性上。第11周按照计划尝试跑15公里,结果跑到11公里的时候,就放弃了。我也没想到自己会放弃,先前一直都是信心满满,所以很沮丧,也由此发现了个人性格中的一些弱点,记录下一些反思。由此,针对自己的性格缺点,我加入了跑步团体,让别人鞭策我跑步,并且在一个跑友的帮助下,完成了一次

15 公里的距离。可见，节目在一年的过程当中有曲折、有故事，有前因后果。

在整个节目当中，记者始终没有避讳自己的真实感情。按照训练计划，在半年左右，跑过几次 10 公里之后，要安排一次半程马拉松比赛，但是由于记者在世界杯期间上了一个月的夜班，没有训练，因此这样的一次半程比赛，照理是会体力不支而退赛。但在比赛中咬牙坚持，当一枚奖牌放在手中的时候，记者哭了。这是没有预想过的结果，更是在以往经历中没有看到过的自己。此时的泪水，或许就是新闻报道中最乐于见到的场景，最打动人心。那一刻，见到过很多比赛中泪流场面的记者，也终于明白了参赛者在那一刻的心情。

节目在设计之初就定下宗旨：真实体验，深度体验。记者在一次身体训练中，因为低血糖晕倒了。当时在晕倒前有打哈欠、出汗、耳鸣的现象，虽然当时已经在休息，但还是晕了过去。这样的体验，记者在节目中结合当时出现的马拉松猝死情况，进行了总结：人们对于身体的预警不够重视，不了解处于危险之中，不具备这样的常识。而以往的媒体，对于猝死的报道仅仅局限在身体检查及防护措施，忽视了告知大家对于自身的保护。而媒体的忽略就是因为自己不懂，猝死的人更是无从去告诉别人为什么会出现危险，怎样避免。而记者这样的体验，恰恰就成为节目的最大价值，这是以往全民健身报道通过表面上的体验不可能触及的新闻事实。

三、富有知识性，专业性

作为一个指导人们进行跑步训练的节目，它要具备一定的知识性和科学性。在节目的设计中，在记者独自体验了几次跑步之后，发现了一些问题，并开始寻求专业的跑步训练，找到了一名跑步教练，加以指导，以及一名健身教练，保护和增强身体的机能。这就给人们在进行跑步训练的进程中指明了方向，跑步不仅仅是单一的跑步训练，还是身体素质的练习。这两名教练在整个节目中贯穿始终。

节目除了包含跑步的内容，在健身方面，也有指导，例如，有一阵平板支撑特别火，潘石屹等人都在挑战，记者就在健身教练专业的指导下，挑战了一把，讲解了平板支撑怎么练习才最科学有效，给听众进行了扫盲。

另外，节目中也会根据不同的主题内容，针对跑步的相关内容特点进行介绍，比如比赛中的兔子（领跑员），配速等等。比如，记者在记录自己的第二次半程马拉松的时候，节目的主题是 pb，就是 personal best（个人最好成绩），这是大多数跑友在马拉松过程中的追求，以此来发现更好的自己。那一次，记者比第一次跑半程马拉松快了 20 分钟。

四、注重音响

作为广播节目,音响的记录是节目的主要内容,每期节目都力求通过一个运动的场景来展现内容。另外,节目会通过声音的展现,把锻炼七个月和刚刚跑步时的喘气声、跑步声进行对比,通过呼吸、步伐来让听众真实地感受这其中的变化和进步。

在持续一年的记录中,记者终于站在了2014年北京马拉松的赛道上,全程六小时记录了比赛,也跑完了自己的第一个全程马拉松。那一刻,记者曾经采访别人时提过的问题:最大的困难是什么?怎么坚持?累么?为什么要跑?还是继续么?都一一找到了答案。

当记者同样奔跑在赛道上,和那些跑友们一起感同身受着,他们累,记者也气喘吁吁,他们停下来,记者也在拖动着双腿,所以他们更愿意分享真实的情感。虽然他们说话喘气,痛苦呻吟,声音已经没有力气,满头大汗、一身狼狈,但他们却说这是他们最帅的样子,这是最真实的马拉松故事。

《陈小mo的健身周记》在节目形式上并没有像其他娱乐节目那么精彩,但是对于全民健身类节目而言,这是一种探索。节目也在尝试广播节目真人秀的内容,打造普通的明星。节目播出后,听众一直持续收听,记者的每一次进步他们都会给予鼓励和支持。在跑完马拉松之后,听众表示"榜样的力量是无穷的"。节目带动了更多的人参与到跑步当中,也实现了节目一开始的目标,可见《陈小mo的健身周记》能够真正地服务老百姓,让全民健身宣传更加接地气。

(陈妹:北京人民广播电台体育广播记者)

JIEMU ZHIZUO CHUANGXINJIANG

节目制作创新奖

节目制作创新奖评选标准：

作品创造性地运用广播电视技术及其他技术手段，包括灯光、舞美、摄影、录音、剪辑、三维技术等，使节目呈现出更好的品质。

2012—2014 年节目制作创新奖获奖作品

2012 年：

1.《中超足球转播》(北京电视台体育节目中心)

2.《北京印象(3D)》(北京电视台纪实节目中心)

3.《2012 北京电视台春晚》(北京电视台制作部)

2013 年：

1.《2012 环北京职业公路自行车赛》(北京电视台体育节目中心)

2.《2013 北京电视台春晚》(北京电视台制作部)

3.《来自太空和深海的声音》(北京人民广播电台城市服务管理广播)

2014 年：

1.《狄仁杰断案新编》(北京人民广播电台文艺广播)

2.《2014 北京电视台春晚》(北京电视台制作部)

3.《指尖上的挑战——世界最大手绘唐卡诞生始末》(北京电视台新闻节目中心)

专家评析

坚持融合创新,拥抱新媒体时代的到来

——节目制作创新奖历届获奖作品评析

田　方

电视自诞生以来,就迅速成为20世纪最具影响力的大众传媒。进入21世纪后,随着各种新技术的发展与应用,以互联网、移动互联网为代表的新兴媒体得到了日新月异的发展。新兴媒体正在改变着我们的生活方式、工作方式以及思维方式。作为曾经占据稳固地位的传统媒体,广播电视正面临着前所未有的机遇和挑战,因此要不断通过改革和创新寻求出路。广播电视的发展要与各种新兴媒体走向融合,在融合中充分发挥各自的优势,形成优势互补,形成一个全新的媒体生态。只有坚持融合创新,才能在发展中把握未来的机会。习近平总书记在中央全面深化改革领导小组第四次会议上,就媒体融合发展发表了重要讲话,深刻阐述了媒体融合的工作理念、实现路径、目标任务和总体要求。这一重要讲话具有战略性、指导性和针对性,是新时期加快媒体发展的行动纲领。面对媒体发展新趋势、新格局、新变化,北京广播电视台要实现转型升级,就必须深入学习贯彻习近平总书记重要讲话精神,把融合发展作为一项长期战略任务,使其在融合中焕发生机活力,努力构建现代化广播影视立体传播体系。

"节目制作创新奖"作为北京广播电视台节(栏)目创新奖评选中的单项奖,主要用于鼓励及表彰在广播电视节(栏)目制作过程中包括灯光、舞美、摄影、录音、剪辑、三维等技术及其他技术手段的创新,通过技术创新拉动节(栏)目创新,从而为节目创造更好的品质,不断增强北京广播电视台的内容生产能力,实现"创新驱动发展"的工作目标。通过设立这一奖项,在北京广播电视台所属媒体中形成了一种良好的技术创新风气,涌现了一批制作精良、技术手段创新与艺术创新相结合的优秀作品,体现出了一线制作人员的业务素质与专业水准。

自2012年评选活动开展至今,它通过公正、公平、公开的评奖方式,由专家和观众共同选出了九个作品，这些作品获得了北京广播电视台节（栏）目创新奖节目制作创新奖。

一、遵循规律，巩固传统媒体内容优势

习近平总书记指出，推动传统媒体和新兴媒体的融合发展，要遵循新闻传播规律和新兴媒体的发展规律。

以北京电视台为例，新闻立台、内容为王是其立足发展的根本，遵循新闻传播规律是决定其生存发展的关键。在新媒体时代的背景下，信息量的爆发与传播途径的多样化，对传统媒体的传播方式与传播效果都提出了新时代背景下的新手段、新标准与新要求。

推动传统媒体与新兴媒体的融合发展，首先要巩固宣传思想文化阵地、壮大主流思想舆论，通过创新表现形式，巩固发展传统业务。以 2013 年获奖作品《来自太空和深海的声音》为例，这是北京人民广播电台的一档新闻专题类广播节目，如何通过创新的节目表现形式，将“党的生日主题”与热点新闻“‘神州九号’与空间站首次对接”及“‘蛟龙号’的成功下潜”相结合，让一档主题宣传广播节目变得更加具有生命力与表现力，是摆在主创人员面前的一道难题。该节目以我们国家探索太空和海洋的历史作为主线，巧妙地将太空和深海传来的宝贵声音素材进行展现与比较，运用了大量的音乐素材和历史声音资料，结合背景配乐与主持人的解说，通过文艺演播的方式讲述了人类和我们国家探索太空和深海的历史故事，巧妙地运用剪辑手段与艺术加工方式，用声音为听众展现了一副好似流动的历史画卷，可以说是一次将主题宣传与文艺演播、交响音画相结合的创新之作。

推动传统媒体与新兴媒体的融合发展，还要遵循新兴媒体的发展规律。在融合发展的过程中，传统媒体应该善于利用微博、微信等新兴媒体平台，强化传统媒体对社会主义核心价值观的传播引领作用。通过不断创新节目内容与节目表现形式，制作出更多更好的电视节（栏）目，满足人民群众多样化、个性化的精神文化需要。以 2014 年获奖作品《狄仁杰断案新编》为例，该剧是由北京人民广播电台制作的日播广播剧，它始终遵循新兴媒体的发展规律，坚持“人民至上”的理念，充分运用互联网思维，以服务受众为核心，通过微博、博客、论坛等社交媒体收获了大量的剧本题材、人物性格、情节创作方面的建议；时刻关注受众需求变化，作好受众行为习惯分析，致力于改善受众体验，及时调整创作方向，提升服务用户的质量。节目组还充分调动网络写手的积极性，邀请他们投稿参与故事创作，并且从听众中筛选群众演员走进演播室来参与节目

的录制，从而加强了与受众的互动交流，提高了受众的关注度和参与度，实现了在互动中参与、在参与中传播。该剧一经推出，就得到了听众的追捧与好评，在同时段节目中始终位居首位。由于其符合新兴媒体随机点播、碎片化收听的特性，在网络媒体点播中同样取得了良好的成绩，实现了传统广播形态和新兴媒体平台的相互借力。

二、苦练内功，确保传统媒体技术领先

技术创新是传统媒体发展的创新驱动力。近年来，广播电视技术不断创新，以数字化、网络化、信息化、智能化为重点，以提高聚合化制作效率、立体化传播能力和智能化服务水平为主线，推进着科技与视听传媒的融合与不断发展，也为广电行业发展奠定着坚实的技术基础。广播电视技术的不断发展，也推动着节目形态的不断创新。

（一）始终保持技术先进性

北京广播电视台始终紧盯技术前沿，紧随技术发展步伐，紧跟广播电视（下简称为“广电”）技术发展的新方向。随着广播电视技术的不断发展与进步，电视台如何应用以3D、4K、云制作、云计算等为代表的新一代广电技术及信息技术，打造媒体融合制播平台，从而生产出更好的节目内容，成为我国广电行业探索与发展的目标。

2012年1月1日，我国首个3D电视试验频道的开播，标志着我国电视迈入了新的发展阶段。北京电视台自2010年就开始对3D电视制播技术进行探索工作，在2011年它成立3D试验小组，通过积极地调研，不断优化并完善了3D电视制作系统的建设与配置。2012年获奖作品《北京印象（3D）》是北京电视台摄制于2011年10月的一部3D短片。该片不仅从策划到拍摄全部打破了传统2D节目制作常规，完全采取3D规范创作，而且在形式与内容的融合上也力图创新，使节目更贴近北京生活，宣扬北京文化。创作过程中北京电视台全面积累了3D拍摄的经验，为今后批量生产外景纪实类3D节目积累了实践经验。

自2013年开始，超高清电视（4K）技术得到了有力推进。超高清电视技术能够更好地还原画面的真实，支持更大色域显示，能够再现更高的对比度（宽容度），展现更多的画面信息量（4K像素数量为高清的4倍，8K为高清的16倍），画面质感更加清晰细腻，细节表现更加充分，并能实现高清的超高速拍摄（升格拍摄），还涉及高动态范围（HDR）和3D音频等技术，是视听主观效果的全面提升。国家新闻出版广电总局指导于2013年开展并启动了高效视频编码（HEVC）关键技术研究与实验，日本已于2014年实现了4K播出，北美、欧洲也紧随其后，将在2016年实现4K播出。2014年

巴西世界杯期间包括决赛在内的部分比赛场次已实现采用4K进行直播,除赛制转播外,包括《舌尖上的中国》第二季在内的大量电视纪录片、专题片已采用4K技术拍摄制作,而4K技术应用于演唱会、大型晚会、电影、电视剧的需求也日渐增长。4K在电视台摄录、制作、传输、存储、播出以及内容保护等方面提出了更高的技术要求。北京电视台率先搭建了超高清(4K)采编制作系统,尝试应用4K技术进行超高清电视节目拍摄制作,并将4K技术应用于电视宣传片、MV、电视节目后期特效、大型晚会以及普通电视节目等领域的试验与制作中,如天安门大屏、《光城》(获2013年首届索尼4K杯一等奖)、《指尖上的挑战——世界最大手绘唐卡诞生始末》(获2014年第二届索尼4K杯一等奖)等。2014年获奖作品《指尖上的挑战——世界最大手绘唐卡诞生始末》就体现了北京电视台对4K技术与内容的不断探索,该片无论是内容上还是技术上都是一次突破与创新。在内容题材上,该片追踪记录了世界第一大型唐卡的绘制过程,通过最先进的影像技术对这一宝贵的制作过程进行了真实地记录与展现。在技术上,该片是用4K标准进行拍摄和制作的,4K标准在电视行业内尚未普及,是具有实验性、前瞻性的技术创新。该片使用SONY F65及EPIC等4K设备进行拍摄,4K标准比目前的高清标准更加接近人眼的还原度,而大画幅、高宽容度的画面更适合唐卡这类颜色艳丽、层次丰富的艺术品,所以高精度的画面质量和丰富的色彩更能展现唐卡的艺术效果。同时该片还使用逐格拍摄、高速拍摄、斯坦尼康运动拍摄、移动拍摄(摇臂、轨道)等特殊的拍摄手法和三维制作等,在摄影、灯光、录音等环节上极大地发挥了4K标准的技术强项,展现了北京电视台的技术实力,充分还原并呈现了唐卡之美。

(二)通过技术支撑创新节目表现形式

在敏锐把握行业发展方向,掌握前沿技术,引领技术发展的同时,北京广播电视台对技术的深入探索,对技术创新、应用创新、结合性创新的实践也在不断推动着广播电视节(栏)目的创新,并体现在不断涌现的优秀广播电视节(栏)目作品中。

随着电视技术的发展,国内电视台对电视节目的包装要求不断提高,在不断提升电视画面效果的同时,也对电视图文包装效果提出了更高的要求,通过在线包装系统可以让观众感受到科技进步对电视节目效果带来的飞跃性的变化与视觉效果的提升。在2012年获奖作品《中超足球转播》中,北京电视台体育节目中心在全国足球转播中率先使用了DELTA在线包转系统和超高速摄像机,引起了全国同行的强烈反响,并进一步确立了北京电视台足球转播的全国领先地位。带有立体效果的字幕包装系统、实时比赛在线包装系统大大丰富了比赛内容,增大了比赛的信息量和观赏性。

虚拟植入技术目前越来越广泛地应用于电视节目、大型晚会的录制中。配合录制现场摄录画面进行实时空间同步的三维动画场景渲染，给画面带来了丰富奇幻的视觉效果，为导演提供了巨大的创作空间。通过设计师的创作，虚拟植入的物件或场景能够补充或代替传统的舞美、灯光、道具、大屏幕。虚拟所能实现的实时渲染效果，是以往任何传统演播手段都无法做到的，它也为节目的前后期节省了大量的时间及物质成本。虚拟植入技术也在北京电视台的节目中逐渐得以实践，包括北京电视台春晚、军事类节目《军情解码》、2014 年体育世界杯直播节目《最强战队》、2014 年国庆新闻直播《家国梦岁月情》、演播室节目《收藏家》、中超赛事直播等。同时，北京电视台的虚拟植入技术也在不断积累、进步与创新。以北京电视台春节联欢晚会为例，2013 年获奖作品《2013 北京电视台春晚》是虚拟植入技术在北京电视台春节联欢晚会中的首次亮相，在相声作品中利用虚拟角色与相声演员同台演出的形式，也开创了全国晚会类节目的先河。北京电视台虚拟团队除了需要解决技术难点外，如何保持虚拟角色与相声演员演出的同步性，也是其在节目内容创作与展现上需要解决的一大难题。在 2014 年获奖作品《2014 北京电视台春晚》中，北京电视台再次通过虚拟技术为观众带来了一次视觉盛宴。在歌舞节目《为艺术，为爱情》中，为了实现舞台结冰这一效果，在业内没有任何可供借鉴经验的前提下，虚拟团队通过近一个月的不懈努力与尝试，运用八种软件设计出两套方案，最终实现了首次在节目录制过程中实施的动态展现冰层生长凝结的效果，为烘托节目气氛、表现节目内容起到了很好的辅助效果。

除了为观众提供更加美轮美奂的视觉效果外，北京广播电视台也在通过不断地技术创新，为观众奉献更为真实、清晰、自然的听觉享受。在 2013 年获奖作品《2013 北京电视台春晚》中，音频团队通过如下几个方面围绕音频技术进行了创新：首先通过在观众席里暗埋 24 只观众话筒，其中还包括 2 对立体声话筒，使得最终播出呈现的时候观众犹如身临其境；其次通过分轨收录方式，利用光纤接口，将前期 64 路声音信号直接收录到录音棚进行分轨录制，在后期任何一路都可单独分离编辑，使得后期环节声音处理空前流畅。2013 年春晚声音最终合成为环绕立体声，这在国内还没有现成的经验，通过音频团队不懈的努力，使得播出最终实现。这种效果的呈现得到了音频技术协会的高度评价。

三、以战养兵，提升传统媒体团队优势

北京广播电视台一方面通过不断地技术创新，始终确保行业内的技术领先优势，另一方面，加大力度进行人才培养与团队建设，通过一系列人才培养计划，在各个业务、专业上培养技术骨干、业务带头人与专业化人才，着力打造专业化、年轻化、高素

质、复合型的适应媒体融合发展的团队。通过不断制定新的举措,鼓励发现人才、留住人才、更好地用好人才。除制定、完善、落实各技术岗位、业务岗位人员培训计划外,北京广播电视台还通过参与大型项目、节(栏)目制作,利用“以战养兵”的形式,迅速提升整体团队水平,始终保持北京广播电视台在业内处领先水平。

2013年获奖作品《2012环北京职业公路自行车赛》就是“以战养兵”的鲜活事例。在全世界范围内,公路自行车赛都是现场直播难度最大的体育赛事,赛程长、路线复杂以及对无线设备的依赖性等因素为公路自行车赛的电视转播设置了很高的制作和技术门槛。为了完成环北京职业公路自行车赛这一世界顶级赛事的现场直播,北京电视台体育节目中心转播团队与转播传送部的技术人员提前半年就开始准备,参考国际惯例制定转播方案。转播团队最终动用了三架直升机和四辆经过大幅改装的宝马摩托车,使其参与信号传输和移动拍摄工作。其中,两架直升机分别负责在比赛起点和比赛途中进行航拍;四辆摩托车负责搭载摄像师在途中进行跟拍;另一架直升机在海拔3,000米高度伴随飞行,接收航拍直升机和摩托车通过微波上传的高清图像信号。多路信号经过中继直升机的中转,下传至沿途设定的多个地面接收点,地面接收点再通过地下光缆,将信号送至位于比赛终点的转播车。通过完成环京赛的电视转播这一“以战养兵”的实践,北京电视台赛事转播团队的技术与经验得到了大幅提升,北京电视台成为在全国第一个运营顶级公路自行车赛现场直播的转播商,环北京职业公路自行车赛转播信号被50多个境外电视台直播使用,可见北京电视台的转播制作水平得到了普遍认可。

四、追求极致,铸就传统媒体视听盛宴

广播电视技术的发展就是为了带给观众更好的视听感受。以北京电视台春节联欢晚会为例,该节目连续获得了2012年、2013年、2014年北京广播电视台节(栏)目创新奖节目制作创新奖。春节联欢晚会是北京电视台每年呈献给电视观众的一场声光电的视觉盛宴,春晚不仅是电视艺术的最高体现,更是当代电视技术最极致的创新体现。习近平总书记在文艺工作座谈会上的讲话中指出要“推动文艺创新”,《北京电视台春晚》正是本着坚持原创的精神,积极展开创新思路,在形式和节目内容上寻求突破,推动文艺创新。

在内容上寻求突破的同时,北京电视台也将最前沿的广电技术运用到了春晚舞台中,并通过对技术的不断深入研究与探索,将电视技术发挥到了极致,从而通过舞美、灯光艺术、音效、三维技术、虚拟技术、剪辑手法等技术手段烘托了主题氛围与情景,实

现了晚会主题突出、特点鲜明、节奏张弛有度，整场晚会将技术与艺术展现得酣畅淋漓，实现了技术与艺术的完美融合。以舞台效果呈现为例，《2012 北京电视台春晚》根据节目内容需要，在舞台机械方面进行了大量的创新；加装的四套平稳高速威亚设备，实现了舞蹈演员从天而降的壮丽景观；运用多吊杆编组联动技术，实现了巨型宫灯静音快速升降；包装结合剪辑设计九龙壁开场，配合 35,000 流明的双投影叠加结合背景大屏幕的整体设计，实现了舞蹈演员与视频特效中的龙进行互动演绎，达到人屏合一的效果。在此基础上，《2013 北京电视台春晚》中，舞台增加了机械舞台与 LED 视频的配合创新，实现人屏互动，增强人的视觉冲击力；通过舞台裸眼 3D 的视觉效果，增强现场光中的视觉冲击力；整场晚会的大屏幕由 7 个视频大屏组成，其中有 6 个异型大屏，技术团队攻克技术难关，完成了从未尝试过的技术实现，通过整体制作、分块渲染，最终实现 7 个视频大屏的内容无缝展现。在《2014 北京电视台春晚》中，北京电视台响应“要求制止豪华铺张、提倡节俭办晚会”的号召，通过对虚拟植入技术的不断研发与创新，利用虚拟技术为观众带来了一次视觉盛宴，起到了很好的烘托节目气氛的效果，为表现节目内容起到了很好的辅助作用。

在不断实现技术创新的同时，北京电视台也在不断优化节目制作流程与管理体系，使创作人员能够在有限的时间内对节目资源进行有机组合，对节目前期策划与后期制作进行高效地管理，从而将每一个节目的传播效果最大化。在电视节目创作的过程中，往往面临着效率与品质难以两全的问题，当对节目较高的艺术质量要求与相对较短的后期制作周期相矛盾时，制作人员的精神压力与工作效率会呈反比趋势，从而严重影响节目的呈现效果。解决这一问题，就需要在技术不断提升的基础上，合理优化节目制作流程，从而提高效率、提升制作水平、促进技术与艺术相融合。在《2012 北京电视台春晚》中，春晚团队第一次采用多通道收录技术，采用创新的剪辑手法，使用多屏幕平行剪辑和碎片化剪辑相结合的全新技术手法，使晚会内容全面不丢失。在《2013 北京电视台春晚》制作中，春晚团队通过“项目制”管理方式，实现了制作流程的优化，有针对性地组建了一支涵盖前期策划、现场录制、后期制作三个阶段的专业后期技术团队，有助于从技术上支持节目的前期创作，在艺术上服务于节目后期的二度创作，从而实现技术与艺术在大型节目制作过程中的完美结合。在《2014 北京电视台春晚》制作中，春晚团队结合多通道收录技术及“项目制”管理经验，提出了创新的“三无”制作理念，不但大幅提高了效率，更使得节目效果提升到新的层次，通过多通道收录实现了“无带化流程”。素材上载到机房后，“无缝式制作流程”又最大限度地节省了制作时间，后期机房实行“5 + 1”站点分配，5 个站点剪辑，1 个站点调色，这 6 个站点之间全部联网，实行素材统一管理、资源共享。此次春晚后期制作团队直接前移到节目的录制一线，形成了“无距离沟通”模式，通过沟通无距离，确保“无缝式制作流程”的顺利实施。通过对制作流程的不断优化，北京电视台建立了高效的大型晚会、节目的制作流程，确保将后期制作绝大部分精力用于艺术加工与再创作上，使得艺术创作得以最大限度地尽情发挥。

面对媒体发展新趋势、新格局、新变化，我们技术工作者要强化服务意识，提高服务水平，不断创新，改进服务理念，深入学习贯彻习近平总书记关于媒体融合发展的重要讲话精神，充分发挥我们的自身优势，更好地将技术与艺术进行融合，同时拥抱新媒体时代的到来，与各种新兴媒体搞好融合，以实现北京广播电视台的转型升级，在融合中焕发生机活力，努力构建现代化广播影视立体传播体系，为广播电视事业的发展作出新的贡献。

（田方：北京电视台总工程师）

全力打造中国足球转播第一团队

——高科技手段在足球转播中的应用

刘　宇

读书笔记:

一、为什么要使用高科技手段

1. 中超联赛是体育频道的重要资源，从时间上来讲，每年的 3 月份到 11 月份，加上亚冠联赛，将是超过 9 个月的赛期，每轮八场比赛，30 轮赛事。跨度时间长，赛事数量多。

2. 中超联赛的转播将会在全国播出。央视和地方电视台都会对比赛进行直播或录播，这就构成了全国播出平台。在这个平台上要做到最好，有影响力，就必须提高品质。而且中超联赛是北京观众最重视的赛事。

3. 中超联赛是体育频道的收视保证，转播水平、质量、品质等都会成为影响收视率的因素。同时，要做好这样一个长年的赛事转播工作，人才储备也是很重要的环节。

对中超联赛有了彻底的认知和感受之后，就不能把它单纯地看作简单的公用信号来制作了。我们把足球比赛看作是有故事情节和情感交流的舞台，甚至是一部吸引人的影视作品，我们用摄像机叙述故事，表达情感。

二、足球转播的外包装

影视作品在演出之前通常都会有海报、剧照等宣传，这是观众到剧场之前能看到这部作品的第一印象，当然很重要。北京电视台把足球转播的字幕当作海报、剧照等来制作，彻底改变了常规的字幕形式。

1. 虚拟的对阵图标。在赛前、赛中、赛后，用虚拟技术让两支球队的队徽飘浮在体育场上方，比分在队徽下方，以此取代常规的对阵字幕。

2. 动态出场阵容。设计好动作，分别拍摄每名队员的视频，再通过图文包装系统制作成视频文件播出，来取代只有队员号码和名字的字幕形式。

3. 数据统计。数据是最直观的东西，用科技手段计算出数据来分析两支球队在不同时间的表现，例如：控球率、犯规次数、角球数、跑动距离、传球成功率、热区等等。这些数据在比赛当中适时地出现，能帮助观众更直观地观看比赛。

三、丰富转播内容

好的影视作品肯定不会单独地平铺直叙，而是会有很多围绕着主要事件的情节贯穿在一起，这些情节会衬托着主题，让整个故事紧凑完美。在足球转播当中，慢动作、虚拟技术分析等手法就是围绕比赛这一主题发生的故事情节。

1. 规范和机位数量。经过奥运会的锻炼，北京电视台的足球转播在规范化上已经完全达到了国际水准。中超联赛制作标配 14 个机位、5 个大倍率、1 台超高速摄像机、1 台摇臂、1 台斯坦尼康、2 个网口摄像机，这样的设置基本保证了场上信息的完整。

2. 反向机位。足球转播在图像叙述的视角问题上取决于机位数量、质量和角度。反向机位打破了传统美学中的同轴观念，弥补了传统转播当中的死角。例如：犯规的不同角度回放、教练员的反应等。

3. 虚拟技术分析。在一些国际重大赛事转播当中，我们会看到利用虚拟设备进行的技术分析画面，例如：意大利足球甲级联赛、英格兰足球超级联赛、世界杯、欧锦赛等。北京电视台在中超联赛北京国安主场的转播当中也采用了这项技术。在前场任意球时，会出现以球为圆心的 9.15 米区域、球到球门中央的距离；有争议的越位，会出现越位线和越位区域；精彩的射门会出现球速或者射门距离；在严重犯规和身体接触的情况下，利用局部放大的慢动作回放展现细节；在条件和时间容许的情况下，利用简单的战术分析详细解读进攻和防守。这些虚拟技术的应用是帮助观众观看比赛的辅助工具，从细节上吸引观众。现在，这项技术已经成为北京电视台中超联赛转播中的标准配置。

4. 超高速摄像机。通常的足球转播基本上都是叙述时长等同于底本时长，也就是说让观众仅仅看了 90 分钟的比赛而已，观众在时间和空间上并没有延长甚至停顿的感觉。普通摄像机叙述的基本上都是比赛的实际情形。但足球比赛的场地和参加人数等特点，决定了其在时间和空间上的很多细节是无法用常规手段来完全展现的。因此慢动作回放就成了足球转播当中非常重要的部分，而且评价一支团队的制作水准往往用慢动作来衡量。这也是北京电视台在足球转播当中启用超高速摄像机的原因。我们使用的超高速摄像机在条件完全具备的情况下可以达到2,000帧/秒。在中超联赛的转播过程中，由于灯光条件的限制，我们最高只用到了300帧/秒，效果却已经很好了。超高速摄像机的慢动作回放特点是几乎能将精彩瞬间凝固，球员的眼神、肌肉的抖动、动作的细节等都能完美体现，带给观众震撼的视觉效果。而且多角度加上超高速摄像机的慢动作回放在叙述故事的空间和时间上会给观众趋近停滞的感觉，给观众提供了大量的细节和花絮，以及不可多得的认知渠道。

四、一切围绕主题发展

足球转播的主题是比赛，无论用什么样的技术手段包装，前提是不能影响观众观看比赛。公正、准确、适度、美观，这是北京电视台在足球转播当中使用高科技手段的原则。足球比赛公用信号的制作要公正，不能掺杂地域和个人情感；虚拟战术分析和数据统计最重要的是准确；高科技是辅助手段，必须在合适的时机适度地使用，而不能成为转播主体；在准确清晰展现细节的同时注意美观。

五、不断创新

荣誉和压力永远都是并行的。转播是体育频道的门面，足球是最受关注的体育项目。作为足球转播团队，继续向国际水准迈进势在必行。舞台剧可以讲很多故事，可以用很多情节感染观众，但是足球转播只有一个题材，如果不改进包装和讲述方式，其结果不是被别人模仿就是观众看腻。因此要做到不被超越，就要做到不断创新。

（刘宇：北京电视台体育节目中心赛事转播科副制片人）

BTV 纪实 3D 技术初探

——《北京印象(3D)》创作报告

邢　川

2011 年被广电业界称为 3D 年,无论是前端的 3D 影视制作设备还是后端的 3D 电视等播放设备,都是广电从业者和老百姓所追逐的热点。3D 技术能够让人产生身临其境的视觉奇观体验,这让很多影视从业者看到了更多的创作可能性。北京电视台纪实频道作为一个年轻的纪录频道,对于新技术的开发和使用一直都保持着非常积极的态度。该频道决定筹拍一部由 3D 技术制作的微纪录片《北京印象(3D)》,并于当年的四川电视节进行展映,获得了广大观众非常强烈的反响。虽然只是三部三分钟的短片,但是需要突破的技术难关和影片创意的难关还是非常艰巨的,毕竟这是台内第一次使用 3D 设备进行短片拍摄,可借鉴的经验几乎为零。下面就简单介绍一下当时制作影片的创作经验。

读书笔记:

3D 影像是对现实的一种模拟。因此,它必须符合人眼双视角成像原理。由于人的双眼所处空间位置的差异(这个距离一般用国际平均值 6.35 厘米),致使现实环境分别在两眼中形成两幅有细微差别的图像,这两幅图像经过大脑的识别处理后,人就能感知环境物与人眼的距离和环境物的状态(包括大小、颜色、材质等信息)。根据这一原理,如果把同一景象,用两只眼睛视角的差距制造出两个影像,然后让两只眼睛一边一个,各看到自己一边的影像,透过视网膜就可以使大脑产生景深的立体感了。3D 影视制作技术就是利用了双眼立体视觉原理。

从前期设备上来说我们有两种选择,一种是立体拍摄架搭载两台摄影机进行拍摄。这种设备的优点是画质高,焦距范围广,焦平面调校精准,3D 成像效果好;缺点是器材非常沉重,需要大量人工成本和时间成本。这种设备一般应用于投资比较大的影视作品或演播现场中。另一种是 3D 摄录一体机,这种设备将两套成像系统集成在一个机身内。它的优点是机身轻巧便于携带,操作相对简单,只需一人即可;缺点是画质相对立体拍摄架较弱,最佳 3D 成像的焦距范围有很大的局限性,无论是广角端还是长焦端,都有一定的损失。由于北京电视台纪实频道主要以外拍的纪录片为创作主体,所以我们再三斟酌,还是选择了 3D 摄录一体机,当时我们使用的是一台松下牌 3D 立体摄像机 AG－3DA1。

对于 3D 技术,我们当时参考了大量的文献资料和国外的拍摄经验。对于技术本身,我认为没有必要赘述,因为这涉及很多枯燥的光学原理和技术参数。作为一名导演和摄影,在整个影片拍摄过程中,我认为 3D 拍摄让人印象最深刻的是它颠覆了我们传统 2D 影像拍摄的创作习惯,甚至形成了一种独立的影视语言。影片创意之初,我们的想法和很多影视从业者一样,都认为 3D 影像让人身临其境,非常适合纪实题材的拍摄,为此我们选择了三个极具北京特色的题材:北京戏剧、北京书法、北京胡同。《北京戏剧》表现了京剧演员从戏校学艺到舞台表演的过程,这部影片主要使用了场景再现和纪实拍摄相结合的方式;《北京书法》强调的是一种艺术的碰撞,我们拍摄的是一位书法家和摇滚乐队的合作现场;《北京胡同》则应用了纯纪实外拍的方式,抓取胡同中最具特色的场景。三种题材选择了三种不同的拍摄方式,事实上也是为了试验 3D 技术在不同拍摄场景之中的应用。

对于导演来说,3D 技术首先颠覆的是我们对影片节奏的把握。由于 3D 影像必须要佩戴眼镜才能观看,并且受到了电视画框大小以及观众观影距离的限制,如果画面剪辑速度太快或景别变化太多就很容易使观众产生眩晕感。而众所周知,景别是控制一部影片画面节奏的关键因素,所以这就使我们在影片创作过程中失去了很重要的工具并颠覆了我们的创作习惯。在普通影视制作过程中,我们需要通过使用蒙太奇语言使不同画面的拼接产生新的意义。但是在 3D 影片中,吸引观众的趣味点在于身临其境的感觉,所以我们必须更多地使用长镜头来进行拍摄,这让人有一种回归早期流行的“直接电影”的拍摄方式,我们往往需要在一个镜头之内通过对摄影机和演员的调度来控制节奏和信息量。这是一种颠覆也是一种挑战,对于现代观众的观影习惯来说,看完一部镜头量很少,节奏偏慢的影片很困难,但是由于 3D 影像的视觉奇观效应又使这种长镜头的拍摄方法产生了新的意义。

对于摄影来说,3D 拍摄的挑战也是非常艰巨的。由于 3D 摄影机在传统的光圈、焦距等参数之外又引入了焦平面的概念,所以摄影师的拍摄难度也大幅提升,并且也颠覆了很多传统摄影师的创作习惯。撇开光线、色彩等因素,单就摄影机本身来说,一名成熟摄影师使用的创作手法通常都是从焦距、景深和镜头运动这三个方面来进行考虑。焦距问题在上文已经提及，由于3D影片的创作规律和3D摄录一体机的局限性，所以我们在拍摄过程中只能在中长焦的焦段来进行拍摄。景深问题则让我们开始非常不习惯，因为在之前的拍摄过程中为了突出拍摄主体或避开杂乱的背景，我们通常喜欢使用大光圈浅景深的拍摄手法，在产生背景虚化或前景虚化的效果的同时让画面也产生一种独特的美感。但是由于3D影像的特点是使人产生身临其境之感，这种写意的虚焦拍摄方式反而会让人在视觉上感觉非常不舒服，所以我们在拍摄的过程中必须要严格控制景深，保证前景和背景都要清晰。这就要求我们必须要使用小光圈来进行拍摄，这对现场的布置和光线的要求非常高，无形中增加了我们在灯光设备上的拍摄成本。运动问题也需要摄影师注意。首先，手持拍摄肯定是我们尽量要避免的，摄影机不规则的运动必然会使观影者产生眩晕感，所以我们在3D影像的拍摄过程中尽量使用三脚架、摇臂、斯坦尼康、轨道等稳定性较高的设备来进行运动拍摄；其次，在运动拍摄的过程中我们对运动速度也必须进行严格控制，原因也是尽量避免观影时产生的眩晕感。由于以上两点的限制，摄影师失去了2D拍摄时常用的创作工具，这对摄影师的用光、构图、审美等专业素养的要求反而大大提高了。3D摄影过程中最让摄影师感到陌生的应该就是焦平面的概念了，在2D摄影中我们通过焦点来控制画面的虚实，即焦内和焦外；但在3D摄影中我们则需要通过焦平面的控制来控制拍摄对象的出屏与入屏。这就必须要考虑到3D电视的边框局限性，因为大于画框的物体出画效果肯定是不舒服的，比如我们感觉出画效果比较好的一般都是水滴、弓箭等既有动势又小于画框的物体，它们往往会产生一种"扑面而来"的感觉。同时基于画框的局限性，我们尽量不能使拍摄对象距离镜头过近，而舍弃2D拍摄的视觉冲击力，选择相对中庸的构图和调度反而会在3D拍摄过程中产生非常不错的效果。

综上所述，3D影片的制作，总体来说，给人的感觉就是"戴着镣铐跳舞"，这也需要我们在拍摄过程中不断地总结经验。随着3D技术的不断发展，我们相信之前提及的很多创作壁垒应该都会被打破，我们的创作空间也会越来越大。希望会有更多优秀的3D作品出现。

（邢川：北京电视台纪实节目中心《北京印象(3D)》导演）

从春晚看“项目制”对大型电视节目后期制作的创新

——《2012 北京电视台春晚》“项目制”创新

周宝伟

随着电视产业化的进程加快，电视节目的生产除了要求能够吸引观众的眼球，形成规模收视与影响力外，同时还需要节目创作人员能够在有限的时间内对节目资源进行有机组合，以及对节目前期策划与后期制作进行高效管理，其最终目的都是为了最大化地发挥每一个节目的传播效果，从而构建电视传播体系的整体优势。

读书笔记：

但是，在电视节目创作的过程中，后期制作这一部分时常面临效率与品质难以两全的问题。一方面领导要求节目的后期制作要达到高质量的艺术水准，而另一方面节目组留给后期制作的周期却又相当局促。为了在最短的时间内高效快捷、保质保量地完成后期的二度创作，《2012 北京电视台春晚》制作部在节目后期制作中首次尝试了“项目制”的管理方式，通过在技术上配合和支持节目的前期创作，在艺术上服务于节目后期的二度创作，实现了技术与艺术在大型节目制作过程中的完美结合。

立足于《2012 北京电视台春晚》实施“项目制”的实践经验，笔者从以下几个方面来探讨“项目制”在大型电视节目的后期制作乃至整个节目创作过程中的必要性与创新性。

一、“项目制”在大型节目前期创作中的必要性

一般来说，大型节目多为电视台的重点节目，为了使这类节目达到一流的艺术质量与传播效果，电视台往往会投注大量的人力、物力

和财力。一场大型节目的成功离不开前期策划、现场录制、后期制作三个阶段的全面配合，这三个阶段在节目整个生产流程中是相互依存、相互支持和密不可分的。然而，后期制作与前期策划两个阶段的各自为战，常常导致后期剪辑的片子并不符合导演的艺术构思，甚至完全背离。据此，采用“项目制”的方式，有针对性地组建一个专业的后期技术团队，使整个团队为节目的前期创作提供技术上的支持与服务，这将具有极大的必要性。

二、“项目制”对大型节目后期制作的创新性

(一)颠覆传统合作模式：从间离分散到无缝衔接

大型节目的制作通常由三部分组成，即节目前期策划阶段、现场录制阶段和后期制作阶段，在传统的电视节目制作流程中，这三大阶段的工作是间离和分散的，各阶段工作之间没有连贯性和连续性。导演在现场录完节目后，常常不清楚后期剪辑的片子会是什么样，以致到后期制作的时候，素材冗繁，剪辑人员毫无头绪，很难完全再现导演的艺术构想。基于这一现实，北京电视台春晚制作团队首次尝试“项目制”这一新型管理方式，颠覆了传统的电视节目制作模式，真正做到了各工种和各制作环节的无缝衔接，从根本上缩短了节目的制作成本，提升了节目的制作品质。例如《北京电视台春晚》留给后期制作的时间只有一周，可是后期工作是一个非常繁琐和庞大的系统工程，它包括分类、上载、节目剪辑、节目包装、上字幕、领导审查、修改、生成打包、技术审查等一系列流程，这些过程相当耗时和费力。“项目制”的管理让所有的流程变得清晰化，不仅能合理安排每个阶段的任务，而且各个阶段的工作也能紧密衔接，避免了制作人员的高负荷工作，同时保证了工作质量。

(二)规范后期制作流程：从岗位管理到阶段管理

在节目的后期制作中实施“项目制”以后，整个后期制作流程被分为三部分，即前期参与阶段、现场录制阶段和后期制作阶段。后期项目组成员将会分别参与配合每一个阶段，同时在“项目制”的管理方式下将权责模糊的后期制作流程变得更加规范合理，管理方式也从单一的岗位管理转变至有步骤、有程序的阶段管理。具体操作主要包括以下几个方面：

1. 前期参与阶段

(1)技术人员深入春晚剧组，了解节目的设计和呈现，结合后期的技术需求为节

目的创作出谋划策，为打造精品节目作足准备。

(2)项目组竭尽全力，为剧组提供技术保障，包括高标清同播采用的变换方式，现场录制时的构图方式，现场录制声音的声道分配以及节目包装的具体文件格式等等。

(3)所有的项目组成员都要全面了解春晚节目的流程安排，设计制作场记记录单，编排后期制作时间周期表。

2. 现场录制阶段

(1)项目组后期导演负责现场的副切工作，通过与导播进行深入沟通，录制有效镜头，为后期的多屏剪辑和碎片化剪辑提供素材保障。

(2)项目组指定人员负责现场的场记工作，根据提前制作的场记单，详细记录磁带时码和录制现场的各种状况，确保后期不因查找大量素材而费时。

3. 后期制作阶段

(1)项目组提前制作时间周期表，保证每个节点顺利完成。

(2)按照节目的重要程度和制作难度对节目进行分级，合理安排相应的后期制作人员，确定制作方法。

(3)后期制作人员全权负责节目剪辑，后期由导演把关，最后由总导演审核通过。

(三)剪辑思维的锐意创新：从多屏幕剪辑到碎片化剪辑

一个节目的好坏来自两个方面：一是根据节目的创作，导播切换的好与坏；二是后期剪辑的好与坏。说到后者，我们便可清楚后期剪辑的重要性。

但是，后期的二次创作需要两个条件：一是镜头足够丰富；二是要有科学的剪辑方式。为了保证将最好的镜头呈现给观众，我们在《北京电视台春晚》的制作中，开创了两套新颖的剪辑方法：多屏幕剪辑和碎片化剪辑。

首先是多屏幕剪辑。在制作中，我们发现每一个节目都有其闪光点。在大型的晚会中，重点节目都会反复拍摄，非重点节目也基本保证了一切、一副切、一挂的状态，以及游机。我们将这些不同机位呈现出来的画面平铺在监视器之中，按顺序编号，确定同帧，然后在多个画面之中挑选最好、最适合的镜头进行切换、叠化等效果的处理，摒弃了以往单纯替换现场导播没有切换好镜头的处理方式。

其次是碎片化剪辑。例如一首快节奏的歌曲，1 秒内就有 3 到 4 个镜头的切换，这样的效果对于现场导播来说是很难实现的，另外，导播的切换镜头有时会出现延时现象。因此，我们会重新打碎导播的切换镜头，用多遍的镜头去挑选，然后将其碎片化地插入节目之中，从而实现二次创作，简称碎片化剪辑。这种碎片化的剪辑方式所呈现出来的节奏和镜头会让人眼前一亮。

三、结论

电视技术与艺术是大型电视节目创作的两翼，你中有我，我中有你，不可分割。电视技术的发展推动着艺术手段的多样化和艺术空间的表现力，而艺术的发展也不断促动着电视技术的更新与提升。此次，《北京电视台春晚》在后期制作中启用了“项目制”的运作方式，使节目制作中的每一个参与的成员都对电视技术的重要性和不可或缺性有了切身的体会，也为今后的项目实施提供了更有保障的人力基础。在此次“项目制”的运作过程中，后期项目团队以有条不紊的流程和规范的管理为“项目制”在后期制作中的广泛运用创下了一个新的可供参照的节目制作模式。

在项目运作过程中，我们深刻地体会到了“项目制”对提高节目制作效率和提升节目整体艺术水准发挥的不可估量的积极作用。可以说，“项目制”是适应目前电视节目生产管理的一种新机制，它是真正实现电视节目创作中技术与艺术完美结合的先进机制，同时也是提升电视节目制作水准和对制作人员进行有效管理的科学方法。因此，我认为在未来的大型节目制作中，这种“项目制”将会随着电视艺术的创作需求及资源整合的需要，不断从单一的后期“项目制”运作走向整合大型节目技术制作的“项目制”，全面实施灯光、音响、舞美、后期、包装等各个技术工种的管理与操控，为大型节目的艺术创作提供全套的技术支持与服务，真正实现技术与艺术的完美融合，从而打造更多的精品节目。我们完全可以相信，这一机制会在不断实践和不断成熟的过程中，给观众带来更多丰盛精美的视听盛宴。

（周宝伟：北京电视台制作部工程师）

新技术、新理念、新尝试

——《2012 环北京职业公路自行车赛》电视转播创新思考

丁 屹

2012 年 10 月 9 日至 13 日，第二届环北京职业公路自行车赛（下简称为“环京赛”）在北京举行。经过近半年的精心准备，北京电视台圆满完成了这一世界级赛事的全程转播和高清电视公用信号的制作工作。

读书笔记：

环京赛是国际自盟（UCI）世界巡回赛在亚洲的唯一一站，也是一项与环法自行车赛同等级别的高水平赛事，与环法、环西班牙、环意大利三大赛齐名，跻身世界四大顶级赛事。环京赛赛程总长 700 多公里，贯穿北京 10 个区县。在为期 5 天的环京赛过程中，北京电视台以 2 辆转播车、2 辆卫星车、2 架直升机、4 辆摩托车、12 个固定机位相互配合的立体直播方案，完成了约 525 分钟的高清赛事直播信号、约 330 分钟的赛事集锦、约 25 分钟的新闻集锦制作。每日向包括 ABC、ESPN、SBS 在内的数十家世界知名电视机构进行卫星信号传送，信号覆盖了五大洲的 58 个国家和地区。

环京赛不仅是一项高水准的国际自行车赛事，也是北京作为国际体育中心城市、建设“世界城市”的宣传窗口。赛事期间，北京电视台认真贯彻了市领导的指示，不仅成功转播了赛事，更向世界宣传了北京。

为了把北京的山水美景、风土人情最大限度地通过比赛转播展现给全世界，北京电视台体育节目中心的编导在时间紧、要求高的情况下，在短短 15 天时间内，紧密联系相关区县，在各区县宣传部的积极配合下，收集了大量素材，并从中精选出最能传递北京的历史与现代、风格与精神的素材内容，在短短几分钟时间内进行了精彩呈现。这些精心制作的宣传片在每日全球直播时段播出，把更多、更美的北京人文风光展现在了全世界面前。同时，在北京电视台转播时段中，赛段途经区县的领导也分别做客演播室，重点介绍当地优美的风光、特色，以促进各区县旅游事业的发展。

职业公路自行车赛的电视直播是体育竞赛转播中最具难度的项目之一，需要长距离移动拍摄、信号传输，还受到天气影响，是一个复杂的系统工程。之前在国内举行的环青海湖、环海南岛等自行车比赛，只是采用了录播方式；百年历史的环法赛也只是在2010年才全面实现了高清直播。而北京电视台此次采用高清信号标准向58个国家成功直播了环京赛，在国内和亚洲都是第一次，是中国体育电视转播工作的一次重大突破。胜利完成环京赛的直播，对扩大环京赛的影响，提升北京电视台国际形象都有重要意义。

一、陆空配合，打造立体化直播方案

2011年4月，为筹备首届环京赛电视转播，北京电视台曾派出导演及技术人员赴瑞士考察了环诺曼底公路自行车赛的电视转播。随后经过长达3个月的反复论证，并与国际自盟特邀转播顾问罗梅罗、马国力多次沟通，同时考虑到我国的国情，最终选定了2辆转播车、2辆卫星车、2架直升机、4辆摩托车、12个固定机位相互配合，每天提供90分钟高清信号的立体直播方案。

从2012年4月至9月，导演组在近5个月的筹备过程中，完成了总里程近1万公里的赛道实地勘测，相继完成了飞行许可审批、转播技术方案、实路航拍技术演练及测试方案、无线电频率保障方案、团队组建方案、信号传输方案、机位架设方案、气象保障方案、转场方案、后勤保障方案等。导演组还邀请了国际体育转播有限公司（ISB）参与环京赛的国际信号制作。工种包括导演、助理导演、英语解说评论员、摩托车驾驶员及摩托车摄像师等。他们的参与使得本次大赛的信号制作更加规范化、国际化。

二、线路长，难度大，完美呈现

为期5天的环京赛，赛程总长700多公里，途经10个区县，既有天安门广场、鸟巢、奥林匹克体育中心等繁华城区，又有门头沟、延庆等的崎岖山路。仅海拔高度就在一天内出现了30米和近900米的大幅变化，这样的路线不仅对选手是完全不同的体验，对赛事转播工作更是巨大挑战，其复杂程度、实现难度都是之前无法想象的。北京电视台参与转播工作的200多名编导、记者、摄像、技术人员，在“十一”期间每天工作

15个小时,除了追踪拍摄,还要连夜转场。他们以高度的责任感和充沛的创作激情,圆满完成了这次高难度的直播任务。

经过与国际、国内高水平转播机构的合作、学习,进一步完善、丰富了我们自己的节目制作水平和国际顶级赛事的转播经验。

在赛事转播长达半年的准备过程中,北京电视台体育节目中心派出的核心工作团队的成员平均年龄为35岁,且多有外语交流能力。在无数次与国际团队的信息沟通和会议协调过程中,我们的语言能力、业务水准、协作能力都得到了提升,也受到了国际团队的充分肯定。

由于公路自行车赛受到多种复杂因素的影响,北京电视台的转播团队经过反复研究和多角度、全方位地考量,作了完备的预案准备。转播工作期间,从台领导到中心领导、团队领导,随时了解动态,及时作出预案调整,用运筹帷幄的预案准备和临变不乱的精确指挥实现了最终的完美结果。此次赛事的转播,也提升了北京电视台大型转播工作的策划力、执行力。

环京赛的成功直播,其复杂程度、实现难度乃至最终的完美呈现开创了中国体育电视转播的先河,提升了北京电视台的国际影响力,也使北京电视台的体育转播进入了新阶段、新层次。通过与国际、国内高水平转播机构的合作、学习,进一步完善、丰富了我们自己的节目制作水平和国际顶级赛事的转播经验,为今后几年该项赛事的转播奠定了坚实的基础。

(丁屹:北京电视台体育节目中心《环北京职业公路自行车赛》电视转播总导演)

从春晚看多技术工种联合创新

——《2013 北京电视台春晚》"项目制"创新

周宝伟

读书笔记：

大型节目制作中，"项目制"随着电视艺术的创作需求及资源整合的需要，已经走向整台大型节目技术制作的"项目制"，全面实施舞台、音响、包装、虚拟、后期等各个技术工种的管理与操控，为大型节目的艺术创作提供全套的技术支持与服务，真正实现技术与艺术的完美融合，从而打造更多精品节目。立足于《2013 北京电视台春晚》制作部实施大"项目制"的实践经验，笔者从以下几个方面阐述"项目制"在大型电视节目制作中的创新性。

一、机械舞台的创新

机械舞台分为台上设备组和台下设备组，在这两个方面我们都有所突破。首先是机械舞台台上设备组创新使用：

制作部的机械舞台大概有上百个独立舞台机械单元，在春晚中，剧院团队最大限度地进行了使用。

在威亚方面我们使用了平稳高速的威亚升降，这种威亚以前我们主要是用来升降道具，这次突破后可以平稳高速安全地进行人员升降。

巨型的宫灯重量很大，我们通过运用多吊杆编组联动技术，用 9 道吊杆分别吊挂巨型宫灯的两个部分，以往这种重量的升降我们需要 1 分钟时间，并且会有很大的噪声，创新突破后我们可以做到静音升降，并且只需要 30 秒的升降时间。

其次是机械舞台台下设备组创新使用：

在双层舞台中依托双层升降台进行节目之间的转换，配合大屏幕、灯光让人眼前一亮。以往升降台都是单层进行使用的，我们这次完全解决了安全以及多机械单元的联动问题，使得双层舞台可以联动使用。

二、特效包装创新

首先，在视频开场上，表演者在前端进行表演，包装团队配合表演者进行特效包装，把表演者直接送入特效制作的九龙壁中，再配合升上来的大屏幕，使人与视频特效中的“龙”进行互动演绎，实现人屏合一的效果。

其次，2013 年春晚视频大屏幕中制作难度的突破。大屏幕由 7 个通道的视频大屏组成，其中有 6 个异型大屏，在历年春晚里都未曾涉及，包装团队要设计 7 块屏幕无缝呈现一幅场景，并且制作尺寸达到了 4K，为了防止出现色差问题，视频内容需要整体制作，然后再进行分块渲染，而后再合而为一，最终实现无缝效果。而 4K 的尺寸和异型的无缝拼接最终成为我们最大的创新。

三、音频创新

音频团队在 2013 年春晚中在观众话筒的使用、分轨收录的创新、环绕立体声的应用三个方面进行了全方位地分析与尝试：

1. 观众话筒的创新

为了保障播出时的现场气氛，剧院团队在观众席里暗埋了 24 只观众话筒，其中还包括 2 对立体声话筒，这在最终播出呈现的时候使观众身临其境。

2. 分轨收录的创新

声音录制利用光纤接口，将前期 64 路声音信号直接收录到录音棚进行分轨录制，在后期任何一路出现问题都可单独分离编辑，无论是众多主持人的主持词、还是音乐中每一个乐器的不同声音，我们完全可以剥离出来进行编辑，使得后期环节声音的处理空前流畅。

3. 环绕立体声创新

在 2013 年春晚中，我们把声音后期合成为环绕立体声，这在国内没有过现成的经验，通过音频团队不懈努力，使得播出最终实现。这种呈现效果得到了音频技术协会的高度评价。

四、虚拟包装

虚拟团队在2013年春晚中使用了双机位的配置，其中包括一台摇臂和一台全景的机位。

虚拟场景的应用在晚会中已经有很多成熟的案例，但是在语言类节目中出现却是春晚舞台上前所未有的。虚拟制作团队在创作过程中和导演组共同解决困难。首先是如何使多角色人物的声音和相声演员保持同步，使演出真实。大家都知道相声的表演是具有现场感的，所以和虚拟人物的配合对于演员来说非常困难，演员现场和空气的对话挑战极大，所以虚拟团队除了制作动画人物以外，还要反复与演员配合修改时间差。一个月的时间里，团队无眠无休，最终取得了现场的圆满成功。

五、后期剪辑的创新

2013年的春节是2月10日，导演组录像的时间定在2月1日，也就是说我们后期制作的周期只有1周的时间，当然我们还要留出音频合成的时间、特技包装调色的时间，那么怎么能按时间节点顺利保障后期制作是我们面对的最大难题，根据以往的经验，我们总结了一套方法。

1. 首先制定倒推时间表

日期时间	工作内容	备注
1月23－29日	现场交台，进入调试虚拟设备	1人
1月25日	整理现场需要播放的视频	2人
1月29日	彩排，熟悉节目、副切场记到位	2人
1月30日	现场录制	3人
1月31日	现场录制、素材录入、连夜剪辑	3人
2月1日	现场录制、素材录入、剪辑	3人
2月2日	粗剪	4人
2月3日	粗剪	4人
2月4日	导演组审查并送特技包装调色、送音频合成	4人
2月5日	字幕包装	4人
2月6日	字幕包装	4人
2月7日	调色及音频回网，总线合成	4人

续表

日期时间	工作内容	备注
2月8日	总线合成,领导审查	4人
2月9日	节目内审、节目修改、播出带制作	4人
2月10日	技术终审、发送播出	4人

严格遵循倒推时间表的时间安排,这样我们就不会形成先紧后松或者先松后紧的工作状态,从而把工作合理地安排到每一天之中。

2. 流水线剪辑

后期剪辑团队制定了一本晚会的操作手册,经过两年不断地更新,现在已经基本完善,我想着重说说我们的流水线剪辑。

流水线剪辑就像工厂生产汽车一样。我们会新老搭配,然后把节目进行工作的分类,按照分类每个人去完成自己的工作后传到下一个工序之中。也就是整理观众镜头的同事只管观众镜头,粗剪的只管粗剪,他们做好的工序再传给专门精剪的同事,精剪后再传给上包装的同事,上包装的完成后传给合成总线的同事,总线合成后再传给打包制作播出带的同事,一直到播出。可能会有同事问我这样一个问题,完成一个工序传到下一个工序,上一个人不就没事做了吗?这种流水线的工作安排主要基于春晚这种超长播出时长的节目,因为这种节目首先是团队合作完成的,其次制作节目过程中都是以十分钟或二十分钟为一段进行传递。一旦一个工序的工作完毕,马上调配到下一个工序中,保证流水线不间断,经过三年众多晚会的实践,这种流水线工作效率奇高,而且操作相对简单,还能以老带新培养新同志。都说后期剪辑是单兵种作战,其实对于大型节目以及季播节目来说,团队合作才是优质节目的重要保障!

2013年的春晚,制作部实现了大"项目制",使得舞台、音响、包装、虚拟、剪辑等多技术工种与导演组实现了完美融合。什么叫作创新?每一个工种突破极限实现一个新的要求是创新,每一个新奇的想法被团队落地是创新,但是我认为真正的创新是把无数个团队集合在一起为了一个目标而努力,制作部通过两年"项目制"的探索与尝试在2013年的春晚中实现了这种创新!

（周宝伟:北京电视台制作部工程师）

主题报道，传统广播媒体也要有创新的声音

——《来自太空和深海的声音》创新思考

宋　阳

2013 年 7 月 1 日，北京人民广播电台城市广播播出的特别节目《来自太空和深海的声音》获得了当年北京广播电视台节（栏）目创新奖节目制作创新奖。节目通过介绍“神州九号”和“蛟龙号”的成功故事、叙述中国人探索太空和深海的历史，表达了中国人英勇无畏的探索精神及其对全人类发展作出的巨大贡献。节目在 7 月 1 日当天播出也是对中国共产党生日的献礼。

读书笔记：

一、主题报道面前传统媒体不能失声

当前传统的广播媒体在新媒体和自媒体大发展的时代遇到了前所未有的挑战，怎样在新时期再发展，成为很多广播人努力思考的难题。全渠道的时代，内容成了稀缺品，而内容生产正是传统广播媒体的优势。特别是在重要事件的重大话题面前，传统广播往往会站在一定的高度去思考问题、制作节目。这也正是传统广播在新时代和新媒体竞争的优势。在遇到重大选题的时候，传统广播媒体不能失声，要有策划，更要有创新精神。

二、主题报道面前传统媒体要有创新

2013 年 7 月 1 日是中国共产党的生日，在这样的日子用什么样的节目来作主题宣传既不落俗套又能吸引听众收听呢？特定时间的重大事件，那就是“神舟九号”与“天宫一号”的成功对接，还有“蛟龙

号”的成功海试。作为传统广播媒体，北京人民广播电台不仅要有准确的新闻报道，也应该有精心制作的特别节目。越是在这样的时间，传统媒体人就越应该讲政治，有立场，有高度，有内容。

传统媒体并不意味着传统制作。创新同样是广播的未来发展之路。主题宣传也要有创新，结合广播特点突出声音特色是广播创新的核心，所以制作团队想到了《来自太空和深海的声音》这期节目的主题线索——“声音”。广播用声音作为表达形式，而中国人在探索太空和深海的过程中也发出了很多声音，有天地对话，有海试对话；另一个方面，我们国家探索太空与海洋的历史和现在也能对话，这就形成了对比突出特色，做到了创新。节目制作中结合大量的音乐素材和历史声音资料，用文艺演播的方式讲述了人类和我们国家探索太空和深海的历史故事，展现了我们悠久的历史和新中国的发展壮大。节目的音效和声音素材好像流动的历史画卷让听众耳目一新，这应该是一次大胆的创新尝试。

三、主题报道创新的思考

1. 正确认识重大主题报道

因为主题重大，有人会习惯性地认为听众不会喜欢听这类节目，只要按套路制作节目就行了。但如果听众不喜欢听，那么主题报道的意义又在哪呢？要想有宣传的效果就一定要制作好听的主题宣传节目，不仅仅是“五个 W”的简单罗列，而是要有策划，有创新。

2. 主题报道创新的核心是“人”和“情”

创新有很多形式，千变万变，但“人情”“以人为本”还是最打动人的地方。主题报道也能打出“人情牌”，深度在于准确地挖掘思想内涵。信仰、坚持、家庭、凝聚等，一件小事，一个家庭，就能突出主题。就像《来自太空和深海的声音》节目中的一句话：“一粒沙子、一滴水珠，都是一个世界、一个地球、一个宇宙，因为那里有生命的存在。”

3. 主题创新要注重平凡视角

《来自太空和深海的声音》以毛泽东同志的诗句开篇，以《东方红》序曲作为背景，一切都是听众熟悉的声音，从中国探索太空的历史、万户做火箭到敦煌的飞天壁画，每一件都是听众耳熟能详的声音画面。这样不仅将个体事件结合起来说明主题，更让主题报道具有亲和力。

传统媒体的优势在于对新闻事件的理解高度，在于对节目创新形式的有效分析，在于对听众内心需求的关键把握。主题宣传报道是传统媒体必须完成的任务，同时也是传统媒体掌握话语权的核心内容。主题宣传报道结合传统的创新，传播将更有效，效果会更明显。

（宋扬：北京人民广播电台节目制作中心主持人）

创新是一次新鲜而有趣的旅行

——《狄仁杰断案新编》创新思考

徐　然

《狄仁杰断案新编》是北京人民广播电台有史以来独立制作的最长的日播广播剧，它在剧本、制作上百分之百坚持原创，自2013年8月开播至今，已经播出了五百余集。该剧选取了“狄仁杰断案”这一当今影视热门题材，对之进行完全的广播化，塑造了狄仁杰、元芳、师爷、小乔等机智幽默的喜剧人物，采用广播单本剧的创作手法，选取现实生活中与百姓生活密切相关的热门话题、事件，进行改编创作。每1—3集讲述一起案件，每起案件各具特色，悬念迭出，借古喻今，具有鲜明的时代特色与浓郁的现实生活气息。

读书笔记：

一、创作缘起及筹备

广播业界众所周知，广播剧几乎是广播文艺里最复杂的艺术形式。北京文艺广播作为全国广播剧界的排头兵，始终坚持着一个广播剧的阵地——开播了十几年的保留栏目《广播剧场》。这是一个专门播送广播剧的日播栏目，据中国广播剧学会的调查，全国仍然保持着广播剧常规栏目的电台，仅剩北京人民广播电台的《广播剧场》和上海人民广播电台的《迷案剧场》。然而，广播剧栏目的存在频频受到广播市场现实的挑战。由于电视剧行业的冲击，传统的广播剧观念老旧，篇幅短小，难以对当下的广播受众形成吸引力。而商业性强、娱乐性强的市场化的广播剧则面临着创作人才流失、创作难、产量低等难题。在如今这个竞争激烈、收听率为王的广播时代，《广播剧场》生存之艰难可想而知。因此，《狄仁杰断案新编》之前的《广播剧场》,正处于时刻面临着节目随时断供的“剧荒”岁月。改编自畅销段子集、网络小说的广播剧,由于篇幅的限制,一部书只能改编十几集或者几十集,这对于听众难以形成黏着力和长期的影响力。而且,畅销书版权收购的难度越来越大,真正适用于广播剧改编的图书也很难找,这也让我们萌生了原创一部商业广播长剧的想法。

2008 年前后,《广播剧场》栏目组曾经与黑龙江人民广播电台合作,原创过一部 200 多集的广播剧《夫妻过招》,获得了听众的广泛好评。这部剧写的是夫妻之间的幽默事。该剧人物关系简单,主角只有小夫妻俩。其事件也比较生活化,都是夫妻之间的生活故事。这样的人物设置和故事内容,一方面能够引起听众共鸣,但另一方面也对故事的长度构成了限制。简单的人物关系会随着创作而逐步缺乏张力,而生活事件的剧情源于编剧的生活积累,将越用越少。于是,《夫妻过招》在制作了 200 集之后,创作素材枯竭,难以为继。

这部《夫妻过招》为我们策划《狄仁杰断案新编》树立了标杆。一方面,我们希望保持这种日常广播剧幽默、娱乐的定位,塑造鲜明的人物形象,对听众形成持续的吸引力;另一方面,我们要在人物设置、事件构思上推陈出新、巧妙设计,使其丰富而不复杂,以保持作品的长度和可延展性,为制作一部广播长剧奠定基础。

《狄仁杰断案新编》就是基于这样的播出平台、创作理念和定位而诞生的,如今已经播出了五百余集,在受众中形成了持久的影响力。

从 2013 年 8 月开播至今,《狄仁杰断案新编》已经迈入了第三个年头。作为这部剧的责编,在刚开始创立这部剧的时候,我还是一个入行一年多的“广播新兵”,在该剧的策划人郝卫群老师的带领下,我开始了未知的尝试。那时我们也在摸着石头过河,并不知道它能够走得这么远。我们面临着很多的困难和问题:日播剧需要的海量故事素材从哪里来?编剧团队如何保持持续的创作力?人物角色众多,它们能否被观众接受和喜爱?广播剧的录制和后期制作繁琐复杂,我们能否保持一贯的节目品质?

在不断地创新和重生之中,《狄仁杰断案新编》一直坚持到了第三个年头,成了一个深受听众喜爱的名牌节目,而我也从一个刚刚入行一年的“广播新兵”,成长为能独当一面的广播文艺编辑。两年多的时光磨砺出了一个精品节目,也让我锻炼出了一个广播人所应具备的职业能力与素养。

二、节目创新特色

（一）巧妙设计

“狄仁杰”这个故事题材取自清代小说《大唐狄公案》，同时它也是一个热门的影视题材：刘德华主演的电影《狄仁杰之通天帝国》、梁冠华主演的系列电视剧《神探狄仁杰》，都从不同的角度诠释了或文或武的狄仁杰形象。

我们做这个题材，首先要使其广播化。与影视媒介强调视觉特征不同，广播体现的是声音的艺术，因此最重要的就是创造角色个性化的语言特点。于是我们广播剧里的狄仁杰变得伶牙俐齿，机智幽默，而他身边的元芳和师爷，也能通过他们各自的语言风格，表现出各自的性格特点。元芳是憨厚热情、带着东北口音的直性子，师爷声音沙哑、又懒又馋又滑头，而狄仁杰青梅竹马的女朋友小乔，声音清脆，一听就是可爱活泼的女侠。

在情节设计上，我们采取了单本剧的创作模式。每 1—3 集讲述一起案件，每起案件各具特色，悬念迭出，断案过程一波三折，既保留推理探案剧的基本形态，同时又具有鲜明的时代特色与浓郁的现实生活气息。这种单本剧的创作模式，一方面让听众在每天的收听中有新鲜感，在这样人物角色固定、类型样式相对比较固定的长剧中，感受到不同风格类型的故事，既有情节浓烈的凶杀命案，又有皆大欢喜的喜剧，还有催人泪下的正剧。另一方面，“船小好掉头”，单本剧的形式，可以根据听众反馈，及时调整故事方向，将时事热点糅合进故事中，让听众对这个来自遥远的唐朝的历史故事有一种联系现实的亲切感。

（二）观照现实

在《狄仁杰断案新编》创立之初，作为一个年轻的责编和编剧，我个人更倾向于做那种故事情节完整紧凑、逻辑编排严密的悬疑故事，就像是《大侦探福尔摩斯》《名侦探柯南》那样的断案故事，我认为，这样封闭的故事空间，这样基于经典戏剧模式的创作，好像更容易发挥想象力，更能够保持持久的创作力。但是，在尝试了几十集之后，我对创作开始显示出了疲态，策划选题开始捉襟见肘。最初想要借鉴某些侦探小说案件的想法在实际的操作中并不可行，因为那些小说和影视作品里的侦探故事并不符合广播的特点。我们这部剧的策划郝卫群老师，及时地纠正了我这种错误的创作理念。郝老师说，要想让一部剧做得持久，内容上要有观照现实的能力。想象力要有现实作依托，才能够用作品与听众去沟通。的确，对于我们这种年轻的创作者来说，信马由缰地去编造那些“不接地气”的故事，往往会由于没有生活的积淀，而使这种创作变得单薄生硬，脱离实际。因此，我们应该时刻保持对现实的关注，将现实生活中的热点、时事，加以创作加工，并将其展现在故事中，这不仅让我们的创作有所依托，而且能让听众有一种亲切感和熟悉感。

后来，我们在选题策划上就格外注重抓社会热点，反映当今社会百姓所遇之事。如在世界杯期间，我们的《狄仁杰断案新编之赌球记》，写剧中的郭小三听信了某县令与总管在谈操控马球赛一事，便下了赌注，一开始尝到了甜头，但最后却输了个精光。狄仁杰弄清了原委，点评道“赌博活动害死人”。在暑假期间，《狄仁杰断案新编之数鸭子》就是源于一则关于儿童公共安全隐患的新闻报道，写的是游泳池里孩子手臂被吸入排水口遇险的事，我们经过构思与安排，将这一起突发的安全隐患事件，与一起企图绑架骗取保险金的阴谋悬案联系起来，始终吸引着听众，而且还引发了听众对儿童安全的警醒。

在《狄仁杰断案新编》五百余集的篇幅中，创作团队开放式地融合了悬疑剧、刑侦剧、喜剧等诸多类型元素，并将时下的百姓生活、热点话题、社会新闻吸纳改造，即时创作成广播剧，利用古装题材“旧瓶装新酒”，以古喻今，展示了当代受众关注的生活现实、时代特色。“接地气”的创作理念为本剧带来了源源不断的题材内容及长久的生命力。

(三)精良制作

广播剧的制作标准高，音响、音乐、音效繁琐复杂，作为一部日播剧，《狄仁杰断案新编》精良的制作水准，也是历年长篇广播剧中少有的精品。我们始终坚持着制作商的高标准，既要“好听”又要“好玩儿”。负责本剧制作合成的制作人“云中三月”专门为该剧创作并演唱了主题歌《狄仁杰》，这首歌颇具“神曲”功效，“又是一晚十点半啊，广播剧场您来转转呐，狄仁杰坐中间，元芳他站旁边，狗头师爷眼珠子乱转……”让人听过一遍就忍不住哼唱。伴随着这熟悉的旋律，每晚的《广播剧场》都充满着狄仁杰和他的小伙伴们的欢声笑语。

《狄仁杰断案新编》自开播以来，市场份额保持稳步攀升态势，几年来一直以超过20%的市场份额，居同时段节目收听首位。而且，由于本剧人物连贯、情节短小精悍、语言特点时尚幽默、题材灵活多样接地气，非常符合新媒体随机点播、碎片化收听的特性。根据网络数据的不完全统计，本剧在喜马拉雅、啪啪声音图片社区、悠听网上在线点播已经累计突破了300万次。在节目组创建的相关博客、微博、论坛中，听众反响也很热烈。

天下没有不散的宴席,广播节目的发展和更迭日新月异,《狄仁杰断案新编》也终将会有曲终人散的一天。但是,这五百集的制作过程,已经磨砺出了一个具有原创经验和能力的制作团队。《狄仁杰断案新编》尚在热播,而我们已经开始着手策划《广播剧场》的后备新剧。创作是一件既艰难又快乐的事,创作的过程伴随着很多不眠的夜晚,艰难漫长,但是从无到有地完成一个作品的过程,也是很愉悦的。而且艺术的未知性和不可复制性,使得创作者遇到的每个题材和故事都是新鲜有趣的。《狄仁杰断案新编》获得了听众的肯定,而制作过程中的艰辛与汗水,都是我们今后的创作里弥足珍贵的财富。

(徐然:北京人民广播电台文艺广播编辑)

创新“三无”理念，跳出竞争“红海”

——《2014 北京电视台春晚》创新简述

许　鹏

以“欢乐北京中国梦”为主题的2014年北京电视台春节联欢晚会，于2014年1月31日晚7点35分在北京电视台卫视频道和文艺频道同步播出。长达三个多小时的视听盛宴在马年首个夜晚将热闹与喜庆、欢乐与祥和，以及温暖与感动带到了千家万户。简约典雅的舞台呈现、真实质朴的百姓故事、深沉浓厚的家国情怀引发了人们在万家团圆时刻的集体情感共鸣。

读书笔记：

据统计，晚会在北京卫视播出收视率为13.47%，市场份额为35.32%，在文艺频道的收视率为4.38%，市场份额为11.48%，合计收视率为17.86%，合计市场份额达到46.81%。与此同时，晚会播出当天，北京电视台新媒体中心BRTN网站与新浪视频、搜狐视频、腾讯视频、爱奇艺、PPS、优酷、土豆七家拥有晚会版权的视频网站，均在首页重点位置推荐了本次春晚的直播流，累计在线人数1,500万，最高同时在线人数600万，点播视频上线三天，视频播放量突破1.38亿。

晚会播出后，引起了全国主流媒体包括互联网舆论的共同关注。人民网、新华网、《北京日报》、《北京晚报》、《北京青年报》、《北京晨报》、《京华时报》、新浪网、腾讯网、搜狐网等多家媒体，从不同角度对此次晚会进行了高度评价，形成了良好的口碑。观众有很多这样的评价：“这次的舞台很大气，有创新”“镜头非常丰富，互动性很强”“舞台设计别具匠心，信息量大，富有变化”等等。在这些评价背后，是我们春晚制作项目组对技术创新的摸索、对完美效果的追求，也是技术与舞台艺术的完美结合、技术与节目呈现的完美结合。

所谓外行看热闹，内行看门道。2014年北京电视台春节联欢晚会之所以能获得广大观众的肯定，从专业角度看，与我们进行的多项创新尝试分不开。

一、多通道收录及多通道剪辑

本届春晚在业界首次创新使用了真正的20讯道硬盘录制，最大限度地保留了舞台上各种角度、各种位置的精彩表演。较以往晚会的8—12讯道，此次我们使用了20路讯道进行节目录制，这样可以360度无死角地展现舞台，捕捉更多的观众反应，更可为后期的二度创作提供更大的空间。我们启用了由50块480G的固态硬盘组成的多通道收录系统进行录制，每通道写入一块硬盘，每块硬盘可录制5小时的高清节目素材，5天共收录了20T的素材，这些素材如果用传统的磁带方式收录，则需要200盘左右60分钟的磁带，把这些磁带拿到机房采集，在6个站点6台录音机全部启用的情况下需要30多个小时，而这20T的素材杀毒上载如果打开6条上载通道则只需要5个小时，而且上载时不会耽误站点的正常工作。坐在电视机前的观众也许并不了解什么是多讯道，他们看到的只是更加漂亮的舞台、更加丰富的镜头、更加精彩的互动，但这却是20讯道多通道收录这项首次在春晚使用的新技术，为春晚的艺术创作注入的巨大能量。

二、“三无”制作，即“无带化录制，无缝式制作流程，无距离沟通”

全新的制作团队通过创新的“三无”制作理念，不但大幅提高了效率，更使节目效果提升到了新的层次。多通道收录实现了“无带化流程”的第一步。素材上载到机房后，“无缝式制作流程”又最大限度地节省了制作时间，后期机房实行“5+1”站点分配，5个站点剪辑，1个站点调色，这6个站点之间全部联网，实行素材统一管理、资源共享。尤其到调色阶段，达芬奇调色站点和剪辑站点联网，可直接调入调色，跟以往的吐带子调色方式比，节省至少24个小时，而这种“无带化流程”，不仅能节约时间，还能最大限度地保证节目质量，减少了磁带上下载过程中的编解码对信号造成的一定损失。最后是“无距离沟通”。此次春晚后期制作团队直接前移到节目的录制一线，和前期拍摄沟通，就有了想要的镜头；和收录沟通，这样“无带化录制”才能发挥其最大的优势；和导演组沟通，这样“无缝式流程”才能顺利实施。另外制作团队内部沟通，了解每个人的制作进度，第一时间解决遇到的问题。所以无带化是为无缝式流程服务的，而随时随地无距离地沟通是无缝式流程的保证。

这次的“三无”制作理念，充分说明了后期制作不等于无尽的熬夜，熬夜也不能和佳作精品挂钩，把辛苦都集中在制作之前，才能为实际制作减负。有强大的技术做后盾，使这次马年春晚在艺术创作上尽情发挥，全无后顾之忧。

三、虚拟植入技术创新，堪比好莱坞科幻大片的实时动态结冰效果，营造出前所未见的效果

如果说多通道系统和后期制作系统为春晚的艺术创作提供了最有力的技术保障，那么虚拟团队的成员们则力求为春晚锦上添花。《为艺术，为爱情》中舞台结冰的情景让观众惊艳，但在这几十秒惊艳的背后，却是春晚项目组虚拟团队一个月的付出。用虚拟植入技术营造舞台效果，其实近年来已经在央视和其他一些卫视的综艺节目中出现过，但这次春晚项目组的成员们想尝试一种不同于以往的方式——让舞台结冰。这个方案一提出，大家既兴奋又紧张，兴奋的是这种动态结冰的效果是国内首创，如果做好了会让虚拟植入技术前进一大步；紧张的是实现这种效果没有可以借鉴的经验，设计上确实有难度。虚拟组的成员运用八种软件设计出两套方案，经过二十多天的密闭测试选出最终方案，终于得到了理想的结冰动画效果；又在录制现场用三天的时间进行三维场景测试，达成了首次在节目录制过程中实施动态展现冰层生长凝结的效果。这也是我台开始使用虚拟技术后，首次全流程由台内人员独立完成的一次虚拟录制工作。

时至今日，按照广播电视节目的品牌概念涉及的三个层面的意义，即知名度、相对独特的风格和特点、相对稳定的质量和标准来进行综合评判，北京电视台的春晚已经在激烈的媒介市场竞争中占据了自己的一席之地，并且在春晚这个类型节目领域中形成了独特的品牌效应。可以说，北京电视台的春晚正是在“新闻立台、人民至上、内容为王、创新制胜”这十六字立台方针的基础上，依靠创新思维，启用新思路、新创意、新举措进行了显著的差异化内容布局，从而跳出了同质化电视晚会竞争的“红海”，充分体现了时代的新鲜气息。而此次春晚制作项目组也正是秉持着“创新”的思想，为晚会节目呈献出更好的品质，贡献了一份不可或缺的力量。

（许鹏：北京电视台制作部工程师）

从技术革命到艺术回归

——谈4K电视纪录片《指尖上的挑战》的创新

李　欣

2014年6月30日，北京电视台播出首部以4K技术拍摄制作的电视纪录片《指尖上的挑战——世界最大手绘唐卡诞生始末》，完成了北京电视台在电视纪录片领域对4K技术的首次尝试。而这一次4K技术的革命，带给电视人的不仅仅是技术和意识创新，更是电视艺术创作的回归。

读书笔记：

一、寻踪唐卡——一次4K技术的“修行”

2013年被电视人称为“4K元年”，北京电视台4K纪录片的筹备从2013年开始，经过近一年的选题筛选，最终确定了“世界最大唐卡的绘制”这一重大题材，完成了北京电视台4K纪录片的首次试航。

为拍摄《指尖上的挑战——世界最大手绘唐卡诞生始末》这一纪录片，摄制组分赴两地。一组跟随唐卡文化传播者王瑞在青藏高原上的唐卡之乡热贡寻找唐卡的源头，呈现了最原生态的藏族画师的日常生活和绘画场景，也展现了青藏高原上的自然风光和宗教文化；另一组跟随藏族画师久美尖措和二十余人的藏族画师团队，在北京宋庄一间几百平方米的巨型画室中，记录了从挂布、打磨、打稿、研磨颜料、晕染、描金直至完成的全过程，呈现了巨型唐卡绘制过程中的细节与艰辛。

纪录片最终确定以两条主线平行的蒙太奇形式，呈现从青藏高原到北京宋庄画室，从传统的唐卡一位画师独立完成到世界最大手绘唐卡群体绘制的时空递进，并由一个藏族画师和一个唐卡文化传播者两者的故事交织，讲述这幅巨型唐卡跨越十余年的诞生过程。

而在这一过程中，我们也完成了对4K影像技术的一次“修行”，4K技术走下了神坛，成为一种呈现高品质纪录片的“高端武器”。

尽管技术应为内容服务，但一部优秀的纪录片，技术和内容是相辅相成的。唐卡作为北京电视台首部4K纪录片的题材，其本质并非猎奇或选择话题性题目，而是考虑到4K的技术优势和选题内容的吻合度，而唐卡本身的属性与4K技术不谋而合。有人从感官角度将4K技术概括为：更高、更快、更强。

1. 更高

4K技术拥有超高清的画质，4K数字影像画面的分辨率为4096×2160，而一般电影院的分辨率只能达到2048×1080，电视高清则为1980×1080。超高清的画质意味着画面细节的丰富性。

唐卡尤其是本次主题世界最大手绘唐卡，高约9米，长约30米，画面上所绘制的佛教形象有几十个，细节更是不计其数，适合以高分辨率的4K技术进行表现。

2. 更快

4K技术拥有更高的帧速，由于人眼对高速运动的敏感度较低，如果想要在观看动态画面时有超高清电影的观感，每秒播放的电影画面必须从目前电视通用的每秒25帧提升至50帧。

绘制唐卡所使用的颜料由珊瑚、珍珠、黄金、青金石、绿松石等名贵的材料组成，其研磨和绘画的过程充满了视觉冲击力，4K技术让其得以更好地呈现。

3. 更强

4K影像的亮度和色彩提升，使画面暗处的细节表现更加清晰，画面整体层次感加强，可以带来更加逼真，更加接近人眼感观的视觉体验。

唐卡的色彩非常艳丽，源于天然原料的红色、蓝色、绿色、金色，通过4K技术呈现出高还原度的色彩，给观者震撼的视觉冲击。

因此，将唐卡作为题材能够将4K影像技术的优势尽情发挥，完美呈现，而唐卡本身精致的绘画效果也成为检验4K技术影像还原程度的特殊标准。

二、4K从技术的提升，到纪录片的回归

30年来电视数字化技术的革新，使影像拍摄便捷化、大众化，数码相机、手机的相机等成为影像的拍摄载体。而相应的纪录片的创作也在泛化且呈低质化倾向，成为快

速的电视消费品。

在4K纪录片《指尖上的挑战》的拍摄过程中，我们也面临着4K技术为纪录片创作带来的新的考验。然而这些考验并非4K技术这一“高端武器”带来的技术上的困扰和瓶颈，而是4K技术指标对纪录片创作本身提出的“转身”。

高分辨率的画面、大宽容度的色彩空间、高清晰度的视觉体验，这些由4K技术产生的影像特点，使4K纪录片的拍摄脱离了近年来电视纪录片创作的泛化趋势，而更加接近于胶片时代纪录片的创作。当众多电视台正在大规模地推动4K技术平台搭建的同时，我们应当清醒地意识到，4K专业化的特征使其无法在短期内大范围推行，预计在五年内仍将作为小众高端纪录片的创作手段。而4K技术的这些属性迫使纪录片更加回归其本真的追求。

1. 4K的视觉宽容度——画面的极致诉求

在《指尖上的挑战——世界最大手绘唐卡诞生始末》纪录片的拍摄过程中，北京宋庄画室里除了巨大的画布，最醒目的拍摄设备当属一部50寸的监视器，在每一个镜头拍摄前，视觉导演、技术指导等多人都要在画面上反复观看。而在青海的拍摄过程中，由于远程跋涉无法携带大型的监看设备，每一个镜头更要在目及范围内反复确认，为的是防止画面中有杂物、污点等瑕疵的存在。

4K技术的画面具有更高的宽容度，这也意味着在拍摄的画面中亮部、暗部的层次感更强，高清晰度的画面则意味着细节更加丰富，但这些技术上的优势也会成为拍摄中的劣势，一些微小的瑕疵，在巨幅画面中会愈加清晰、明显，成为整幅画面中的败笔。

4K技术目前对拍摄过程的制约，恰恰迫使纪录片的拍摄回归到胶片时代的严谨和对画面丰富性的追求上，摒弃了目前纪录片市场上的浮夸潦草之气，强化了其对画面艺术性的极致诉求。

2. 4K技术的声音——行将被电视忽略的维度

电视作为影像和声音双重维度的产物，在目前的电视市场上，电视声音被日渐忽略，但4K技术却对声音提出了较高的标准。《指尖上的挑战》纪录片在制作的过程中，全程使用了专业录音设备收音，并在成片中实现了5. 1环绕立体声的播出效果。

草原上牧羊女在旷野上唱出的山歌、山顶上抛洒龙达片热烈的庆祝氛围、在画室之中研磨不同颜料时发出的细微的声音差别、绘制唐卡时布纹与笔尖在呼吸之间的震颤，这些声音都被专业的设备收录，并最终以现场同期的方式呈现在片中。视觉与听觉的双重维度，极大地增强了画面的感染力和对受众的代入感。

3. 4K 技术的未来和差异化

4K 技术进入电视领域主要通过三个途径,即演播室综艺晚会、体育赛事和专题纪录片,进而逐步向整个电视领域推进,最终取代高清成为电视行业的主流标准。然而在这一进程中,由于 4K 技术目前受到器材、拍摄方式等的影响,其扩展途径具有一定的选择性和渐进性。

(1)新闻性悖论

在《指尖上的挑战》纪录片的拍摄过程中,拍摄时间和后期制作时间成为一大考验。由于目前的 4K 拍摄设备至少需要摄影师、跟焦员、跟机员等三到四名工作人员的配合,定焦、变焦镜头更换操作难度大,对光线要求更高,致使拍摄用时长、拍摄效率较高清影像拍摄明显降低。

由于 4K 拍摄技术的限制,对影像的宽容度大、焦点更薄,意味着对细节的捕捉更为精准,对画面的要求更高,这使得拍摄过程中,其对纪实发生的突发性事件缺乏灵便性和机动性,从而使得 4K 技术在短时间内难以进入电视新闻领域。

(2)周期悖论

由于 4K 拍摄影像为 RAW 格式,需要在后期进行调色,且目前的 4K 后期平台搭建并不完善,在剪辑过程中无法支持实时预览。20 分钟纪录片《指尖上的挑战》,共计拍摄 30 余工作日,后期制作时间超过 100 小时,这对电视行业来说,时间成本过大,在全领域推行 4K 技术为时过早。

(3)传播渠道悖论

尽管多数电视台都在尝试 4K 技术平台的搭建,但以电视信号作为 4K 传播渠道尚不完善。由于 4K 从传输数据量到解码数据量,相比高清都在以几何数量增长,致使目前播放平台的 4K 解码电视微乎其微,而将 4K 纪录片全面推向电影院线市场也并非明智之举。

因此作为电视领域的"高端武器",4K 技术的创新,不仅意味着视觉、听觉水平的提升,更将改变电视创作的行为模式,在"消费型"电视节目的生产洪流中,分化出电视艺术创作这一分支,重新回归电视纪录片创作的本质。

(李欣:北京电视台新闻节目中心《这里是北京》栏目制片人)

ZHUTI XUANCHUAN CHUANGXINJIANG
主题宣传创新奖

主题宣传创新奖评选标准：

作品积极配合中央和市委市政府的中心工作，围绕某一重大主题，创造性地进行主题报道、成就报道或典型报道，在报道内容和表现方式上都呈现出诸多创新要素，使表达形式更加生动新颖，报道主题更加鲜明深刻，传播效果更加良好有效。

2012—2014年主题宣传创新奖获奖作品

2012年：

1.《北京最美乡村路》(北京人民广播电台交通广播)

2.《生命缘——生命中的第一次拥抱》(北京电视台卫视节目中心)

2013年：

1.《直通科考站——“神十”“蛟龙”系列报道》(北京电视台科教节目中心)

2.《北京公园群众文化活动巡礼》(北京电视台文艺节目中心)

3.《从“一大”到“十八大”》(北京电视台卫视节目中心)

2014年：

1.《中国梦——365个故事》(北京电视台)

2.《美丽环境绿色行动——探寻PM2.5》(北京人民广播电台交通广播)

专家评析

讲好故事，事半功倍

——主题宣传创新奖历届获奖作品评析

杨　华

“讲述好中国故事，传播好中国声音”，是习近平同志站在国家软实力构建、国际话语权竞争的高度提出的要求。主题宣传如何创新？如何让报道落细、落小、落实？这是当下主流媒体人需要共同思考，并将长期作答的重要命题。此次北京广播电视台“主题宣传创新奖”的获奖作品佳作频现，它们带给我们这样两个启示：

一、讲述个体故事，擅用电视手段，强化报道感染力

讲好故事不一定需要宏大叙事，完全可以从普通人身边最具体的“喜怒哀乐”入手，只要这“点”上的喜怒哀乐具有“面”上的普遍性。在此次的获奖作品中，无论是大型新闻行动《北京最美乡村路》，还是电视文艺专题片的实践与思考——《北京公园群众文化活动巡礼·大运河森林公园》；无论是北京卫视推出的新版《身边》栏目，还是365集的微纪录片《中国梦——365个故事》都无一例外地采取了讲好个体故事的办法，生动的故事极大地强化了报道的感染力、感召力。

讲好个体故事首先要做到采访真实、可信；真实是新闻的生命，这原本应该是个常识，但是常识往往也会被遮蔽、扭曲，因此，在一些时候，重提常识、回归常识具有重要意义。仔细观察会发现，我们新闻宣传中的失误，往往在于背离常识，因此我们的醒悟与进步也往往是回归常识、回归原点。“实践是检验真理的唯一标准”其实是常识，所以关于真理标准的那场讨论本质上是回归常识。同样，新闻工作必须深入社会、深入群众也是常识，所以“走转改”的本质要求也是要回归新闻工作的常识。全国新闻战线开展“走转改”已经进入第五个年头，应该说“走转改”的意义不仅仅在于改变屏幕

上、版面上新闻报道的语态，更在于对整个主流媒体采编队伍的状态产生影响。为了《身边》的一期报道，记者在北京妇产医院蹲点近一个月，点点滴滴记录下的 8,000 多分钟的素材，在变成 240 分钟的节目以后，展现的就是当下一个个充满温情的医患故事。8,000 多分钟对应 240 分钟，这在日常的新闻生产中是非常“奢侈”的投入。但是我们认为，走基层报道是否好看、可信、动人，往往就在于记者的多等一等、多待一待、多跟一跟，才能捕捉到意想不到、真实生动的细节，成为新闻的亮点。在此次诸多获奖作品中可以发现一个共通现象，凡是故事讲得好、生动感人的，前期拍摄采访过程都符合“五条硬要求”:“框进去”，镜头里既要有采访对象，也有记者；“动起来”，跟着采访对象的动作和内容，跟踪拍摄；“长镜头”，镜头尽量不要断，连续拍摄；“有对话”，要有记者的现场对话；“少静态”，不要让采访对象坐下来，变成“访谈”。

好的作品是有能力的记者花“笨功夫”做出来的，“走转改”的实践告诉我们：带着真情走，遍地是基层，只为应付走，即便艰苦也是秀。此次主题宣传创新的获奖作品告诉我们：采编者的心有所动是所有动人的基础。北京卫视播出《生命缘——生命中的第一次拥抱》节目后，视频在四大主流网站、微博、论坛转帖共计 1,760,000 次。有人说“短片真实记录了助产士的尽责尽心，感谢北京电视台的记者们，是你们向大众展现了医务人员的可歌可泣、可敬可爱！”也有人说“拍得很真实很实在的片子！希望各地电视台和媒体，都应该这样深入医院，了解真实的医生护士！”而编导们收获最多的就是“因为真实，所以感动”。通过这一次新闻实践，编导们在通过节目打动观众的同时，自身也受到触动。他们也在反问自己：是什么引发了观众的眼泪，触动了他们的心灵，唤起了他们的共鸣？而《北京公园群众文化活动巡礼 · 大运河森林公园》的编导则将这一思考引向更深层次：如何将“文艺之美”与“生活之真”相融合，摒弃中国电视“党八股”的创作样态？从现实生活中，从真实人物的真实体验中发现电视文艺专题的创作价值，探索能够给予观影者传递生命希望的文艺专题片的新形态和新语境。

讲好中国故事，不仅需要高度的政治责任，也离不开高超的专业技能。要改变“重主题轻主角、重体现轻展现、重论述轻叙述”的片面做法，以小事件透视大时代，以小人物折射大变化，以小故事揭示大趋势。在选择中国故事时，更加注重人类共通的经验与思维，遵循共同的价值和情感，寻找文化的共性，激发人性的共鸣。

二、设置传播议题，聚合多种手段，提升报道影响力

传播学有“议题设置”（或称议程设置理论），大意是大众传媒虽然不能直接决定人们怎样思考，但是它可以为人们确定哪些问题是最重要的。话题设置是媒体的基本

功,也是核心竞争力,特别是在节假日这样缺乏天然报道资源的新闻淡季,更能看出媒体设置话题能力的高下。衡量话题设置是否成功的标准也很简单,每天播出的几百条原创新闻中,哪些成了街谈巷议?哪些持续绵长有韧劲地形成了影响力?

北京交通广播连续两年推出的大型采访宣传评选活动"北京最美乡村路",就是传统主流媒体提升话题设置能力的一次成功尝试。其成功之处从选题策划层面看,是注重话题的发酵能力和民生视角。一方面采编策划团队注意到随着国家"村村通"工程的推进,特别是农村公路的跨越式发展,北京乡村的变化巨大,这些乡村公路的开通,不但让农村与城市的差别进一步缩小了,也让过去藏在深山的美景能够呈现在城市居民眼前;另一方面,他们也注意到随着工作、生活压力的增大,人们渴望在周末能够舒缓一下一周紧张的情绪,但又没有大家普遍认同的休闲度假地点,由此产生了围绕北京乡村路来做文章的想法。

其成功之处从操作执行层面看,聚合多种传播手段,"北京最美乡村路"的创新在于表现形式的多样化,虽然是由广播电台主办的节目,但宣传手段却融合了广播、互联网、微博等多种途径。特别是这档节目的制作处于2012年,各节目利用互联网传播的理念还没有像今天这样深入。而采编团队的超前意识使他们在制作过程中,将最美乡村路的主题宣传通过北京广播网、搜狐汽车和北京交通广播网等多个网络平台上传播,同时,也要求采编播人员的个人微博上都有所体现,而且在推进过程中举办的图片征集活动也吸引了很多博友的积极参与。

设置议题不妨以传统传承为着眼点,新闻报道的创新,不只是从最新鲜的事物中寻找,还可以从"坚持与坚守""传统与传承"中寻找。在《北京公园群众文化活动巡礼·大运河森林公园》中我们就可以看到这样的创作思路:本片聚焦了常年活动在通州大运河森林公园中的一群中老年人,他们通过组建"秋枫艺术团",用舞蹈抒发情感,用歌曲陶冶情操,人到暮年,却重焕青春。影片通过三姐妹之"刘三姐"合唱组合因为唱歌越走越亲,合唱团中的夫妻组合因为唱歌家庭和睦等实例,表现了新时代北京老百姓饱满的生活热情和充实的社会文化生活的主题。片中成功刻画了"秋枫艺术团"团长——常见这个人物。团长常见是一位典型的经历了中国各大历史变革阶段的普通中国妇女,她通过青年、中年、老年的三张照片,浓缩讲述了这一代中国人曾经面临普遍存在的绝望和无助。本片紧扣这一时代特征,通过对三张照片故事的讲述,用客观的视角观察这样一代中国人今天的生存状态。在聆听他们的讲述中思考,在思考中感受生命的坚强与希望、祖国的发展与富强。五零后伴随着新中国而成长,他们成为新中国建设的脊梁,如今他们虽已老去,但是这些群体却与中国数千万家庭直接相连,他们的记忆是几代人的集体记忆,以电视作品唤起他们的记忆可以直接触发国人的情感。用身边人的故事,再现牺牲和奉献;用当事人的口述历史,见证社会主义核心价值观的鲜活实践,在观众中引发共鸣,此次获奖作品中不乏向传统传承中寻找选题的佳作。正是因为编导们敏锐意识到了这些传统和传承中几乎都是中国人思考、践行了很多年的东西,它们非但不陈旧,反而有力量。

北京广播电视台此次“主题宣传创新奖”获奖作品所引发的广泛共鸣,所形成的良好舆论氛围,以及采编队伍在完成报道过程中所经受的历练,再次充分说明传统主流媒体只要坚定自己的使命感和责任感,发扬马克思主义新闻工作的优良作风,勇于创新进取,就完全有能力根植于百姓的现实生活中,真情实意地去了解和反映基本国情与人民心声;完全有能力在日益复杂的舆论场上,创造性地发出声音、引导舆论、赢得共鸣;完全有能力在传播社会主义核心价值、传播党和国家的方针政策上,做出有厚度、有温度、有锐度、有尺度的新闻报道。

(杨华:中央电视台新闻中心副主任)

最美的风景在路上

——《北京最美乡村路》创作笔谈

延 安

北京交通广播一直将品牌宣传和推广视为重中之重，多年来坚持每年一个台级重大宣传报道策划，集全台之力倾力打造。比如边疆口岸纪行、寻找红色档案、飞天之旅……2012 年、2013 年两年中开展的贯穿全年的大型采访宣传评选活动的主题就是“北京最美乡村路”。

读书笔记：

在 2012 年主题宣传的策划过程中，一方面我们注意到随着国家“村村通”工程的推进，特别是农村公路的跨越式发展，北京乡村的变化巨大，这些乡村公路的开通，不但让农村与城市的差别进一步缩小，也让过去藏在深山的美景能够呈现在城市居民眼前；另一方面，我们也注意到随着工作、生活压力的增大，人们渴望在周末能够舒缓一下一周紧张的情绪，但又没有大家普遍认同的休闲度假地点，由此产生了围绕北京乡村来做文章的想法。

北京乡村可呈现的角度非常多，但是不是都符合北京交通广播的品牌定位呢？答案是否定的。北京交通广播一直定位于制作与交通出行相关的节目内容，乡村路成为一个非常好的切入点。十一五期间，全市公路网初步形成以高速公路和国市干线为骨架，县乡村公路为支脉的纵横交错、四通八达的公路网系统，乡村公路里程占到了全市公路总里程的 70% 左右，有路就有车，村村通公交让远郊农民进城不再犯难，同时，农村的面貌也有了巨大的转变。

为此，我们的节目定位也就呼之欲出了：首先要呈现“村村通”工程为北京乡村带来的巨大变化，展现城乡一体化工作推进以来的成果；其次，把过往藏在远郊知名度不高的景点挖掘出来，为拉动当地的旅游资源开发和农副产品销售尽一份力；第三，为城市居民的周末生活增添新的选择，让人们不再在传统景区饱受人多景杂的烦恼。

节目的样态，我们设计为大型宣传评选模式。评选是一种完整传播的模式，并不是简单的有景就报的报道方式，而是融入市民百姓的感受和评价，景致美不美、交通方不方便、餐饮是否有特色……综合起来，便于推荐最有代表性的乡村景点，给城市居民尽可能好的感受。

北京交通广播与北京市委农工委（北京市农村工作委员会与中共北京市委农村工作委员会）很快在这项活动上达成了共识，于2012年共同组织开展了“北京最美乡村路”大型宣传评选活动，鉴于当年在乡村路的定位上有些出入，2013年合作方又增加了北京市交通委路政局，增强了活动的权威性。在这两年间，从每年春季开始一直到秋末，每年长达近8个月的宣传报道推出了北京13个涉农区县的57条乡村道路，与此同时，也推出了57处旅游景点和57位热爱本职、勤劳奉献的乡村或路政优秀人物。

所以，对于这一大型品牌宣传评选活动，我们首先将其定位在“走上最美乡村路、升级幸福好生活”的主题上。其次，通过对北京乡村道路的介绍，将沿途的各色景观通过广播展现给听众，引导人们在欣赏自然山水和乡村美景、品味新鲜果蔬和乡村美食的同时，感受乡村历史人文、风情和京郊近些年的发展。

在节目的设计上，我们采用的是每周推荐一条乡村路的方式，分别在每周的周二、周四和周六分三期节目进行报道，每期的内容各有侧重，由三个小专题组成：第一个小专题重点在“路”上，这条路位于什么地方，连接了哪里到哪里的道路，为当地的经济发展和改善农民生活起到了什么样的作用；第二个小专题是沿线一处景致的推荐，仅靠乡村路是难以吸引听众出游兴趣的，但一个有趣味的景点就可以引起听众的兴趣并实地去体验、感受；第三个小专题是一个人物故事，人物是一篇报道的灵魂，特别是广播报道，由于缺少视觉上的感受，因此更注重能够打动听众的人物故事，从情感上产生共鸣，这个人物可以是乡村经济发展的带头人，可以是第一个在村口建起农家乐的农户，也可以是一个爱护乡村道路的养路工或是一个普通的农民。

该节目时长每期一般控制在三分钟左右，并会在《1039新闻早报》《一路畅通》和《新闻直通车》等栏目中播出，这些节目在北京交通广播的收听人群中都有比较大的影响力。由于广播的伴随收听属性，反复多次的报道方式更有利于“北京最美乡村路”这一品牌的推广。

“北京最美乡村路”大型采访宣传评选活动有幸获得2012年北京广播电视台节（栏）目创新奖主题宣传创新奖。我们分析，它的创新点体现在以下几个方面：

首先，该节目的创新在于对重大题材的报道角度的选择，虽然是一档主题宣传报道，但却把听众能真实看到、走过的乡村路作为报道的切入点。近些年随着生活水平的不断提升，北京市民的活动半径也不断加大，原有的城区景观已无法满足休闲娱乐的需要，“北京最美乡村路”活动恰逢其时，推出了密云云蒙风情大道、朝阳区通惠河景观大道、昌平草莓大道、通州小堡村艺术大道、海淀西山风景长廊等等一系列节目，这些节目对市民的郊游旅行起到了一定的引导作用。

其次，该节目的创新在于表现形式的多样化，虽然是由广播电台主办的节目，但宣传手段却融合了广播、互联网、微博等多种途径。特别是这档节目的制作处于2012年，各节目利用互联网传播的理念还没有像今天这样深入。

我们在制作过程中，将最美乡村路的主题宣传通过北京广播网、搜狐汽车和北京交通广播网等多个网络平台进行传播，同时，也要求采编播人员在个人微博上进行推送，而且在推进过程中举办的图片征集活动也吸引了很多博友的积极参与。

广播宣传除了每周播出三期报道，每期报道早间、上午和晚间的最佳收听时段首播和重播外，节目宣传片花的制作也颇具匠心，在每条路的制作过程中主创人员还都会制作一个自己独特的宣传片花，这些制作精良的宣传片花会在很大程度上吸引听众的关注。

再次，该节目的创新还在于对广播而言这是一个完整的策划，从前期的候选道路推荐到跨度长达八个月的集中宣传报道，以及随后通过网络、短信和选票等多种形式评选和北京交通广播19周年大型台庆晚会的发布，活动形成了候选道路推荐、集中宣传报道、多种形式评选、活动总结表彰、活动深化提升五个阶段，以“延庆百里画廊”“平谷十八弯景观大道”等为代表的乡村路也成为受到评委推荐的“北京最美乡村路”。

“北京最美乡村路”大型采访宣传评选活动可以说在一定程度上促进了城市和乡村，特别是城镇居民和乡村居民之间的互动和交流，让听众更加深入、全面地了解北京的乡村道路，感受北京新农村的巨大变化。集中宣传过程也是锻炼记者、编辑、主持人队伍的良机，采访中采编播人员以两到三人为一个采访小组，时时关注听众的兴趣点，重劳动体验、重亲身感受，亲身参与农民的生产生活，采编人员深入田间地头、深山峡谷，录制下来自普通农民的生活感受，也由此加深了自身对新农村建设的认识。

当然，现在回头去看“北京最美乡村路”这一主题宣传评选活动，还是存在很多值得改进的地方，最核心的问题是，没有形成一个具有强大操作能力的主力创作团队。

由于任务分解群体是涉及采访记者、主持人等约三十人的团队，每个成员所承担的只是其中一条路的宣传报道任务。虽然每个人对农村发展变化具有了感性的认识，但从项目发展的角度来看，还是出现了参与人员的参与感相对较弱的问题，这也造成了如地面活动与节目配合不紧密这一局面。

在后期北京交通广播推出的如“探寻PM2.5”大型采访报道中，这一问题就得到了有效的改善，北京交通广播抽调公关部的工作人员组成了地面活动的执行团队，同时借助微博、微信等新媒体方式，征集了部分有兴趣的听众与节目制作人员一起走进如“燕山石化”“北汽新能源”等企事业单位，通过亲身感受去了解北京在环境保护工作中的努力，通过广播听众的亲眼所见、亲口所述，增加了节目的生动性和可信性，取得了较好的传播效果。

综合来看，“北京最美乡村路”大型采访宣传评选活动，变主题宣传为郊游出行指南，节目的表现方式变化也确实拉近了城乡间的交流。通过“北京最美乡村路”这样的宣传报道，不断拓展这项评选活动的社会影响力，吸引更多的市民关注北京乡村路，关注京郊的发展和变化，这应该是这项活动最大的收获。

（延安：北京人民广播电台交通广播副台长）

主题宣传与收视共赢

——《生命缘——生命中的第一次拥抱》创作有感

刘书含

读书笔记：

《生命缘》是北京卫视倾情打造的大型医疗纪实节目，开播至今已播出三季，每一季都坚持用镜头记录最震撼人心的抢救画面、最触动神经的生死一幕、最直指人心的情感地带，坚持用真实的故事讲述，带领观众真正地触摸和感受生命的力量，共同守望生命的奇迹。生命的缘分，不仅仅是几亿人才能有的一次相遇，它更体现了生命的坚强与脆弱、人生的浩瀚与渺小。这是对生命的敬畏，是洗尽铅华之后，对生活每一秒都应该铭记的感恩。《生命缘》坚持高品质的医疗纪实风格，向忙碌的现代人传递一个个关于生命和大爱的精神画卷。

2012 年 5 月 7 日，北京卫视播出《生命中的第一次拥抱》节目后，视频在四大主流网站、微博、论坛转帖共计 1,760,000 次。有人说“短片真实记录了助产士的尽责尽心，感谢北京电视台的记者们，是你们向大众展现了医务人员的可歌可泣、可敬可爱”；也有人说“拍得很真实、很实在的片子！希望各地电视台和媒体，都这样深入医院，了解真实的医生护士”。而我们听到的最多的话，就是“因为真实，所以感动”。是什么引发了观众的眼泪，触动了他们的心灵，唤起了他们的共鸣？

从 2012 年 4 月开始，北京卫视推出新版《身边》栏目，清晰定位于“走转改”，要求《身边》栏目以更自觉的媒体责任和更敏锐的观察视角，触及更深层次的社会热点和民生焦点。而医改就是我们持续观察、追踪、酝酿的深度报道话题。

2012 年年初发生的几起伤害医护人员的恶性事件，再次唤起了我们的紧迫感。我们决定深入医院、病房，深入医护人员的日常工作和精神世界里去,挖掘出不为人知的鲜活故事,客观记录中国医患关系的真实状态。于是从 2012 年 5 月开始,北京卫视《身边》栏目策划了系列特别节目《生命缘》。栏目派出了八路记者,分别去产房、急诊室、新生儿重症监护室、手术室、挂号处、儿科病房等各家医院的重要岗位,持续跟踪拍摄了近一个月的时间,共拍摄到了 8,000 多分钟的珍贵素材。在这一个月的时间里,我们跟所有医护人员一起工作、一起忙碌,会为一个患者的病情而揪心着急,也会为每一次成功的治愈而兴奋。我们八位编导在这一个月的时间里,每个人都有着不同的感动,每个人都因为感动而流泪,所以这充满感动的 8,000 多分钟的素材,在变成 240 分钟的节目以后,展现的就是当下一个个充满温情的医患故事。

回忆起我第一天迈进北京妇产医院大门的那一刻,我头脑中还有很多问号,还闹出了一个不大不小的笑话。我曾经问医院的医生,助产士的"士"是手术室的"室"吗?当时医生非常无语,望着我说,是护士的"士"。这我才知道,原来助产士,不是一间屋子,而是一个特殊的职业,他们就是帮助孕妇接生的人。

那天我刚走进分娩室,就听到各种各样的惨叫。这是我第一次直面助产士为孕妇接生的真实过程。看到准妈妈们一次次挑战疼痛的极限,随时面临各种突发状况,我才第一次感到,迎接新生命的过程原来是这样的艰难,这样的令人揪心。直到婴儿终于发出第一声响亮的啼哭,妈妈哭了,我们也忍不住哭了。我们从没想过生孩子是件这么不容易的事儿。这也让我找到了灵感,就要用这种紧张的气氛作为开篇。

但是寻找主人公的过程却颇费周折。在《生命中的第一次拥抱》中,共有两个主人公,李菁和陶然。刚到妇产医院,我了解到李菁是所有 24 名助产士中年龄最大的、经验最为丰富,因此很多非常紧急的情况都会交给李菁来处理,跟着她拍,就一定会有故事。但是只拍这一个人风险又比较大。在拍摄进入第三天时,一个叫陶然的助产士让我眼前一亮:她刚满 24 岁,但是在接生吕翠时,她表现出了超乎年龄的专业和镇定。虽然她自己没生过孩子,当时都还没有谈恋爱,但是她的接生纪录却排在前几名。直觉告诉我,陶然就是第二主角!

主角确定了,我又遇到了一个新的难题。就是谁能同意我拍摄他们的生产过程?因为生产毕竟是一个相对隐私的过程,很多准妈妈不愿意把自己最痛苦的一面展现在镜头前。

这时一名准爸爸走入了我的视线,他从一进产房就显得很慌张,满头大汗。开始他委婉地拒绝了我们的拍摄要求,但是我并没有极力说服他,而是先关心起他的妻子来,跟他聊天;最后,还是他先开口说,让我们帮助他记录孩子出生的第一刻,这才有了在他的妻子生完孩子以后,他不知所措、慌张而开心的真实记录。

后来我跟李菁聊天，知道她有个七岁的儿子，但是因为工作忙，李菁几乎没有时间陪儿子，因此我们决定在夜班前，去李菁的家里进行拍摄。但我们去之前告诉李菁，不要让儿子知道她今天要上夜班。没想到我无意间的一个提醒，却记录下非常打动人心的一幕。

当晚李菁离开家准备上夜班之前，在得知妈妈不能陪他以后，李菁的儿子放声大哭，而李菁，只能自己抹着眼泪出了家门。这一刻，我们的心也跟随李菁的心，一起难过。而此时，我明白了像李菁这样的助产士，对于职业的牺牲和付出，她们每四天就要上一个夜班，而每上一个夜班，她们都像经历一场战役，要对抗极度的疲劳和高度的紧张。同时也让我更深刻地体会到了医护人员的真实生活境地，我被感动了。在北京妇产医院蹲点的近一个月的时间里，我一直沉浸在这种感受之中。我被感动了，之后我的作品感动了观众。这次蹲点过程与其说是一次对医生的观察思考，不如说是我对个人职业经历的深刻反省。我曾经做过的那些报道，有多少能够感动自己？我曾经写下的那些文字，有多少带着眼泪？我读了那么多的新闻教科书，到底在多大程度上懂得了什么叫悲天悯人，什么叫人文情怀？但是我想，在北京妇产医院的蹲点，让我开始领悟到此前从未领悟的东西，它成了我职业生涯的一个新起点。

在采访中深受感动的，并不只是我一个人。我们八位编导在拍摄"生命缘"系列节目时，每个人都是全情投入，每个人都被深深地震撼。比如在妇产医院的挂号室跟准爸爸一起蹲守三天三夜的赵菲菲，比如为了拍摄人民医院的住院总，在医院住了整整一个星期的刘旎，还有在协和医院急诊室陪着医生熬了十多个夜晚的陈芊桐。我们所有人的付出，在收视率上也得到了回报，这八期系列节目在北京地区的平均收视率都在2%以上，而更难得的是网上几乎是压倒性的正面声音。但对于我们每个编导来说，收获远远不止于此。每个人在这次"走转改"的报道中，也更加清晰地认识到了"走基层"带给我们职业观念上的改变。到底什么样的报道，才能真正打动观众，反映我们真实的社会现状？

其实"走基层"本身，就是一种创新。

时任北京市委宣传部部长鲁炜在作采访动员时提出，走基层应做到"四用"，改文风要做到"四有"。"四用"就是用自己的眼睛去观察客观世界，而不是人云亦云；用自己的耳朵倾听人民的呼声，任何时候都把人民放在第一位；用自己的双脚深入基层，和人民群众永远心连心；用自己的思考把握时代的脉搏，努力做好时代的记录者、见证者和弘扬者。"四有"就是有感人的故事，打动读者内心；有鲜活的人物，让采访对象跃然纸上；有生动的语言，用群众的语言来反映事实；有难忘的场景，使读者身临其境。

在北京卫视中心开会的时候，大家都觉得鲁炜的讲话不仅是对新闻记者的要求，更是对新闻价值观本源的强劲回归。而我,正在踏上这条回归的道路。我坚信自己能成长为一名合格的记者,而有一天回望自己的新闻之路,我会说,在北京妇产医院的蹲点,是这条路上一座不可替代的路碑。

节目播出以后,时任卫生部党组书记张茅、时任市委宣传部部长鲁炜和时任副市长丁向阳,专门来到北京电视台,和《身边》栏目的编导以及片子中的主人公一起召开座谈会,交流观看感受和创作心得。在座谈会上,医生、患者和编导坐在一起,畅所欲言,我们更加深入地探讨了中国医改事业的现状和媒体对于医患关系真实反映的重要意义。在研讨会上,我们回放了这八期节目的片段,在场的很多人再一次流下眼泪。在每个人的内心,对"生命缘"系列报道,又有了新的体会和感悟。

"新闻记者只有在路上,心里才有时代;在基层,心里才有群众;在现场,心里才有感动。"这是刘云山同志的话,也是一代新闻人的座右铭。

《生命中的第一次拥抱》是我的起跑点。由此出发,我将忠实践行"走转改"精神,永不懈怠地前行——在路上、在基层、在现场。

(刘书含:北京电视台卫视节目中心《生命缘》栏目执行制片人)

大媒眼光,以巧取胜

——2013 年“神十”“蛟龙”创新组合报道总结

潘 续 秦 溯 苑静华

“可上九天揽月、可下五洋捉鳖”一直是中国人的梦想。2013 年6月 10 日的“蛟龙”出海和 6 月 11 日的“神十”飞天这两件国人瞩目的大事件恰巧赶了个前后脚,面对科学界这两件大事,科学节目《直通科考站》进行创新组合,将“蛟龙出海”“神十飞天”捆绑在一起进行报道。

读书笔记:

一、策划先行,避实击虚

此次“蛟龙——神十”系列报道的起点是团队灵敏的策划嗅觉。“神舟十号”报道计划准确来说是从 2012 年 6 月“神舟九号”发射后,也就是“神舟十号”发射一年前就进入了议事日程。

本来是一场“规定动作”,为什么要提前一年就开始策划呢? 答案其实很简单,因为我们不是“正规军”。身为一档地面频道的科学节目,我们的“出身”达不到“配套宣传”的要求,报道申请可谓是层层受限。资源虽然先天处于劣势,但是对科学大事件的不缺位、不失语的报道决心让我们几经策划和讨论,去寻找和完成一系列最适合团队自身特点的报道思路。

对于观众而言,此次“神十”飞天,除了换了一批航天员外,其他官方信息形不成太大的刺激,正是官方信息的贫乏给了我们独辟蹊径的报道机会。于是,我们“将计就计”“避开正面战场”确立了以记者的体验式报道为主,直击幕后为核心的报道战略,追击事件背后的深度落点,以科学视角解读——寻求独家性、现场感,另辟蹊径。

前方报道思路策划完成后，节目组依靠晚间黄金时段日播的平台，调集资源，整体策划，制作系列节目：在19天的时间里完成了800分钟的报道量，整体节目采用了幕后专题、直播及后续系列专题的三种方式进行。

6月10日，“蛟龙”起航，第二天“神十”发射，节目组为此捆绑播出70分钟的《“蛟龙”出海》和50分钟记者来自酒泉的现场报道《“神十”探秘》，为第二天的“神十”发射预热，晚间时段收视率达到0.59%，同比提升51%。

6月11日，“神十”发射当天，科教中心打破常规，对下午时段进行特殊编排，两小时专题预热，随后一小时的直播“神十”发射，形成了下午傍晚时段2+1小时的节目通联编排，获得0.65%的收视成绩，同比提升了71%。这是科教频道首次对大型的科技事件进行大规模的直播，良好的收视率对于我们是一种极大的鼓舞。

《直通科考站》的脚步并没有随着“神十”的发射而停止，借助“神十”升空的热度，在航天话题的发酵期，做好做足航天报道的第二落点，推出十集《看太空》系列节目：《航天神器》《太空狂人》《太空生活》《惊险时刻》等主题，引发了观众强烈兴趣，增加了收视黏度、提升了节目规模，十期节目平均收视0.65%，同比提升14%。

二、布局合理，灵活应战，执行坚决

一个优秀的报道不仅取决于节目的策划，更重要的是团队的合理布局以及执行过程的不打折扣。对于栏目组来说，首先要保证45分钟日播节目的正常运转，在此情况下，我们将精兵强将分为两组：“蛟龙”报道一组，前后方共7人；“神十”报道一组，前后方共13人。节目安排方面，“神十”组负责制作两集发射前后的专题报道，以及8集围绕航天话题的专题节目“看太空”，同时给观众普及太空知识；“蛟龙”组负责一集探秘“蛟龙号”的报道和一期专家演播室访谈。

一切看起来有条不紊，但是6月8日，频道临时决定要在6月11日“神十”发射当天进行现场直播同时并机央视直播信号，而且要求“不能简单地并机央视信号”。由于人员紧缺，频道紧急调用宣传科与编排科的团队，成立了一个“神十”直播小组，并在短短两天内完成了演播室的搭建，以及和市委宣传部、总装（中国人民解放军总装备部）等单位的协调。为了让直播看起来生动有趣，在主持人的选择上确定由参与过神舟发射报道的周颖和对神舟发射环节非常感兴趣的关文平来担当，两人的主持既有感性又传递了科学知识，深受观众好评。

和后方的步步为营相比，前方的“神十”和“蛟龙”报道团队正在灵活机动地执行着“正规军”都难以完成的任务。到达酒泉卫星发射中心的当天，适逢运载火箭及“神十”飞船从组装车间垂直转运至发射塔，记者张晓龙和摄像阚超设法爬进了发射塔的顶层，站在整个发射场最好的角度，完成了对垂直转运的出镜报道。在“垂转”结束之后，所有的媒体都以为没有什么可报道的了，可两人抓住时间差，再次来到发射塔前，让观众看到了“神十”在发射前的最后状态。这种“傻大胆儿”的行为让他们拍摄到独家素材，用他们的话来说“就差把舱门打开进去拍‘神十’了”。

“蛟龙号”方面，前方小组一共四人，初次出海，乘坐“向阳红”号，从青岛坐船到江阴去迎接“蛟龙号”，一开始他们还很兴奋，时不时地在微信上发照片，看得后方的团队羡慕不已。不过，到了第二天，记者姜文婷和刘旭就开始晕船，两人只好吐了歇会儿，好了再拍摄采访，整整折腾到下船。在整个跟船拍摄的过程当中，“蛟龙”小组的拍摄环境也很艰苦，海风刮得睁不开眼，只能侧着身子说，大雨说下就下，为了拍摄，伞都给摄像机撑着。

作为一个年轻的团队，以上这些细节若不是大家共有一颗坚决执行的心，恐怕很难让观众看到那些现场感极强的画面，也是这种现场感打造了科学节目的灵魂。

三、借新闻热点，将科学做到极致

作为科学节目，《直通科考站》始终认为，新闻事件是传播科学的理想契机，当新闻事件成为大众关注的热点时，其中的科学部分也相应成为观众感兴趣的话题，而同样的科学内容借助新闻事件的推出会事半功倍，节目也达到了以往难以达到的科学深度和厚度。

比如，“神十发射”期间，很多观众都想更多地了解“神舟一号”到“神舟十号”、中国的航天事业都经历了哪些事件。栏目组就策划了一期《难忘神舟路》，通过搜集二十年来的纪录片，重新整合资料、选取最难忘的片段等方式，制作了一期五十分钟科普节目，播出后取得了良好的收视效果。

《直通科考站》认为，“有创新”的前提是先学会精致地做事情，把一件事情做到极致，才有可能再向前一步。当然，把一件事情做到极致并不是一件容易的事情，需要多年的艰苦积累和细致研究。尽管《直通科考站》开播仅半年的时间，可这个班子的成员都是有着多年经验的科学记者，参与过我国科学界的多次大事件的报道，比如：“神舟六号”发射、“天宫一号”发射、“嫦娥一号”发射、“嫦娥二号”发射、“蛟龙”第一次出海等等。正是因为有了这批科学记者，我们才能在第一时间联系到专家，进入到酒泉卫星基地核心地带，跟随“向阳红”去迎接蛟龙。唯有极致的团队借助新闻热点，才能将科学做到极致。

作为一个地面频道的科学类节目,《直通科考站》在报道资源上并不占优势,如此大规模的组合系列报道,不仅在北京电视台科教频道从未有过,即使在全国科学节目领域中也属罕见。这种“大规模”的操作方式让《直通科考站》栏目的影响力迅速扩大,在树立业界“科学大事件权威报道者”形象上做了有益的尝试。

(潘续:北京电视台科教节目中心编导;
秦溯:北京电视台科教节目中心主持人;
苑静华:北京电视台科教节目中心编导)

电视文艺专题片的实践与思考

——《北京公园群众文化活动巡礼·大运河森林公园》导演阐述

李 伟

离创作《北京公园群众文化活动巡礼》系列文艺专题片一晃已经过去三年了，每当静静地坐在电脑前，回看之前制作完成的巡礼影片，这一切仿佛就在昨天。《北京公园群众文化活动巡礼·大运河森林公园》一集曾代表本系列专题片参加了 2013 年北京广播电视台节(栏)目创新奖的评选，并有幸获得了主题宣传创新奖。这次获奖给曾经参与系列片创作的工作人员们以极大鼓励，使我们在文艺专题片的不断创新中更加充满了动力。温故而知新，为了更好地总结经验，开拓创新，现将《北京公园群众文化活动巡礼·大运河森林公园》一集的创作体会整理如下。

读书笔记：

一、创新目标

将“文艺之美”与“生活之真”相融合，摒弃中国电视“党八股”的创作样态。从现实生活中、从真实人物的真实体验中发现电视文艺专题的创作价值，探索能够给予观影者传递生命希望的文艺专题片的新形态和新语境。

二、影片概述

(一)节目名称:《北京公园群众文化活动巡礼·大运河森林公园》

(二)节目形态:文艺专题片

（三）节目时长:20 分钟

三、导演阐述

（一）这是一部具有哪些特质的文艺专题片

这是一部不加任何主观性旁白,完全用当事人真实讲述和客观行动来表述内容的文艺专题片。

这是一部以“讲人话”“反八股”为创作初衷的文艺专题片。

这是一部力求“画面美”“内容真”,看过让人对生活充满憧憬与希望的文艺专题片。

（二）这部作品的人生思考

影片面对的被拍摄者大部分是:生于新中国成立初期、经历“文革”动乱、饱尝人生甘苦、却又不得不直面人生磨难的 40 后、50 后中国人。

海明威曾经说过:生活总是让我们遍体鳞伤,但到后来,那些受伤的地方一定会变成我们最强壮的地方。

本片的主人公是常年活动在通州大运河森林公园中的一群中老年人。他们通过组建“秋枫艺术团”,用舞蹈抒发情感,用歌曲陶冶性情,人到暮年,却重焕青春。影片通过三姐妹之“刘三姐”合唱组合因为唱歌越走越亲,合唱团中的夫妻组合因为唱歌家庭和睦等实例,表现了新时代北京老百姓饱满的生活热情和充实的社会文化生活的主题。尤其要提的是“秋枫艺术团”团长——常见这个人物。团长常见是一位典型的经历了中国各大历史变革阶段的普通中国妇女。她青年、中年、老年的三张照片,浓缩讲述了这一代中国人曾经普遍存在的感受。本片紧扣这一时代特征,通过对三张照片故事的讲述,用客观的视角观察这样一代中国人今天的生存状态。在聆听他们的讲述中思考,在思考中感受生命的坚强与希望、祖国的发展与富强。

（三）总的艺术追求

这是一部内容真实、人性从善、艺术表现唯美的文艺专题作品。

1. 画面

（1）运动镜头的大量使用:尽可能地拍摄并使用运动镜头,或尽可能地捕捉画面中的运动元素。在有些场面中还需要体现镜头的不稳定感,产生真实的视觉效果和增加镜头表达的张力。

(2)对于景深的要求:设备选用索尼800p机型。索尼800p机型的曝光范围使得拍摄中能够实现更大的画面景深。较强的景深效果,不仅从艺术表现上更出效果,同时也为人物关系、人景关系等内容创作提供了更多可能性。

(3)对于景别的要求:侧重两极镜头的使用。本片既要展现群体活动的场面感,同时又要关注特定情境下个体人群的瞬间细节。既要有抒情写意镜头的表现,又要有主观叙述镜头的表达。因此在全片拍摄、剪辑等实际操作中,一定要重视两极镜头使用。

2. 声音

(1)不加后期旁白配音,完全使用同期声的表达方式,增强影片的客观性和真实感。

(2)写意桥段的音乐设想。本片开篇、结尾等部分都有写意风格的段落。开篇在交代京杭大运河人文历史的写意段落中,选用了有一定历史厚重感的音乐;而结尾的写意段落则侧重于对全片主题的表达之上。

(3)过渡桥段的声音设想。由于本片不加任何旁白解说,因此在讲述与讲述之间,场景与场景之间都会存在自然过渡衔接的段落。在这些衔接点上要以画面信息为基础,利用同期声或背景音乐的淡入淡出、叠化等剪辑方式使得全片场景转换更完整、更流畅。

(四)导演对专题片"自我表达"的思考

在从事专题片创作时,我们经常会谈到选题的故事性,故事的真实性,真实性基础上的艺术性表达等这些问题。在一个选题确立下来后,我们会努力地从选题中去寻找典型人物的典型故事;在典型人物、典型故事浮出水面之后,我们再根据这些素材策划和构思如何用一种贴切的、不影响故事真实性的影片形态进行艺术性表达。在日复一日的创作过程中,渐渐地我们发现:创作者能否感同身受地进行自我表达,如何在"主观"与"客观"、"真实"与"艺术"之间找到自我表达的契合点?这些对于能否创作出一部观众愿意接受,同时又符合专题片创作诉求的作品有着至关重要的作用。

"自我表达"是专题片创作中实现个性化和风格化的重要手段;强调"自我表达",彰显艺术个性是突破专题片固有创作模式的有效途径。

自我表达不是盲目的,也不是天马行空、无所约束的。它应该是建立在尊重客观存在和尊重人物、事件真实性基础上的自我表达。创作者适度的自我表达将会使得作品更具个性化，而这种个性化的表现是与创作者本人的价值观和文化背景息息相关、紧密相连的。

创作者的自我表达贯穿整个作品的创作过程。从选题策划、前期采访、脚本撰写、实地拍摄直至后期编辑，创作者都会将自己对身边世界的认知和态度通过自我表达的方式融入到作品创作的过程中。正确地看待自我表达，有助于专题片创作的百花齐放；重视自我表达个性化的彰显，有助于专题片走出困局。

对“自我表达”的思考和尝试，是源于试图解脱在实际工作中的困惑，这样的思考和尝试至今也都未停止过。希望我们的专题片能够像《美丽中国》一样，像《舌尖上的中国》一样，摒弃“党八股”的创作样态，将“艺术之美”与“生活之真”相融合，探索出一条更具个性之美的专题片创作之路。

（李伟：北京电视台文艺节目中心《北京公园群众文化活动巡礼·大运河森林公园》导演）

细节深处的红色历史

——《从“一大”到“十八大”》创作笔谈

吴志勇

读书笔记：

为了宣传中国共产党的辉煌历程和伟大业绩，中央组织部党员教育中心、中央党史研究室宣传教育局、中央档案馆、北京市委组织部、北京市委宣传部、北京电视台共同推出《档案》九集大型系列节目《从“一大”到“十八大”》。

《从“一大”到“十八大”》历时七个月摄制，是全国电视媒体首次独家解读“中国共产党历次代表大会”的系列节目，节目以中国共产党的两个历史问题决议为指导，坚持实事求是，准确反映党的历史主题和主线、主流和本质。该系列节目共分为九集，通过保存于中央档案馆的珍贵历史档案、文献、实物、图片、影像等资料，结合真实、生动的人物故事，阐述中国共产党在国家革命、建设、改革事业发展的各个重大历史阶段始终起着统领、指导和推动的重要作用。每集选取具有代表性意义的事件为切入口，将一个个当年的悬念和谜团，以及对如今的观众来说依旧鲜为人知的历史细节以抽丝剥茧的方式解读。

从红船建党伟业到中国梦的起航，整整91年，中国共产党走过了一段不平凡的历程。期间党的每一次代表大会，都是在历史的关键点上召开的；它所面对的课题，无不打着时代的烙印；而它所形成的决议，无不产生了巨大的影响和作用。因而，从一定的意义上说，《从“一大”到“十八大”》需要传达的，不仅仅是一次党史的教育，它同时也是一次历史的教育，有助于观众从纵向的坐标上深化对“十八大”精神的认识与理解，对前途更加充满信心。

题材的重大、立意的深远、表述的简明，都决定了节目宏大叙事的类型和风格。而宏大叙事所主要要求的就是准确再现每次党代会的特点、本质与其历史的功过得失。

节目组希望通过取精用宏、以简驭繁、画龙点睛的方法做到这一点。在对“一大”的解读中，我们看到了中国共产党是如何诞生的，看到了新生的中国共产党人肩负着什么样的历史使命。在对“二大”的解读中，我们看到了年幼的共产党人如何确立了彻底反帝反封建的民主革命纲领，从“决议”第一次喊出“中国共产党万岁”的口号中，我们感受到了中国共产党人对自己事业的自豪与信心。在解读“十二大”之后的内容中，节目紧紧围绕社会主义市场经济体制的确立、邓小平建设有中国特色社会主义理论的形成和“三个代表”重要思想、科学发展观的提出展开。对于这一历程的解读使我们认准了旗帜，看清了道路，充满了激情。在对“十八大”的解读中，我们看到了大会承前启后、继往开来的特点，看到了它的诸多新意与亮点。习近平总书记此后“中国梦”的论述，无疑标志着党领导人民在坚持中国特色社会主义道路，在全面建成小康社会的宏伟目标前，又开启了新的航程。

从“一大”到“十八大”，历史发生的巨大的变化，给中国人民留下了丰富而深刻的启示。在诸多的历史细节上，这也是一次权威与令人信服的解读。权威性来自史料的真实性与说服力，来自叙述、评价的准确性与逻辑性。

虽然只有不长的九集的篇幅，但节目组利用了中央档案馆首次公开的上千份国宝级的珍贵史料，厘清了诸多有争议的事实，还原了历史的真实面貌。

第一次党代会召开日期的确定是其中突出的一例。长期以来，众说纷纭，难以确认。此次节目组通过出示共产国际保存的一大代表的“报告”，明确作出了定论。此事经董必武提供的线索查证，在1957年苏联归还的密档中得到证实，其真实性与权威性毋庸置疑。于是，我们通过节目告诉广大观众：中国共产党第一次代表大会召开的日期是在1921年7月23日，其他的说法都不确切。

“三大”确定“国共合作”的动因，以前对于多数观众来说，这也是一个不甚清晰的问题。节目展示了马林衬衫中的第三国际的密令，历史的真相终于浮出水面。对这些史料的大量披露与准确地使用，无疑为作品真实、全面反映历史的权威性与可信性提供了保证。

更重要的自然是贯穿全节目的实事求是的精神。节目组以党的两个历史问题的决议为指导，坚持让史料说话、公允客观，既准确反映了历次党代会的主题和主线、主流和本质，又不回避某些会议的错误或不足。该肯定的得到了充分肯定；应否定的得到了明确否定。例如“六大”推选向忠发为中央政治局主席；例如“九大”“十大”，节目不但给予了明确否定，而且分析了错误的原因，令人警醒，促人深思。

节目题名为《从“一大”到“十八大”》，但并不意味着我们的目光只是停留在“代表大会”上。“遵义会议”“七届二中全会”“十一届三中全会”等作为重要的党史事件，也被作了突出的介绍。它们丰富、深化了我们对有关党代会的认识，也使节目浓缩党史的意图得到了更为真实、全面、系统的体现，因而也更具权威性与说服力。

在此类政治题材的节目形态上，节目组采取了讲述方式的变革与创新。以往的不少政治题材的节目从政论到政论，从推断到推断，内容枯燥、形式呆板，令人难以看下去。《从“一大”到“十八大”》却正相反，它不仅引人入胜，而且常常使观众欲罢不能。

为此，节目组在“怎么说”上下了一番功夫，在每集中都以吸引观众的问题或事件作为切入点，设置悬念，制造看点；接着又以揭秘、解密的方式抽丝剥茧，层层深入，予以解读。比如节目的第一集，随着讲述人谭江海富有激情、抑扬顿错的讲述，节目组首先提出了关于“一大”召开具体日期的争议。通过对苏联档案馆 1957 年送回的密档的展示，给予了明确回答。由此转入“南陈北李，相约建党”的佳话。从历史背景、会议进程，乃至代表争论，对“一大”进行了深入、生动的解读。一切都是观众所关心并希望知道的，因此，观众会始终注视着荧屏。

我们可以把它称之为揭秘、解密与故事化的叙述；也可以称之为适应观众观赏需求的叙述。显然，它把严肃的政论解读形象化、生动化了；它充分调动了电视声画表现的潜力，契合了观众的欣赏心理。所以，它深受观众的喜爱绝非偶然。

节目形象生动的另一个原因是重视写人，并且善于在重大历史事件的背景下，抓住富有深意的典型细节来写人。历史的、政治主题的解读与艺术的、生动的人物刻画在这里达到了高度的统一：人物因历史的烘托而更为鲜明；历史因人物而生动。

在对“六大”的解读中，节目通过周恩来夫妇奔赴莫斯科出席“六大”一路遭遇的艰险，体现了革命之路的曲折与艰辛，也体现了共产党人忠诚事业、无私无畏的崇高。在对“七大”的解读中，通过毛泽东在选举中央委员的投票后，不离现场，急切关注，希望几位犯过错误的同志能够入选的描写，体现了领袖的远见与襟怀；也感受到了“七大”何以能开成一个“团结、胜利”的大会的原因。在对“十四大”的解读中，通过邓小平在家收看电视，情不自禁地为报告叫好，以及之后驱车前往人民大会堂与代表见面的刻画，我们看到了“十四大”的成功，看到了这位年近九旬的“改革开放的总设计师”对党的事业的深切关怀。

如何把史学研究的新发现、新成果呈现给普通观众，如何将宏大的题材、严肃的话题形象化、生动化，使其更具有观赏性、感染力，电视专题片《从“一大”到“十八大”》无疑作出了有益的尝试。

（吴志勇：北京电视台卫视节目中心《档案》栏目主编）

对角线：在历史与未来之间

——《中国梦——365个故事》的心迹与行迹

吴 群

“载金的泥浪被干旱切割，被地下的泪水侵蚀，却在一段时间里保持着风暴的形态”（维克多·谢阁兰《碑·黄土地》）。1914年，当谢阁兰踏上中国“大对角线”之旅时，中国正被“泪水”与“风暴”包裹，一个古老国家的时代断面，如画图般徐徐展开。那个时代，放在中国这个辖域来说，是帝国没落、民国新生的时代；放在世界的辖域来说，则是西方强行将东方纳入世界史进程的时代。前者，中国学人陈寅恪在《王观堂先生挽词并序》中将之认作“一种文化值衰落”之时；而后者，日本学人竹内好在《何谓近代》一文中将之认作东洋乃至亚洲“为了自我确立而进行的殊死搏斗”之时。简言之，那个时代是百年“中国梦”艰难起航的时代。

读书笔记：

作为一位诗人、作家、汉学家、考古学家、海军军医和民族志学者，维克多·谢阁兰一生与中国结下了深厚渊源，也因书写中国而负有盛名。“大对角线”，是谢阁兰为了描述他的考察行迹的空间特征所起的几何学名称。正如其名称之虚拟，这条在中国土地上并不存在的线条，早已隐匿在历史的庞杂线索里，但是却残存在作者的日记、笔记、照片、通信和诸多同行者的记录中。1914年2月至7月，谢阁兰从北京出发，穿冀豫，入陕川，由滇而返，一路考察沿途风貌、古迹、环境、交通、水利、生产、生活，留下了大量系统的影像和文字记录，成为今人了解彼时社会的珍贵文献。阒寂与墟烟，颓伤与春草。“没有距离，只有我这双眼睛阅读你的间隔/没有深度，只有你那些凹陷处必然的起伏/我今日知道的一切，如此真诚，如此丰富，如此清晰”（维克多·谢阁兰《碑·瞬间》）。

如果说一百年前中国在西方人眼里的典型形象是“停滞的帝国”，那么现在大概就趋于另一极端：一个不停快速变化的国度。汉语中“崛起”的“崛”字，在西方人看来，像一座略有裂痕的大山正在被什么东西冲破。他们对这个字从地理学意义上的讨论多于国际政治意义：它描绘的是一场地震。2004年春天，在爆发鸦片战争的海岸线附近，几十名中外学者齐聚一堂，讨论中国的崛起，对于如何翻译“崛起”一词意见不一。中国官方学者在“崛起”一词前面加上了关键的褒义词：和平。一场和平的地震。中国，在世界的目光下，正处在一个由于地壳运动而慢慢拱起的山谷之上。

然而，并不是每一个处在上升曲线的国度都拥有由其国名命名的宏大梦想，事实上，这种由国家名称命名的梦想叙事，首先是指在特定历史时期，这个国家所代表的对某种价值理念的追求和胜利。1980年，斯特兹·特克尔从美国东海岸走向广阔的西部腹地。三百个采访对象，面对每一个人，他劈头就问：你的美国梦是什么样的？在这三百人之中，特克尔选择了一百人，编成《美国梦寻》一书。因为对口述文体和社会调查的出色运用，特克尔获得了普利策文学奖。

当年的健美运动员施瓦辛格在口述中说：“我是西方哲学的坚定信徒。它是成功的哲学，进取的哲学，致富的哲学。东方哲学是消极的。一百次里我可能相信三次，而九十七次我都相信西方哲学，它意味着征服、前进。这是一种漂亮的哲学，美国应该坚持这种哲学。”尽管已经有无数事实和艺术作品，揭示了“美国梦”背后的虚伪和残酷，但这种坚定的口吻仍让人羡慕，时至今日，这种哲学和价值观仍然是凝聚美国民众的核心观念。

那么，所谓的“中国梦”会有自己特定的价值内涵吗？会有施瓦辛格式的自信口吻或者中国古代儒家曾经有过的强健理想吗？在二十世纪剧烈的历史变动中，我们的精神故乡荒芜破碎，来路苍茫，当代中国人，正在变成一种文化身份不明的种群。“中国梦”在由贫乏的政治话语构成的宣传轰炸中，我们对这个词语已经脱敏，丧失了体验的能力。什么才是当代中国真正的“中国梦”呢？民族复兴的伟业，是如何与国民个体相连接的？难道真如外媒观察，改善物质生活成了中国人生活的全部追求？什么是我们民族笃信的核心观念和追求的恒久价值呢？中国将以具有什么样特性的大国面貌出现在国际舞台？我们孜孜以求的所谓现代特性究竟具有什么样的内涵，而这样的现代性究竟根植于数千年来中华民族灵魂的深处，匿身于中华文明的价值谱系之中，还是必须来自其他“现代国家”所代表的物质文明、制度文明、精神文明的移植？我们是否再度需要一次“灵魂深处的革命”？我们真正能够实现保有自己的文化特性并与现代西方文明平等对话与交流吗？

整整一百年了，谢阁兰的“大对角线”之旅，为我们提供了一个观察中国百年变迁与民族复兴的时空线索。巨大而荒诞的变迁感,犹如快速游动的触须,瞬间蔓延到你的意识深处。这个取景框内的中国,几乎不是我们熟悉的中国,这个文化“他者”,竟是我们民族自身。这中间的间隔,不只是一百年的光阴日影,还有我们文化观念与坐标的颠倒与转换。一个民族只有在感觉到其他民族的“注视”时,才能意识到自身文化的意义。我们曾经不在乎或者说根本意识不到其他民族对我们的看法,近代以来相当长的时间里,我们又太重视别人,尤其是西方人对我们的看法。我们已经习惯用西方人的眼光看待自身,西方成为中国文化自我意识的尺度。

在西方这面镜子中,我们获得自我的形象,表现并塑造自我的形象,感到希望与失望、焦虑与缺憾、自信与自卑。而不管自信还是自卑,西方总是抱以某种“绝对”的目光,西方几乎就是自我之外的全部世界。西方“逼人的注视”,构成了现代中国的某种文化处境,中国现代文化不仅在西方文化视野中结构自身,甚至被西方文化所构筑。我们在反思与重建中国文化的同时,是否也应该重建中国面对西方文化的态度与观念呢?或者如果注定发生,我们将如何迎接一场决定大国兴衰的全球性文明冲突呢?

鲁迅先生当年面对西方人对国人的评价警示说:“看了这些,而自省、分析、明白哪几点说得对,变革、挣扎、自做工夫,却不求别人的原谅和称赞,来证明究竟怎样的是中国人。”

如果说“美国梦”包含了个人自由和雄心的基本取向,而“中国梦”反映出来的则是丰富的历史内涵和13亿人民可以获取的广阔机会。上述问题的答案,将由普通的中国人民来回答。活生生的个人追求、经历与命运,将比文字与逻辑更能够表达我们民族的梦想能量。《中国梦——365个故事》拉开光谱,通过对365人的记录与口述,用足够的数量来搭建当代中国的结构,这些口述会累积成为我们时代的精神史诗。我们尝试去追寻和发现那隐藏在面孔、话语、行止和思索之间的最真实的中国心灵和国民意志。总有一些人代表着民族的未来,他们以不自知的精神储备和生命能量回答着历史的提问——这是只属于这一个民族、只为这一个民族的子孙所契悟的时间的秘密。因此,我们无意对“中国梦”进行简单化或庸俗化的阐释,犹如谢阁兰一样,我们希望这是一次深入中华民族心魂的行旅。

“没有距离,只有我这双眼睛阅读你的间隔/没有深度,只有你那些凹陷处必然的起伏/我今日知道的一切,如此真诚,如此丰富,如此清晰。”(维克多·谢阁兰《碑·瞬间》)

(吴群:北京电视台365集微纪录系列片《中国梦——365个故事》总导演、制片人)

立体宣传 区域联动

——“美丽环境,绿色行动,探源 PM2.5”大型采访报道主题宣传创新初探

王玉玲

京津冀三地交通广播联合推出的“美丽环境,绿色行动——探源 PM2.5”大型采访报道活动于 2014 年 3 月底正式启动,从采访开始到最终播出完成,时间跨度从 3 月到 10 月共八个月。正是这八个月的努力,让我们获得了 2014 年北京广播电视台节(栏)目创新奖主题宣传创新奖。

读书笔记:

主题宣传创新区别于其他创新,除了主题设定的巧妙、新颖、贴合实际,还要有一系列的配套措施,所有这些共同发力才能达到预期的宣传效果。总体来说,我们从以下五点进行了尝试,也是一次对主题宣传的探索。

创新点 1:深入浅出

此次采访活动的主题创新首先在于用通俗易懂的采访内容展现京津冀地区在环境保护方面的工作及成果。

尽管在北京几乎每人每天都在关注 PM2.5 指数,可是却很少有人能够准确地叫出它的中文名字“细颗粒物”,更别提与之相关的其他概念了:无机成分、有机成分、微量金属元素……为了让听众能够听懂节目,进而形成认知,我们的采访力图通俗易懂。没有高调的语言,内容朴实展现,尽可能找寻和市民生活相关的报道点。比如从西直门桥北道路旁顶端有两个帽子形状的仪器说到监测 PM2.5 的采样,从租赁新能源车代步说到对尾气排放的认识,从淘汰老旧车的优惠政策说到三年淘汰近九十万辆车的成果等展现出为减少 PM2.5 政府和市民所作的努力。

创新点 2:区域联动

此次采访活动的主题创新还体现在京津冀三台交通广播长达八个多月的同步采访报道。

值得一提的是,此次三地联合采访正在积极策划时为 2014 年 3 月份,习近平总书记提出了京津冀协同发展的国家战略。也许是巧合,也许正是三地发展的需要,这一重要背景更激发了三地交通广播合作的热情。三地政府通过区域密切合作,取长补短,统一标准,在 PM2. 5 的治理中实现联防联控,以达到事半功倍的效果;三地交通广播更是希望在这一过程中发挥媒体的作用,探究事物本质,监测社会环境,传递有效信息,教育市民大众,引导群众行为。

在长达八个月的四轮采访中,三地联合采访组记者在这次报道中紧密配合、相互协助,报道既突出了对 PM2. 5 的治理并非一地一市的局部工作,也有助于了解周边省市为抗击雾霾所采取的积极措施及取得的效果。

创新点 3:点面结合

此次采访活动的主题创新在于借力强大的新闻宣传平台。

除参与此次采访报道的京津冀交通广播外,作为北京人民广播电台 2014 年年度品牌报道"美丽环境 绿色行动"系列之一,借力北京人民广播电台新闻广播、外语广播等电台所属多个频率以及北京广播网的宣传力量,扩大活动的影响力,实现了广播报道由点及面的宣传效果。

创新点 4:线下互动

此次采访活动的主题创新还体现在结合节目定位推出一系列地面公众活动,倡导更多的市民投入到"美丽环境,绿色行动"中来。

如:组织十余名三地交通广播的热心听众参观北京汽车新能源车的生产基地,开展新能源车的试乘试驾活动;组织听众参观燕山石化清洁空气的具体流程等,用亲身感受讲述治理成果,让听众对治理雾霾的决心和采取措施的力度有了直观的认识。

创新点 5:立体宣传

此次采访活动的主题创新还在于立体化全媒体的报道方式。每次报道都有广播记者和新媒体记者共同参与,并有北京广播网视频摄制人员全程跟踪,最终呈现的是广播报道与微博、微信、网页专题等多种新媒体手段的立体化报道思路。特别是通过 Flash 动画等手段,将"探源 PM2. 5"采访报道的主旨通过网络传播,使采访报道活动更具影响力、更鲜活。

经过一年半的科学研究，北京市 PM2.5 来源解析最新研究成果于 2014 年 10 月 31 日发布。环保部门最终发布的调查报告显示：北京市全年 PM2.5 来源中本地污染排放贡献占 64% ~72%，区域传输贡献约占 28% ~36%。在本地污染贡献中，机动车、燃煤、工业生产、扬尘为主要来源。这一结果，与此次“探源 PM2.5”采访报道的推导方向和结论都保持了高度一致，为整个报道活动画上了圆满的句号。

“探寻 PM2.5”采访报道活动在京津冀地区开展了四轮近二十个主题的采访，仅北京交通广播就播发连线报道和录音报道百余篇，并在“十一”期间推出系列专题和深度访谈。

报道展现了北京市治理 PM2.5 的实施状况，引导公众了解治理的难点和时间的长期性，并期望达到影响部分公众采取更加环保合理的生活和出行方式这一目标。

（王玉玲：北京人民广播电台交通广播公关部主任）

SHUZI DIANSHIJIEMU CHUANGXINJIANG

数字电视节目创新奖
新媒体视听节目创新奖

数字电视节目创新奖评选标准：

基于有线和地面数字电视传输技术的电视媒体，根据自身特定的目标受众、收视环境和运营方式，在节目策划创意、节目形态、内容选题、制作手段、表现方式和技术应用等方面，至少有两项鲜明的创新要素，使得节目在专业性、服务性、贴近性或定制化上，更加符合特定受众的收视需求和自身媒介特点。

评选范围限于：

数字电视、移动电视、城市电视、地铁电视、中广传播、歌华有线高清交互平台等媒体的自有版权原创节目。

新媒体视听节目创新奖评选标准：

基于互联网和移动互联网技术的视听新媒体，遵循互联网媒体的基本特性，在节目创意策划、节目形态、内容选题、制作手段、表达方式和技术应用等方面，至少有两项鲜明的创新要素，使节目更加符合分众化、互动化、社交化的音视频媒体发展趋势，获得较高的点击量和较好的传播效果。

评选范围限于：

网络广播电视台、菠萝台、流媒体手机电视、IPTV、移动应用客户端等新媒体自有版权的原创节目。

2014年数字电视节目创新奖获奖作品

《秀逗爱生活》(北广传媒移动电视)

2014年新媒体视听节目创新奖获奖作品

《北京故事－明星的北京情缘》(北京人民广播电台网络媒体中心)

专家评析

全媒体环境下数字电视及新媒体视听内容的差异化竞争

——数字电视节目创新奖、新媒体视听节目创新奖获奖作品评析

孙振虎

当下媒介环境在不断变化，全媒体的印记已经渗透到了媒介传播的方方面面，全媒体记者，全媒体融合传播等新兴事物的层出不穷，不仅给传统媒体带来了新的挑战，也给第一代的新媒体，诸如数字电视以及移动电视、网络电视提出了新的挑战。数字电视和新媒体视听内容要取得长足发展，在全媒体环境下必须对自身进行准确定位，既要利用好新媒体技术紧跟时代潮流，又要利用自身媒介特性进行传播内容上的差异化竞争。

一、深挖媒介特性 重视互动和碎片化传播

不同于传统媒体业已成熟的制作规范和传播模式，数字电视与新媒体视听作品不仅在创作团队上还存在着磨合期，而且在内容生产上也在不断探索自身的媒介特性。

本次节目创新评比中入围的大部分作品，都充分考虑了媒介平台的自身特点和传播要求。比如：北京网络广播电视台推出的《BTV 大媒体客户端巴西世界杯全媒体互动报道》，针对巴西世界杯这一所有媒体进行集中轰炸的报道内容，采用了更加具有新媒体传播特性的互动报道模式，以矩阵式的包围报道，充分展现了新媒体的优势，用极具亲和力、贴近生活的方式赢得了很高的点击量，用户的参与量也达到了高峰。世界杯系列活动最后统计点击量达 25 万余次。

而移动电视、地铁电视和城市电视送评的节目《秀逗爱生活》《美食 0 换乘》、《GO！巴西》等节目，都保持了五分钟以内的播出时长，充分考虑了数字电视碎片化播

出的特点和要求,同时为了解决播出环境嘈杂的现实困境,采用了更为显眼和醒目的字幕进行内容引导,从而明显有别于传统电视的传播模式。

同时,无论是数字电视和新媒体视听节目,其受众群体大都是青年人,因此在传播的语态上,它们更多地选择了青年人喜闻乐见的网络语言和都市流行语,从而有别于传统电视以中老年人为受众主体的传播语态。

二、跨平台合作 享媒介融合成果

毋庸置疑,随着各类新兴媒介的诞生和应用,受众已经脱离了以往单方面接受媒体信息传播的局面,对信息的主导作用越来越明显,这一方面体现在获取信息的渠道手段上更加多样化,另一方面也表现为受众对信息内容的需求更加多元化,单一形式或单一内容的媒体已经远远不能满足受众日益增强的信息需求,传统媒体通过"媒介融合"的方式提供信息和服务成为必然的选择。目前采用最普遍的媒介融合是一种各种媒介大整合之下的新型操作方式,将电视、报纸等传统媒体与互联网等新兴数字媒体的采编流程有序整合、有效融合,实现资源共享,内容互补,产生出各种类型的信息产品,通过不同的媒介平台传播给不同需求的受众。① 新媒体视听节目与传统媒体的融合,能够产生巨大的传播效果和媒介价值。

在与传统电视的跨平台合作方面,北京人民广播电台在菠萝网上播出的视听节目《北京故事——明星的北京情缘》是对广播直播间视频录像的整理和加工,真正做到了一套广播节目生产出两套音、视频产品。节目的主体部分都是将本来只闻其声,不见其形的广播音频内容,转化成为直播间视频内容的集成,用娱乐的形式来宣传城市的精神——虽然看起来是在讲事,但其实是在说城,通过人的故事来体现一座城的品质。

短片共讲了七段明星故事,每一段故事都体现了北京的一个品质:歌手袁成杰辛酸的北漂往事,银行卡里只剩一块钱却依然不退缩——梦想;台湾歌手张悬的奶奶是北京人,所以北京对于她来说就有着别样的感情——亲情;任贤齐的几首大热歌曲《春天花会开》《浪花一朵朵》都是为北京这座城市而写的——个性鲜明;张信哲回忆第一次在北京开演唱会的情景,北京歌迷用打火机充当荧光棒,毫不惜力地呐喊、跺脚给他留下深刻的印象——热情;台湾音乐人方文山为北京创作主旋律歌曲是因为受到了"北京精神"的感染——包容等等。

---

① 陈卫亮:《全媒体环境下的媒介融合道路——以第一财经传媒为例》,复旦大学 2012 年硕士学位论文。

同样的,BRTN(北京网络广播电视台)和IPTV(北京网络电视)积极响应重大新闻事件的积极跟进,依据新媒体的受众群体特点和传播特性,进行碎片化内容的发布,分别制作了《飞机去哪儿了——马航失联大追踪》《春晚24小时播不停》等节目,也是对传统媒体资源的充分利用和整合,同时也加入了自身的原创内容,使得个性特色和强强联合的运营思路得到了有效融合。

由此可见,内容集成和整合,以及在其基础上的解构与重组实际上就是新媒体视听内容的具体做法和差异化竞争模式,它不仅具有"四两拨千斤"的效果,而且有效地解决了新媒体视听内容的制作团队人员少、经费少的实际困难。

三、宣传公益发布应急信息 发挥公共属性

无论是数字电视还是新媒体视听节目,从功能上来讲还是大众传播媒体。一方面,"服务政府公共管理、服务市民精彩生活"始终是它们的宗旨,由于终端配置的公共性,就必然使得在终端上播出的信息带到所经过的广大人群中,所带来的权威性、影响力是十分巨大的,因此新媒体视听节目以新闻报道反映和引导舆论为己任,充分发挥移动电视作为党、政府和人民的喉舌的功能。另一方面,作为公共媒体,受众处于相对被动地位,具有对某一项预设好的传播内容的"必视性"和"必听性",有利于培养社会大众群体性收看统一节目的自觉性,这对于某些预设好的内容来说,传播效果更佳。①

数字电视以及新媒体视听节目的这种传播特点决定了其在公益宣传和应急发布上应该责无旁贷地承担起更多的社会责任,发挥其公共属性职能。比如,欢乐极短剧《秀逗爱生活》是一部北广传媒移动电视自制的周播迷你剧集,全剧是由互不关联的零碎小片段组成。秀逗这个角色,就是一个总想着投机取巧达到自己目的的人,但是,每次的结局都是事与愿违的。创作团队想通过在秀逗身上发生的小故事,传达一个理念:遵规守纪,讲求合作,共同努力,一起营造和谐社会。虽然碎片化的故事充分尊重了新媒体视听内容的特点和属性,但是这种搞笑娱乐的内容,最终却是为了发挥媒体的公共属性的目的而制作的。节目用喜剧的形式宣传环保公益、扶残助残、合理作息等主题,将公益宣传片引入短剧的模式进行了创新诠释。

《秀逗爱生活》紧随社会热点话题,根据受众关注焦点,栏目组及时设计话题,例如获奖的这集的创作,就是在助残日前夕。本集中,主人公秀逗为了方便,将私家车停

---

① 中国广播电视协会移动电视分会、易观智库:《中国移动电视发展报告(2013)》,中国经济出版社2014年版。

放在残疾人车位上，并佯装残疾人骗过了管理员。诡计得逞后，次日秀逗再次将车停放在残疾人车位后，却因不顾交通安全被车撞到，真的成了残疾人。本集在今年全国助残日期间播出，契合助残宣传主题，将搞笑与关心残疾人群体、关爱身边残疾人理念融为一体，让大家在开心一笑之时，也自觉接受了“关爱残疾人，从身边小事做起”的理念。

总之，大众传播的内容对于任何一个媒体来说，都具有举足轻重的地位，传统媒体千帆竞渡，新兴媒体百舸争流，技术发展再迅速，媒体仍要以“内容为王”，数字电视、户外媒体也概莫能外。如何以丰富的内容、鲜明的风格吸引受众的注意力，如何根据各类平台自身媒介特性制作节目，如何紧跟时代潮流应用最新科技手段促进自身发展，都是摆在数字电视以及新媒体视听内容面前实实在在的问题。数字电视和新媒体视听节目要取得长足发展，在全媒体环境下必须对自身进行准确定位，既要利用好新媒体技术紧跟时代潮流，又要利用自身媒介特性进行传播内容上的差异化竞争。

（孙振虎：中国传媒大学新闻传播学部教授；
北京广播电视台节（栏）目创新奖专家评审）

创新路上我们快乐地行进着

——《秀逗爱生活》创作经验浅谈

王　琛

《秀逗爱生活》作为2014年北广传媒移动电视首创的户外媒体幽默短剧，不仅在总台系统内户外媒体创造出了多个第一，同时还开创了全国移动电视的多个第一：

- 第一部自制的迷你剧集；
- 第一部实现节目销售的栏目剧；
- 第一个季播节目；
- 第一个视频网站专题页面推出的节目；
- 第一部公司全员参与的栏目剧。

读书笔记：

当今，在媒体融合的大背景下，《秀逗爱生活》欢乐极短剧在播出推广上还得到了优酷、爱奇艺等视频网站的大力支持，让其可以在PC终端、手机、平板领域也占有一席之地。我们相信未来的《秀逗爱生活》还将在此基础上，更好地吸收不同的网络资源，进行更多创新。

一、大环境下的新媒体内容为王——以顺应受众需求为根本

在目前新媒体发展的大潮下，人们的目光已经不仅仅局限在电视荧屏，电脑、平板、手机等各种收视终端都分散着受众的注意力。在如此背景下，吸引受众的目光就变得愈加困难。尽管如此，“内容为王”依然是传播者的核心基础。根据《前瞻分析报告2012》分析，幽默短剧类节目是除新闻资讯节目外，移动电视受众的第一大偏好内容。基于此，欢乐极短剧《秀逗爱生活》应运而生。剧中，创作团队设计了一个憨态可掬的“秀逗”形象，他是一个普通的小人物，角色身份并不固

定，有时是父亲，有时是单身，有时是路人或者公司白领。他的角色表现大都是现实生活中各种“屌丝”形象，而且经常会有许多稀奇古怪的事情发生在他的身上，可以说他是一个不折不扣的倒霉蛋。所以，该剧通过讲述发生在这个倒霉蛋身上的轻松幽默的囧事，让观众开怀一笑，最终还要达到传递社会正能量的目的。

二、结合自身媒体特点，寻找创新点

《秀逗爱生活》的播出环境是在相对嘈杂的公交车上，声音到达率较传统媒体相对薄弱，所以该剧区别于当下流行的网络剧，撇开大量的语言包袱，用幽默哑剧的形式、夸张的剧情和生动的表演来吸引观众的注意，让受众抬起头来看屏幕。

另外，该剧在剧本创作及影片拍摄等多方面无处不体现创新点。首先是在剧本创作上，《秀逗爱生活》第一季 50 集的剧本没有邀请一位专业编剧，都是公司同事们共同智慧的结晶。为了紧跟社会热点话题，第一季编创了关于环保公益、扶残助残、合理作息、遵纪守法、讲求合作等多方面的剧本，起到了很好的宣传效果。

同时，为了增加新媒体与观众的互动性，在拍摄过程中，剧组还组织“秀逗探班会”增加了观众参演环节，让移动电视的粉丝们也能圆演员梦。此外，剧组还邀请观众作为节目的特约编剧，让大家把生活中的奇闻、囧事、开心事记录下来，在节目中展现和放大，真正做到节目情节贴近群众。

三、草根秀逗演绎无厘头喜剧

《秀逗爱生活》最大的看点是无厘头，而动作表演及其神经质的演出则是本剧的亮点。纵观此类短剧，大都是职业演员，但《秀逗爱生活》里的所有演员都非职业演员，全部都是移动电视公司各个岗位的工作人员，可以说是全公司出动，几乎每一位公司员工都参与到了节目当中。从主演到配角，所有演员都用积极的态度，实现了他们日常生活中最疯狂的想法。同时，节目用喜剧的形式宣传环保公益、扶残助残、合理作息等主题，将公益宣传片引入短剧的模式，进行了更新的诠释。

四、剧本创作紧随社会热点话题

《秀逗爱生活》每一集的主题都是根据受众的关注焦点，及时设计的话题。例如《如此停车》的创作，就是在助残日前夕。剧中，主人公秀逗为了方便，将私家车停放在残疾人车位上，并佯装残疾人骗过了管理员。诡计得逞后，次日秀逗再次将车停放在残疾人车位后，却因不顾交通安全被车撞倒，变成了真正的残疾人。本集在2014年全国助残日期间播出，契合助残宣传主题，将轻松幽默与关心残疾人群体、关爱身边残疾人理念融为一体，让大家在开心一笑之时，也自觉接受了“关爱残疾人，从身边小事做起”的理念。

五、《秀逗爱生活》是一支团结、合作、创新、快乐的团队

总结《秀逗爱生活》剧组一年来的工作经验，可以用八个字来形容：“团结、合作、创新、快乐”。

1. 团结的力量无比强大

无论是策划剧本，还是拍摄制作，《秀逗爱生活》剧组的所有成员都无比团结。情景喜剧的策划拍摄对于移动电视来说是一个新鲜事物，可以说《秀逗爱生活》剧组遇到的困难也是无穷尽的，而且很多都是事前无法预料的，例如剧本戏剧包袱效果不足，演员表演不到位等等。当遇到这些困难时，《秀逗爱生活》剧组的所有成员都是反复不停地排演，每个剧情都要反复琢磨，和演员一起不停地揣摩人物角色，想尽一切办法让人物更具喜剧性，让剧情更加搞笑。很多同事看到剧组在商讨剧本时，都以为是在抽风、发飙，但是全情投入的团队却浑然不觉，只要剧本能出彩，其他一切都不重要。

2. 合作带来的成长

结合个人强项“强强联合”在剧组处处可见。团队发掘每个人最擅长的优势，精诚合作，争取拍摄出最优质的剧集展现给观众。为了克服人手不够的困难，两组演职人员都会在自己不拍戏时，互相给对方做助手，不用嘱咐，大家都会主动负责起场记、道具、化妆、服装、摄助、灯助等一切琐碎工作，像这样团结合作，互相帮助的场景，在拍摄现场随处可见。

3. 创新与时俱进，让工作更有意义

创新在《秀逗爱生活》剧组随处可见，主要体现在制作模式、剧本创作和播出方式三方面。

第一，制作模式创新。结合移动电视及其他户外新媒体的收视特点，本剧区别于市场上目前流行的网络剧模式，避开语言类包袱，采用夸张的表演及后期的字幕及包装的形式。本剧集短小精悍，在三到五分钟内让欢乐的剧情清晰地展现在受众眼前。

第二，剧本创作创新。在本剧后期的拍摄过程中，吸收新的话题点，听取观众反馈

意见，让受众真正成为编剧，及时调整剧情，将欢乐递送到受众身边。

第三，播出方式创新。本剧首次引入“季播”的概念，采用边制作边播出的模式，对新形态节目进行探索。季播概念不仅满足了同类题材受众希望连续观看的心理，还能为迷你剧的宣传推广省下一大笔宣传费，且有利于招商。

六、总结与展望

2014年已经过去，可以说《秀逗爱生活》第一季收获了一个漂亮的“开门红”。2015年，《秀逗爱生活》第二季也在热拍中，总结第一季的经验和教训，我们将会更加紧密结合社会热点、公益宣传、服务政府公共管理，展现首都老百姓的精彩生活。

（王琛：北广传媒移动电视节目部主任助理）

积累与跨界

——《北京故事——明星的北京情缘》创新思考

赵阳东

读书笔记：

作为视频编导，我已经在北京人民广播电台网络媒体中心工作了九年，在广播电台做视频工作，这本身就是一个跨界的事情。有熟识的电视人曾经对我说：“你这工作真不错，拍摄要求也不高，还不用到处跑……”，也有做广播的同事半开玩笑地说：“你们不就是支个摄像机把直播间的东西拍一拍么，也不用那么专业。”我知道，这是因为大家对我们的工作还不了解，其实，这份跨界的工作一板一眼地干下去确实不难，但要有所突破却也不易，需要同时借广播和电视的力，发挥跨界的优势，此外还需要大量的积累。

我创作的网络视频《北京故事——明星的北京情缘》在 2014 年北京广播电视台节(栏)目创新奖评选中获得了新媒体视听节目创新奖，如果单从制作水平上来说，这个短片是无法和专业电视媒体相比的，因为与这些媒体相比，我们确实存在着硬件落后、拍摄受限、后期包装粗糙等问题，片子最终之所以能够获奖，主要还是在创新上占了先机。

《北京故事——明星的北京情缘》主要有两个创新点，一是作品立意的创新——用新媒体的手段宣传城市精神；二是手法创新——娱乐和主旋律的跨界，借娱乐明星之口弘扬主旋律。如果用一句话概括这个短片的特点，即“它是披着娱乐外衣的主旋律报道”。

我为什么做这样一个片子呢？首先要从我的工作内容说起，从 2006 年进入北京人民广播电台开始，我所在的视频部的主要工作就是在广播直播间对广播节目进行网络视频直播，此外还承担了电台大型活动的转播、拍摄、编辑工作，而前者是常规工作。

每个广播直播间都装有三台摄像机和一台切换设备，对一些有视觉元素的节目进行网络视频直播，在早期，网络直播结束后是没有回放的，后来，应网友的要求逐步加入了视频回放——把整期节目上传到北京广播网。随着互联网视频的发展，我们发现碎片化的内容更受欢迎，于是开始对节目进行剪切，按照一个一个的话题将节目剪辑成十分钟以内的片段再上传，并取得了不错的效果，但是我觉得这样的剪辑还是太简单了，因为广播节目毕竟视觉元素不多，视频片段虽然也有比较精彩的（多为嘉宾观点好、表述精彩、人气较高的明星等），但还是略显单薄，不能称之为节目。此后，我尝试过将文艺广播《演艺群英会》节目的某一期节目进行去广告、按话题逻辑顺序进行重新编排、加背景小片、上字幕、做包装，结果效果很好，该期节目《今生欠你一个拥抱》获得了北京人民广播电台2009年度视频评奖访谈类一等奖，我也因此受到了很大的鼓励，但随之问题又来了，并不是每一期广播节目的内容都如此饱满，有丰富的视觉元素，毕竟这样的节目可遇而不可求。

因为每天在各个直播间工作，我发现其实各台、各栏目虽然侧重点不同，但也经常会在内容上有所交叉，如果把这些亮点整合起来，从不同的角度来诠释一个主题，节目一定会很精彩，这样就不愁节目素材的问题了，于是我开始有目的地做节目场记。

我有一个小小的笔记本，在平时的直播间拍摄中，遇到有意思的话题和素材我都会用笔记下来，比如节目的播出日期、播出时长、有意思的点，方便日后使用，这些素材时间跨度有五六年，如果光靠脑子是不可能记住的。

2011年年底，北京市公布了“北京精神”，而作为媒体从业人员，我们网络媒体中心也很敏感地开始为宣传“北京精神”寻找切入点和题材。

在做这个片子的过程中，“烂笔头”派上了用场，我简单整理了一下之前的笔记，就找到了很多条相关的信息，都是关于北京这座城市的采访素材，访谈内容包罗万象，涉及历史、文化、城市建设等等，而被采访对象也比较多元，有学者、专家、市民、娱乐明星等。

最终为什么选中了明星这个群体呢？是因为以往看过的很多专题片，聊社会改革就一定是采访学者专家，聊农村问题就一定采访农民、村干部，考虑到“北京精神”本身就是主旋律的主题，如果再让专家学者来聊，就太正了，容易让网友产生抗拒，甚至怀疑作者是不是“五毛党”，不如干脆来个跨界，让娱乐明星来讲讲自己与北京的渊源，这样既新鲜生动、接地气，又能从侧面体现这座城市的品质，委婉而不生硬。

于是我开始梳理这些采访素材，虽然明星不少，有张信哲、任贤齐、高晓松、张悬等，但是每个人的讲述时长都很短，有些甚至就只有一两句话，单靠这些素材是支撑不起一个视频专题节目的，于是我采用解说词和视频资料补充了背景介绍，首先让每个明星故事都能独立成片，一共七段（视频资料尽量都选择我台中国歌曲排行榜、颁奖晚会等素材，既能宣传我台的节目又是独家资料，一举两得），这些片段有一个共同的特点就是贴近生活、接地气。例如，每一个在北京租过房子的人都知道有一个手续叫“押一付三”，但是这个词从明星口中说出来就很好玩，观众就会明白，原来明星也是普通人，他们的生活并不像我们想象得那么高不可攀，他们今天的光鲜亮丽也是通过一步步的奋斗得来的，而“奋斗”也是北京这座城市的一个显著特质；再比如高晓松谈到在北京他把手机铃声调到最大也经常听不到，因此很怀念过去能听到电报大楼钟声的日子，相信大家也都有相同的体会；比如任贤齐创作的流行歌曲，很多人都会唱，但是很少有人知道它们都是在北京回龙观地区创作的，而创作灵感也来自北京鲜明的四季变换……我把这七段故事有机地编辑到了一起，形成了一个类似于盘点的片子。

在七个故事的排序上，我采用了递进式，这个递进指的是讲述人与北京这座城市的情感递进，从袁成杰辛酸的北漂往事，到张信哲连续十多年在北京开个唱，再到高晓松怀念北京的乡愁，最后到台湾音乐人方文山因为“包容”的感召而接受邀请，为歌曲《北京精神》作词，这些故事形成了一条情感的主线，引导观众一步步深入。而七个故事的递进呈现，也使片子立体化起来，主题也一步步凸显出来。片子上传后也取得了不错的效果，点击率超过了13,000次。

在制作《北京故事——明星的北京情缘》的过程中，我也获得了一些经验：首先，资料的积累很重要，资料积累到一定程度一定能够产生质变；其次，这是一个跨界的时代，受众已经接受了各种跨界的尝试，罗永浩做手机，高晓松脱口秀，韩寒拍电影……事实证明跨界有可能产生出人意料的效果。如果把这两点能够灵活地运用到节目采编中，一定能够取得意想不到的效果。

其实，类似《北京故事——明星的北京情缘》的片子，网络媒体中心视频部已经做了很多，这些素材来自各个系列台的音视频共做节目。广播节目有转瞬即逝、有声无形等特点，音视频共做只需要用摄像机进行记录，继而后期整合、加工，便形成了一套全新的视频节目，虽然生产成本极低，但网络传播效果很好，可以说在一定程度上使广播节目资源得到了增值。

（赵阳东：北京人民广播电台网络媒体中心编导）

附录:2012—2014年北京广播电视台节(栏)目创新奖历届获奖作品名录

2012年北京广播电视台节(栏)目创新奖
获奖作品名单

一、栏目创新奖

《毛毛狗的故事口袋》(北京人民广播电台爱家广播)

《1039都市调查组》(北京人民广播电台交通广播)

《一路畅通》(北京人民广播电台交通广播)

《奇妙实验室》(北京电视台科教节目中心)

《徐徐道来话北京》(北京人民广播电台交通广播)

二、节目创新奖

金奖:《档案:苏联解体——“八·一九”事件内幕》(北京电视台卫视节目中心)

《辛亥》(北京电视台)

银奖:《服务就差这一步》(北京人民广播电台新闻广播)

《2012BTV环球春晚》(北京电视台青少·海外节目中心)

《缅怀先贤燕园立志——北京打工子弟学生2012北京大学清明咏诵会》(北京人民广播电台)

《古韵京风端阳情——北京电台2012文化端午特别直播节目》(北京人民广播电台)

《2011年度北京流行音乐典礼》(北京人民广播电台音乐广播)

三、节目形态创新奖

《世界地球日》(北京人民广播电台)

《“任仁好”爱“范美丽”》(北京人民广播电台爱家广播)

《脱口而出》(北京电视台文艺节目中心)

四、节目制作创新奖

《中超足球转播》(北京电视台体育节目中心)

《北京印象(3D)》(北京电视台纪实节目中心)

《2012北京电视台春晚》(北京电视台制作部)

五、主题宣传创新奖

《北京最美乡村路》(北京人民广播电台交通广播)

《生命缘——生命中的第一次拥抱》(北京电视台卫视节目中心)

2013年北京广播电视台节(栏)目创新奖
获奖作品名单

一、栏目创新奖

金奖:《春妮的周末时光》(北京电视台文艺节目中心)

《谁敢挑战小学生》(北京电视台动画节目中心)

银奖:《艺海藏家》(北京人民广播电台文艺广播)

《国人自述——我的梦》(北京人民广播电台)

《书香北京》(北京电视台青少·海外节目中心)

二、节目创新奖

金奖:《英雄求职记》(北京人民广播电台新闻广播)

《2013卡酷少儿动画春晚》(北京电视台动画节目中心)

银奖:《芦山地震特别报道》(北京电视台新闻节目中心)

《2013BTV环球春晚》(北京电视台青少·海外节目中心)

《感动非洲的中国人》(北京人民广播电台外语广播)

三、节目形态创新奖

《应急:高速路上的险境》(北京电视台科教节目中心)

《北京味道》(北京电视台生活节目中心)

《节节高升》(北京电视台体育节目中心)

四、节目制作创新奖

《2012环北京职业公路自行车赛》(北京电视台体育节目中心)

《2013北京电视台春晚》(北京电视台制作部)

《来自太空和深海的声音》(北京人民广播电台城市服务管理广播)

五、主题宣传创新奖

《直通科考站——"神十""蛟龙"系列报道》(北京电视台科教节目中心)

《北京公园群众文化活动巡礼》(北京电视台文艺节目中心)

《从"一大"到"十八大"》(北京电视台卫视节目中心)

2014年北京广播电视台节(栏)目创新奖
获奖作品名单

一、栏目创新奖

银奖:《娱乐72变》(北京人民广播电台文艺广播)

《我是大医生》(北京电视台卫视节目中心)

《照亮新闻深处》(北京人民广播电台新闻广播)

二、节目创新奖

金奖:《一个法国人的红楼梦》(北京电视台青少·海外节目中心)

银奖:《2014卡酷少儿动画春晚》(北京电视台动画节目中心)

《一路畅通——"说进世界杯"》(北京人民广播电台交通广播)

《档案:伟大的抗美援朝》(北京电视台卫视节目中心)

《2014北京电视台春晚》(北京电视台文艺节目中心)

三、节目形态创新奖

《"敬·爱传递"五一快闪行动》(北京电视台新闻节目中心)

《陈小mo的健身周记》(北京人民广播电台体育广播)

四、节目制作创新奖

《狄仁杰断案新编》(北京人民广播电台文艺广播)

《2014北京电视台春晚》(北京电视台制作部)

《指尖上的挑战——世界最大手绘唐卡诞生始末》(北京电视台新闻节目中心)

五、主题宣传创新奖

《中国梦——365个故事》(北京电视台)

《美丽环境绿色行动——探寻PM2.5》(北京人民广播电台交通广播)

六、数字电视节目创新奖

《秀逗爱生活》(北广传媒移动电视)

七、新媒体视听节目创新奖

《北京故事——明星的北京情缘》(北京人民广播电台网络媒体中心)

图书在版编目(CIP)数据

创新在路上——北京广播电视台节(栏)目创新奖 2012—2014 年度获奖作品创作谈/北京广播电视台主编. —北京:中国传媒大学出版社,2015.9
ISBN 978-7-5657-1439-9

Ⅰ.①创… Ⅱ.①北… Ⅲ.①电视节目—作品集—北京市 ②广播节目—作品集—北京市 Ⅳ.①G229.271

中国版本图书馆 CIP 数据核字(2015)第 179461 号

创新在路上——北京广播电视台节(栏)目创新奖 2012—2014 年度获奖作品创作谈

主　　编	北京广播电视台
策划编辑	曾婧娴
责任编辑	曾婧娴
封面设计	拓美设计
责任印制	曹　辉
出 版 人	王巧林
出版发行	中国传媒大学出版社
社　　址	北京市朝阳区定福庄东街 1 号　邮编:100024
电　　话	86—10—65450528　65450532　传真:65779405
网　　址	http://www.cucp.com.cn
经　　销	全国新华书店
印　　刷	北京中科印刷有限公司
开　　本	787mm×1092mm　1/16
印　　张	16.75
版　　次	2015 年 9 月第 1 版　　2015 年 9 月第 1 次印刷
书　　号	ISBN 978-7-5657-1439-9/G·1439　　**定　　价**　58.00 元

高等学校土建类专业应用型本科“十四五”规划教材
高等学校土建类专业新形态创新教材

安装工程计量与计价

（第 2 版）

主　编　陈华菊　黄　英
副主编　王　莉　陈　越
主　审　赵　峰

武汉理工大学出版社
·武　汉·

内 容 提 要

本书以《通用安装工程工程量计算标准》(GB/T 50856—2024)和《湖北省通用安装工程消耗量定额及全费用基价表》(2024 版)的应用为重点，并配以相关专业知识，使读者能快速掌握安装工程量清单的编制及定额组价。本书第 2～7 章均配有适合课堂教学和初学者的通用安装工程量清单计价案例。

本书可以作为工程造价及工程管理专业的教学用书，也可作为从事相关工作的在职人员的自学用书。

图书在版编目(CIP)数据

安装工程计量与计价 / 陈华菊，黄英主编. -- 2 版. -- 武汉 ：-- 武汉理工大学出版社，2025. 1. -- ISBN 978-7-5629-7058-3

Ⅰ. TU723.3

中国国家版本馆 CIP 数据核字第 202473Z3U9 号

项目负责人：王利永(027-87290908)　　**责 任 编 辑**：王　思

责 任 校 对：张明华　　**版 面 设 计**：正风图文

出 版 发 行：武汉理工大学出版社

地　　　址：武汉市洪山区珞狮路 122 号

邮　　　编：430070

网　　　址：http://www.wutp.com.cn

经　销　者：各地新华书店

印　刷　者：武汉乐生印刷有限公司

开　　　本：787 mm×1092 mm　1/16

印　　　张：16.75

字　　　数：407 千字

版　　　次：2019 年 7 月第 1 版　2025 年 1 月第 2 版

印　　　次：2025 年 1 月第 1 次印刷　总第 4 次印刷

定　　　价：42.00 元

高等学校土建类专业应用型本科“十四五”规划教材

编审委员会

前　　言
（第 2 版）

“安装工程计量与计价”是一门技术性、专业性和综合性极强的课程。本书在第 1 版的基础上，根据应用型本科高校土建类专业人才培养的要求，采用理论与实际相结合的方式，在讲解清单规范及清单定额的同时，利用符合课堂教学的案例讲解安装工程中的工程量清单编制和组价，让学生能够对相关专业知识有更清晰的认识。

本书共有八章，依据《建设工程工程量清单计价标准》（GB/T 50500—2024）和《通用安装工程工程量计算标准》（GB/T 50856—2024），结合中华人民共和国住房和城乡建设部 2020 年发布的《工程造价改革工作方案》并参考湖北省 2024 年信息价格，编制通用安装工程中的给排水工程、采暖工程、电气照明工程、防雷接地工程以及消防工程等的计量与计价内容。

本书基于“互联网＋教育”和“新工科”等教育理念，开发了在线习题测试系统，通过扫描书中二维码，即可对相关知识点进行在线测试，既便于学生及时巩固所学知识，也便于教师对教学质量的把握。

本书由武昌首义学院陈华菊、武汉工程科技学院黄英担任主编，黄河科技学院王莉、武昌首义学院陈越担任副主编，武汉工程科技学院汪洋凝参编。具体编写分工如下：陈华菊编写第 1、3 章，黄英编写第 2、4 章，汪洋凝编写第 5 章，王莉编写第 6、7 章，陈越编写第 8 章。全书由陈华菊负责统稿工作，并提供练习题测试资料。武昌理工学院赵峰副教授担任主审，对本次教材的改版工作给予了大力支持，并对全书内容进行了审阅。

本书在编写过程中参考了众多教材的相关内容，主要书目列于书后参考文献，谨此向这些教材的作者致以衷心的感谢。

由于编者的水平有限，书中难免有不妥之处，恳请广大读者批评并指正。

【在线课程】

编　者

2024 年 11 月

目　　录

1　安装工程计量与计价基础知识

【教学目标】 通过本章的学习，理解安装工程计量与计价的相关概念，掌握安装工程计量与计价的基本程序和计算方法。

【教学重点】 安装工程计量与计价的基本程序。

1.1　安装工程计量与计价的含义

1.1.1　安装工程的概念

安装工程是指按照工程建设施工图纸和施工规范的规定，把各种设备放置并固定在一定的地方，或将工程原材料经过加工并安置、装配而形成具有功能价值的产品的工作过程。

在建筑行业常见的安装工程有：给排水工程、采暖工程、燃气工程；消防工程、通风空调工程、工业管道工程；刷油、防腐蚀及绝热工程；通信、音响、安防、楼宇智能化及电气照明工程等。这些安装工程按建设项目的原则划分均属单位工程，它们具有单独的施工设计文件，并有独立的施工条件，是工程造价计算的完整对象。

1.1.2　安装工程计量与计价

1.1.2.1　安装工程计量与计价的概念

安装工程计量与计价过去一般称为安装工程造价，是反映拟建工程经济效果的一种技术经济文件。它一般从两个方面计算工程经济效果：

(1) 计量

主要是依据施工图纸、规范图集等编制工程量清单，简单地讲，就是计算该工程所要完成的安装工程实体数量。

(2) 计价

现行的安装工程计量与计价主要采用工程量清单计价，是依据清单计价规范、施工图纸、相关的计价定额和计价办法及造价信息形成各阶段工程造价，就是用货币形式反映工程成本。

1.1.2.2　安装工程量清单计价法

工程量清单计价方法是按照《建设工程工程量清单计价标准》(GB/T 50500—2024)规定的工程建设施工阶段全过程进行工程量清单编制和计价的方法。

《通用安装工程工程量计算标准》(GB/T 50856—2024)中规定，清单项目的工程量应以实体工程量为准，以完成后的净值计算。投标人报价时应在单价中考虑施工损耗和需增加的工程量。

《通用安装工程工程量计算标准》(GB/T 50856—2024)中与安装工程计量与计价相关的

术语包括以下几个：

（1）工程量清单：表现拟建工程的分部分项工程项目、措施项目、其他项目、规费项目和税金项目的名称及相应数量等的明细清单。

（2）措施项目：为完成工程项目施工，发生于该工程施工准备和施工过程中的技术、生活、安全等方面的非工程实体项目。

（3）索赔：在合同履行过程中，对于非己方的过错而应由对方承担责任的情况造成的损失，可向对方提出补偿的要求。

（4）现场签证：发包人现场代表与承包人现场代表就施工过程中涉及的责任事件所作的签认证明。

（5）企业定额：施工企业根据本企业技术和管理水平而编制的人工、材料和施工机械台班等的消耗标准。

（6）招标控制价：招标人根据国家或省级、行业建设主管部门颁发的有关计价依据和办法，按设计施工图纸计算的，对招标工程限定的最高工程价。

（7）投标价：投标人投标时报出的工程造价。

（8）合同价：发、承包双方在施工合同中约定的工程造价。

（9）竣工结算价：发、承包双方依据国家有关法律、法规和标准规定，按照合同约定确定的最终工程造价。

1.1.2.3　安装工程计量与计价在项目各阶段的主要任务

（1）投资决策阶段：安装工程造价的主要任务是完成可行性研究和项目估算等作为项目决策的依据。

（2）设计阶段：安装工程造价的主要任务是完成设计概算和施工图预算。

【在线测试】

（3）招投标阶段：安装工程造价的主要任务是编制工程量清单、编制招标控制价、投标报价以及确定合同价。

（4）施工阶段：安装工程造价的主要任务是进度款确定、合同价款调整等。

（5）工程竣工阶段：安装工程造价的主要任务是竣工结算。

1.2　安装工程计量的编制

安装工程计量与计价的编制，是一项复杂而又细致的工作，并具有较强的政策性、科学性、经济性，需要一定的编制程序和一套科学的方法。由于条件、工作习惯、编制者水平等的不同，在编制中有的环节和手法会因人而异，但基本的程序和方法应是一致的。安装工程计量与计价的编制主要分为两部分：安装工程计量（工程量清单）的编制和安装工程计价（工程量清单计价）的编制。本节主要介绍安装工程计量（工程量清单）的编制。

安装工程量清单是表现拟建工程项目名称和相应数量的明细清单，由具有编制能力的招标人或受其委托且具有相应资质的工程造价咨询人编制。

工程量清单编制依据：

① 工程量清单计价规范；

② 国家或省级、行业建设主管部门颁发的计价依据和办法；

③ 建设工程设计文件；

④ 与建设工程项目有关的文件；

⑤ 招标文件及补充的通知、答疑纪要；

⑥ 施工现场情况、工程特点及常规施工方案；

⑦ 其他相关资料。

采用工程量清单方式招标时，工程量清单必须作为招标文件的组成部分，其准确性和完整性由招标人负责。

工程量清单是工程量清单计价的基础，作为编制招标控制价、投标报价、计算工程量、支付工程款、调整合同价款、办理竣工结算以及工程索赔的依据之一。

工程量清单应由分部分项工程量清单、措施项目工程量清单、其他项目工程量清单、规费项目工程量清单、税金项目工程量清单组成。

（1）工程量清单规范的使用

分部分项工程量清单应包括项目编码、项目名称、项目特征、计量单位和工程量。

清单计价规范中，安装工程量清单项目表由项目编码、项目名称、项目特征、计量单位、工程量计算规则、工程内容六部分构成，适用于工业与民用安装工程编制分部分项工程量清单，供招投标双方共同遵守。

① 项目编码：分部分项工程量清单编码以 12 位阿拉伯数字表示，前 9 位为全国统一编码，后 3 位由编制人根据设置的清单项目确定，格式见图 1-1。

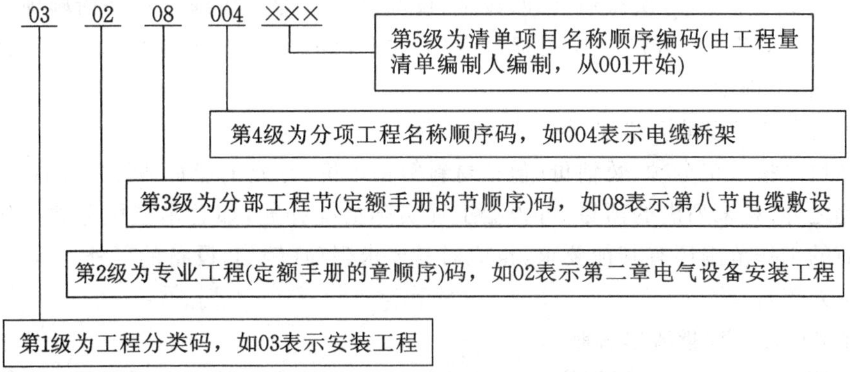

图 1-1　项目编码格式

② 项目名称：同类实体的统称，以工程实体命名。因为项目的设置或划分是以形成工程实体为原则的，也是计量的前提。项目必须包括完成或形成实体部分的全部内容。项目设置不能重复，完全相同的项目，只能相加后用同一编码列项命名并对应一个综合单价。

③ 项目特征：用来描述项目名称，它直接影响实体自身的价值（或价格），如材质、规格（名称、型号、容量）等。即使是同一规格、同一材质，安装工艺或安装位置不一样时，也需分别设置项目编码。

④ 计量单位：遵照国际惯例，均采用基本单位计量，它与定额的计算单位不一致。长度计量单位采用“m”；面积计量单位采用“m^2”；质量计量单位采用“kg”；体积和容积计量单位采用“m^3”；自然计量单位有台、套、个、组等。

⑤ 工程量计算规则：每一个清单项目都有一个相应的工程量计算规则，全国各省市均要按统一的计算规则计算工程量。

⑥ 工程内容:清单项目按实体设置并包括完成该实体的全部内容。安装工程的实体往往是由多个工程综合而成的,将各清单项目可能发生的工程列入“工程内容”栏内,供编制人对项目进行描述时参考。工程内容是报价人计算综合单价的主要依据。

(2) 分部分项工程量清单编制

分部分项工程量清单编制的思路见图 1-2。

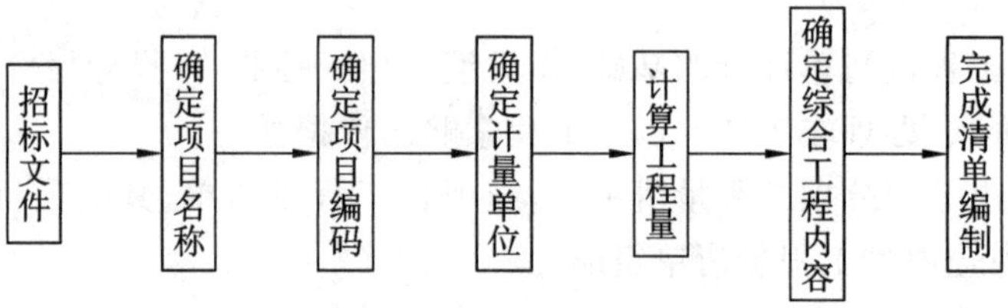

图 1-2　分部分项工程量清单编制思路

(3) 措施项目工程量清单编制

措施项目是指工程量清单中,除分部分项工程量清单项目以外,为保证工程顺利进行,按照国家现行有关建设工程施工及验收规范、规程要求,必须配套完成的工程内容所需的项目。

安装工程措施项目一般包括通用项目和专业措施项目。其中,通用项目一般包括环境保护,文明施工,安全施工,二次搬运,临时设施,夜间施工。专业措施项目是措施项目中可以计算工程量的项目,宜采用分部分项工程量清单的方式编制,列出项目编码、项目名称、项目特征、计量单位和工程量。

(4) 其他项目工程量清单编制

其他项目是指暂定金额、暂估价(包括材料暂估单价、专业工程暂估价)、计日工、总承包服务费。除此之外,是未列出的项目,可根据工程实际情况补充,如总承包服务费。如果招标文件对承包商的工作范围还有其他要求,也应对其要求列项(例如,设备的厂外运输,以及为业主代培技术工人等)。

(5) 规费项目工程量清单编制

规费是指政府和有关部门规定必须缴纳的费用。规费包括工程排污费、工程定额测定费、养老保险统筹基金、失业保险费、医疗保险费、住房公积金、危险作业意外伤害保险。除此之外,未列的项目,应根据省级政府或省级有关行政管理部门的规定列项。

(6) 税金项目工程量清单编制

税金项目是指国家税法规定的应计入建筑安装工程造价内的营业税、城市维护建设税及教育费附加。如出现未列的项目,应根据税务部门的规定列项。

【在线测试】

1.3　安装工程计价的编制

建筑安装工程费由分部分项工程费、措施项目费、其他项目费、规费和税金组成。其中,分部分项工程费、措施项目费、其他项目费包含人工费、材料(含工程设备,下同)费、施工机具使用费、企业管理费和利润。

1.3.1 分部分项工程费

分部分项工程费是指各专业工程的分部分项工程应予以列支的各项费用。分部分项工程是指按现行国家计量规范对各专业工程划分的项目，是分部工程和分项工程的总称。

1.3.1.1 分部分项工程费的组成

分部分项工程费的组成包括：人工费、材料费、施工机具使用费、企业管理费、利润，以及一定的风险费用。

（1）人工费

人工费是指直接从事建筑安装工程施工的生产工人开支的各项费用，内容包含：

① 计时工资或计件工资：指按计时工资标准和工作时间或对已做工作按计件单价支付给个人的劳动报酬。

② 对超额劳动和增收节支支付的劳动报酬，如节约奖、劳动竞赛奖等。

③ 津贴、补贴：指为了补偿职工特殊或额外的劳动消耗和因其他特殊原因支付给个人的津贴，以及为了保证职工工资水平不受物价影响而支付给个人的物价补贴。如流动施工津贴、特殊地区施工津贴、高温（寒）作业临时津贴、高空津贴等。

④ 加班加点工资：指按规定支付的在法定节假日工作的加班工资和在法定日工作时间外延时工作的加点工资。

⑤ 特殊情况下支付的工资：指根据国家法律、法规和政策规定，因病、工伤、产假、计划生育假、婚丧假、事假、探亲假、定期休假、停工学习、执行国家或社会义务等原因按计时工资标准或计时工资标准的一定比例支付的工资。

（2）材料费

材料费是指施工过程中消耗的原材料、辅助材料、构配件、零件、半成品或成品、工程设备的费用，内容包括：

① 材料原价：指材料的出厂价或商家供应价格。进口材料的原价按有关规定计算。

② 工程设备：指构成或计划构成永久工程一部分的机电设备、金属结构设备、仪器装置及其他类似的设备和装置。

③ 材料运杂费：指材料自来源地运至工地仓库或指定堆放地点所发生的全部费用。

④ 运输损耗费：指材料在运输装卸过程中不可避免的损耗。

⑤ 采购及保管费：指为组织采购、供应和保管材料过程中所需要的各项费用，包括采购费、仓储费、工地保管费、仓储损耗。

（3）施工机具使用费

施工机具使用费是指施工作业所发生的施工机械使用费、仪器仪表使用费或其租赁费，内容包括：

① 施工机械使用费：以施工机械台班耗用量乘以台班单价表示，施工机械台班单价应由下列七项费用组成：

a. 折旧费：指施工机械在规定的使用年限内，陆续收回原值及购置资金的时间价值。

b. 大修理费：指施工机械按规定的大修理间隔台班进行必要的大修理，以恢复其正常功能所需的费用。

c. 经常修理费：指施工机械除大修理以外的各级保养和临时故障排除所需的费用。包括为保障机械正常运转所需替换设备与随机配备工具附具的摊销和维护费用，机械运转中日常保养所需润滑与擦拭的材料费用及机械停滞期间的维护和保养费用等。

d. 安拆费及场外运费：安拆费指施工机械（大型机械除外）在现场进行安装与拆卸所需的人工、材料、机械和试运转费用以及机械辅助设施的折旧、搭设、拆除等费用；场外运费指施工机械整体或分体自停放地点运至施工现场，或由某一施工地点运至另一施工地点的运输、装卸、辅助材料及架线等费用。工地间移动较为频繁的小型机械及部分机械的安拆费及场外运费，已包含在机械台班单价中。

e. 人工费：指机上司机（司炉）和其他操作人员的人工费。

f. 燃料动力费：指施工机械在运转作业中所消耗的各种燃料及水、电等费用。

g. 税费：指施工机械按照国家和有关部门的规定应缴纳的车船使用税、保险费及年检费等。

大型机械安拆费及场外运费按本省的相关定额规定计取。

② 仪器仪表使用费：指工程施工所需使用的仪器仪表的摊销及维修费用。

（4）企业管理费

企业管理费是指建筑安装企业组织施工生产和经营管理所需的费用，内容包括：

① 管理人员工资：指支付给管理人员的工资、奖金、津贴补助、加班加点工资及特殊情况下支付的工资等。

② 办公费：指企业管理办公用的文具、纸张、账表、印刷、邮电、书报、办公软件、现场监控、会议、水电、烧水和集体取暖降温（包括现场临时宿舍取暖降温）等费用。

③ 差旅交通费：指职工因工出差或调动工作的差旅费、住勤补助费、市内交通费和误餐补助费、职工探亲路费、劳动力招募费，职工退休、退职一次性路费，工伤人员就医路费，工地转移费以及管理部门使用的交通工具的油料、燃料等费用。

④ 固定资产使用费：指管理和试验部门及附属生产单位使用的属于固定资产的房屋、设备仪器等的折旧、大修、维修或租赁费。

⑤ 工具用具使用费：指企业施工生产所需的价值低于2000元或管理使用的不属于固定资产的生产工具、器具、家具、交通工具和检验、试验、测绘、消防用具等的购置、维修和摊销费。

⑥ 劳动保险费和职工福利费：指由企业支付的职工退职金、按规定支付给离休干部的经费，集体福利费，夏季防暑降温、冬季取暖补贴，上下班交通补贴等。

⑦ 劳动保护费：指企业按规定发放的劳动保护用品的支出，如工作服、手套以及在有碍身体健康的环境中施工的保健等费用。

⑧ 检验试验费：指企业按照有关标准规定，对建筑以及材料、构件和建筑安装物进行一般鉴定、检查所发生的费用，包括自设实验室进行试验所耗的材料等费用。新结构、新材料的试验费，对构件做破坏性试验及其他特殊要求检验试验的费用和按有关规定由发包人委托检测机构进行检测的费用，对此类检测发生的费用，由发包人在工程建设其他费用中列支。对承包人提供的具有合格证明的材料进行检测，不合格的，检测费用由承包人承担；合格的，检测费用由发包人承担。

⑨ 工会经费：指《中华人民共和国工会法》规定的按全部职工工资总额的规定比例计提的工会经费。

⑩ 职工教育经费：指按职工工资总额的规定比例计提，企业为职工进行专业技术和职业技能培训，专业技术人员继续教育、职工职业技能鉴定、职业资格认定以及根据需要对职工进

行各类文化教育所发生的费用。企业发生的职工教育经费支出，按企业职工工资总额的1.5%～2.5%计提。

⑪ 财产保险费：指施工管理用财产、车辆等的保险费用。

⑫ 财务费：指企业为施工生产筹建资金或提供预付款担保、履约担保、职工工资支付担保等所发生的费用。

⑬ 税金：指企业按规定缴纳的房产税、车船使用税、土地使用税、印花税等。

⑭ 其他：包括技术转让费、技术开发费、投标费、业务招待费、绿化费、广告费、公证费、法律顾问费、审计费、咨询费、保险费等。

若企业管理费中未考虑塔吊监控设施，发生时应另行计算。

(5) 利润及一定的风险费用

利润是指企业在销售商品、提供劳务等日常活动中所产生的收益。其内容为主营业务利润和其他业务利润扣除期间费用之后的余额。其中主营业务利润等于主营业务收入减去主营业务成本和主营业务应负担的流转税，通常也称为毛利。其他业务利润是其他业务收入减去其他业务支出后的差额。

一定的风险费用是施工单位预留应对在施工过程中可能发生风险的费用，一般施工单位不计取该费用。

1.3.1.2 分部分项工程量清单计价程序

安装工程分部分项工程量清单的综合单价的计算程序见表 1-1。从表 1-1 中可以知道安装工程分部分项工程量清单的综合单价应该包括人工费、材料费、施工机具使用费、企业管理费、利润和一定的风险费用。分部分项工程费用的构成是工程施工过程中索赔的主要依据，所以在投标过程中如果预测到施工过程中可能出现的风险是施工单位无法承担的，则需要计算风险费用，这样才能在后期索赔中对这部分费用进行索赔。

表 1-1 分部分项工程量清单综合单价计算程序

序号	费用项目	计算方法
1	人工费	$\sum$ 人工费
2	材料费	$\sum$ 材料费
3	施工机具使用费	$\sum$(施工机具使用费)
4	企业管理费	(1＋3)×费率
5	利润	(1＋3)×费率
6	一定的风险费用	按招标文件或约定
7	综合单价	1＋2＋3＋4＋5＋6

分部分项工程量清单费用是由各分项工程的费用之和计算而来的，各分项工程费用的计算如下：

分项工程费＝分项工程综合单价×分项工程量

1.3.1.3 分部分项工程量清单计价思路

分部分项工程量清单计价是一项复杂而又细致的工作，并具有较强的政策性、科学性、经济性,需要一定的编制程序和一套科学的方法。由于条件、工作习惯、编制者水平等的不同,在编制中有的环节和手法会因人而异,但基本的程序和方法应是一致的。其基本程序和方法如下:

(1) 做好编制前的准备

首先要熟悉图纸,参加施工图的技术交底和图纸会审,详尽地了解施工图纸、招标文件和其他有关文件;熟悉施工组织设计(方案),了解施工方法、工序和操作工艺及现场的施工条件等;收集和选定有关材料、设备价格,确定相应定额、估价表及与编制清单计价有关的文件及规定等。

(2) 划分预算分部分项子目

清单计价编制之前,为避免重复或遗漏,首先要按图纸、工程量清单并结合专业进行单位工程划分和分工。一般安装工程可直接根据不同单位工程的设计图纸划分;对大型安装工程,因专业多、图纸多、参编人员多,需要由专业预算人员根据图纸、工程量清单以及预算定额或单位估价表,在工程量清单下列出清单计价的分部分项子目。这些子目既是计算工程量的目录,也是套用定额或单位估价表时要对应的,同时还可以避免漏项或重复计算。

(3) 计算工程量

工程量是清单计价的基础数据,工程量计算是清单计价工作中工作量最大的内容之一。工程量计算要符合工程量计算规则的规定,计算方法要求准确,防止重复计算或漏项。计算底稿要力求简洁、精确,且具有可查性。计量单位与定额的单位要保持一致。

(4) 套用预算定额或单位估价表,计算直接工程费

工程量计算完毕后,应进行整理、汇总,按一定格式填写定额子目及工程量,套用预算定额或单位估价表,编制分部分项清单计价表。在进行分部分项工程量清单计价时要注意以下问题:

① 遇有定额未包括的新技术、新工艺、新材料或设备的应用时,应按有关规定换算或编制补充定额。

② 安装工程的基价和未计价材料应分别填列,注意计量单位与单价单位口径一致。当定额中无主材含量时,其主材应根据工程量和定额规定的损耗率加计损耗,一并列入未计价材料消耗量。

1.3.1.4　分部分项工程量清单工程量的计算

(1) 安装工程量计算的特点

安装工程量与土建工程量相比较,有着很大的不同。土建工程量大多以物理量(m、m^2、m^3、t)为计量单位,遵照定额的计算规则,按图示尺寸分部逐项计算,较为繁杂。而安装工程施工图一般不标明具体尺寸,只表示管线系统和设备位置,同时安装定额中计量简单、分项单一(设备、管线)。因此,安装工程量的计算比土建工程量的计算相对要简单。安装工程的工程量计算,具有以下主要特点:

① 计量单位相对简单

除管线按不同规格、敷设方式,以长度(m)计算外,设备装置多以自然单位(台、个、套、组等)计量。只有少数项目才涉及其他物理单位,如通风管按展开面积(m^2)计算、合金构配件加工按质量(kg)计算等。

② 计算方法简便

各种设备、装置等的安装工程量,多采用在施工图上直接点数的自然计量,比较方便。安

装工程中的管线敷设，以长度计量，工程量大部分为水平长度与垂直高度之和。管线水平长度可用平面图上的尺寸进行推算，也可用比例尺直接量取，但在计算管道工程的管线水平长度时，还应考虑到管道的坡度；管线的垂直长度(高度)，一般采用图上标高的高差求得。

③ 可参考材料表或设备清单计算

安装工程施工图一般附有“材料表”或“设备清单”，表内列出的主要设备、材料的规格、数量，在工程量计算时可以利用和参考，从而进一步简化计算，但是还应以施工图为依据逐项核对。

④ 安装施工图要与土建施工图对照

受安装工程施工图表示内容的限制，有些尺寸及基本数据要对照土建工程施工图进行分析，方能做到分项合理、计量准确。

根据以上特点不难看出，在工程量计算中，安装工程与土建工程有着明显的差别。有关安装工程量的具体计算规则，将根据专业的不同在以后各章中详细介绍。

(2) 工程量计量单位

安装工程工程量是以物理量单位或自然计量单位所表示的安装工程各个具体工程子目或结构构配件的数量。

所谓物理量单位，就是指按法定计量单位表示工程子目数量，它包括长度(m)、面积(m^2)、体积(m^3)和质量(t或kg)四种计量单位；或以它们的倍数，如10 m、100 m等来表示该项工程子目的数量单位。具体要求如下：

① 长度：一般指安装工程的“延长米”。例如，导线敷设、管道安装等，均以长度计量。

② 面积：一般指外围或表面范围的“m^2”，有外围面积、净(实)面积、展开面积等区别，安装工程多以展开面积计算，例如，通风管道、刷油防腐等工程。

③ 体积：一般指空间范围或建筑实体的“m^3”，有外围体积与实体积之分，如管道的保温绝热、挖填土方量等。

④ 质量：指统一的重力计量。如金属构件、配件及一些成品或半成品等的质量。

自然计量单位，一般指工程子目中所规定的施工对象本身的自然组成情况，如台、套、组、个、只、系统、块或它们的倍数就称为自然计量单位。安装工程中大量地使用自然计量单位，例如配电箱、灯具、插座、阀门、洁具、散热器等安装，都采用自然计量单位计量。

(3) 工程量计算的原则

同一套施工图纸的同一个单位工程，不同人员编出的预算价格可能不同，甚至同一个人在不同时间计算的结果也是不一致的。究其原因，除了不熟悉图纸外，主要是没有完全掌握“工程量计算规则”，没有严格遵照工程量计算的基本原则和要求，从而导致工程量项目划分的不一致或工程量计算的错误。

工程量计算不仅数值要准确，而且还应使每一项工程量的项目都能和预算定额中的项目一致，这样才能正确地套用定额单价，提高安装工程造价的准确性。为此，计算工程量时应遵循以下几项原则：

① 工程项目名称必须与预算定额子目口径相一致。

② 在工程量计算时，根据施工图列出的工程子目口径(指工程子目所包括的工作内容和范围)，与预算定额中相应工程子目的口径必须一致，以便于套价。

③ 工程量计算必须遵循工程量计算规则。

④ 工程量计算规则是指预算定额中对各计价项目工程量的计算范围和计量单位所作

的统一规定。它是工程量计算的标准和依据，也是预算定额执行的法定内容。计算规则是制定定额的基础，是综合和确定定额内各项消耗量指标的依据，也是工程测算和分析的准绳。

⑤ 必须按定额套价项目分别计算工程量。

⑥ 工程量计算的目的，在于分项套价。一个项目应有一项工程量，套一项定额；不同的项目要分别计算其工程量（"一数多用"也应分项列出），才能分别套价。若定额的编号和基价不同，就标志着计价项目不同，必须分项计算工程量。

⑦ 必须按规定的计量单位计算工程量。

⑧ 定额中各个计价项目都有规定的计量单位（物理量单位或自然计量单位），工程量的计量单位与定额项目的计量单位不一致就绝对不能套定额单价；否则，将导致分项直接费计算错误。

⑨ 必须按一定的精度要求计算工程量。工程量的计算精度涉及直接工程费精度，将影响到预算造价的精度。汇总安装工程量时，其准确度取值为：以 m^3、m^2、m 为单位的保留两位小数；以 t 为单位的保留三位小数，自然计量（台、套或件等）取整数。两位或三位小数后的位数按四舍五入取舍。

(4) 工程量计算的一般方法

在划分项目的基础上，一般采用"按图列式、逐项计算、全面核对"的方法，分项逐条地计算工程量。

① 主要依据

工程量计算的主要依据是施工图、预算定额和工程量计算规则。施工图是工程内容、做法和数量的表现形式，而预算定额和工程量计算规则是计量和套价的标准。

② 识读工程图

掌握识读工程图的基本方法，熟练地看懂施工图。只有弄清施工图的内容及其设备、材料的型号、规格、尺寸，才能准确地计算各个项目的工程量。

③ 熟悉有关预算定额

熟悉有关专业的安装工程预算定额，明确定额的分项内容和相应的工程量计算规则。这是防止重复计算或漏项的关键，也是准确套价的基础，因此在计算时应首先根据施工图内容，对照相应的安装定额确定主要预算项目，找出相应定额编号，然后再逐项计算工程量。这样就可避免重复计算与漏项，减少差错。

④ 计算顺序

在大量施工图和众多定额基价项目中，如何选择工程量的合理计算顺序，是确保工程量计算做到内容全面、便捷明了、列式系统、一式多用的关键。常用的工程量计算顺序有按图纸顺序（编号、轴线、层段、上下、左右、内外、总详等），按施工顺序（基础、结构、装修、安装），按系统顺序（管线、干支、进出、编号、型号、规格等）和按定额顺序等多种。

对安装工程管线部分，一定要看懂系统图和原理图，根据由进至出、从干到支、从低到高、先外后内的顺序，按不同敷设方式分规格逐段计算其长度。管线计算应按定额规定加入预留尺度或余量。

设备及仪器、仪表等要区分成套或单件，按不同规格型号在施工图上点清数目，与材料表（或设备清单）对照后，最后确定预算工程量。多层建筑要逐层有序地清点，并对照其在系统图中的位置。

凡以物理量单位(m、m^2、m^3、t)确定安装工程量的设备、管道及零部件等,其工程量的计算,有的可查单位重量表,有的应先定长度再计算(风管要用展开面积 m^2),有的用几何尺寸和公式计算,这些方法都应以有关定额说明为依据。

⑤ 计算公式

按工程量计算表列出计算公式计算,是计算工程量的基本要求之一。目前,安装工程量计算表还没有全国统一的格式,但一般应在计算表的表格内分别写明序号、项目名称、计量单位、计算式及结果,以供在"一式多用"或"一数多用"时直接引用。计算应有计算式,主要尺寸的来源应标注清楚。在计算过程中,应在数字的后面标注来源或含义,以便于复核。同一定额计价项目涉及众多部位时,尽可能按部位不同分别单列算式与计算,再进行汇总,以便于套价。

⑥ 计算单位

工程量的计算单位,必须与相应定额项目中的计量单位一致。考虑到物理量 m、m^2、m^3 三者之间的转换关系,某些工程量在尺寸上有一定的内在联系,因此在工程量计算中第一次出现的数据应逐项、分层次地列出,以便引用。

1.3.1.5 分部分项工程量清单计价的未计价材料

安装工程定额中的材料一般有两种表现形式:未计价材料和计价材料。在定额制定时,将消耗的辅助或次要材料价值,计入定额基价中,这些材料就称为计价材料。如定额表 1-2 中列出的材料,在单价栏中给出单价的材料,都是计价材料,其价值已计入定额基价内,编制预算时不应另行计算。未计价材料是指在定额中只规定了它的名称、规格、品种和消耗量,没有给出材料的单价,定额基价中未计入材料的价值的这部分材料,例如表 1-2 中的水嘴。分部分项工程中的主材大都为未计价材料。

表 1-2 水龙头安装

工作内容:上水嘴、试水　　　　计量单位:10 个

定额编号				C10-6-53	C10-6-54	C10-6-55
项目				公称直径(mm)以内		
				15	20	25
全费用(元)				32.45	34.19	41.83
其中	人工费			20.98	21.89	26.83
	材料费			1.43	1.79	2.14
	机械费			7.36	7.68	9.41
	增值税			2.68	2.83	3.45
名称		单位	单价(元)	数量		
材料	水嘴	个		(10.100)	(10.100)	(10.100)
	聚氯乙烯生料带,宽 20 mm	m	0.35	4.00	5.000	6.000
	其他材料费	%		2.00	2.000	2.000

注:括号内的数值表示的是未计价材料的数量。

未计价材料费按下式计算：

某项未计价材料数量＝工程量×某项未计价材料定额消耗量

某项未计价材料费(主材费)＝某项未计价材料数量×市场单价

【例 1-1】 某给排水工程中，某公称直径 20 mm 的塑料管，图示长度 25 m，塑料管市场价 2 元/m，塑料管接头零件按每个 2 元计价。请计算该项目公称直径 20 mm 的塑料管未计价材料费用。

【解】 公称直径 20 mm 的塑料管，应套用 C10-1-300 子目，塑料管定额含量为 10.16 m/10 m，室内塑料给水管电熔管件定额含量为 15.2 m/10 m。该工程中：

塑料给水管工程量＝10.16×25÷10＝25.4 m

塑料给水管价值＝25.4×2＝50.8 元

塑料管接头工程量＝15.2×25÷10＝38 个

塑料管接头价值＝38×2＝76 元

1.3.2 措施项目费

措施项目费是指为完成建设工程项目施工，发生于该工程施工前和施工过程中技术、生活、安全、环境保护等方面的费用。措施项目费分为总价措施项目费(组织措施费)和单价措施项目费(技术措施费)。

1.3.2.1 总价措施项目费

(1) 安全文明施工费：指按照国家现行的施工安全、施工现场环境与卫生标准和有关规定，购置、更新和安装施工安全防护用具及设施、改善安全生产条件和作业环境，以及施工企业为进行工程施工所必须搭设的生活和生产用的临时建筑物、构筑物和其他临时设施的搭设、维修、拆除、清理或摊销等费用。该费用包括：

① 安全施工费：指按国家现行的建筑施工安全标准和有关规定，购置、更新和安装施工安全防护用具及设施，改善安全生产条件所需的各项费用。

② 文明施工费：指施工现场文明施工所需要的各项费用。

③ 环境保护费：指施工现场为达到国家环保部门要求的环境和卫生标准，改善生产条件和作业环境所需要的各项费用。

④ 临时设施费：指施工企业为进行建设工程施工所必须搭设的生活和生产用的临时建筑物、构筑物和其他临时设施的搭设、维修、拆除、清理或摊销等费用。

安全文明施工费内容包含：安全警示标志牌、现场围挡、五板一图、企业标志、场容场貌、材料堆放、垃圾清运(至场内指定地点)、现场防火等费用；楼板、屋面、阳台等临边防护、通道口防护、预留洞口防护、电梯井口防护、楼梯边防护、垂直方向交叉作业防护、高层作业防护等费用；现场办公生活设施、施工现场临时用电的配电线路、配电箱开关箱、接地保护装置等费用。不含《建设工程施工现场消防安全技术规范》(GB 50720—2011)规定的临时消防设施等费用内容。

(2) 夜间施工增加费：指因夜间施工所发生的夜班补助费，夜间施工降效、夜间施工照明设备摊销及照明用电等费用。

(3) 二次搬运费：指因施工场地狭小等特殊情况而发生的材料、构配件、半成品等一次运输不能到达堆放地点，必须进行二次或多次搬运所发生的费用。

(4) 冬雨季施工增加费：指冬季或雨季施工需增加的临时设施，防滑、排除雨雪，人工及施工机械效率降低等费用。

(5) 工程定位复测费：指工程施工过程中进行全部施工测量放线和复测工作的费用。

(6) 已完工程及设备保护费：指竣工验收前，对已完工程及设备采取的必要保护措施所发生的费用。

总价措施项目费计算程序见表1-3。

表1-3 总价措施项目费计算程序

序号	费用项目		计算方法
1	分部分项工程和单价措施项目费		∑(分部分项工程和单价措施项目费)
1.1	其中	人工费	∑(人工费)
1.2		施工机具使用费	∑(施工机具使用费)
2	总价措施项目费		2.1＋2.2
2.1	安全文明施工费		(1.1＋1.2)×费率
2.2	其他总价措施项目费		(1.1＋1.2)×费率

1.3.2.2 单价措施项目费

单价措施项目费用内容详见现行国家各专业工程工程量计算规范。

安装工程预算定额中把不便列项的内容，如工程超高增加费、高层建筑增加费、脚手架搭拆费等，用规定的系数计算其费用。这些系数可分为子目系数、工程系统系数和综合系数，它们列在各专业定额册的册说明中或定额总说明中。

子目系数指当分项工程内容与定额子目考虑的编制环境不同时，所需进行的定额调整内容。子目系数包括在各章节中规定的定额子目调整系数、超高系数、暗室施工系数等。

工程系统系数指与工程建筑形式或工程系统调试有关的费用，如高层建筑增加系数，通风工程检测、调试系数，采暖工程系统调试系数等。

综合系数指与工程本体形态无直接关系，而与施工方法和施工环境有关的系数，如脚手架搭拆系数，安装与生产同时进行增加系数，有害环境影响增加系数等。

子目系数是计取工程系统系数的基础，子目系数和工程系统系数是计算综合系数的基础。以下通过超高增加费、高层建筑增加费和脚手架搭拆费来阐述子目系数、工程系统系数和综合系数的计算过程。

(1) 超高增加费

操作物高度离楼地面一定高度的分部分项工程，按其超过部分的定额人工费乘以超高系数(表1-4所列为给排水、采暖、燃气工程分册超高系数)计取超高增加费(其中全部为人工工资)。即只有安装高度超过定额高度的工程量才能计取超高增加费，没有超过定额高度的工程量不能计取超高增加费。操作物高度是指操作物距本层楼地面的高度，而非操作物的标高。

表1-4 超高系数表

安装高度距安装操作基准面(m)	≤10	≤30	≤50
超高系数	0.10	0.20	0.50

超高增加费的计算公式如下：

$$操作物超高增加费=超高部分全部人工费\times超高系数$$

【例 1-2】 某厂房的檐口高度为 7.5 m，给水工程部分人工费合计 10 万元，其中 3.3 m 以上的工程量占全部工程量的 25%。试计算该给水工程的操作物超高增加费。

【解】 超高系数按超高部分的人工费的 0.1 计取，故有：

$$超高增加费\ A=(10\times25\%)\times0.1=0.25\ 万元(全部为人工费)$$

(2) 高层建筑增加费

高层建筑安装施工、生产效率较一般建筑低，为了弥补人工的降效和材料垂直运输增加的人工费用，计取高层建筑增加费。

定额所指的高层建筑是指六层以上(不含六层)的多层建筑，单层建筑物自室外设计标高正负零至檐口或最高层楼地面在 20 m 以上(不含 20 m)的建筑物。

高层建筑增加费的计算公式如下：

$$高层建筑增加费=\sum(分部分项工程人工费)\times高层建筑增加费率$$

计取高层建筑增加费时，需要注意以下问题：

① 定额中已说明包括的不再计取高层建筑增加费，如电梯安装；

② 地下室部分不能计算层数和高度；

③ 层高不超过 2.2 m 时，不计层数；

④ 同一建筑物有不同高度时，应分别按不同高度计算高层建筑增加费；

⑤ 若层数不超过六层，但总高度超过 20 m，可按层高 3.3 m 折算层数；

⑥ 高层建筑物屋顶为坡形顶时，可按平均高度计算；

⑦ 安装在高层建筑底层或地下室的设备，均不计取高层建筑增加费。

【例 1-3】 某住宅楼 25 层，其中电气设备安装工程人工费为 22.38 万元。试计算该住宅楼高层建筑增加费。

【解】 查《湖北省通用安装工程消耗量定额及全费用基价表》(2024 版)(后文简称"湖北省 2024 版安装定额")第四册《电气设备安装工程》可知，25 层建筑的高层建筑增加费按人工费的 13%计取，故有：

$$高层建筑增加费\ B=22.38\times13\%=2.91\ 万元(全部为人工费)$$

(3) 脚手架搭拆费

安装工程的脚手架不同于建筑工程，它不是主导施工过程，但不论工程实际是否搭设或拆除脚手架，也不论搭拆数量多少，均应按规定系数计取脚手架费用，包干使用，不得换算，列入措施项目清单中。脚手架搭拆费的计算公式如下：

$$脚手架搭拆费=\sum(分部分项工程人工费+全部子目系数中的人工费+工程系统系数中的人工费)\times脚手架搭拆系数$$

【例 1-4】 某住宅楼工程的电气安装部分的人工费为 15 万元，其他子目系数人工费为 0.82 万元。试计算该电气安装工程的脚手架搭拆费。

【解】 查湖北省 2024 版安装定额第四册《电气设备安装工程》可知，脚手架搭拆系数为 3.5%，其中：

$$人工费=0.63\times25\%=0.16\ 万元$$

$$材料费=0.63\times75\%=0.47\ 万元$$

1.3.3 其他项目费

其他项目费主要包括暂列金额、暂估价、计日工和总承包服务费。其他项目费计算程序见表 1-5。

表 1-5 其他项目费计算程序

<table>
<tr><th>序号</th><th colspan="2">费用项目</th><th>计算方法</th></tr>
<tr><td>1</td><td colspan="2">暂列金额</td><td>按招标文件</td></tr>
<tr><td>2</td><td colspan="2">专业工程暂估价/结算价</td><td>按招标文件/结算价</td></tr>
<tr><td>3</td><td colspan="2">计日工</td><td>3.1＋3.2＋3.3＋3.4＋3.5</td></tr>
<tr><td>3.1</td><td rowspan="5">其中</td><td>人工费</td><td>$\sum$(人工价格 × 暂定数量)</td></tr>
<tr><td>3.2</td><td>材料费</td><td>$\sum$(材料价格 × 暂定数量)</td></tr>
<tr><td>3.3</td><td>施工机具使用费</td><td>$\sum$(机械台班价格 × 暂定数量)</td></tr>
<tr><td>3.4</td><td>企业管理费</td><td>(3.1 ＋ 3.3) × 费率</td></tr>
<tr><td>3.5</td><td>利润</td><td>(3.1 ＋ 3.3) × 费率</td></tr>
<tr><td>4</td><td colspan="2">总承包服务费</td><td>4.1 ＋ 4.2</td></tr>
<tr><td>4.1</td><td rowspan="2">其中</td><td>发包人发包专业工程</td><td>$\sum$(项目价值 × 费率)</td></tr>
<tr><td>4.2</td><td>发包人提供材料</td><td>$\sum$(材料价值 × 费率)</td></tr>
<tr><td>5</td><td colspan="2">索赔与现场签证费</td><td>$\sum$(价格 × 数量)/$\sum$ 费用</td></tr>
<tr><td>6</td><td colspan="2">其他项目费</td><td>1＋2＋3＋4＋5</td></tr>
</table>

(1) 暂列金额：指建设单位在工程量清单中暂定并包括在工程合同价款中的一笔款项。用于施工合同签订时尚未确定或者不可预见的所需材料、设备、服务的采购，施工中可能发生的工程变更、合同约定调整因素出现时的工程价款调整，以及发生的索赔、现场签证确认等的费用。

(2) 暂估价：指招标人在工程量清单中提供的用于支付必然发生但暂时不能确定价格的材料的单价以及专业工程的金额。暂估价分为材料暂估单价、工程设备暂估单价、专业工程暂估金额。

(3) 计日工：指在施工过程中，承包人完成发包人提供的工程合同范围以外的零星项目或工作，按合同中约定单价计算的费用。

(4) 总承包服务费：指总承包人为配合、协调发包人进行的专业工程发包，对发包人自行采购的材料等进行保管，以及施工现场管理、竣工资料汇总整理等服务所需的费用。

1.3.4 规费

规费是指按国家法律、法规规定，由省级政府和省级有关行政主管部门规定必须缴纳或计取的费用，内容包括：

(1) 社会保险费

养老保险费：指企业按照规定标准为职工缴纳的基本养老保险费。

失业保险费:指企业按照规定标准为职工缴纳的失业保险费。

医疗保险费:指企业按照规定标准为职工缴纳的基本医疗保险费。

生育保险费:指企业按照规定标准为职工缴纳的生育保险费。

工伤保险费:指企业按照规定标准为职工缴纳的工伤保险费。

(2) 住房公积金

住房公积金是指企业按照规定标准为职工缴纳的住房公积金。

(3) 工程排污费

工程排污费是指企业按照规定标准缴纳的施工现场工程排污费。

【在线测试】

(4) 其他应列而未列入的规费,按实际发生计取。

1.3.5 税金

税金是指国家税法规定的应计入建筑安装工程造价内的税收。若实行营业税改增值税时,按纳税地点调整的税率另行计算。单位工程含税工程造价计算程序见表 1-6。

表 1-6 单位工程含税工程造价计算程序

序号	费用项目		计算方法
1	分部分项工程和单价措施项目费		$\sum$(分部分项工程和单价措施项目费)
1.1	其中	人工费	$\sum$(人工费)
1.2		施工机具使用费	$\sum$(施工机具使用费)
2	总价措施项目费		$\sum$(总价措施项目费)
3	其他项目费		$\sum$(其他项目费)
3.1	其中	人工费	$\sum$(人工费)
3.2		施工机具使用费	$\sum$(施工机具使用费)
4	规费		(1.1+1.2+3.1+3.2)×费率
5	增值税		(1+2+3+4)×税率
6	含税工程造价		1+2+3+4+5

1.4 安装工程清单计价的调整换算

1.4.1 人工、材料和机械价格的调整

(1) 人工价格调整

人工发布价是建设工程发、承包及实施阶段的计价依据,可供投标人参考。合同履行期间,人工发布价调整时,发、承包双方应调整合同价款。承包人报价中的人工单价高于调整后

的人工发布价时，不予调整。当人工发布价上调，承包人报价中的人工单价低于调整后的人工发布价时，应予调整。当承包人报价中的人工单价与招投标时人工发布价不同时，应以调整后的人工发布价减去编制期人工发布价和投标报价中的较高者之差，再加上投标报价后，计入综合单价或基价，调整合同价款。当人工发布价下调时，另行处理。人工发布价由省级建设行政主管部门进行测算、管理。对人工价格有特别规定的，应按规定处理。

(2) 材料价格调整

材料(含工程设备，下同)市场价格是指发、承包人双方认定的价格，也可以是当地建设工程造价管理部门发布的市场信息价格，双方应在相关文件上约定。

合同履行期间，承包人采购的材料、工程设备市场价格波动超出合同约定的幅度时，应按合同约定调整工程价款。合同没有约定的，扣除招标控制价中明确计取的风险系数后，市场价格的变化幅度超出＋5%(含＋5%)时，变化幅度以内的风险由承包人承担或受益，超出部分由发包人承担或受益。当投标报价与投标时期市场价不同时，参照《建设工程工程量清单计价标准》(GB/T 50500—2024)的规定执行。

因非承包人的原因造成工期延误的，延误期间发生材料市场价格涨跌的，上涨时，按上涨的价格调整合同价款；下跌时，不调整合同价款。因承包人的原因造成工期延误的，延误期间发生材料市场价格涨跌的，上涨时，不调整合同价款；下跌时，按下跌的价格调整合同价款。

按单项材料补差，即通过主要材料汇总量分别乘以单位差价得出单位工程材料价差，计算式如下：

$$\text{单位工程材料价差} = \sum(\text{单项材料数量} \times \text{材料单位差价})$$

补差时单价的取定应符合地区工程造价管理部门的规定。各地大多数规定材料单位差价为市场信息价与预算价之差，即：

$$\text{材料单位差价} = \text{市场信息价} - \text{预算价}$$

在市场经济条件下，材料价差可以是正差，也可以是负差。在计算材料价差时，凡是定额列有损耗率的材料，其价差应包括定额损耗。

(3) 施工机械价格调整

施工机械的市场价格包括折旧费、大修理费、经常维修费、安拆费及场外运输费、税费、人工费、燃料动力费等。其中，人工费按发布价计算，燃料动力费按材料市场价格计算。施工仪表按照市场价格进行调整，其市场价格包括仪器仪表的摊销及维修费用。大型机械安拆费及场外运输费按相关定额计取。

合同履行期间，机械台班市场价因人工发布价变化需要调整的，发、承包人双方应调整合同价款，机械台班中的人工单价按上述人工价格的调整方法调整；机械台班中的材料价格按照上述材料价格的调整方法调整。

1.4.2 定额子目内容的调整与换算

安装工程定额的定额含量与定额基价，在一般情况下都可直接套用，但在某些因素影响下，尚需按照定额规定对原定额含量与基价进行调整与换算。调整与换算有下面两种形式：

1.4.2.1 调整量差

调整量差是指调整原定额的用量，调整后出现的数量差称为定额量差。在预算定额中调整定额量差一般采用下列方法：

(1) 系数调整法

系数调整法是在原定额与基价基础上乘以一个规定系数，一般用于成比例增减的项目。当系数用于一个子目的全部定额含量与基价时，调整后的定额含量与基价可用下式计算：

调整后定额含量(基价)＝原定额含量(基价)×调整系数

当系数仅用于子目中的部分定额含量时，调整后的定额含量与基价，须按下式计算：

调整增减部分定额含量＝原部分定额含量×调整系数

调整后的定额基价＝原定额基价＋[部分定额含量的原费用×(调整系数－1)]

【例 1-5】 电气工程户内干包式铜芯电力电缆终端头制作、安装，1 kV 以下线芯截面 35 m^2 以下的，套用定额子目 C4-9-180，计量单位为“个”，定额基价 224.65 元，其中人工费 97.83 元、材料费 73.91 元，机械费无。定额规定：当设计为铝芯电缆头时，按同截面电缆头定额乘以系数 0.9。试求调整后定额基价。

【解】 本例系数 0.9 用于整个定额基价，故有：

调整后定额基价＝224.65×0.9＝202.19 元/个

【例 1-6】 当例 1-5 中设计为双屏蔽电缆头制作、安装时，定额规定按同截面电缆头定额仅人工乘以系数 1.05。试求调整后定额基价。

【解】 本例因系数 1.05 仅用于调整人工费，故有：

调整后定额基价＝224.65＋97.83×(1.05－1)＝229.54 元/个

(2) 数量增减法

数量增减法是在原定额含量基础上增加或减少一个数量。调整后的定额基价可按下式计算：

调整后定额基价＝原定额基价＋(调整部分增减量×相应单价)

由以上分析可知，定额量差必然影响到定额基价的调整，这种由量差引起的基价差仍属于定额量差。

1.4.2.2 换算价差

换算价差是指设计采用的材料(设备)等或施工采用的施工机械，其品种、规格、材质与定额不同，按定额规定须作的单价换算，换算后出现的价格差称为定额价差。换算后的定额基价可按下式计算：

换算后定额基价＝原定额基价＋(调入材质单价－定额材质单价)×定额含量

应用上式计算时，当差值为正值时表示增加费用，为负值时则表示减少费用。

如遇量差与价差同时存在，则须既调整定额量差又换算定额价差，则有：

调整后定额基价＝原定额基价＋(调整部分增减量×相应单价)＋(调入材质单价－定额材质单价)×定额含量

【在线测试】

2　给排水安装工程计量与计价

【教学目标】 通过本章的学习，要求掌握室内给排水管道、阀门、水表、卫生器具、小型容器的工程量计算及定额套用；熟悉室外给排水管道、水灭火系统的工程量计算及定额套用，能够达到能正确编制室内给排水管道施工图预算的目的。

【教学重点】 室内外给排水管道工程的工程量计算及定额套用；卫生器具、小型容器的工程量计算及定额套用。

2.1　给排水工程基础知识

建筑给排水系统是将市政给水管网或自备水源的水经引入管送至建筑内的生活、生产和消防设备，并通过室内排水系统将污水、废水从卫生器具、排水管网排到室外排水管网的给排水系统。给排水工程按其位置分为室内给排水工程和室外给排水工程，其划分原则如下：

(1) 给水管道室内外划分的界限：以建筑物外墙皮外 1.5 m 为界，入口处设阀门者以阀门为界。与市政给水管道的界限，应以水表井为界限；无水表井者，应以与市政给排水管碰头点为界。

(2) 排水管道室内外界限：以出户第一个排水检查井为界；室外排水管道与市政排水界限应以与市政管道碰头井为界。

2.1.1　室外给排水工程

室外给水系统是城市或区域供水的重要组成部分，它负责将水从水源或市政给水管网干线输送到用户家中或工厂等用水地点，见图 2-1。

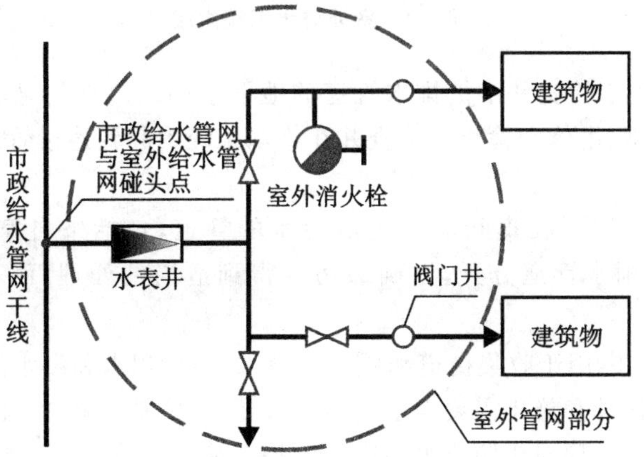

图 2-1　室外给水

① 水表井：用于安装水表，测量用户用水量的设施。水表井通常位于用户建筑的外部，方便抄表和维护。

② 室外消火栓：也称为消防栓，是安装在室外街道或建筑物旁的消防设施，用于火灾时提供水源。室外消火栓通常与市政给水管网相连，以确保在紧急情况下有足够的水压和水量。

③ 阀门井：用于安装控制阀门的设施，这些阀门用于控制水流的开启和关闭，以便于管网的维护和检修。阀门井通常位于管网的关键节点，如管道的分支点或重要的交叉点。

④ 连接管道：是连接上述设施的管道系统，包括主管道、支管道等，负责将水从水源输送到各个用水点。

室外给水系统的设计和施工需要考虑多种因素，包括供水量、水压、管道材料、地形地貌、气候条件等。此外，室外给水系统还需要定期维护和检查，以确保供水的安全性和可靠性。

室外排水系统负责将雨水和生活污水从建筑物收集并输送到处理设施或自然市政排水干线。室外排水系统一般包括排水检查井、污水排放管道等内容，见图 2-2。

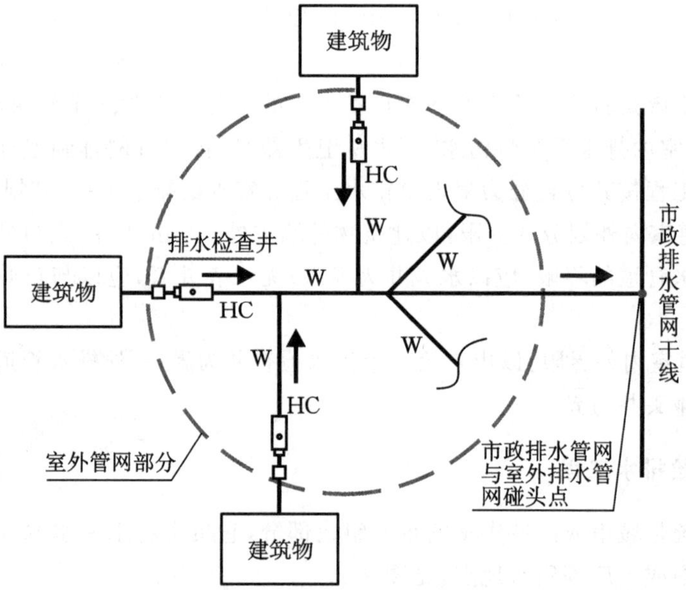

图 2-2　室外排水系统组成

① 排水检查井：用于检查和维护排水管道的地下结构。检查井通常设有井盖，方便工作人员进入管道进行清理、维修和检查。检查井在排水系统中起到连接管道、便于维护和检查的作用。

② 污水排放管道：用于收集和输送生活污水的管道，包括来自家庭、商业和工业的废水。污水管道通常与雨水管道分开，以确保污水得到适当的处理，而不是直接排放到自然水体中。

③ 雨水口和雨水井：用于收集街道和屋顶的雨水，防止积水和洪水的地下井。

室外排水系统的设计和施工需要考虑当地的气候条件、地形地貌、土地利用情况及环境保护要求。系统的维护和管理对于防止水污染和保护环境至关重要。

室外给排水管道安装常用管材有铸铁管、聚乙烯(PE)管道、钢筋混凝土管、陶土管、钢管等。

① 铸铁管。铸铁管具有良好的耐腐蚀性、密封性和较高的抗压能力。球墨铸铁管因其韧性和强度高，在中低压管网中运行安全可靠，破损率低，施工维修方便、快捷，防腐性能优异。铸铁管广泛应用于城市排水系统，市政工程供水、供气、燃气管道等，以及工业领域中输送磨蚀性介质等。

② 聚乙烯(PE)管道。聚乙烯管道连接可靠、低温抗冲击性好、抗应力开裂性好、耐化学腐蚀性好、耐老化、使用寿命长、耐磨性好、可挠性好。聚乙烯管道的使用寿命可达50年以上。聚乙烯管道广泛应用于建筑给水、建筑排水、埋地排水管、建筑采暖与输气管、电工与电信保护套管、工业用管、农业用管等。

③ 钢筋混凝土管。钢筋混凝土管强度高，能在低温和高温下工作，内表面光滑，防腐性好，绝缘性好，防火性能好，使用寿命长(50～70年或更长)。钢筋混凝土管广泛用于排水系统、污水系统、灌溉渠、公用事业隧道等。

④ 陶土管。陶土管具有非常长的使用寿命，可达上百年。陶土管因其耐久性，适用于需要长期稳定的排水和排污管道系统。

⑤ 钢管。钢管具有高强度、良好的耐腐蚀性，适应性强，可以根据需要进行切割、焊接和连接。无缝钢管具有较高的强度和密封性能，而焊接钢管则成本较低，易于生产。

室外给排水管道安装程序：测量放线→管沟开挖→沟底找坡→沟基处理→下管→管道安装→试压→回填。

室外给排水管道施工要求如下：

① 给水管道一般平行于建筑物敷设，距建筑物3～5 m，进入建筑物前应设阀门井(或水表井)；

② 给水管与供热管同沟敷设时，供热管在上，给水管在下；

③ 给排水管道一般情况下应采用直埋式敷设；

④ 当给水管与排水管交叉时，给水管应敷设在排水管之上。如果因条件限制，给水管要在排水管之下时，在交叉处应设套管保护；

⑤ 排水管道一般沿建筑物和道路平行敷设，应尽量避免与其他管线交叉；

⑥ 给排水管道埋深应考虑到冰冻深度、地面荷载、管材强度、管道交叉、阀门高度等情况；

⑦ 排水管道应有一定的坡度，以确保水流畅通。

2.1.2 室内给排水工程

室内给水工程的主要任务是在保证用户对水量、水压的要求下，输送足够的水量，供给生活和消防用水。室内排水工程的任务是将房屋内用水设备或排水设备排出的污(废)水，通过室内排水系统排放到室外排水管网中去。

2.1.2.1 室内给水系统

室内给水工程的一整套设施，称为室内给水系统。室内给水系统按用途不同可分三类：生活给水系统、生产给水系统、消防给水系统。本章主要讲解生活给水系统和生产给水系统相关知识，消防给水系统相关知识将在消防章节讲述。

室内给水系统一般包括引入管、水表节点、给水管网(干管、立管、支管)、给水附件(阀门、水表等)、升压和储水设备，见图2-3。

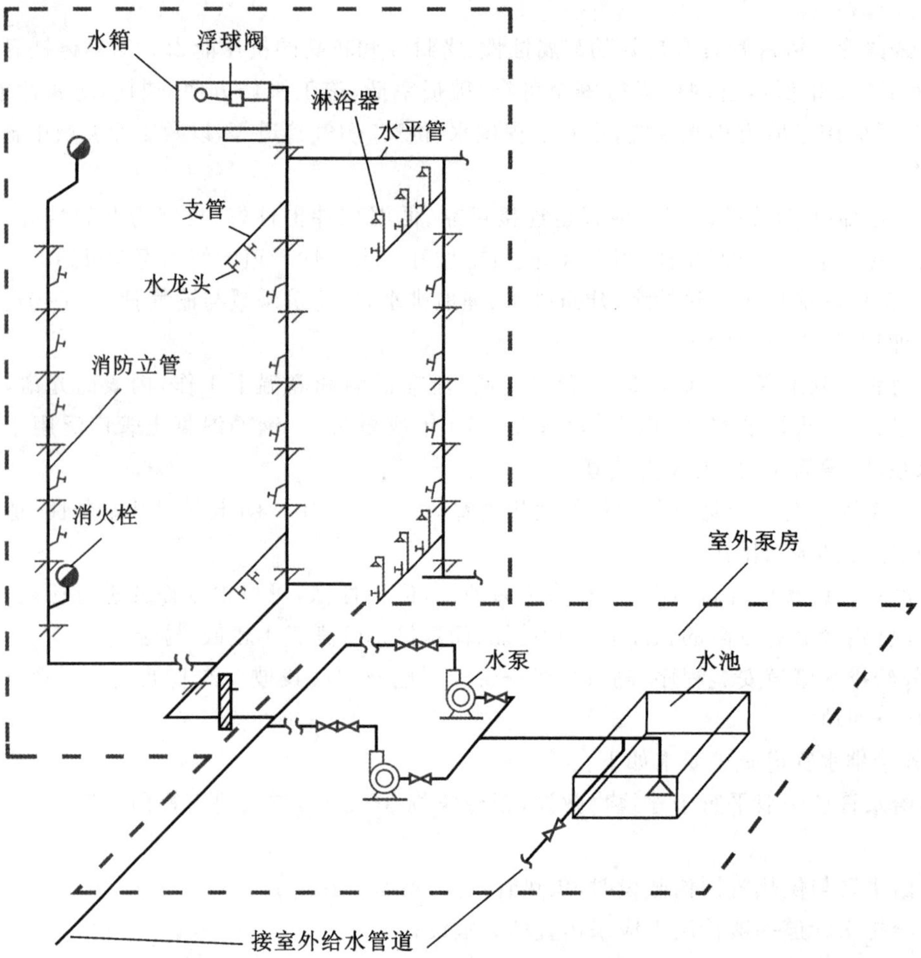

图 2-3　室内给水系统组成

① 引入管，连接室外供水管网与室内给水系统的管道，负责将水引入建筑物内部。

② 水表节点，包括水表和相关的连接件，用于计量进入建筑物的用水量。

③ 给水管网，包括干管、立管和支管，构成室内供水管道网络。干管主要负责在建筑物内部分配水源；立管垂直安装，负责将水源从底层输送到高层；支管连接立管与用水器具，如水龙头、淋浴头等。

④ 给水附件，包括各种阀门、水表等，用于控制水流、调节水压和计量用水量。

⑤ 升压和储水设备。升压设备如水泵，用于提高水压，确保在用水高峰或高楼层时水压充足；储水设备如水箱、水塔等，用于储存一定量的水，以备不时之需，特别是在供水不稳定或需要应急供水的情况下。

这些组成部分共同确保室内给水系统的稳定运行，满足建筑物内居民或工作人员的用水需求。室内给水管道常用管材包括镀锌焊接钢管、焊接钢管、给水铸铁管、塑料管、铜管、不锈钢管、复合管材等。

① 镀锌焊接钢管：钢管表面镀有一层锌，以防止腐蚀。镀锌钢管具有良好的耐腐蚀性和机械强度，适用于多种环境。

② 焊接钢管:是通过焊接钢板制成的管材,没有镀锌层。焊接钢管通常用于需要较高机械强度的场合,但需要额外的防腐措施。

③ 给水铸铁管:具有很好的耐压性和耐腐蚀性,常用于地下管道系统。给水铸铁管通常较重,安装和运输成本较高,但非常耐用。

④ 塑料管:塑料管(如聚氯乙烯 PVC、聚乙烯 PE、聚丙烯 PP 等)轻便、耐腐蚀、易于安装,且成本相对较低,适用于住宅和商业建筑的给水系统。

⑤ 铜管:具有良好的耐腐蚀性和抗菌性能,常用于高端住宅和商业建筑的给水系统。

⑥ 不锈钢管:具有优异的耐腐蚀性和耐压性,适用于需要高耐久性和卫生标准的场合。

⑦ 复合管材:复合管材如钢塑复合管,结合了金属和塑料的优点,具有良好的机械性能和耐腐蚀性。

室内给水管道的安装,一般按引入管→水平干管→立管→横支管→支管的顺序施工。管道的布置及敷设要求如下:

① 管道穿过建筑物基础、墙、楼板的孔洞和暗敷管道的墙槽,应配合土建预留;钢管穿楼板应做套管,套管直径应比管道管径大 2 号,套管顶部应高出地面 20 mm,套管底部与楼板底面相平,套管与管道间应用石棉绳或沥青油填实。

② 生活热水管、生产给水管、消防管应根据需要及设计要求进行保温处理,以防止热量损失及冻裂。

③ 室内给水管道,特别是暗装管道,是在管道未与卫生设备连接时进行压力实验的,即卫生设备上的各种水龙头、阀门及连接短管等都不参与压力实验,在压力实验前都应用丝堵堵好。

镀锌钢管在套丝操作后,被损坏的镀锌表面要及时涂上红丹防锈漆。

2.1.2.2 室内排水系统

室内排水系统是建筑物内部非常重要的基础设施之一,负责将生活污水和废水从卫生器具等排水点排出建筑物,并最终输送到市政排水系统或污水处理设施,见图 2-4 和图 2-5。

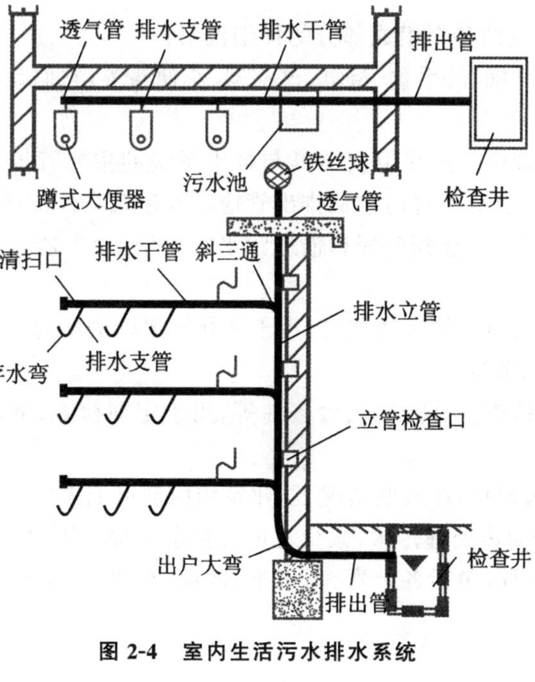

图 2-4　室内生活污水排水系统

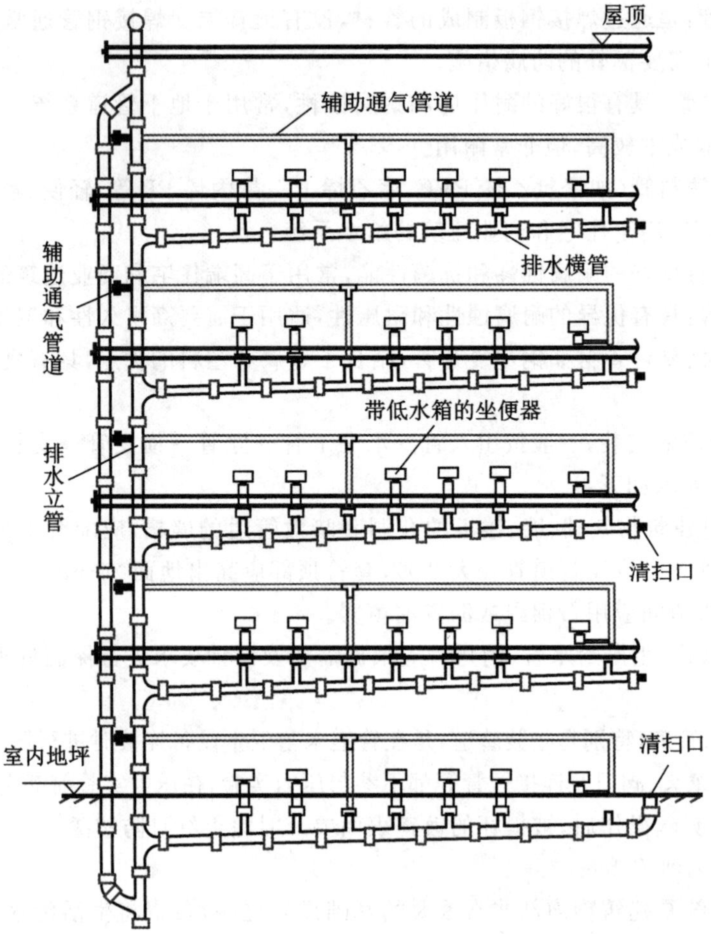

图 2-5　辅助通气管道连接示意图

以下是室内排水系统的各个组成部分的详细说明：

① 卫生器具：包括马桶、洗手盆、浴缸、淋浴器、小便斗等，它们是排水系统的起点，用于收集生活污水和废水。

② 排水管道：排出管道是连接卫生器具与排水系统的主要管道，负责将污水从卫生器具排出；干管主要的排水管道负责将污水从排出管输送到建筑物外部或下一个处理阶段；支管连接干管与多个排出管的管道，起到分配和输送污水的作用；卫生器具连接支管，直接连接卫生器具与排水系统的管道。

③ 通气管道：也称为通气管或透气管，用于平衡管道内的压力，防止管道内形成负压或正压，避免污水回流和异味散发。

④ 清通设备：包括检查口、清扫口、检查井等，用于定期检查、清理和维护排水管道，确保管道畅通无阻。

⑤ 污水局部处理构筑物：在某些情况下，建筑物内部可能需要设置局部污水处理设施，如隔油池、化粪池等，用于初步处理污水，减少对市政排水系统的压力。

⑥ 管道连接件和附件：包括各种弯头、三通、四通、存水弯、检查阀等，用于连接和控制排水管道的流向。

⑦ 管道支撑和固定系统：包括吊架、支架、托架等，用于固定和支撑排水管道，确保管道的稳定性和安全性。

室内排水系统的设计和施工需要遵循相关的建筑规范和卫生标准，以确保系统的功能性、安全性和环保性。此外，系统的维护和管理也是确保排水系统长期稳定运行的关键。

室内排水管道常用的管材有镀锌钢管、排水铸铁管、排水用硬聚氯乙烯(PVC)管、无缝钢管或焊接钢管、聚乙烯(PE)管、ABS管、玻璃钢管(FRP)、不锈钢管等。

① 镀锌钢管：镀锌钢管表面镀有一层锌，可以提供一定的防腐保护。镀锌钢管通常用于压力排水系统，但由于镀锌层可能被腐蚀性污水破坏，故其在非腐蚀性或轻度腐蚀性污水系统中使用较多。

② 排水铸铁管：具有良好的耐压性和耐腐蚀性，常用于承受较大压力的排水系统。排水铸铁管通常较重，安装成本较高，但非常耐用。

③ 排水用硬聚氯乙烯(PVC)管：PVC管轻便、耐腐蚀、易于安装，且成本相对较低。PVC管适用于非压力排水系统，如雨水排放和一些生活污水排放。

④ 无缝钢管或焊接钢管：具有良好的耐压性和强度，适用于需要较高机械强度的场合，通常用于工业排水系统或压力较大的排水系统。

⑤ 聚乙烯(PE)管：PE管具有良好的化学稳定性和柔韧性，适用于非压力排水系统，特别是在低温环境下。

⑥ ABS管：丙烯腈-丁二烯-苯乙烯共聚物(ABS)管具有良好的耐化学腐蚀性和耐冲击性，适用于一些特殊的排水系统。

⑦ 玻璃钢管(FRP)：轻质、高强、耐腐蚀，适用于一些特殊环境和要求较高的排水系统。

⑧ 不锈钢管：具有优异的耐腐蚀性和耐压性，适用于需要高耐久性和卫生标准的场合。

室内排水管道的安装应按下面程序进行：底层埋地排水横管→底层器具排水支管→隐蔽排水管灌水试验及验收→排水立管→各楼层排水横管→器具排水支管。

管道的布置及敷设要求如下：

① 器具排水支管上应设有水封装置，以防止排水管道中的有害气体进入室内，水封有S形存水弯、P形存水弯及水封盒、水封井等。器具排水支管与排水横支管相连时，宜采用45°三通或90°斜三通。

② 排水横支管一般用间距1～1.5 m的吊环悬吊在顶棚上，底层的横支管应埋地敷设；排水横支管不宜过长，以防造成虹吸作用破坏卫生器具的水封。排水横支管应有一定的坡度，并要尽量少拐弯以减少阻塞及清扫口的数量。排水横支管与立管连接处应用45°三通或90°斜三通。

③ 排水立管一般在墙角处明装，高级建筑物的排水立管可暗装在管槽或管井中；排水立管一般不允许转弯，当上下层位置错开时，宜用乙字弯或两个45°弯头连接；立管的固定常采用管卡，管卡间距不得超过3 m，但每层至少应设一个，托在承口的下面。

④ 排水干管和排出管：排水干管应尽量少拐弯；排出管管顶距室外地面不应小于0.7 m；排水干管和排出管必须有一定的坡度。

⑤ 通气管应高出屋面不小于0.3 m，并大于最大积雪厚度；对上人屋面，通气管则应高出屋面2 m，并应考虑设防雷装置；排气管出口应装网罩或风帽，以防杂物落入。

【在线测试】

2.2 给排水安装工程计量

依据《通用安装工程工程量计算标准》(GB/T 50856—2024)中附录K的相关项目进行给排水安装工程计量。

2.2.1 给排水管道安装工程计量(编码:031001)

给水管道安装工程在《通用安装工程工程量计算标准》(GB/T 50856—2024)中根据材质及安装特点分为镀锌钢管、无缝钢管、焊接钢管、不锈钢管、铜管、铸铁管、塑料管、复合管、成品地沟、室外管道碰头、阻火圈、止水节等十二个项目。

(1) 镀锌钢管、无缝钢管、焊接钢管、不锈钢管、铜管

镀锌钢管、无缝钢管、焊接钢管、不锈钢管和铜管通常用于给水管道,计算时应根据安装部位(室内、室外)、输送介质(如给水、排水、中水、雨水、热媒体、燃气、空调水)、管道规格、压力等级、连接形式、压力试验(如水压试验、气压试验、泄漏性试验、闭水试验、通球试验、真空试验等)及吹扫、冲洗设计要求(如水冲洗、消毒冲洗、空气吹扫等)等项目特征分别列项。

该部分给水管道清单的工程量计算规则是按设计图示管道中心线以长度计算,管道工程量计算单位为“m”。管道(包括铸铁管、塑料管、复合管等)工程量计算过程中,不扣除阀门、管件(包括减压器、疏水器、水表、伸缩器等组成安装)及附属构筑物所占长度;方形补偿器以其所占长度列入管道安装工程量。

管道的工作内容包括:管道安装、管件制作与安装、管卡制作与安装、压力试验、吹扫、冲洗、警示带铺设。

(2) 铸铁管

铸铁管安装适用于承插铸铁管、球墨铸铁管、柔性抗震铸铁管,通常用于排水管道。铸铁管安装工程按安装部位、介质、材质、规格、连接形式、压力试验、吹扫与冲洗设计要求、接口材料(如水泥砂浆内衬、法兰压盖、紧固件等)和警示带形式的不同分别进行列项。

铸铁管安装工程的工作内容包括:管道安装、管件制作与安装、压力试验、吹扫、冲洗、警示带安装。

铸铁管安装工程量计算按设计图示管道中心线以长度计算,以“m”为工程量计算单位。

(3) 塑料管和复合管

塑料管安装适用于UPVC、CPVC、PVC、PP-C、PP-R、PE、PB、ABS等塑料管道安装。

复合管安装适用于钢塑复合管、铝塑复合管、钢骨架复合管等复合型管道安装。

塑料管和复合管安装工程按安装部位、介质、材质、规格、连接形式、压力试验及吹扫与冲洗设计要求和警示带形式的不同分别进行列项。

塑料管和复合管安装工程的工作内容包括:管道安装、管件制作与安装、压力试验、吹扫、冲洗、塑料卡固定、警示带安装。

塑料管和复合管安装工程量计算按设计图示管道中心线以长度计算，以“m”为工程量单位。

(4) 成品地沟

成品地沟是在工厂预制加工成型的排水沟，可以直接运输到施工现场进行安装。这种地沟具有多种类型，包括但不限于树脂成品线性排水系统、304 不锈钢线性排水沟等。成品地沟的主要特点是安装方便、外形美观、环保，且具有较高的排水效率。与传统的砖砌排水沟相比，成品地沟具有更强的承载能力、更好的收水和排水能力，施工更为简便，且日常维护成本较低。成品地沟的盖板和沟体通常由专用的锁扣系统固定，增强了使用安全性。此外，成品地沟还具有良好的抗化学品腐蚀性，并且是使用环保材料制造的。

成品地沟安装按材质、规格、连接形式、安装部位的不同分别进行列项。

成品地沟安装工程量计算按设计图示中心线以长度计算，以“m”为工程量单位。

(5) 室外管道碰头

室外管道碰头适用于新建或扩建工程热源、水源、气源管道与原(旧)有管道碰头。碰头形式指带介质碰头、不带介质碰头。带介质管道碰头项目包括开关闸、临时放水管线铺设等费用；热源管道碰头每处包括供、回水两个接口。

按室外管道碰头安装介质、碰头形式、材质与规格、连接形式，以及防腐与绝热设计要求的不同分别进行列项。

室外管道碰头安装的工作内容包括：挖填工作坑或暖气沟拆除及修复，碰头、接口处防腐，接口处绝热及保护。

室外管道碰头安装的工程量计算按设计图示以“处”计算。

(6) 阻火圈、止水节

阻火圈、止水节按材质、规格分别列项，按设计图示以“个”为单位计算工程量。

【在线测试】

【例 2-1】 某给水管道工程(图 2-6)生活给水水平干管采用 PN2.5 MPa 钢塑给水管，工作压力为 1.6 MPa。生活给水立管和支管采用 PN1.25 MPa，PP-R 给水管热熔连接，工作压力为 1.25 MPa，其中 PP-R 管公称直径与实际管径(mm)按表 2-1 规定选用。试列出该给水管道工程清单表。

表 2-1　PP-R 管公称直径与实际管径(mm)对比表

公称直径	DN15	DN20	DN25	DN32	DN40	DN50	DN70	DN80	DN100
实际管径	De20	De25	De32	De40	De50	De63	De75	De90	De110

【解】 图 2-6 所示给水管道采用的是 PP-R 管，应取清单为 031001006001，塑料管。清单的项目特征可以根据项目要求编制，这里只做最简单的项目特征描述(具体见表 2-2)。

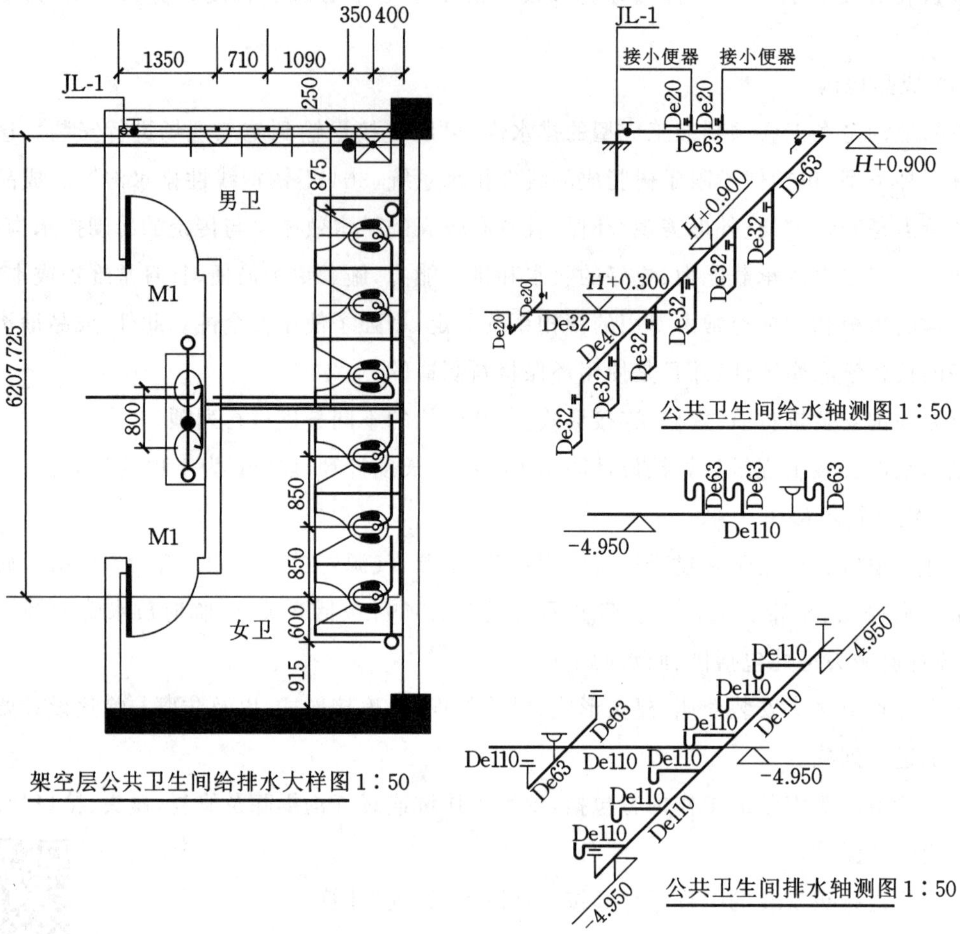

图 2-6 架空层公共卫生间给排水图

管道工程量计算是按不同材质、不同管径分别累计长度，按水平管和垂直管分别计算。准确计算管道长度的关键是找准管道变径点的位置，对于螺纹连接的管道来说，变径点发生在三通处。管道的弯头、阀门、穿楼板、穿墙等处一般不会是管道变径点的位置。

(1) 水平管计算：应根据平面图上标注的尺寸计算，安装工程施工图中很少有尺寸标注，或因计算太烦琐，实际工作中利用比例尺进行计量。将不同规格的管道分别计算，然后汇总。图 2-6 中，已经根据 CAD 图纸将所需要的尺寸标注在图上。

De63 的长度：

$$1.35+0.71+1.09+0.35+0.4+0.25+0.875+0.34+0.95+0.95+0.435=7.7\ \text{m}$$

De40 的长度：

$$0.435+0.95+0.95=2.335\ \text{m}$$

De32 的长度：

$$2.7+0.8=3.5\ \text{m}$$

(2) 垂直管计算：根据系统图标注的标高进行计算。系统图上切忌用比例尺计量。

De32 的长度为 $H+0.900$ 和 $H+0.300$ 的标高差，长度为 0.6 m。

结合表 2-1 中 PP-R 管的实际管径与公称直径之间的对比表，De63 对应 DN50，De40 对应 DN32，De32 对应 DN25。相同管径塑料管之间一般采用热熔连接，不同管径塑料管采用丝扣连接。结合《通用安装工程工程量计算标准》(GB/T 50856—2024)及项目特点，可以列清单项目，见表 2-2。

表 2-2　给水管道工程清单表

项目编码	项目名称	项目特征描述	计量单位	工程量
031001006001	塑料管	1.室内； 2.给水； 3.钢塑 DN50/De63； 4.热熔连接； 5.水压试验，消毒冲洗	m	7.7
031001006002	塑料管	1.室内； 2.给水； 3.钢塑 DN32/De40； 4.热熔连接； 5.水压试验，消毒冲洗	m	2.335
031001006003	塑料管	1.室内； 2.给水； 3.钢塑 DN25/De32； 4.热熔连接； 5.水压试验，消毒冲洗	m	4.1

2.2.2　支架及其他安装工程计量(编码：031301)

给排水安装工程中管道支架、设备支架、套管及减震装置制作在《通用安装工程工程量计算标准》(GB/T 50856—2024)中均没有单独列项，本节参考该标准中对支架及套管的列项要求进行说明，方便在需要单独设置支架及套管时使用。

2.2.2.1　管道支架

管道支架用于室内外沿墙、柱、梁等结构安装架空管道所需的管道支架或吊架。按材质、管架形式、支吊架衬垫材质和减震器形式及做法的不同分别列项。

管道支架的工程量计算规则为按图示质量以“kg”或“套”为单位计量。不同材质的管道需要不同的支架支撑，钢管需要型钢支架，塑料管需要塑料管卡，其工程量计算也不同。

(1) 成品管卡

成品管卡的用量依据表 2-3 所列塑料管支架间距，根据塑料管的长度计算。

表 2-3　塑料管支架间距表　　单位：个/10 m

序号	公称直径（mm 以内）	给水、采暖、空调水管道									排水管道	
		钢管		铜管		不锈钢管		塑料管及复合管			塑料管	
		保温	不保温	垂直管	水平管	垂直管	水平管	立管	水平管		立管	横管
									冷水	热水		
1	15	5.00	4.00	5.56	8.33	6.67	10.00	11.11	16.67	33.33		
2	20	4.00	3.33	4.17	5.56	5.00	6.67	10.00	14.29	28.57		
3	25	1.00	2.86	4.17	5.56	5.00	6.67	9.09	12.50	25.00		
4	32	4.00	2.50	3.33	4.17	4.00	5.00	7.69	11.11	20.00		
5	40	3.33	2.22	3.33	4.17	4.00	5.00	6.25	10.00	16.67	8.33	25.00
6	50	3.33	2.00	3.33	4.17	3.33	4.00	5.56	9.09	14.29	8.33	20.00
7	65	2.50	1.67	2.86	3.33	3.33	4.00	5.00	8.33	12.50	6.67	13.33
8	80	2.50	1.67	2.86	3.33	2.86	3.33	4.55	7.41		5.88	11.11
9	100	2.22	1.54	2.86	3.33	2.86	3.33	4.17	6.45		5.00	9.09
10	125	1.67	1.43	2.86	3.33	2.86	3.33				5.00	7.69
11	150	1.43	1.25	2.50	2.86	2.50	2.86				5.00	6.25

（2）管道支架

管道支架制作安装项目如果单件质量大于 100 kg 时，应按照设备支架制作安装项目计算。管道支架采用木垫式、弹簧式管架时，弹簧减震器、滚珠、木垫等成品件质量应计入安装工程量。

管道支架的工程量计算分两种：按图集计算和按定额参考质量计算。

① 按图集计算

按图集计算管道支架的工程量应分步进行，先统计不同规格的支架数量，再根据标准图集计算每个支架的质量，最后计算总质量。

第一步：统计支架数量

管道支架按安装形式一般有立管支架、水平管支架、吊架。立管支架数量的确定，分不同管径计算。楼层层高不大于 4 m 时，每层设一个；楼层层高大于 4 m 时，每层不得少于两个。水平管支架数量的确定，分不同管径计算，计算公式见式(2-1)。吊架的计算规则同水平管，水平钢管支架、吊架最大间距见表 2-4。

$$\text{水平管支架数量}=\frac{\text{管水平长度}}{\text{管支架最大间距数值}} \tag{2-1}$$

表 2-4　水平钢管支架、吊架最大间距表(m)

管道公称直径(mm)		15	20	25	32	40	50	70	80	100	125	150
支架最大间距(m)	保温管	1.5	2	2	2.5	3	3	4	4	4.5	5	6
	非保温管	2.5	3	3.5	4	4.5	5	6	6	6.5	7	8

第二步:质量计算

根据标准图集的具体要求,计算每个规格支架的单个质量,再乘以支架数量,求和计算总质量。不同类型的支架单个质量参考表 2-5 至表 2-8 中的数据。

表 2-5　砖墙上单管立式支架质量(kg)(Ⅱ型)

公称直径 mm	DN15	DN20	DN25	DN32	DN40	DN50	DN65	DN80
保温管	0.49	0.5	0.60	0.84	0.87	0.90	1.11	1.32
非保温管	0.17	0.19	0.20	0.22	0.23	0.25	0.28	0.38

表 2-6　砖墙上单管立式支架质量(kg)

公称直径 mm	DN50	DN65	DN80	DN100	DN125	DN150	DN200
保温管	1.502	1.726	1.851	2.139	2.547	2.678	4.908
非保温管	1.38	1.54	1.66	1.95	2.27	2.41	4.63

表 2-7　沿墙安装单管托架质量(kg)

公称直径	DN15	DN20	DN25	DN32	DN40	DN50	DN65	DN80	DN100	DN125	DN150
保温管	1.362	1.365	1.423	1.433	1.471	1.512	1.716	1.801	2.479	2.847	5.348
非保温管	0.96	0.99	1.05	1.06	1.10	1.14	1.29	1.35	1.95	2.27	3.57

表 2-8　沿墙安装单管滑动支座质量(kg)

公称直径	DN15	DN20	DN25	DN32	DN40	DN50	DN65	DN80	DN100	DN125	DN150
保温管	2.96	3.0	3.19	3.19	3.36	3.43	3.94	4.18	5.02	7.61	10.68
非保温管	2.18	2.23	2.38	2.5	2.65	2.72	3.1	3.34	4.06	6.17	7.89

注:表 2-5 至表 2-8 根据国家建筑标准图集《室内管道支架及吊架》(03S402)提供的有关数据汇总而来,仅是个别型号的数据,供学习参考,实际工作时一定要根据最新的标准图集及施工图纸的具体要求认真计算单个支架质量。

② 按定额参考质量计算

一般在管道支架的型号和安装间距不明确的情况下,管道支架的计算可参考表 2-9 中的相关数据进行计算,单位为 kg。

计算公式如下:

$$管道支架工程量=管道长度\times管道支架用量 \quad (2-2)$$

表 2-9 室内钢管、铸铁管支架用量参考表 单位:kg/m

序号	公称直径(mm 以内)	钢管		铸铁管	
		保温管	不保温管	给排水管	雨水管
1	15	0.58	0.34		
2	20	0.47	0.30		
3	25	0.50	0.27		
4	32	0.53	0.24		
5	40	0.47	0.22		
6	50	0.60	0.41	0.47	
7	65	0.59	0.42		
8	80	0.62	0.45	0.65	0.32
9	100	0.75	0.54	0.81	0.62
10	125	0.75	0.58		
11	150	1.06	0.64	1.29	0.86
12	200	1.66	1.33	1.41	0.97
13	250	1.76	1.42	1.60	1.09
14	300	1.81	1.48	2.03	1.2
15	350	2.96	2.22	3.12	
16	400	3.07	2.36	3.15	

【例 2-2】 某住宅给水工程,镀锌钢管 DN40 的长度为 135 m,其中需保温部分为 90 m;DN50 的长度为 220 m,其中需保温部分为 120 m。按照定额参考质量计算管道支架制作、安装工程量。

【解】 DN40 管道支架的工程量=0.47×90+0.22×45=52.2kg

DN50 管道支架的工程量=0.60×120+0.41×100=113kg

管道支架的工程量=52.2+113=165.2kg

2.2.2.2 设备支架

设备支架按材质和形式区分项目特征分别列项,按图示质量以“kg”为单位计算工程量。其工作内容包括支架的制作与安装。

2.2.2.3 套管

给排水管道的套管主要用于穿墙和楼板,以降低管道穿墙或楼板时发生渗水问题的可能性,同时方便后续对给排水管道进行更换和维修。套管的材质可以是金属或塑料,施工现场一般使用钢管、塑料管或铁皮制作。对于给水管道，如果管道是塑料管材(如 PPR)，可选用 PVC 套管；如果给水管材是钢管或类似钢管材料，套管一般选用钢套管。楼板中设置的套管，顶部应高出装饰面 20 mm；卫生间及厨房内的套管，顶部应高出装饰面 50 mm，底部与楼板底面相平。管道穿地下室建筑外墙或水池壁时应做防水套管，采取严格的防水措施，套管采用法兰钢管。所有伸出屋面管道均需预埋防水套管，套管材料采用焊接钢管，翼环厚 5 mm。

套管按类型、材质、规格、填料材质、除锈与刷油材质及做法的项目特征分别列项，按设计图示数量以"个"为单位进行计算。套管安装的工作内容包括制作、安装、除锈和刷油。

2.2.3 管道附件安装工程计量(编码:031002)

管道附件安装工程根据管件的类型和连接方式分为金属阀门、塑料阀门、带短管甲乙阀门、减压器、疏水器、除污器(过滤器)、补偿器、软接头(软管)、法兰、水表、倒流防止器、热量表、塑料排水管消声器、浮标液面计、浮漂水位标尺、水锤消除器、成品表箱等十七个项目。所有阀门、仪表安装中均不包括电气接线及测试，发生时按附录 D 电气设备安装工程相关项目编码列项。

(1) 金属阀门、塑料阀门

金属阀门的连接方式主要包括螺纹连接和法兰连接。螺纹阀门和螺纹法兰阀门[图 2-7(a)、图 2-7(b)]是通过螺纹连接的，即阀门的一端或法兰带有螺纹，与管道的螺纹部分相连接。焊接法兰阀门则是通过焊接方式连接，即阀门自带的法兰没有螺纹，需要在管道端部焊接一片法兰，然后通过螺栓连接。塑料阀门[图 2-7(c)]的连接形式包括热熔连接、粘接、热风焊接等。

(a) (b) (c)

图 2-7 阀门示意图

(a)螺纹阀门；(b)螺纹法兰阀门；(c)塑料阀门

阀门按类型、材质、规格、压力等级、连接形式等项目特征分别列项，阀门类型包括螺纹阀门、螺纹法兰阀门、焊接法兰阀门、沟槽阀门，如仅为一侧连接法兰，则在项目特征中描述。阀门的材质一般会在设计说明中给出，例如在设计说明中给出如下描述：生活给水管上采用全铜制闸阀，工作压力为 1.25 MPa。一般 DN≤50 mm 时宜采用截止阀，多为螺纹连接；DN>50 mm 时宜采用闸阀或蝶阀，多为法兰连接，经常起闭的管段上宜采用截止阀。阀门的连接方式与给排水管道直径有关，如 DN25 管道上的阀门一般为截止阀 DN25，螺纹连接；DN100 管道上的阀门一般为闸阀 DN100，法兰连接。阀门安装工程量按图示数量以"个"为单位计量。图 2-8 中 DN20 截止阀工程量为 6 个。工作内容包括阀门安装、电气接线和调试，阀门的工作内容均不包括法兰、法兰式附件。

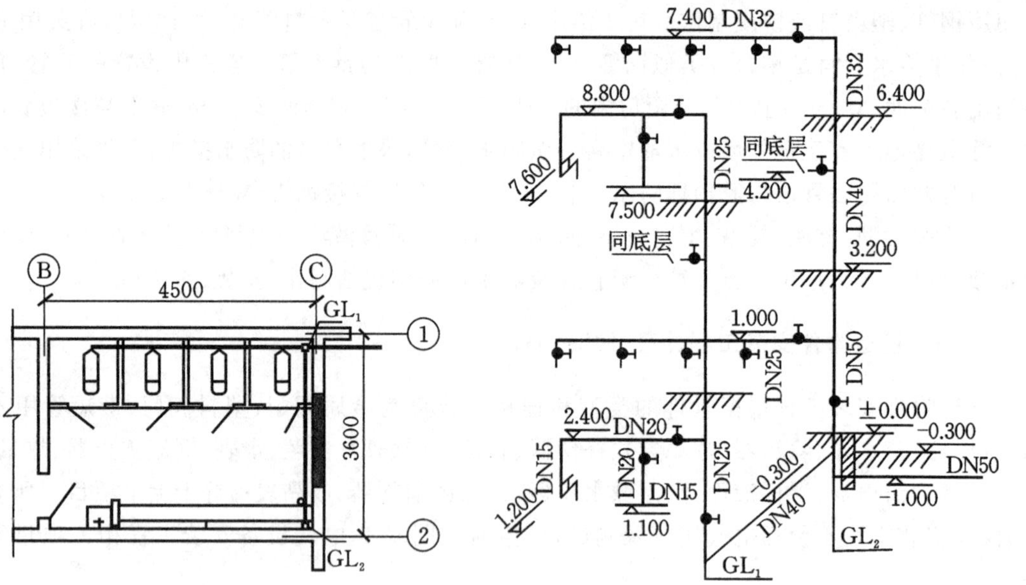

(a) (b)

图 2-8 某卫生间平面图和系统图

(a)平面图;(b)系统图

(2) 带短管甲乙阀门

带短管甲乙阀门根据规格、连接方式区分项目特征分别列项,按设计图示数量以“个”为单位计量,工作内容包括阀门的安装和调试。

(3) 减压器、疏水器和除污器(过滤器)

减压器是一种用来调节压力的装置,通过降低输入压力,使输出压力保持稳定的设备。疏水器是一种用于排除蒸汽或热水系统中形成的凝结水的设备,避免水蒸气或热水在运行过程中造成管道或设备的损坏。除污器是用来清除和过滤管道中的杂质和污垢,保持系统内水质的洁净,减少阻力,保护设备和防止管道堵塞的设备。

减压器、疏水器和除污器(过滤器)按材质、规格、压力等级、连接形式、附件配置等项目特征分别列项,按设计图示数量以“组”为单位计量。工程量清单编制时,减压器规格按高压侧管道规格描述项目特征。附件包括配置的阀门、压力表、温度计等,附件的工作内容包括附件组装或安装。

(4) 补偿器、软接头(软管)

补偿器也称为伸缩器或膨胀节,主要用于补偿管道因温度变化而产生的热胀冷缩。软接头也称为橡胶管软接头、橡胶接头等,广泛应用于各种管道系统,用于降低振动及噪声,并可对因温度变化引起的热胀冷缩起补偿作用。

补偿器按类型、材质、规格、压力等级和连接形式的项目特征分别列项,按设计图示数量以“个”为单位计量。补偿器的类型包括方形补偿器、焊接式成品补偿器、法兰式成品补偿器。

软接头按材质、规格、连接方式分别列项,按设计图示数量以“个(组)”为单位计量。补偿器和软接头的工作内容均为安装。

(5) 法兰

法兰安装计量时按材质、规格、压力等级连接形式区分项目特征分别列项,按设计图示数量,以“副”或“片”为单位计量。

（6）水表

通常把室内给水系统中的流量计称为“水表”，它是一种计量用水量的工具。水表列项时，根据水表的安装部位（室内外）、型号、规格、连接形式、附件配置（阀门等附件的规格和数量）等项目特征分别列项。

水表按设计图示数量，以“组”为单位计量。

（7）倒流防止器

倒流防止器是一种严格限定管道中的压力水只能单向流动的水力控制组合装置，按材质、型号、规格、连接形式区分项目特征分别列项，按设计图示数量，以“套”为单位计量，工作内容包括倒流防止器的安装。

（8）热量表

热量表是用于测量和显示热载体流过热交换系统所释放或吸收热量的仪表。热量表的工程量清单按类型、型号、规格和连接形式等项目特征分别列项，其工程量计算按设计图示数量，以“块”为单位计量。热量表的工程量清单工作内容只包括本体的安装。

（9）塑料排水管消声器

塑料排水管消声器是一种用于降低排水过程中产生的噪声的设备，通常安装在排水立管上，其构造包括透气帽、粗直管、检查口或管箍等。

塑料排水管消声器的工程量清单按规格和连接形式区分项目特征分别列项，其工程量计算按设计图示数量以“个”为单位计量，工作内容只包括本体安装。

（10）浮标液面计

浮标液面计适用于高压、高温、腐蚀性介质的液位测量。当液面超过或低于规定的液位时，浮标液位仪通过信号装置发出信号。

浮标液位仪的工程量清单按规格、连接形式区分项目特征分别列项，其工程量按图示数量以“组”为单位计量，工作内容包括本体安装。

（11）浮标水位标尺

浮标水位标尺是一种液位测量元件。其工程量清单按用途、规格区分项目特征分别列项，按设计图示数量以“套”为单位计量，工作内容包括本体安装。

2.2.4 卫生器具（编码：031003）

卫生器具包括浴缸，净身盆，洗脸盆，洗涤盆，化验盆，大便器，小便器，其他成品卫生器具，烘手器，淋浴器，淋浴间，桑拿浴房，大、小便槽自动冲洗水箱，给、排水附件，小便槽冲洗管，蒸汽-水加热器，冷热水混合器，饮水器及隔油器等十九个项目。器具安装中采用混凝土或砖基础以及浴缸支座和浴缸周边的砌砖、瓷砖粘贴，应按《房屋建筑与装饰工程工程量计算标准》（GB/T 50854—2024）相关项目编码列项。功能性浴缸不含电机接线和调试，应按本规范附录D电气设备安装工程相关项目编码列项。

（1）常用卫生器具

常用卫生器具包括浴缸、净身盆、洗脸盆、洗涤盆、化验盆、大便器、小便器及其他成品卫生器具等，其工程量清单通常为成套产品的安装。

常用卫生器具安装按设计图示数量以“组”为单位计量。在项目特征描述中需要对卫生器具的材质、规格和类型、组装形式、附件名称和数量进行描述，以便计价。

常用卫生器具项目通常包含卫生器具的给排水附件，工作内容包括器具和附件安装。给水附件包括水嘴、阀门、喷头等，排水附件包括存水弯、排水栓、下水口等，以及卫生器具配备的连接管。

(2) 烘手器

烘手器根据材质、型号和规格区分项目特征分别列项。其工程量清单按图示数量以“个”为单位计量，工作内容包括本体安装。

(3) 淋浴器、淋浴间、桑拿浴房

各种淋浴房均按成套设置安装考虑，按设计图示数量以“套”为单位计量。其项目特征需描述材质、规格、组装形式、附件名称和数量，工作内容包括器具和附件安装。

(4) 大、小便槽自动冲洗水箱

大、小便槽自动冲洗水箱按设计图示数量以“套”为单位计量。其项目特征需描述材质、类型、规格、水箱配件、支架形式及做法、器具支架除锈与刷油等设计要求，工作内容包括水箱制作与安装，支架制作与安装，除锈、刷油等。

(5) 给、排水附件

给、排水附件的工程量清单用于只安装给、排水附件时使用，其项目特征需要描述附件的材质、型号、规格、安装方式等内容，按设计图示数量以“个”或“组”为单位计量，工作内容为附件安装。

(6) 小便槽冲洗管

小便槽冲洗管区分材质和规格列项，按设计图示数量以“m”为单位计量。

(7) 其他卫生器具

其他卫生器具包括蒸汽-水加热器、冷热水混合器、饮水器、隔油器等，均按类型、型号、规格、安装方式(隔油器为安装部位)区分项目特征分别列项，按设计图示数量以“套”为单位计量。工作内容包括器具的制作与安装(隔油器仅为安装)。

2.2.5 给排水设备(编码:031005)

给排水设备通常包括变频给水设备、稳压给水设备、无负压给水设备、气压罐、太阳能集热装置、地源(水源、气源) 热泵机组、除砂器、水处理器、超声波灭藻设备、水箱自洁器、水质净化器、紫外线杀菌设备等项目。

(1) 变频给水设备、稳压给水设备、无负压给水设备

变频给水设备、稳压给水设备和无负压给水设备均属于给排水设备，是由气压罐(稳压罐或无压罐)、水泵、电控柜、压力控制器、控制仪表、管道附件等组成的给水设备，用以调节给水管网的水压，保证用水需求。

设备安装按设备名称、型号、规格、水泵主要技术参数和附件配置等区分项目特征分别列项，按设计图示数量以“套”为单位计量。其工作内容包括设备安装、附件安装、调试、减震装置制作与安装。

(2) 气压罐

气压罐也称为气压供水器或无塔供水器，具有升压、贮水、供水、蓄能和控制水泵启停的功

能。它使用密闭容器(气压水池)通过水泵将水压入罐内,利用罐内储存气体的可压缩和膨胀功能,将储存的水压送入输配水管网,并满足用水点的水压、水量需求。

气压罐工程量清单的项目特征需要描述气压罐型号、规格、安装方式等,工程量计算按图示数量以“台”为单位计量,其工作内容包括安装与调试。

(3) 其他给排水设备

其他给排水设备包括除砂器、水处理器、超声波灭藻设备、水箱自洁器、水质净化器、紫外线杀菌设备等,均按设备类型、规格、型号等项目特征分别列项,按图示数量以“台”或“套”为单位计量,工作内容包括成套设备及附件的安装。

2.2.6 给排水工程措施项目(编码:031401)

给排水工程措施项目包括一般措施项目、专业措施项目(脚手架、高层施工增加)。

一般措施项目包括安全文明施工、夜间施工、非夜间施工照明、二次搬运、冬雨季施工和已完工程及设备保护,该部分措施项目以“项”为单位进行计量。

给排水专业措施项目一般包括脚手架和高层施工增加。高层施工增加补偿高层施工引起的人工工效降低及由于人工工效降低引起的机械降效。该部分措施项目以“项”为单位进行计量。

2.3 给排水安装工程计价

依据《湖北省通用安装工程消耗量定额及全费用基价表》(2024 年版)(以下简称定额)第十册《给排水、采暖、燃气安装工程》中有关给排水管道、管件、卫生设备等章节进行给排水安装工程计价。

2.3.1 给排水管道安装工程计价

湖北省 2024 版安装定额第十册第一章给排水管道适用于室内外生活用给排水管道的安装,包括镀锌钢管、钢管、不锈钢管、铜管、铸铁管、塑料管、复合管等不同材质的管道安装及室外管道碰头等项目。

(1) 管道的界限划分

定额对室内外管道界限划分的规定如下:

① 室内外给水管道以建筑物外墙皮 1.5 m 为界,建筑物入口处设阀门者以阀门为界。

② 室内外排水管道以出户第一个排水检查井为界。

③ 与工业管道界限,以与工业管道碰头点为界。

④ 与设在建筑物内的水泵房(间)管道,以泵房(间)外墙皮为界。

如图 2-9 所示架空层给水管道系统图,建筑物入口处设置有阀门井,室内外管道分界线为阀门井处。

(2) 管道的适用范围

定额对不同种类管道适用范围的规定如下:

① 给水管道适用于生活饮用水、热水、中水及压力排水等管道的安装

② 塑料管安装适用于 UPVC、PVC、PP-C、PP-R、PE、PB 等塑料管安装。

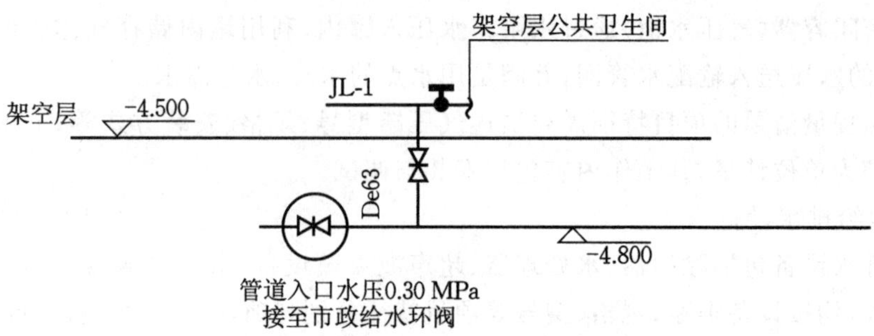

图 2-9　架空层给水管道系统图

③ 镀锌钢管(螺纹连接)项目适用于室内外焊接钢管的螺纹连接。

④ 钢塑复合管安装适用于内涂塑、内衬塑、外覆塑内衬塑复合管道安装。

⑤ 钢管沟槽连接适用于镀锌钢管、焊接钢管及无缝钢管等沟槽连接的管道安装。不锈钢管、钢管、复合管的沟槽连接,可参照执行。

(3)管道安装

定额中管道安装工程项目表是按照管道材质、介质、连接方式、直径等划分子目,见表 2-10。

表 2-10　管道安装定额子目划分一览表

项目	安装部位	介质	规格、压力等级	连接形式
镀锌钢管	室内		镀锌钢管	螺纹连接
	室外		镀锌钢管	
钢管	室内	雨水	钢管	焊接、沟槽连接
			钢管	
	室外		钢管	焊接
不锈钢管	室外		薄壁不锈钢管	卡压连接
	室内		薄壁不锈钢管	卡压连接、卡套连接、承插氩弧焊
			不锈钢管	螺纹连接、对接电弧焊
铜管	室内		铜管	卡压连接、卡套连接、氧乙炔焊、钎焊、胀口连接
铸铁管	室外	给水	铸铁	胶圈接口
		排水	铸铁	胶圈接口
	室内	给水	铸铁	胶圈接口
		排水	柔性铸铁排水管	机械接口
			无承口柔性铸铁排水管	卡箍连接
		雨水	柔性铸铁雨水管	机械接口

续表2-10

项目	安装部位	介质	规格、压力等级	连接形式
塑料管	室外	给水	塑料	粘接、电熔连接、热熔连接
		排水	塑料	粘接、电熔连接、热熔连接、胶圈接口
	室内	给水	塑料	粘接、电熔连接、热熔连接
			直埋塑料	热熔连接
		排水管	塑料	粘接、热熔连接、沟槽连接、法兰式连接、螺母密封圈连接
			聚丙烯静音排水管	承插式柔性连接
		雨水管		粘接、热熔连接
复合管	室外		塑铝稳态管	热熔连接
			钢骨架塑料复合管	电熔连接
			钢塑复合管	螺纹连接
	室内		塑铝稳态管	热熔连接
			钢骨架塑料复合管	电熔连接
			钢塑复合管	螺纹连接
			铝塑复合管	卡压连接、卡套连接
室外碰头			钢管碰头	焊接
			铸铁管碰头	石棉水泥接口、胶圈接口

例 2-1 中 PP-R 管应套取塑料管安装子目，定额中塑料管分为热熔法和电熔法，按照例题已知条件可知该项目采用的是热熔法，以 De63 的 PP-R 管为例，其应套取 10-1-290 子目。

定额中管道安装工程计算规则如下：

① 各类管道安装按室内外、材质、连接形式、规格分别列项，以“10 m”为计量单位。定额中铜管、塑料管、复合管（除钢塑复合管外）以公称外径表示，其他管道均以公称直径表示。

② 各类管道安装工程量均按设计管道中心线长度，以“10 m”为计量单位，不扣除阀门、管件、附件（包括器具组成）及井类所占长度。

③ 室内给排水管道与卫生器具连接的分界线：给水管道工程量计算至卫生器具（含附件）前与管道系统连接的第一个连接件（角阀、三通、弯头、管箍等）止；排水管道工程量自卫生器具出口处的地面或墙面的设计尺寸算起，与地漏连接的排水管道自地面设计尺寸算起，不扣除地漏所占长度。具体位置参考图 2-10。

管道的计算规则与清单计算规则相同，给排水管道水平管与蹲式大便器等卫生器具相连接的管线不计算（已经包括在卫生器具内）。

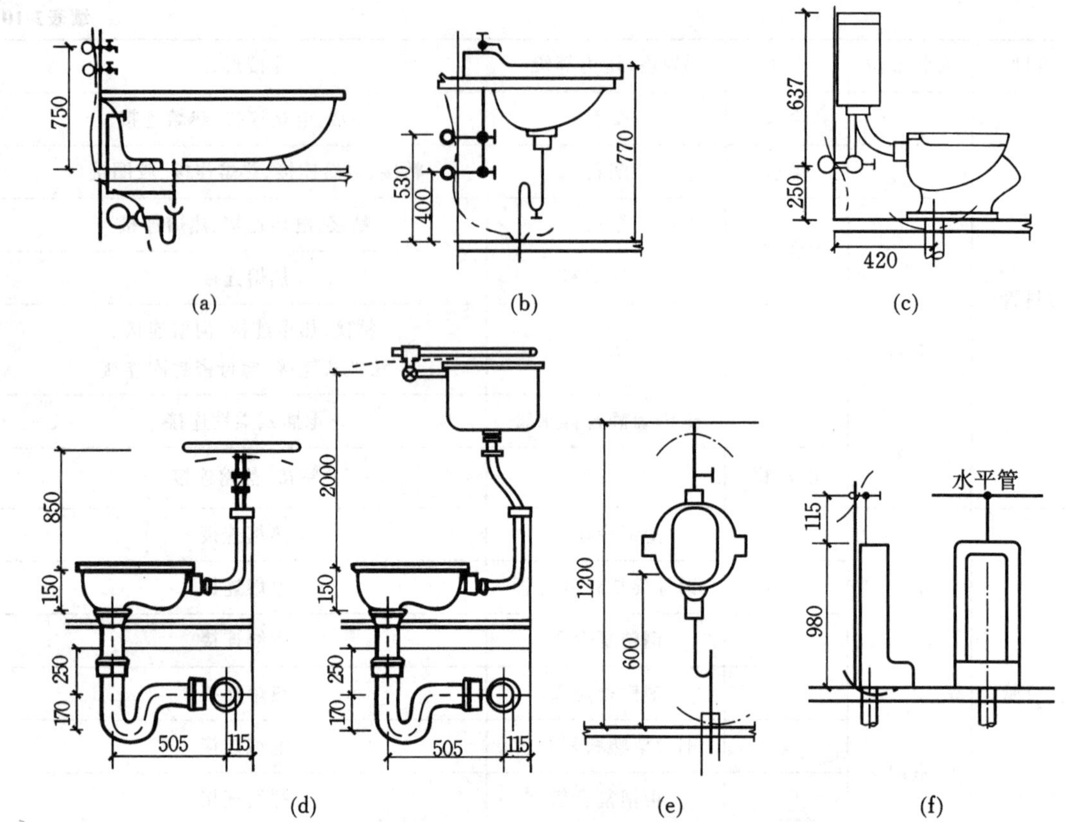

图 2-10　给排水管道与卫生器具连接的分界线

(a)浴盆；(b)洗脸盆；(c)低水箱坐式大便器；(d)蹲式大便器；(e)挂式小便器；(f)立式小便器

注：(a)浴盆给水(冷水、热水)的分界点为水平管与支管的交接处，水平管的安装高度为 750 mm。若水平管的设计高度与标准图不符时，则需增加引下(上)管，该引下(上)管的长度计入室内给水管道的安装中。排水的分界点为排水管的存水弯处。

(b)洗脸盆、洗手盆分界点的划分方法同浴盆，水平管的安装高度为 530 mm。

(c)、(d)带高瓷水箱大便器分界点为水平管与水箱支管的交叉处；阀冲洗大便器分界点一般情况按标准图安装时为水平管与冲洗管交叉处。

(e)、(f)小便器的安装分界点同大便器，其水平管的高度为 1200 mm。

(4) 管道消毒、冲洗

管道消毒、冲洗等工作内容是含在管道清单中的，所以管道的消毒和清洗的定额应该套在管道安装的清单中。在湖北省 2024 版安装定额第十册第十一章中，对于管道消毒、冲洗的子目划分的依据是管道公称直径(15～500 mm)。管道消毒和冲洗工程量可以直接利用管道安装的工程量计算结果进行汇总。

(5) 管道水压试验

管道的水压试验在管道安装工程中已经包含一次水压试验，如果设计要求进行多次水压试验，则需要另外套取水压试验子目(湖北省 2024 版安装定额第十册第十一章)。水压试验的工程量计算同管道消毒、冲洗，工程量计算后按照管径不同套取子目。

(6) 管道清单计价编制案例

根据管道清单的内容，套取管道安装及管道消毒、冲洗等内容。限于教材篇幅，这里只针对例 2-1 中的塑料管 De63 进行清单计价，见表 2-11。

表 2-11 管道清单计价案例

项目编码	项目名称	项目特征描述	计量单位	工程量
031001008001	塑料管	1. 室内； 2. 给水； 3. 钢塑 DN50/De63； 4. 热熔连接； 5. 水压试验； 6. 消毒冲洗	m	7.7
C10-1-322	室内塑料给水管(热熔连接)		10 m	0.77
主材	塑料给水管		m	0.77×10.16=7.82
主材	室内塑料给水管热熔管件		个	0.77×7.42=5.71
C10-11-156	管道消毒、冲洗(公称直径 50 mm)		100 m	0.077

注：只截取了部分清单计价表，清单表中关于价格部分可以在上机练习后直接在相关软件中得到；管道安装中已经包括一次水压实验，这里不再计取。

2.3.2 支架及其他安装工程计价

(1) 管道、设备支架

定额中管道支架分为管道支架制作、管道支架安装、成品管卡安装和装配式抗震支架安装。

管道支架制作、安装项目，适用于室内外管道的管架制作与安装。湖北定额中管道支架的制作与安装均按支架单件质量划分子目，如例 2-2 中支架安装工程的计价见表 2-12。

表 2-12 支架清单案例

项目编码	项目名称	项目特征描述	计量单位	工程量
031301004001	给水镀锌钢管支架	给水镀锌钢管支架	kg	165.2
C10-11-1	管道支架制作单件质量 5 kg 以内		100 kg	1.652
主材	型钢		kg	1.652×105=173.46
C10-11-7	管道支架安装单件质量 5 kg 以内		100 kg	1.652

管道支架采用木垫式、弹簧式管架时，均执行本章管道支架安装项目，支架中的弹簧减震器、滚珠、木垫等成品件质量应计入安装工程量，其材料数量按实计入。管道、设备支架需除锈、刷油时，执行第十二册《刷油、防腐蚀、绝热工程》相应项目。

管道、设备支架制作与安装按设计图示单件质量，以“100 kg”为计量单位，支架质量的计算方法与 2.2 节相同。

成品管卡安装项目，适用于与各类管道配套的立、支管成品管卡的安装。成品管卡安装定额按管卡公称直径划分子目。

装配式抗震支架依据国标图集《装配式管道支吊架(含抗震支吊架)》(18R417-2)编制，如槽钢立柱、通丝杆、槽钢斜撑为厂家定制尺寸，不需现场切割，应扣除机械及材料中尼龙砂轮片，人工乘以系数 0.9。

(2) 套管

套管安装定额包括一般钢套管制作、安装，一般塑料套管制作、安装，柔性防水套管制作、安装，刚性防水套管制作、安装，穿墙板翼环钢套管制作、安装等项目。

一般穿墙套管与柔性、刚性套管，按介质管道的公称直径执行相应定额子目，分规格、材质以“个”为计量单位。保温管道穿墙、板采用套管时，按保温层外径规格执行套管相应项目。

刚性防水套管和柔性防水套管安装项目中包括配合预留孔洞及浇筑混凝土工作内容。一般套管制作与安装项目均未包括预留孔洞工作，发生时需要列预留孔洞项目另行计算。

套管制作、安装项目已包含堵洞工作内容。套管内填料按油麻编制，如与设计不符时，可按工程要求调整换算填料。

【例 2-3】 某给排水工程给水入户管为 De75，消防入户管为 DN100，排水入户管为 De160，在穿越建筑物外墙时设置防水套管，如图 2-11 所示。问：分别用什么规格的防水套管？

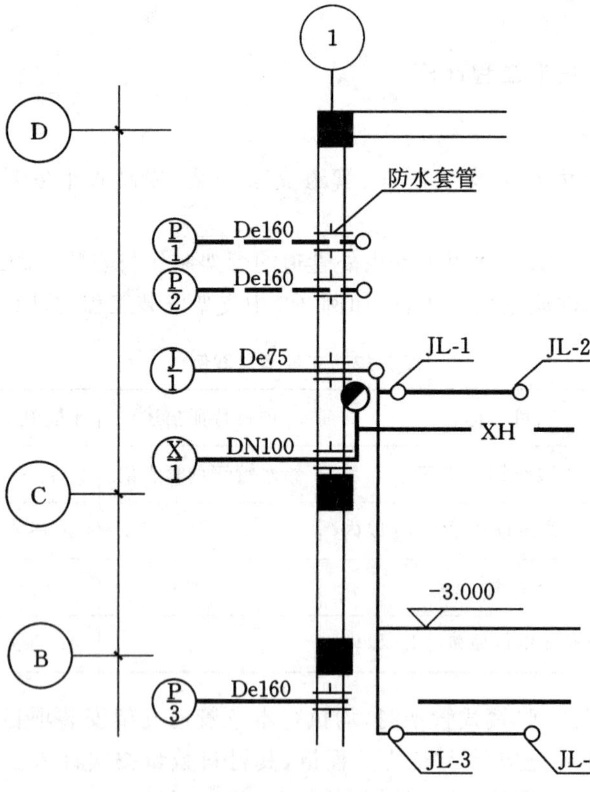

图 2-11　例 2-3 图

【解】 给水用 DN80 的防水套管 1 个。消防用 DN100 的防水套管 1 个。排水用 DN150

的防水套管3个。

表2-13以本题中的DN80为例套取清单和子目，套管主材选用的是DN125的穿墙套管，主材的价格需要根据实际情况进行询价，子目单价可以利用相关软件套项后得出，详见本章最后一节中的案例，这里限于篇幅不作赘述。

表2-13　防水套管清单计价案例

项目编码	项目名称	项目特征描述	计量单位	工程量
031301003001	套管	1. 类型：穿墙套管； 2. 材质：塑料； 3. 规格：DN80； 4. 填料材质：阻燃密实材料和防水石膏填实	个	1
C10-11-47	一般塑料套管制作安装介质管道公称直径100 mm以内		个	1
主材	塑料管DN160mm		m	0.318

2.3.3　管道附件工程计价

湖北省2024版安装定额中关于管道附件的内容在第十册第五章“管道附件”中，主要包括阀门、法兰、水表、补偿器等十七个部分内容，这里主要针对阀门和水表相应内容进行讲解。

(1) 阀门

阀门在定额中分为螺纹阀门、法兰阀门、塑料阀门、沟槽阀门。沟槽阀门主要用于大口径的工业管道。

法兰阀门、法兰式附件安装项目均不包括法兰安装，应另行套用相应法兰安装项目。每副法兰和法兰式附件安装项目中，均包括一个垫片的材料用量。各种法兰连接用垫片均按无石棉橡胶板考虑，如工程要求采用其他材质时，可按实调整。

阀门安装按照不同的连接方式、公称直径，以“个”为计量单位。

【例2-4】　图2-8中阀门工程量计算详见表2-14。请核对阀门工程量，并编制DN20截止阀的工程量清单计价表。

表2-14　阀门工程量计算表

序号	项目名称	单位	数量	计算式
1	DN50截止阀	个	1	1
2	DN32截止阀	个	3	3
3	DN25截止阀	个	1	1
4	DN20截止阀	个	6	2×3

【解】 阀门工程量核对无误，DN20 截止阀的工程量清单计价表见表 2-15。

表 2-15 阀门清单计价案例

项目编码	项目名称	项目特征描述	计量单位	工程量
031002001001	金属阀门	DN20 铜制截止阀，螺纹连接	个	6
C10-5-2	螺纹阀门安装		个	6
主材	螺纹阀门		个	1.01×6=6.06

注：计价表只截取了一部分。

(2) 水表

水表是一种计量建筑物或设备用水量的仪表，根据连接方式及管道直径不同分为螺纹水表(DN≤40 mm)及法兰水表(DN≥50 mm)两种。水表按照连接方式分为螺纹连接和法兰连接两种，如果水表与阀门法兰等形成水表组，则套项时只套水表组而不再套取单独的阀门和法兰。图 2-12 所示为螺纹水表组和法兰水表组的示意图，一般住宅中的入户水表为水表组。水表工程量计算是按照公称直径分别汇总水表数量。

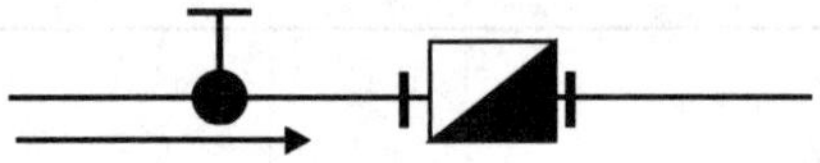

(a)

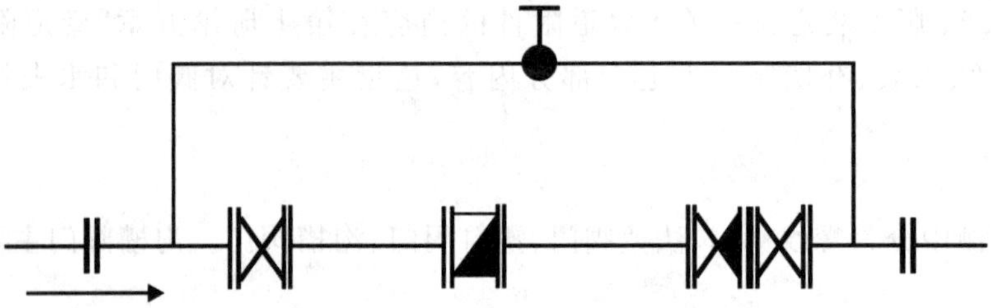

(b)

图 2-12 水表组示意图

(a)螺纹连接水表；(b)法兰连接水表

2.3.4 卫生器具安装工程计价

定额中卫生器具包括浴缸、净身盆、洗脸盆等十九个分部，各类卫生器具包括卫生器具本身、配套附件、成品托架安装。各类卫生器具配套附件是指给水附件(水嘴、金属软管、阀门、冲水管、喷头等)和排水附件(下水口、排水栓、存水弯、与地面或墙面排水口间的排水连接管等)。各类卫生器具均按设计图示数量计算，以“10 组”或“10 套”为计量单位。

(1) 浴盆安装

浴盆按材质可分为铸铁搪瓷、陶瓷、玻璃钢、塑料等，外形尺寸又有大小之分，按安装形式又可分为自带支撑和砖砌支撑，按使用情况又可分为不带淋浴器、带固定淋浴器、带活动淋浴器等几种形式。工程量计算时根据浴盆材质及供水种类(冷水、冷热水、冷热水带喷头)等情况以“组”为单位计算。安装范围：给水，水平管与支管交接处；排水，存水弯处，详见图 2-13。冷热水龙头浴盆安装用料表见表 2-16。

表 2-16　冷热水龙头浴盆安装用料表

编号	名称	规格	材料	单位	数量	定额含量
1	浴盆		铸铁搪瓷(玻璃钢、塑料)	个	(1)	
2	浴盆水嘴	DN15	铜	套	2	(20.2)
3	排水配件		铜	套	1	(10.1)
4	存水弯	DN50	可锻铸铁	个	1	(10.05)
5	钢管	DN15	镀锌	m	0.3	
6	弯头	DN15	镀锌	个	2	(20.2)

(2) 洗脸盆安装

洗脸盆安装,根据接管种类(钢管、铜管)、开启方式(普通开关、肘式开关、脚踏开关)、供水种类(冷水、冷热水)不同,分别以"组"为单位计算;安装范围同浴盆,具体安装范围见图 2-14。

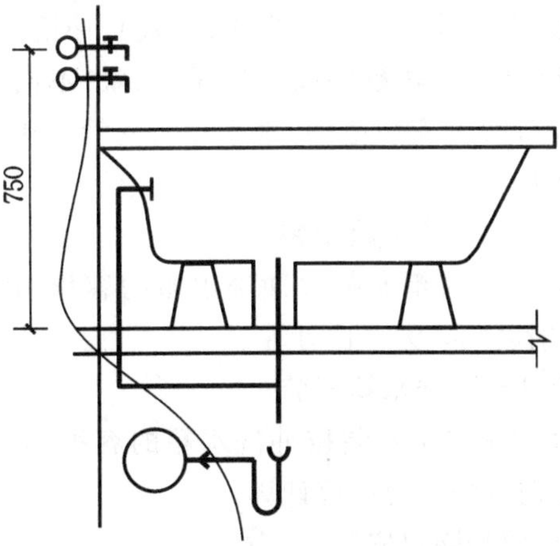

图 2-13　冷热水浴盆的安装范围

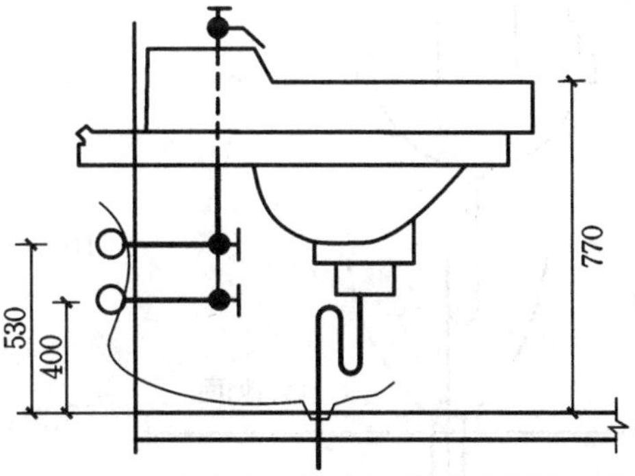

图 2-14　洗脸盆安装范围

(3) 洗涤盆安装

洗涤盆安装,根据洗涤盆规格(单嘴、双嘴)、开启方式(肘式开关、脚踏开关、鹅颈水嘴)不同,分别以"组"为单位计算。安装范围同洗脸盆。

(4) 淋浴器组成与安装

淋浴器组成与安装,按材质(钢管、铜管)、供水种类(冷水、冷热水)不同,分别以"组"为单位计算。安装范围:水平管与支管交接处。

(5) 大便器安装

大便器安装按其形式(蹲式、坐式)、冲洗方式(瓷高水箱、瓷低水箱、普通冲洗阀、手压阀、脚踏阀、自闭冲洗阀)、接管材料等不同,以"套"为单位计算。安装范围:给水,水平管与支管交接处;排水,存水弯处。坐式及蹲式大便器具体安装范围见图 2-15。

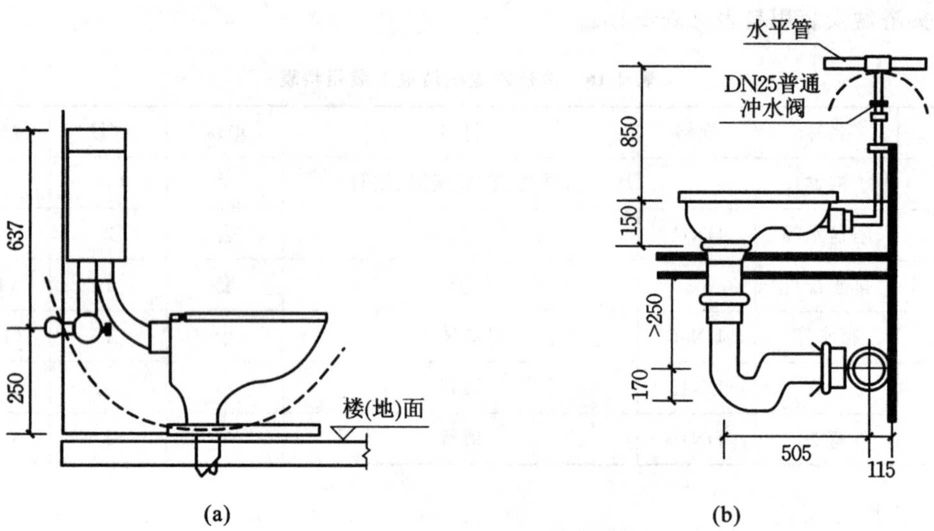

图 2-15　坐式及蹲式大便器具体安装范围

(a)坐式低水箱大便器安装范围;(b)蹲式大便器安装范围

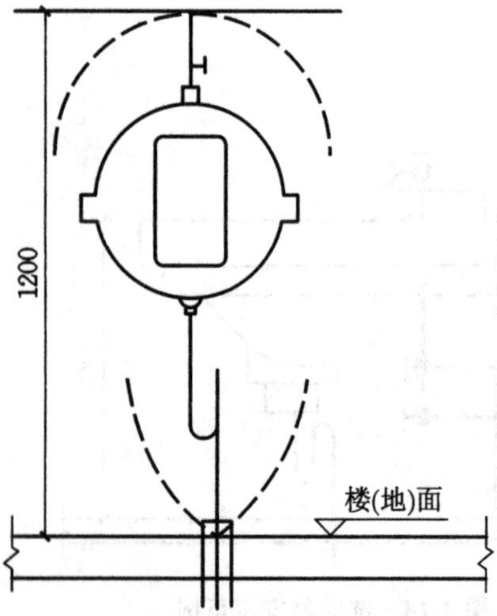

图 2-16　挂斗式小便器安装范围

(6) 小便器安装

小便器安装,根据其形式(挂斗式、立式)、冲洗方式(普通冲洗、自动冲洗)、联数(一联、二联、三联)不同,分别以“套”为单位计算。安装范围:水平管与支管交接处。具体安装范围见图 2-16。

(7) 大便槽自动冲洗水箱安装

大便槽自动冲洗水箱安装按冲洗水箱的容积(40～108 L)不同,分别以“套”为单位计算。

(8) 小便槽自动冲洗水箱安装

小便槽自动冲洗水箱安装按冲洗水箱的容积(8.4～25.9 L)不同,分别以“套”为单位计算。

(9) 地漏、地面扫除口安装

地漏、地面扫除口安装根据其公称直径的不同,分别以“10 个”为单位计算。清扫口地漏示意如图 2-17 所示。

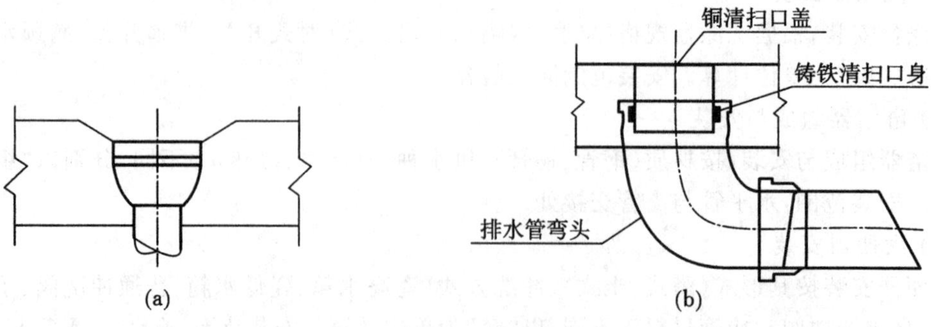

图 2-17　清扫口地漏示意图

2.3.5　给排水安装工程措施项目计价

脚手架搭拆按照定额人工费的3.5%计算。其中人工费占40%，材料费占53%，机械费占7%。室外埋地管道工程不计算脚手架搭拆费。

【例2-5】　已知某给排水安装工程分部分项工程费为526000元，其中人工费为188000元，请计算该工程脚手架项目费。

【解】　　　　　　　脚手架项目费＝188000×3.5%＝6580.00元

其中：

人工费＝6580×0.4＝2632.00元

材料费＝6580×0.53＝3487.40元

机械费＝6580×0.07＝460.60元

安装高度超过安装操作基准面(一般是指室外地坪或室内各层楼地面地坪)6m时，安装操作高度增加费按项目超过部分工程量人工费乘以相应系数(见表1-4)计算。

建筑超高、超深增加费按照表2-17计算。其中人工费占36.5%，机械与仪器仪表占63.5%。

表2-17　安装操作高度增加费系数

建筑物檐高(m以内)	40	60	80	100	120	140	160	180	200
建筑物层数(层以内)	12	18	24	30	36	42	48	54	60
地下深度(m以内)	20	30	40	—	—	—	—	—	—
按照人工费计算的比例(%)	2.4	4.0	5.8	7.4	9.1	10.9	12.6	14.3	16

2.4　给排水安装工程计量与计价实例

某医院结核病防治楼生活给水接自院区加压生活给水管网，管网接自院区生活水泵房，供水压力为0.40 MPa。生活给水系统采用减压限流措施，各用水点压力超过0.2 MPa时，采用支管减压阀减压。给水管接自院区加压管网由B-C号轴交1-2号轴进水管J-1进入。进水流量Q＝6.20 L/s，进水水压H＝0.40 MPa。由J-1立管直接进入二层，再由JZL-A立管进入一层，供一层出水。一层卫生间、检验科、预防保健科、接种室、接种留观室需要供水。二层、三层、四层、五层、六层供水供往每层科室。

生活给水管要求：

① 室内给水管采用S30408薄壁不锈钢管，DN≤150 mm管道采用环压式连接，DN＞150 mm管道采用卡箍连接或者对焊连接。公称压力为1.6 MPa。

② 热水管采用S31603不锈钢管，采用承插氩弧焊接。公称压力为1.6 MPa。

③ 室外给水管采用钢丝网骨架聚乙烯复合管，采用电热熔连接。公称压力为1.6MPa。

④ 生活给水系统所用管材、管件，以及与水接触的其他辅助材料的卫生要求应符合现行国家标准《生活饮用水输配水设备及防护材料的安全性评价标准》(GB/T 17219—1998)的有关规定。

⑤ 本项目各个管道系统所采用的管材、管件和辅助材料应由管材生产企业配套供应，并应在专业人员指导下安装。

【案例图纸】

根据图 2-18 至图 2-23 所示一至六层给排水图、图 2-24 所示屋面给排水图、图 2-25 所示给水系统图及图 2-26 所示排水系统图计算给排水系统工程量，编制给排水系统清单汇总表，并套取相应定额编制给排水系统计价汇总表。

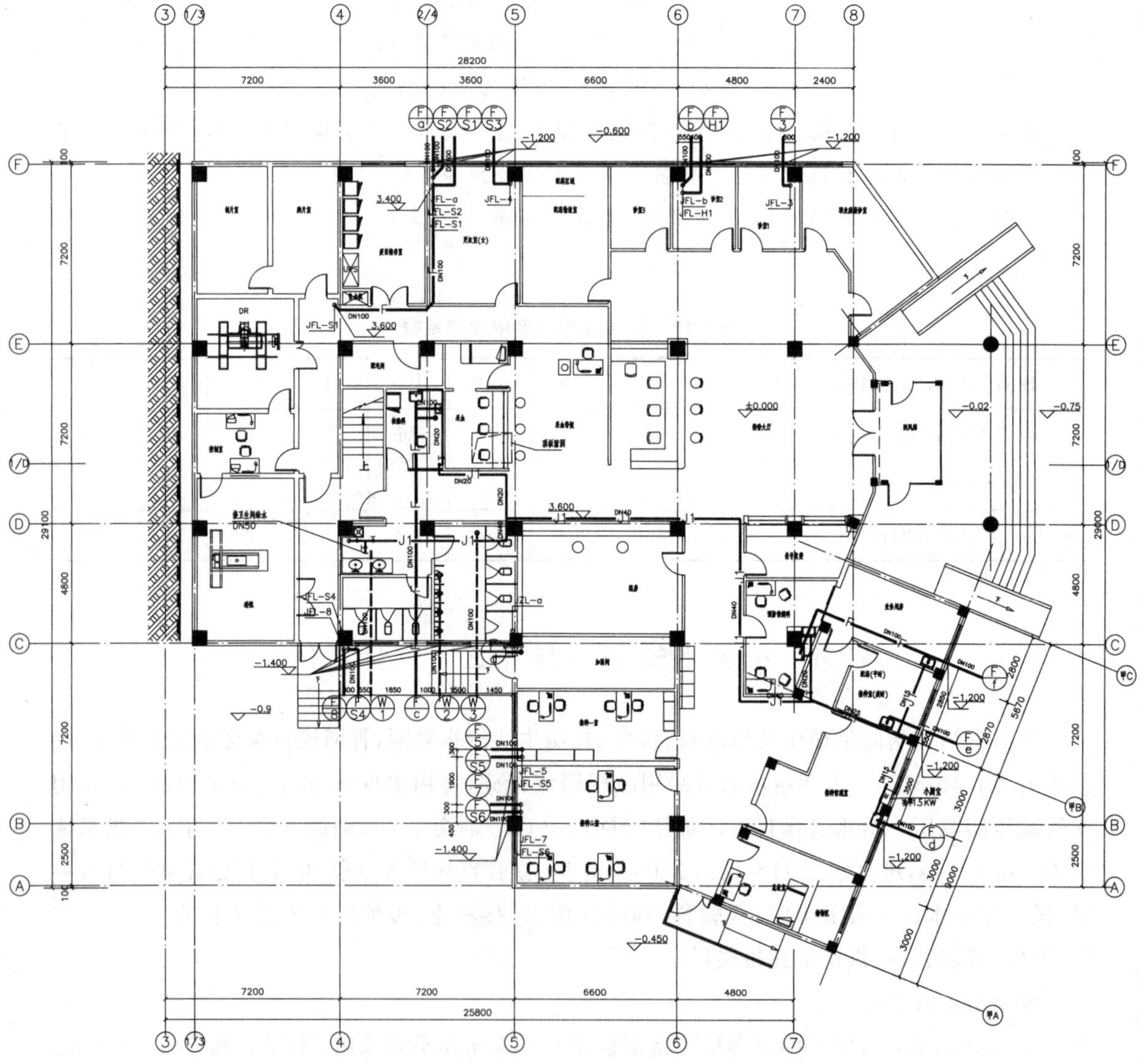

图 2-18　一层给排水图

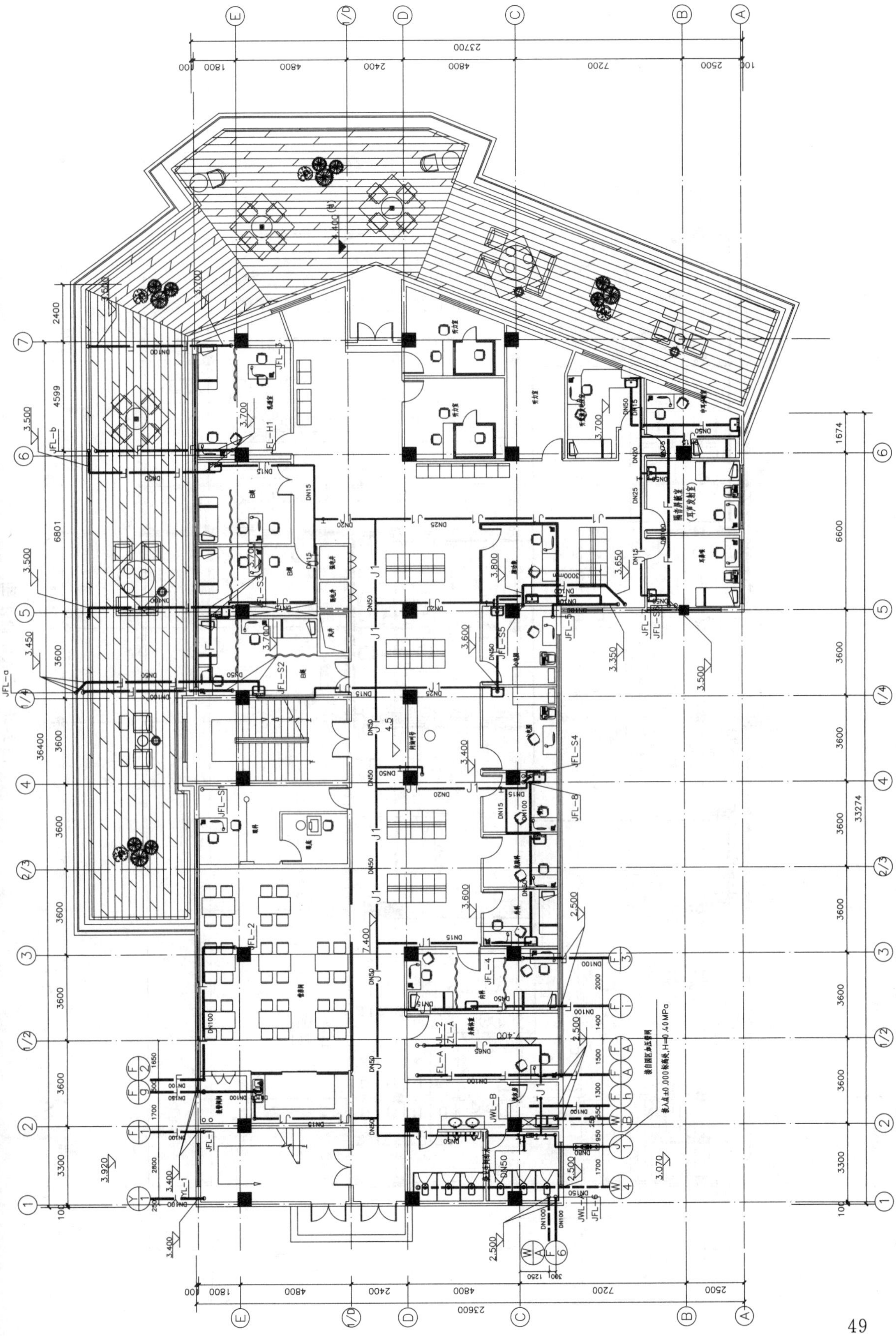

图 2-19　二层给排水图

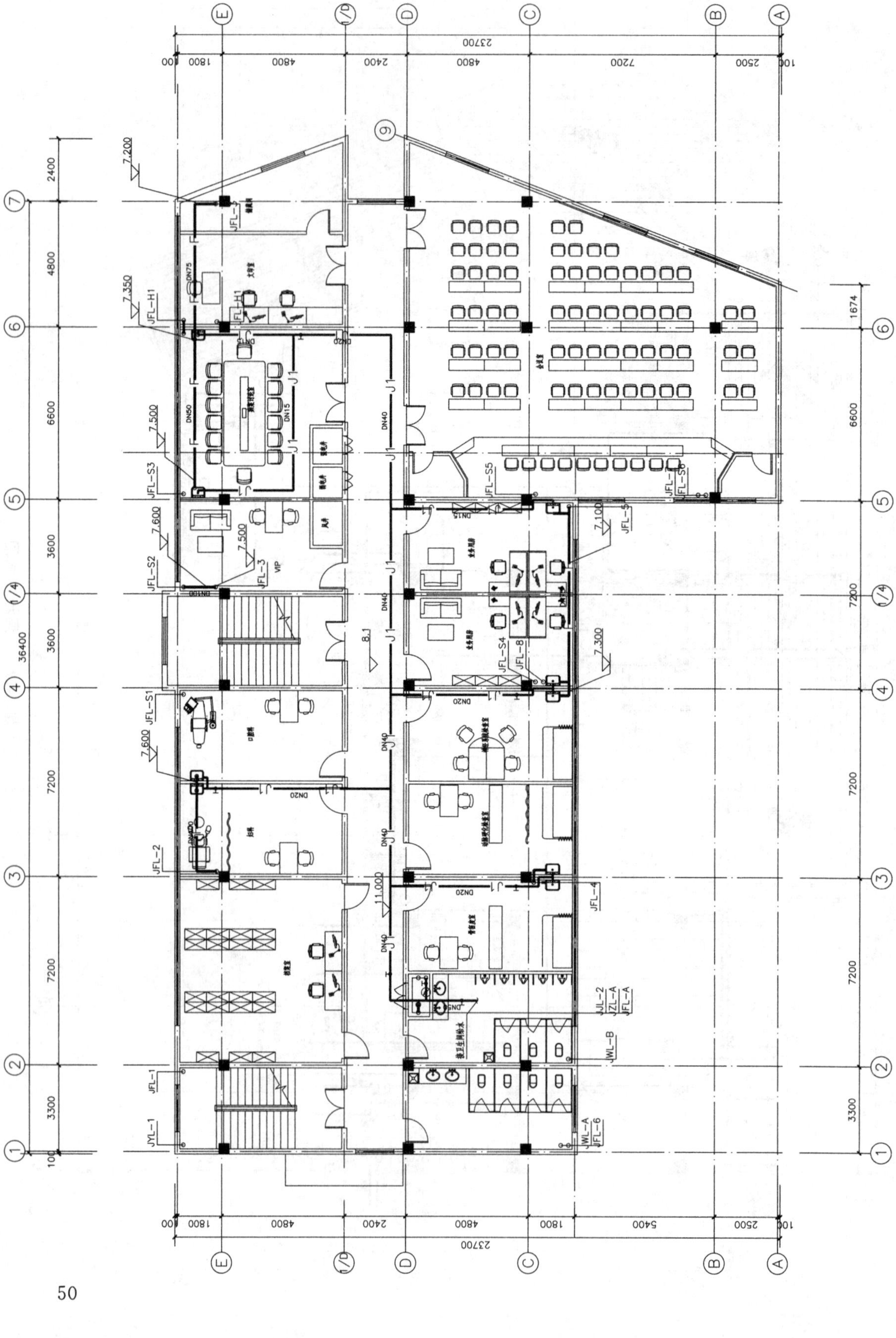

JFL-1
JYL-1
JFL-2
JFL-S1
JFL-S2
JFL-S3
JFL-S4
JFL-S5
JFL-3
JFL-4
JFL-5
JFL-8
JFL-H1
JJL-2
JZL-A
JFL-A
JWL-B
JWL-A
JFL-6
J1
DN40
DN20
DN15
DN50
DN75
7.200
7.350
7.500
7.600
7.100
7.300
8.1
11.000
23700
36400

图 2-20　三层给排水图

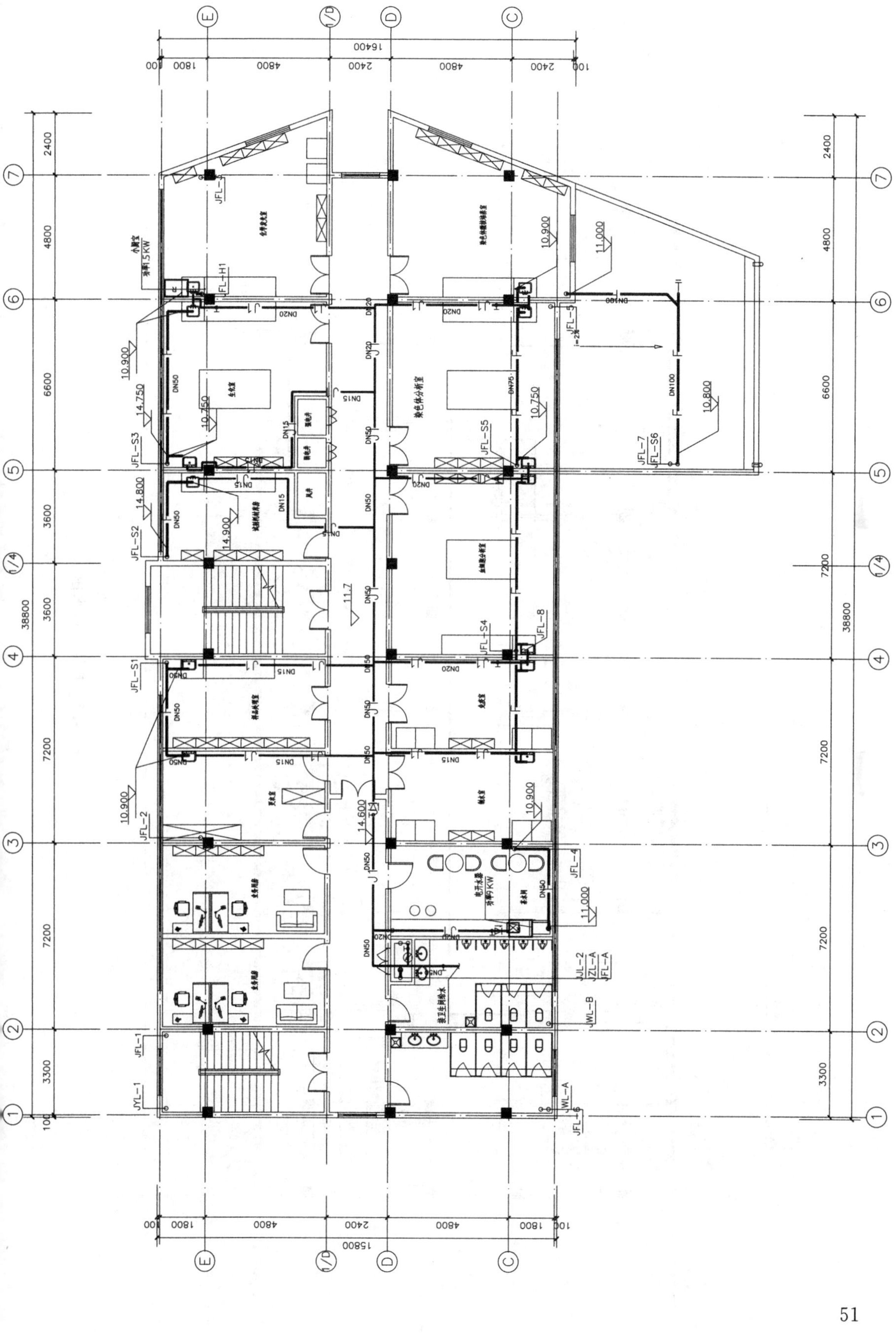
16400
15800
38800
JFL-1
JFL-2
JFL-4
JFL-5
JFL-7
JFL-8
JYL-1
JFL-S1
JFL-S2
JFL-S3
JFL-S4
JFL-S5
JFL-S6
JFL-H1
JJL-2
JZL-A
JFL-A
JWL-B
WL-A
DN15
DN20
DN50
DN75
DN100
10.900
10.750
10.800
11.000
14.750
14.800
14.900
14.600
11.7

图 2-21　四层给排水图

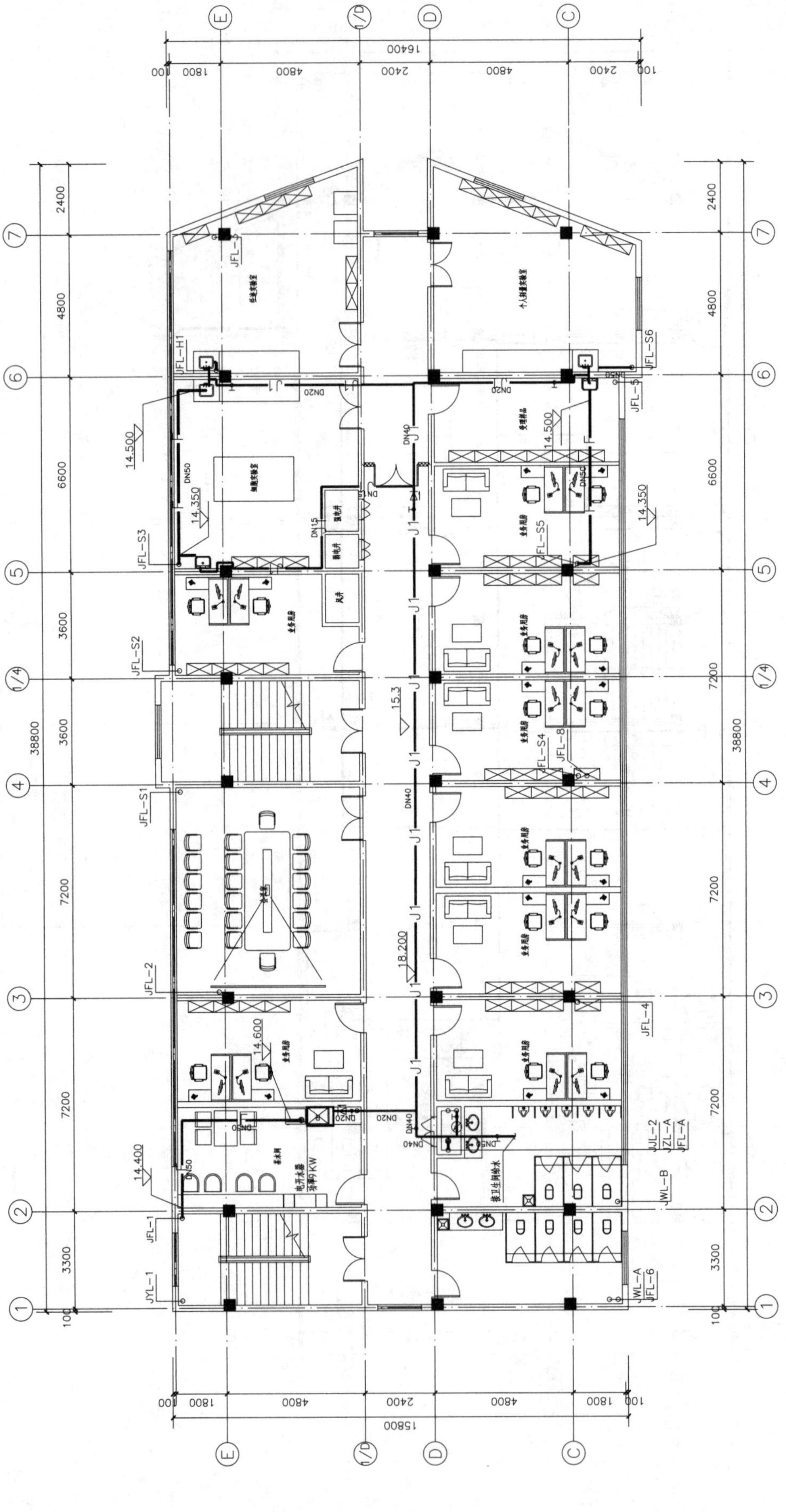
16400
15800
38800
1800
4800
2400
3300
7200
3600
6600
2400
JFL-H1
JFL-S1
JFL-S2
JFL-S3
JFL-S4
JFL-S5
JFL-S6
JFL-1
JFL-2
JFL-4
JFL-5
JFL-6
JFL-8
JYL-1
JWL-A
JWL-B
JUL-2
JZL-A
JFL-A
J1
DN15
DN20
DN40
DN50
14.350
14.400
14.500
14.600
15.3
18.200

图 2-22　五层给排水图

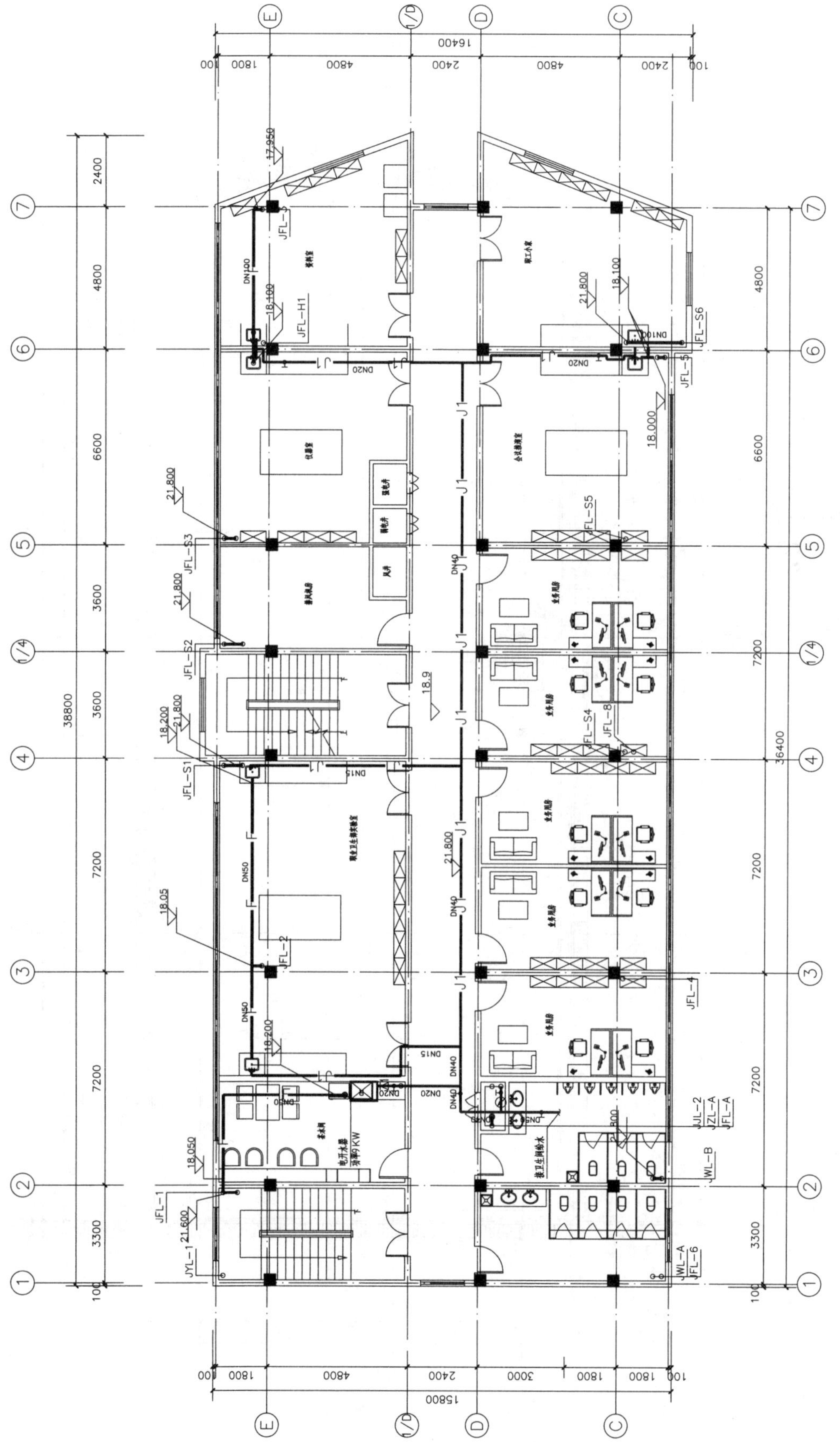
16400
15800
38800
36400
JFL-1
JFL-2
JFL-3
JFL-4
JFL-5
JFL-6
JFL-8
JFL-H1
JFL-S1
JFL-S2
JFL-S3
JFL-S4
JFL-S5
JFL-S6
JYL-1
JWL-A
JWL-B
JJL-2
JZL-A
JFL-A
J1
DN15
DN20
DN40
DN50
DN100
电开水器
功率9KW

图 2-23 六层给排水图

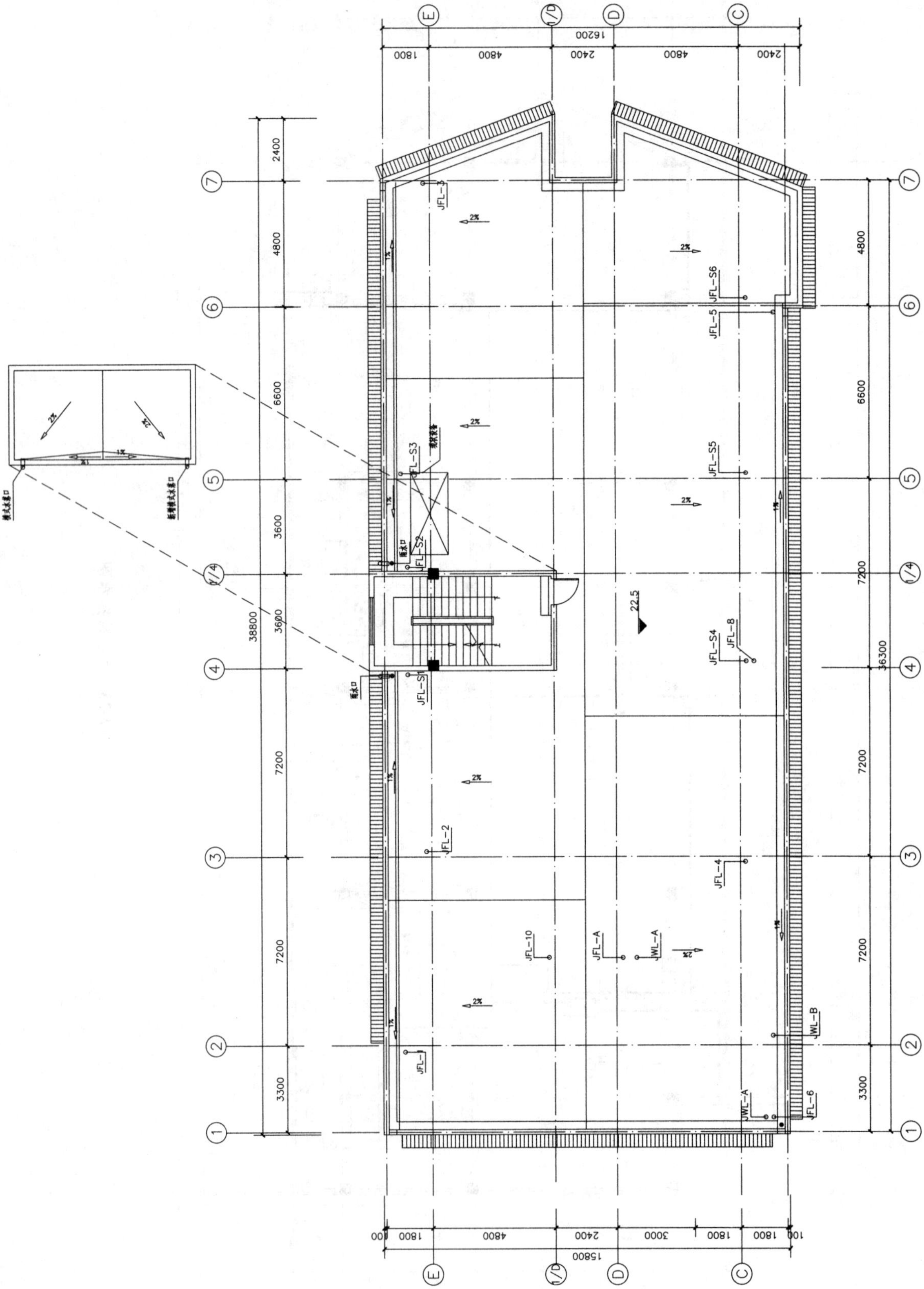

16200
1800
4800
2400
4800
2400
38800
36300
2400
4800
6600
3600
3600
7200
7200
3300
7200
6600
7200
7200
7200
3300
15800
3000
1800
100
JFL-1
JFL-2
JFL-3
JFL-4
JFL-5
JFL-6
JFL-8
JFL-10
JFL-A
JWL-A
JWL-B
JFL-S1
JFL-S2
JFL-S3
JFL-S4
JFL-S5
JFL-S6
22.5
2%
1%
雨水口

图 2-24 屋面给排水图

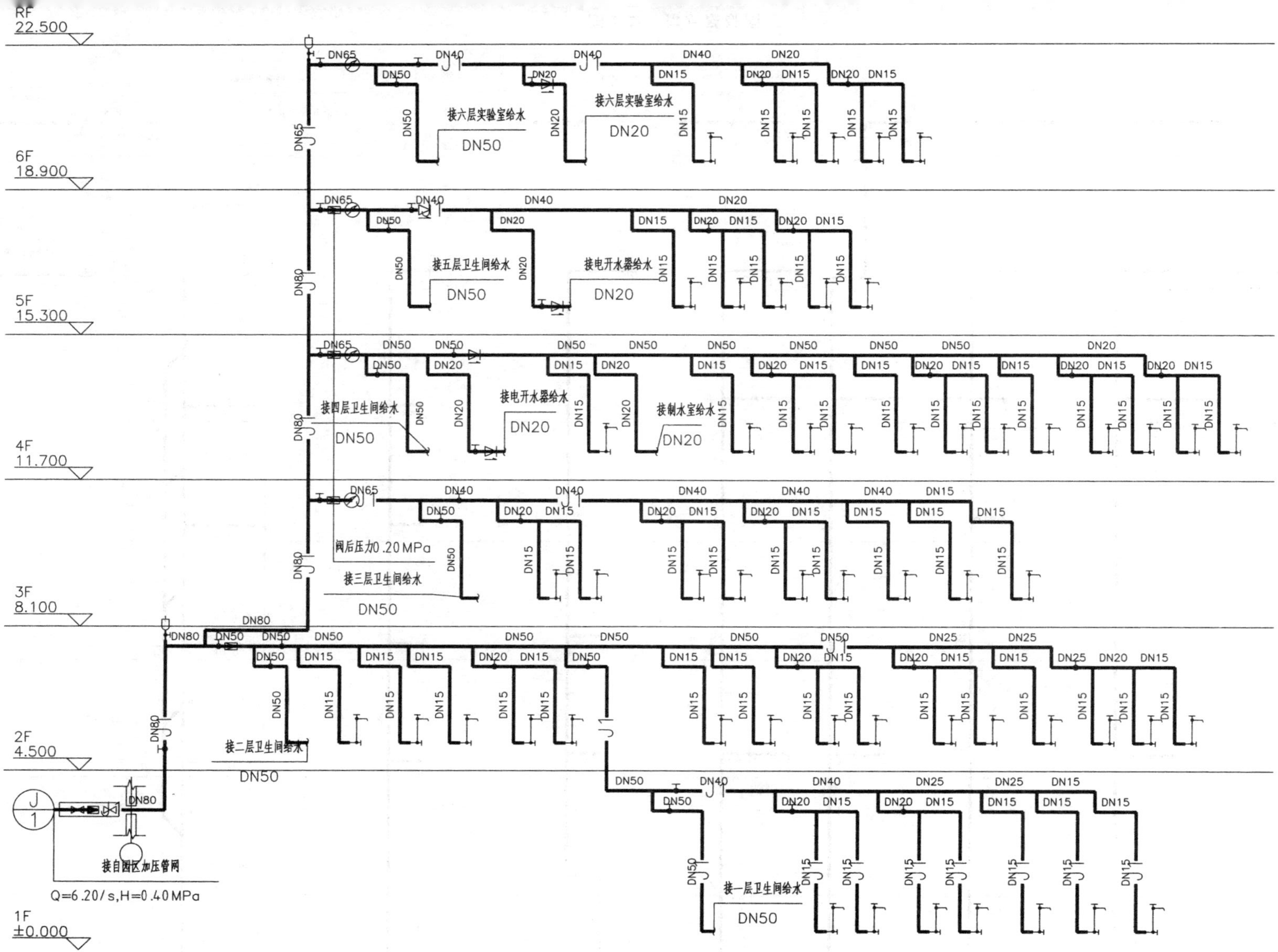
RF 22.500
6F 18.900
5F 15.300
4F 11.700
3F 8.100
2F 4.500
1F ±0.000
接六层实验室给水 DN50
接六层实验室给水 DN20
接五层卫生间给水 DN50
接电开水器给水 DN20
接四层卫生间给水 DN50
接电开水器给水 DN20
接制水室给水 DN20
阀后压力0.20MPa
接三层卫生间给水 DN50
接二层卫生间给水 DN50
接一层卫生间给水 DN50
接自园区加压管网
Q=6.20/s,H=0.40MPa
J 1

图 2-25 给水系统图

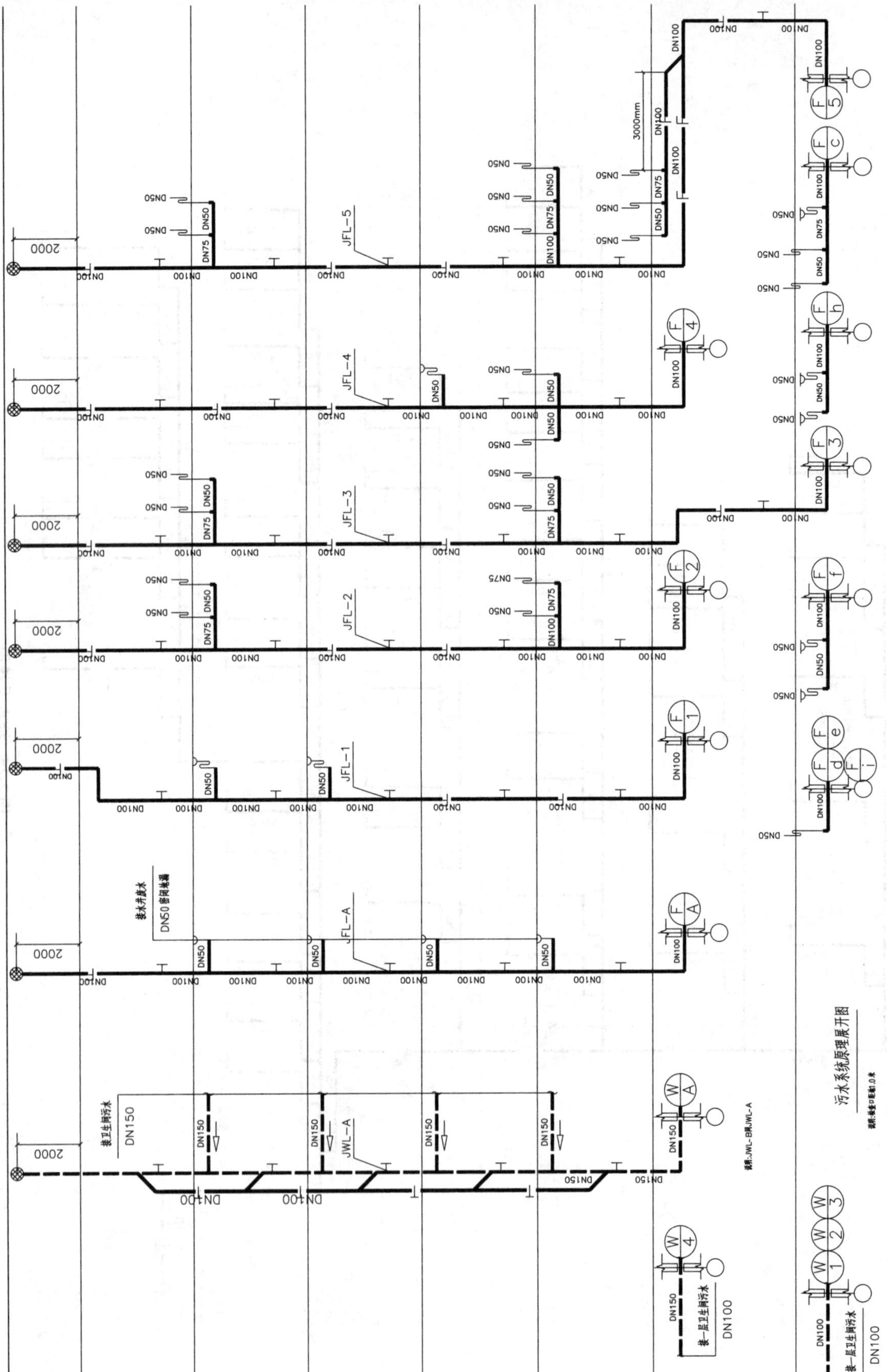
2000
3000mm
JFL-5
JFL-4
JFL-3
JFL-2
JFL-1
JFL-A
JWL-A
DN100
DN75
DN50
DN150
接水井废水
DN50密闭地漏
接卫生间污水
接一层卫生间污水
污水系统原理展开图

图 2-26 排水系统图

本项目给水系统清单汇总表见表2-18，给水系统计价汇总表见表2-19。

表2-18 给水系统清单汇总表

序号	项目编码	项目名称	项目特征描述	计量单位	工程量
1	031001006001	不锈钢管	1. 安装部位：室内； 2. 介质：给水； 3. 规格、压力等级：薄壁不锈钢管 DN100； 4. 连接形式：环压连接； 5. 压力试验及吹、洗设计要求：详见设计说明； 6. 警示带形式：详见设计说明	m	29.6
2	031001006002	不锈钢管	1. 安装部位：室内； 2. 介质：给水； 3. 规格、压力等级：薄壁不锈钢管 DN65； 4. 连接形式：环压连接； 5. 压力试验及吹、洗设计要求：详见设计说明； 6. 警示带形式：详见设计说明	m	2.1
3	031001006003	不锈钢管	1. 安装部位：室内； 2. 介质：给水； 3. 规格、压力等级：薄壁不锈钢管 DN50； 4. 连接形式：环压连接； 5. 压力试验及吹、洗设计要求：详见设计说明； 6. 警示带形式：详见设计说明	m	48.14
4	031001008001	塑料管	1. 安装部位：室内； 2. 介质：给水； 3. 材质、规格：钢丝网骨架聚乙烯复合管 DN40； 4. 连接形式：热熔； 5. 阻火圈设计要求：详见设计说明； 6. 压力试验及吹、洗设计要求：详见设计说明	m	109.29
5	031001008002	塑料管	1. 安装部位：室内； 2. 介质：给水； 3. 材质、规格：钢丝网骨架聚乙烯复合管 DN25； 4. 连接形式：热熔； 5. 阻火圈设计要求：详见设计说明； 6. 压力试验及吹、洗设计要求：详见设计说明	m	24.12

续表2-18

序号	项目编码	项目名称	项目特征描述	计量单位	工程量
6	031001008003	塑料管	1. 安装部位：室内； 2. 介质：给水； 3. 材质、规格：钢丝网骨架聚乙烯复合管 DN20； 4. 连接形式：热熔； 5. 阻火圈设计要求：详见设计说明； 6. 压力试验及吹、洗设计要求：详见设计说明	m	98.58
7	031001008004	塑料管	1. 安装部位：室内； 2. 介质：给水； 3. 材质、规格：钢丝网骨架聚乙烯复合管 DN15； 4. 连接形式：热熔； 5. 阻火圈设计要求：详见设计说明； 6. 压力试验及吹、洗设计要求：详见设计说明	m	178.3
8	031002011001	水表	1. 安装部位(室内外)：室内； 2. 型号、规格：DN50； 3. 连接形式：螺纹	个	4
9	031002011002	水表	1. 安装部位(室内外)：室内； 2. 型号、规格：DN20； 3. 连接形式：螺纹	组	1
10	031002011003	水表	1. 安装部位(室内外)：室外； 2. 型号、规格：DN100； 3. 连接形式：法兰	组	1
11	031002002001	螺纹法兰阀门	1. 类型：闸阀 DN100； 2. 连接形式：法兰连接	个	2
12	031002002002	螺纹法兰阀门	1. 类型：截止阀 DN50； 2. 连接形式：法兰连接	个	6
13	031002002003	螺纹阀门	1. 类型：截止阀 DN25； 2. 连接形式：螺纹连接	个	2
14	031002002004	螺纹阀门	1. 类型：截止阀 DN65； 2. 连接形式：螺纹连接	个	4
15	031301003001	套管	1. 名称、类型：穿楼板翼环钢套管制作安装； 2. 规格：管道管径 DN100	个	5

续表2-18

序号	项目编码	项目名称	项目特征描述	计量单位	工程量
16	031301003002	套管	1. 名称、类型：穿楼板翼环钢套管制作安装； 2. 规格：管道管径 DN50	个	5
17	031301003003	套管	1. 名称、类型：刚性防水套管； 2. 规格：管道管径 DN100	个	1
18	031301003004	套管	1. 名称、类型：刚性防水套管； 2. 规格：管道管径 DN50	个	4
19	031002002005	排气阀	1. 名称：自动排气阀； 2. 规格：DN25	个	4
20	031002002006	螺纹阀门	1. 类型：减压阀 DN65； 2. 连接形式：螺纹	个	4

表 2-19　给水系统计价汇总表

序号	项目编码	工程项目名称	单位	数量	综合单价
1	031001006001	不锈钢管	m	29.6	174.63
	C10-1-91	室内薄壁不锈钢管(卡压连接) 公称直径(mm 以内)100	10 m	2.96	1738.22
	主材	S304 薄壁不锈钢管 DN100	m	29.215	67.51
	主材	给水室内不锈钢管卡压管件 DN100	个	12.284	196.84
	C10-11-159	管道消毒、冲洗 公称直径 (mm 以内)100	100 m	0.296	81.49
2	031001003002	不锈钢管	m	2.1	112.77
	C10-1-89	室内薄壁不锈钢管(卡压连接) 公称直径(mm 以内)65	10 m	0.21	1121.06
	主材	薄壁不锈钢管 DN65	m	2.073	44.97
	主材	给水室内不锈钢管卡压管件 DN65	个	1.105	89.72
	C10-11-157	管道消毒、冲洗 公称直径 (mm 以内)65	100 m	0.021	66.12
3	031001006003	不锈钢管	m	48.14	180.34
	C10-1-88	室内薄壁不锈钢管(卡压连接) 公称直径(mm 以内)50	10 m	4.814	1797.95
	主材	薄壁不锈钢管 DN50	m	47.514	36.39
	主材	给水室内不锈钢管卡压管件	个	30.473	196.84

续表2-19

序号	项目编码	工程项目名称	单位	数量	综合单价
	C10-11-156	管道消毒、冲洗 公称直径（mm 以内)50	100 m	0.4814	54.47
4	031001008001	塑料管	m	109.29	27.85
	C10-1-289	室内塑料给水管(热熔连接) 公称外径（mm 以内)40	10 m	10.929	273.35
	主材	塑料排水管	m	111.039	10.1
	主材	塑料给水管热熔管件	个	96.94	4.2
	C10-11-155	管道消毒、冲洗 公称直径（mm 以内)40	100 m	1.0929	50.09
5	031001008002	塑料管	m	24.12	24.42
	C10-1-287	室内塑料给水管(热熔连接) 公称外径（mm 以内)25	10 m	2.412	239.91
	主材	塑料给水管	m	24.506	8.5
	主材	塑料给水管热熔管件	个	29.547	3.6
	C10-11-153	管道消毒、冲洗 公称直径（mm 以内)25	100 m	0.2412	42.58
6	031001008003	塑料管	m	98.58	21.98
	C10-1-286	室内塑料给水管(热熔连接) 公称外径（mm 以内)20	10 m	9.858	215.87
	主材	塑料给水管	m	100.157	6.9
	主材	塑料给水管热熔管件	个	149.842	3.1
	C10-11-152	管道消毒、冲洗 公称直径（mm 以内)20	100 m	0.9858	39.02
7	031001008004	塑料管	m	178.3	19.71
	C10-1-286	室内塑料给水管(热熔连接) 公称外径（mm 以内)20	10 m	17.83	193.53
	主材	塑料给水管	m	181.153	5
	主材	塑料给水管热熔管件	个	271.016	2.9
	C10-11-151	管道消毒、冲洗 公称直径（mm 以内)15	100 m	1.783	36.01
8	031002011001	水表	个	4	356.73
	C10-5-278	IC 卡水表安装(螺纹连接) 公称直径(mm 以内)50	个	4	356.73
	主材	螺纹 IC 卡水表	个	4	280.81
9	031002011002	水表	组	1	319.03
	C10-5-275	IC 卡水表安装(螺纹连接) 公称直径(mm 以内)25	个	1	319.03

续表2-19

序号	项目编码	工程项目名称	单位	数量	综合单价
	主材	螺纹 IC 卡水表 DN25	个	1	280.81
10	031002011003	水表	组	1	3552.59
	C10-5-286	法兰水表组成安装(无旁通管) 公称直径(mm 以内)100	组	1	3552.59
	主材	法兰水表	个	1	482.76
	主材	法兰闸阀	个	2	426.72
	主材	法兰止回阀	个	1	1564.66
	主材	法兰挠性接头	个	1	110.34
	主材	碳钢平焊法兰	片	2	35.85
11	031002002001	螺纹法兰阀门	个	2	813.97
	C10-5-132	螺纹法兰安装 公称直径(mm 以内)100	副	2	813.97
	主材	闸阀 DN100	片	4	372.27
12	031002002002	螺纹法兰阀门	个	6	148.6
	C10-5-129	螺纹法兰安装 公称直径(mm 以内)50	副	6	148.6
	主材	闸阀 DN50	片	12	55.34
13	031002002003	螺纹阀门	个	2	251.84
	C10-5-3	螺纹阀门安装 公称直径(mm 以内)25	个	2	251.84
	主材	截止阀 DN25	个	2.02	231.94
14	031002002004	螺纹阀门	个	4	501.86
	C10-5-7	螺纹阀门安装 公称直径(mm 以内)65	个	4	501.86
	主材	截止阀 DN65	个	4.04	430.73
15	031301003001	套管	个	5	124.35
	C10-11-100	穿楼板翼环钢套管制作安装 介质管道公称直径(mm 以内)100	个	5	124.35
	主材	无缝钢管 $\phi159\times4.9$	m	1.59	57.28
16	031301003002	套管	个	5	99.64
	C10-11-99	穿楼板翼环钢套管制作安装 介质管道公称直径(mm 以内)50	个	5	99.64
	主材	无缝钢管 $\phi89\times4$	m	1.59	15.53

续表2-19

序号	项目编码	工程项目名称	单位	数量	综合单价
17	031301003003	套管	个	1	255.55
	C10-11-89	刚性防水套管安装 介质管道公称直径(mm 以内)100	个	1	255.55
	主材	刚性防水套管 DN100	个	1	189.72
18	031301003004	套管	个	4	247.45
	C10-11-87	刚性防水套管安装 介质管道公称直径(mm 以内)50	个	4	247.45
	主材	刚性防水套管 DN50	个	4	189.72
19	031002002005	排气阀	个	4	62.95
	C10-5-30	自动排气阀安装 公称直径(mm 以内)25	个	4	62.95
	主材	自动排气阀	个	4	32.76
20	031002002006	螺纹阀门	个	4	602.11
	C10-5-7	螺纹阀门安装 公称直径(mm 以内)65	个	4	602.11
	主材	减压阀 DN65	个	4.04	529.99

生活给水管要求,结核病防治楼主要为生活污水、医疗废水、实验室废水。

生活污水收集后排至院区污水管网。门诊区采用单立管排水系统,直接伸顶通气,根据《医疗机构水污染物排放标准》(GB 18466—2005)的要求,医疗污水应先经污水处理站(采用二级生化处理及深化处理)后再排入城市污水管网。理化实验室排水设独立的排水管道经中和池(由厂家二次深化设计)处理后排至污水处理站(位于室外,由厂家二次深化设计),处理达标后排入市政污水管网。普通生物实验室设专用管道收集,排至室外污水处理站(位于结核病防治楼室外),处理达标后排入市政污水管网,污水处理站的规模为 19.45 m^3/d(由厂家二次深化设计)。

排水立管由 F-1、F-2、F-3、F-4、F-5、F-6 构成,伸顶屋面高度为 2 m。排水管道接各科室洗手台。

① 生活污废水立管,采用超静音 HDPE 单叶片内螺旋管,通气管采用 HDPE 单层管材;横支管采用 HDPE 三层复合静音管;管材连接方式均采用压盖式柔性承插连接。污水立管底部选用大曲率半径弯头。管材公称压力为 1.0 MPa。

② 实验室废水管根据实验室排水性质的不同采用不同的材料:排放含酸碱的废水采用 HDPE 塑料排水管,采用承插连接,内置密封橡胶圈;排放有机溶剂废水采用柔性机制铸铁排水管,采用 W 形接口;生物实验室废水采用不锈钢排水管道,采用焊接连接。

③ 屋面雨水管:重力雨水管采用 HDPE 管,采用热熔焊接。

④ 室外排水管:室外埋地排水管采用 FRPP 异形肋模压排水管,采用 O 形橡胶圈承插式连接。位于车行道及停车场处且管顶覆土不足 0.7 m 时,管道选用大Ⅱ级钢套管包裹并采取

加固措施，或采用 360°满包基础。消防登高面及消防车道下方排水管道环刚度不小于 12 kN/m^2，其他区域不小于 8 kN/m^2。

⑤ 所有管道均尽量暗装于吊顶、管井或墙槽内，给排水管道所标注管径均为管道公称直径，订货时应注意换算成相对应的外径。

本项目排水系统清单汇总表见表 2-20，排水系统计价汇总表见表 2-21。

表 2-20　排水系统清单汇总表

序号	项目编码	项目名称	项目特征描述	计量单位	工程量
1	031001008005	塑料管	1.安装部位：室内； 2.介质：污水； 3.材质、规格：HDPE DN100； 4.连接形式：电熔	m	81.79
2	031001008006	塑料管	1.安装部位：室内； 2.介质：废水； 3.材质、规格：PVC-U DN100； 4.连接形式：粘接	m	1
3	031001008007	塑料管	1.安装部位：室内； 2.介质：排水； 3.材质、规格：UPVC DN50； 4.连接形式：电熔	m	44.8
4	031001008008	塑料管	1.安装部位：室内； 2.介质：雨水； 3.材质、规格：PVC-U DN100； 4.连接形式：粘接	m	140.65
5	010902005001	雨水斗	1.名称：雨水斗； 2.型号、规格：DN100	个	6
6	031301004001	管道支架	1.材质：型钢	kg	45.24
7	031301003005	套管	1.名称、类型：刚性防水套管； 2.规格：DN150	个	10
8	031003014001	给、排水附(配)件	1.名称：不锈钢地漏 DN100	个	5
9	031003014002	给、排水附(配)件	1.名称：不锈钢地漏 DN50	个	3
10	031003006001	大便器	1.名称：蹲式大便器	组	41
11	031003003001	洗脸盆	1.名称：洗脸盆 红外感应水龙头	组	51
12	031003007001	小便器	1.名称：立式小便器	组	24

表 2-21　排水系统计价汇总表

序号	项目编码	工程项目名称	单位	数量	综合单价
21	031001008005	塑料管	m	81.79	89.62
	C10-1-330	室内塑料排水管(粘接) 公称外径 (mm 以内)110	10 m	8.179	896.33
	主材	塑料排水管 HDPE DN100	m	77.701	46.26
	主材	室内塑料排水管 HDPE DN100 粘接管件	个	94.549	17.8
22	031001008006	塑料管	m	1	46.91
	C10-1-364	室内塑料雨水管(热熔连接) 公称外径 (mm 以内)110	10 m	0.1	469.17
	主材	塑料排水管 UPVC DN100	m	0.994	17.7
	主材	室内塑料雨水管热熔管件 UPVC DN100	个	0.416	20.72
23	031001008007	塑料管	m	44.8	39.42
	C10-1-387	室内塑料排水管(粘接) 公称外径 (mm 以内)50	10 m	4.48	394.15
	主材	塑料排水管 UPVC DN50	m	45.338	11.9
	主材	室内塑料排水管 UPVC DN50 粘接管件	个	30.912	15.78
24	031001008008	塑料管	m	140.65	46.91
	C10-1-364	室内塑料雨水管(热熔连接) 公称外径 (mm 以内)110	10 m	14.065	469.17
	主材	塑料排水管 UPVC DN100	m	139.806	17.7
	主材	室内塑料雨水管热熔管件 UPVC DN100	个	58.51	20.72
25	010902005001	雨水斗	个	6	204.81
	C10-6-76	普通雨水斗安装 公称直径(mm 以内)100	10 个	0.6	2048.2
	主材	87 型雨水斗	套	6	172.34
26	031301004001	管道支架	kg	45.24	28.84
	C10-11-1	管道支架制作 单件质量(kg 以内)50	100kg	0.4524	1043.02
	主材	型钢	kg	47.502	4.46
	C10-11-7	管道支架安装 单件质量(kg 以内)5	100kg	0.4524	605.36
	C12-2-58	金属结构刷油 一般钢结构 调和漆 增一遍	100kg	0.4524	22.87
	C12-2-3	管道刷油 防锈漆 增一遍	10 m^2	4.524	41.47
	C12-2-8	管道刷油 调和漆 第一遍	10 m^2	4.524	41.21
	C12-2-9	管道刷油 调和漆 增一遍	10 m^2	4.524	38.67
27	031301003005	套管	个	10	279.45
	C10-11-79	刚性防水套管安装 介质管道公称直径(mm 以内)150	个	10	279.45

续表2-21

序号	项目编码	工程项目名称	单位	数量	综合单价
	主材	刚性防水套管	个	10	189.72
28	031003014001	给、排水附(配)件	个	5	134.72
	C10-6-64	地漏安装 公称直径(mm 以内)100	10 个	0.5	1347.21
	主材	不锈钢地漏 DN100	个	5.05	107.12
29	031003014002	给、排水附(配)件	个	3	38.1
	C10-6-62	地漏安装 公称直径(mm 以内)50	10 个	0.3	380.99
	主材	不锈钢地漏 DN50	个	3.03	26.06
30	031003006001	大便器	组	41	1150.04
	C10-6-38	蹲式大便器安装 脚踏开关	10 套	4.1	800.04
	主材	瓷蹲式大便器	个	41.41	300
	主材	自动冲洗阀 DN25	个	41.41	20
	主材	防污器 DN25	个	41.41	10
	主材	冲洗管 DN25	根	41.41	10
	主材	大便器存水弯 DN100	个	41.41	10
31	031003003001	洗脸盆	组	51	793.96
	C10-6-12	洗脸盆 台上式冷热水	10 组	5.1	7939.56
	主材	洗脸盆	个	51.51	500
	主材	洗脸盆排水附件	套	51.51	43
	主材	混合冷热水龙头	个	51.51	86.84
	主材	角型阀	个	103.02	17.19
	主材	金属软管	根	103.02	26.14
32	031003007001	小便器	组	24	823.69
	C10-6-28	壁挂式小便器安装 手动开关	10 套	2.4	8236.9
	主材	挂式小便器	个	24.24	700
	主材	小便器排水附件	套	24.24	30.09
	主材	小便器冲水连接管	根	24.24	15.48
	主材	螺纹管件	个	24.24	1.32
	主材	角式长柄截止阀	个	24.24	27.54

3　采暖安装工程计量与计价

【教学目标】 通过本章的学习，要求熟悉采暖系统的工程内容，掌握采暖工程、室内燃气工程工程量清单计价的编制。

【教学重点】 采暖工程工程量清单计价的编制内容。

3.1　采暖工程基础知识

采暖系统工程的内容，包括采暖工程的基本组成和室内采暖系统的组成。

3.1.1　采暖工程的基本组成

采暖工程包括室外供热管网和室内采暖系统两大部分。

3.1.1.1　室外供热管网

室外供热管网的任务是将锅炉生产的热能，通过蒸汽、热水等热媒输送到室内采暖系统，以满足生产、生活的需要。室外供热管网根据输送的介质不同，可分为蒸汽管网和热水管网两种；按其工作压力不同，可分为低压管网、中压管网和高压管网三种。对于室外供热管网，本书不作详细介绍。

3.1.1.2　室内采暖系统

室内采暖系统根据室内供热管网输送的介质不同，也可分为热水采暖系统和蒸汽采暖系统两大类。

(1) 热水采暖系统

热水采暖系统按供水温度不同可分为一般热水采暖(供水温度 95 ℃，回水温度 70 ℃)和高温热水采暖(供水温度 96～130 ℃，回水温度 70 ℃)两种；按水在系统内循环的动力可分为自然循环系统(靠水的重度差进行循环)和机械循环系统(靠水泵力进行循环)两种，分别如图 3-1、图 3-2 所示。

(2) 蒸汽采暖系统

蒸汽采暖系统按压力不同可分为低压蒸汽采暖(蒸汽工作压力不大于 0.07 MPa)和高压蒸汽采暖(蒸汽工作压力大于 0.07 MPa)两种；按凝结水回水方式不同可分为重力回水式蒸汽采暖系统和机械回水式蒸汽采暖系统两种。重力回水式双管上分式蒸汽采暖系统如图 3-3 所示。

3.1.2　室内采暖系统的组成

室内采暖系统是由入口装置、室内采暖管道、管道附件、散热器等组成的。

(1) 入口装置

室内采暖系统与室外供热管网相连接处的阀门、仪表和减压装置统称为采暖系统入口装置。

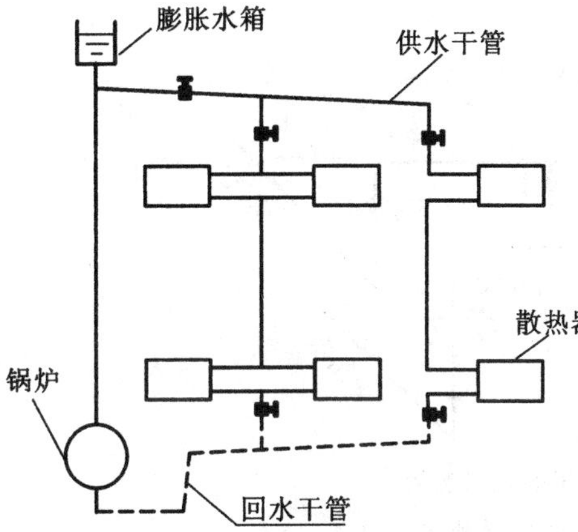

图 3-1　自然循环上分式单管系统

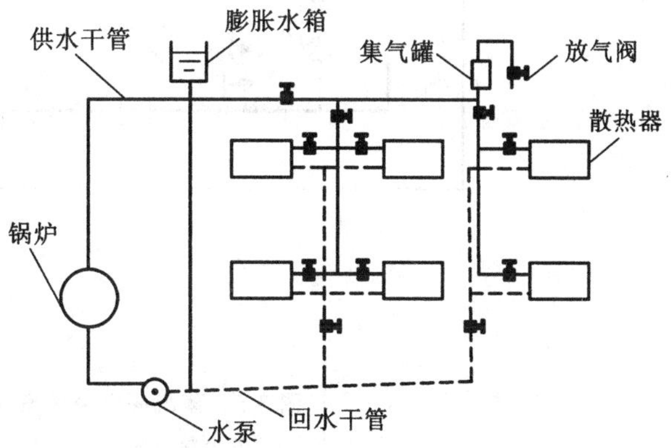

图 3-2　机械循环上分式双管系统

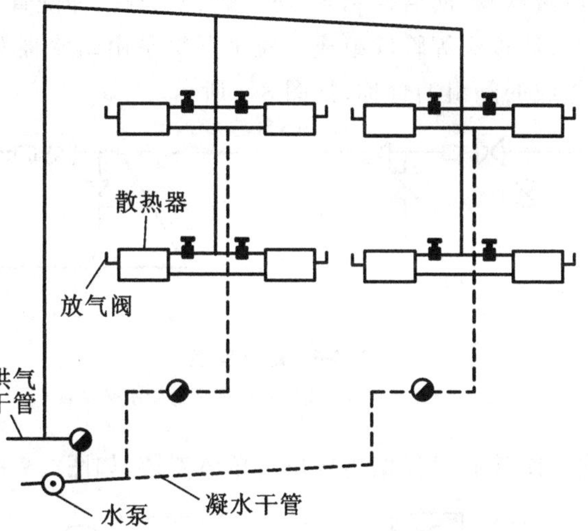

图 3-3　重力回水式双管上分式蒸汽采暖系统

热水采暖系统设调压板的入口装置见图 3-4,蒸汽采暖系统设减压阀的入口装置见图 3-5。

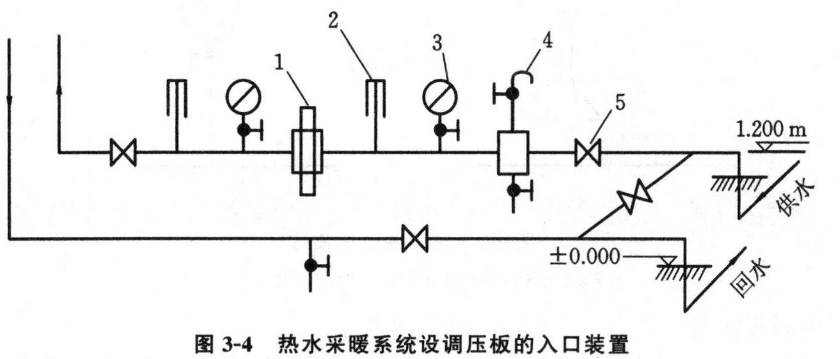

图 3-4　热水采暖系统设调压板的入口装置

1—调压板;2—温度计;3—压力表;4—除污器;5—阀门

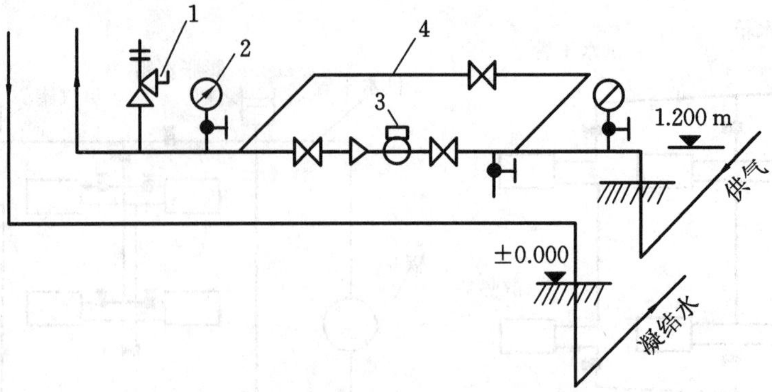

图 3-5　蒸汽采暖系统设减压阀的入口装置

1—安全阀；2—压力表；3—减压阀；4—旁通管

减压阀是依靠阀孔的启闭对通过的介质进行节流达到减压作用的。减压阀的安装是以阀组的形式出现的，阀组由减压阀、前后控制阀、压力表、安全阀、冲洗管、冲洗阀、旁通管、旁通阀及螺纹连接的三通、弯头、活接头等管件组成。疏水器组是由疏水器和前后的控制阀、旁通装置、冲洗和检查装置等组成的阀组的合称，如图 3-6 所示。

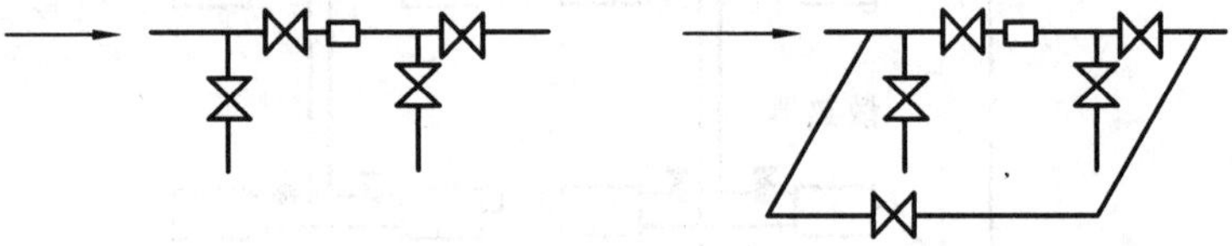

(a)　　(b)

图 3-6　疏水器组

(a)不带旁通管水平安装；(b)带旁通管水平安装

减压阀、疏水器、安全阀等有时根据需要也可单体安装，如图 3-7 所示。

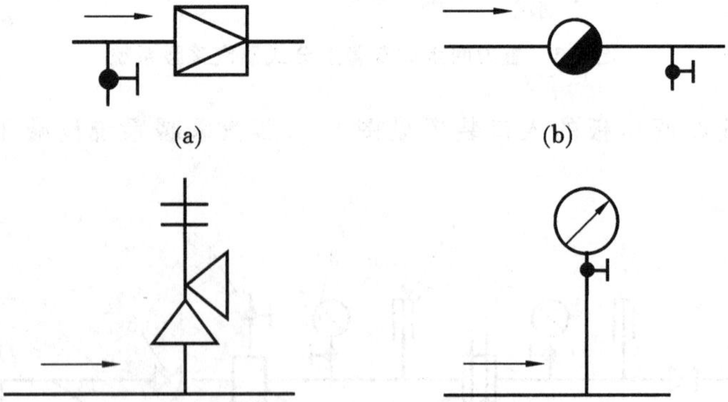

(a)　　(b)

(c)　　(d)

图 3-7　单体安装的阀体

(a)减压阀；(b)疏水器；(c)安全阀；(d)压力表

(2) 室内采暖管道

室内采暖管道是由供水(气)干管、立管及支管组成的，其管道安装要求基本上同给水管道。

(3) 管道附件

采暖管道上的附件有阀门、放气阀、集气罐、膨胀水箱、伸缩器等。

放气阀一般设在供气干管上的最高点，当管道水压试验前充水和系统启动时，利用此阀可以排除管道内的空气。集气罐一般装在热水采暖管道系统中供水干管的末端(高点)，用于排除系统中的空气。但也可装排气阀和膨胀水箱，来排除系统及散热器组内的空气。

(4) 散热器

散热器是将热水或蒸汽的热能散发到室内空间，使室内气温升高的设备。散热器的种类很多，常用的有铸铁散热器、钢串片式散热器、钢制闭式对流散热器、光排管式散热器等。

铸铁散热器分为柱型和圆翼型、长翼型三种。其中，柱型又有二柱、四柱、五柱和六柱等几种。铸铁散热器如图 3-8 所示。

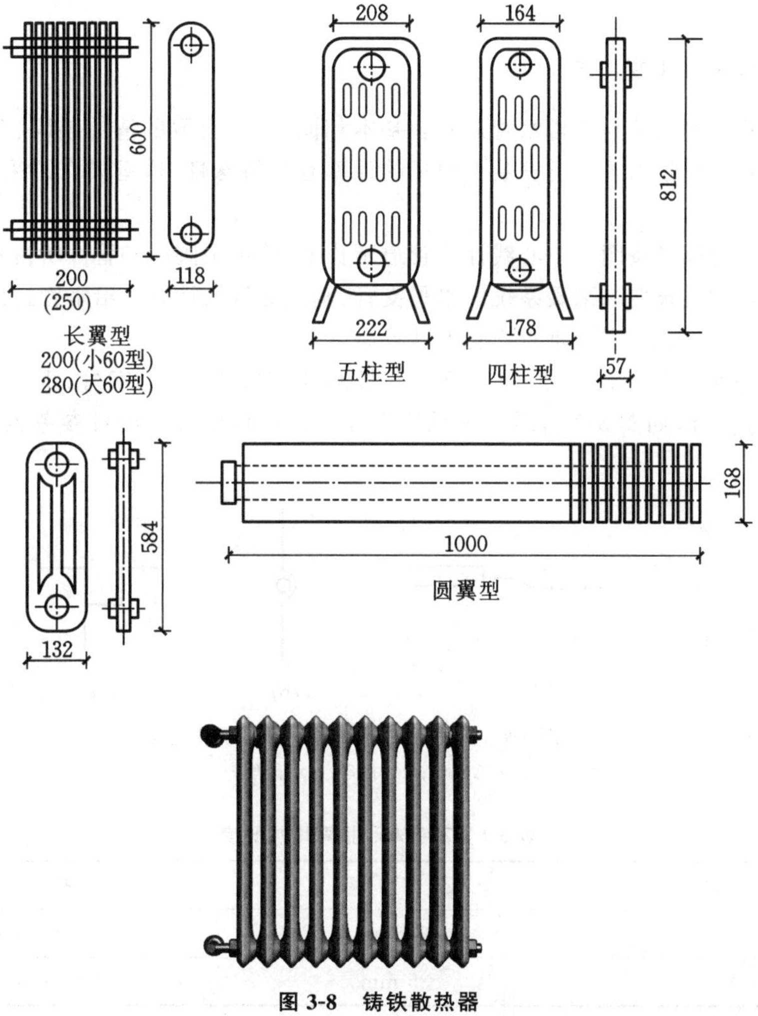

图 3-8 铸铁散热器

柱型散热器每片的散热面积小，安装前应按照设计的规定，将数片散热器组对成一组散热器，然后进行水压试验。散热器通常安装在室内外墙的窗台下(居中)，走廊和楼梯间等处。安装时一般先埋设托架(钩)，然后将散热器组挂在托架上。如果是带足柱式散热器，直接搁置在地面或楼面上。

因此，采暖工程项目一般可以列项如下：采暖管道；采暖设备与器具及附件；管道设备除锈、刷油、绝热；采暖工程其他项目。

【在线测试】

3.1.3 采暖系统工程清单计价

室内采暖系统清单计价包括管道、管道附件、散热器等项目的清单计价。采暖系统部分项目的工程量与第2章给排水工程的工程量计算一致，可以结合第2章内容学习。

3.2 采暖工程计量与计价

3.2.1 采暖管道工程计量

室内采暖管道的安装与给排水管道安装基本相同，所以套取的清单编码、名称、项目特征和单位基本一致。但是采暖管道安装工程量的计算有其特殊性，这里只介绍采暖管道的工程量计算。

管道工程量计算是按图示中心线计算管道延长米，管道中阀门和管件所占长度均不扣除，但要扣除散热器所占长度。采暖系统的水平支管、垂直立管的计算与给水管道的计算相同，此处不再介绍，仅介绍水平支管、垂直立管的计算。

水平干管与垂直支管连接处、水平支管与散热器连接处，设乙字弯；垂直立管与水平管交叉处，设括弯绕行，如图 3-9 所示。常见管道揻弯的近似增加长度可参考表 3-1，羊角弯高按 0.3 m 计。

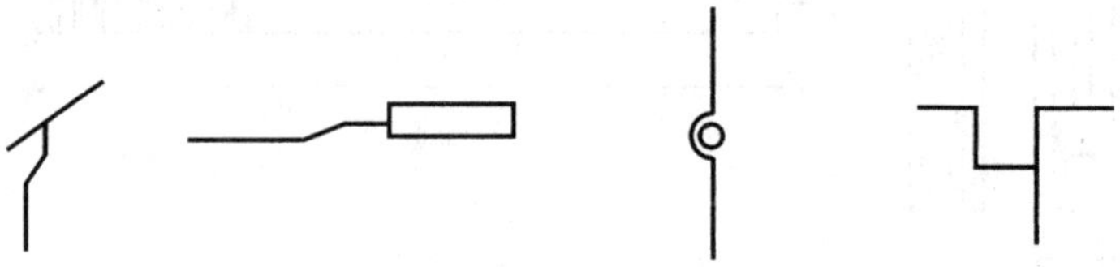

(a) (b) (c)

图 3-9 乙字弯、括弯、羊角弯示意图

(a) 乙字弯；(b) 括弯；(c) 羊角弯

表 3-1 乙字弯和括弯增加长度

管 道	乙 字 弯	括 弯
立管	60 mm	60 mm
支管	35 mm	50 mm

3.2.1.1 水平支管(散热器支管)的计算

(1) 水平串联支管的计算(图 3-10)

水平长度＝供、回两立管中心管线长度－散热器长度＋增加长度(乙字弯)

DN25＝15－(8＋10＋10)×0.057＋6×0.035(乙字弯)＝15－1.596＋0.21＝13.614 m

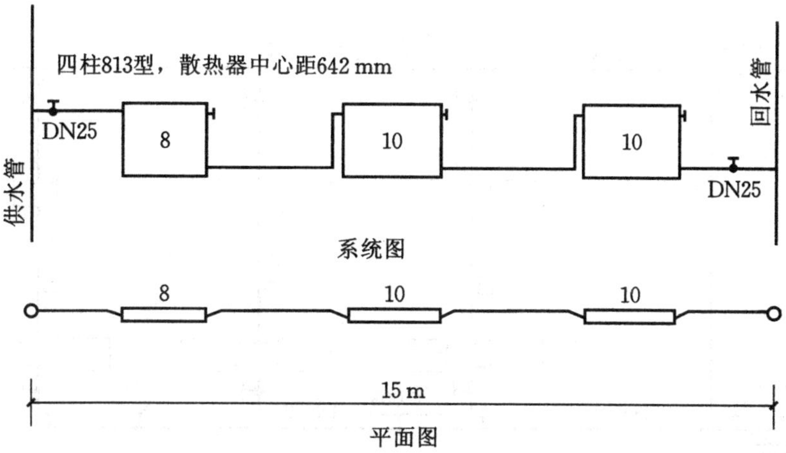

图 3-10　水平串联支管

垂直长度＝散热器中心距×个数

DN25＝0.642×2＝1.284 m

(2) 单侧散热器水平支管的计算(图 3-11)

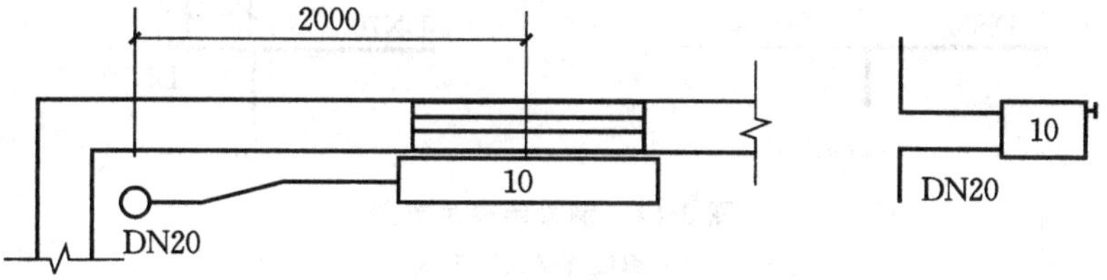

图 3-11　单侧散热器

水平长度＝立管至窗边散热器中心距离×2－散热器长度＋增加长度(乙字弯)

DN15＝2.0×2－10×0.057＋2×0.035(乙字弯)＝4－0.57＋0.07＝3.5 m

(3) 双侧散热器水平支管的计算(图 3-12)

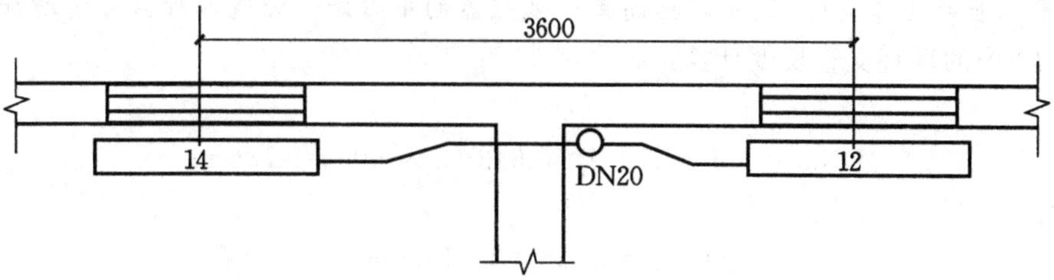

图 3-12　双侧散热器

水平长度＝两组散热器中心长度×2－散热器长度＋增加长度(乙字弯)

DN20＝3.6×2－(14＋12)×0.057＋4×0.035(乙字弯)＝5.858 m

3.2.1.2　垂直立管的计算(图 3-13)

(1) 垂直干管

对于垂直干管长度的计算，找准垂直干管变径点的标高是准确计算的关键，要熟悉常用散热器的基本尺寸(中心距、厚度、高度等)。一般 DN≤32 mm 时，管道采用螺纹连接

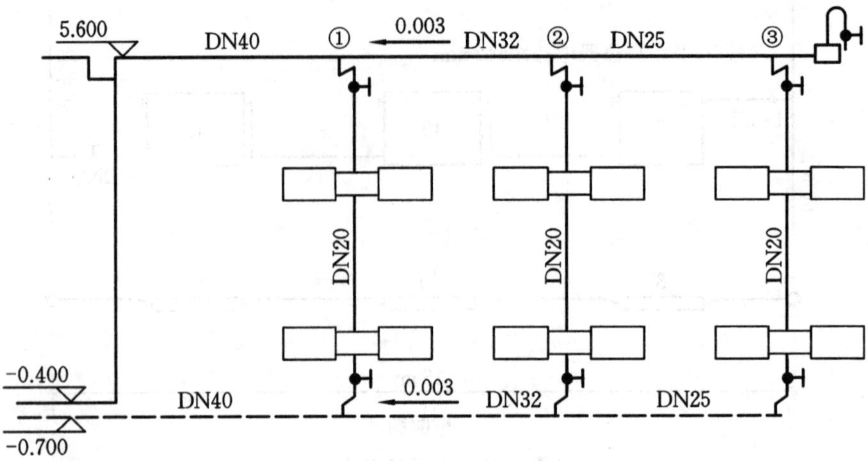

图 3-13　采暖系统立管工程量计算示意图

[图 3-14(a)],其变径点一般在分支三通处;DN＞32 mm 时,管道采用焊接[图 3-14(b)],焊接管道的变径点一般在分支三通后的 200 mm 处。

图 3-14　钢管连接示意图

(a)螺纹连接;(b)焊接

垂直干管长度＝垂直干管上、下端标高差＋各种弯的长度(羊角弯高按 0.3 m 计)

图 3-13 中的垂直干管长度计算:

$$DN40=5.6+0.4+0.3=6.3\ m$$

(2) 垂直支管(散热器立管)

垂直支管长度＝垂直支管上、下端标高差－散热器的中心距＋管道各种摵弯所增加的长度

图 3-13 中的垂直支管长度计算:

RL-1:

$$DN20=5.6+0.7-2\times0.642+2\times0.06=5.136\ m$$

合计:

$$DN20=5.136\times3=15.408\ m$$

注意:为了便于计算管道的除锈、刷油、绝热工程量,计算管道延长米时,一般要将明装管道与暗装管道、保温管道与非保温管道的长度分开计算,然后再将各种规格相同者合并计算出相应的工程量。

室内采暖系统管道和给水管道套用同样的清单项目,其清单套用规定和方法相同,本小节就不再重复。

3.2.2　采暖管道工程计价

采暖管道按湖北省 2024 版安装定额第十册《给排水、采暖、燃气工程》第二章套价计算工程费用。定额中采暖管道适用于室内外采暖管道的安装，包括镀锌钢管、钢管、塑料管、预制保温管以及与原有热源管道碰头等项目。

（1）管道划分界限

① 室内外管道以建筑物外墙皮 1.5 m 为界；建筑物入口处设阀门者以阀门为界，室外设有采暖入口装置者以入口装置循环管三通为界。

② 与工业管道的界限以锅炉房或热力站外墙皮 1.5 m 为界。

③ 设在建筑物内的换热站管道以站房外墙皮为界。

④ 室外管道安装不分地上与地下，均执行同一子目。

（2）定额中关于暖气管道的说明

① 管道安装项目中，均包括相应管道安装、水压试验及水冲洗工作内容。各种管件数量可以依据设计文件及施工方案或参考“管道管件数量取定表”（湖北省 2024 版安装定额附录）计算，定额中其他消耗量不调整。管件含量中不含与螺纹阀门配套的活接、对丝，其用量包含在螺纹阀门安装项目中。

② 钢管焊接安装项目中均综合考虑了成品管件和现场摵制弯管、摔制大小头、挖眼三通。

③ 管道安装项目中，除室内直埋塑料管道已经包括管卡安装外，其他管道项目均不包括管道支架、管卡、托钩等的制作、安装，以及管道穿墙、穿楼板套管的制作、安装，预制孔洞、堵洞、打洞、凿槽等工作内容，发生时应另行计算。

④ 镀锌钢管（螺纹连接）项目适用于室内外焊接钢管的螺纹连接。

⑤ 采暖室内直埋塑料管道是指敷设于室内地坪下或墙内的采暖分集水器连接散热器及管井内立管的塑料采暖管段。直埋塑料管分别设置了热熔管件连接和无接口敷设两项定额项目，不适用于地板辐射采暖系统管道。

⑥ 室内直埋塑料管包括充压隐蔽、水压试验、水冲洗以及地面划线标示等工作内容。

⑦ 室内采暖管道在过路口或跨绕梁柱等障碍时，如发生类似于方形补偿器的管道安装形式，应执行方形补偿器安装项目。

⑧ 采暖塑铝稳态复合管道安装时，按相应塑料管道安装项目人工乘以系数 1.10，其他不变。

⑨ 塑套钢预制直埋保温管安装项目中已包括管件安装，但不包括接口保温，发生时应另行套用接口保温安装项目。

⑩ 安装带保温层的管道时，可执行相应材质及连接形式的管道安装项目，其人工乘以系数 1.10，管道接口保温执行湖北省 2024 版安装定额第十二册《刷油、防腐蚀、绝热工程》，其人工、机械乘以系数 2.0。

⑪ 室外管道碰头项目适用于新建管道与已有热源管道的碰头连接，如已有热源管道已做预留接口，则不执行相应安装项目。

⑫ 与原有管道碰头安装项目不包括与供热部门的配合协调工作以及通水试验的用水量，发生时应另行计算。

（3）工程量计算

各类管道安装应按室内外、材质、连接形式、规格分别列项，均按设计管道中心线长度计算，以“10 m”为计量单位，不扣除阀门、管件、附件所占长度。定额中塑料管按公称外径标示，其他管道均按公称直径标示。

3.2.3 供暖器具计量与计价

3.2.3.1 供暖器具清单项目

供暖器具工程量清单项目设置、项目特征描述内容、计量单位及工程量计算规则，应按照《通用安装工程工程量计算标准》(GB/T 50856—2024)中的清单执行，根据供暖设备清单(编码:031004)套取。铸铁散热器在编制清单时还需要计算刷油、除锈工程量清单项目，工程量清单项目设置、项目特征描述的内容、计量单位及工程量计算规则，应按照《通用安装工程工程量计算标准》(GB/T 50856—2024)中的清单执行，供暖设备参照附录J的表J.5供暖器材(编码:031004)进行清单列项，暖气片刷油、除锈参照附录L的表L.1刷油工程(编码:031201)进行清单列项。

3.2.3.2 供暖器具综合单价确定

供暖器具按湖北省2024版安装定额第十册《给排水、采暖、燃气工程》第七章套价计算工程费用。定额第七章"供暖器具"中，主要包括散热器、暖风机、辐射供暖供冷装置等项目。

(1) 散热器

各类散热器均包括散热器成品托架(钩、卡)安装和安装前的水压试验以及系统水压试验。散热器不分明装、暗装，均按材质、类别执行同一子目。

① 铸铁散热器

铸铁散热器在定额中是按柱型(柱翼型)编制，分为带足、不带足两种安装方式。成组铸铁散热器、光排管散热器现场除锈、刷油时，执行湖北省2024版安装定额第十二册《刷油、防腐蚀、绝热工程》的相应项目。铸铁散热器安装分为落地安装、挂式安装。成组铸铁散热器安装按每组片数以"组"为计量单位；铸铁散热器组对安装以"10片"为计量单位。

② 钢制板式散热器

钢制板式散热器安装不论是否带对流片，均按安装形式和规格执行同一项目。钢制卫浴散热器执行钢制单板板式散热器安装项目。钢制扁管散热器分别执行单板、双板钢制板式散热器安装定额项目，其人工乘以系数1.2。

钢制翘片管散热器安装项目包括安装随散热器供应的成品对流罩，如工程不需要安装随散热器供应的成品对流罩，每组定额人工乘以系数0.9。

钢制板式散热器安装按每组片数，以"组"为计量单位；闭式散热器安装以"片"为计量单位；其他成品安装以"组"为计量单位。

注意事项：

散热器要根据不同的型号计算数量，铸铁散热器要考虑除锈、刷油的工程量。在第2章给排水工程中已经讲过管道除锈、刷油，而设备的除锈、刷油与管道的除锈、刷油都以"10 m^2"为计量单位，工程量计算按照标准图集和图纸要求的涂刷面积计算。

【例3-1】 某综合楼采暖工程，安装铸铁813柱型散热器，散热片有5135片，每组10片。设计文件要求除锈，刷一遍防锈漆、两遍银粉漆，编制工程量清单，并确定其定额子目及主材。

【解】 根据表3-2铸铁散热器规格表可以查出，813柱型散热器单片散热面积为0.28 m^2，即散热器单片的表面积为0.28 m^2。

表 3-2　铸铁散热器规格表　　单位：m^2

型号	大 60 型	小 60 型	圆翼型 D75	M132 型	四柱 813 型	四柱 760 型	四柱 640 型
散热面积（m^2/片）	1.17	0.8	1.8	0.24	0.28	0.235	0.2
质量(kg/片）	28	19.3	38.2	7	8	6.6	5.7

$$除锈、刷油工程量=0.28\times5135=1437.8\ m^2$$

其定额子目及主材见表 3-3。

表 3-3　散热器清单计价案例

项目编码	项目名称	项目特征描述	计量单位	工程量
031004001001	铸铁散热器	1. 型号规格：813 柱型； 2. 落地安装	片	5135
C10-7-7	铸铁散热组对安装、柱型落地安装		组	513.5
主材	铸铁散热片		组	513.5×10.1=5186.35
031201004001	暖气片刷油	1.除锈级别：轻锈； 2.油漆品种：刷一遍防锈漆、两遍银粉漆	m^2	1437.8
C12-1-3	手工除轻锈		m^2	1437.8
C12-2-77+C12-2-78	刷两遍银粉漆		m^2	1437.8

注：只截取了部分清单计价表，清单表中关于价格的部分可以在上机后直接在相关软件中得到。

(2) 暖风机

暖风机安装不包括支架制作、安装。暖风机安装工程量按设备质量计算，以“台”为计量单位。

(3) 辐射供暖供冷装置

辐射供暖供冷装置的隔热板项目中的塑料薄膜，是指在接触土壤或室内外空气的楼板与绝热层之间所铺设的塑料薄膜防潮层。如隔热板带有保护层(铝箔)，应扣除塑料薄膜材料消耗量。

辐射供暖供冷装置塑料管道在跨越建筑物的伸缩缝、沉降缝时所铺设的塑料板条，应按照边界保温带安装项目计算，塑料板条材料消耗量可按设计要求的厚度、宽度进行调整。

辐射供暖供冷装置中一体化预制辐射供暖供冷板按设计图示尺寸计算，以“m^2”为计量单位；预制沟槽保温板、毛细管席、泡沫塑料隔热板、铝箔均热层、钢丝网等安装工程量按设计图示尺寸计算，以“10 m^2”为计量单位；边界保温带工程量按设计图示长度计算，以“10 m”为计量单位；辐射供暖供冷管道区分管道外径，按设计图示中心线长度计算，以“10 m”为计量单位。

3.2.3.3　采暖设备清单计价

(1) 采暖设备清单项目

采暖设备工程量清单项目设置、项目特征描述内容、计量单位及工程量计算规则，应按照

《通用安装工程工程量计算标准》(GB/T 50856—2024)中的附录 K 的表 K.6 采暖、给排水设备(编码:031005)规定执行。采暖设备清单编制过程中应注意以下问题:

① 电热水器的安装、电开水炉的安装仅包括本体安装,不包括连接管、连接附件(阀门等)安装,连接管道、阀门等可参考本章其他小节相应项目编码列项。

② 地热热泵机组,接管以及接管上的阀门、软接头、减震装置和基础另行计算。

(2) 采暖设备工程量清单单价

采暖设备按湖北省 2024 版安装定额中第十册《给排水、采暖、燃气工程》第九章套价计算工程费用。采暖设备定额中包括设备本体及与其配套的管道、附件、部件的安装和单机试运转或水压试验、通水调试等内容,不包括与设备外接的第一片法兰或第一个接口以外的安装工程量,发生时应另行计算。设备安装项目中包括与本体配套的压力表、温度计等附件的安装,如实际未随设备供应附件时,其工程量另行计算。

采暖设备的安装未包括设备支架或底座制作、安装,如果采用型钢支架需要另行计算,计算方法见给排水工程工程量清单计价的编制章节。工程量计算过程中应注意以下内容:

① 定额中太阳能集热器是按集中成批安装编制的,如发生 4 m^2 以下工程量时,人工、机械乘以系数 1.1。

② 太阳能集热装置按其结构形式,区分不同布设方式,以"m^2"为计量单位。太阳能集热装置的布设方式包括单层布设、层叠布设、外墙垂挂、外墙斜挂。其中,单层布设是指太阳能集热器组在同一水平面的纵向布置方式;层叠布设是指太阳能集热器组在同一斜面上的多层布置方式;外墙垂挂是指太阳能集热器平行布设在建筑物或构筑物的外立面的布置方式;外墙斜挂是指太阳能集热器在建筑物或构筑物的外立面成一定仰角的布置方式。

③ 地源热泵机按设备质量列项,以"台"为计量单位。

3.2.3.4 采暖、空调水系统调试清单计价

【在线测试】

采暖工程系统调整费和空调水系统调整费按采暖系统工程人工费的 10% 计算,其中人工费占 40%,材料费占 10%,机械费占 50%。

结算时,当采暖工程系统、空调水系统中管道工程量发生变化时,系统调整费相应调整。

3.3 采暖安装工程计量与计价实例

本章列项与给排水工程工程量清单计价的编制章节相似,为节约篇幅,本章案例仅按定额计算工程量,不做清单计价表。

(1) 工程概况

本工程是某办公楼采暖工程,砖混结构,共两层,层高 3.6 m,管材采用焊接钢管,管径 DN<32 mm 时采用螺纹连接,DN≥32 mm 时采用焊接,散热器采用四柱 760 型铸铁散热器,室内管道、散热器和支架均刷防锈漆两遍、银粉漆两遍。地沟内管道和支架刷防锈漆两遍,50 mm厚岩棉管壳保温,外缠玻璃丝布,布外刷沥青漆两遍;管道穿外墙采用刚性防水套管,穿楼板和内墙采用钢套管。该办公楼一层采暖平面图、二层采暖平面图、采暖系统图分别见图 3-15、图 3-16、图 3-17。

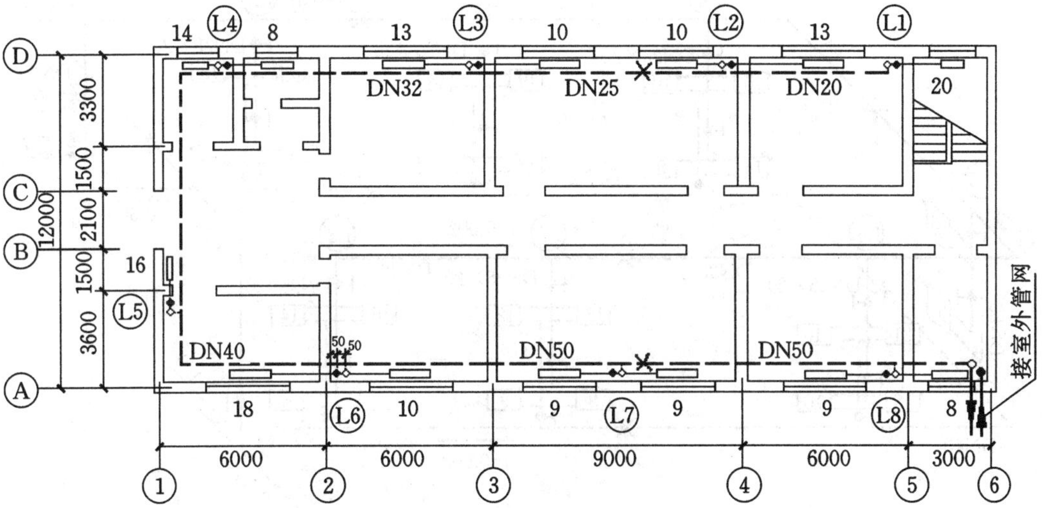

图 3-15　一层采暖平面图

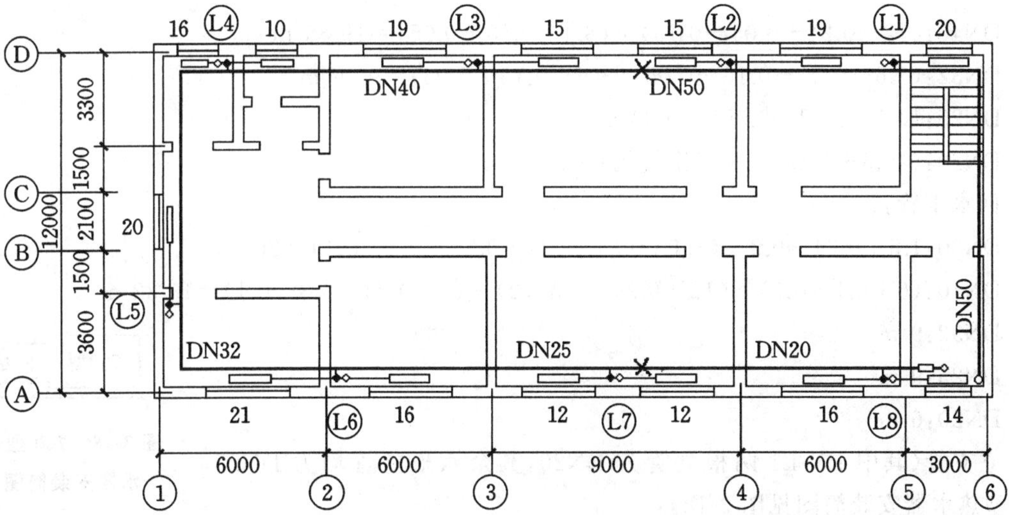

图 3-16　二层采暖平面图

(2) 管道施工要求

采暖工程的供水干管、立管中心距墙 150 mm，回水干管、立管在地沟内居中敷设，距墙 300 mm，立支管通过乙字弯后距墙 50 mm，建筑物内外墙厚度均按 240 mm 计算。

(3) 工程量计算

注明：本案例计算利用图纸所标注的尺寸和设计说明的内容进行，让学生熟悉这种思路，以适应相应的考试；当然，利用比例尺计算也行，方法同给排水。

① 管道

供水干管：

DN50：$1.5+0.24+0.15+1.4+6.28+(12-0.24-0.15\times 2)+(18-0.15+0.05)=38.93$ m

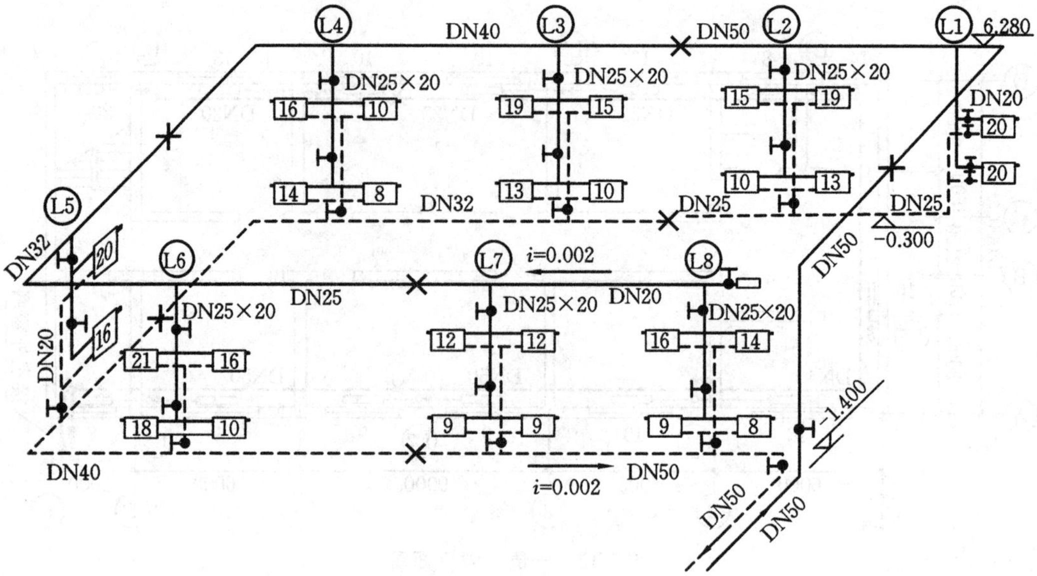

图 3-17　采暖系统图

DN40：(12－0.24－0.05－0.15)＋(8.4－0.15＋0.05)＝19.86 m

DN32：(3.6－0.24－0.15－0.05)＋(6－0.15＋0.05)＝9.06 m

DN25：10.5－0.12－0.05＝10.33 m

DN20：(10.5＋0.12)＋0.5(排气阀)＝11.12 m

回水干管：

DN50：1.5＋0.24＋0.3＋(1.4－0.3)＋(24－0.24－0.3－0.1)＝26.5 m

DN40：(6＋0.1－0.3)＋(12－0.24－0.3×2)＋(3－0.24－0.3－0.1)＝19.32 m

DN32：9 m

DN25：9 m

DN20：6 m

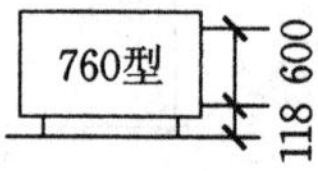

图 3-18　760 型热水器安装简图

立支管(其中 L5、L1 两根立管为 DN20，其余六根立管均为 DN25，760 型热水器安装简图见图 3-18)：

DN25：(6.28－0.718)＋(3.6＋0.118＋0.3)＋2×0.06(乙字弯)＋2×0.06(括弯)＝10.42 m

六根合计：10.42×6＝62.52 m

DN20：(6.28－0.718)＋(3.6＋0.118＋0.3)＋2×0.06(乙字弯)＋1×0.06(括弯)(L5)＋
(6.28－0.718)＋(2.0＋0.118＋0.3)＋3×0.06(L1 楼梯平台)＝19.12 m

水平支管(管径均为 DN20)：

L1：[1.5＋0.12＋0.075(平均距离)－10×0.051＋0.035(水平乙字弯)]×4＝4.88 m

L2、L3：[5.25－14(平均片数)×0.051＋2×0.035]×4×2＝36.848 m

L4：(3－12×0.051＋2×0.035)×4＝9.832 m

L5：(2.55＋0.12＋0.075－10×0.051＋2×0.035)×2＋(0.75＋0.12＋0.075－8×0.051＋2×0.035)×2＝5.824 m

L6:(6－16×0.051＋2×0.035)×4＝21.016 m

L7:(4.5－10.5×0.051＋2×0.035)×4＝16.138 m

L8:(4.5－12×0.051＋2×0.035)×4＝15.832 m

水平支管 DN20 小计:110.37 m

管道合计:

DN50:38.93＋26.5＝65.43 m(其中保温:26.5＋1.5＋0.24＋0.15＋1.4＝29.79 m)

DN40:19.86＋19.32＝39.18 m(其中保温:19.32 m)

DN32:9.06＋9＝18.06 m(其中保温:9 m)

DN25:10.33＋9＋62.52＝81.85 m(其中保温:9＋0.3×6＝10.8 m)

DN20:11.12＋6＋19.12＋110.37＝146.61 m(其中保温:6＋0.3×2＝6.6 m)

② 管道除锈、刷油、保温等工程量计算

管道除锈、刷防锈漆工程量:

65.43×0.1885＋39.18×0.1507＋18.06×0.1297＋81.85×0.1059＋146.61×0.0855＝41.78 m^2

管道刷银粉漆工程量:

(65.43－29.79)×0.1885＋(39.18－19.32)×0.1507＋(18.06－9)×0.1297＋(81.85－10.8)×0.1059＋(146.61－6.6)×0.0855＝30.38 m^2

管道保温工程量:

29.79×0.0181＋19.32×0.0151＋9×0.0146＋10.8×0.0138＋6.6×0.0128＝1.2 m^3

管道保温外保护层(缠玻璃丝布)工程量:

29.79×0.5438＋19.32×0.5062＋9×0.4854＋10.8×0.4615＋6.6×0.4411＝38.24 m^2

管道保护层外刷漆(同上保护层的工程量)工程量:38.24 m^2

③ 套管

刚性防水套管数量:

DN50:2 个。

穿楼板、墙数量:

DN50:2(楼板)/4 个;DN40:4 个;DN32:1 个;

DN25:18(楼板)/1;DN20:6(楼板)/30 个。

钢套管工程量:

DN80:0.25×2＋0.3×4＝1.7 m

DN70:0.3×4＝1.2 m

DN50:0.3×1＝0.3 m

DN40:0.25×18＋0.3×1＝4.8 m

DN32:0.25×6＋0.3×30＝10.5 m

④ 阀门类

阀门:

截止阀 DN50:2 个;DN25:18 个;DN20:8 个。

自动排气阀:

DN20:1 个。

⑤ 散热器(支管管径均为 DN20)

20 片:3 组;19 片:2 组;18 片:1 组;16 片:4 组;14 片:2 组;21 片:1 组;15 片:2 组;13 片:2 组;12 片:2 组;10 片:4 组;9 片:3 组;8 片:2 组。

共计 28 组,392 片。

散热器放风阀:28 个。

支管上活接头,DN20:28×2－4(L1 支管上的阀门处)＝52 个

散热器除锈、刷漆工程量:392×0.235＝92.12 m^2

⑥ 管道支架及支架除锈、刷油

a. 管道支架

管道立管支架数量:

DN50:2 个。

管道水平支架数量:

固定支架数量:

DN50:非保温 2 个,保温 1 个

DN40:非保温 1 个,保温 1 个

滑动支架数量:

DN50:非保温(65.43－29.79－6.28)/5＝6－2(固定支架)＝4 个

保温 29.79/3＝10－1(固定支架)＝9 个

DN40:非保温 19.86/4.5＝5－1(固定支架)＝4 个

保温 19.32/3＝7－1(固定支架)＝6 个

支架质量:

2×1.38(立支架)＋2×1.14＋1×1.512＋1×1.1＋1×1.471(固定支架)＋4×2.72＋9×3.43＋4×2.65＋6×3.36(滑动支架)＝81.633 kg

b. 支架除锈、刷油

定额规定 DN≤32 mm 管道支架的制作安装包括在管道安装中,其除锈、刷油工程量可以从定额含量中分析得到立支架和水平托钩的数量,计算出质量即可。

DN32(考虑保温):18.06×(0.206×0.82＋0.116×1.433)＝6.05 kg

DN25(不考虑保温):81.85×(0.206×0.20＋0.116×1.05)＝13.34 kg

DN20(不考虑保温):146.61×(0.185×0.19＋0.131×0.99)＝24.17 kg

散热器托钩刷油工程量:28×0.3×1.58＝13.27 kg

支架除锈、刷油工程量:24.17＋13.34＋6.05＋81.633＋13.27＝138.463 kg

⑦ 系统调整

1 个系统。

4　电气设备安装工程计量与计价

【教学目标】 通过本章的学习，要求掌握电气设备安装工程的工作内容，掌握电气设备安装工程清单计价的编制。

【教学重点】 电气设备安装工程中配线配管工程量的计算，电气设备安装工程的清单计价。

4.1　电气设备安装工程基础知识

在建设项目中，电力系统就是由各种电压等级的电力线路将发电厂、变电所和电力用户联系起来的一个发电、输电、变电、配电和用电的整体。输送给用户的电能通常需要经历以下几个环节：发电→升压→高压送电→降压→10 kV 高压配电→降压→0.38 kV 低压配电→用电(照明和动力)，详见图 4-1 所示电力系统图。

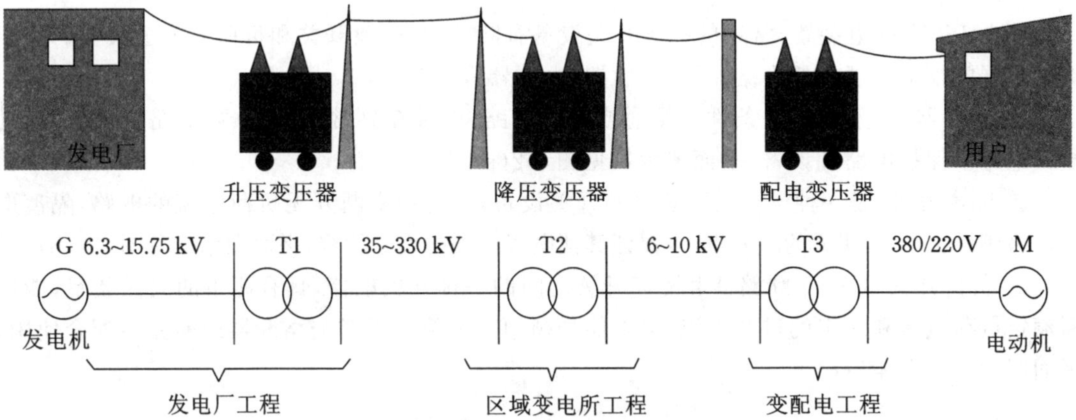

图 4-1　电力系统图

通常将 35 kV 及其以上的电压线路称为输(送)电线路，10 kV 及其以下的电压线路称为配电线路。将额定 1 kV 以上的电压称为"高电压"，1 kV 以下的电压称为"低电压"。

建筑电气设备安装工程是指新建、扩建工程中，10 kV 以下变配电设备及线路安装、车间动力电气设备及电气照明器具、配管配线、电气调整试验等建筑强电工程。

4.1.1　电气设备安装工程系统组成

(1) 变配电工程

变配电工程将电源接入、降压并分配给用户，适用于电力网接入电源点到分配电能的输出点，由变电设备和配电设备两部分组成，同时还包括变配电工程内的照明、防雷接地工程。

(2) 动力工程

动力工程将电能作用于电动机使动力设备(一般指三相设备)运转:电源引入→控制设备(如开关柜、箱及开关闸等)→配电管线→电动机或用电设备。

(3) 照明工程

照明工程将电能作用于照明设备(单相设备),通过电光源将电能转换为光能:电源引入→控制设备→配电线路→照明灯器具(包括插头)。

4.1.2 变配电装置、控制设备及低压电器

变配电装置是发电厂与变电所的重要组成部分,具体实现电气主接线的功能。它由开关设备、保护设备、测量设备、母线及必要的辅助设备组成。

控制设备是指能够根据外界信号和要求,手动或自动接通、断开电路,以实现对电路的切换、控制、保护、检测、变换和调节的元件或设备。

低压电器通常是指在交流电压1200 V或直流电压1500 V以下工作的电器,包括开关、熔断器、接触器、漏电保护器和继电器等。

(1) 变压器

变压器的主要功能是电压转换、电气隔离、功率传输、电流转换、相数转换、阻抗匹配、保护和控制、稳压、能量分配等,一般由铁芯、绕组、绝缘材料、冷却系统组成。变压器一般按冷却介质分为干式变压器、液(油)浸变压器及充气变压器等。

(2) 配电装置

10 kV以下配电装置,常用的控制开关设备有断路器、隔离开关和负荷开关三大类。用于保护电器的配电装置主要有熔断器、互感器、电抗器、电容器等。

① 断路器:用于在正常条件下接通或断开电路,以及在异常条件下(如短路或过载)自动断开电路以保护电路和设备,平面图示例见图4-2(a)。

② 隔离开关:是一种没有灭弧装置的开关设备,主要用来断开无负荷电流的电路,隔离电源,在分闸状态时有明显的断开点,以保证其他电气设备的安全检修,平面图示例见图4-2(b)。

③ 负荷开关:是介于断路器和隔离开关之间的一种开关电器,具有简单的灭弧装置,能切断额定负荷电流和一定的过载电流,但不能切断短路电流。通常与熔断器或断路器配合使用,平面图示例见图4-2(c)。

(a) (b) (c)

图4-2 配电装置

(a)断路器;(b)隔离开关;(c)负荷开关

④ 接触器:用于远距离频繁地自动接通和分断大电流控制电路的电磁开关,常用于电动机的启动和停止控制。

⑤ 互感器:又称为仪用变压器,是电流互感器和电压互感器的统称。电压互感器和电流

互感器(图 4-3)能将高电压变成低电压、大电流变成小电流,用于量测或保护系统。

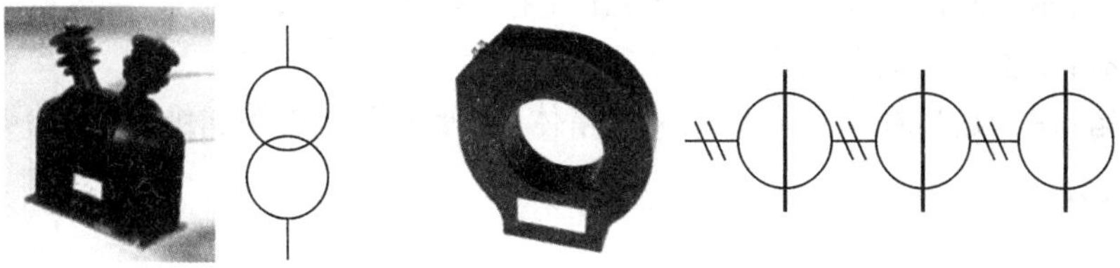

(a)　　　　(b)

图 4-3　互感器

(a)电压互感器;(b)电流互感器

⑥ 熔断器:通常安装在 10 kV 配电线路分支线上,过流断开后其有一个明显的断开点,具备隔离开关的功能,给检修段线路和设备创造一个安全作业环境。

⑦ 电容器:用于储存电能的被动电子元件,可以改善电力系统的功率因数,减少电压波动,以及在滤波和储能应用中发挥作用。

⑧电抗器:限制电流变化率的电气设备,用于限制短路电流或减少谐波,通常用于电力系统的无功补偿。

⑨高压成套配电柜:集成了多种高压电气设备的封闭柜体,用于控制、保护和监测高压电路,包括断路器、隔离开关、互感器等。

⑩ 箱式变电站:集成了变压器和高压、低压配电设备的预装式变电站,通常用于城市配电网络,具有占地面积小、安装方便等特点。

(3) 控制装置及低压电器设备

① 控制屏:用于集中控制和管理电气设备的面板,通常包含多种控制开关、仪表和指示灯。

② 继电、信号屏:用于接收和显示继电器信号的控制屏,用于监控和控制电气系统的状态。

③ 模拟屏:显示电气系统模拟信号的屏幕,如电压、电流等参数,用于实时监控。

④ 低压开关柜:封闭式的低压配电设备,内含断路器、接触器、继电器等,用于控制和保护电路。

⑤ 箱式配电室:预制的、可移动的配电室,用于户外或临时场合的电力分配。

⑥ 整流柜:用于将交流电转换为直流电的设备,常用于需要直流电源的场合。

⑦ 励磁屏:用于控制发电机励磁系统的设备,确保发电机稳定运行。

⑧ 直流馈电屏:提供直流电源的控制屏,用于给直流设备供电。

⑨ 事故照明切换屏:在正常电源失效时,自动切换到备用电源,以保证事故照明的正常工作。

⑩ 控制台:用于集中控制和管理复杂系统的控制台,通常包含多个控制屏和操作界面。

⑪ 配电箱:用于分配电能的箱体,内含开关、保护装置等,用于家庭或工业配电。

⑫ 控制开关:用于手动控制电路通断的开关,如刀开关、按钮开关等。

⑬ 低压熔断器:用于保护电路免受过载和短路损害的保护装置。

⑭ 限位开关:用于限制机械设备运动范围的开关,到达预定位置时切断电源。

⑮ 控制器:用于控制机械设备或过程的设备。

⑯ 接触器:用于远距离频繁地自动接通和分断大电流控制电路的电磁开关。

⑰ 磁力启动器:利用电磁力来控制电动机启动和停止的设备。

⑱ 快速自动开关：快速响应的自动开关，用于保护电路免受瞬时过载和短路的影响。

⑲ 电阻器：用于限制电流流动的电气元件，用于降压、分流、限流等。

⑳ 分流器：用于将电流分流到多个分支的设备。

㉑ 端子箱：用于连接和保护电缆端头的箱体，方便电缆的连接和维护。

4.1.3 电缆

电缆是一种用于传输电能或电信号的绝缘导线，它由一个或多个导体组成，这些导体通常被绝缘材料包围，并可能包括一个或多个保护层。电缆按导体材质可分为铜导体电缆、铝导体电缆、铝合金导体电缆；按绝缘材料可分为橡胶绝缘电缆、塑料绝缘电缆、油浸纸绝缘电缆；按结构可分为单芯电缆和多芯电缆；按用途可分为电力电缆、控制电缆、通信电缆；按电压等级可分为低压电缆、中压电缆、高压电缆。

电缆型号的内容包括用途类别、绝缘材料、导体材料、内护套、特征代号、外护套等，电缆型号含义见表 4-1，电缆型号示意图见图 4-4。

表 4-1 电缆型号含义

类别用途	导体代号	绝缘层代号	内护套	特征代号
电力电缆省略不表示 K：控制电缆 P：信号电缆 YT：电梯电缆 U：矿用电缆 Y：移动式软缆 H：市内电话缆 UZ：电钻电缆 DC：电气化车辆用电缆	T：铜（可省略） L：铝	Z：油浸纸 X：天然橡胶 (X)D：丁基橡胶 (X)E：乙丙橡胶 VV：聚氯乙烯 Y：聚乙烯 YJ：交联聚乙烯 E：乙丙橡胶	Q：铅套 L：铝套 H：橡套 (H)P：非燃性 HF：氯丁胶 V：聚氯乙烯护套 Y：聚乙烯护套 VF：复合物 HD：耐寒橡胶	D：不滴油 F：分相 CY：充油 P：屏蔽 C：滤尘用或重型 G：高压

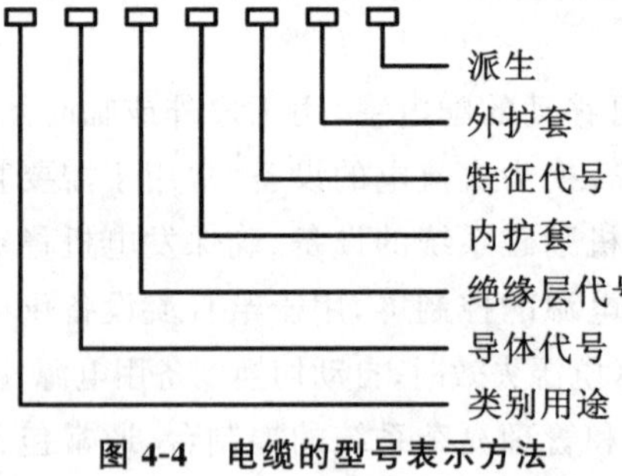

图 4-4 电缆的型号表示方法

4.1.4 照明工程

照明工程包括进户装置、照明配电装置、室内配线、照明器具安装。

4.1.4.1 进户装置

将电源从室外低压配电线路接线入户的设施称为进户装置。电源进户方式有两种：低压架空进线和电缆埋地进线。

低压架空线进户装置由进户线横担、绝缘子、引下线、进户线和进户管组成。进户线横担的安装方式有一端埋设和两端埋设两种，图 4-5 所示为进户线横担示意图（由于进户横担比较少用，这里主要讲电缆埋地进线）。

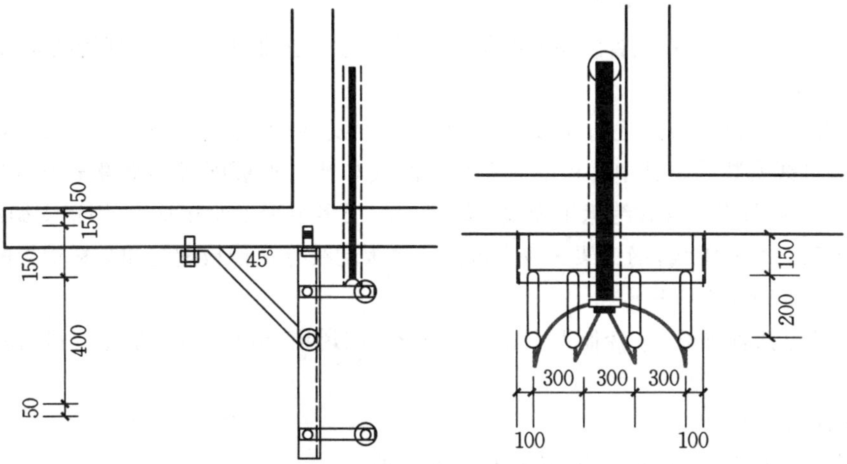

图 4-5　进户线横担示意图

电缆埋地进线，在照明工程中只考虑低压电缆终端头的制作与安装，其引接电线的安装计入外网工程。

4.1.4.2　照明配电装置

照明配电装置有配电箱、配电盘、配电板等，其中最常用的是配电箱。照明配电箱是用户用电设备的供电和配电点，是控制室内电源的设施，既有工厂定型生产的标准配电箱，也有根据照明的不同要求做成的非标准配电箱。定型照明配电箱均为铁制，非标准照明配电箱可为铁制或木制。

配电箱内设有保护、控制、计量配电装置，以及熔断器、自动空气开关、刀型开关、电度表等，如图 4-6所示。

图 4-6　配电箱

4.1.4.3　室内配线

室内配线分明敷和暗敷两种方式。根据线路用途和供电安全要求，配线可分为线管配线、夹板配线、绝缘子配线、槽板配线、线槽配线、铝卡片配线等形式。其中暗管配线因其美观、安全而最为常用。

(1) 线管配线

线管配线包括配管、配线两项工程内容。配管工程是线管配线工程的重要组成部分。常用管材有钢管、防爆钢管、电线管、可挠金属管、金属软管、塑料管等。其中塑料管又包括硬质聚氯乙烯管、刚性阻燃管、半硬质阻燃管等。钢管具有较好的防潮、防火、防爆性能，硬塑料管具有较好的防潮和抗酸性能。配管的方式有明配和暗配两种方式。

明配管通常用管卡子固定于砖、混凝土结构上或固定于钢结构支架及钢索上。明配管施工方便，造价较低，但影响美观，故多用于工业厂房内。

暗配管是在土建施工时将管预埋入墙壁、楼板或天棚内。暗配管施工复杂，造价较高，但使用年限长，不影响建筑美观，广泛应用于工业与民用建筑中。

配管工程中,还应注意管子弯曲的规定。为了便于施工穿线,线管应尽量沿最短线路敷设,并减少弯曲。当线管敷设长度超过有关规定时,应在线路中间装设分线盒或接线盒,相关规定在接线盒的工程量计算中讲述。

配管工程完成后即可在线管内穿绝缘导线,线管内穿线总面积不能大于线管截面积的40%。

(2) 其他配线工程

除线管配线外,配线方式还有夹板配线、绝缘子配线、槽板配线、线槽配线、塑料护套线明敷设、车间带型母线安装等。其中夹板配线有瓷夹配线和塑料夹板配线。绝缘子配线分鼓形绝缘子配线、针式绝缘子配线、蝶式绝缘子配线。绝缘子配线多用于工业建筑中,用钢支架沿屋架、梁、柱、墙或跨屋架、梁、柱配线,钢支架一般为角钢。槽板配线分木槽板配线和塑料槽板配线两种。

4.1.4.4 照明器具安装

照明器具包括各种灯具、控制开关及小型电器,如风扇、电铃等,这里主要讲灯具的分类和安装方式。

(1) 灯具的分类

照明器具种类繁多,按电光源不同,有以下几种:

① 白炽灯:价格便宜、安装方便、品种规格多,是使用最为普遍的一种灯具。

② 荧光灯:荧光灯的价格高于白炽灯,但长期运行其总的经济技术指标优于白炽灯,是普遍采用的一种灯具。

③ 高压汞灯:广泛用于室外及工业厂房照明。

④高压钠灯:光效为高压汞灯的2倍,可在室外照明中取代高压汞灯。

⑤金属卤化物灯:灯具光效高、光色好、寿命长,可用于高照度、高显色性的场所。

(2) 灯具的安装方式

灯具的安装有三类,即吊式、吸顶式、壁装式。其中吊式又有线吊式、链吊式、管吊式三种方式;吸顶式又有一般吸顶式、嵌入吸顶式两种方式。

常用电气设备的安装高度:

a. 配电箱:一般箱底距地1.5 m;

b. 灯具:依据设计管线一般沿顶棚敷设;

c. 开关:拉线开关一般距顶0.3 m,板式开关一般距地1.3～1.5 m;

d. 插座:一般插座安装高度距地0.3 m,管线一般沿地面敷设;

e. 其他插座:空调插座、防水插座等安装高度距地1.5～1.8 m,管线一般沿顶棚敷设。

【在线测试】

4.1.4.5 建筑电气工程施工图常用图形符号

线路配线的符号见表4-2,线路敷设部位的符号见表4-3。

表4-2 线路配线的符号

符号	配线	符号	配线
SC	焊接钢管配线	PC(RVG)	软塑料管配线
TC(DG)	电线管(薄壁钢管)配线	F(SPG)	金属软管(蛇皮管)配线
P(VG)	硬塑料管(PVC)配线	CT	电缆桥架配线

表 4-3 线路敷设部位的符号

符号	线路敷设部位	符号	线路敷设部位
M(S)	沿钢索配线	BE(LM)	沿梁或屋架下弦明配线
CLE(ZM)	沿柱明配线	WE(QM)	沿墙明配线
FC(DA)	埋地面(板)敷设	CLE(KZM)	跨柱明配线
CE(PM)	沿天棚明配线	BC(LA)	在梁内或沿梁暗配线
CLC(ZA)	在柱内或沿柱暗配线	WC(QA)	在墙内暗配线
CC(PA)	在顶棚内暗配线		

4.1.5 电气施工图识读

(1) 工程概况

① 工程结构:该工程为砖混两层结构。主墙为砖墙,隔墙为加气轻质混凝土砌块;底层楼板为钢筋混凝土预应力空心板;楼面为水泥砂浆地面,地面为玻璃条分格普通水磨石;屋盖为轻型钢屋架结构。室内外高差为 0.45 m,一层层高 3.44 m,二层层高 2.75 m。

② 电力及照明工程:因食品加工及电热水器的应用,由临街电杆架空引入 380 V 电源用于供电和照明。进户线采用 BV 型,架空引入标高 3.2 m;室内一律用 BV 型线穿 PC 塑料管暗敷;4 台配电箱(M0、M1、M2、M3)均为成品,一律暗装,箱底边距地 1.5 m;插座暗装距地 1.3 m;拉线开关暗装距顶棚 0.3 m,翘板开关距地 1.4 m;配电箱可靠接地保护。电气底层平面图、电气二层平面图分别见图 4-7、图 4-8,电气系统图见图 4-9。

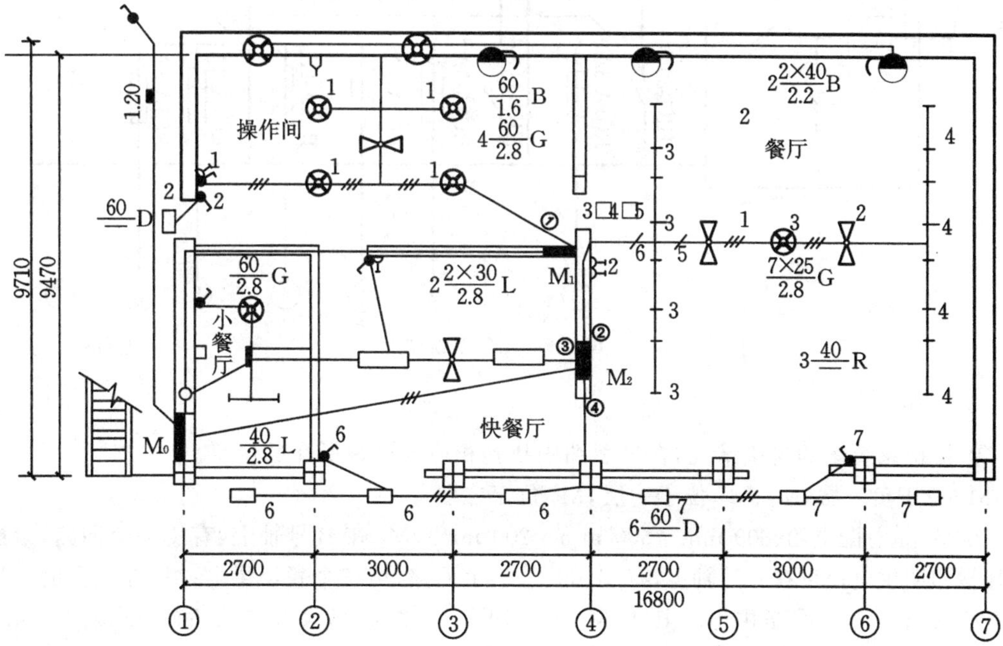

图 4-7 电气底层平面图

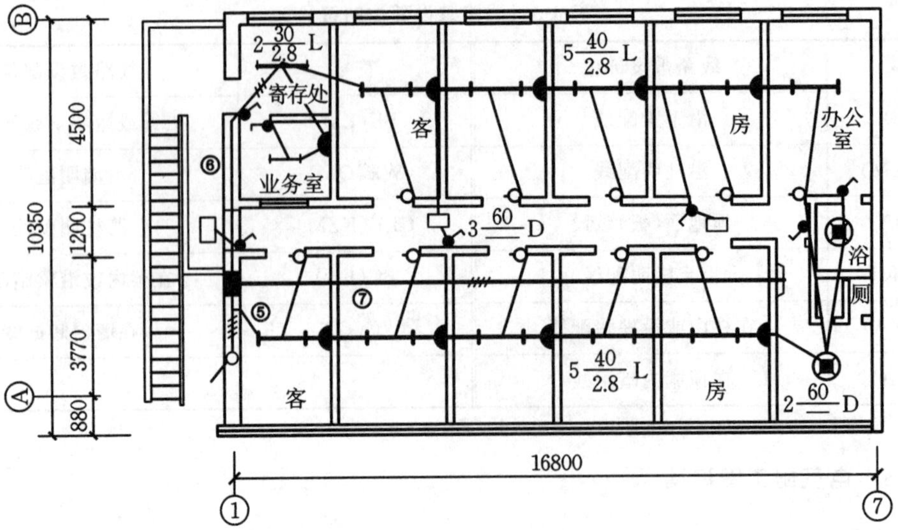

图 4-8 电气二层平面图

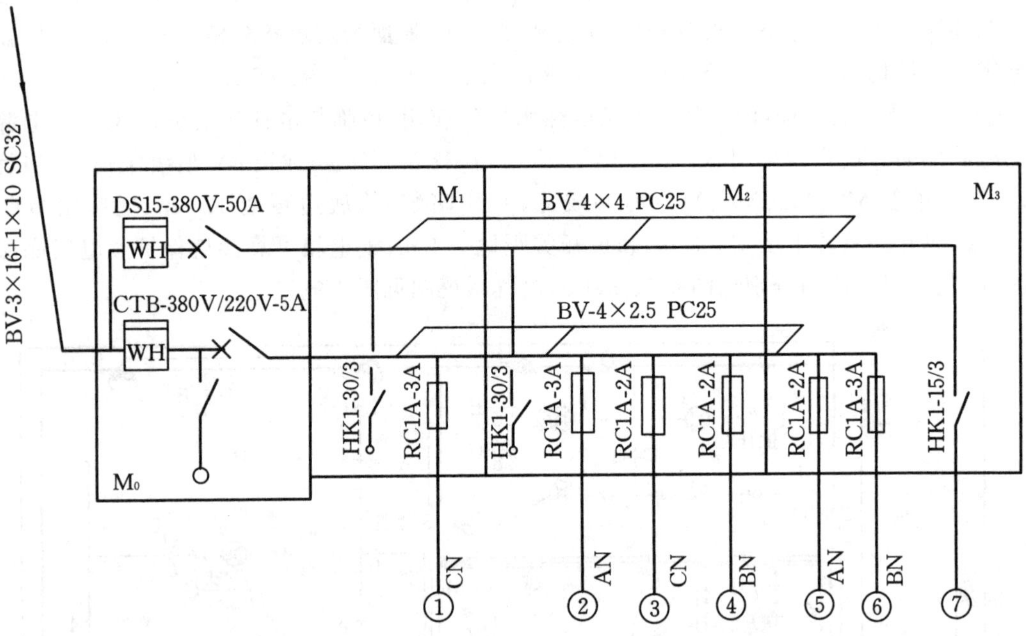

图 4-9 电气系统图

(2) 识图说明

① 根据系统图的连接情况,在平面图中找到相应配电箱所在的位置。

M_0 位于负一层,M_1、M_2 位于一层,M_3 位于二层。

② M_0 是总配电箱(800 mm×500 mm×200 mm),M_1 在 B 号轴上,有①一个回路,给操作间、楼梯照明供电;M_2 在 4 号轴上,有②、③、④三个回路,给三个餐厅供电;M_3 在二层的 1 号轴上,有⑤、⑥、⑦三个回路供电。其中 M_1、M_2、M_3 三个配电箱尺寸均为 500 mm×300 mm×160 mm。

③ 各个回路的配管配线情况见表 4-4。

表 4-4 各个回路的配管配线表

回路	容量(W)	配管配线
①	820	BV-2×2.5 PC15
②	595	BV-2×2.5 PC15
③	320	BV-2×2.5 PC15
④	360	BV-2×2.5 PC15
⑤	480	BV-2×2.5 PC15
⑥	640	BV-2×2.5 PC15
⑦	1000	BV-4×2.5 PC20

4.2 电气设备安装工程计量

本节内容对应《通用安装工程工程量计算标准》(GB/T 50856—2024)附录 D 电气设备安装工程，适用于 10 kV 以下变配电设备及线路的安装工程、电气照明工程、动力电气工程等。

4.2.1 变压器安装(编码:030401)

变压器在图纸上一般用“TM”符号表示，工程量标准中变压器安装设置油浸变压器、干式变压器、油浸消弧线圈、干式消弧线圈共四个项目。

(1) 项目特征

变压器安装项目的项目特征主要包括:名称、型号、类型容量(kV·A)、电压(kV)、油过滤要求、干燥要求、温控箱型号和规格，消弧线圈不描述网门和保护门材质与规格。

(2) 工程量计算

变压器项目按设计图示数量，以“台”为单位计算工程量。

(3) 工作内容

变压器项目工作内容一般包括:本体安装与调试、基础型钢制作与安装、油过滤、干燥、接地、网门及保护门制作与安装、补刷(喷)油漆。干式变压器包括温控箱安装，电炉变压器不包括油过滤和干燥，消弧线圈不包括网门和保护门制作与安装。

某变配电安装工程中一台干式变压器落地安装的工程量清单见表 4-5。

表 4-5 变压器工程量清单列项

项目编码	项目名称	项目特征描述	计量单位	工程量
030401002001	干式变压器	1. 名称:干式变压器; 2. 规格:SC9-100/10/0.4; 3. 容量:100 kV·A; 4. 电压:10/0.4 kV; 5. 温控箱型号、规格:SWP-C80-T220(380)	台	1

4.2.2 配电装置安装(编码:030402)

(1) 高压开关设备

高压开关设备包括:高压断路器、高压隔离开关、真空接触器、高压负荷开关,但其中所含高压断路器的储气罐、储气罐至断路器的管路应按工程量计算标准附录 H 工业管道工程的相应项目编码列项。断路器包括油断路器、真空断路器、SF6 断路器和空气断路器等。

高压开关设备的项目特征均包括名称、型号、额定电流(A)、电压(kV)、接线材质与规格、油过滤要求等。高压开关设备的工作内容包括本体安装、本体接地、油过滤、干燥、试验、化验、色谱分析等。高压开关设备均按图示数量以“台(组)”为单位计算工程量。

(2) 互感器

互感器的项目特征包括名称、型号、规格、类型、油过滤要求。工作内容包括本体安装、油过滤、本体接地、干燥、试验、化验、色谱分析等,工程量按设计图示数量以“台”为单位计算。

(3) 熔断器

熔断器的项目特征包括名称、型号、规格、电压(kV)。工作内容包括本体安装、本体接地。工程量按设计图示数量以“组“为单位计算。

(4) 电抗器

电抗器包括干式电抗器和油浸电抗器。干式电抗器项目适用于混凝土电抗器、铁芯干式电抗器、空心干式电抗器等。电抗器的项目特征主要包括名称、型号、规格,干式电抗器还包括质量和干燥要求,油浸电抗器还包括容量(kV·A)和油过滤要求。

工作内容包括本体安装、调试、干燥,油浸电抗器还包括油过滤。工程量按设计图示数量计算,以“组”为单位进行计量。

(5) 电容器

电容器项目包括移相及串联电容器和集合式并联电容器,其项目特征包括名称、型号、质量、结构形式。工作内容包括本体安装、本体接地,按图示数量以“个”为单位计算工程量。

(6)开闭所成套配电装置、交流滤波装置组架

开闭所成套配电装置和交流滤波装置组架的项目特征包括名称、型号、规格、导线连接材质与规格,开闭所成套配电装置还包括电压(kV)。工作内容包括本体安装、本体接地、接线,按图示数量以“台”为单位计算工程量。

(7)成套配电箱

成套配电箱项目特征包括名称、型号、规格、电压(kV)、安装方式、接线端子材质与规格、端子板外部接线材质与规格。成套配电箱工作内容包括本体安装、焊(压)接线端子、配电箱二次线连接、本体接地等,按图示数量以“台”为单位计算工程量。

某成套配电箱工程量清单见表 4-6。

表 4-6 成套配电箱工程量清单列项

项目编码	项目名称	项目特征描述	计量单位	工程量
030402011001	成套配电箱	1. 名称:型号 MNS 抽屉柜; 2. 规格:柜体尺寸 600(800、1000)mm×1000 mm×2200 mm; 3. 容量:0.4 kV	台	1

(8) 开关柜

工程量计算标准中将开关柜分为高压开关柜和低压开关柜。开关柜的项目特征包括名称、型号、规格、电压(kV),高压开关柜还需要说明母线配置方式。

开关柜的工作内容均为本体安装和本体接地,工程量按设计图示数量计算,计量单位为“台”。

(9) 预装式变电站

预装式变电站项目特征包括名称、型号、规格、容量(kV·A)、电压(kV)、组合形式。预装式变电站工作内容包括本体安装、进箱母线安装及本体接地,按图示数量以“台”为单位计算工程量。

(10) 配电智能设备

配电智能设备项目特征包括名称、型号、规格、类型。配电智能设备工作内容包括本体安装、接线及本体接地,按图示数量以“台”为单位计算工程量。

【例 4-1】 某动力配电箱 XL-10-3/35 型 630 mm×630 mm×235 mm(高×宽×厚)落地安装在 10 号基础槽钢(基础标高+0.1 m)上。10 号槽钢的质量为 10 kg/m。配电箱进出线均为电缆。试编制该动力配电箱的工程量清单。

【解】 根据题目中配电箱及基础槽钢的信息,编制工程量清单见表 4-7。

表 4-7 配电箱工程量清单

项目编码	项目名称	项目特征描述	计量单位	工程量
030402011	配电箱	1. 名称:动力配电箱; 2. 规格:XL-10-3/35 型; 3. 规格:630 mm×630 mm×235 mm; 4. 基础形式:10 号槽钢; 5. 接线端子材质、规格:焊铜接线端子; 6. 端子板外接线材质、规格:铜芯电缆头接线; 7. 安装方式:落地支架式	台	1

4.2.3 母线安装(编码:030403)

变电所中各级电压配电装置的连接,以及变压器等电气设备和相应配电装置的连接,一般采用矩形或圆形截面的裸导线或绞线,统称为母线。母线的作用是汇集、分配和传送电能。母线按外形和结构可分为三类:软母线(铝绞线、铜芯铝绞线、扩径空心导线等)、硬母线和封闭母线。

(1) 软母线

软母线是指在电力系统中用于连接发电机、变压器与各种电器的导线,它通常由铝绞线(由很多铝丝缠绕而成)、铜绞线(强度较大)、钢芯铝绞线等软导体材料构成。导线间距足够宽,散热效果好,且施工相对简单,多用于空间较大的室外环境。

软母线清单的项目特征需要描述名称、材质、规格、绝缘子类型与规格、电流(A),工作内容包括母线安装、绝缘子耐压试验、跳线安装、绝缘子安装。其工程量以设计图示尺寸单相长度的总长度加预留长度计算，工程量单位为“m”。

(2) 矩形母线、管型母线

矩形母线通常是指单层(块)的铜(铝)板制作而成的母线，用于配电箱(柜)的顶部(顶线排)或底部(零、地排)、车间明装的顶线排。矩形母线是成带形的汇流排，按材质分为铜质、铝质等。

管型母线是用于局部大电流配电的金属条或金属棒，可以连接高压和低压设备。它具有独特的材料性质和结构形式，是一种新型节能的母线导电材料，是传统钢芯铝绞线及槽形、矩形铝母线的替代产品。

矩形母线、管型母线的项目特征需要描述母线的名称、规格、材质、绝缘子类型与规格、穿通板材质与规格、母线桥材质与规格、伸缩节与过渡板材质与规格。其工作内容包括母线安装、穿通板制作与安装、支持绝缘子的耐压试验与安装、伸缩节安装、过渡板安装、刷分相漆或套相色管、本体接地等。

矩形母线、管型母线的工程量以设计图示尺寸单相长度的总长度加预留长度计算，工程量单位为“m”。

(3) 槽形母线

槽形母线，通常称为母线槽，是一种用于电力传输的系统，主要由金属板(钢板或铝板作为保护外壳)、导电排、绝缘材料及有关附件组成。它可以分为插接型封闭母线和馈电型封闭式母线两种形式。在高层建筑的供电系统中，母线槽作为供电主干线在电气竖井内沿墙垂直安装，用于动力和照明线路的供电。

槽形母线的项目特征需要描述母线的名称、规格、材质、连接设备名称及规格。其工作内容包括母线制作与安装、母线与发电机或变压器连接、母线与断路器或隔离开关连接、刷分相漆或套相色管、本体接地等。

槽形母线的工程量以设计图示尺寸单相长度的总长度加预留长度计算，工程量单位为“m”。

某槽形母线工程量清单见表4-8。

表4-8 槽形母线工程量清单列项

项目编码	项目名称	项目特征描述	计量单位	工程量
030403003001	槽形母线	1. 名称：硬铜母线； 2. 型号：TMY； 3. 规格：80×8； 4. 穿墙套管材质、规格：陶瓷	m	25

(4) 封闭母线

封闭母线是由金属板(如钢板或铝板作为保护外壳)、导电排、绝缘材料及有关附件组成的母线系统。它可以分为离相封闭母线、共箱(含共相、隔相)封闭母线和电缆母线。封闭母线的项目特征需要描述母线名称、型号、规格、材质、额定电流(A)。其工作内容包括母线安装、附件安装、本体接地。

封闭母线的工程量按设计图示尺寸以中心线长度的总长度计算，工程量单位为“m”。

(5) 低压封闭式插接母线槽

低压封闭式插接母线槽是一种用于电力传输和分配的设备，根据安装方式的不同通常分为后拉连接式、上推连接式和悬挂连接式。其尺寸大小和功率能力取决于不同的应用场景。

低压封闭式插接母线槽项目特征需要描述名称、型号、规格、额定电流(A)、线制。其工作内容包括母线安装、附件安装、本体接地，工程量按设计图示尺寸以中心线长度的总长度计算，工程量单位为“m”。

(6) 始端箱、分线箱

始端箱，也称为母线槽始端箱，是插接母线系统的进线箱。它位于插接母线的始端，即电源进线起点处安装的母线插接进线箱。始端箱的主要作用是连接出线开关与母线槽，通常由母线槽安装人员现场测量、制作并安装。在一些情况下，配电室出线可能先使用电缆，到达用电点附近时，再用电缆连接母线槽，这时始端箱用于连接电缆与母线槽，不需要现场制作，是有规格的成品。

分线箱，也称为插接箱或母线槽分支插接箱，是插接母线的中间或末端进行分线出线的母线分支插接箱。分线箱的主要作用是将主干母线槽中的电能分配到不同的分支线路中，以供连接各种用电设备。分线箱可以根据实际需要设计成不同的规格和电流容量，以适应不同的分支负荷设计计算要求。

始端箱是电源总进箱，通常负荷功率较大。分线箱属于分支箱，负荷功率相对较小。例如，如果始端箱的设计是800A，其他分支终端箱则可能在几十至一两百安培不等，具体根据分支负荷设计计算确定。

始端箱和分线箱的项目特征需描述名称、型号、规格、额定电流(A)，工作内容包括本体安装、本体接地，工程量按设计图示数量以“台”为单位计算。

某分线箱工程量清单见表4-9。

表4-9 分线箱工程量清单列项

项目编码	项目名称	项目特征描述	计量单位	工程量
030403007001	分线箱	1. 型号：XLC5-2500A/5P； 2. 容量：2500A	个	1

(7) 重型母线

重型母线通常指的是在电力系统中用于传输大电流的母线系统，具有较高的载流能力和结构强度，以适应高功率需求的场合。

重型母线的项目特征需描述名称、材质、规格、电压(kV)、额定电流(A)、绝缘子类型与规格、伸缩器及导板规格、加工面面积(mm^2)，工作内容包括母线制作与安装、伸缩器及导板制作与安装、支持绝缘子安装、母线接触面加工、本体接地，工程量按设计图示尺寸质量以“t”为单位计算。

(8) 母线绝缘热缩管

母线绝缘热缩管是一种用于母线绝缘保护的热收缩管，项目特征需描述名称、型号、规格、电压(kV)，工作内容包括本体安装，工程量按设计图示尺寸长度以“m”为单位计算。

(9) 母线穿墙套管

母线穿墙套管项目特征需描述名称、材质、型号、规格、电压(kV),工作内容包括本体安装、本体接地、高压母线穿墙套管耐压试验,工程量按设计图示数量以“个”为单位计算。

软母线安装预留长度见表4-10,硬母线安装预留长度见表4-11。

表4-10 软母线安装预留长度 单位:m/根

项目	耐张	跳线	引下线、设备连接线
预留长度	2.5	0.8	0.6

表4-11 硬母线安装预留长度 单位:m/根

序号	项目	预留(附加)长度	说明
1	带形、槽形母线终端	0.3m	从最后一个支持点算起
2	带形、槽形母线与分支线连接	0.5m	分支线预留
3	带形母线与设备连接	0.5m	从设备端子接口算起
4	多片重型母线与设备连接	1.0m	从设备端子接口算起

4.2.4 控制、保护、直流装置安装(编码:030404)

控制、保护、直流装置安装共设置14个分项,其工程量均按设计图示数量计算,工程量单位按不同设备分别为“台”或“座”。

(1) 屏

标准中的屏包括控制屏、继电屏、信号屏、模拟屏、配电屏、弱电控制返回屏、自动调节励磁屏、励磁灭磁屏、直流馈电屏、事故照明切换屏等。其安装的项目按设备的名称、型号、规格、接线端子材质与规格、端子外部接线材质与规格、小母线材质与规格、屏边规格等分别进行列项。工作内容包括本体安装、焊或压接线端子、盘柜配线与端子接线、小母线安装、屏边安装、本体接地等。

某控制屏工程量清单见表4-12。

表4-12 控制屏工程量清单列项

项目编码	项目名称	项目特征描述	计量单位	工程量
030404001001	控制屏	1. 名称、型号:联络线保护测控屏; 2. 规格:柜体尺寸800 mm×600 mm×2260 mm	台	1

(2) 高频开关电源

高频开关电源安装按设备的名称、型号、额定电流(A)等分别进行列项。工作内容包括本体安装、焊或压接线端子、本体接地等。

(3) 硅整流柜、可控硅柜

硅整流柜和可控硅柜安装按设备的名称、型号、规格、额定电流(A)等分别进行列项。工作内容包括本体安装、本体接地等。

(4) 控制台

控制台安装的项目按设备的名称、型号、规格、接线端子材质与规格、端子外部接线材质与规格、小母线材质与规格等分别进行列项。工作内容包括本体安装、焊或压接线端子、盘柜配线与端子接线、小母线安装、本体接地等。

(5) 控制箱、同期小屏

控制箱、同期小屏安装的项目按设备的名称、型号、规格、接线端子材质与规格、端子板外部接线材质与规格等分别进行列项。工作内容包括本体安装、焊或压接线端子、箱内配线、端子接线、本体接地等。

4.2.5 低压电器设备安装(编码:030405)

低压电器设备安装共设置17个分项,其工程量均按设计图示数量计算,工程量单位按不同设备分别为"台""个"或"箱"。

(1) 低压电气开关

低压电气开关包括自动空气开关、刀形开关、铁壳开关、胶盖刀闸开关、组合控制开关、万能转换开关、风机盘管三速开关、漏电保护开关等。低压电气开关安装按设备的名称、型号、规格、类别、接线端子材质与规格、额定电流(A)、安装方式等分别进行列项,工作内容包括本体安装、接线、接地等。

(2) 低压熔断器、限位开关、控制器、接触器、磁力启动器、Y-Δ 自耦减压启动器、电磁铁(电磁制动器)、快速自动开关、电阻器、油浸频敏变阻器,这部分设备安装按设备的名称、型号、规格、额定电流(A)、接线端子材质与规格等分别进行列项,工作内容包括本体安装、焊或压接线端子、接线等。

某低压熔断器工程量清单见表4-13。

表4-13 低压熔断器工程量清单列项

项目编码	项目名称	项目特征描述	计量单位	工程量
030405002	低压熔断器	1. 名称:熔断器盒; 2. 型号:RC1A-10/5A	个	1

(3) 分流器

分流器安装按设备的名称、型号、规格、额定电流(A)、接线端子材质与规格等分别进行列项,工作内容包括本体安装、焊或压接线端子、接线等。

(4) 自动调压器

自动调压器安装按设备的名称、型号、规格、容量(kV·A)、安装方式等分别进行列项,工作内容包括本体安装、焊或压接线端子、接线等。

(5) 小电器

在清单规范中,小电器是同类实体的统称。小电器包括:按钮、电笛、电铃、水位电气信号装置、测量表、继电器、电磁锁、屏上辅助设备、辅助电压互感器、小型安全变压器等。

小电器安装按设备的名称、型号、规格、容量(kV·A)、接线端子材质与规格等分别进行列项,工作内容包括本体安装、焊或压接线端子、接线等。

(6) 端子箱

端子箱安装按设备的名称、型号、规格、安装部位等分别进行列项,工作内容包括本体安装、端子板安装、接线、接地等。

(7) 风扇

风扇安装按设备的名称、型号、规格、安装方式等分别进行列项,工作内容包括本体安装、调速开关安装等。

(8) 充电桩

充电桩安装按设备的名称、型号、规格、电压类型、电压等级、安装方式等分别进行列项,工作内容包括本体安装、接线、接地等。

(9) 其他电器

其他电器是指在本节中没有涉及的电器项目,按设备的名称、型号、规格、安装方式等分别进行列项,工作内容包括本体安装、接线、接地等。

控制设备及低压电器安装涉及的盘、箱、柜的外部进线预留长度见表4-14。该分部工程量清单中凡导线进出屏、柜、箱、低压电器的,该清单项目应描述是否要焊或压接线端子。而电缆进出屏、柜、箱、低压电器的,可不描述是否要焊或压接线端子,因为已综合在电缆敷设的清单项目中(电缆头制作与安装)。

表4-14　盘、箱、柜的外部进出电线预留长度表(每一根线)　　单位:m

序号	项目	预留长度(m)	说明
1	各种箱、柜、盘、板	高+宽	按盘面尺寸
2	单独安装(无箱、盘)的铁壳开关、闸刀开关、启动器、线槽进出线盒、箱式电阻器、变阻器	0.5	从安装对象中心起算
3	继电器、控制开关、信号灯、按钮、熔断器等小电器	0.3	从安装对象中心起算
4	分支接头	0.2	分支线预留

4.2.6　电缆安装(编码:030409)

电缆安装项目按电缆的名称、型号、规格、材质、电压(kV)、敷设方式等进行分项;电缆保护管按保护管的名称、材质、规格、敷设方式进行分项;电缆端头包括电力电缆头、电缆中间头和控制电缆头,按其名称、型号、规格、材质、类型、电压(kV)进行分项。

电缆的规格指电缆单芯截面和芯数;敷设方式和部位有直埋、穿管、电缆沟、排管、支架、桥架等;电缆保护管敷设项目的规格指管径,敷设方式包括明配和暗配;电缆头名称有中间头和终端头,类型包括干包式、浇注式和热缩式;电缆阻燃盒项目的特征是名称、材质、规格、型号。

电缆安装的工作内容包括电缆敷设和揭(盖)盖板;电缆保护管敷设项目的工作内容是保护管敷设;电缆头安装项目的工作内容是电缆头的制作、安装和接地。

电缆按设计图示尺寸以长度计算(含预留长度及附加长度);电缆头按设计图示数量计算;电缆保护管、铺砂、盖保护板(砖)按设计图示尺寸以长度计算。

编制清单时应注意以下几点:

(1) 由于电缆、控制电缆的型号、规格繁多,敷设方式也多,设置清单编码时,一定要按型号、规格、敷设方式分别列项。

(2) 电缆直埋敷设时，需另计挖填电缆沟土方的费用。电缆沟土方工程量清单按《房屋建筑与装饰工程工程量计算标准》(GB/T 50854—2024)中的“管沟土方”编码列项。

(3) 电缆穿刺线夹按电缆头编码列项。

(4) 电缆井、电缆排管、顶管应按现行国家标准《市政工程工程量计算标准》(GB/T 50857—2024)相关项目编码列项。

(5) 电缆敷设预留长度及附加长度见表 4-15。

表 4-15　电缆敷设预留长度

序号	预留长度名称	预留长度	说明
1	电缆敷设驰度、波形弯度、交叉	2.5%	按电缆全长计算
2	电缆进入建筑物处	2.0 m	标准规定最小值
3	电缆进入沟内或吊架时引上(下)预留	1.5 m	标准规定最小值
4	变电所进线与出线	1.5 m	标准规定最小值
5	电力电缆终端头	1.5 m	可供检修的余量
6	电缆中间接头盒	两端各 2.0 m	可供检修的余量
7	电缆进入控制屏、保护屏	高＋宽	按盘面尺寸
8	电缆进入高压开关柜、低压动力盘、箱	2.0 m	盘、柜下进出线
9	电缆至电动机	0.5 m	电缆头预留长度
10	厂用变压器	3.0 m	从地坪算起
11	电梯电缆与电缆架固定点	每处 0.5 m	标准规定最小值
12	电缆绕梁柱等增加长度	按实计算	按被绕物断面计算

【例 4-2】 某综合楼电气安装工程需要敷设铜芯电力电缆，根据设计图纸，相关工程量如下：

管道土方：管外径为宽 0.4 m；挖沟深度为 0.8 m，长 120 m。

YJV-4×35＋1×16 设计图示长度为 350 m，穿钢管 S80 明配 300 m，户内干包式电力电缆端头 10 个；电缆清单工程量为(350＋1.5×10)×1.025＝374.13 m。

试编制该工程电缆项目清单。

【解】 该工程电缆项目清单见表 4-16。

表 4-16　电缆项目清单案例

项目编码	项目名称	项目特征描述	计量单位	工程量
010101007001	管道土方	1. 土壤类别：普通土； 2. 管外径：宽 0.4 m； 3. 挖沟深度：0.8 m； 4. 回填要求：夯填	m	120

续表4-16

项目编码	项目名称	项目特征描述	计量单位	工程量
030409001001	电力电缆	1. 名称：电力电缆； 2. 型号：YJV； 3. 规格：4×35+1×16； 4. 材质：铜芯； 5. 敷设方式、部位：穿管； 6. 地形：平原	m	374.13
030409006001	电缆保护管	1. 名称：焊接钢管； 2. 材质：碳钢； 3. 规格：DN80； 4. 敷设方式：明配	m	300
030409003001	电缆终端头	1. 名称：电缆终端头； 2. 型号：YJV； 3. 规格：4×35+1×16； 4. 材质、类型：铜芯、干包式； 5. 安装部位：户内； 6. 电压等级(kV)：1 kV	个	10

4.2.7 配管、配线(编码:030412)

(1) 电气配管

电气配管按配管的名称、材质、规格、配置形式、接地要求、钢索材质与规格、引线材质进行分项，工作内容包括电线管路敷设、穿引线、钢索架设(拉紧装置安装)、接地等。

电气配管名称主要是反映材料的大类，如电线管、钢管、防爆钢管、可挠金属套管、塑料管、金属软管等。材质主要是反映材料的小类，如塑料管又分为硬质聚氯乙烯管、刚性阻燃管、半硬质阻燃管等。在配管清单项目中，名称和材质有时是一体的，如钢管敷设，“钢管”既是名称又代表材质，它就是项目名称。

电气配管规格指管的直径，如 ϕ25 mm。

配管配线形式包括敷设方式和位置。敷设方式包括明配、暗敷，敷设位置包括混凝土结构、吊顶内、钢结构支架、钢索配管、埋地敷设、水下敷设、砌筑沟内敷设等。

电气配管计算规则是按设计图示尺寸以长度计算，不扣除管路中间的接线箱(盒)、灯位盒、开关盒所占长度。

配线保护管遇到下列情况之一时，应增设管路接线盒和拉线盒：① 管长度每超过 30 m，无弯曲；② 管长度每超过 20 m，有 1 个弯曲；③ 管长度每超过 15 m，有 2 个弯曲；④ 管长度每超过 8 m，有 3 个弯曲。

垂直敷设的电线保护管遇到下列情况之一时，应增设固定导线用的拉线盒：① 管内导线截面为 50 mm^2 及以下，长度每超过 30 m；② 管内导线截面为 70～95 mm^2，长度每超过 20 m；③ 管内导线截面为 120～240 mm^2，长度每超过 18 m。

在配管清单项目计量无要求时，上述规定可以作为计量接线盒、拉线盒的依据。

【例 4-3】 DN25 钢管在砖、混凝土结构暗敷 1200 m，编制其清单项目表。

【解】 编制的分部分项清单如表 4-17 所示。

表 4-17　钢管清单表

项目编码	项目名称	项目特征描述	计量单位	工程量
030412001001	配管	1. 名称：焊接钢管； 2. 材质：钢管； 3. 规格：DN25； 4. 配置形式：混凝土结构，暗敷设	m	1200

配管从配电箱起按各个回路进行计算，或按建筑物自然层划分计算，或按建筑平面形状特点及系统图的组成特点分片划块计算，然后汇总。千万不要“跳算”，防止混乱，影响工程量计算的正确性。

计算配管的工程量，分两步进行，先算水平配管，再算垂直配管。水平方向敷设的管，以施工平面布置图的管线走向和敷设部位为依据，并借用建筑物平面图所标墙、柱轴线尺寸进行管线长度的计算。

【例 4-4】 图 4-10 中 AL1 箱(800 mm×500 mm×200 mm)有两个回路，即 WL1：BV-2×2.5 SC15 和 WL2：BV-4×2.5 PC20，其中 WL1 回路是沿墙、顶棚暗敷，WL2 沿墙、顶棚明敷至 AL2 箱(500 mm×300 mm×160 mm)。请计算图 4-10 中不同配管的长度，并编制 WL1 线路配管的工程量清单。

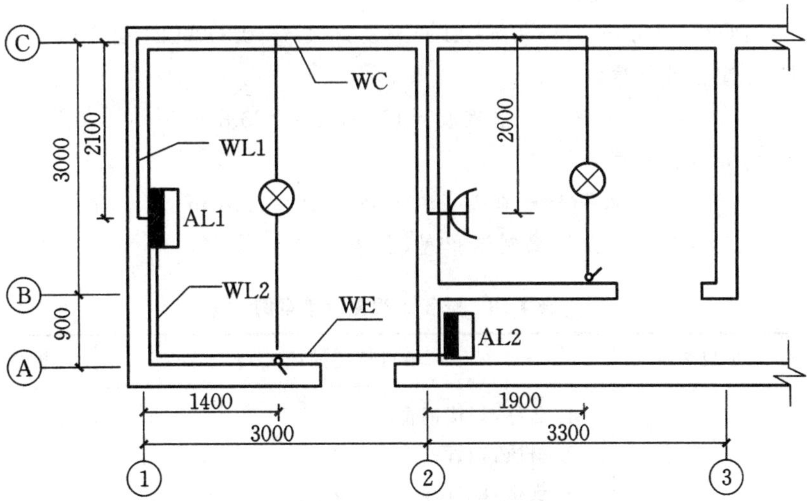

图 4-10　水平配管长度计算示意图

【解】 (1) WL1 回路的配管线为 BV-2×2.5 SC15，回路沿墙暗敷，房间内沿顶棚暗敷，按相关墙轴线尺寸计算该配管长度，那么 WL1 回路水平配管长度：

$$SC15=2.1+3+1.9+3.9+2+3=15.9\ \text{m}$$

(2) WL2 回路的配管线为 BV-4×2.5 PC20，回路沿墙明敷，按相关墙面净空长度尺寸计算线管长度，那么WL2回路水平配管长度：

PC20＝3.9－2.1－0.12＋3＝4.68 m

垂直方向敷设的管(沿墙、柱引上或引下)，其工程量计算与楼层高度及与箱、柜、盘、板、开关等设备安装高度有关。无论配管是明敷或暗敷均按图4-11计算线管长度。

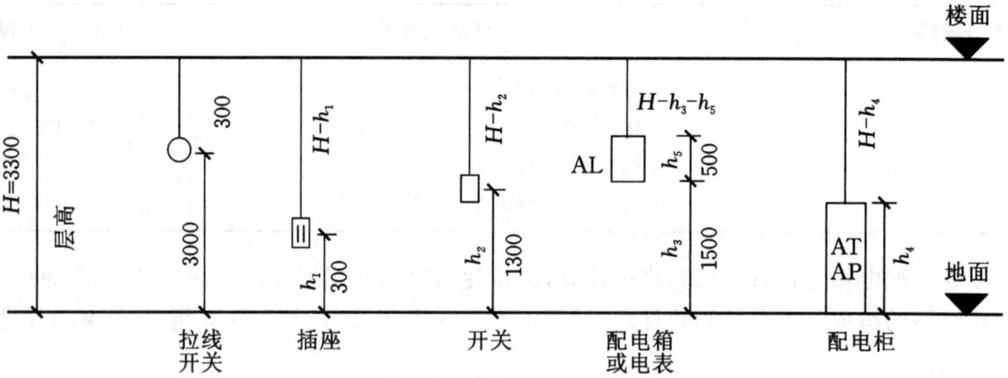

图4-11 垂直配管长度计算示意图

由图4-11可知，各电气元件的安装高度知道后，垂直长度的计算就解决了，这些数据可参见具体设计的规定，一般按照配电箱底距地1.5 m，板式开关距地1.3～1.5 m，一般插座距地0.3 m，拉线开关距顶0.2～0.3 m，灯具的安装高度按具体情况而定，本图灯具按吸顶灯考虑。

WL1回路的垂直配管长度：

SC15＝(3.3－1.5－0.5)配电箱＋(3.3－0.3)插座＋0.3×2拉线开关＝4.9 m

WL2回路的垂直配管长度：

PC20＝(3.3－1.5－0.5)AL1＋(3.3－1.5－0.3)AL2＝2.8 m

暗配SC15的管合计长度：

水平长＋垂直长＝15.9＋4.9＝20.8 m

明配PC20的管合计长度：

水平长＋垂直长＝4.68＋2.8＝7.48 m

现以暗配SC15的管项目为例编制清单表，见表4-18。

表4-18 配管工程量清单案例

项目编码	项目名称	项目特征描述	计量单位	工程量
030412001001	配管	1. 名称：焊接钢管； 2. 材质：钢管； 3. 规格：DN15； 4. 配置形式：混凝土结构，暗敷设	m	20.8

(2) 电缆桥架

电缆桥架按名称、型号、规格、材质、类型、接地跨接方式进行分项，工作内容包括本体安装、本体跨接接地，以及隔板、盖板等附件安装等，工程量按设计图示尺寸以长度计算，工程量单位为“m”。

电缆桥架项目的规格指宽和高的尺寸；材质分为钢质、玻璃钢质或铝合金材质；类型分为槽式、梯式、托盘式、组合式等。

(3) 配线

配线按名称、配线形式、型号、规格、材质、配线线制、钢索材质与规格进行分项，工作内容包括配线、钢索架设(拉紧装置安装)、支持体(夹板、绝缘子、槽板等)安装等。

配线名称指管内穿线、瓷夹板配线、塑料夹板配线、绝缘子配线、槽板配线、塑料护套配线、线槽配线、车间带形母线等。

配线形式指照明线路、动力线路；在夹板和槽板配线中要注明线制，因为同样长度的线路，两线制和三线制所用的主材导线的量相差30%，辅材也有差别。

【例4-5】 某工程埋地暗敷配管线为BV-4×6 SC32 FC，图示配线长56.8 m，编制配线清单项目表。

【解】 编制的分部分项清单如表4-19所示。

表4-19 钢管清单表

项目编码	项目名称	项目特征描述	计量单位	工程量
030412004001	配线	1. 名称：管内穿线； 2. 规格：BV-4×6； 3. 材质：铜芯； 4. 埋地暗敷	m	56.8

电气配线计算规则按设计图示尺寸加预留长度以单线长度计算。所谓单线不是以线路延长米计，而是线路长度乘以线制，即两线制乘以2，三线制乘以3。管内穿线也同样，如穿三根线，则以管道长度乘以3即可，即：

管内穿线长度＝(配管长度＋导线预留长度)×同截面导线根数 (4-1)

配线进入箱、柜、板的预留长度如表4-20所示。

表4-20 配线进入箱、柜、板的预留长度

序号	项目	预留长度(m)	说明
1	各种开关箱、柜、板	高＋宽	盘面尺寸
2	单独安装(无箱、盘)的铁壳开关、闸刀开关、启动器、线槽进出线盒等	0.3	从安装对象中心算起
3	由地面管子出口引至动力接线盒	1.0	从管口算起
4	电源与管内导线连接(管内穿线与软、硬母线接头)	1.5	从管口算起
5	出户线	1.5	从管口算起

如例4-4中WL1中SC15的管长度为20.8 m，配线为BV-2×2.5，连接的配电箱为AL1箱(800 mm×500 mm×200 mm)，则其管内配线的长度：(20.8＋0.8＋0.5)×2＝44.2 m。

(4) 线槽

线槽配线的工程内容中不包括线槽的安装，线槽安装单独列项，按设计图示尺寸以长度计算。

(5) 接线箱、接线盒、连接短管

接线箱、接线盒、连接短管按名称、规格、材质、安装形式等进行分项，工作内容包括本体安装。按设计图示数量计算，接线箱和接线盒以“个”为单位，连接短管以“根”为单位。

(6) 线路敷设部位和敷设方式

线路敷设部位和敷设方式文字符号见表 4-21 和表 4-22。

表 4-21 线路敷设部位文字符号

序号	中文名称	英文名称	旧符号	新符号
1	沿或跨梁(屋架)敷设	Along or across beam	L	AB
2	暗敷在梁内	Concealed in beam		BC
3	沿或跨柱敷设	Along or across column	Z	AC
4	暗敷在柱内	Concealed incolumn		CLC
5	沿墙面敷设	On wall surface	Q	WS
6	暗敷在墙内	Concealed in wall		WC
7	沿顶棚或顶板面敷设	Along ceiling or slab surface	P	CE
8	暗敷在屋面或顶板内	Concealed in ceiling or slab		CC
9	吊顶内敷设	Recessed in ceiling	R	SCE
10	地板或地面下敷设	In floor or ground	D	F

注：旧符号仅作为对照用(下同)。

表 4-22 线路敷设方式文字符号

序号	中文名称	英文名称	旧符号	新符号
1	暗敷	Concealed	A	C
2	明敷	Exposed	M	E
3	铝皮线卡	Aluminum clip	QD	AL
4	电缆桥架	Installed in cable tray		CT
5	金属软管	Run in flexible metal conduit		CP
6	水煤气管	Gas tube(pipe)	G	G
7	瓷绝缘子	Porcelain insulator(knob)	CP	K
8	钢索敷设	Supported by messenger wire	S	M
9	金属线槽	Metallic raceway		MR
10	电线管	Run in electrical metallic tubing	DG	MT

续表4-22

序号	中文名称	英文名称	旧符号	新符号
11	硬塑料管	Run in rigid PVC conduit	SG	PC
12	阻燃半硬聚氯乙烯管	Run in flame retardant semiflexible PVC conduit		FPC
13	聚氯乙烯波纹电线管	Run in corrugated PVC conduit		KPC
14	塑料线卡	Plastic clip		PL
15	塑料线槽	Installed in PVC raceway		PR
16	焊接钢管	Run in welded steel conduit	GG	SC
17	直接埋设	Direct burying		DB
18	电缆沟	Installed in cable trough		TC
19	混凝土排管	Installed in concrete encase ment		CE

4.2.8 照明灯具安装(编码:030413)

照明灯具安装设置了包括普通灯具、工厂灯、高度标志(障碍)灯等18个项目,包括灯、灯控制设备、照明系统调试等项目。

(1) 灯

灯包括普通灯具、工厂灯、高度标志(障碍)灯、装饰灯、医疗专用灯、霓虹灯、景观灯、光导管采光装置等。灯具的项目特征包括灯的名称、型号、规格、类型等,工作内容主要是安装、接线、接地等,按设计图示数量计算工程量,以“套”“台”“m”“m^2”或“系统”为单位。

普通灯具包括圆球吸顶灯、半圆球吸顶灯、方形吸顶灯、软线吊灯、座灯头、吊链灯、防水吊灯、壁灯等;工厂灯包括工厂罩灯、防水灯、防尘灯、碘钨灯、投光灯、泛光灯、混光灯、密闭灯等;高度标志(障碍)灯包括烟囱标志灯、高塔标志灯、高层建筑屋顶障碍指示灯等;装饰灯包括吊式艺术装饰灯、吸顶式艺术装饰灯、荧光艺术装饰灯、几何型组合艺术装饰灯、标志灯、诱导装饰灯、水下(上)艺术装饰灯、点光源艺术灯、歌舞厅灯具、草坪灯具等;医疗专用灯包括病房指示灯、病房暗脚灯、紫外线杀菌灯、无影灯等。

景观灯和装饰灯以“套”为计量单位时,按设计图示数量计算;以“m”为计量单位时,按设计图示尺寸以长度计算;以“m^2”为计量单位时,按设计图示尺寸以面积计算。

(2) 采光井照明装置、光纤式阳光导入器

采光井照明装置、光纤式阳光导入器按名称、材质、规格、安装方式列项,采光井照明装置的工作内容包括本体安装,光纤式阳光导入器的工作内容包括支架台的制作与安装 、光纤接入、电源接线、太阳光导入器安装、光纤发光尾灯安装等。其工程量按设计图示数量计算,单位为“套”。

(3) 霓虹灯控制变压器与控制器

霓虹灯控制变压器的主要作用是为霓虹灯管提供适当的工作电压和电流。霓虹灯需要高压电击穿惰性气体以发光,而普通市电无法提供这种高压,因此需要霓虹灯变压器将220V的交流电压升高到能击穿惰性气体的高压电。

霓虹灯控制器通过单片机控制霓虹灯，实现不同的点亮模式，如全亮、闪烁、不同颜色灯点亮、轮流点亮闪烁等，闪烁频率可调。

霓虹灯控制变压器与控制器按名称、型号、安装方式列项，工作内容包括控制设备安装、接线、接地等。

(4) 智能灯光控制系统

智能灯光控制系统按灯具及控制设备名称、型号、规格、控制软件，以及连接、控制、数据导线材质与规格，安装方式、接地线材质与规格等列项，项目安装的工作内容包含灯具安装、线路安装、控制设备安装、接线、接地等，工程量按设计图示以系统计算。

(5) 照明开关、按钮、插座

照明开关、按钮、插座安装按设备的名称、材质、规格、安装方式等分别进行列项，工作内容包括安装接线等，工程量按设计图示数量计算。

(6) 照明系统调试

照明系统调试按系统名称及电压等级列项，工作内容为系统调试，工程量按设计灯具回路数量计算，以"系统"为单位计量。

4.2.9 电气调整试验(编码:030416)

电气调整试验仅指 10 kV 以下电气设备的本体试验和主要设备的分系统调试，不包括消防灭火系统、建筑智能化系统设备等调试。

电气调整试验设置了电力变压器系统、输配电装置系统、保护装置、自动投入设置、特殊项目、事故照明切换系统、母线系统等共多个分项。根据名称、类型、容量(kV·A)、电压等级(kV)等分类，按设计图示数量以"系统(段/组/套/台)"为单位计算工程量，工作内容为系统调试或性能验收试验。

电缆试验主要是指对电缆绝缘状况和电缆线路所做的各种测试，如绝缘电阻测试、直流耐压试验、泄漏电流试验、交流耐压试验、局部放电测试试验、电缆的绝缘油试验等。根据名称、电压等级(kV)分项，按设计图示数量以"次(根/点)"为单位计算工程量，工作内容为试验。

功率大于 10 kV 电动机与发电机的启动调试用的蒸汽、电力和其他动力能源消耗和变压器空载试运转的电力消耗及设备需烘干处理应说明。

4.3 电气设备安装工程计价

依据湖北省 2024 版安装定额第四册《电气设备与线缆安装工程》中有关变压器、配电装置、母线安装等内容进行电气设备安装工程计价。

4.3.1 变压器安装

变压器本体安装按湖北省 2024 版安装定额第四册第一章变压器安装工程计价，定额主要包括油浸电力变压器安装、干式变压器安装、节能变压器安装、无功补偿装置安装、消弧线圈安装等内容。

定额中变压器安装的工作内容包括本体及附件安装，油过滤；干燥、试验、化验色谱分析；本地接地；温控箱安装。

变压器根据设备容量及结构性能套价，按照设计安装数量以“台”为计量单位。变压器子目价格不含变压器本体购买费用，设备由施工单位购买时需要补充变压器主材。

端子箱定额工程量计算按照设计图示安装数量以“台”为计量单位。端子箱子目单价中不包括本体购买的费用，设备由施工单位购买时需要补充温控箱主材。

根据湖北省2024版安装定额中对变压器计价的规定，对4.2节中变压器案例进行清单计价，详见表4-23。

表4-23　变压器工程量清单计价

项目编码	项目名称	项目特征描述	计量单位	工程量
030401002001	干式变压器	1. 名称：干式变压器； 2. 规格：SC9-100/10/0.4； 3. 容量：100 kV·A； 4. 电压：10/0.4 kV； 5. 温控箱型号、规格：SWP-C80-T220(380)	台	1
C4-1-8	干式变压器安装 容量(kV·A)≤250		台	1
补充主材	干式变压器安装 容量(kV·A)≤250		台	1
C4-4-8	户内端子箱安装		台	1
补充主材	户内端子箱安装		台	1

4.3.2　配电装置安装

配电装置安装按湖北省2024版安装定额第四册第二章配电装置安装工程中对应子目计价，定额费用中均不包括主体设备购买费用，设备由施工单位采购时需要补充主材费。

(1) 断路器、电流互感器、电压互感器、油浸电抗器、电力电容器的安装，根据设备容量，按照设计安装数量以“台”或“个”为计量单位。

(2) 隔离开关、负荷开关、熔断器、干式电抗器的安装，根据设备容量，按照设计安装数量以“组”为计量单位，每三相为一组。干式电抗器安装定额适用于混凝土电抗器、铁芯干式电抗器和空心电抗器等干式电抗器安装，湖北省2024版安装定额是按照三相叠放、三相平放和二叠一平放的安装方式综合考虑的，工程实际与其不同时，执行定额不做调整。

(3) 电容器安装按照设备形式[分为金属化膜型(浸渍剂型)安装、密集式电容器安装、并联补偿电容器组架(TBB系列)安装]、容量执行相应定额，当电容器为三相时，执行相应容量定额人工、材料、机械乘以系数1.20。电容器安装的工作内容主要包括开箱检查、本体及附件安装、接地、补漆、单体调试等相关工作，工程量计算以设计安装数量以“台”或“个”为计量单位。

(4) 交流滤波装置组架安装根据设备功能，按照设计安装数量以“台”为计量单位。定额包括开箱检查、安装固定、接线、接地等工作内容，不包括铜母线安装。

(5) 低压成套配电柜安装定额综合考虑了不同容量、不同回路，执行定额时不做调整。成套配电柜安装，根据设备功能，按照设计安装数量以“台”为计量单位。

(6) 成品配套空箱体安装执行相应的“成套配电箱”安装定额人工、材料、机械乘以系数0.5。成套配电箱安装，根据箱体半周长，按照设计安装数量以“台”为计量单位。

(7) 高压成套配电柜和箱式变电站的安装以“台”为计量单位，工作内容均未包括基础槽钢、母线及引下线的配置与安装。开闭所(开关站)成套配电装置安装定额综合考虑了开关的不同容量与形式，执行定额时不做调整；高压成套配电柜安装定额综合考虑了不同容量，执行定额时不做调整。

组合式成套箱式变电站主要是指电压等级小于或等于10 kV的箱式变电站。定额是按照通用布置方式编制的，即：变压器布置在箱中间，箱一端布置高压开关，箱另一端布置低压开关，内装6～24台低压配电箱(屏)。执行定额时，不因布置形式而调整。

在结构上采用由高压开关柜、低压开关柜、变压器组成的箱式变压器，称为欧式变压器；将负荷开关、环网开关、熔断器等结构简化放入变压器油箱中且变压器取消油枕方式的箱式变压器，称为美式变压器。

开闭所配电采集器安装定额是按照分散分布式编制的，若实际采用集中组屏形式，则执行分散式定额人工、材料、机械乘以系数0.9；若为集中式配电终端安装，可执行环网柜配电采集器定额人工、材料、机械乘以系数1.2；单独安装屏可执行相应定额。

环网柜配电采集器安装定额是按照集中式配电终端编制的，若实际采用分散式配电终端，则执行开闭所配电采集器定额人工、材料、机械乘以系数0.85。

配电箱在湖北省2024版安装定额中按配电装置安装工程套价。根据定额对配电箱工程量清单案例中的配电箱进行组价，见表4-24。

表4-24　配电箱工程量清单

项目编码	项目名称	项目特征描述	计量单位	工程量
030402011001	配电箱	1. 名称：动力配电箱； 2. 规格：XL-10-3/35型； 3. 规格：630 mm×630 mm×235 mm； 4. 基础形式：10号槽钢； 5. 接线端子材质、规格：焊铜接线端子； 6. 端子板外接线材质、规格：铜芯电缆头接线； 7. 安装方式：落地支架式	台	1
C4-2-86	成套配电箱安装落地式		台	1
补充主材	成套配电箱落地式		台	1
C4-7-1	基础槽钢制作、安装		m	(0.63+0.235)×2=1.73
主材	10号槽钢		m	1.01×1.73≈1.747

4.3.3 母线安装

(1) 母线安装

母线安装按湖北省2024版安装定额第四册第三章绝缘子、母线安装工程中对应子目计价，定额中该章包括绝缘子、穿墙套管、软母线、矩形母线、槽形母线、管型母线、封闭母线、低压封闭式插接母线槽、重型母线等安装内容。

软母线与组合母线安装是指直接由耐张绝缘子串悬挂安装，根据母线形式和截面面积或根数，按照设计布置以"跨/三相"为计量单位。软母线安装包括单导线安装和组合母线安装，单导线安装根据导线截面面积分项，组合母线安装根据母线根数分项。组合软母线安装定额不包括两端铁构件制作与安装，以及支持瓷瓶、矩形母线的安装；母线跨距是按照标准跨距综合编制的，如实际安装跨距与定额不符时，执行定额时不做调整；软母线安装定额是按照单串绝缘子编制的，如设计为双串绝缘子，其定额人工乘以系数1.14。耐张绝缘子串的安装与调整已包含在软母线安装定额内。

矩形与管型母线及母线引下线安装，根据母线材质及每相片数、截面面积或直径，按照设计图示安装数量以"m/单相"为计量单位。计算长度时，应考虑母线挠度和连接需要增加的工程量，不计算安装损耗量。固定母线金具应按照安装数量加损耗量(1%)另行计算主材费。矩形母线、槽形母线安装和管型母线安装定额不包括支持绝缘子安装和钢构件配置安装。

槽形母线和管型母线安装，根据母线根数与规格，按照设计图示安装数量以"m/单相"为计量单位。计算长度时，应考虑母线挠度和连接需要增加的工程量，不计算安装损耗量。母线和固定母线金具应按数量加损耗(1%)另外计算主材费。

封闭母线安装分为分相封闭母线安装和共箱母线安装，分相封闭母线安装根据外壳尺寸和导线规格分项，共箱母线安装根据箱体断面及导体截面面积和每相片数规格分项。封闭母线安装按照设计图示安装轴线长度以"m"为计量单位，不计算安装损耗量。

低压(电压等级小于或等于380 V)封闭式插接母线槽安装，根据每相电流容量，按照设计图示安装轴线长度以"m"为计量单位；计算长度时，不计算安装损耗量。母线槽及母线槽专用配件按照安装数量计算主材费。分线箱、始端箱安装根据电流容量，按照设计图示安装数量以"台"为计量单位。

重型母线导板制作与安装，根据材质与极性，按照设计图示安装数量以"束"为计量单位。铜带、导板等单独计算主材费。

(2) 跳线安装

两跨软母线间的跳线、引下线安装，根据工艺布置，按照设计图示安装数量以"组/三相"为计量单位。跳线与设备连接的部分应按照导线截面分别执行定额。软母线跳线安装定额综合考虑了耐张线夹的连接方式，执行定额时不做调整。

(3) 绝缘子、穿墙套管的安装

悬垂绝缘子安装是指垂直或V形安装的提挂导线、跳线、引下线、设备连线或设备所用的绝缘子串安装，根据工艺布置，按照设计图示安装数量以"串"为计量单位。V形串按照两串计算工程量。

支持绝缘子安装根据工艺布置和安装固定孔数，按照设计图示安装数量以"个"为计量单位。

穿墙套管安装不分水平、垂直安装，按照设计图示数量以“个”为计量单位。

(4) 伸缩节安装、过渡板安装

定额中矩形母线伸缩节头和铜过渡板安装是按照成品安装编制，不包括加工配制及主材费。矩形母线伸缩节安装，根据母线材质和伸缩节安装片数，按照设计图示安装数量以“个”为计量单位；矩形母线过渡板安装，按照设计图示安装数量以“块”为计量单位。

重型母线伸缩节制作与安装，根据重型母线截面面积，按照设计图示安装数量以“个”为计量单位。铜带、伸缩节螺栓、垫板等单独计算主材费。

(5) 与设备连接

软母线设备连接线是指两设备间的连线，其安装根据工艺布置和导线截面面积，按照设计图示安装数量以“组/三相”为计量单位。

槽形母线与设备连接，根据连接的设备与接头数量及槽形母线规格，按照设计连接设备数量以“台”为计量单位。

结合母线安装工程量清单案例中的槽形母线工程量清单列表，对该分部分项工程量清单进行套价，见表 4-25。

表 4-25　槽形母线工程量清单列项

项目编码	项目名称	项目特征描述	计量单位	工程量
030403003003	槽形母线	1. 名称：硬铜母线； 2. 型号：TMY； 3. 规格：80×8； 4. 穿墙套管材质、规格：陶瓷	m	25
C4-3-52	槽形母线安装 2 根规格≤100×45×5		m/相	25
主材	槽形母线		m	2.040×25＝51

4.3.4　控制设备安装

控制设备安装按湖北省 2024 版安装定额第四册第四章配电控制、保护、直流装置安装工程中对应子目计价，定额中该章包括控制与继电及模拟配电屏、控制台、控制箱、端子箱、端子板及端子板外部接线、接线端子、高频开关电源、直流屏(柜)等安装内容。

设备安装定额包括屏、柜、台、箱设备本体及其辅助设备安装，辅助设备包括标签框、光字牌、信号灯、附加电阻、连接片等。定额不包括支架制作与安装、二次喷漆及喷字、设备干燥、焊(压)接线端子、端子板外部(二次)接线、基础槽(角)钢制作与安装、设备上开孔等内容。

接线端子定额只适用于导线，电力电缆终端头制作与安装定额中包括压接线端子，控制电缆终端头制作与安装定额中包括终端头制作及接线至端子板，不得重复计算。

控制设备安装根据设备性能和规格，按照设计图示安装数量以“台”为计量单位。端子板外部接线根据设备外部接线图，按照设计图示接线数量以“个”为计量单位。

依据定额对第 4.2 节控制屏的清单案例进行计价取费，见表 4-26。

表 4-26　控制屏工程量清单列项

项目编码	项目名称	项目特征描述	计量单位	工程量
030404004001	控制屏	1. 名称、型号：联络线保护测控屏； 2. 规格：柜体尺寸 800 mm×600 mm×2260 mm	台	1
C4-4-1	控制屏		台	1
补充主材	控制屏		台	1

4.3.5　电缆安装

电缆安装按湖北省 2024 版安装定额第四册第九章配电、输电电缆敷设工程中对应子目计价，定额中该章的工作内容包括开盘、检查、架盘、敷设、锯断、排列、整理、固定、收盘、临时封头、挂牌等。

(1) 直埋电缆辅助设施

直埋电缆辅助设施定额包括铺砂与保护、揭或盖或移动盖板等内容。定额不包括电缆沟与电缆井的砌砖或浇筑混凝土、隔热层与保护层制作与安装，工程实际发生时，厂区内执行建筑工程相应定额，厂区外执行市政工程相应定额。开挖路面、修复路面，执行市政工程相应定额。沟槽挖填，渣土、余土(余石)外运执行公共专业册相应定额。

电缆沟揭、盖、移动盖板根据施工组织设计，以揭一次并盖一次或者移出一次并移回一次为计算基础，应按照实际揭与盖或者移出与移回次数乘以其长度，以“m”为计量单位。

铺砂与保护的定额按电缆沟的长度以“m”为计量单位计算工程量。

(2) 电缆保护管铺设

电缆保护管铺设定额分为地下铺设、地上铺设两个部分。入室后需要敷设电缆保护管时，执行定额第十二章“配管工程”相应定额。地下铺设不分人工或机械铺设、铺设深度，均执行定额，不做调整。地下顶管、拉管定额不包括入口、出口施工，应根据施工措施方案另行计算。地上铺设保护管定额不分角度与方向，综合考虑了不同壁厚与长度，执行定额时不做调整。

电缆保护管铺设根据电缆敷设路径，应区别不同敷设方式、敷设位置、管材材质、规格，按照设计图示敷设数量以“m”为计量单位。计算电缆保护管长度时，设计无规定者按照以下规定增加保护管长度：

① 横穿马路时，按照路基宽度两端各增加 2 m；

② 保护管需要出地面时，弯头管口距地面增加 2 m；

③ 穿过建(构) 筑物外墙时，从基础外缘起增加 1 m；

④ 穿过沟(隧) 道时，从沟(隧) 道壁外缘起增加 1 m。

电缆保护管地下敷设，其土石方量施工有设计图纸的，按照设计图纸计算；无设计图纸的，沟深按照 0.9 m 计算，沟宽按照保护管边缘每边各增加 0.3 m 工作面。电缆保护管地下敷设拉管工程量按两个工作坑之间的水平长度计算。拉管定额中管材消耗量按延长米计算，单根长度另加 3 m，并按设计图的根数调整，即：

$$管材消耗量=(两个工作坑之间的水平长度+3)\times 1.03\times 设计根数$$

(3) 电缆桥架、槽盒安装

电缆桥架安装定额适用于输电、配电及用电工程电力电缆与控制电缆的桥架安装。通信、热工及仪器仪表、建筑智能等弱电工程控制电缆桥架安装，根据其定额说明执行相应桥架安装定额。

电缆桥架安装定额是按照厂家供应成品安装编制的，若现场需要制作桥架时，应执行湖北省 2024 版安装定额第七章“金属构件、穿墙套板安装工程”相应定额。

桥架安装定额包括组对、焊接、桥架开孔、隔板与盖板安装、接地、附件安装、修理等，定额不包括桥架支撑架安装。定额综合考虑了螺栓、焊接和膨胀螺栓三种固定方式，实际安装与定额不同时不做调整。

梯式桥架安装定额是按照不带盖考虑的，若梯式桥架带盖，则执行相应的槽式桥架定额。

钢制桥架主结构设计厚度大于 3 mm 时，执行相应安装定额的人工、机械乘以系数 1.20。

不锈钢桥架安装执行相应的钢制桥架定额人工、材料、机械乘以系数 1.10。

电缆槽盒安装根据材质与规格，执行相应的槽式桥架安装定额，其中人工、机械乘以系数 1.08。

电缆桥架安装根据桥架材质与规格，按照设计图示安装数量，以“m”为计量单位。组合式桥架安装按照设计图示安装数量，以“片”为计量单位；电缆复合支架安装按照设计图示安装数量，以“副”为计量单位。

(4) 电缆敷设

电力电缆敷设定额包括输电电缆敷设与配电电缆敷设项目，根据敷设环境执行相应定额，定额综合了裸包电缆、铠装电缆、屏蔽电缆等类型，适用于电压等级小于 10 kV 电力电缆和控制电缆敷设。

输电电力电缆敷设环境分为直埋式、电缆沟(隧) 道内、排管内、街码金具上。输电电力电缆起点为电源点或变(配) 电站，终点为用户端配电站。

配电电力电缆敷设环境分为室内、竖井通道内。配电电力电缆起点为用户端配电站，终点为用电设备。室内敷设电力电缆定额综合考虑了用户区内室外电缆沟、室内电缆沟、室内桥架、室内支架、室内线槽、室内管道等不同环境敷设，执行定额时不做调整。

竖井通道内敷设电缆定额适用于单段高度大于 3.6 m 的竖井。在单段高度小于 3.6 m 的竖井内敷设电缆时，应执行“室内敷设电力电缆”相应定额。

当电缆布放穿过高度大于 20 m 的竖井时，需要计算电缆布放增加费。电缆布放增加费按照穿过竖井电缆长度计算工程量，执行竖井通道内敷设电缆相应的定额乘以系数 0.3。其他敷设方式的电缆，定额中已综合考虑了电缆布放费用。

预制分支电缆敷设定额综合考虑了不同的敷设环境，执行定额时不做调整。定额中包括电缆吊具、每个长度小于 10 m 分支电缆安装；不包括分支电缆头的制作与安装，应根据设计图示数量与规格执行相应的电缆接头定额；每个长度大于 10 m 分支电缆，应根据超出的数量与规格及敷设的环境执行相应的电力电缆敷设定额。

柔性矿物绝缘电力电缆敷设根据电缆敷设环境与电缆截面执行相应的电力电缆敷设定额。

重型矿物绝缘电力电缆(铜芯铜护套)敷设根据电缆敷设环境与电缆截面执行相应的电力电缆敷设定额人工、材料、机械乘以系数 2.5。

铝合金电缆敷设根据规格执行相应的铝芯电缆敷设定额。

室外电力电缆敷设定额是按照平原地区施工条件编制的，未考虑在积水区、水底、深井下等特殊条件下的电缆敷设。电缆在一般山地、丘陵地区敷设时，其定额人工乘以系数 1.30。该地段施工所需的额外材料（如固定桩、夹具等）应根据施工组织设计另行计算。

电缆套定额是按单芯最大截面规格套取，电力电缆敷设定额与接头定额是按照三芯（包括三芯连地）编制的，三芯、四芯的不用调整，定额电缆每增加一芯相应定额中人工、材料和机械增加 15%。YJV-4×35+1×16 是五芯，应该按照 35 mm^2 套项，定额的人工费、材料费和机械费乘以系数 1.15。

单芯电力电缆敷设与接头定额按照同截面电缆相应定额乘以系数 0.7，两芯电缆按照同截面电缆相应定额乘以系数 0.85。

截面面积为 400～800 mm^2 的单芯电力电缆敷设，按照 400 mm^2 电力电缆敷设定额乘以系数 1.35。截面面积为 800～1600 mm^2 的单芯电力电缆敷设，按照 400 mm^2 电力电缆敷设定额乘以系数 1.85。

电缆敷设根据电缆敷设环境与规格，按照设计图示单根敷设数量，以“m”为计量单位。

（5）电缆头制作与安装

电缆头制作安装定额中包括镀锡裸铜线、扎索管、接线端子、压接管、螺栓等消耗性材料，定额不包括终端盒、中间盒、保护盒、插接式成品头、铅套管主材及支架安装。

电力电缆头制作与安装根据电压等级与电缆头形式及电缆截面，控制电缆终端头制作与安装根据控制电缆芯数，按照设计图示单根电缆接头数量以“个”为计量单位。电力电缆和控制电缆均按照一根电缆有两个终端头计算。电力电缆中间头按照设计规定计算，设计没有规定的以单根长度 400 m 为标准，每增加 400 m 计算一个中间头，增加长度小于 400 m 时计算一个中间头。

根据电缆工程量清单案例套取定额得到清单计价表，见表 4-27。

表 4-27　电缆工程量清单计价表案例

项目编码	项目名称	项目特征描述	计量单位	工程量
030409001001	电力电缆	1. 名称：电力电缆； 2. 型号：YJV； 3. 规格：4×35+1×16； 4. 材质：铜芯； 5. 敷设方式、部位：穿管； 6. 地形：平原	m	374.13
C4-9-132 人工×1.15 机械×1.15 材料×1.15	铜芯电力 电缆敷设		10 m	37.413
主材	电力电缆		m	374.13×10.10=377.87

续表4-27

项目编码	项目名称	项目特征描述	计量单位	工程量
030409006001	电缆保护管	1. 名称：焊接钢管； 2. 材质：碳钢； 3. 规格：DN80； 4. 敷设方式：明配	m	300
C4-9-39	电缆钢管敷设 DN80		10 m	30
主材	钢管		m	30×10.3=309
030409004001	电缆终端头	1. 名称：电缆终端头； 2. 型号：YJV； 3. 规格：4×35+1×16； 4. 材质、类型：铜芯、干包式； 5. 安装部位：户内； 6. 电压等级(kV)：1 kV	个	10
C4-9-273	电缆终端头		个	10

注：该表只截取部分综合单价表，其他内容可上机后获得；该表未对管道土方部分做综合单价，该部分结合土建综合单价的计算学习。

4.3.6 低压电器设备安装

低压电器设备安装按湖北省2024版安装定额第四册第十五章低压电器设备安装工程中对应子目计价，定额中该章包括插接式空气开关箱、控制开关、DZ自动空气断路器、熔断器、限位开关、用电控制装置、电阻器、变阻器、安全变压器、仪表、民用电器安装及低压电器装置接线等内容。定额包括电器安装、接线(除单独计算外)、接地，定额不包括接线端子、保护盒、接线盒、箱体等安装，工程实际发生时，执行相应定额。

低压电器安装定额适用于工业低压用电装置、家用电器的控制装置及电器的安装。定额综合考虑了型号、功能，执行定额时不做调整。

控制装置安装定额中，除限位开关及水位电气信号装置安装定额外，其他安装定额均未包括支架制作、安装。工程实际发生时，可执行第四册第七章“金属构件、穿墙套板安装工程”相应定额。

低压电器设备安装的定额计价工程量计算规则如下：

① 控制开关安装根据开关形式与功能及电流量，按照设计图示安装数量，以“个”为计量单位。

② 集中空调开关、请勿打扰装置安装，按照设计图示安装数量，以“套”为计量单位。

③ 熔断器、限位开关安装根据类型，按照设计图示安装数量，以“个”为计量单位。

④ 用电控制装置、安全变压器安装根据类型与容量，按照设计图示安装数量，以“台”为计量单位。

⑤ 仪表、分流器安装根据类型与容量，按照设计图示安装数量，以“个”或“套”为计量

单位。

⑥ 民用电器安装根据类型与规模，按照设计图示安装数量，以“台”或“个”或“套”为计量单位。

⑦ 低压电器装置接线是指电器安装不含接线的电器接线，按照设计图示安装数量，以“台”或“个”为计量单位。

⑧ 小母线安装是指电器需要安装的母线，按照实际安装数量，以“m”为计量单位。

根据定额项目表，低压电器设备工程量清单案例的计价见表 4-28[“RC1A”表示插入式熔断器(瓷插式熔断器)。“10”表示熔断器底座的额定电流是 10 A，而“5A”表示熔丝的额定电流是 5 A]。

表 4-28　低压熔断器工程量清单列项

项目编码	项目名称	项目特征描述	计量单位	工程量
03040500201	低压熔断器	1. 名称：熔断器盒； 2. 型号：RC1A-10/5A	个	1
C4-2-33	熔断器瓷插螺旋式		个	1
主材	熔断器 RC1A-10/5A		个	1.01

4.3.7　配管工程

配管工程按湖北省 2024 版安装定额第四册第十二章配管工程计价，定额包括套接紧定式镀锌钢导管(JDG)、镀锌钢管、可挠金属套管、塑料管、金属软管、金属线槽、塑料线槽的敷设等内容。

配管敷设根据配管材质与直径，区别敷设位置、敷设方式，按照设计图示安装数量以“m”为计量单位。计算长度时，不计算安装损耗量，不扣除管路中的接线箱、接线盒、灯头盒、开关盒、插座盒、管件等所占长度。

配管工程计价需要注意以下问题：

① 不论明配管还是暗配管，其工程量均以管轴线为理论长度计算。水平管长度可按平面图所示标注尺寸或用比例尺量取，垂直管长度可根据层高和安装高度计算。

② 在计算配管工程量时要重点考虑管路两端、中间的连接件：两端应该预留的要计入工程量(如进、出户管端)；中间应该扣除的必须扣除(如配电箱等所占长度)。

③ 明配管工程量计算时，要考虑管轴线距墙的距离，如设计无要求时，一般可以墙皮作为量取计算的基准；设备、用电器具作为管路的连接终端时，可依其中心作为量取计算的基准。

④ 暗配管工程量计算时，可依墙体轴线作为量取计算的基准，如设备和用电器具作为管路的连接终端时，可依其中心线与墙体轴线的垂直交点作为量取计算的基准。

⑤ 在钢索上配管时，另外计算钢索架设和钢索拉紧装置制作与安装两项。

⑥ 当动力配管发生刨混凝土地面沟时，以“m”计量，按沟宽分档，套相应定额。

⑦ 在吊顶内配管敷设时，用相应管材明配线管定额。

⑧ 电线管、钢管明配、暗配均已包括刷防锈漆，若图纸设计要求作特殊防腐处理时，按湖北省 2024 版安装定额附录 M 刷油、防腐蚀、绝热工程中规定计算，并用相应定额。

⑨ 配管工程包括接地跨接，不包括支架制作、安装，支架制作、安装另立项计算。

⑩ 未封闭的吊顶天棚内沿顶板敷设的电线管，根据管材材质及规格执行“砖、混凝土结构明配”相应定额；在装配式建筑的楼板内敷设电线管根据管材材质及规格执行“砖、混凝土结构暗配”相应定额。

根据配管定额对配管工程量清单案例进行计价，计价表见表 4-29。

表 4-29　配管工程量清单计价案例

项目编码	项目名称	项目特征描述	计量单位	工程量
030412001001	配管	1. 名称：镀锌钢管； 2. 材质：钢管； 3. 规格：DN15； 4. 配置形式：混凝土结构，暗敷设	m	20.8
C4-12-26	镀锌钢管暗敷设		10 m	2.08
主材	镀锌钢管		m	2.08×10.3＝21.424

4.3.8　配线工程

配线工程按湖北省 2024 版安装定额第四册第十三章配线工程计价，定额包括管内穿线、绝缘子配线、线槽配线、塑料护套线明敷设、绝缘导线明敷设、车间配线、接线箱安装、接线盒安装、盘(柜、箱、板)配线等内容。

(1) 管内穿线

管内穿线定额包括扫管、穿线、焊接包头；绝缘子配线定额包括埋螺钉、钉木楞、埋穿墙管、安装绝缘子、配线、焊接包头；线槽配线定额包括清扫线槽、布线、焊接包头；导线明敷设定额包括埋穿墙管、安装瓷通、安装街码、上卡子、配线、焊接包头。

管内穿线根据导线材质与截面面积，区别照明线与动力线，按照设计图示安装数量以“10 m”为计量单位；管内穿多芯软导线根据软导线芯数与单芯软导线截面面积，按照设计图示安装数量以“10 m”为计量单位。管内穿线的线路分支接头线长度已综合考虑在定额中，不得另行计算。

照明线路中导线截面面积大于 6 mm^2 时，执行“穿动力线”相应的定额。

(2) 绝缘子配线

绝缘子配线根据导线截面面积，区别绝缘子形式(针式、鼓形、碟式)、绝缘子配线位置(沿屋架、梁、柱、墙，跨屋架、梁、柱、木结构、顶棚内、砖、混凝土结构，沿钢支架及钢索)，按照设计图示安装数量以“10 m”为计量单位。当绝缘子暗配时，计算引下线工程量，其长度从线路支持点计算至天棚下缘距离。

(3) 接线箱、接线盒安装

接线箱、接线盒安装及盘柜配线定额适用于电压等级小于或等于 380 V 电压等级用电系统。定额不包括接线箱、接线盒费用及导线与接线端子材料费。暗装接线箱、接线盒定额中槽孔按照事先预留考虑。

接线箱安装根据安装形式(明装、暗装)及接线箱半周长，按照设计图示安装数量以“个”为计量单位。接线盒安装根据安装形式(明装、暗装)及接线盒类型,按照设计图示安装数量以“个”为计量单位。

(4) 其他

灯具、开关、插座、按钮等预留线已分别综合在相应定额内,不再计价;照明动力箱内配线根据导线截面面积,按照设计图示配线数量以“10 m”为计量单位。

【在线测试】

【例 4-6】 电缆架空引入,标高 3.0 m,穿 SC50 的钢管至 AP 箱,AP 箱尺寸为 1000 mm×2000 mm×500 mm,从 AP 箱分出两条回路 WP1、WP2,其中一条回路进入设备,再连开关箱(AK),WP1 的配管线为 BV-4×6 SC32 FC;另一条回路 WP2 连照明箱(AL),WP2 的配管线为 BV-4×4 SC25 FC,AL 配电箱尺寸为 800 mm×500 mm×200 mm。计算图 4-12、图 4-13 所示的管内穿线的工程量。

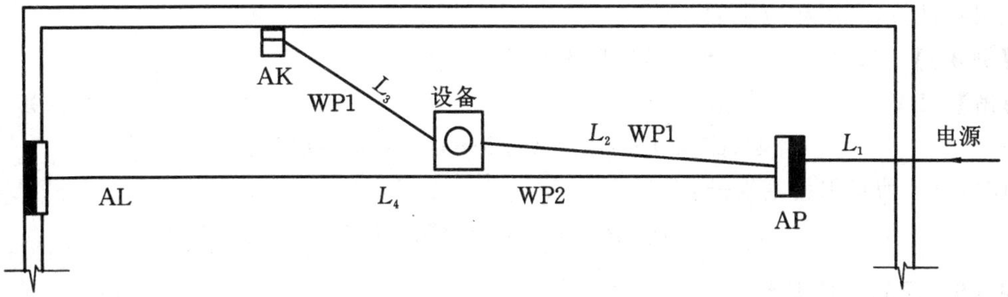

图 4-12 埋地水平管长度

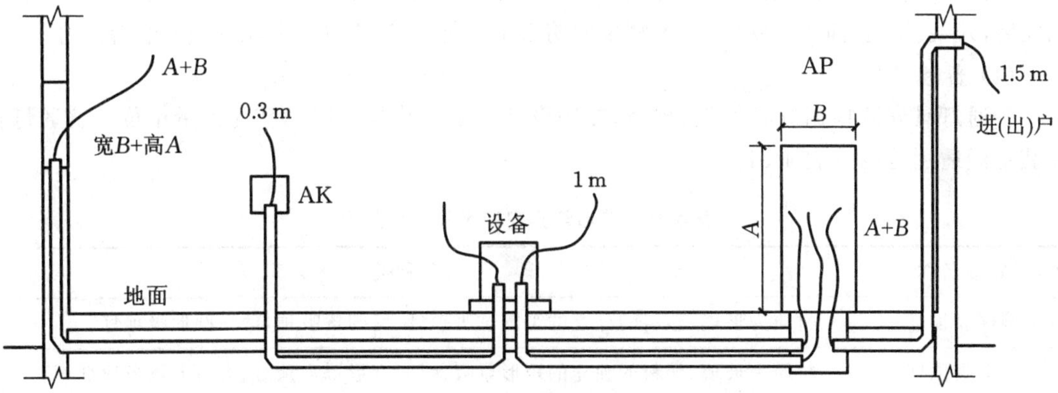

图 4-13 导线与柜、箱、设备等相连接的预留长度

【解】 根据前面的配管工程量,计算管内穿线的工程量。

(1) 入户电缆长度=配管长度+预留长度=1.79+(1+2)+1.5=6.29 m

(2) WP1 的配管线为 BV-4×6 SC32 FC

SC32 的管长+各预留长度=[8.9+(1+2)(AP 箱)+1×2(设备)+0.3(AK 箱)]×4

=(8.9+3+2+0.3)×4=56.8 m

(3) WP2 的配管线为 BV-4×4 SC25 FC

SC25 的管长+各预留长度=[10.8+(1+2)(AP 箱)+(0.8+0.5)(AL 箱)]×4

=(10.8+3+1.3)×4=60.4 m

以 BV-4×6 项目为例编制清单计价表，见表 4-30。

表 4-30　配管综合单价案例

项目编码	项目名称	项目特征描述	计量单位	工程量
030412004001	配线	1. 名称：管内穿线； 2. 规格：BV-4×6； 3. 材质：铜芯； 4. 埋地暗敷	m	56.8

(5) 接线端子

导线与设备相连时需设焊、压接线端子，以“个”为计量单位，根据进出配电箱、设备的配线规格、根数计算，套用相应定额。

【例 4-7】 以上题为例，计算焊铜接线端子的工程量。

【解】 BV-4×6 的焊铜接线端子：

$$4(\text{AP 箱})+4\times2(\text{设备})+4(\text{AK 箱})=16\text{ 个}$$

BV-4×4 的焊铜接线端子：

$$4(\text{AP 箱})+4(\text{AL 箱})=8\text{ 个}$$

4.3.9　照明灯具安装

配线工程按湖北省 2024 版安装定额第四册第十四章照明器具安装工程计价，定额包括普通灯具、装饰灯具、荧光灯具、嵌入式地灯、工厂灯、医院灯具、霓虹灯、小区路灯、高度标志(障碍)灯的安装，开关、按钮、插座的安装，艺术喷泉照明系统安装，太阳光导入照明系统安装等内容。

(1) 普通灯具

普通灯具安装根据灯具种类、规格，按照设计图示安装数量以“套”为计量单位。普通灯具安装定额适用范围见表 4-31。

表 4-31　普通灯具安装定额适用范围

定额名称	灯具种类
圆球吸顶灯	材质为玻璃、塑料的独立的半圆球吸顶灯、扁圆罩吸顶灯、平圆形吸顶灯
方形吸顶灯	材质为玻璃、塑料的独立的矩形罩吸顶灯、方形罩吸顶灯、大口方罩吸顶灯
软线吊灯	材质为玻璃、塑料的等独立的，利用软线为垂吊材料的各式吊线灯
吊链灯	材料为玻璃、塑料的独立的，利用吊链作辅助悬吊材料的各式吊链灯
防水吊灯	一般防水吊灯
一般弯脖灯	圆球弯脖灯、风雨壁灯
一般墙壁灯	各种材质的一般壁灯、镜前灯
软线吊灯头	一般吊灯头
声光控座灯头	一般声控、光控座灯头
座头灯	一般塑料、瓷质座灯头

灯具引导线是指灯具吸盘到灯头的连线，除注明者外，均按照灯具自备考虑。如引导线需要另行配置时，其安装费不变，主材费另行计算。

(2) 装饰灯具

装饰灯具安装定额适用范围见表4-32。

表4-32 装饰灯具安装定额适用范围

定额名称	灯具种类(形式)
吊式艺术装饰灯具	不同材质、不同灯体垂吊长度、不同灯体直径的蜡烛灯、挂片灯、串珠(穗)、串棒灯、吊杆式组合灯、玻璃罩(带装饰)灯
吸顶式艺术装饰灯具	不同材质、不同灯体垂吊长度、不同灯体几何形状的串珠(穗)、串棒灯、挂片、挂碗、挂吊蝶灯、玻璃(带装饰)灯
荧光艺术装饰灯具	不同安装形式、不同灯管数量的组合荧光灯光带，不同几何组合形式的内藏组合式灯，不同几何尺寸、不同灯具形式的发光棚，不同形式的立体广告灯箱、荧光灯光沿
几何形状组合艺术灯具	不同固定形式、不同灯具形式的繁星灯、钻石星灯、礼花灯、玻璃罩钢架组合灯、凸片灯、反射挂灯、筒形钢架灯、U型组合灯、弧形管组合灯
标志、诱导装饰灯具	不同安装形式的标志灯、诱导灯
水下艺术装饰灯具	简易形彩灯、密封形彩灯、喷水池灯、幻光型灯
点光源艺术装饰灯具	不同安装形式、不同灯体直径的筒灯、牛眼灯、射灯、轨道射灯
草坪灯具	各种立柱式、墙壁式的草坪灯
歌舞厅灯具	各种安装形式的变色转盘灯、雷达射灯、幻影转彩灯、维纳斯旋转灯、卫星旋转效果灯、飞碟旋转效果灯、多头转灯、滚筒灯、频闪灯、太阳灯、雨灯、歌星灯、边界灯、射灯、泡泡发生器、迷你满天星彩灯、迷你单立(盘)彩灯、多头宇宙灯、镜面球灯、蛇光灯

吊式艺术装饰灯具的灯体直径为装饰灯具的最大外缘直径，灯体垂吊长度为灯座底部到灯梢之间的总长度。吊式艺术装饰灯具安装根据装饰灯具示意图，区别不同装饰物及灯体直径和灯体垂吊长度，按照设计图示安装数量以“套”为计量单位。

吸顶式艺术装饰灯具的灯体直径为吸盘最大外缘直径，灯体半周长为矩形吸盘的半周长，灯体垂吊长度为吸盘到灯梢之间的总长度。吸顶式艺术装饰灯具安装根据装饰灯具示意图，区别不同装饰物、吸盘几何形状、灯体直径、灯体周长和灯体垂吊长度，按照设计图示安装数量以“套”为计量单位。

荧光艺术装饰灯具安装根据装饰灯具示意图所示，区别不同安装形式和计量单位计算。组合荧光灯带安装根据灯管数量，按照设计图示安装数量以灯带“m”为计量单位；内藏组合式灯安装根据灯具组合形式，按照设计图示安装数量以“m”为计量单位；发光棚荧光灯安装按照设计图示发光棚数量以“m^2”为计量单位。灯具主材根据实际安装数量加损耗量以“套”另行计算；立体广告灯箱、天棚荧光灯带安装按照设计图示安装数量以“m”为计量单位。

几何形状组合艺术灯具安装根据装饰灯具示意图，区别不同安装形式及灯具形式，按照设计图示安装数量以“套”为计量单位。

标志、诱导装饰灯具安装根据装饰灯具示意图，区别不同的安装形式，按照设计图示安装数量以“套”为计量单位。

水下艺术装饰灯具安装根据装饰灯具示意图，区别不同安装形式，按照设计图示安装数量以“套”为计量单位。

点光源艺术装饰灯具安装根据装饰灯具示意图，区别不同安装形式、不同灯具直径，按照设计图示安装数量以“套”为计量单位。

草坪灯具安装根据装饰灯具示意图，区别不同安装形式，按照设计图示安装数量以“套”为计量单位。

歌舞厅灯具安装根据装饰灯具示意图，区别不同安装形式，按照设计图示安装数量以“套”“m”“台”为计量单位。

(3) 荧光灯

荧光灯具安装定额按照成套型荧光灯考虑，工程实际采用组合式荧光灯时，执行相应的成套型荧光灯安装定额人工、材料、机械乘以系数 1.1。荧光灯具安装定额适用范围见表 4-33。荧光灯具安装根据灯具安装形式、灯具种类、灯管数量，按照设计图示安装数量以“套”为计量单位。

表 4-33　荧光灯具安装定额适用范围表

定额名称	灯具种类
成套型荧光灯	单管、双管、三管、四管、吊链式、吊管式、吸顶式、嵌入式、成套独立荧光灯

(4) LED 灯

灯管式 LED 灯带，按照设计图示安装数量以“套”为计量单位；软灯带式 LED 灯带，按照设计图示安装长度以“m”为计量单位。

LED 灯安装根据其结构、形式、安装地点，执行相应的灯具安装定额。一般 LED 吸顶灯根据灯罩周长执行普通吸顶灯具安装定额，吸顶式 LED 感应灯(一体化支架)执行吸顶式单管荧光灯定额。

(5) 其他灯具

嵌入式地灯安装根据灯具安装形式，按照设计图示安装数量以“套”为计量单位。

工厂灯及防水防尘灯安装根据灯具安装形式，按照设计图示安装数量以“套”为计量单位。

工厂其他灯具安装根据灯具类型、安装形式、安装高度，按照设计图示安装数量以“套”或“个”为计量单位。

医院灯具安装根据灯具类型，按照设计图示安装数量以“套”为计量单位。

霓虹灯管安装根据灯管直径，按照设计图示延长米数量以“m”为计量单位。

霓虹灯变压器、控制器、继电器安装根据用途与容量及变化回路，按照设计图示安装数量以“台”为计量单位。

楼宇亮化灯安装根据光源特点与安装形式，按照设计图示安装数量以“套”或“m”为计量单位。

(6) 灯具安装计价注意事项

① 灯具引导线是指灯具吸盘到灯头的连线，除注明者外，均按照灯具自备考虑。如引导线需要另行配置时，其安装费不变，主材费另行计算。

② 照明灯具安装除特殊说明外，均不包括支架制作与安装。工程实际发生时，执行湖北省 2024 版安装定额第四册第七章“金属构件、穿墙套板安装工程”相应定额。

③ 定额包括灯具组装、安装、利用摇表测量绝缘及一般灯具的试亮工作。

④ 并列安装一套光源双罩吸顶灯时，按照两个单罩周长或半周长之和执行相应的定额；并列安装两套光源双罩吸顶灯时，按照两套灯具各自灯罩周长或半周长执行相应的定额。

⑤ 灯具安装定额中灯槽、灯孔按照事先预留考虑，不计算开孔费用。

(7) 开关、按钮、插座安装

开关、按钮安装根据安装形式与种类、开关极数及单控与双控，按照设计图示安装数量以“套”为计量单位。

声控(红外线感应)延时开关、柜门触动开关安装，按照设计图示安装数量以“套”为计量单位。

插座安装根据电源数、定额电流、插座安装形式，按照设计图示安装数量以“套”为计量单位。

插座箱安装执行相应的配电箱定额。

4.3.10 电气调整试验

电气调整试验按湖北省 2024 版安装定额第四册第十七章电气设备调试工程计价。

单体调试是指设备或装置安装完成后未与系统连接时，根据设备安装施工与验收规范，为确认其是否符合产品出厂标准和满足实际使用条件而进行的单机试运或单体调试工作。单体调试项目的界限是设备没有与系统连接，设备和系统断开时的单独调试。单体调试费在设备本体安装项目费中计取。

分系统调试是指工程各系统在设备单机试运或单体调试合格后，为使系统达到整套启动所必须具备的条件而进行的调试工作。分系统调试项目的界限是设备与系统连接，设备和系统连接在一起进行的调试。分系统调试包括电气设备安装完毕后进行系统联动，对电气设备单体调试进行校验与修正，电气一次设备与二次设备常规的试验等工作内容。非常规的调试与试验执行特殊项目测试与性能验收试验相应的定额子目。

整套启动调试是指工程各系统调试合格后，根据启动试运规程、规范，在工程投料试运前以及试运行期间，对工程整套工艺运行生产以及全部安装结果的验证、检验所进行的调试。整套启动调试项目的界限是工程各系统间连接，系统和系统连接在一起进行的调试。

调试定额中已经包括熟悉资料、编制调试方案、核对设备、现场调试、填写调试记录、保护整定值的整定、整理调试报告等工作内容。

一般民用建筑电气工程中，户用配电箱供电不计算系统调试费。电量计量表一般是由供应单位经检验校验后进行安装，不计算调试费。

(1) 变压器系统调试

变压器系统调试是按照每个电压侧有一台断路器考虑的，若断路器多于一台时，则按照相应的电压等级另行计算输配电设备系统调试费。

调试带负荷调压装置的电力变压器时，调试定额人工、材料、机械乘以系数1.12；三线圈变压器、整流变压器、电炉变压器调试按照同容量的电力变压器调试定额人工、材料、机械乘以系数1.2。

(2) 输配电装置系统调试

输配电装置系统调试中电压等级小于或等于1 kV的定额适用于所有低压供电回路，如从低压配电装置至分配电箱的供电回路(包括照明供电回路)；从配电箱至电动机的供电回路已经包括在电动机的负载系统调试定额内。凡供电回路中带有仪表、继电器、电磁开关等调试元件的(不包括刀开关、保险器)，均按照调试系统计算。输配电设备系统调试包括系统内的电缆试验、绝缘耐压试验等调试工作。桥形接线回路中的断路器、母线分段接线回路中断路器均作为独立的供电系统计算。配电箱内只有开关、熔断器等不含调试元件的供电回路，则不再作为调试系统计算。

移动式电器和以插座连接的家用电器设备及电量计量装置，不计算调试费用。

(3) 特殊保护装置调试

发电机、变压器、母线、线路的分系统调试中均包括相应保护调试，保护装置系统调试定额适用于单独调试保护系统。保护装置系统调试以被保护的对象主体为一套。其工程量按照下列规定计算：

① 发电机组保护调试按照发电机台数计算。

② 变压器保护调试按照变压器台数计算。

③ 母线保护调试按照设计规定所保护的母线条数计算。

④ 线路保护调试按照设计规定所保护的进出线回路数计算。

⑤ 小电流接地保护按照装设该保护装置的套数计算。

(4) 自动投入装置系统调试

自动投入装置系统调试包括继电器、仪表等元件本身和二次回路的调整试验。其工程量按照下列规定计算：

① 备用电源自动投入装置按照连锁机构的个数计算自动投入装置的系统工程量。一台备用厂用变压器作为三段厂用工作母线备用电源，按照三个系统计算工程量。设置自动投入的两条互为备用的线路或两台变压器，按照两个系统计算工程量。备用电动机自动投入装置亦按此规定计算。

② 线路自动重合闸系统调试按照采用自动重合闸装置的线路自动断路器的台数计算系统工程量。综合重合闸亦按此规定计算。

【在线测试】

③ 自动调频装置系统调试以一台发电机为一个系统计算工程量。

④ 同期装置系统调试按照设计构成一套能够完成同期并车行为的装置为一个系统计算工程量。

⑤ 用电切换系统调试按照设计能够完成交直流切换的一套装置为一个系统计算工程量。

4.4 电气设备安装工程措施费

4.4.1 专业措施项目费

(1) 脚手架搭拆费

脚手架搭拆费按定额人工费3.5%计算，其费用中人工费占40%，材料费占53%，机械费占7%。电气设备调试、装饰灯具安装、10 kV及其以下架空输电线路工程和直埋敷设电缆工程，不计算脚手架费用。

(2) 超高施工增加费

安装高度超过安装操作基准面(一般是指室外地坪或室内各层楼地面地坪)6 m时，安装操作高度增加费按项目超过部分工程量人工费乘以系数(详见表1-4)计算。投光灯、氙气灯、烟囱或水塔指示灯、装饰灯具安装，电缆敷设，电压等级小于或等于10 kV架空输电线路工程，已经考虑了超高因素。

(3) 高层施工增加费

建筑超高、超深增加费按照前文表2-17计算，其中人工费占36.5%，机械与仪器仪表占63.5%。

4.4.2 安全文明施工费及其他总价措施项目费

电气设备安装工程的安全文明施工费及其他总价措施项目费，以电气设备安装分部分项费和专业措施项目费中的人工费和机械费之和为取费基础，费率按湖北省2024版安装定额中的规定计算。

4.5 电气设备安装工程计量与计价实例

某物流办公室建筑，此工程为地上一层，层高6.9 m，结构形式为框架结构。本工程电源分界点为由厂区低压配电室引来的进线开关。沿墙沿地面暗敷设至一层的总电源柜。进户线为1DL：YJV22-1 kV-3×120+2×70-SC100-DB。一层配电箱1DL通过1号回路1DL-1：YJV-1 kV-5×16-SC50连接1AL。其余2～5号回路1DL-2：YJV-1 kV-5×10-SC40-F/WC连接检修电源箱。

照明配电箱一共有13条回路。1AL-1至1AL-4：BV-3×2.5-SC20连接灯具。1AL-5：BV-3×2.5-SC20连接开关。1AL-6：BV-3×4-SC20连接空调插座。其余1AL-7至1AL-13：BV-3×4-SC20连接办公桌电源预留。

本工程照明平面图如图4-14所示，动力平面图如图4-15所示，照明配电箱系统图如图4-16所示，动力配电箱系统图如图4-17所示。

【案例图纸】

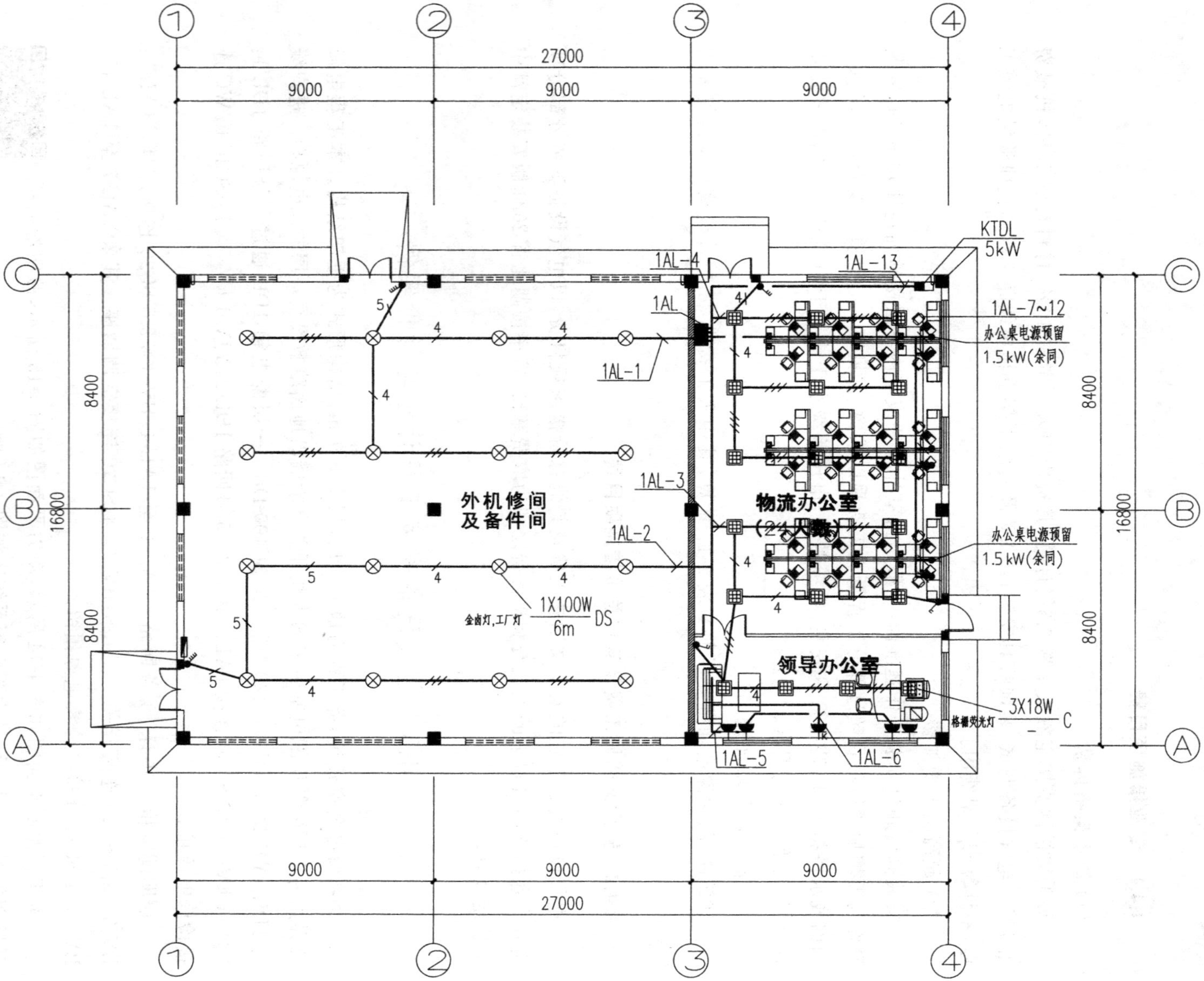
27000
9000
9000
9000
KTDL
5kW
1AL-4
1AL-13
1AL
1AL-7~12
办公桌电源预留
1.5kW(余同)
1AL-1
1AL-3
物流办公室
1AL-2
外机修间
及备件间
1X100W
6m
DS
金卤灯,工厂灯
领导办公室
3X18W
C
格栅荧光灯
1AL-5
1AL-6
8400
16800

图 4-14 照明平面图

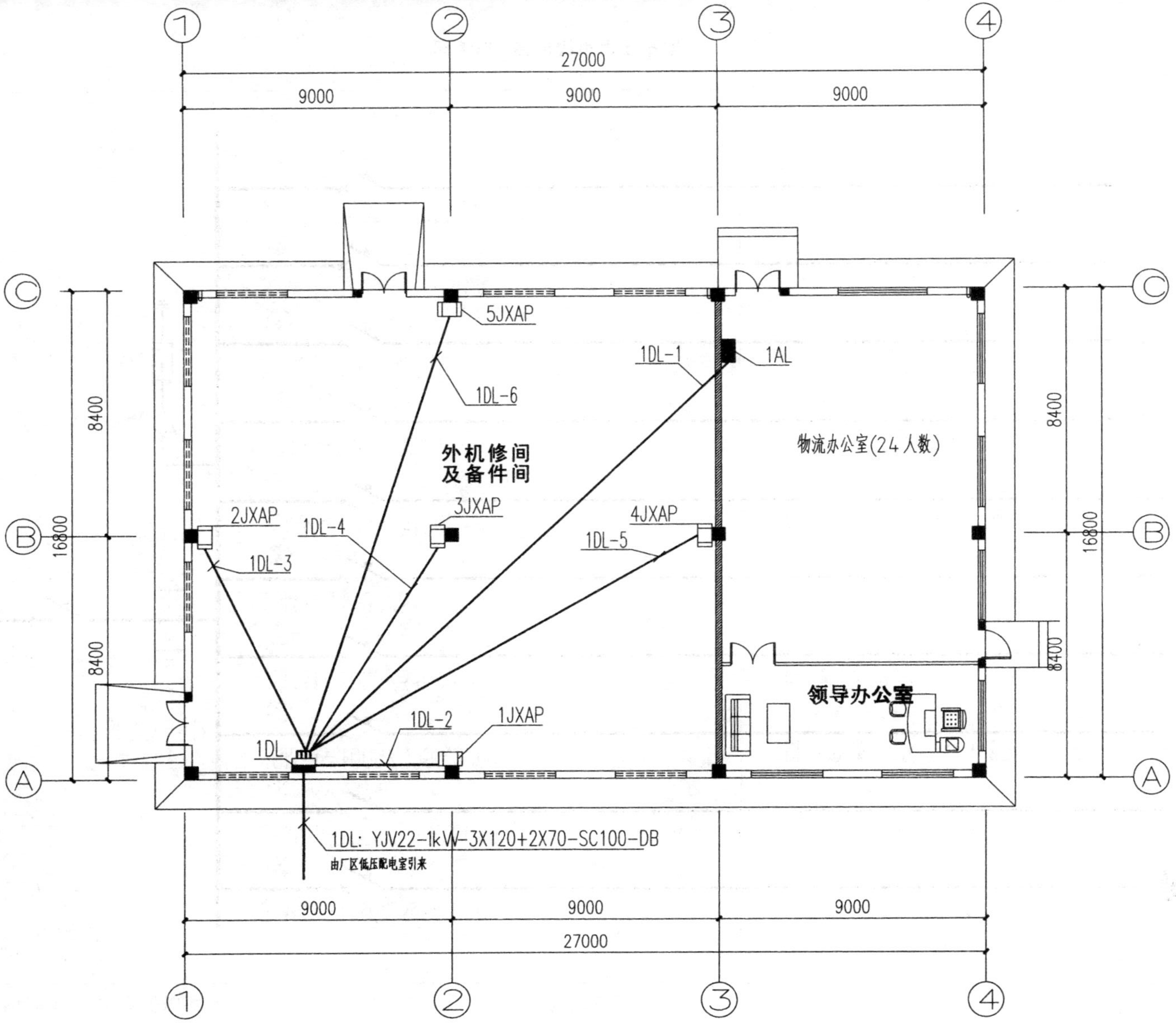

27000
9000
9000
9000
8400
8400
16800
5JXAP
1DL-1
1AL
1DL-6
外机修间
及备件间
物流办公室(24人数)
2JXAP
1DL-4
3JXAP
4JXAP
1DL-5
1DL-3
领导办公室
1DL-2
1JXAP
1DL
1DL: YJV22-1kV-3X120+2X70-SC100-DB
由厂区低压配电室引来

图 4-15　动力平面图

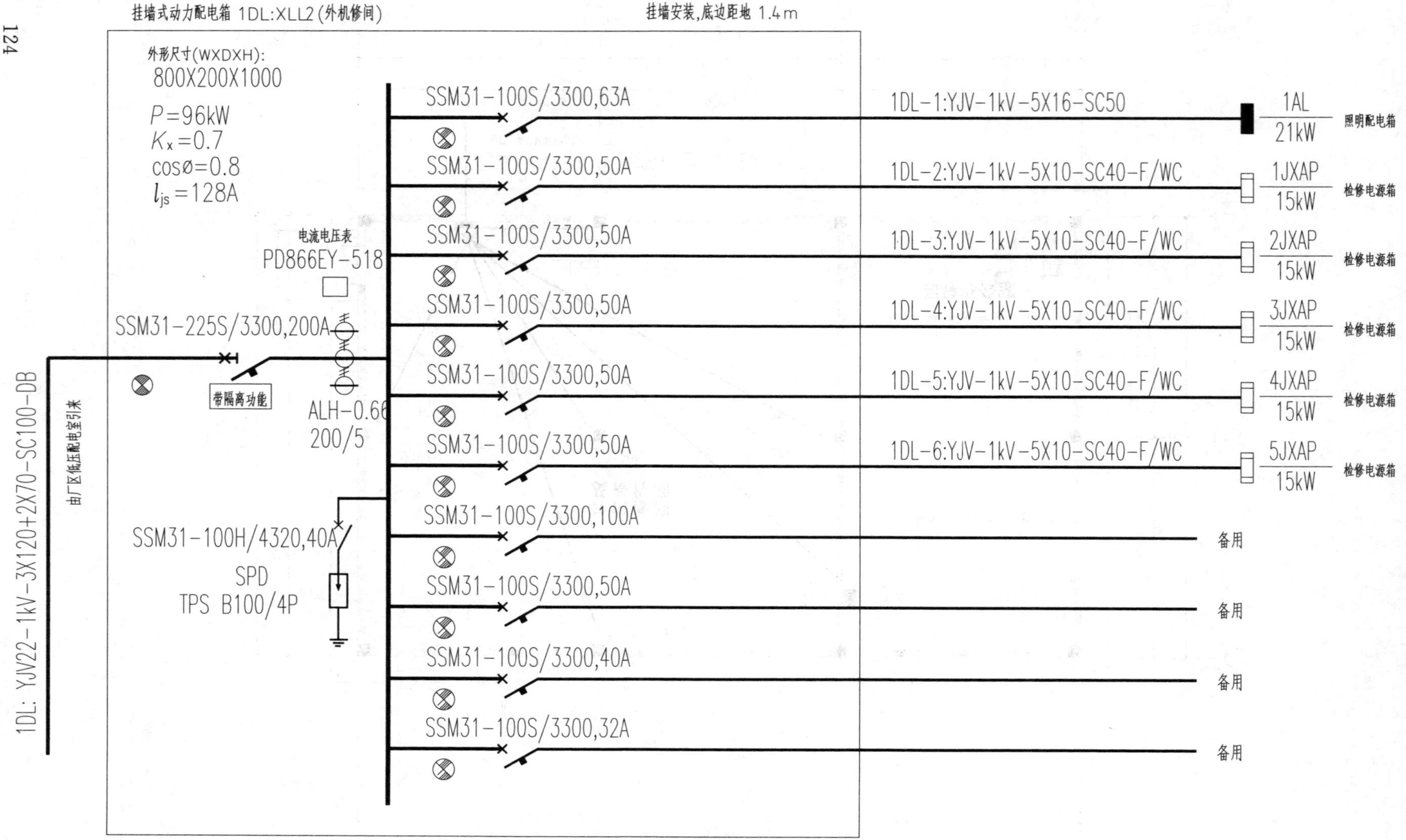

图 4-16　照明配电箱系统图

普通照明配电箱:1AL-SA（嵌墙安装,底边距地1.4m)参考外形尺寸(WXDXH):450X150X650,以实际订货为准

配电箱系统图

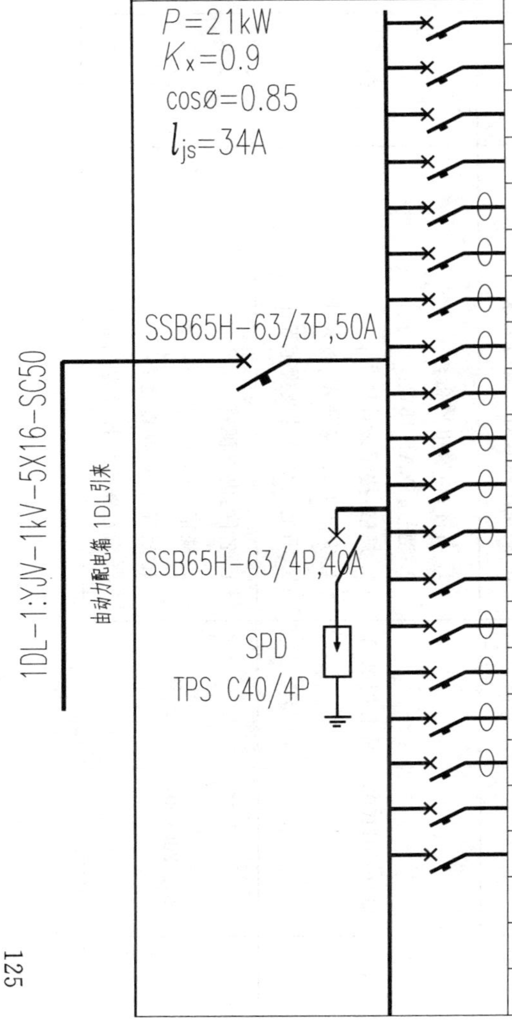

回路编号	回路开关	相序	出线	用电点数	负荷功率(kW)	备注
1AL-1	SSB65H-63/1P,16A	L1	BV-3X2.5-SC20	8	0.8	灯具
1AL-2	SSB65H-63/1P,16A	L2	BV-3X2.5-SC20	8	0.8	灯具
1AL-3	SSB65H-63/1P,16A	L3	BV-3X2.5-SC20	10	0.54	灯具
1AL-4	SSB65H-63/1P,16A	L1	BV-3X2.5-SC20	9	0.486	灯具
1AL-5	SSB65LE-63/2P,16A,30mA	L2	BV-3X2.5-SC20	4	0.8	插座
1AL-6	SSB65LE-63/2P,20A,30mA	L3	BV-3X4-SC20	1	1.5	空调插座
1AL-7	SSB65LE-63/2P,20A,30mA	L1	BV-3X4-SC20	1	1.5	办公桌电源预留
1AL-8	SSB65LE-63/2P,20A,30mA	L2	BV-3X4-SC20	1	1.5	办公桌电源预留
1AL-9	SSB65LE-63/2P,20A,30mA	L3	BV-3X4-SC20	1	1.5	办公桌电源预留
1AL-10	SSB65LE-63/2P,20A,30mA	L1	BV-3X4-SC20	1	1.5	办公桌电源预留
1AL-11	SSB65LE-63/2P,20A,30mA	L2	BV-3X4-SC20	1	1.5	办公桌电源预留
1AL-12	SSB65LE-63/2P,20A,30mA	L3	BV-3X4-SC20	1	1.5	办公桌电源预留
1AL-13	SSB65H-63/3P,25A	三相	BV-5X6-SC25	1	5	空调断路器箱
	SSB65LE-63/2P,20A,30mA	L1				备用
	SSB65LE-63/2P,20A,30mA	L2				备用
	SSB65LE-63/2P,20A,30mA	L3				备用
	SSB65LE-63/2P,20A,30mA	L1				备用
	SSB65H-63/1P,16A	L2				备用
	SSB65H-63/3P,20A	三相				备用

图 4-17　动力配电箱系统图

本工程电气设备安装要求如下：

① 本工程用电为三级负荷。

② 本建筑主电源由厂区低压配电室以 YJV22-1 kV 型电力电缆经直埋引至，各用电设备用电压为 380/220V，采用 TN-S 型接地系统。

③ 所有插座、开关安装方式为暗装，插座安装高度为 0.3 m，开关安装高度为 1.4 m。所有配电柜、箱的安装方式及高度按标准确定。

④ 灯具为吸顶安装，本工程照明灯具均采用节能高效光源，均使用节能镇流器。

⑤ 本工程中开关、插座和照明灯具靠近可燃物时，应采取隔热、散热等防火保护措施。

⑥本工程中电缆进出建筑物穿保护管的施工方法详见国家标准图集 12D101-5。

⑦ 30 mA 剩余电流动作保护器的动作时间要求不大于 0.1 s。

⑧ 本工程所选用的 SSM31、SSB65 系列开关均自带隔离功能。

试计算本工程电气系统工程量，编制电气工程量清单汇总表，并套取相应定额编制电气系统计价汇总表。

本工程电气系统工程量清单汇总表见表 4-34，电气系统计价汇总表见表 4-35。

表 4-34　电气系统工程量清单汇总表

序号	项目编码	项目名称	项目特征描述	计量单位	工程量
1	030402011001	成套配电箱	1. 名称：挂墙式动力配电箱； 2. 型号：1DL；XLL2； 3. 规格：箱体定制； 4. 安装方式：悬挂式、嵌入式； 5. 满足图纸设计及规范要求	台	1
2	030402011002	成套配电箱	1. 名称：普通照明箱； 2. 型号：AL-SA ； 3. 规格：450 mm×150 mm×650 mm； 4. 安装方式：悬挂式、嵌入式； 5. 满足图纸设计及规范要求	台	1
3	030402011003	成套配电箱	1. 名称：检修电源箱； 2. 型号：JXAP 15W； 3. 规格：按照设计要求； 4. 安装方式：悬挂式、嵌入式； 5. 满足图纸设计及规范要求	台	5
4	030412001001	配管	1. 名称：电气配管； 2. 规格：SC20； 3. 配置形式：暗配管； 4. 满足图纸设计及规范要求	m	343.41

续表4-34

序号	项目编码	项目名称	项目特征描述	计量单位	工程量
5	030412001002	配管	1. 名称：电气配管； 2. 规格：SC25； 3. 配置形式：暗配管； 4. 满足图纸设计及规范要求	m	14.25
6	030412001003	配管	1. 名称：电气配管； 2. 规格：SC40； 3. 配置形式：暗配管； 4. 满足图纸设计及规范要求	m	68.28
7	030412001004	配管	1. 名称：电气配管； 2. 规格：SC50； 3. 配置形式：暗配管； 4. 满足图纸设计及规范要求	m	22.93
8	030409001001	电力电缆	1. 名称：电力电缆； 2. 型号：YJY-5×10； 3. 材质：铜芯； 4. 敷设方式、部位：沿桥架或穿管敷设； 5. 满足图纸设计及规范要求	m	95.99
9	030409001002	电力电缆	1. 名称：电力电缆； 2. 型号：YJY-5×16； 3. 材质：铜芯； 4. 敷设方式、部位：沿桥架或穿管敷设； 5. 满足图纸设计及规范要求	m	28.67
10	030412004001	配线	1. 名称：配线； 2. 配线形式：管内穿线； 3. 型号：BV-2.5； 4. 满足图纸设计及规范要求	m	734.02
11	030412004002	配线	1. 名称：配线； 2. 配线形式：管内穿线； 3. 型号：BV-4； 4. 满足图纸设计及规范要求	m	399.59
12	030412004003	配线	1. 名称：配线； 2. 配线形式：管内穿线； 3. 型号：BV-6； 4. 满足图纸设计及规范要求	m	76.76

续表4-34

序号	项目编码	项目名称	项目特征描述	计量单位	工程量
13	030413001001	普通灯具	1. 名称：金卤灯，工厂灯； 2. 型号：1×100 W； 3. 安装方式：吸顶安装； 4. 满足图纸设计及规范要求	套	16
14	030413001002	普通灯具	1. 名称：吸格栅型荧光灯； 2. 型号：3×18 W； 3. 安装形式：吸顶； 4. 满足图纸设计及规范要求	套	19
15	030413014001	插座	1. 名称：安全型二、三极插座； 2. 型号：250 V，10 A； 3. 安装形式：嵌墙暗装，下沿距地 0.3 m； 4. 满足图纸设计及规范要求	套	4
16	030413014002	插座	1. 名称：安全型三极插座，空调用； 2. 型号：250 V，20 A； 3. 安装形式：嵌墙暗装，下沿距地 1.8 m； 4. 满足图纸设计及规范要求	套	1
17	030413013001	照明开关	1. 名称：两位单极开关； 2. 型号：250 V，10 A； 3. 安装形式：嵌墙暗装，下沿距地 1.35 m； 4. 满足图纸设计及规范要求	套	3
18	030413013002	照明开关	1. 名称：四位单极开关； 2. 型号：250 V，10 A； 3. 安装形式：嵌墙暗装，下沿距地 1.35 m； 4. 满足图纸设计及规范要求	套	2
19	030412006001	接线盒	1. 名称：接线盒； 2. 规格：86； 3. 安装形式：暗装； 4. 满足图纸设计及规范要求	个	35
20	030412006002	接线盒	1. 名称：开关盒； 2. 规格：86； 3. 安装形式：暗装	个	10
21	030409003001	电力电缆头	1. 名称：干包式电力电缆终端头； 2. 型号：5 芯； 3. 规格：截面积 10 mm^2 以下； 4. 材质、类型：铜； 5. 满足图纸设计及规范要求	个	10

续表4-34

序号	项目编码	项目名称	项目特征描述	计量单位	工程量
22	030409003002	电力电缆头	1. 名称：干包式电力电缆终端头； 2. 型号：5 芯； 3. 规格：截面积 16 mm^2 以下； 4. 材质、类型：铜； 5. 满足图纸设计及规范要求	个	2

表 4-35 电气系统计价汇总表

序号	项目编码	工程项目名称	单位	数量	综合单价
1	030402011001	成套配电箱	台	1	1739.6
	C4-2-89	成套配电箱安装 悬挂、嵌入式(半周长)1.5 m	台	1	1739.6
	设备	挂墙式动力配电箱 1DL:XLL2	台	1	1500
2	030402011002	成套配电箱	台	1	1190.71
	C4-2-88	成套配电箱安装 悬挂、嵌入式(半周长)1.0 m	台	1	1190.71
	主材	普通照明箱 AL-SA	台	1	1000
3	030204011003	成套配电箱	台	5	690.71
	C4-2-88	成套配电箱安装 悬挂、嵌入式(半周长)1.0 m	台	5	690.71
	主材	检修电源箱 JXAP 15W	台	5	500
4	030412001001	配管	m	343.41	18.03
	C4-12-27	镀锌钢管敷设 砖、混凝土结构暗配 公称直径(DN)≤20	10 m	34.341	180.19
	主材	SC20	m	353.712	6.75
5	030412001002	配管	m	14.25	22.75
	C4-12-28	镀锌钢管敷设 砖、混凝土结构暗配 公称直径(DN)≤25	10 m	1.425	227.6
	主材	SC25	m	14.678	9.58
6	030412001003	配管	m	68.28	35.85
	C4-12-30	镀锌钢管敷设 砖、混凝土结构暗配 公称直径(DN)≤40	10 m	6.828	358.48
	主材	SC40	m	70.328	15.03
7	030412001004	配管	m	22.93	44.62
	C4-12-31	镀锌钢管敷设 砖、混凝土结构暗配 公称直径(DN)≤50	10 m	2.293	446.05
	主材	SC50	m	23.618	20.54

续表4-35

序号	项目编码	工程项目名称	单位	数量	综合单价
8	030409001001	电力电缆	m	95.99	36.22
	C4-9-146×1.3	室内敷设电力电缆 铜芯电力电缆敷设 电缆截面(mm^2)≤16 实际芯数(芯):5	10 m	9.599	362.15
	主材	YJY-5×16	m	96.95	28.76
9	030409001002	电力电缆	m	28.67	43.86
	C4-9-147×1.3	室内敷设电力电缆 铜芯电力电缆敷设 电缆截面(mm^2)≤10 实际芯数(芯):5	10 m	2.867	438.54
	主材	YJY-5×16	m	28.957	34.95
10	030412004001	配线	m	734.02	3.13
	C4-13-2	管内穿线 穿照明线 铜芯 导线截面(mm^2)≤2.5	10 m	73.402	31.27
	主材	BV-2	m	851.463	1.77
11	030412004002	配线	m	399.59	3.06
	C4-13-3	管内穿线 穿照明线 铜芯 导线截面(mm^2)≤4	10 m	39.959	30.61
	主材	BV-4	m	439.549	2.1
12	030412004003	配线	m	76.76	3.62
	C4-13-9	管内穿线 穿动力线 铜芯 导线截面(mm^2)≤6	10 m	7.676	36.18
	主材	BV-6	m	80.598	2.6
13	030413001001	普通灯具	套	16	186.77
	C4-14-165	工厂罩灯安装 吸顶式	套	16	186.77
	主材	金卤灯,工厂灯 1×100W	套	16.16	160
14	030413001002	普通灯具	套	19	229.19
	C4-14-2	吸顶灯具安装 灯罩周长(mm)≤1100	套	19	229.19
	主材	格栅型荧光灯 3×18W	套	19.19	200
15	030413014001	插座	套	4	22.45
	C4-14-362	单相带接地 暗插座电流(A)≤15	套	4	22.45
	主材	安全型二、三极插座 250 V,10 A	套	4.08	11.02
16	030413014002	插座	套	1	26.51
	C4-14-362	单相带接地 暗插座电流(A)≤15	套	1	26.51
	主材	安全型二、三极插座 空调用 250 V,10 A	套	1.02	15

续表4-35

序号	项目编码	工程项目名称	单位	数量	综合单价
17	030413013001	照明开关	套	3	27.63
	C4-14-347	普通开关、按钮安装 跷板暗开关单控 ≤3 联	套	3	27.63
	主材	两位单极开关 250 V,10 A	套	3.06	17.7
18	030413013002	照明开关	套	2	32.07
	C4-14-350	普通开关、按钮安装 跷板暗开关双控 ≤6 联	套	2	32.07
	主材	四位单极开关 250 V,10 A	只	2.04	19
19	030412006001	接线盒	个	35	6.41
	C4-13-163	暗装接线盒	个	35	6.41
	主材	接线盒	个	35.7	1.28
20	030412006002	接线盒	个	10	6.15
	C4-13-163	暗装接线盒	个	10	6.15
	主材	开关盒	个	10.2	1.03
21	030409003001	电力电缆头	个	10	106.28
	C4-9-201 换	电力电缆终端头制作与安装 1 kV 以下室内干包式铜芯电力电缆 电缆截面(mm^2)≤10 人工乘以系数 1.3,材料乘以系数 1.3,机械乘以系数 1.3	个	10	106.28
22	030409006002	电力电缆头	个	2	130.57
	C4-9-202 换	电力电缆终端头制作与安装 1 kV 以下室内干包式铜芯电力电缆 电缆截面(mm^2)≤16 人工乘以系数 1.3,材料乘以系数 1.3,机械乘以系数 1.3	个	2	130.57

5 防雷接地安装工程计量与计价

【教学目标】 通过本章的学习，要求掌握防雷接地工程的工作内容，掌握防雷接地工程工程量清单计价的编制。

【教学重点】 防雷接地工程中避雷网等工程量的计算，防雷接地工程的清单计价。

5.1 防雷接地工程基础知识

雷电的破坏作用主要有两种：第一种破坏作用是雷电直接击在建筑物上，由于雷击时放电电压很高，电流很大，在强大的雷电流通道上，物体内水分受热气化膨胀，产生强大的应力，使建筑物遭到破坏；第二种破坏作用是由于雷电流变化率大而产生强大的感应磁场，使得周围的金属构件产生感应电流，产生大量的热而引起火灾，这种危害并不是雷电直接对建筑物放电造成的，因而称之为二次雷或感应雷。

5.1.1 防雷接地基础知识

防雷装置包括避雷针、避雷线、避雷带、避雷网、避雷器以及引下线和接地装置。避雷针用来保护露天变配电设备和建筑物，避雷线用来保护电力线路，避雷带和避雷网用来保护建筑物，避雷器用来保护电力设备。

5.1.1.1 接闪器

接闪器包括避雷针、避雷线、避雷带、避雷网、金属屋面、突出屋面的金属烟囱等。接闪器总是高出被保护物，是与雷电流直接接触的导体。

使用避雷针作为接闪器时，一般应采用圆钢。当其针长为 1 m 以下时，圆钢直径应不小于 ϕ12 mm；针长为 1～2 m 时，圆钢直径应不小于 ϕ16 mm。当避雷针较长时，针体则由针尖和不同管径的钢管分几段组合焊成。烟囱顶上的避雷针，圆钢直径应为 ϕ20 mm。

在建筑物屋顶面积较大时，应采用避雷带或避雷网作接闪器。若所用材料为圆钢，直径为 ϕ8 mm；若为扁钢，横截面面积为 84 mm^2，厚度为 4 mm。避雷带常设置在建筑物易受雷击的檐角、女儿墙、屋檐处。

避雷网在平屋顶上的安装示意图见图 5-1。

5.1.1.2 引下线

引下线的作用是将接闪器与接地装置连接在一起，使雷电流构成通路。引下线一般采用圆钢或扁钢，要求做镀锌处理。引下线采用钢绞线时，截面面积不应小于 25 mm^2；采用圆钢时，直径不应小于 ϕ8 mm；采用扁钢时，截面面积应大于 48 mm^2，厚度应大于 4 mm。构筑物上安装的引下线，圆钢直径不应小于 ϕ12 mm；扁钢截面面积应大于 100 mm^2，厚度应大于 4 mm。

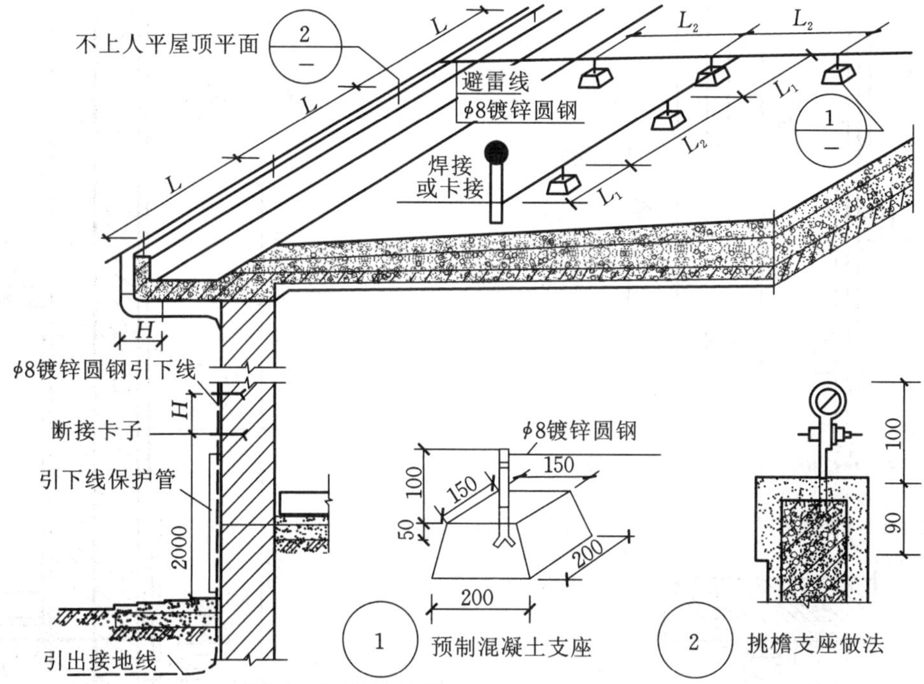

图 5-1　避雷网在平屋顶上的安装示意图

引下线应沿建筑物和构筑物外墙敷设，固定引下线的支持卡子间距为 1.5～2 m，引下线应经最短路径接地。每栋建筑物或高度超出 40 m 的构筑物，至少要设置两根引下线，引下线的间距一般为 30 m。引下线转弯时，角度不应小于 90°。为了便于测量接地电阻和校验防雷系统的连接状况，应在各引下线距地面高度 1.8 m 以下或距地面 0.2 m 处设置断接卡子，并加以保护。明装引下线、断接卡子、保护管见图 5-2。暗敷引下线、明测试卡见图 5-3。避雷引下线、接地装置安装示意图见图 5-4。

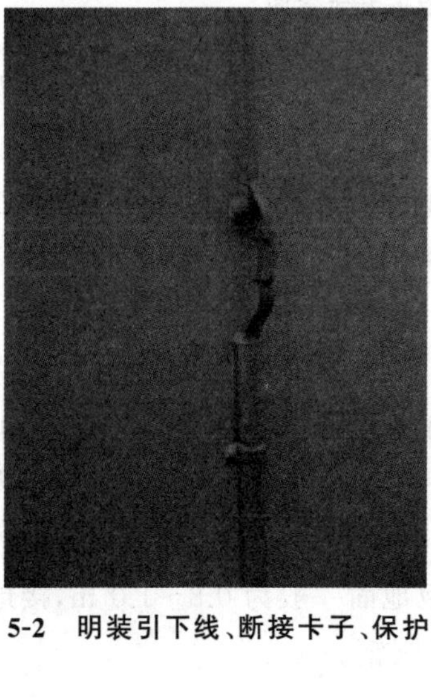

图 5-2　明装引下线、断接卡子、保护管

图 5-3　暗敷引下线、明测试卡

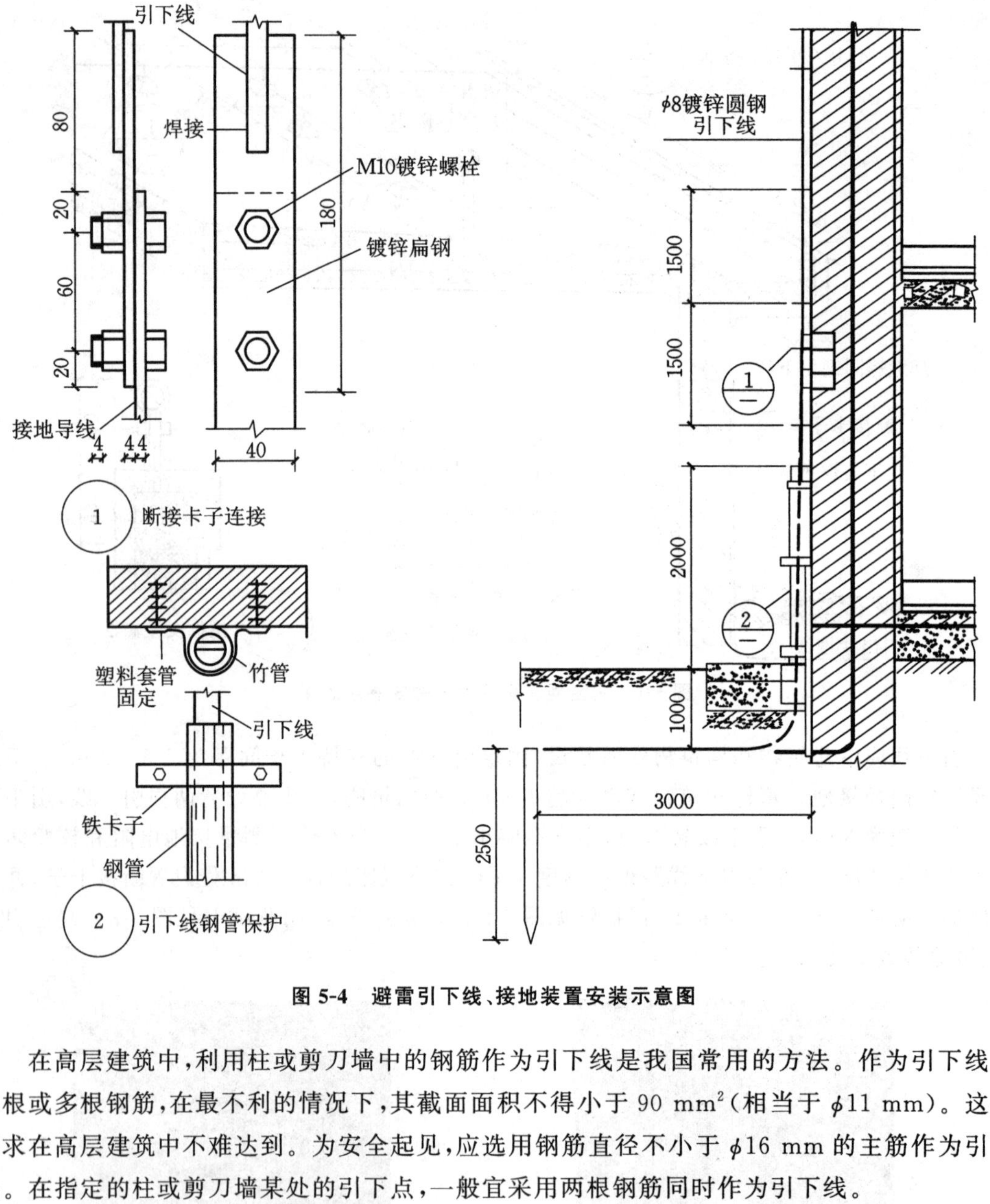

图 5-4 避雷引下线、接地装置安装示意图

在高层建筑中,利用柱或剪刀墙中的钢筋作为引下线是我国常用的方法。作为引下线的一根或多根钢筋,在最不利的情况下,其截面面积不得小于 90 mm^2(相当于 ϕ11 mm)。这一要求在高层建筑中不难达到。为安全起见,应选用钢筋直径不小于 ϕ16 mm 的主筋作为引下线。在指定的柱或剪刀墙某处的引下点,一般宜采用两根钢筋同时作为引下线。

5.1.1.3 接地装置

接地体和接地线统称为接地装置。接地线又称为水平接地体,而接地体则常称为竖直接地极(棒)。水平接地体一般采用扁钢或圆钢,扁钢规格为 40 mm×4 mm,圆钢直径为 ϕ20 mm。埋设深度以 1 m 为宜。竖直接地体一般采用角钢、圆钢或钢管,角钢规格为 40 mm×4 mm 及以上,圆钢直径为 ϕ20 mm 及以上,钢管直径不小于 ϕ40 mm。竖直接地体的长度一般为2.5 m,接地体的间距为 5 m,埋入地下时其顶端距地面一般为 0.8～1.0 m,接地体之间的连接采用 40 mm×4 mm 扁钢或直径 ϕ10 mm 以上的圆钢。

接地装置均应做镀锌处理，敷设在有腐蚀性场所的接地装置应适当加大截面。接地装置距离建筑物或构筑物不应小于 3 m。

（1）基础接地

在高层建筑中，利用柱子和基础内的钢筋作为引下线和接地装置，具有经济、美观和有利于雷电流流散以及不必维护和寿命长等优点。这种设在建筑物钢筋混凝土桩基和地下层建筑物的混凝土基础内的钢筋作为接地体时，称为基础接地体。利用基础接地体的接地方式称为基础接地。

基础接地体可分为以下两类：

①自然基础接地体：利用钢筋混凝土基础中的钢筋或混凝土基础中的金属结构作为接地体时称为自然基础接地体。

②人工基础接地体：把人工接地体敷设在没有钢筋的混凝土基础内时称为人工基础接地体。有时候，在混凝土基础内虽有钢筋，但由于不能满足利用钢筋作为自然基础接地体的要求（如由于钢筋直径太小或钢筋总表面积太小），也有在这种钢筋混凝土基础内加设人工接地体的情况，这时所加入的人工接地体也称为人工基础接地体。

例如，图 5-5(a)所示为利用无桩混凝土基础上的钢筋混凝土柱子内的钢筋作引下线，在基础垫层下面四角打入 4 条角钢（或钢管）作为竖直接地极，并与地梁钢筋连接构成接地网，这属于基础接地的一种方法。图 5-5(b)所示为该做法大样图。

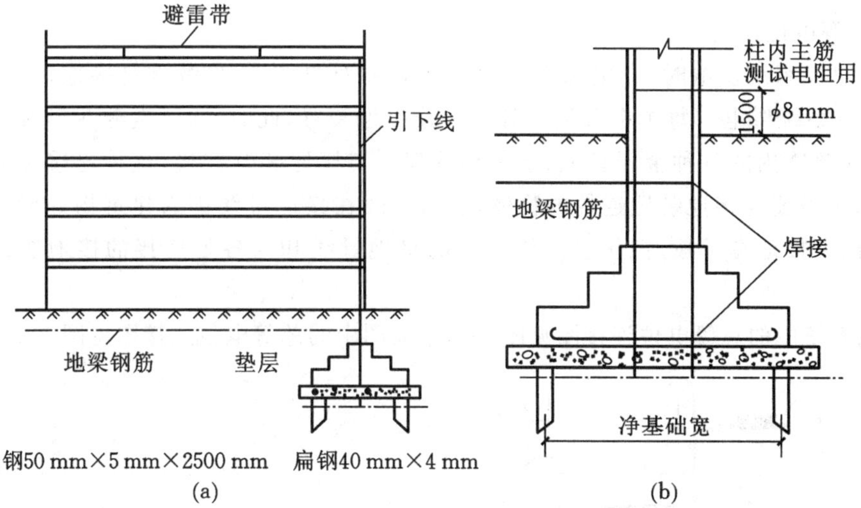

图 5-5　无桩混凝土基础接地

利用基础接地时，对建筑物地梁的处理是很重要的一个环节。地梁内的主筋要和基础主筋连接起来，并要把各段地梁的钢筋连成一个环路，这样才能将各个基础连成一个接地体，而且地梁的钢筋可以形成一个很好的水平接地环，综合组成一个完整的接地系统。

（2）等电位连接

建筑物内的各种金属导体都要与接地装置连接，使这些金属导体的电位与大地电位相同，这种连接称为等电位连接。等电位连接系统见图 5-6，包括总等电位连接和局部等电位连接两种。

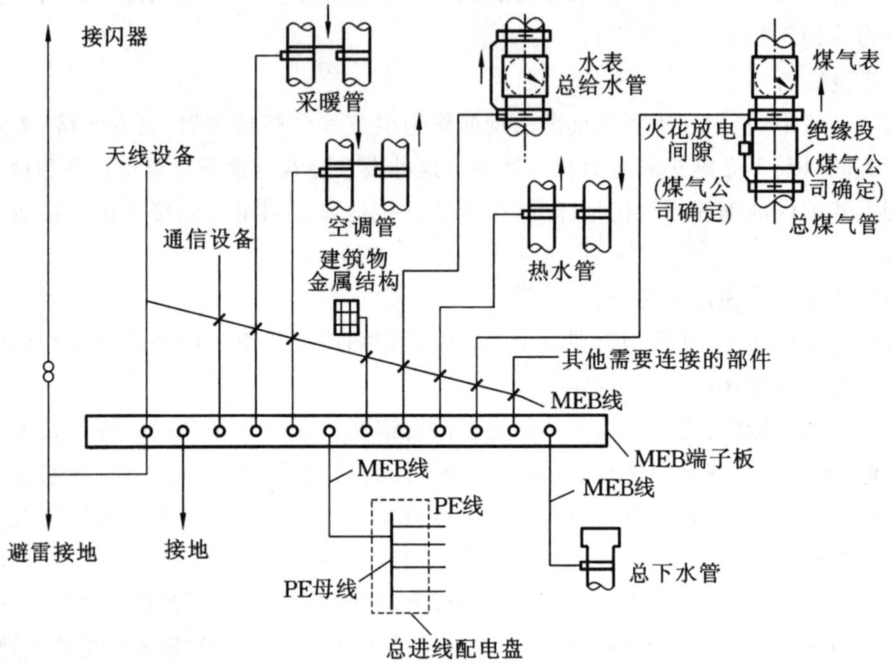

图 5-6　等电位连接系统

① 总等电位连接

使用 TN 系统供电时，在电源进入建筑物处要对电源 N 线做重复接地，并从进线处起改为 TN-S 系统供电。每个电源进线处要埋设接地装置，此时，除了电源 N 线要与接地装置连接外，建筑物内的各种金属管道、金属构件都要与接地装置连接，这种连接称为总等电位连接。由于需要与接地装置连接的物体较多，一般在接地母线进入建筑物处设一只总等电位箱，箱内装接地端子板，把从接地体引来的接地母线和与各处连接的接地线都接在接地端子板上。

供电系统中的总等电位连接图见图 5-7，平面图中的总等电位连接图见图 5-8。

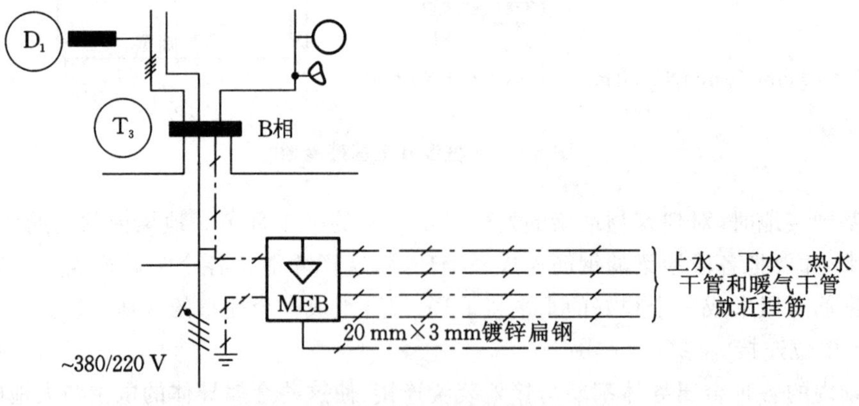

图 5-7　供电系统中的总等电位连接图

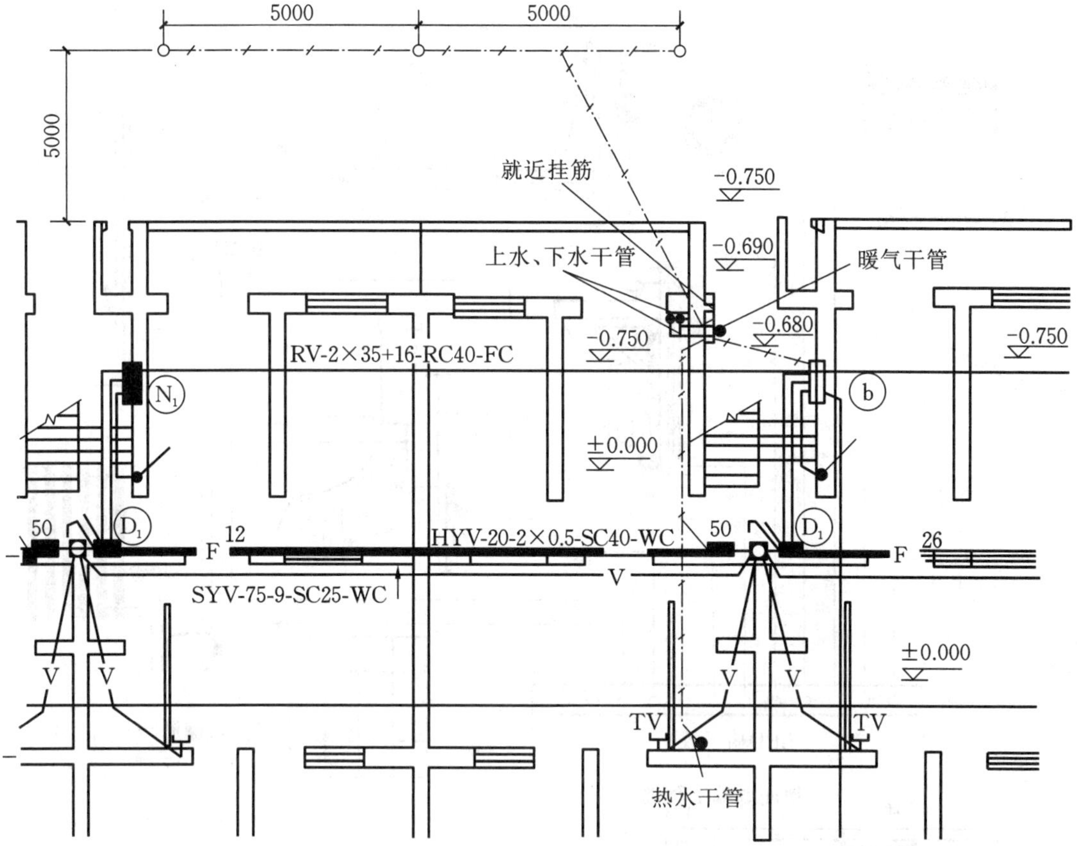

图 5-8 平面图中的总等电位连接图

图 5-8 是与图 5-7 对应的首层平面图，在图中可以看到单元门口右侧是配电箱，左侧是 MEB 箱，接地装置使用三根接地体，接地体距建筑物 5000 mm 埋设，接地体间距也为 5000 mm。接地体用接地母线连接并接入 MEB 箱。在 MEB 箱附近有暖气干管和上水、下水干管，并就近与建筑物内钢筋连接。热水干管在下面距 MEB 箱较远的位置。MEB 箱与配电箱间用接地母线连接。

② 局部等电位连接

在局部场所范围内，将各种可导电物体与接地线或 PE 线连接，称之为局部等电位连接。在建筑物内卫生间、游泳池都要做局部等电位连接。在建筑物防雷系统中，建筑物的某些楼层也要做局部等电位连接，把楼层内的所有金属管道和金属构件与防雷引下线连接起来。由于需要做局部等电位连接的部位可能各不相同，因此一般不给出具体的平面图，只是按照标准图集中给出的示意图根据具体情况自行处理。图 5-9 所示为卫生间局部等电位示意图。在图 5-9 中，需要进行连接的设备都要用导体连接到局部等电位连接箱 LEB 的端子板上。LEB 端子板要求与系统 PE 线连接，同时与建筑物钢筋网进行连接。连接导线使用 BVR-1 型截面面积为 4 mm^2 的导线，穿塑料管暗敷设。BVR 表示塑料绝缘软导线为多股绞合线，但每股导线要比 RV 型塑料软导线粗一些，也硬一些。导线与各个金属件使用金属卡子卡接。

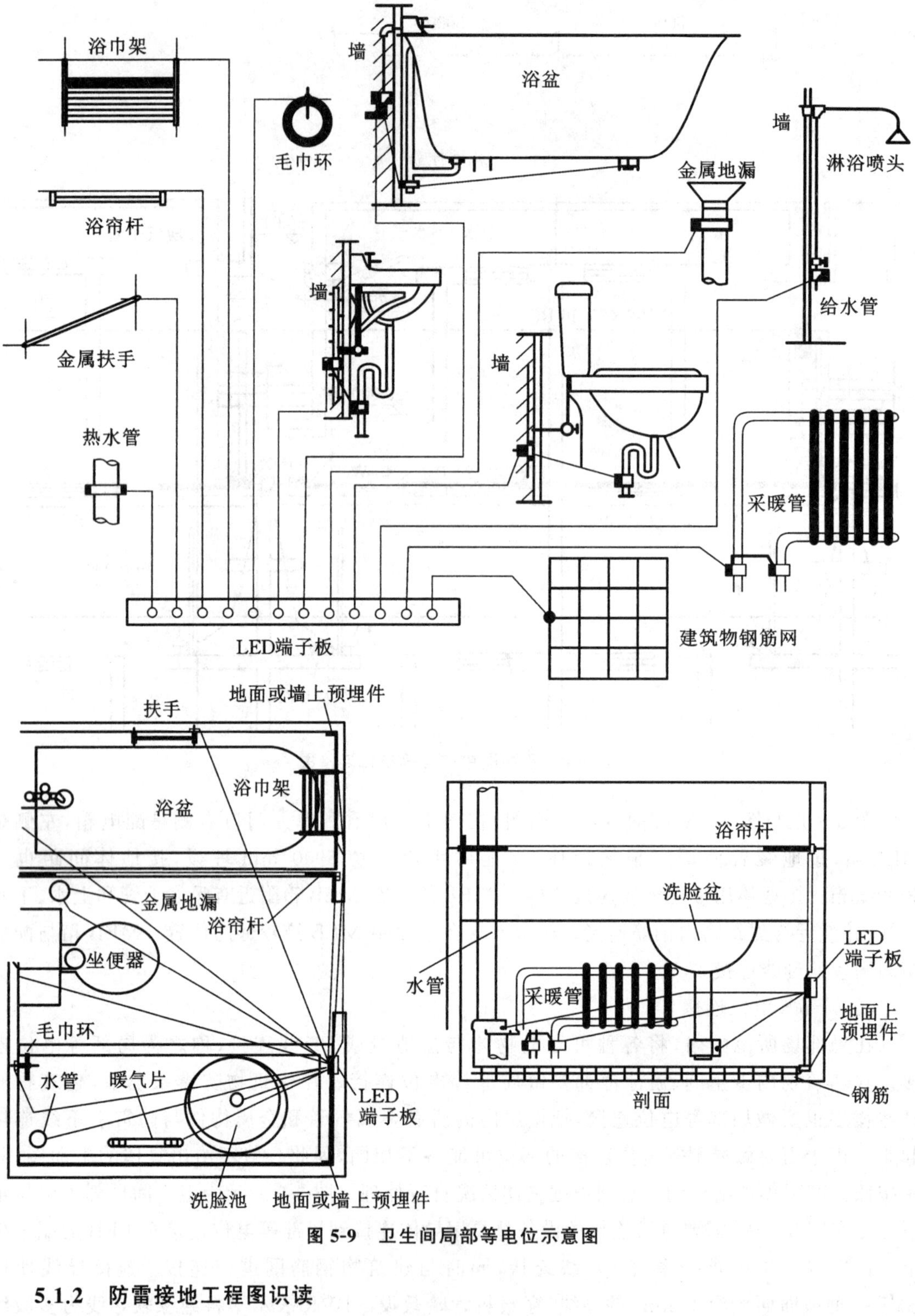

图 5-9　卫生间局部等电位示意图

5.1.2　防雷接地工程图识读

5.1.2.1　防雷接地工程中的图形和文字符号

防雷接地工程中常用的符号见表 5-1。

表 5-1 防雷接地工程中常用的符号

序号	名称		符号	说明
1	避雷针		·	
2	避雷带(线)			
3	接地一般符号			如表示接地状况或作用不够明显,可补充说明
4	无噪声(抗干扰)接地			
5	保护接地			本符号可用于代替序号 3 符号,以表示具有保护作用,例如在故障情况下防止触电的接地
6	接机壳或底板			
7	等电位			
8	端子		∘	
9	端子板		□□□□□□	可加端子标志
10	等电位连接		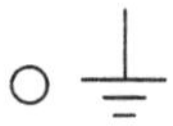	
11	易爆房间的等级符号	含有气体或蒸汽爆炸性混合物	0区 1区 2区 ○ ○ ○	
		含有粉尘或纤维爆炸性混合物	10区 11区 ○ ○	
12	易燃房间的等级符号		21区 22区 23区 ○ ○ ○	

5.1.2.2 *多层住宅楼防雷接地工程平面图*

多层住宅楼防雷接地工程一般采用楼顶安装避雷网,利用组合柱钢筋做防雷引下线,埋设人工接地体等方式。屋顶防雷平面图如图 5-10 所示。从图 5-10 中可以看出,楼顶外沿处有一圈避雷网,在 12 号轴线和 22 号轴线处有两根避雷网线,把楼顶分成三个网格。避雷网使用直径10 mm 的镀锌圆钢,在四个楼角处与组合柱钢筋焊接在一起,这样整个避雷系统有四根引下线。下部的两个楼角处标有测试卡子字样,表示在这两根组合柱距室外地坪 0.500 m 处设测试卡子,以供检查接地装置接地电阻时使用。由图 5-11 所示首层平面图可以看到,四个楼角处标有做引下线用的组合柱钢筋在这里与地梁钢筋进行焊接,地梁的钢筋在绑扎时也要进行焊接。接地体使用直径 50 mm 的镀锌钢管制作,长度为 2500 mm。接地体间距为 5000 mm,中间用接地母线连接。接地母线使用 4 mm×40 mm 镀锌扁钢制作。接地母线沿 1 号轴线引入建筑物,在与地梁钢筋交叉处与地梁钢筋焊接。

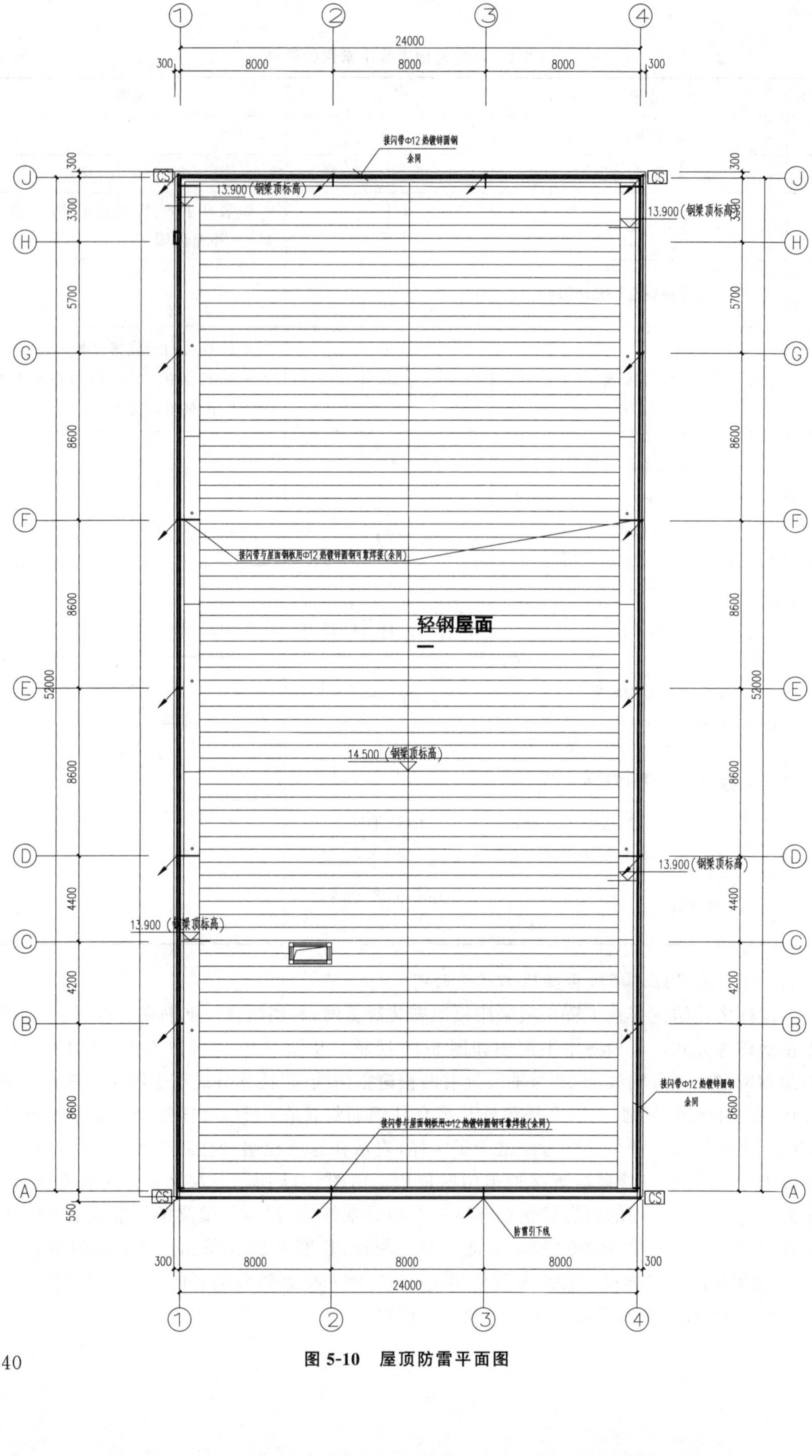

图 5-10　屋顶防雷平面图

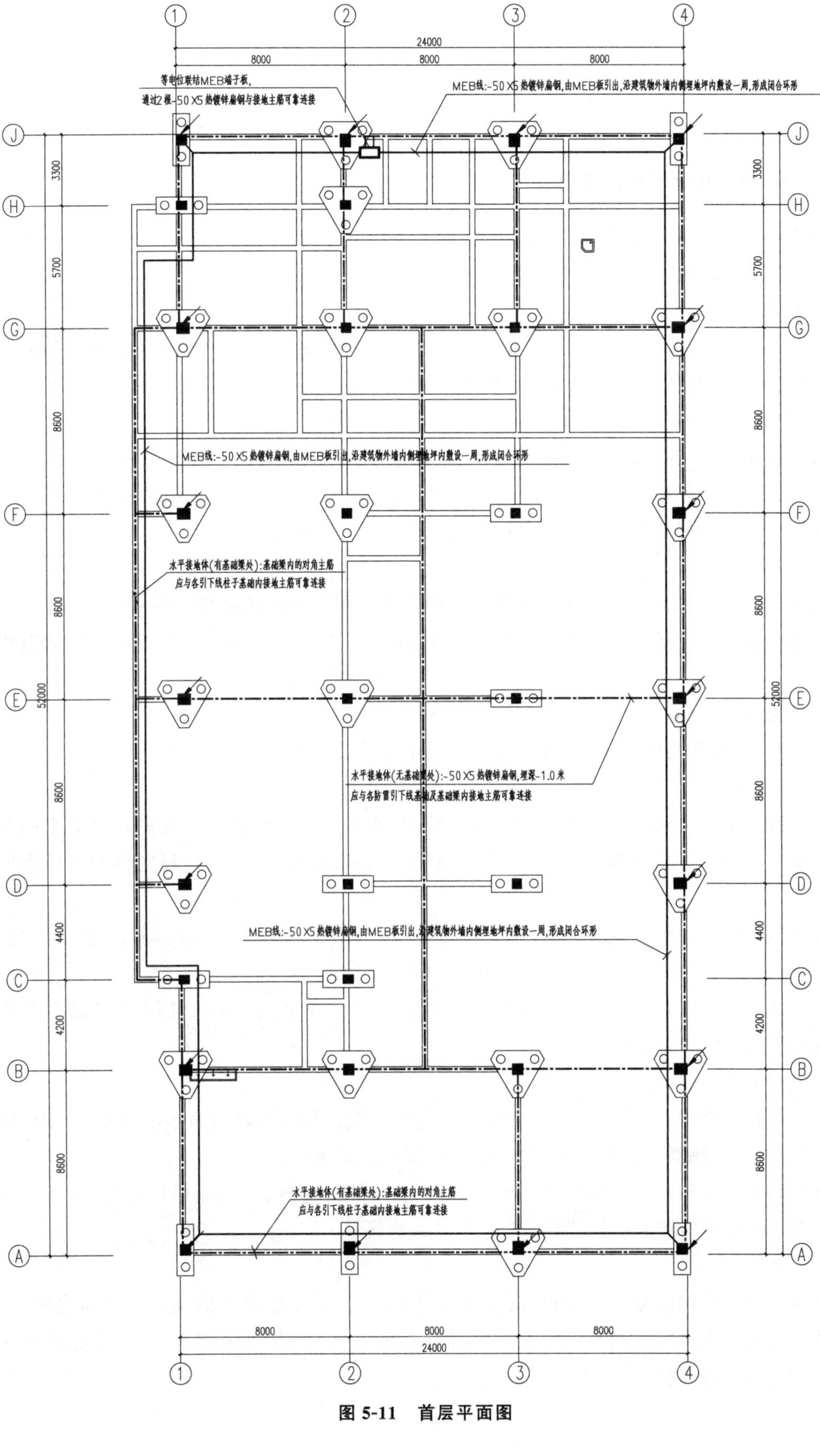
等电位联结MEB端子板，
通过2根-50X5热镀锌扁钢与接地主筋可靠连接
MEB线:-50X5热镀锌扁钢,由MEB板引出,沿建筑物外墙内侧埋地坪内敷设一周,形成闭合环形
水平接地体(有基础梁处):基础梁内的对角主筋
应与各引下线柱子基础内接地主筋可靠连接
水平接地体(无基础梁处):-50X5热镀锌扁钢,埋深-1.0米
应与各防雷引下线基础及基础梁内接地主筋可靠连接
24000
8000
52000
3300
5700
8600
4400
4200

图 5-11　首层平面图

5.2 防雷接地工程计量与计价

5.2.1 防雷接地工程计量

防雷接地工程量清单的设置应按照《通用安装工程工程量计算标准》(GB/T 50856—2024)中附录的表 D.10 防雷及接地装置(编码:0304010)的规定执行。

(1) 接地极

接地极是与接地线相连的部分,通常是埋入地下的金属导体。其作用主要是承载和传递电流,将电流从接地体引导到土壤中。接地极需要良好的导电性能,并且能够适应各种土壤条件,确保电流能够顺畅地流入大地。

接地极按名称、材质、规格等进行分项。利用桩基础作接地极,应描述桩承台下桩的根数,每桩台下需焊接柱筋根数,其工程量按柱引下线计算。接地极工作内容包括接地极(板、桩)制作与安装,其工程量按设计图示数量以"根(块、套)"为单位计算。

(2) 接地母线

接地母线是一种专门用于连接电气设备的接地线和接地网的导线。接地母线的主要功能包括确保设备的安全运行,保护人员不受电击,以及减少电子设备因雷击等过电压而造成的损坏。

接地母线按名称、材质、规格、安装部位、安装形式等进行分项,工作内容包括室外母线挖填土、接地母线制作与安装,其工程量按设计图示尺寸长度以"m"为单位计算。

(3) 引下线

引下线是连接接闪器与接地装置的金属导体,其作用是将避雷针接收的雷电流引向接地装置。引下线一般采用圆钢或扁钢,优先采用圆钢,必须满足耐腐蚀、热稳定性和机械强度的要求。

引下线按名称、材质、规格、安装形式进行分项。利用柱筋作引下线的,需描述柱筋焊接根数,引下线的形式主要是单设引下线、利用柱筋引下。

引下线安装工作内容包括引下线制作与安装、利用主钢筋进行电气连接,其工程量按设计图示尺寸长度以"m"为单位计算。

(4) 均压环

均压环按其名称、材质、规格、安装形式等进行分项。利用基础钢筋作接地极的,按均压环项目编码列项,利用圈梁筋作均压环的,需描述圈梁筋焊接根数。

均压环安装工作内容包括均压环敷设、柱主筋与圈梁焊接、利用圈梁钢筋焊接,其工程量按设计图示长度以"m"为单位计算。

(5) 接闪带

接闪带是一种接闪器,通常由金属线编织成网状,安装在建筑物的顶部或四周边缘,用于保护建筑物免受直接雷击和感应雷击。接闪带通过引下线与接地装置相连,将雷电流引入大地,以此保护被保护物免受雷击。

接闪带按名称、材质、规格、安装形式进行分项，工作内容包括接闪带制作与安装，其工程量按设计图示尺寸的总长度加预留长度计算，以“m”为单位。

(6) 接闪杆

接闪杆通常安装在建筑物的顶端或烟囱上，用来保护建筑物免受直接雷击。接闪杆通过引下线与接地装置相连，将雷电流安全地引入大地中去，使被保护物体免受直接雷击。

接闪杆按名称、材质、规格、安装形式与高度等进行分项，安装形式包括装在烟囱上、装在平面屋顶上、装在墙上、装在金属容器顶上、装在金属容器壁上、装在构筑物上等。工作内容包括接闪杆制作与安装，其工程量按设计图示数量以“根”为单位计算。

(7) 等电位端子箱、测试板

等电位端子箱是一种电气装置，主要用于连接建筑物内的各种金属物体，以减少电位差，从而保护人身安全。测试板用于检测等电位连接的完整性和有效性。

等电位端子箱及测试板均按其名称、材质、规格等进行分项，工作内容是制作、安装，其工程量按设计图示数量以“台”为单位计算。

(8) 绝缘垫

绝缘垫按其名称、材质、规格等进行分项，工作内容包括制作、安装，其工程量按设计图示尺寸以展开面积计算，以“m^2”为单位。

(9) 智能防雷装置

智能防雷装置按其名称、规格、类别、防雷等级等进行分项，工作内容包括本体安装、接线、接地等，其工程量按设计图示数量以“套”为单位计算。

(10) 降阻剂

降阻剂按其名称、型号等进行分项，工作内容包括施放降阻剂与运输，其工程量按设计图示规格以质量计算，工程量单位为“kg”。

(11) 接地跨接

接地跨接按其名称、材质、规格等进行分项，工作内容包括制作与跨接，按设计图示数量计算工程量，工程量单位为“处”。

(12)防雷断接卡、箱

防雷断接卡、箱按其名称、型号、安装形式、箱体材质与尺寸等进行分项，工作内容包括断接卡制作与安装、箱体安装等，其工程量按设计图示数量以“个”为单位计算。

(13) 接地装置系统调试(030416027)

接地装置系统调试以装置的名称及型号划分项目，其工程量按设计图示数量计算，单位为“系统”。

【例 5-1】 某建筑上设有避雷针防雷装置。设计要求如下：1 根钢管避雷针 ϕ25 mm，针长 2.5 m，在平屋面上安装；利用柱主筋引下(2 根柱筋)，柱长 15 m；角钢(∟50 mm×50 mm×5 mm)接地极，共 3 根，长 2.5 m/根；接地母线为(40 mm×4 mm)镀锌扁钢，埋设深度 0.7 m，设计图示尺寸长 20 m。编制该分部分项工程工程量清单。

【解】 编制的分部分项工程工程量清单见表 5-2。

表 5-2 防雷接地工程工程量清单案例

项目编码	项目名称	项目特征描述	计量单位	工程量
030409001001	接地极	1.名称：角钢接地极； 2.材质：镀锌角钢； 3.规格：∟50 mm×50 mm×5 mm； 4.土质：普通土	根	3
030409002001	接地母线	1.名称：接地母线； 2.材质：镀锌扁钢； 3.规格：— 40 mm×4 mm； 4.安装部位：户外	m	20
030409003001	避雷引下线	1.名称：避雷引下线； 2.安装形式：2 根柱筋	m	15
030409004001	避雷针	1.名称：钢管避雷针； 2.材质：碳钢； 3.规格：ϕ25 mm，针长 2.5 m； 4.安装形式、高度：在平屋面上	根	1

5.2.2 防雷接地工程计价

防雷接地工程对应的湖北省 2024 版安装定额是在第四册第十章防雷与接地装置安装。防雷接地工程在定额中包括避雷针制作与安装、避雷网安装、均压环安装、避雷引下线敷设、接地极(板)制作与安装、接地母线敷设、接地跨接线安装、设备防雷装置安装、阴极保护接地、等电位装置安装和测试板安装、等电位连接、接地系统测试等内容。

(1) 避雷针制作与安装

避雷针制作与安装工作内容包括下料、针尖针体加工(不包括底座加工)、挂锡、校正、组焊、刷漆、预埋铁件、螺栓或支架安装固定、补漆。独立避雷针还包括组装、焊接、吊装、找正、固定。

避雷针制作与安装定额内容不包括避雷针底座及预埋件的制作与安装。避雷针安装定额综合考虑了高空作业因素，执行定额时不做调整。独立避雷针安装包括避雷针塔架、避雷引下线安装，不包括基础浇筑。

避雷针制作与安装工程量计算规则：普通避雷针制作与安装，以“根”为计量单位，独立避雷针制作与安装以“基”为计量单位。工程量计算时，其长度、高度、数量均按施工图图示设计的规定计算。

(2) 避雷网安装

高层建筑物屋顶防雷接地装置安装应执行避雷网安装定额。避雷网安装沿折板支架敷设定额包括支架制作与安装，不得另行计算。

避雷网敷设以“m”为计量单位，工程量按施工图图示“延长米”计算，其长度按施工图设计水平和垂直规定长度另加 3.9%的附加长度(包括转弯、上下波动、避绕障碍物、搭接头所占长

度)计算,即:

避雷网敷设长度(m)=施工图设计长度(m)×(1+3.9%)

【例 5-2】 某建筑物屋面防雷接地平面布置图如图 5-12 所示,避雷网采用 ϕ12 mm 镀锌圆钢沿混凝土块敷设,引下线布置图如图 5-13 所示,采用 ϕ12 mm 镀锌圆钢沿外墙引下,距室外地坪 2 m 处设断接卡子。接地母线为 40 mm×4 mm 镀锌扁钢,埋深 0.8 m。接地极为 ϕ25 mm圆钢,长2.5 m,在建筑物四周敷设,直立打入地下,埋深 0.8 m,设计室外地坪标高为 −0.600 m。试计算该防雷接地工程避雷网工程量。

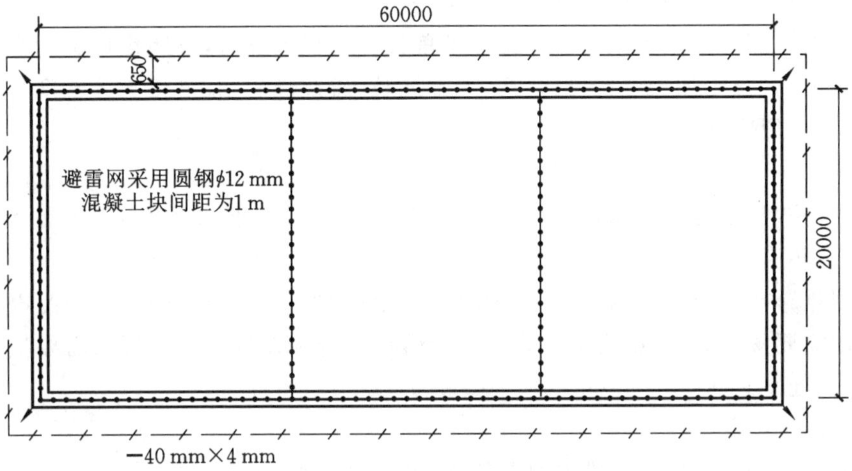

图 5-12 防雷接地平面布置图

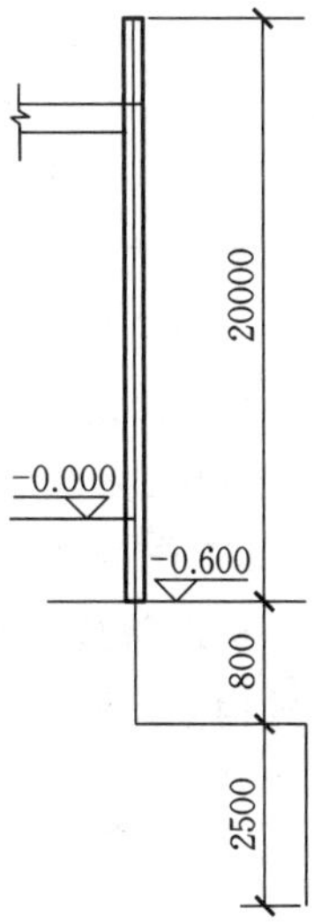

图 5-13 引下线布置图

【解】 如图 5-12 可知,该工程屋面避雷网沿屋面挑檐顶部敷设。引下线自屋面挑檐向下引至断接卡子处。接地母线自断接卡子引至室外地坪以下 0.8 m 处,向室外延伸至外墙外 0.65 m接人工地极,建筑物四角埋设的 4 个接地极由埋深为 0.8 m 的接地母线水平连接。则该防雷接地工程避雷网工程量(长度):

避雷网长度=(60×2+20×4)×(1+3.9%)=207.8 m

(3) 均压环安装

均压环一般包括两种形式:利用建筑物圈梁内主筋和单独用扁钢、圆钢制作。利用建筑物圈梁内主筋作均压环时,工程量以设计需要作均压接地的圈梁的中心线长度按“延长米”计算,定额按两根主筋考虑,超过两根主筋时,可按比例调整。单独用扁钢、圆钢作均压环时,工程量以设计需要作均压接地的圈梁的中心线长度按“延长米”计算,执行“户内接地母线敷设”项目。

(4) 避雷引下线敷设

利用建筑结构钢筋作为接地引下线,湖北省 2024 版安装定额是按照每根柱内焊接两根主筋编制的,当焊接主筋超过两根时,可按照比例调整定额人工、材料、机械费。利用铜绞线作为接地引下线时,其配管、穿铜绞线执行同规格配管与配线定额。

避雷引下线敷设根据引下线采取的方式,按照设计图示敷设数量以“m”为计量单位。

断接卡子制作与安装按照设计规定装设的断接卡子数量以“套”为计量单位。检查井内接地的断接卡子安装按照每井一套计算。

(5) 接地极(板)制作与安装

接地极制作与安装根据材质与土质，按照设计图示安装数量以“根(块、套)”为计量单位。接地极长度按照设计长度计算，设计无规定时，每根按照 2.5 m 计算。

(6) 接地母线敷设

户外接地母线敷设，湖北省 2024 版安装定额是按照室外整平标高和一般土质综合编制的，包括地沟挖填土和夯实，执行定额时不再计算土方工程量；户外接地沟挖深为 0.75 m，每米沟长土方量为 0.34 m^3。如设计要求埋设深度与定额不同时，应按照实际土方量调整。如遇有石方、矿渣、积水、障碍物等情况时应另行计算。

接地母线敷设按照设计图示敷设数量以“m”为计量单位。计算长度时，按照设计图示水平和垂直规定长度的 3.9%计算附加长度(包括转弯、上下波动、避绕障碍物、搭接头等长度)，当设计有规定时，按照设计规定计算。

(7) 接地跨接线安装

利用建(构)筑物梁、柱、桩承台等接地时，柱内主筋与梁、柱内主筋与桩承台跨接不另行计算，其工作量已经综合在相应定额中。

接地跨接线安装根据跨接线位置，按照设计图示跨接数量以“处”为计量单位。户外配电装置构架按照设计要求需要接地时，每组构架计算一处；钢窗、铝合金窗按照设计要求需要接地时，每一金属窗计算一处。

(8) 电子设备防雷装置安装

电子设备防雷接地装置安装根据需要避雷的设备，按照个数计算工程量。

(9) 阴极保护接地

阴极保护接地根据设计采取的措施，按照设计用量计算工程量。

(10) 等电位装置和测试板安装

等电位装置安装根据接地系统布置，等电位端子盒按照安装数量以“套”为计量单位，总等电位箱以“台”为计量单位。接地测试板制作与安装以“点”为计量单位。

(11) 等电位连接

等电位连接以“处”为计量单位。

(12) 接地系统测试

工程项目连成一个母网时，按照一个系统计算测试工程量；单项工程或单位工程自成母网不与工程定额母网相连的独立接地网，单独计算一个系统测试工程量。

工厂、车间、大型建筑群各自有独立的接地网(按照设计要求)，在最后将各接地网连在一起时，需要根据具体的测试情况计算系统测试工程量。

【例 5-3】 某建筑物避雷网采用 $\phi 10$ mm 镀锌圆钢沿屋顶混凝土块敷设，混凝土块每米设置一个。利用各个立柱内的两根柱内主筋作引下线。接地网利用基础地梁 2 根主筋并与室外增设的接地网连接，室外接地母线敷设深度为室外地坪下 0.75 m，地梁顶端标高 −1.2 m。室外接地母线采用— 40 mm×4 mm 镀锌扁钢与地梁引出钢筋连接。接地极采用 DN50 镀锌钢管 l=2500 mm，打入地下，土质为坚土。根据图纸计算该建筑物防雷接地安装工程量并编制工程量清单及计价表。某建筑物防雷接地工程平面图如图 5-14 所示。

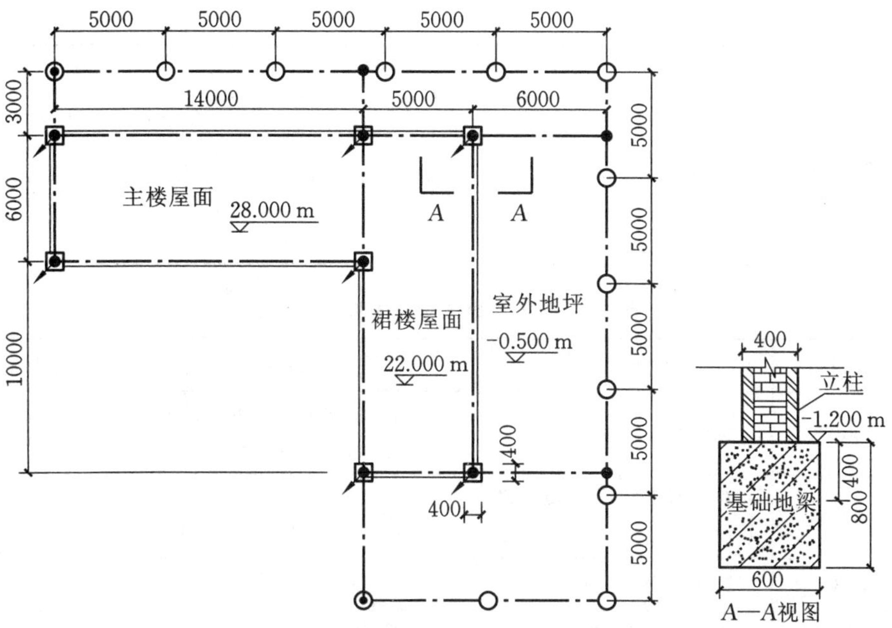

图 5-14 某建筑物防雷接地工程平面图

【解】 该建筑物防雷接地工程工程量计算表见表 5-3,工程量清单及计价表见表 5-4。

表 5-3 防雷接地工程工程量计算表

序号	项目名称	规格	单位	数量	部位提要	计算式
1	屋面避雷网安装	镀锌圆钢 ϕ10 mm	m	76.00	清单工程量	[(14+5)×2+(10+5)×2+6]
				78.96	定额工程量	[(14+5)×2+(10+5)×2+6]×1.039
2	混凝土块制作	100 mm×100 mm×100 mm	块	76.00		[(14+5)×2+(10+5)×2+6](1 m 1 个)
3	引下线敷设	利用柱筋	m	189.90		(28+0.1+1.2+0.4)×4+(22+0.1+1.2+0.4)×3
4	地梁接地网安装	利用地梁钢筋	m	70.00		(14+5)×2+(10+5)×2(按地梁外周中心线长)
5	室外接地网敷设	镀锌扁钢 40 mm×4 mm	m	86.75	清单工程量	[10×5+11+(6+1.6−1.25)×3+(3+1.6−1.25)×2](清单计价规则按设计尺寸计)
6				90.13	定额工程量	[10×5+11+(6+1.6-1.25)×3+(3+1.6−1.25)×2]×1.039(按从地梁中心引出计算)
7	接地极制安	镀锌钢管 DN50 l=2500	根	13.00		按实计算

续表5-3

序号	项目名称	规格	单位	数量	部位提要	计算式
8	柱筋与地梁钢筋焊接		处	7.00		按每根柱子1处，每处按焊接2根钢筋计算
9	接地电阻测试		系统	1.00		大于6根接地

表5-4　防雷接地工程量清单及计价表

序号	项目编码	工程项目名称	项目特征	单位	数量
1	030410005001	接闪网	屋面防雷网镀锌圆钢直径10 mm； 沿C20混凝土块安装	m	76
	C4-10-43	避雷网安装 沿混凝土块敷设		m	76
	主材	镀锌圆钢		m	79.8
2	030410003001	避雷引下线	避雷引下线； 利用柱钢筋引下	m	189.9
	C4-10-41	避雷引下线敷设 利用建筑结构钢筋引下		m	189.9
3	030410002001	接地母线	－40 mm×4 mm镀锌扁钢； 户外接地母线	m	86.75
	C4-10-59	户外接地母线敷设		m	9.01
	主材	镀锌扁钢		kg	28.843
4	030410002002	接地母线	地梁接地网； 利用地梁钢筋接地	m	70
	C4-10-45	避雷网安装 均压环敷设 利用圈梁钢筋		m	70
5	030410001001	接地极	成品钢管接地极； 镀锌钢管DN50 $l=2500$； 坚土	根	13
	C4-10-49	接地极(板)制作与安装 钢管接地极 坚土		根	13
	主材	镀锌钢管		kg	89.44
6	030410005002	接闪网	柱主筋与圈梁钢筋焊接	处	7
	C4-10-46	避雷网安装 柱主筋与圈梁钢筋焊接		处	7
7	030416027001	接地装置	接地电阻测试	系统	1
	C4-10-90	接地网		系统	1

5.3 防雷接地安装工程计量与计价实例

某物流办公室建筑，此工程为地上一层，层高 6.9 m，结构形式为框架结构。本车间按三类防雷建筑物设防。利用屋面接闪网带作为接闪器，接闪网格不大于 20 m×20 m 或 24 m×16 m。与基础内钢筋焊接成电气环路，无基础梁处利用埋深－1.0 m 的－50 mm×5 mm 热镀锌扁钢连接。要求接闪带、引下线、接地体可靠焊接连成电气通路。

【案例图纸】

本项目屋顶防雷平面图如图 5-15 所示，基础接地平面图如图 5-16 所示。

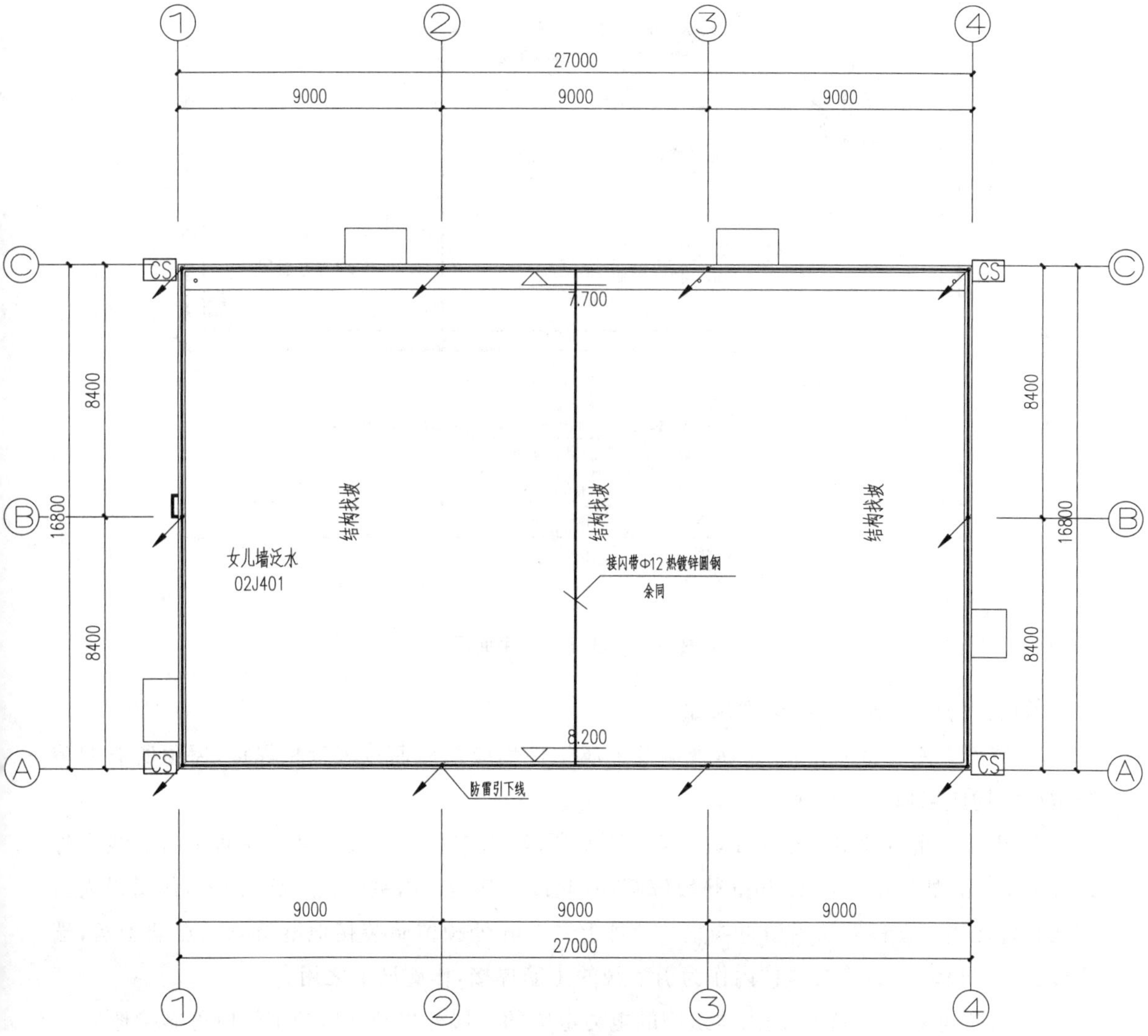

图 5-15　屋顶防雷平面图

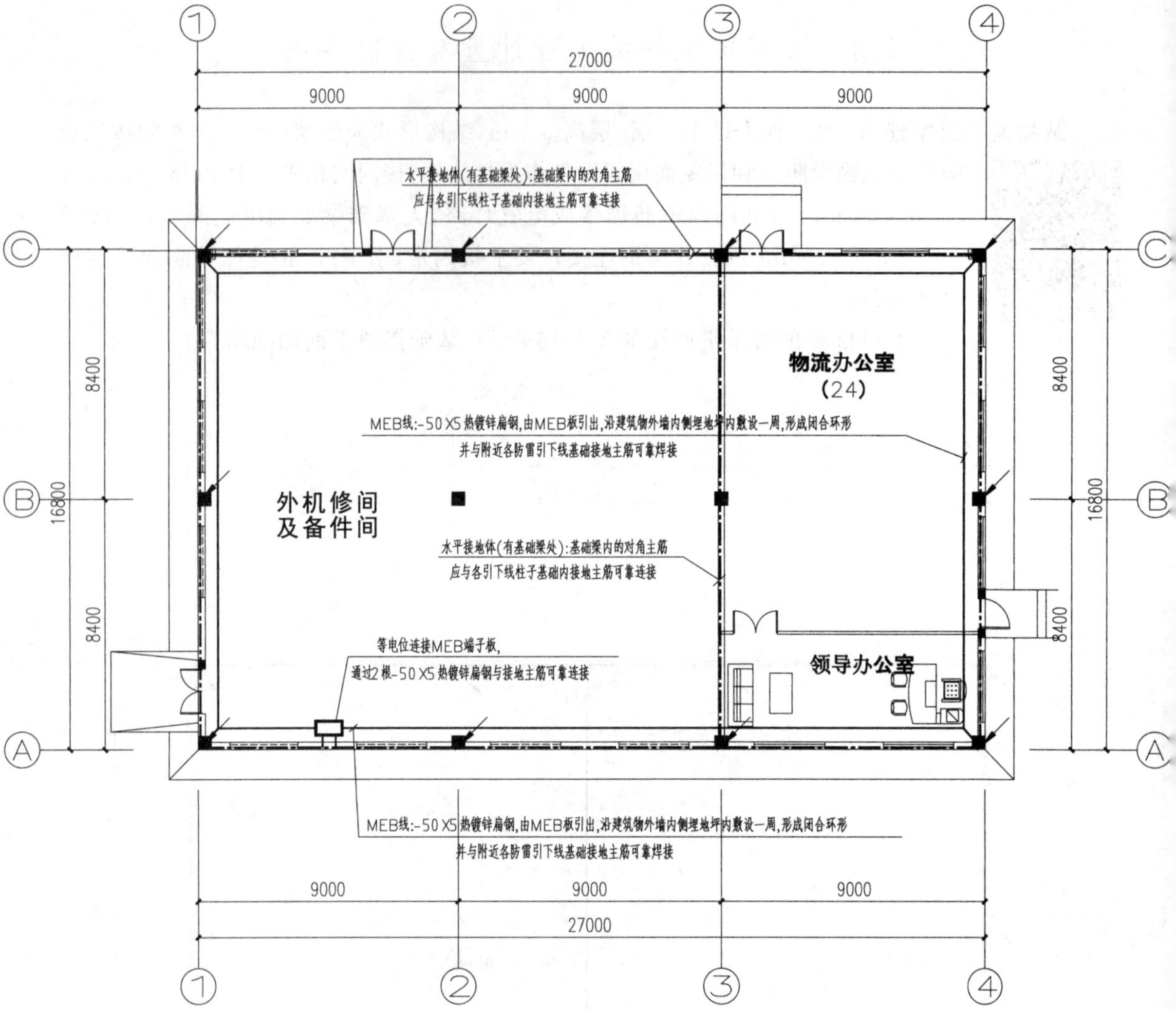

图 5-16　基础接地平面图

本项目防雷接地工程安装要求如下：

① 屋面上所有金属设备、金属管道及金属构件均应与屋面接闪带相焊接，屋顶所有明装防雷设施均应采取防锈措施。

② 要求防雷接地电阻小于 1 Ω。若达不到要求，需增打人工接地极。在防雷引下线室外地坪下 1.0 m 处焊出一根 12 mm 热镀锌圆钢，此镀锌圆钢伸出室外距外墙 1.0 m，作增设人工接地装置之用。在标有防雷引下线室外地坪上 0.5 m 处预留暗装接地电阻测试点端子板，端子板通过 2 根ф16 钢筋头与柱内作为引下线的主筋焊接，作测试卡之用。

③ 为防止雷电波侵入，进出建筑物的电力电缆的金属外皮及其保护钢管应可靠接地。

④ 本建筑物应采用总等电位连接。建筑物内所有金属设备外壳、金属管道、金属构件等可就近与 MEB 连接线可靠连接。各 MEB、LEB 端子箱距地 0.3 m 暗装。

⑤ 进出建筑物的金属管道、保护钢管、铠装电缆金属外皮等应在入户处与MEB线可靠连接。各进出建筑物管道具体位置、数量等参见各工种相应图纸。

试计算本项目防雷接地系统工程量，编制防雷接地系统工程量清单汇总表，并套取相应定额编制防雷接地系统计价汇总表。

本项目防雷接地系统工程量清单汇总表见表5-5，防雷接地系统计价汇总表见表5-6。

表5-5 防雷接地系统工程量清单汇总表

序号	项目编码	项目名称	项目特征描述	计量单位	工程量
1	030410005001	接闪带	1. 名称：避雷网； 2. 材质：热镀锌圆钢； 3. 规格：ϕ12； 4. 安装形式：明装或暗敷隔热层内； 5. 满足图纸设计及规范要求	m	107.82
2	030410003001	引下线	1. 名称：避雷引下线； 2. 安装形式：利用柱内主筋作为接闪引下线，其上与接闪带、下与基础钢筋可靠焊接连通； 3. 满足图纸设计及规范要求	m	102.86
3	030410004001	均压环	1. 名称：均压环； 2. 安装形式：利用圈梁筋连接作均压回路； 3. 满足图纸设计及规范要求	m	103.16
4	030410002001	接地母线	1. 名称：接地母线； 2. 材质：热镀锌扁钢； 3. 规格：—50×4； 4. 满足图纸设计及规范要求	m	89.35
5	030410007001	等电位端子箱、测试板	1. 名称：总等电位端子箱； 2. 规格：MEB； 3. 满足图纸设计及规范要求	个	1
6	030410001001	接地极	1. 名称：室外测试卡子； 2. 满足图纸设计及规范要求	根	1
7	030410001002	接地极	1. 名称：接地极； 2. 材质：镀锌钢板； 3. 规格：100 mm×100 mm×8 mm； 4. 满足图纸设计及规范要求	根	1

表 5-6　防雷接地系统计价汇总表

序号	项目编码	工程项目名称	单位	数量	综合单价
1	030410005001	接闪带	m	107.82	12.55
	C4-10-43	避雷网安装 沿混凝土块敷设	m	107.82	12.55
	主材	镀锌圆钢 ϕ12	m	113.211	2.45
2	030410003001	引下线	m	102.86	11.78
	C4-10-41	避雷引下线敷设 利用建筑结构钢筋引下	m	102.86	11.78
3	030410004001	均压环	m	103.16	3.77
	C4-10-45	避雷网安装 均压环敷设利用圈梁钢筋	m	103.16	3.77
4	030410002001	接地母线	m	89.35	24.84
	C4-10-58	户内接地母线敷设	m	89.35	24.84
	主材	热镀锌扁钢— 50×4	kg	223.375	4.06
5	030410007001	等电位端子箱、测试板	个	1	79.28
	C4-10-83	等电位端子盒安装	套	1	79.28
	主材	总等电位端子箱 MEB	个	1. 005	65.49
6	030410001001	接地极	根	1	50.88
	C4-10-42	避雷引下线敷设 断接卡子制作与安装	套	1	50.88
	主材	室外测试卡子	套	1	14.41
7	030410001002	接地极	根	1	311.62
	C4-10-55	接地极(板)制作与安装 接地极(板)钢板	块	1	311.62
	主材	镀锌钢板 100 mm×100 mm×8 mm	块	1. 005	39.35

6 消防安装工程计量与计价

【教学目标】 通过本章的学习，要求掌握消防工程的工作内容，掌握消防工程工程量清单计价的编制。

【教学重点】 消防工程的清单计价方法。

6.1 消防工程基础知识

根据所使用的灭火剂的种类，消防系统可分为消火栓给水系统、自动喷淋给水系统、其他使用非水灭火剂的固定灭火系统(如二氧化碳灭火系统、干粉灭火系统、卤代烷灭火系统等)。一般来说，当建筑高度 $H \leqslant 24$ m，发生火灾时靠外救；当建筑高度 24 m$<H<$50 m，发生火灾时靠自救与外救相结合；当建筑高度 $H \geqslant 50$ m，发生火灾时主要依靠建筑内部人员自救。

6.1.1 消防系统基础知识

6.1.1.1 消火栓给水系统的组成

室内消火栓给水系统由消防水源、室内消防给水管网、供水设备、室内消火栓组件组成。图 6-1 所示为室内消火栓给水系统组成。

(1) 消防水源

消防水源可以是市政给水管网、天然水源或者消防水池。当生产、生活用水量达到最大时，市政给水管道或天然水源不能满足室内外消防用水量，或者市政给水管道为枝状或只有一条进水管，且消防用水量之和大于 25 L/s 时，需设置消防水池。消防水池可以与生活水池共用，但应有保证消防水量不被动用的措施。

(2) 室内消防给水管网

室内消防给水管网应连成环状，且至少应有两条进水管与室外管网或消防水泵连接。当其中一条进水管出现故障时，其余的进水管应仍能供应全部消防用水量。

室内消防给水管网应用阀门分隔成若干独立的管段，当某管段损坏或检修时，停水范围不能过大，一般按管网节点的"管段数 $n-1$"的原则设置阀门。消防阀门平时应开启，并有明显的启闭标志。室内消火栓灭火系统与自动喷水系统，宜分别设置；若有困难，则应在报警阀前分开。

(3) 室内消火栓组件

室内消火栓设备由水枪、水龙带和消火栓组成，均安装于消火栓箱内。图 6-2 所示为双出口消火栓箱。

水枪是一种增大水流速度、增加射程并改变水流形状及射水的灭火工具，室内一般采用直流式水枪。水枪的喷嘴直径分别为 13 mm、16 mm、19 mm，水龙带接口口径有 50 mm 和

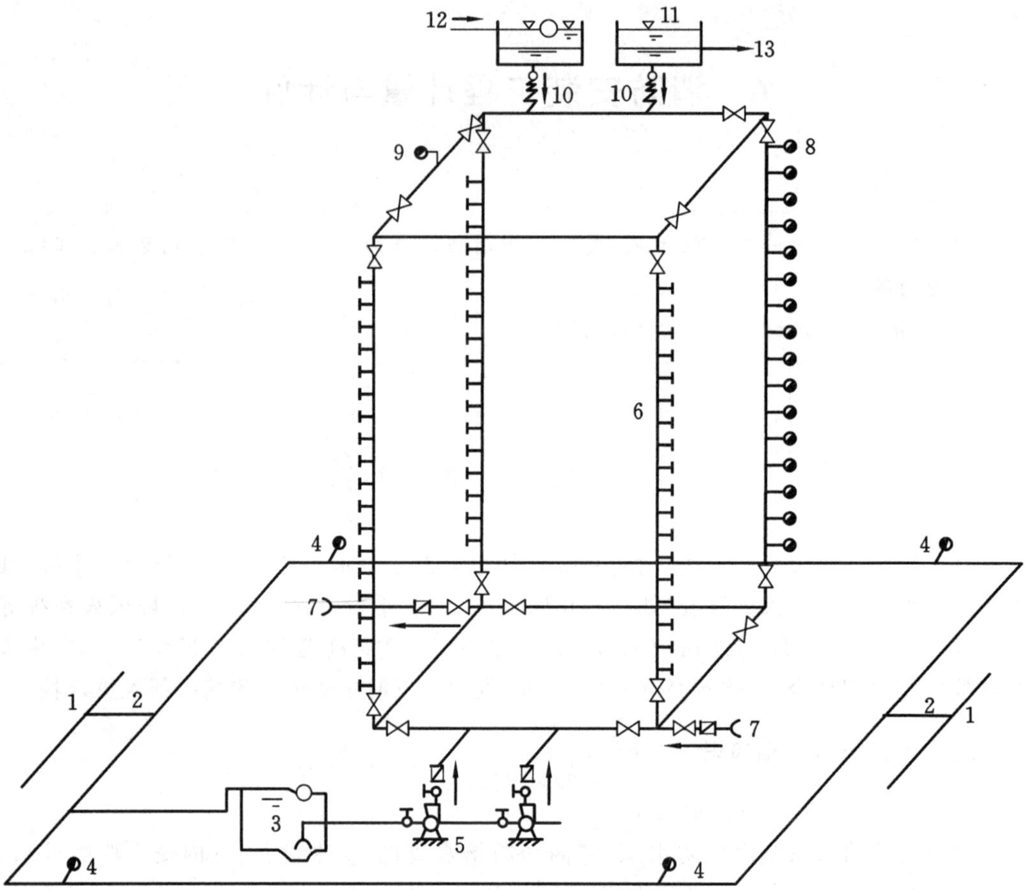

图 6-1 室内消火栓给水系统组成

1—室外给水管网；2—进户管；3—储水池；4—室外消火栓；5—消防泵；6—消防管网；7—水泵接合器；8—室内消火栓；9—屋顶消火栓；10—单向阀；11—水箱；12—给水；13—生活用水

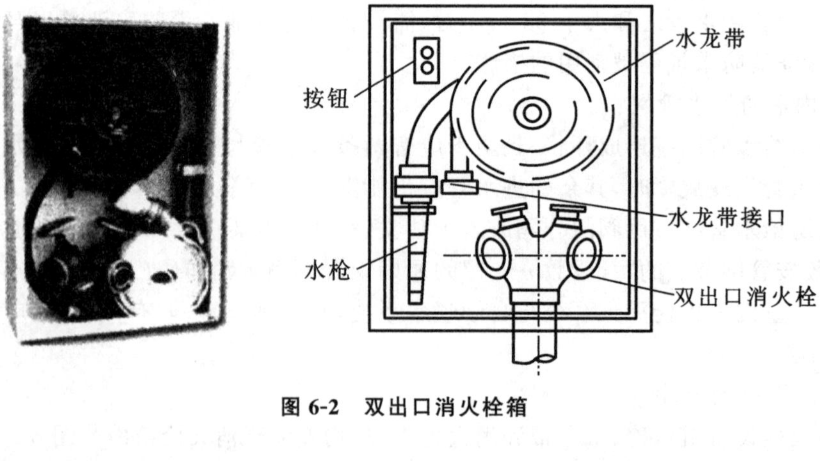

图 6-2 双出口消火栓箱

65 mm两种。

水龙带是连接消火栓与水枪的输水管线，材料有棉织、麻织和化纤等，有衬胶与不衬胶之分，衬胶水龙带阻力较小。水龙带长度有 15 m、20 m、25 m、30 m 四种。

普通室内消火栓为内扣式接口的球形阀式龙头(图 6-3),有单出口和双出口之分,双出口消火栓直径为 65 mm,单出口消火栓直径有 50 mm 和 65 mm 两种。当每支水枪最小流量小于 5 L/s 时选用直径 50 mm 的消火栓;最小流量不小于 5 L/s 时,选用直径 65 mm 的消火栓。

(a)　　(b)　　(c)

图 6-3　消火栓类型

(a) 单阀单出口;(b) 双阀双出口;(c) 单阀双出口

消防卷盘,也称消防水喉,栓口直径 25 mm,在高级宾馆、重要办公楼中供扑救初期火灾时使用。该设备操作方便,便于非专职消防人员使用,对及时控制初期火灾有特殊作用。图 6-4 所示为带消防卷盘的消火栓箱。为检查消火栓给水系统是否能正常运行,并使本建筑物免受邻近建筑物火灾的波及,应在室内设有消火栓给水系统的建筑物的屋顶设一个消火栓。

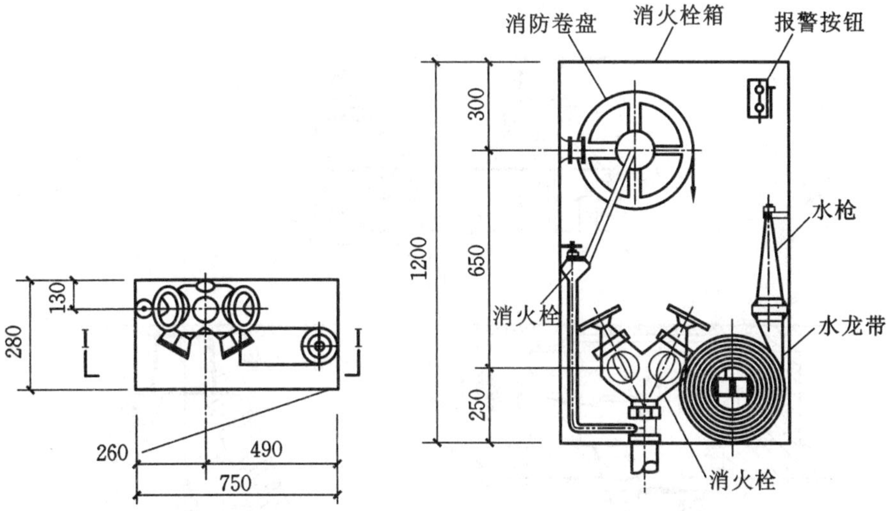

平面图　　I—I 剖面图

图 6-4　带消防卷盘的消火栓箱

消防水泵接合器(图 6-5)是连接消防车向室内消防给水系统加压供水的装置。消防水泵接合器一端由室内消火栓给水管网底层引至室外,另一端可供消防车或移动水泵加压向室内管网供水。当室内消防泵发生故障或发生大火,室内消防水量不足时,室外消防车可通过水泵接合器向室内消防管网供水。所以,消火栓给水系统和自动喷水灭火系统均应设消防水泵接合器。

(a) (b) (c)

图 6-5　消防水泵接合器

(a) 墙壁式水泵接合器；(b) 地上式水泵接合器；(c) 地下式水泵接合器

室外消火栓下连小区内市政管网，可分为地下式和地上式两种(图 6-6)，每个消火栓的用水量为 10～15 L/s。地上式室外消火栓规格为直径 100 mm 和 150 mm，并带直径 65 mm 的两个栓口；地下式室外消火栓应有直径 100 mm 和 65 mm 的栓口各一个，设置时应有明显标志。

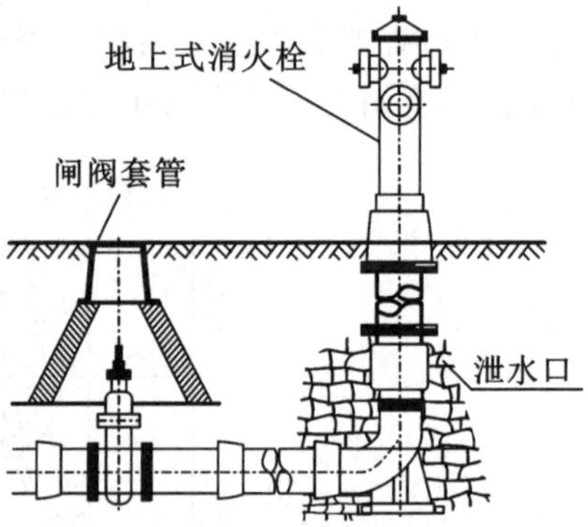

(a)

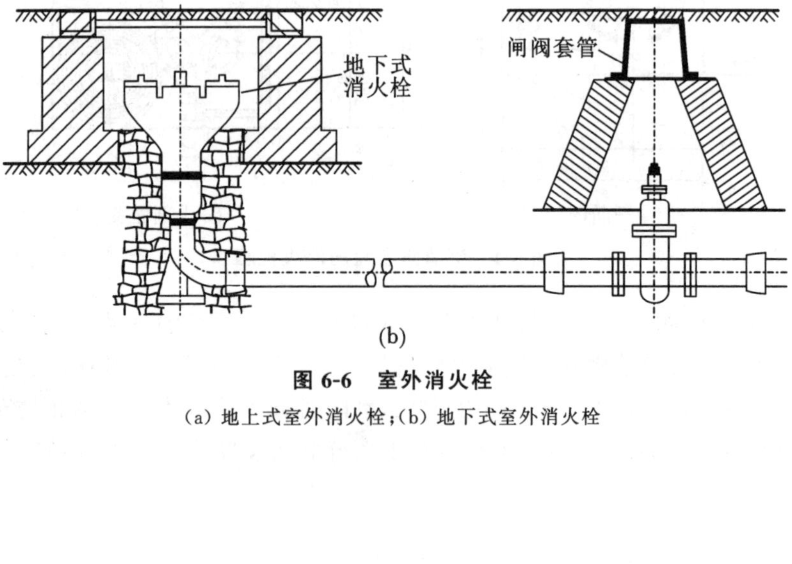

(b)

图 6-6　室外消火栓

(a) 地上式室外消火栓；(b) 地下式室外消火栓

(4) 供水设备

消防水泵应有不少于两条的出水管直接与环状管网连接。固定消防水泵应设有备用泵，消防水泵应保证在火警警报响起后 30 s 内启动，在 5 min 内开始工作，并在火场断电时仍能正常运转。

减压措施一般有三种：一是在主干管处加减压阀，二是在消火栓栓口处安装减压孔板，三是在消火栓栓口处加减压阀。室内消火栓处的静水压力不应超过 80 m H_2O，如超过时宜采用分区给水系统或在消防管网上设置减压阀。消火栓栓口处的出水压力超过 50 m H_2O 时，应在消火栓栓口前设减压节流孔板。减压设备见图 6-7。

(a) (b) (c) (d)

图 6-7 减压设备

(a) 比例式减压阀；(b) 先导式减压阀；(c) 弹簧膜片式减压阀；(d) 减压孔板

消防水箱对扑救初期火灾起着重要作用。水箱的安装高度应满足室内最不利点消火栓所需的水压要求，且应储存 10 min 的室内消防用水量。为了防止和减少各种建筑火灾的危害，保护人身和财产安全，越来越多的建筑都在屋顶设置了消防水箱及增压稳压设备。

6.1.1.2 自动喷淋给水系统的组成

自动喷淋给水系统由喷头、喷淋泵、闸阀、止回阀、报警阀、电磁阀、水流指示器等组件以及管道、供水设施组成，如图 6-8 所示。该系统的基本功能为火灾发生后自动喷水灭火，并且发出警报，一般设置于性质重要、火灾危险性大、人员集中、不易疏散、外部增援较困难的建筑或场所。

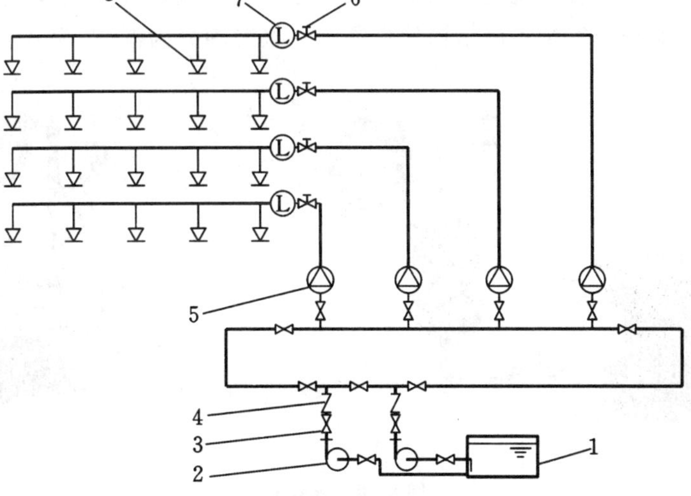

图 6-8 自动喷淋给水系统的组成

1—消防水池；2—喷淋泵；3—闸阀；4—止回阀；5—湿式报警阀；6—电磁阀；7—水流指示器；8—闭式喷头

(1) 喷头

喷头可分为闭式和开式两种。

闭式喷头如图 6-9 所示，是一种直接喷水灭火的组件，是带热敏感元件及密封组件的自动喷头。该热敏感元件可在预定温度范围下动作，使热敏感元件及其密封组件脱离喷头主体，并按规定的形状和水量在规定的保护面积内喷水灭火。闭式喷头按热敏感元件分类，可分为易熔合金闭式洒水喷头和玻璃球闭式洒水喷头两种类型。

(a)

(b)

图 6-9　闭式喷头

(a) 易熔合金闭式洒水喷头；(b) 玻璃球闭式洒水喷头

开式喷头根据用途分为开启式喷头、水喷雾喷头、水幕喷头三种类型，通常应用于航天及军工企业。

(2) 报警控制装置

水力报警器(即水力警铃)与报警阀配套使用。当某处发生火灾时，喷头开启喷水，管道中的水流动，在水流冲击下发出报警铃声。水流通过管道时，水流指示器中桨片摆动接通电信号，可直接显示起火喷水的部位。

报警阀(图 6-10)的主要功能是开启后能够接通管中水流，并同时启动报警装置。不同类型的自动喷淋给水系统应安装不同结构的报警阀。报警阀分为湿式、干式、干湿式、预作用四种，报警阀离地高度宜为 1.2 m。

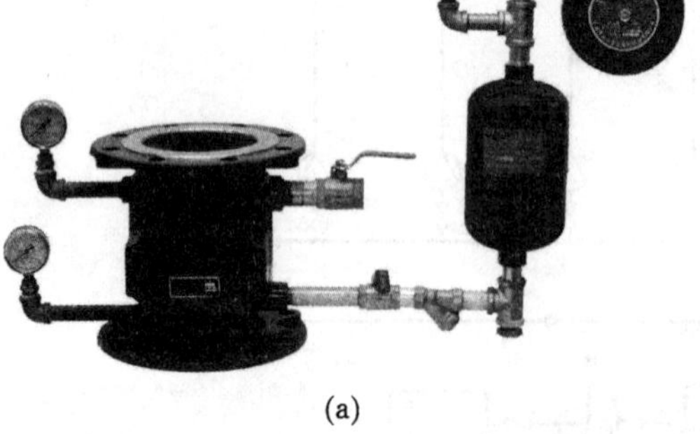

(a)

(b)

图 6-10　报警阀

(a) 湿式报警阀；(b) 干式报警阀

在设置闭式自动喷淋给水系统的建筑物内部，每个防火分区和楼层均应设置水流指示器（图 6-11）。当水流指示器前端设置控制阀时，应采用信号阀。

(a) (b) (c) (d) (e)

图 6-11 水流指示器

(a) 马鞍式；(b) 法兰式；(c) 沟槽式；(d) 焊接式；(e) 丝扣式

自动喷淋给水系统应采用压力开关控制稳压泵，并应能调节启停压力，它一般安装在延迟器与水力警铃之间的信号管道上，必须垂直安装。当闭式喷头启动喷水时，报警阀即启动通水，水流通过阀座上的环形槽流入信号管和延迟器，延迟器充满水后，水流经信号管进入压力继电器，压力继电器接到水压信号即接通电路报警，并启动消防泵。

延迟器安装在报警阀与水力警铃之间的信号管道上，以防止水源发生水锤时引起水力警铃的误动作。当湿式报警阀因为压力波动瞬时开放时，水首先进入延迟器，这时由于进入延迟器的水量很少，会很快经延迟器底部的节流孔排出，水就不会进入水力警铃或作用到压力开关，从而起到防止误报的作用。

水力警铃应设置在有人值班的地点附近，其与报警阀连接的管道直径应为 20 mm，总长度不宜大于 20 m。只有当湿式报警阀保持开启状态，经过报警通道的水不断地进入延迟器，经过一段延迟时间由顶部的出口流向水力警铃和压力开关，水力警铃才发出警报。

感烟、感温、感光火灾探测器（图 6-12）可显示哪里发生了火灾，它们分别将物体燃烧产生的烟和高温、光的敏感反应转化为电信号，传递给报警装置，或启动消防设备的装置（图 6-12），属于早期报警设备。

(a) (b)

图 6-12 火灾探测器

(a) 点型感烟探测器；(b) 点型感温探测器

每个报警阀组控制的最不利点喷头处应设置末端试水装置，其他防火分区和楼层的最不利点喷头处应设置直径为 25 mm 的试水阀。末端试水装置由试水阀、压力表以及试水接头组成，如图 6-13 所示。

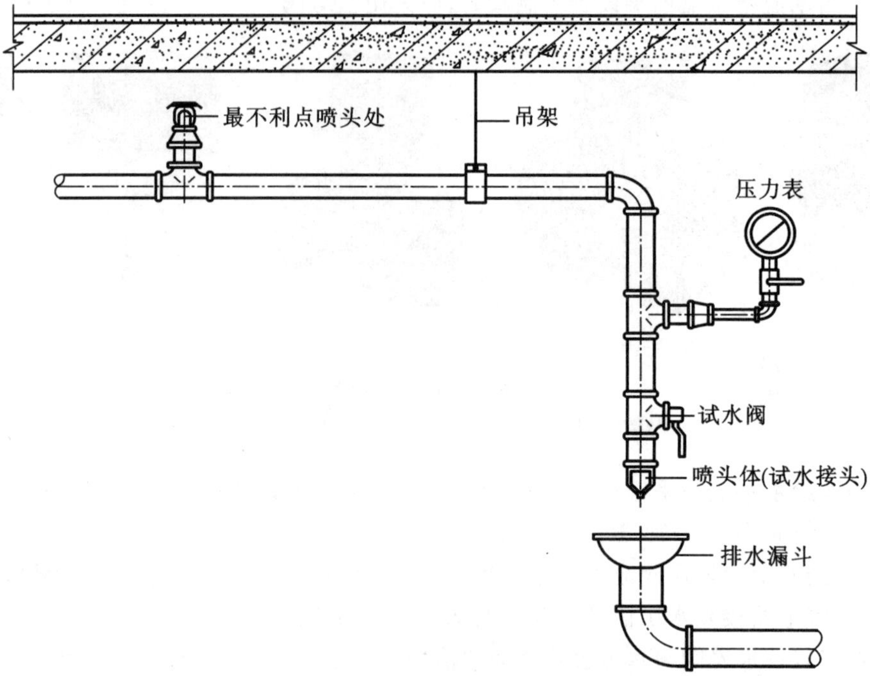

图 6-13　末端试水装置

6.1.2　消防系统工程图识读

(1) 消防系统电气图

由图 6-14 所示的消防系统电气图可知，该建筑物的消防系统主要由以下几部分组成：

① 火灾探测系统。火灾探测系统主要由分布在各层各个区域的多个探测器网络构成。图 6-14 中，S 为感烟探测器，H 为感温探测器，手动装置主要供调试和平时检查试验用。

② 火灾判断系统。火灾判断系统主要由各楼层区域报警器和大楼集中报警器组成。

③ 通报与疏散诱导系统。通报与疏散诱导系统由消防紧急广播、事故照明、避难诱导灯、专用电话等组成。当楼中人员听到火灾报警之后，可根据诱导灯的指示方向撤离现场。

④ 灭火设施。灭火设施由自动喷淋给水系统组成。当火灾广播之后，在延时时段内，总监控台使消防泵启动，形成水压，并打开着火区域消防水管的电磁阀，使消防水进入喷淋管路进行喷淋灭火。

⑤ 排烟装置及监控系统。排烟装置及监控系统由排烟阀门、抽排烟机及其电气控制系统组成。

图 6-15 所示为火灾探测器平面布置图。由图 6-15 可知，该建筑物一层平面有 4 个探测区域，火灾探测器分布位置见图 6-15，6～9 号轴线间，由于有突出的梁隔开，故划分为三个探测区域。在每个探测区域内各装一个感温探测器，每个探测区域内各装三个感烟探测器。

【在线测试】

(2) 消防系统给排水图

喷淋平面图见图 6-16，消防系统给排水图见图 6-17。

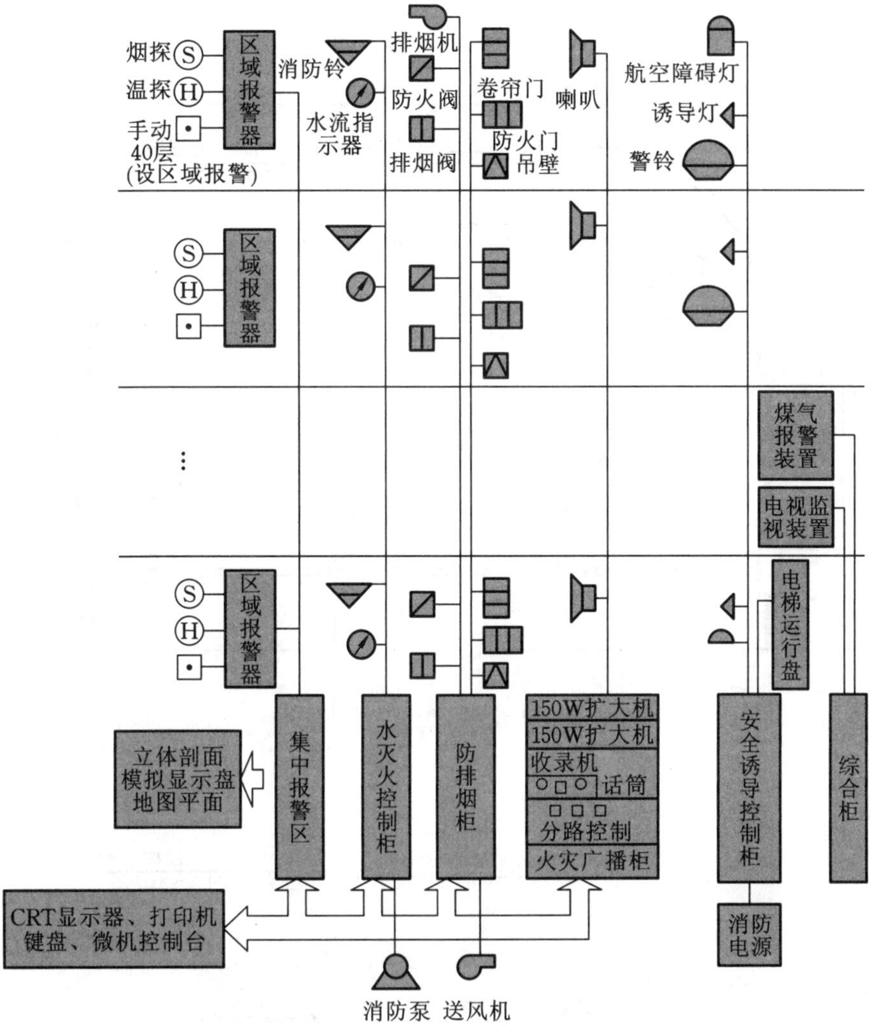

图 6-14 消防系统电气图

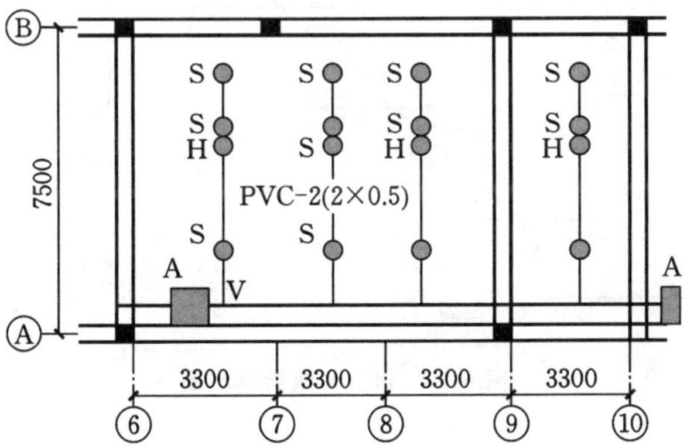

图 6-15 火灾探测器平面布置图

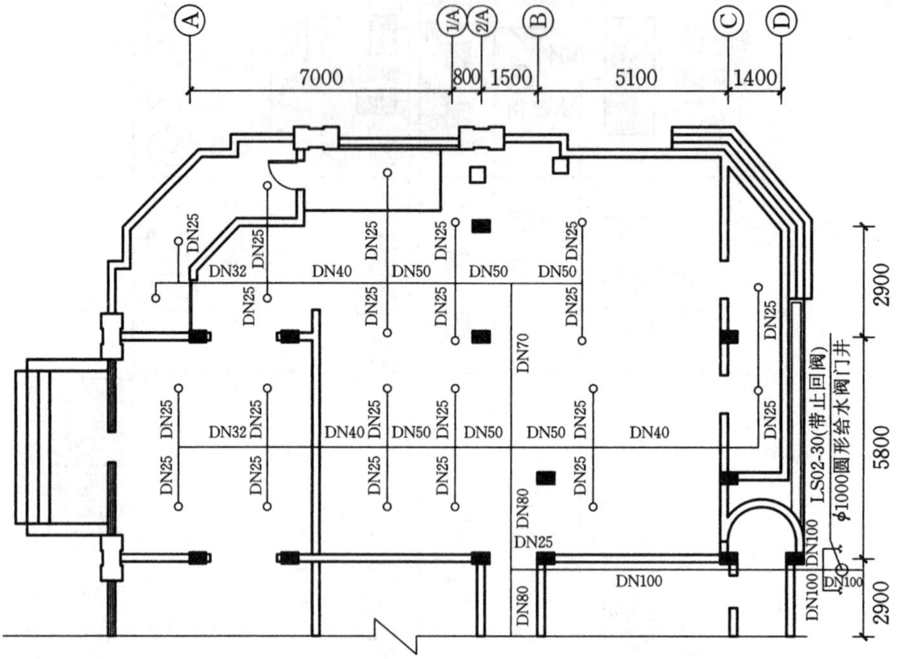

图 6-16　喷淋平面图

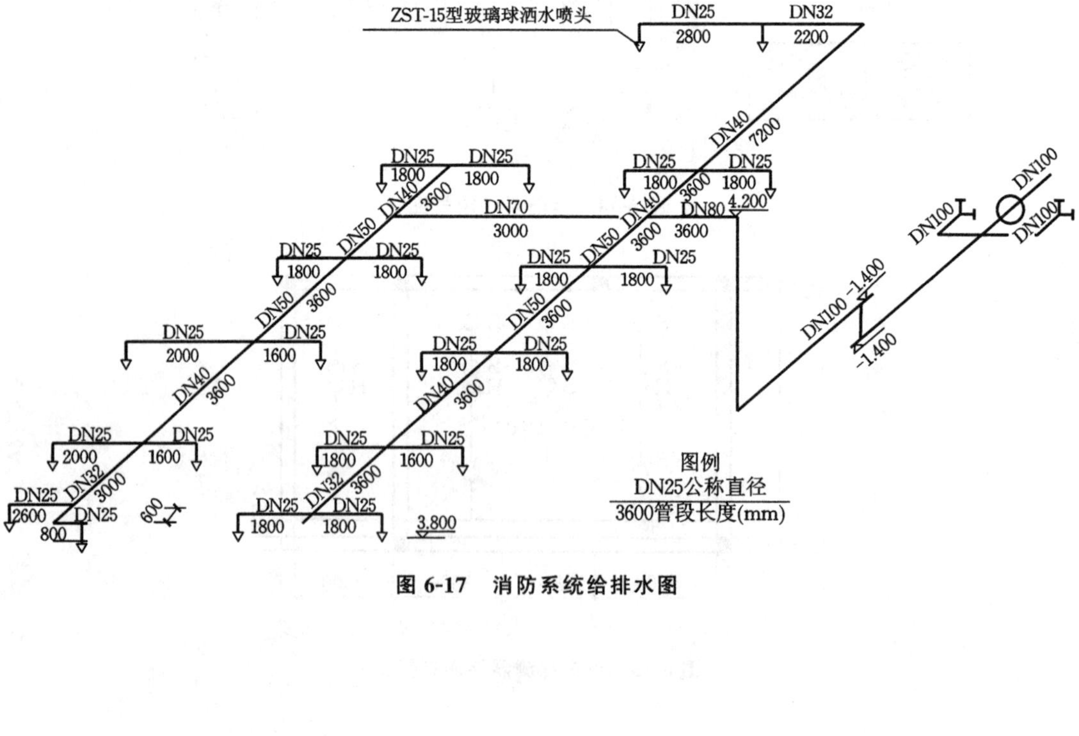

图 6-17　消防系统给排水图

6.2 消防安装工程计量

6.2.1 水灭火系统(编码:030901)

水灭火系统工程量清单的设置应按照《通用安装工程工程量计算标准》(GB/T 50856—2024)中附录表J.1水灭火系统(编码:030901)的规定执行。

(1) 消防管道安装

消防管道包括水喷淋钢管和消火栓钢管,通常为镀锌钢管。工程量计算按设计图示管道中心线以长度计算,不扣除阀门、管件及各种组件所占长度,以“m”为计量单位。

消防管道安装的工作内容包括管道及管件安装、压力试验、冲洗、管道标识等。

消防管道项目按安装部位、材质和规格、连接形式等进行分项。

水灭火系统室内、室外管道应分别编制工程量清单。喷淋系统水灭火管道室内外界限应以建筑物外墙皮1.5 m为界,入口处设阀门者应以阀门为界;设在高层建筑物内消防泵间管道应以泵间外墙皮为界。消火栓管道给水管道室内外界限划分应以外墙皮1.5 m为界,入口处设阀门者应以阀门为界。

消防系统单设的水表、水箱应单独编制工程量清单,设置编码,不要与生活用给水系统的水表、水箱合并。

(2) 水喷淋(雾)喷头

水喷淋(雾)喷头安装工程按喷头安装部位、材质、型号、规格、连接形式、装饰盘设计要求等分项,水喷淋(雾)喷头安装部位应区分有吊顶、无吊顶。

水喷淋(雾)喷头安装的工作内容包括本体安装、装饰盘安装、严密性试验等,按设计图示数量以“个”为单位计算工程量。

(3) 报警装置

报警装置安装清单适用于湿式报警装置、干湿两用报警装置、电动雨淋报警装置、预制作用报警装置等安装。报警装置安装包括装配管(除水力警铃进水管)的安装,水力警铃进水管并入消防管道工程量。

① 湿式报警装置包括:湿式阀、蝶阀、装配管、供水压力表、装置压力表、试验阀、泄放试验阀、泄放试验管、试验管流量计、过滤器、延时器、水力警铃、报警截止阀、漏斗、压力开关等。

② 干湿两用报警装置包括:两用阀、蝶阀、装配管、加速器、加速器压力表、供水压力表、试验阀、泄放试验阀(湿式、干式)、挠性接头、泄放试验管、试验管流量计、排气阀、截止阀、漏斗、过滤器、延时器、水力警铃、压力开关等。

③ 电动雨淋报警装置包括:雨淋阀、蝶阀、装配管、压力表、泄放试验阀、流量表、截止阀、注水阀、止回阀、电磁阀、排水阀、手动应急球阀、报警试验阀、漏斗、压力开关、过滤器、水力警铃等。

④ 预作用报警装置包括:报警阀、控制蝶阀、压力表、流量表、截止阀、排放阀、注水阀、止回阀、泄放阀、报警试验阀、液压切断阀、装配管、供水检验管、气压开关、试压电磁阀、空压机、应急手动试压器、漏斗、过滤器、水力警铃等。

报警装置安装项目清单按名称、型号、规格进行分项,工作内容包括报警装置安装、电气接线等,按设计图示数量以“组”为单位计量。

(4) 温感式水幕装置

温感式水幕装置安装项目包括给水三通至喷头及阀门间的管道、管件、阀门、喷头等全部内容的安装。

温感式水幕装置安装项目按装置型号和规格、连接形式等分别列项，按设计图示数量以"组"为单位计量。

(5) 水流指示器

水流指示器安装项目按规格、型号和连接形式分别列项，工作内容包括本体安装、电气接线等，按设计图示数量计量，工程量单位为"个"。

(6) 减压孔板

减压孔板通常由金属板制成，上面布有一系列细小孔洞，这些孔洞能够让流体自由流动，同时通过局部扩张和收缩来实现压力的缓解，它通过对液体的动压力(不含静压力)进行减压，从而降低流体的压力。

减压孔板安装项目按减压孔板的材质、规格和连接形式分别进行列项，工作内容包括本体安装。该项目按图示数量以"个"为单位计量。

(7) 末端试水装置

末端试水装置按规格、组装形式分别进行列项，工作内容包括本体安装和电气接线。该项目按图示数量以"套"为单位计量。

(8) 集热盘

集热盘制作与安装项目按材质、规格分别进行列项，工作内容包括集热盘安装。该项目按图示数量以"个"为单位计量。

(9) 消火栓

消火栓安装分为室内消火栓和室外消火栓两个项目，消火栓按安装方式、型号和规格及附件材质和规格进行分项。消火栓安装项目均以"套"为计量单位，按图示数量计算工程量。

室内消火栓的工作内容包括箱体及消火栓安装，室外消火栓工作内容包括本体及配件安装。室内和室外消火栓的组成如下：

① 室内消火栓：包括消火栓箱、消火栓、水枪、水龙头、水龙带接扣、自救卷盘、挂架、消防按钮。

② 室外地上式消火栓(SS 型)：包括地上式消火栓、法兰接管、弯管底座。

③ 室外地下式消火栓(SX 型)：包括地下式消火栓、法兰接管、弯管底座或消火栓三通。

【例 6-1】 某大楼消防工程，室内安装的 DN100 消火栓镀锌钢管 365m，采用螺纹连接，采用钢制套管，需要进行水压试验，根据该项目特点确定其工程量清单列项。

【解】 根据题意和清单规范中对于消防工程的设置，编制分部分项工程量清单表，见表 6-1。

表 6-1 消防工程清单案例

项目编码	项目名称	项目特征描述	计量单位	工程量
030901002001	消火栓钢管	1. 安装部位：室内； 2. 材质、规格：镀锌钢管 DN100； 3. 连接形式：螺纹连接； 4. 压力试验及冲洗设计要求：水压试验	m	365

(10) 消防水泵结合器

消防水泵接合器包括法兰接管及弯头安装，接合器井内阀门、弯管底座、标牌等附件安装。

消防水泵接合器安装项目按安装部位、型号和规格及附件材质和规格分别进行列项，工作内容包括本体安装、附件安装。该项目按图示数量以“套”为单位计量。

(11) 消防水炮

消防水炮是指可携式灭火工具，按水炮类型、规格、压力等级、保护半径等分别进行列项，工作内容为本体安装。该项目按图示数量以“台”为单位计量。

(12) 高压细水雾区域阀

高压细水雾区域阀是高压细水雾灭火系统中的关键组件，主要用于控制细水雾喷头向对应的防护区域喷放细水雾以实施灭火。高压细水雾区域阀通常包括电动球阀、手动球阀、过滤器、压力开关、压力表、箱体及连接管件等组件。

高压细水雾区域阀按材质、规格、型号和连接方式分别进行列项，工作内容为本体安装。该项目按图示数量以“套”为单位计量。

【例 6-2】 某三层建筑给水及消防工程如图 6-18 所示，消防系统采用消火栓灭火系统，管道为镀锌钢管，采用螺纹连接。建筑物墙厚 300 mm，轴线居中，消防管道井距外墙皮 4.5 m，消火栓安装距地 1.5 m，消防立管为 DN70，楼层支管为 DN65，长度为 0.68 m。消火栓采用单栓 DN65，消防水泵接合器采用地下式 DN100，管道支架系数为 0.5 kg/m。请计算消防工程量。

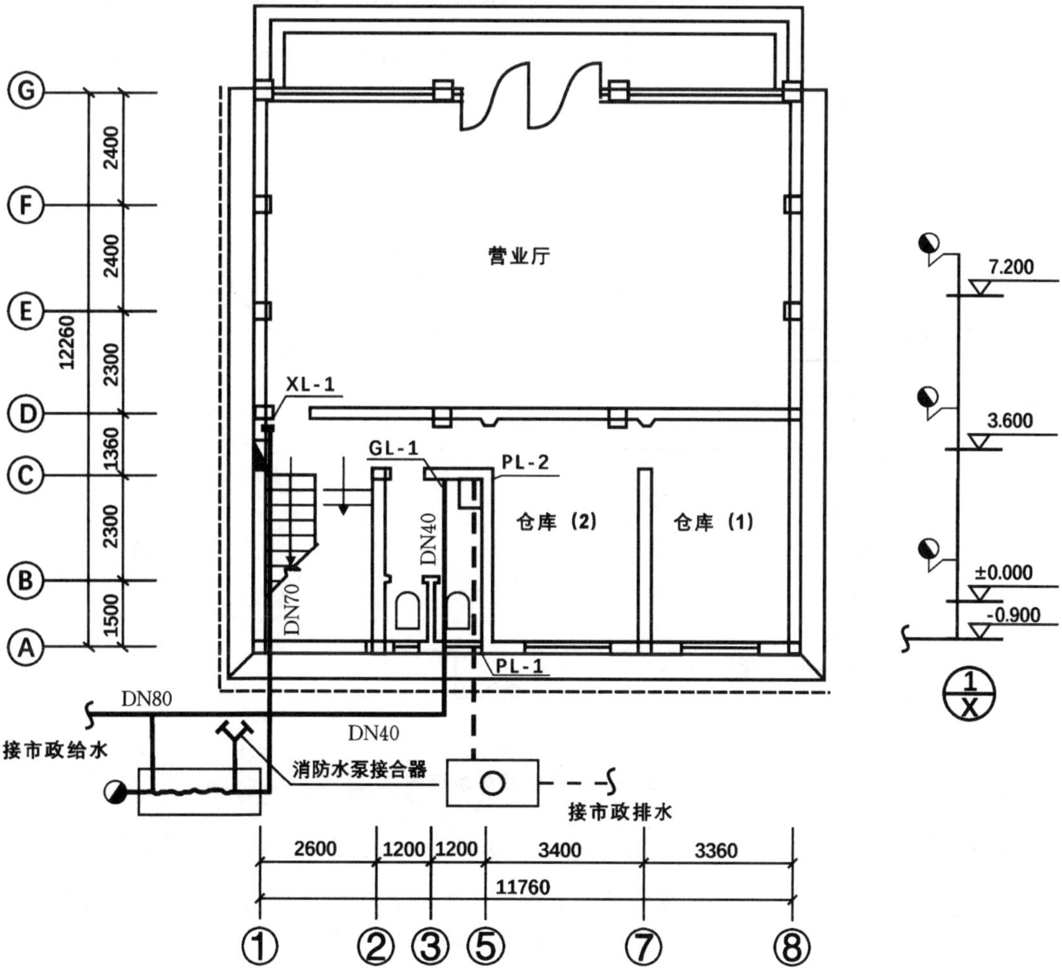

图 6-18 消防工程平面图

【解】 该工程消防工程量见表 6-2。

表 6-2　消防工程量

分项工程名称	计算部位	单位	计算式	数量
镀锌钢管(螺纹)	DN70 干管	m	4.5(引入管)+0.15(半墙厚)+(1.5+2.3+1.36)(Ⓐ至Ⓓ轴)−0.15(半墙厚)	9.66
镀锌钢管(螺纹)	DN70 立管	m	0.9+7.2+1.5	9.6
镀锌钢管(螺纹)	DN65 支管	m	0.68×3	2.04
管道消毒、冲洗	DN100 以内	m	9.66+9.6+2.04	21.30
钢套管制作与安装	DN100	个	4	4
管道支架制作与安装		kg	21.30×0.5	10.65
消火栓安装(单栓 65)		套	3	3
消防水泵接合器安装	地下式 100	套	1	1

【例 6-3】 某自动喷淋系统由 DN65 镀锌钢管由地下接入，如图 6-19 所示。请根据图示计算自动喷淋系统各分项工程量并编制对应工程量清单表。

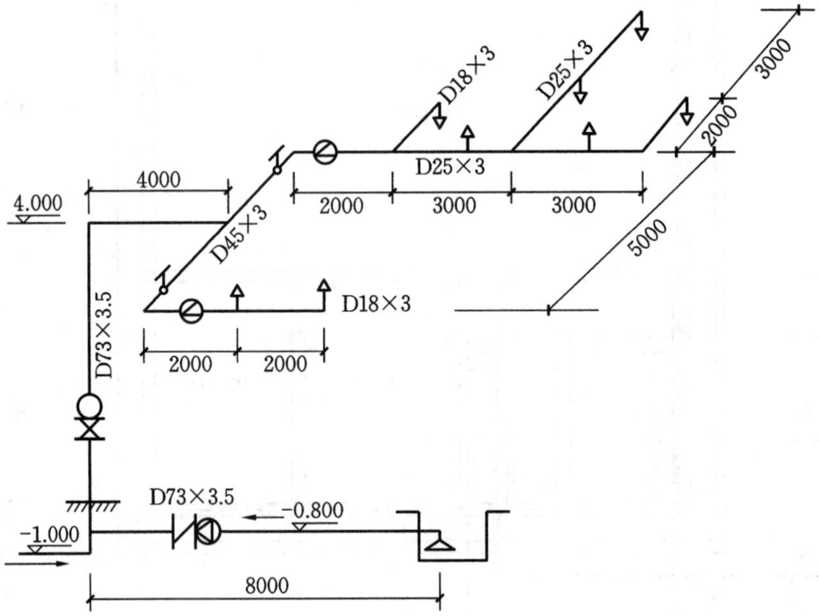

图 6-19　自动喷淋系统图

【解】 对图纸进行分析：镀锌钢管 DN65 自室外标高 −1.0 m 处进入后接入消防立管。同时，镀锌钢管 DN65 从右向左自水池接出后经过一个止回阀和一个消防离心式清水泵后将水打出，长度为 8 m。在标高 −0.8 m 处接入 DN65 的消防立管。消防立管向上走经过一个 DN65 的焊接法兰阀和一个湿式喷淋自动报警阀 DN65，至标高 4.0 m 处向右弯折 4.0 m 后南北方向分支，分支后南北方向管是总长为 5 m 的镀锌钢管 DN40。从分支点开始，往南走长度为 2.5m 的镀锌钢管 DN40 经过一个螺纹阀后向东弯折，经过一个水流指示器后在 2 m 处经过一个向上的 DN15 自动喷淋头，再向东走 2.0 m 变为焊接钢管 DN15 后，经过一个向上自动喷淋头。同样往北走长度为 2.5 m 的镀锌钢管 DN40 经过一个螺纹阀后，向东弯折经过一个水流指示器，到 2 m 处分支点向北分支变为长度为 2.0 m 镀锌钢管 DN15，经过一个向下自动喷淋头。再回到分支点继续向东走变为镀锌钢管 DN20，经过一个向上自动喷淋头后到 3 m 处向北分支成 2.0 m＋3.0 m＝5.0 m 的镀锌钢管 DN20，在 2 m 和 3 m 处分别经过一个向下自动喷淋头，最后回到分支点继续往东走，经过一个向上自动喷淋头后到 3 m 处向北分支 2 m 经过一个向下自动喷淋头。

根据图纸分析计算各分项工程量，见表 6-3，并列工程量清单表，见表 6-4。

表 6-3　自动喷淋系统案例工程量计算表

序号	项目名称	数量	部位	计算式
1	镀锌钢管 DN65	18.5	主管	室外接入 1.5＋垂直[4－(－1)]＋水平(4＋8)
2	镀锌钢管 DN40	5	水平	水平 5
3	镀锌钢管 DN20	15	水平	2＋3＋3＋2＋5
4	镀锌钢管 DN15	6	水平	2＋2＋2
5	报警装置 DN65	1		1
	法兰阀门 DN65	1		1
	水流指示器 DN25，螺纹连接	2		2

表 6-4　自动喷淋系统案例清单表

项目编码	项目名称	项目特征描述	计量单位	工程量
030901001001	水喷淋钢管	室内镀锌钢管 DN65 螺纹连接 水压试验及冲洗	m	18.5
030901001002	水喷淋钢管	室内镀锌钢管 DN40 螺纹连接 水压试验及冲洗	m	5
030901001003	水喷淋钢管	室内镀锌钢管 DN20 螺纹连接 水压试验及冲洗	m	15
030901001004	水喷淋钢管	室内镀锌钢管 DN15 螺纹连接 水压试验及冲洗	m	6
030901004001	报警装置	DN65	组	1

续表6-4

项目编码	项目名称	项目特征描述	计量单位	工程量
030901006001	水流指示器	DN25,螺纹连接	个	2
031002001001	螺纹阀门	截止阀,DN65,法兰连接	个	2
030901003001	水喷淋(雾)喷头	室内,不锈钢 DN15,螺纹连接	个	8
031002001002	法兰阀门	截止阀 DN65,法兰连接	个	1

6.2.2 火灾自动报警系统(编码:030904)

火灾自动报警系统的组成包括触发装置、火灾报警装置、火灾警报装置、联动装置和消防应急广播设备组成。

(1) 触发装置

触发装置包括火灾探测器、火灾报警按钮和声光报警器。火灾探测器能对火灾参数(如烟、温度、气体浓度等)响应并自动产生火灾报警信号。火灾报警按钮则是在人员发现火灾时手动操作,产生火灾报警信号的器件。声光报警器通过声音和光线的结合来发出警报信号,以确保在各种环境下都能引起人们的注意。

火灾探测器包括点型探测器和线型探测器。点型探测器按名称、规格、线制、类型进行分项,工程量按图示数量以“个”为单位计算。线型探测器按名称、规格、类型、校接线进行分项,工程量按图示数量以“m”为单位计算。探测器安装工作内容包括本体安装及调试。

按钮和声光报警器按名称及安装方式进行分项,工程量按图示数量以“个”为单位进行计算,工作内容包括本体安装、校接线、编码等内容。

(2) 火灾报警装置

火灾报警装置主要由火灾报警控制器和火灾显示盘组成。火灾报警控制器接收触发装置传来的电信号,并进行分析与处理,判断是否发生火灾。如果确认发生火灾,控制器将发出声光报警信号,提醒人们注意。火灾报警装置包括消防警铃、声波报警器、消防报警电话等。

火灾报警装置按名称、规格、安装方式等进行分项,工程量按图示数量以“个(或部)”为单位进行计算,工作内容包括安装、校接线、编码、调试等内容。

(3) 火灾警报装置

火灾警报装置用以发出区别于环境声、光的火灾警报信号的装置,以声、光和音响等方式向报警区域发出火灾警报信号以警示人们迅速采取安全疏散以及进行灭火救灾措施,如消防广播(扬声器)、消防应急广播设备等。

消防广播(扬声器)按名称、功率、安装方式等进行分项,工程量按图示数量以“个”为单位进行计算,工作内容包括本体安装、校接线、编码等内容。

消防应急广播设备按规格、线制、控制回路、安装方式等进行分项,工程量设计图示数量以“台”为单位进行计算,工作内容包括本体安装、校接线等内容。

（4）联动装置

联动装置包括控制模块、信号模块等。联动装置能够根据火灾报警控制器的指令，自动启动其他消防设备。

模块（模块箱）按名称、规格、类型、输出形式等进行分项，工程量按图示数量以“个”为单位进行计算，安装工作包括安装、校接线、编码等内容。

区域报警控制箱、楼层火灾显示器按名称、线制、安装方式、控制点数量、显示器类型等分项，工程量按设计图示数量以“台”为计量单位计算，安装工作包括本体安装、校接线、标识。

远程控制器按规格、控制回路等进行分项，工程量按设计图示数量以“台”为计量单位计算，安装工作包括本体安装、校接线、标识等内容。

主机（柜）按规格、线制、控制回路、安装方式、控制点数等进行分项，工程量按设计图示数量以“台”或“套”为计量单位计算，安装工作包括本体安装、校接线等内容。

火灾报警控制微机（CRT）按规格、安装方式等进行分项，工程量按设计图示数量以“台”为计量单位计算，安装工作包括本体安装。

6.2.3 消防系统调试（编码：030909）

消防系统调试是指一个单位工程的消防工程全系统安装完毕且连通，为检验其达到国家有关消防施工验收规范、标准所进行的全系统的检测、调整和试验。其主要内容包括：检查系统的各线路设备安装是否符合要求，对系统各单元的设备进行单独通电检验；进行线路接口试验，并对设备进行功能确认；断开消防系统，进行加烟、加温、加光及标准校验气体模拟试验；按照设计要求进行报警与联动试验、整体试验及自动灭火试验，做好调试记录。

自动报警系统的调试包括各种探测器、报警按钮、报警控制器组成的报警系统调试，按不同点数以“系统”计算。

水灭火系统控制装置调试是由消火栓、自动喷水灭火等组成的灭火系统装置的调试，按不同点数和线制以“系统”计算。

6.3 消防安装工程计价

依据湖北省 2024 版安装定额第九册《消防安装工程》中有关水灭火系统及挡烟垂壁、火灾自动报警系统、消防系统调试等章节进行消防工程计价。

6.3.1 水灭火系统及挡烟垂壁

水灭火系统及挡烟垂壁的套价按照定额第九册第一章水灭火系统及挡烟垂壁进行计价。该章包括水喷淋管道、消火栓管道、水喷淋（雾）喷头、报警装置、水流指示器、温感式水幕装置、减压孔板、末端试水装置、集热板、室内外消火栓、消防水泵结合器、灭火器、消防水炮、高压细水雾灭火系统、挡烟垂壁等安装工程。

（1）管道安装

管道安装区分水喷淋钢管安装和消火栓钢管安装。管道安装按设计图示管道中心线长度以“10 m”为计量单位，不扣除阀门、管件及各种组件所占长度。管件连接分规格以“10 个”为计量单位。沟槽管件主材包括卡箍及密封圈，以“套”为计量单位。

① 水喷淋钢管安装

水喷淋钢管安装按照管道的公称直径、钢管材质和钢管连接方式进行套价。钢管的材质分镀锌钢管和钢管。镀锌钢管的连接方式为螺纹连接；钢管连接方式分为法兰连接、沟槽连接，沟槽连接的钢管安装区分管道安装和管件安装分别计价。

钢管(法兰连接)项目中包括管件及法兰安装，但管件、法兰数量应按设计图纸用量另行计算，非成套供应的螺栓按设计用量加 3%损耗计算。

管道安装(沟槽连接)已包括直接卡箍件安装，管件安装(沟槽连接)已综合了三通、四通的消耗量，不再分别计取。

消防管道安装的工作内容中只包含一次水压试验的内容，如需要二次水压试验，执行定额第八册《工业管道安装工程》相应项目。

② 消火栓钢管安装

消火栓钢管安装按照管道的公称直径、钢管材质和钢管连接方式进行套价。钢管的材质分镀锌钢管和无缝钢管。镀锌钢管的连接方式为螺纹连接；无缝钢管的连接方式为焊接。

消火栓管道采用无缝钢管焊接时，项目中包括管件安装，管件主材依据设计图纸数量另计工程量。

消火栓管道采用钢管(沟槽连接)时，执行水喷淋钢管(沟槽连接)相关项目。

结合例 6-1 中的管道清单案例编制清单计价表，见表 6-5。

表 6-5 消防工程清单案例

项目编码	项目名称	项目特征描述	计量单位	工程量
030901002001	消火栓钢管	1. 安装部位：室内； 2. 材质、规格：镀锌钢管 DN100； 3. 连接形式：螺纹连接； 4. 压力试验及冲洗设计要求：水压试验	m	365
C9-1-35	消火栓钢管 (螺纹连接)		10 m	36.5
主材	镀锌钢管		m	10.05×36.5=366.83
主材	镀锌钢管 接头管件 DN100		个	3.87×36.5=141.26

(2) 水喷淋(雾)喷头、水流指示器、减压孔板、集热板

水喷淋(雾)喷头、水流指示器、减压孔板、集热板按设计图示数量计算，按安装部位、方式，

分规格以“个”为计量单位。

水流指示器(马鞍形连接)项目,主材中包括胶圈、U形卡;若设计要求水流指示器采用螺纹连接时,执行定额第十册《给排水、采暖、燃气安装工程》中丝接阀门相应项目。

水喷淋(雾)喷头及水流指示器安装项目均按管网系统试压、冲洗合格后安装考虑的,项目中已包括丝堵、临时短管的安装、拆除及摊销。

集热板安装项目,主材中应包括所配备的成品支架。

(3) 报警装置

报警装置安装项目中已包括装配管、泄放试验管及水力警铃出水管安装,水力警铃进水管按图示尺寸执行管道安装相应项目;其他报警装置适用于雨淋、干湿两用及预作用报警装置。

报警装置安装项目按管网系统试压、冲洗合格后安装考虑的,项目中已包括丝堵、临时短管的安装、拆除及摊销。

报警装置项目根据公称直径套价,按成套产品设计图示数量计算工程量,以“组”为计量单位。成套报警装置包括的内容详见表6-6。

表6-6 成套报警装置包括的内容

序号	项目名称	包括内容
1	湿式报警装置	湿式阀、供水压力表、装置压力表、试验阀、泄放试验阀、试验管流量计、过滤器、延时器、水力警铃、报警截止阀、漏斗、压力开关
2	干湿两用报警装置	两用阀、装置截止阀、加速器、加速器压力表、供水压力表、试验阀、泄放阀、泄放试验阀(湿式)、泄放试验阀(干式)、挠性接头、试验管流量计、排气阀、截止阀、漏斗、过滤器、延时器、水力警铃、压力开关
3	电动雨淋报警装置	雨淋阀、压力表、泄放试验阀、流量表、截止阀、注水阀、止回阀、电磁阀、排水阀、应急手动球阀、报警试验阀、漏斗、压力开关、过滤器、水力警铃
4	预作用报警装置	干式报警阀、压力表(2块)、流量阀、截止阀、排放阀、注水阀、止回阀、泄放阀、报警试验阀、液压切断阀、气压开关(2个)、试压电磁阀、应急手动试压器、漏斗、过滤器、水力警铃

(4) 温感式水幕装置

温感式水幕装置安装项目中已包括给水三通至喷头及阀门间的管道、管件、阀门、喷头等全部安装内容,但管道的主材数量按设计管道中心长度另加损耗计算;喷头数量按设计数量另加损耗计算。

温感式水幕装置安装项目按公称直径套价,按图示数量计算工程量,以“组”为计量单位。

(5) 末端试水装置

末端试水装置按公称直径(25 mm以内和32 mm以内)套价,按设计图示数量以“组”为单位计量。

(6) 消火栓、消防水泵结合器、灭火器、消防水炮

带灭火器的落地组合式消防柜安装执行室内消火栓(明装、暗装)项目,灭火器单独执行安装项目。消火栓定额子目分项见表6-7。

表6-7　消火栓定额子目分项表

序号	安装位置	安装方式		公称直径
1	室内	明装	普通	单栓 65 mm
				双栓 65 mm
			自救卷盘	单栓 65 mm
				双栓 65 mm
		安装	普通	单栓 65 mm
				双栓 65 mm
			自救卷盘	单栓 65 mm
				双栓 65 mm
2	室外	地上	支管安装	100 mm、150 mm
			干管安装	100 mm、150 mm
		地下	支管安装	100 mm、150 mm
			干管安装	100 mm、150 mm
3	屋面试验消火栓头安装			65 mm

消防水泵结合器安装定额按安装形式分为地下室、墙壁式、地上式等,按公称直径分为DN100 mm和DN150 mm两类,工程量按图示数量以“套”为单位计算,消防水泵结合器安装定额包括砌支墩、外观检查、切管、法兰连接、整体安装、充水试验等工作内容。

室外消火栓、消防水泵接合器安装项目中包括法兰接管及弯管底座(消火栓三通)的安装。

灭火器定额包括手提式和推车式。手提式灭火器已综合了壁挂、灭火器箱的安装,不再另外计取。灭火器按设计图示数量计算,分形式以“具”“组”为计量单位。消防水炮按设计图示数量计算,分规格以“台”为计量单位。

消防水炮及模拟末端装置项目中仅包括本体安装,不包括型钢底座制作、安装和混凝土基础砌筑;型钢底座制作、安装执行定额第十册《给排水、采暖、燃气安装工程》中设备支架制作、安装相应项目,混凝土基础执行《房屋建筑与装饰工程消耗量定额》(TY 01-31-2015)相应项目。

(7) 挡烟垂壁

挡烟垂壁是一种用不燃材料制成的垂直分隔物,它垂直安装在建筑顶棚、横梁或吊顶下,

在火灾时能够形成一定的蓄烟空间，从而起到阻挡烟雾扩散的作用。定额中挡烟垂壁子目分项见表 6-8。

表 6-8　挡烟垂壁定额子目分项表

序号	安装形式	材质及其他
1	固定式	镀锌薄钢板
		防火玻璃
		防火板
		防火布
2	活动式	卷帘式挡烟垂壁
		挡烟垂壁控制装置

挡烟垂壁的工程量按图示面积以“m^2”为单位计算，挡烟垂壁的工程量按图示数量以“套”为单位计算。

6.3.2　火灾自动报警系统

火灾自动报警系统按定额第九册第四章火灾自动报警系统相关子目计价。报警系统各子目都包括本体调试，设备和箱、机及元件的搬运，开箱检查，清点，杂物回收，安装就位，接地，密封，箱、机内的校线、接线、压接端头（挂锡）、编码，测试、清洗，记录整理等工作内容。

（1）触发装置

触发装置安装定额包括点型探测器安装、线型探测器安装、按钮安装。

① 点型探测器安装分为感烟、感温、红外光束、火焰、可燃气体的探测器，按设计图示数量计算，不分规格、型号、安装方式与位置，以“个”“对”为计量单位。探测器安装包括探头和底座的安装及本体调试。红外光速探测器是成对使用的，在计算时一对为两只。

② 线型探测器安装分为缆式线型感温探测器、线型光纤感温探测器、线型探测器信号转换装置、光纤感温火灾探测信号处理器、线型探测器终端（中间）盒。线型探测器依据探测器长度、信号转换装置数量、报警终端电阻数量按设计图示数量计算，分别以“m”“台”“个”为计量单位。

③ 按钮包括火灾报警按钮、消火栓报警按钮、带电话插孔报警按钮、紧急启停按钮，以“个”为计量单位。定额按照在轻质墙体和硬质墙体上安装的方式综合考虑。

（2）火灾报警装置

报警器包括消防警铃、声光报警器、放气指示灯，以“个”为计量单位。定额已包括其接线盒的安装，并按照在轻质墙体和硬质墙体上安装的方式综合考虑。

消防报警电话包括电话分机、无线电话分机、电话插孔，不分安装方式，以“个”为计量单位。

(3) 火灾警报装置

消防广播(扬声器)区分吸顶式、壁挂式及嵌入式三种安装方式,以“个”为计量单位。

(4) 联动装置

① 模块及模块箱

消防模块包括单输入(输出)、多输入(输出)、单输入单输出及多输入多输出,不分安装方式,以“个”为计量单位。

总线隔离器按设计图示数量计算,以“个”为计量单位。

模块箱按模块个数划分,按设计图示数量计算,以“台”为计量单位。

端子箱的安装,以“台”为计量单位,并按照在轻质墙体和硬质墙体上安装的方式综合考虑。

② 主机及控制箱

区域报警控制箱不分线制,按其安装方式不同分为壁挂式和落地式,按照“点”数的不同划分子目,以“台”为计量单位。“点”是指区域报警控制箱内报警控制器所带的有地址编码的报警器件(火灾探测器、各种报警按钮、模块等)的数量,如果一个模块带数个探测器,则只能计为一点。

联动控制箱不分线制,按其安装方式不同分为壁挂式和落地式。按照“点”数的不同划分子目,以“台”为计量单位。“点”是指联动控制箱设备型号的点数。

远程控制箱按其控制回路数以“台”为计量单位。

重复显示器不分线制,不分规格、型号、安装方式,以“台”为计量单位。

手动控制盘(柜)按照回路数的不同划分子目,以“台”为计量单位。

火灾显示板(层显)按设计图示数量计算,以“台”为计量单位。

火灾报警系统控制主机不分线制,按其安装方式不同分为壁挂式和落地式。按照“点”数的不同划分子目,以“台”为计量单位。“点”是指设备主机型号的点数。

联动控制主机安装不分线制,按照“点”数的不同划分子目,以“台”为计量单位。“点”是指设备型号的点数。

消防广播控制柜是指安装成套广播设备的成品机柜,不分规格、型号以“台”为计量单位。广播功率放大器、广播录放盘、矩阵及广播分配器的安装,不分规格、型号以“台”为计量单位。消防电话主机按其控制回路数以“台”为计量单位。

火灾报警控制微机、图形显示及打印终端的安装,以“台”为计量单位。

备用电源及电池主机(柜)综合考虑了规格、型号,以“台”为计量单位。

报警联动一体机不分线制,按其安装方式不同分为壁挂式和落地式。按照“点”数的不同划分子目,以“台”为计量单位。“点”是指设备型号的点数。

(5) 其他

门磁开关、电动闭门器、电磁门吸按设计图示数量计算,以“套”为计量单位。

漏电火灾监控探测器按规格划分为单输入、多输入,以“个”为计量单位。

电压/电流传感器按设计图示数量计算,以“个”为计量单位。

液位传感器、水位显示报警装置按设计图示数量计算，分别以“支”“台”为计量单位。

泄压阀执行器、余压控制器按设计图示数量计算，以“台”为计量单位。

余压探测器按设计图示数量计算，以“只”为计量单位。

6.3.3 消防系统调试

系统调试是指消防报警和防火控制装置灭火系统安装完毕且连通，并达到国家有关消防施工验收规范、标准后，进行的全系统检测、调整和试验。

自动喷水灭火系统调试按水流指示器数量以“点(支路)”为计量单位；消火栓灭火系统按消火栓启泵按钮数量以“点”为计量单位；消防水炮控制装置系统调试按水炮数量以“点”为计量单位。

自动报警系统调试区分不同点数，根据集中报警器台数按“系统”计算。自动报警系统包括各种探测器、报警器、报警按钮、报警控制器组成的报警系统，其点数按具有地址编码的器件数量计算。火灾事故广播、消防通信系统调试按消防广播喇叭及音箱、电话插孔和消防通信的电话分机的数量分别以“10 只”或“部”为计量单位计算。

防火控制装置调试按设计图示数量计算。

6.4 消防安装工程措施费

6.4.1 专业措施项目费

(1) 脚手架搭拆项目费

脚手架搭拆费按定额人工费 3.5%计算，其费用中人工费占 40%，材料费占 53%，机械费占 7%。

(2) 操作高度增加费

操作高度增加费，定额操作高度均按 5 m 以下编制；安装高度超过 5 m 时，按超过部分计价费中人工费乘以系数，系数见表 1-4。

(3) 建筑超高、超深增加费

建筑超高、超深增加费按照表 2-17 计算，其费用中人工费占 36.5%，机械与仪器仪表费占 63.5%。

6.4.2 安全文明施工费及其他总价措施项目费

消防工程的安全文明施工费及其他总价措施项目费是以电气设备安装分部分项费与专业措施项目费中人工费、机械费之和为取费基础，费率按湖北省 2024 版安装定额中的规定计价。

6.5 消防水灭火系统安装工程计量与计价实例

本项目结核病防治楼总建筑面积为 3900 m^2，建筑高度为 22.50 m，建筑体积约为 18000 m^3。室外消火栓给水系统为低压消防给水系统，室外消防用水由院区内室外消火栓给水管网直接供给。采用区域集中消防给水系统，在新建应急指挥中心大楼地下室集中设置消防水池和水泵房，结核病防治楼消防用水由院区消防水池和水泵房接来。本栋建筑室内消防用水量共计为 183.6 m^3，院区消防水池体积为 775 m^3，满足本建筑消防用水量需求。

本工程按同层任何部位均有两股消火栓的水枪充实水柱可同时到达的原则布置室内消火栓。消火栓箱型号为 SG24E65Z-J，每一个消火栓箱内设有 DN65 室内消火栓一个、ϕ19 mm 水枪一支、DN65 消防水龙带一条（25 m）、指示灯各一个、消防卷盘一套。室内消火栓给水系统为临时高压给水系统，室内消火栓管接自院区消火栓泵出水管，入口流量 Q＝15 L/s，入口处设置减压稳压阀，阀后压力为 0.50 MPa。室内消火栓给水系统静压在 1.0 MPa 以内，同时竖向及平面上管网构成环状管网，并用阀门分成若干独立段，以方便检修。消火栓按钮将作为报警信号及启动消火栓泵的联动触发信号传送至消防控制中心的消防联动控制器，由消防联动控制器联动控制消火栓加压泵启动。

消火栓灭火系统安装要求如下：

① 室外消火栓系统消防用水量 25 L/s，火灾延续时间 2 h，一次火灾灭火用水量 180 m^3。

② 室内消火栓系统消防用水量为 15 L/s，火灾延续时间 2 h，一次火灾灭火用水量 108 m^3。

③ 室内消防系统流量为 15 L/s、压力为 0.50 MPa，院区消防水泵房内，室内消火栓加压泵流量为 30 L/s，扬程为 1.15 MPa；室内自喷系统流量为 21 L/s，压力为 0.60 MPa；院区消防水泵房内，室内自喷加压泵流量为 30～70 L/s，扬程为 1.13～0.73 MPa 。

④ 室内消火栓系统给水管采用热浸镀锌加厚钢管，DN≤65 mm 的钢管采用螺纹连接，DN＞65 mm 的钢管采用沟槽连接，其公称压力为 2.5 MPa。阀门及需拆卸部位采用法兰连接。室外埋地部分采用钢丝网骨架塑料（聚乙烯）复合管（PE）管材、管件，其公称压力为 2.5 MPa，采用电热熔连接。

自动喷水灭火系统安装要求如下：

① 自喷用水量：按中危Ⅰ级计，喷水强度为 6.0 L/（min・ m^2），作用面积为 160 m^2，自喷系统设计流量为 21 L/s，持续喷水时间 1 h，室内喷淋灭火需存水量为 75.6 m^3。

② 自喷给水系统为临时高压给水系统，自喷系统接自院区消火栓泵出水管，入口流量 Q＝21 L/s，入口处设置减压稳压阀，阀后压力为 0.60 MPa。

③ 湿式报警阀按照控制喷头的数量不超过 800 个设置，本工程湿式报警阀设置在一层报警阀间内。自动喷水灭火系统每层每个防火分区设信号阀和水流指示器。喷头动作温度为 68 ℃，有吊顶时带装饰盘。

④ 室内自喷给水管采用热浸镀锌加厚钢管，DN≤65 mm 的钢管采用螺纹连接，DN＞65 mm 的钢管采用沟槽连接，其公称压力为 2.5 MPa。阀门及需拆卸部位采用法兰连接。室外埋地部分采用钢丝网骨架塑料（聚乙烯）复合管（PE）管材、管件，其公称压力为 2.5 MPa，采用电热熔连接。室外与消防水泵接合器连接的管道采用内外壁热浸镀锌加厚钢管，以沟槽连接件（卡箍）连接，管道压力等级与系统压力等级相同。

根据图 6-20 至图 6-22 所示一至三层消防水平面图，图 6-23 所示屋顶消防水平面图，以及图 6-24、图 6-25 所示一、二层喷淋平面图计算本工程消火栓灭火系统和自动喷水灭火系统工程量，编制消防系统清单汇总表，并套取相应定额编制消防系统计价汇总表。

【案例图纸】

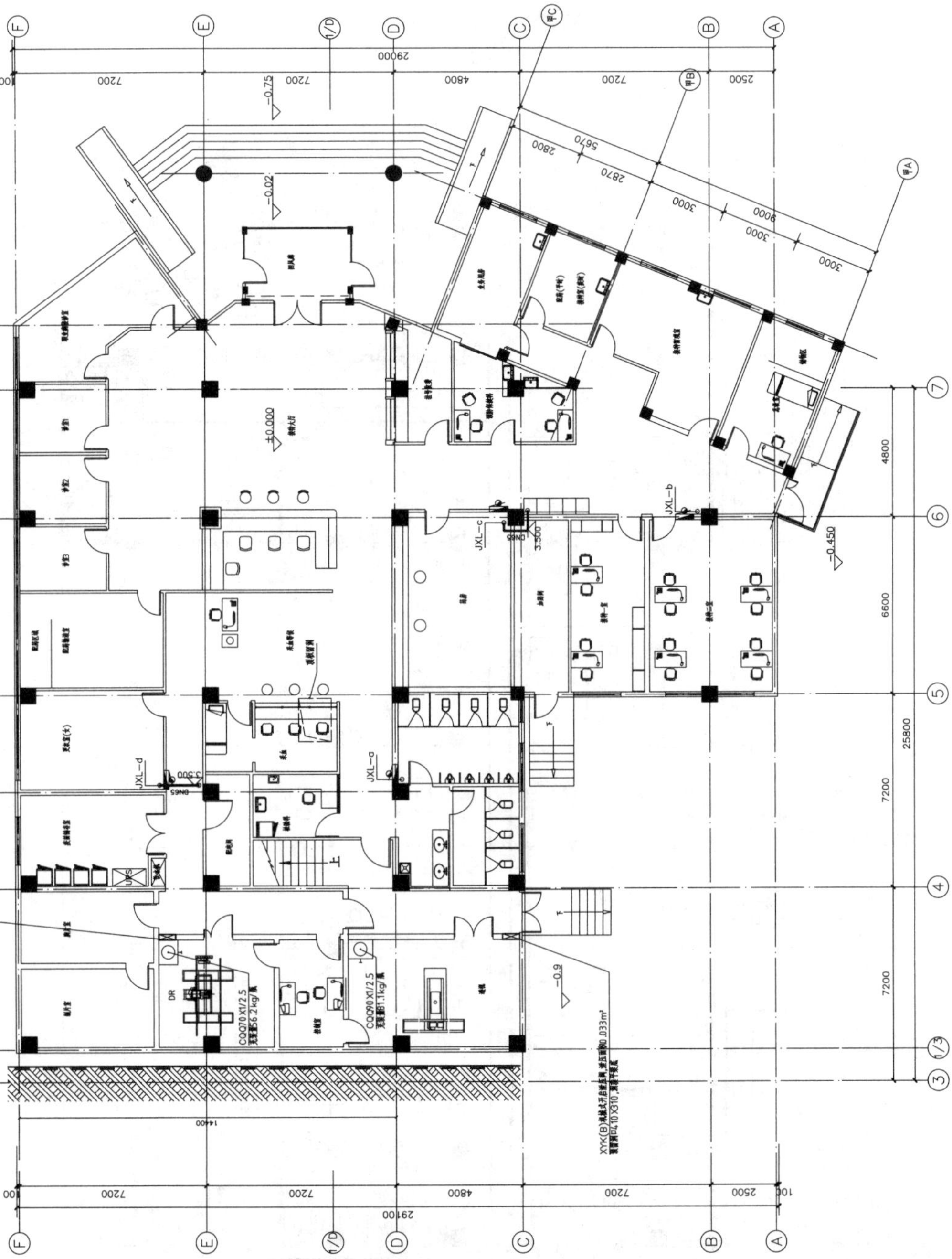

图 6-20　一层消防水平面图

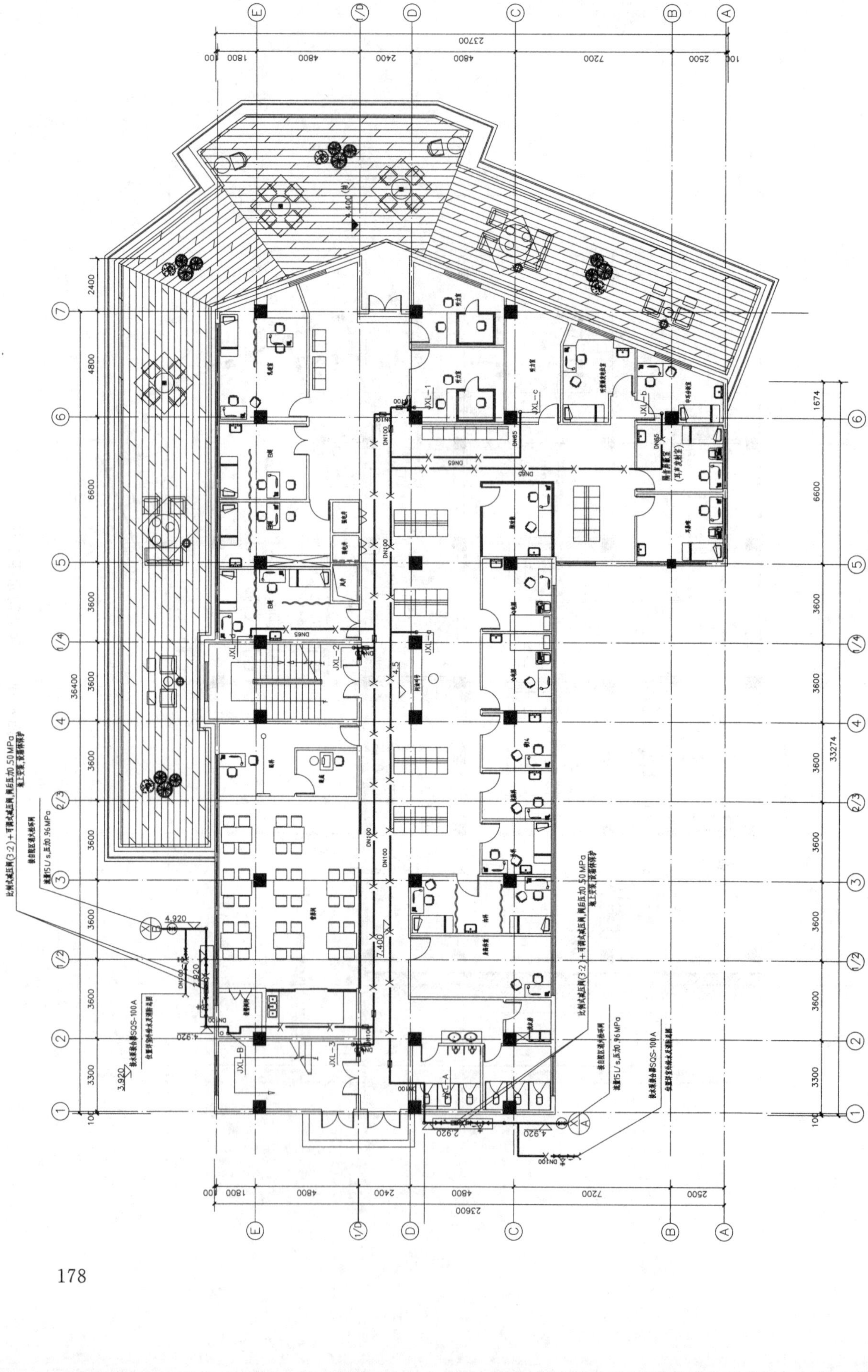

图 6-21 二层消防水平面图

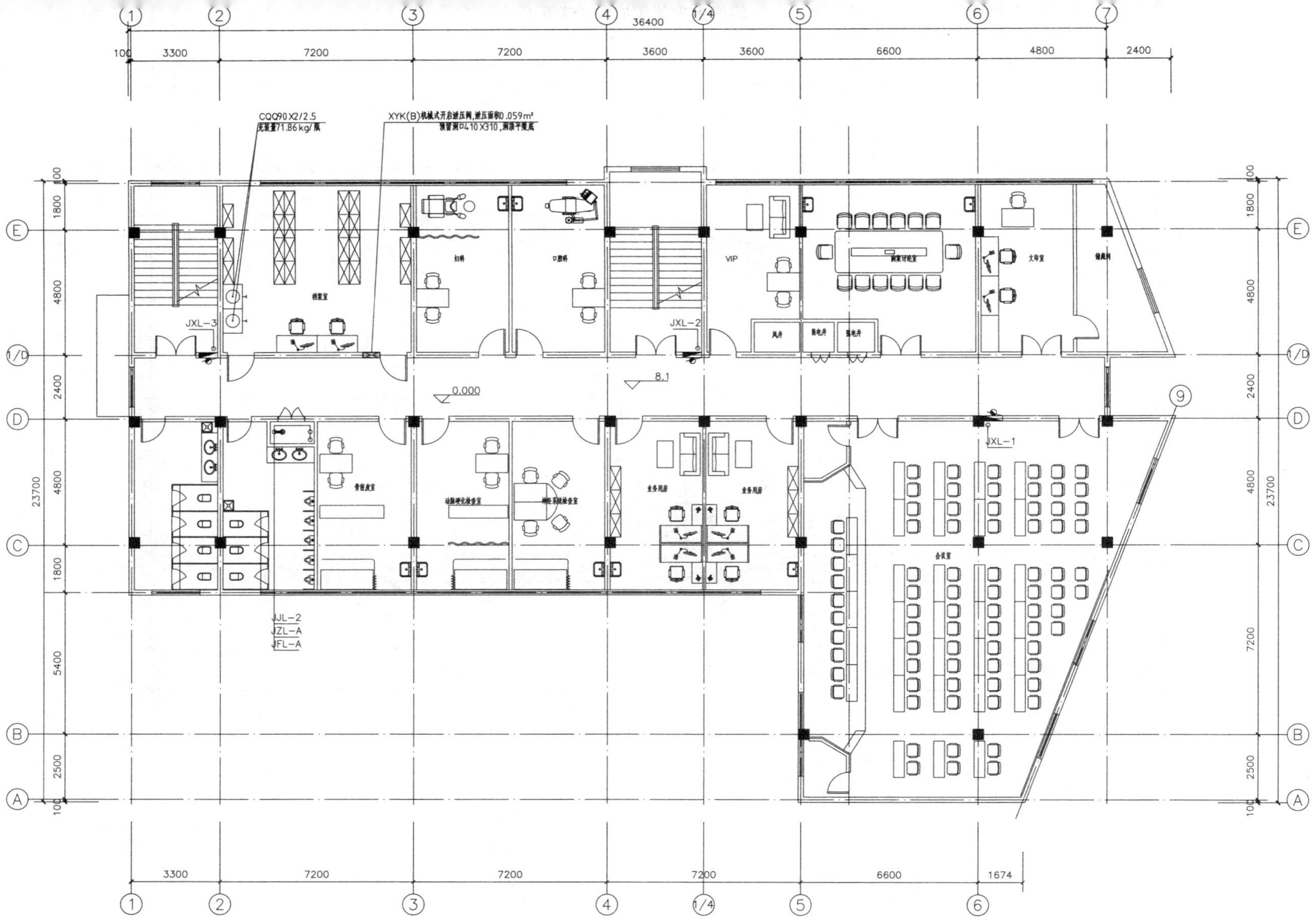

图 6-22　三层消防水平面图

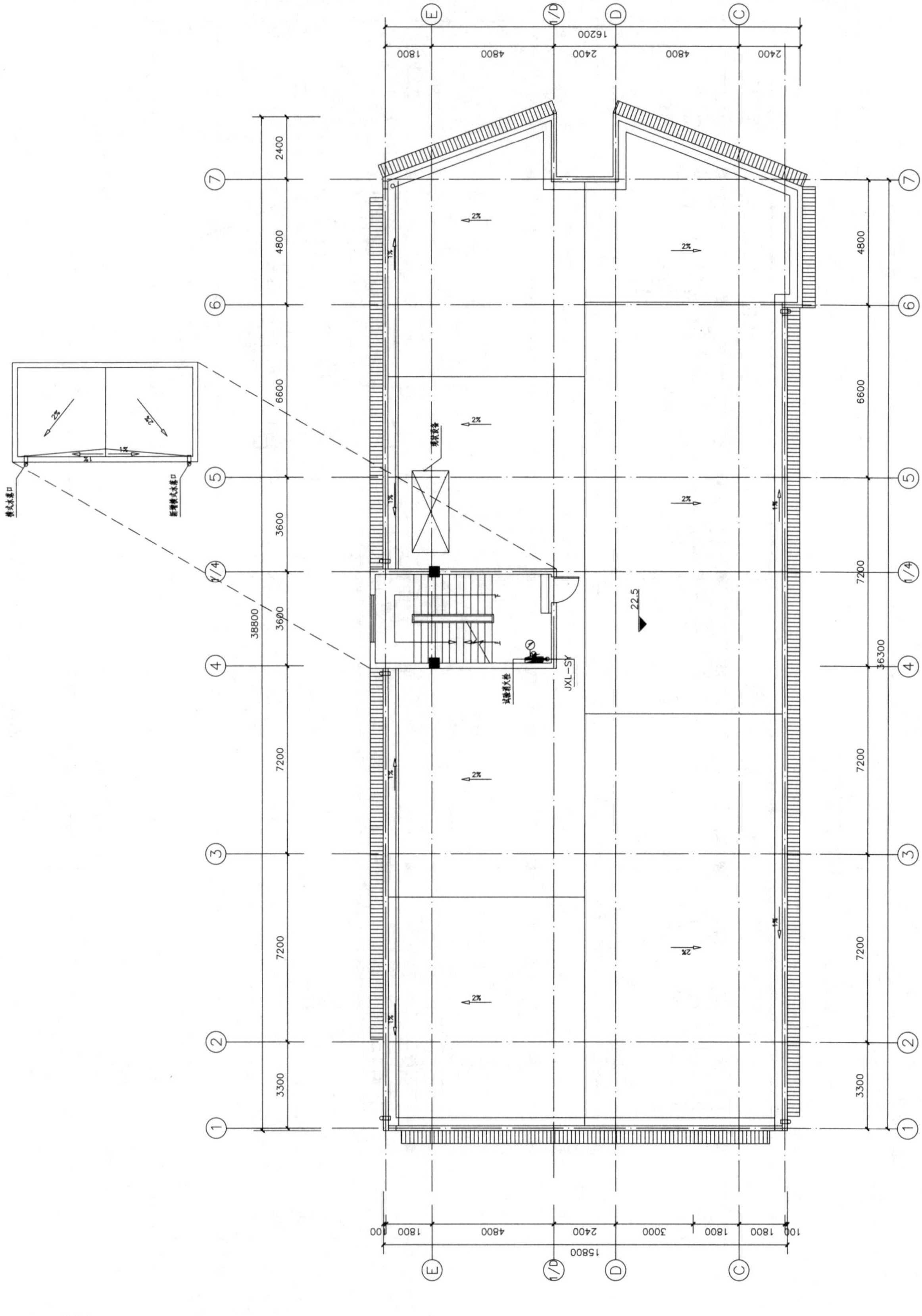

图 6-23 屋顶消防水平面图

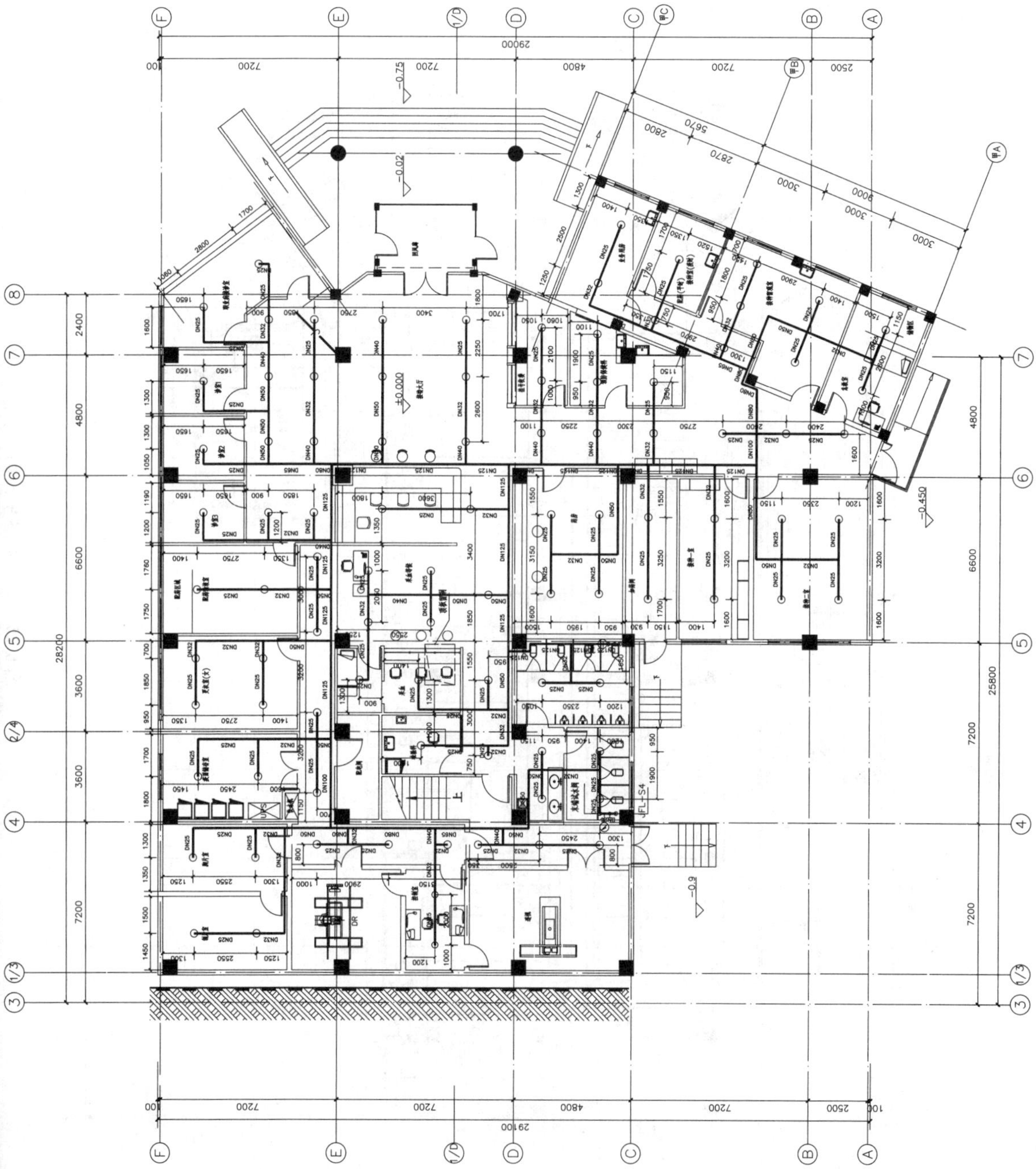

图 6-24　一层喷淋平面图

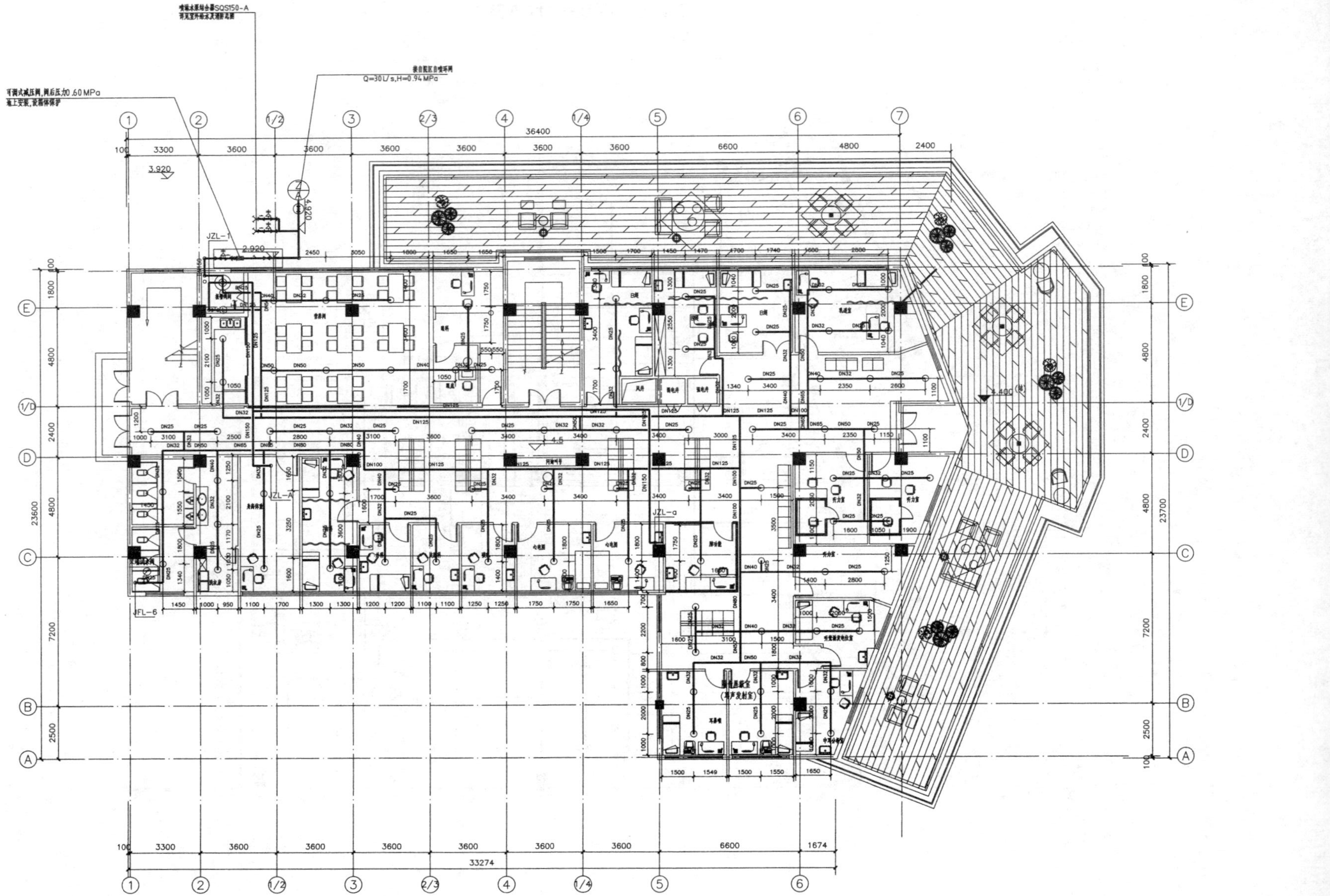

图 6-25　二层喷淋平面图

本工程消防系统清单汇总表见表6-9，消防系统计价汇总表见表6-10。

表6-9 消防系统清单汇总表

消防系统					
序号	项目编码	项目名称	项目特征描述	计量单位	工程量
1	030901002001	消火栓钢管	1. 材质、规格：内外壁热浸镀锌钢管DN150(含管件)； 2. 连接形式：卡箍； 3. 压力试验及冲洗设计要求：压力试验，冲洗； 4. 刷漆要求：除锈后刷樟丹防锈漆二道、醇酸磁漆二道； 5. 具体要求详见设计图纸及相关规范	m	13.44
2	030901002002	消火栓钢管	1. 材质、规格：内外壁热浸镀锌钢管DN100(含管件)； 2. 连接形式：卡箍； 3. 压力试验及冲洗设计要求：压力试验，冲洗； 4. 刷漆要求：除锈后刷樟丹防锈漆二道、醇酸磁漆二道； 5. 具体要求详见设计图纸及相关规范	m	96.1
3	030901002003	消火栓钢管	1. 材质、规格：内外壁热浸镀锌钢管DN65(含管件)； 2. 连接形式：卡箍； 3. 压力试验及冲洗设计要求：压力试验，冲洗； 4. 刷漆要求：除锈后刷樟丹防锈漆二道、醇酸磁漆二道； 5. 具体要求详见设计图纸及相关规范	m	63.38
4	030901010001	室内消火栓	1. 型号、规格：减压稳压乙型单栓室内消火栓箱； 2. 附件材质、规格：箱体1200 mm×750 mm×240 mm，配一条DN65长25 m麻质衬胶水龙带，ϕ19 mm水枪一支，并配套消防按钮及指示灯各一个，消防软管卷盘，内径ϕ19 mm，长度30 m，直流喷雾喷枪一支	套	20

续表6-9

序号	项目编码	项目名称	项目特征描述	计量单位	工程量
			消防系统		
5	031002001001	金属阀门	1. 类型:蝶阀; 2. 规格、压力等级:DN100; 3. 具体要求详见设计图纸及相关规范	个	13
6	031002001002	金属阀门	1. 类型:闸阀; 2. 规格、压力等级:DN150; 3. 具体要求详见设计图纸及相关规范	个	4
7	030901012001	消防水泵接合器	1. 安装部位:地上式; 2. 型号、规格:SQS-150A 型	套	1
8	030703022002	自动排气阀	1. 名称:自动排气阀; 2. 规格:DN25	个	2
9	031002003006	套管	1. 名称、类型:柔性防水套管; 2. 规格:D203; 3. 具体要求详见设计图纸及相关规范	个	18
10	031002004001	减压器	1. 类型:减压阀组; 2. 规格、压力等级:DN150; 3. 具体要求详见设计图纸及相关规范	组	2
11	030601002001	压力仪表	名称:压力表	台	1
			喷淋系统		
12	030901001001	水喷淋钢管	1. 材质、规格:内外壁热浸镀锌钢管DN150(含管件); 2. 连接形式:卡箍; 3. 压力试验及冲洗设计要求:压力试验,冲洗; 4. 刷漆要求:除锈后刷樟丹防锈漆二道、醇酸磁漆二道; 5. 具体要求详见设计图纸及相关规范	m	53.06
13	030901001002	水喷淋钢管	1. 材质、规格:内外壁热浸镀锌钢管DN125(含管件); 2. 连接形式:卡箍; 3. 压力试验及冲洗设计要求:压力试验,冲洗; 4. 刷漆要求:除锈后刷樟丹防锈漆二道、醇酸磁漆二道; 5. 具体要求详见设计图纸及相关规范	m	275.28

续表6-9

消防系统					
序号	项目编码	项目名称	项目特征描述	计量单位	工程量
14	030901001003	水喷淋钢管	1. 材质、规格：内外壁热浸镀锌钢管DN100(含管件)； 2. 连接形式：卡箍； 3. 压力试验及冲洗设计要求：压力试验，冲洗； 4. 刷漆要求：除锈后刷樟丹防锈漆二道、醇酸磁漆二道； 5. 具体要求详见设计图纸及相关规范	m	18.54
15	030901001004	水喷淋钢管	1. 材质、规格：内外壁热浸镀锌钢管DN80(含管件)； 2. 连接形式：卡箍； 3. 压力试验及冲洗设计要求：压力试验，冲洗； 4. 刷漆要求：除锈后刷樟丹防锈漆二道、醇酸磁漆二道； 5. 具体要求详见设计图纸及相关规范	m	19.86
16	030901001005	水喷淋钢管	1. 材质、规格：内外壁热浸镀锌钢管DN65(含管件)； 2. 连接形式：卡箍； 3. 压力试验及冲洗设计要求：压力试验，冲洗； 4. 刷漆要求：除锈后刷樟丹防锈漆二道、醇酸磁漆二道； 5. 具体要求详见设计图纸及相关规范	m	30.06
17	030901001006	水喷淋钢管	1. 材质、规格：内外壁热浸镀锌钢管DN50(含管件)； 2. 连接形式：螺纹； 3. 压力试验及冲洗设计要求：压力试验，冲洗； 4. 刷漆要求：除锈后刷樟丹防锈漆二道、醇酸磁漆二道； 5. 具体要求详见设计图纸及相关规范	m	119.01

续表6-9

消防系统					
序号	项目编码	项目名称	项目特征描述	计量单位	工程量
18	030901001007	水喷淋钢管	1. 材质、规格：内外壁热浸镀锌钢管DN40(含管件)； 2. 连接形式：螺纹； 3. 压力试验及冲洗设计要求：压力试验，冲洗； 4. 刷漆要求：除锈后刷樟丹防锈漆二道、醇酸磁漆二道； 5. 具体要求详见设计图纸及相关规范	m	57.1
19	030901001008	水喷淋钢管	1. 材质、规格：内外壁热浸镀锌钢管DN32(含管件)； 2. 连接形式：螺纹； 3. 压力试验及冲洗设计要求：压力试验，冲洗； 4. 刷漆要求：除锈后刷樟丹防锈漆二道、醇酸磁漆二道； 5. 具体要求详见设计图纸及相关规范	m	360.24
20	030901001009	水喷淋钢管	1. 材质、规格：内外壁热浸镀锌钢管DN25(含管件)； 2. 连接形式：螺纹； 3. 压力试验及冲洗设计要求：压力试验，冲洗； 4. 刷漆要求：除锈后刷樟丹防锈漆二道、醇酸磁漆二道； 5. 具体要求详见设计图纸及相关规范	m	861.9
21	031001008001	塑料管	1. 安装部位：室内； 2. 介质：污废水； 3. 材质、规格：PVC-U 排水管 DN100(含管件)； 4. 连接形式：柔性接口承插或卡箍连接； 5. 压力试验及吹、洗设计要求：通球试验、冲洗； 6. 具体要求详见设计图纸及相关规范	m	27.3

消防系统

序号	项目编码	项目名称	项目特征描述	计量单位	工程量
22	030901003001	喷头	1. 材质、型号、规格:DN25; 2. 连接形式:螺纹; 3. 具体要求详见设计图纸及相关规范	个	387
23	030901006001	水流指示器	1. 类型:水流指示器; 2. 规格、压力等级:DN125; 3. 具体要求详见设计图纸及相关规范	个	6
24	031002001003	金属阀门	1. 类型:信号阀; 2. 规格、压力等级:DN125; 3. 具体要求详见设计图纸及相关规范	个	9
25	031002001004	金属阀门	1. 类型:蝶阀; 2. 规格、压力等级:DN100; 3. 具体要求详见设计图纸及相关规范	个	13
26	031002001005	金属阀门	1. 类型:泄水阀; 2. 规格、压力等级:DN50; 3. 具体要求详见设计图纸及相关规范	个	6
27	031002001006	金属阀门	1. 类型:自动排气阀; 2. 规格、压力等级:DN25; 3. 连接形式: 丝扣; 4. 附件:截止阀; 5. 具体要求详见设计图纸及相关规范	个	1
28	031002001007	金属阀门	1. 类型:试水阀; 2. 规格、压力等级:DN25; 3. 具体要求详见设计图纸及相关规范	个	6
29	031002001008	金属阀门	1. 类型:闸阀; 2. 规格、压力等级:DN150; 3. 具体要求详见设计图纸及相关规范	个	4
30	030901008001	末端试水装置	1. 规格:DN25; 2. 具体要求详见设计图纸及相关规范	组	6
31	031002004002	减压器	1. 类型:减压阀组; 2. 规格、压力等级:DN150; 3. 具体要求详见设计图纸及相关规范	组	2

续表6-9

消防系统					
序号	项目编码	项目名称	项目特征描述	计量单位	工程量
32	030901007001	减压孔板	1. 材质、规格：ϕ62； 2. 具体要求详见设计图纸及相关规范	个	4
33	030901007002	减压孔板	1. 材质、规格：ϕ76； 2. 具体要求详见设计图纸及相关规范	个	4
34	030901012001	消防水泵接合器	1. 型号、规格：SQD150 地上式消防水泵接合器； 2. 具体要求详见设计图纸及相关规范	套	2
35	030601002002	压力仪表	名称：压力表	台	6
36	031002003007	套管	1. 名称、类型：柔性防水套管； 2. 规格：D203； 3. 具体要求详见设计图纸及相关规范	个	17
37	031002003008	套管	1. 名称、类型：刚性防水套管； 2. 规格：DN200； 3. 具体要求详见设计图纸及相关规范	个	1
38	031002003009	套管	1. 名称、类型：刚性防水套管； 2. 规格：DN150	个	2

表 6-10 消防系统计价汇总表

序号	项目编码	工程项目名称	单位	数量	综合单价
1	030901002001	消火栓钢管	m	13.44	9136.01
	C9-1-20	水喷淋钢管 钢管(沟槽连接)管道安装 公称直径(mm 以内)150	10 m	1.344	1345.2
	主材	标准壁厚内外壁热浸镀锌钢管 DN150	m	13.574	87.64
	主材	沟槽直接头 DN150	套	2.24	80.31
	C9-1-28	水喷淋钢管 钢管(沟槽连接)管件安装 公称直径(mm 以内)150	10 个	95.5	1266.08
	主材	沟槽管件 DN150	套	959.775	80.31
	C12-2-3	管道刷油 防锈漆 第一遍	10 m^2	0.71070532	43.43
	C12-2-16	管道刷油 醇酸磁漆 第一遍	10 m^2	0.71070532	54.12
2	030901002002	消火栓钢管	m	96.1	118.45

续表6-10

序号	项目编码	工程项目名称	单位	数量	综合单价
	C9-1-18	水喷淋钢管 钢管(沟槽连接)管道安装 公称直径(mm 以内)100	10 m	9.61	1151.36
	主材	内外壁热浸镀锌钢管 DN100	m	97.542	51.8
	主材	沟槽直接头 DN100	套	16.02	222.68
	C12-2-3	管道刷油 防锈漆 第一遍	10 m^2	3.26101896	44.03
	C12-2-16	管道刷油 醇酸磁漆 第一遍	10 m^2	3.26101896	53.76
	C9-1-26	水喷淋钢管 钢管(沟槽连接)管件安装 公称直径(mm 以内)100	10 个	0	274.36
	主材	沟槽管件 DN100	套	0	0
3	030901002003	消火栓钢管	m	63.38	686.3
	C9-1-16	水喷淋钢管 钢管(沟槽连接)管道安装 公称直径(mm 以内)65	10 m	6.338	589.29
	主材	标准壁厚内外壁热浸镀锌钢管 DN65	m	64.331	32.94
	主材	沟槽直接头 DN65	套	10.565	24.08
	C9-1-24	水喷淋钢管 钢管(沟槽连接)管件安装 公称直径(mm 以内)65	10 个	86.4	456.9
	主材	沟槽管件 DN65	套	868.32	24.08
	C12-2-3 换	管道刷油 防锈漆 第一遍 实际遍数(遍):2	10 m^2	1.5154551	84.38
	C12-2-16 换	管道刷油 醇酸磁漆 第一遍 实际遍数(遍):2	10 m^2	1.5154551	104.86
4	030901010001	室内消火栓	套	20	302.13
	C9-1-81	室内消火栓(明装) 普通公称直径(mm 以内)双栓 65	套	20	302.13
	主材	室内消火栓	套	20	164.75
5	031002001001	金属阀门	个	13	348.32
	C10-5-117	沟槽阀门 公称直径(mm 以内)100	个	13	348.32
	主材	蝶阀 DN100	个	13	176.02
	主材	沟槽管件 DN100	套	26	41.87
6	031002001002	金属阀门	个	4	670.61

续表6-10

序号	项目编码	工程项目名称	单位	数量	综合单价
	C10-5-119	沟槽阀门 公称直径(mm 以内)150	个	4	670.61
	主材	闸阀 DN150	个	4	355.22
	主材	沟槽管件 DN150	套	8	80.31
7	030901012001	消防水泵接合器	套	1	1283.68
	C9-1-102	消防水泵接合器 地上式 DN150	套	1	1283.68
	主材	消防水泵接合器 DN150	套	1	747.41
8	030703022002	自动排气阀	个	2	0
	C10-5-30	自动排气阀安装 公称直径(mm 以内)25	个	0	62.95
	主材	自动排气阀	个	0	32.76
9	031002003006	套管	个	18	382.62
	C10-11-47	柔性防水套管制作 介质管道公称直径(mm 以内)100	个	18	382.62
	主材	无缝钢管 DN100	m	7.632	38.41
10	031002004001	减压器	组	2	2866.27
	C10-5-261	减压器组成安装(法兰连接) 公称直径(mm 以内)100	组	2	2866.27
	主材	减压阀 DN150	个	2	739.12
	主材	Y 型过滤器 DN150	个	2	443.36
	主材	橡胶软接头 DN150	个	2	244.38
	主材	碳钢平焊法兰 DN150	片	8	23.89
11	030601002001	压力仪表	台	1	0
	C6-7-60	压力表	块	0	73.32
	主材	脱脂用黑光灯	组	0	0
	主材	压力表	块	0	0
12	030901001001	水喷淋钢管	m	53.06	2530.65
	C9-1-20	水喷淋钢管 钢管(沟槽连接)管道安装 公称直径(mm 以内)150	10 m	5.306	1345.2
	主材	标准壁厚内外壁热浸镀锌钢管 DN150	m	53.591	87.64

续表6-10

序号	项目编码	工程项目名称	单位	数量	综合单价
	主材	沟槽直接头 DN150	套	8.845	80.31
	C9-1-28	水喷淋钢管 钢管(沟槽连接)管件安装 公称直径(mm 以内)150	10 个	100	1266.08
	主材	沟槽管件 DN150	套	1005	80.31
	C12-2-3 换	管道刷油 防锈漆 第一遍 实际遍数(遍):2	10 m^2	2.80580537	84.38
	C12-2-16 换	管道刷油 醇酸磁漆 第一遍 实际遍数(遍):2	10 m^2	2.80580537	104.86
13	030901001002	水喷淋钢管	m	275.28	147.44
	C9-1-19	水喷淋钢管 钢管(沟槽连接)管道安装 公称直径(mm 以内)125	10 m	27.528	1053.64
	主材	标准壁厚内外壁热浸镀锌钢管 DN125	m	278.033	63.31
	主材	沟槽直接头 DN125	套	45.889	67
	C9-1-27	水喷淋钢管 钢管(沟槽连接)管件安装 公称直径(mm 以内)125	10 个	8.6	1080.03
	主材	沟槽管件 DN125	套	86.43	67
	C12-2-3 换	管道刷油 防锈漆 第一遍 实际遍数(遍):2	10 m^2	12.10901664	84.38
	C12-2-16 换	管道刷油 醇酸磁漆 第一遍 实际遍数(遍):2	10 m^2	12.10901664	104.86
14	030901001003	水喷淋钢管	m	18.54	1157.25
	C9-1-18	水喷淋钢管 钢管(沟槽连接)管道安装 公称直径(mm 以内)100	10 m	1.854	828.54
	主材	标准壁厚内外壁热浸镀锌钢管 DN100	m	18.818	49.7
	主材	沟槽直接头 DN100	套	3.091	41.87
	C9-1-26	水喷淋钢管 钢管(沟槽连接)管件安装 公称直径(mm 以内)100	10 个	28.5	694.74
	主材	沟槽管件 DN100	套	286.425	41.87
	C12-2-3 换	管道刷油 防锈漆 第一遍 实际遍数(遍):2	10 m^2	0.62912894	84.38
	C12-2-16 换	管道刷油 醇酸磁漆 第一遍 实际遍数(遍):2	10 m^2	0.62912894	104.86
15	030901001004	水喷淋钢管	m	19.86	1358.91
	C9-1-17	水喷淋钢管 钢管(沟槽连接)管道安装 公称直径(mm 以内)80	10 m	1.986	672.91

续表6-10

序号	项目编码	工程项目名称	单位	数量	综合单价
	主材	标准壁厚内外壁热浸镀锌钢管 DN80	m	20.158	38.17
	主材	沟槽直接头 DN80	套	3.311	29.74
	C9-1-25	水喷淋钢管 钢管(沟槽连接)管件安装 公称直径(mm 以内)80	10 个	47.6	536.69
	主材	沟槽管件 DN80	套	478.38	29.74
	C12-2-3 换	管道刷油 防锈漆 第一遍 实际遍数(遍):2	10 m^2	0.55473707	84.38
	C12-2-16 换	管道刷油 醇酸磁漆 第一遍 实际遍数(遍):2	10 m^2	0.55473707	104.86
16	030901001005	水喷淋钢管	m	30.06	428.25
	C9-1-16	水喷淋钢管 钢管(沟槽连接)管道安装 公称直径(mm 以内)65	10 m	3.006	589.29
	主材	标准壁厚内外壁热浸镀锌钢管 DN65	m	30.511	32.94
	主材	沟槽直接头 DN65	套	5.011	24.08
	C9-1-24	水喷淋钢管 钢管(沟槽连接)管件安装 公称直径(mm 以内)65	10 个	24	456.9
	主材	沟槽管件 DN65	套	241.2	24.08
	C12-2-3 换	管道刷油 防锈漆 第一遍 实际遍数(遍):2	10 m^2	0.71875324	84.38
	C12-2-16 换	管道刷油 醇酸磁漆 第一遍 实际遍数(遍):2	10 m^2	0.71875324	104.86
17	030901001006	水喷淋钢管	m	119.01	66.8
	C9-1-4	水喷淋钢管 镀锌钢管(螺纹连接) 公称直径(mm 以内)50	10 m	11.901	632.08
	主材	标准壁厚内外壁热浸镀锌钢管 DN50	m	119.605	25.01
	主材	镀锌钢管接头管件	个	96.16	4.93
	C12-2-3 换	管道刷油 防锈漆 第一遍 实际遍数(遍):2	10 m^2	2.2547944	84.38
	C12-2-16 换	管道刷油 醇酸磁漆 第一遍 实际遍数(遍):2	10 m^2	2.2547944	104.86
18	030901001007	水喷淋钢管	m	57.1	56.4
	C9-1-3	水喷淋钢管 镀锌钢管(螺纹连接) 公称直径(mm 以内)40	10 m	5.71	535.37
	主材	标准壁厚内外壁热浸镀锌钢管 DN40	m	57.386	18.39

续表6-10

序号	项目编码	工程项目名称	单位	数量	综合单价
	主材	镀锌钢管接头管件	个	49.163	2.85
	C12-2-3 换	管道刷油 防锈漆 第一遍 实际遍数(遍):2	10 m^2	0.86654161	84.38
	C12-2-16 换	管道刷油 醇酸磁漆 第一遍 实际遍数(遍):2	10 m^2	0.86654161	104.86
19	030901001008	水喷淋钢管	m	360.24	44.41
	C9-1-2	水喷淋钢管 镀锌钢管(螺纹连接) 公称直径(mm 以内)32	10 m	36.024	418.85
	主材	标准壁厚内外壁热浸镀锌钢管 DN32	m	362.041	15.69
	主材	镀锌钢管接头管件	个	247.485	2.53
	C12-2-3 换	管道刷油 防锈漆 第一遍 实际遍数(遍):2	10 m^2	4.7991461	84.38
	C12-2-16 换	管道刷油 醇酸磁漆 第一遍 实际遍数(遍):2	10 m^2	4.7991461	104.86
20	030901001009	水喷淋钢管	m	861.9	35.65
	C9-1-1	水喷淋钢管 镀锌钢管(螺纹连接) 公称直径(mm 以内)25	10 m	86.19	336.57
	主材	标准壁厚内外壁热浸镀锌钢管 DN25	m	866.21	11.54
	主材	镀锌钢管接头管件	个	508.521	1.67
	C12-2-3 换	管道刷油 防锈漆 第一遍 实际遍数(遍):2	10 m^2	9.12626263	84.38
	C12-2-16 换	管道刷油 醇酸磁漆 第一遍 实际遍数(遍):2	10 m^2	9.12626263	104.86
21	031001008001	塑料管	m	27.3	32.68
	C10-1-389	室内塑料排水管(粘接) 公称外径 (mm 以内)110	10 m	2.73	326.82
	主材	塑料排水管	m	25.935	7.01
	主材	室内塑料排水管粘接管件	个	31.559	0.79
22	030901003001	喷头	个	387	26.75
	C9-1-44	水喷淋(雾)喷头 无吊顶公称直径(mm 以内)25	个	387	26.75
	主材	喷头	个	390.87	5.75
23	030901006001	水流指示器	个	6	266.16
	C9-1-60	沟槽阀门 公称直径(mm 以内)125	个	6	266.16
	主材	水流指示器 DN125	个	6	125

续表6-10

序号	项目编码	工程项目名称	单位	数量	综合单价
	主材	卡箍连接件	套	12	2.31
24	031002001003	金属阀门	个	9	423.44
	C10-5-118	沟槽阀门 公称直径(mm 以内)125	个	9	423.44
	主材	信号阀 DN125	个	9	282.28
	主材	卡箍连接件	套	18	2.31
25	031002001004	金属阀门	个	13	348.32
	C10-5-117	沟槽阀门 公称直径(mm 以内)100	个	13	348.32
	主材	蝶阀 DN100	个	13	176.02
	主材	沟槽管件 DN100	套	26	41.87
26	031002001005	金属阀门	个	6	152.6
	C10-5-6	螺纹阀门安装 公称直径(mm 以内)50	个	6	152.6
	主材	泄水阀 DN50	个	6.06	106.19
27	031002001006	金属阀门	个	1	126.79
	C10-5-30	自动排气阀安装 公称直径(mm 以内)25	个	1	68.97
	主材	自动排气阀 DN25	个	1	40.88
	C10-5-3	螺纹阀门安装 公称直径(mm 以内)25	个	1	57.82
	主材	截止阀 DN25	个	1.01	41.33
28	031002001007	金属阀门	个	6	33.96
	C10-5-3	螺纹阀门安装 公称直径(mm 以内)25	个	6	33.96
	主材	试水阀 DN25	个	6.06	17.7
29	031002001008	金属阀门	个	4	670.61
	C10-5-119	沟槽阀门 公称直径(mm 以内)150	个	4	670.61
	主材	闸阀 DN150	个	4	355.22
	主材	沟槽管件 DN150	套	8	80.31
30	030901008001	末端试水装置	组	6	251.01
	C9-1-74	末端试水装置 公称直径(mm 以内)25	组	6	251.01
	主材	球阀 DN25	个	12.12	33.63
31	031002004002	减压器	组	2	2866.27

续表6-10

序号	项目编码	工程项目名称	单位	数量	综合单价
	C10-5-261	减压器组成安装(法兰连接) 公称直径(mm以内)100	组	2	2866.27
	主材	减压阀 DN150	个	2	739.12
	主材	Y 型过滤器 DN150	个	2	443.36
	主材	橡胶软接头 DN150	个	2	244.38
	主材	碳钢平焊法兰 DN150	片	8	23.89
32	030901007001	减压孔板	个	4	118.89
	C9-1-73	减压孔板 公称直径(mm 以内)65	个	4	118.89
	主材	减压孔板 ϕ62	个	4	12.39
	主材	平焊法兰 DN65	片	8	19.39
33	030901007002	减压孔板	个	4	169.56
	C9-1-74	减压孔板 公称直径(mm 以内)80	个	4	169.56
	主材	减压孔板 公称直径(mm 以内)76	个	4	27.02
	主材	平焊法兰	片	8	27.33
34	030901012001	消防水泵接合器	套	2	1624.49
	C9-1-102	消防水泵接合器 地上式 DN150	套	2	1624.49
	主材	消防水泵接合器 DN150	套	2	1089.65
35	030601002002	压力仪表	台	6	0
	C6-7-60	压力表	块	0	73.32
	主材	脱脂用黑光灯	组	0	0
	主材	压力表	块	0	0
36	031002003007	套管	个	17	638.57
	C10-11-49	柔性防水套管制作 介质管道公称直径(mm以内)150	个	17	529.12
	主材	无缝钢管	m	7.208	166.5
	C10-11-61	柔性防水套管安装 介质管道公称直径(mm以内)150	个	17	109.45

续表6-10

序号	项目编码	工程项目名称	单位	数量	综合单价
37	031002003008	套管	个	1	363.67
	C10-11-73	刚性防水套管制作 介质管道公称直径(mm以内)150	个	1	274.59
	主材	无缝钢管	m	0.424	166.5
	C10-11-85	刚性防水套管安装 介质管道公称直径(mm以内)150	个	1	89.08
38	031002003009	套管	个	2	279.45
	C10-11-85	刚性防水套管安装 介质管道公称直径(mm以内)150	个	2	279.45
	主材	刚性防水套管 DN150	个	2	189.72

6.6 消防火灾自动报警系统安装工程计量与计价实例

本工程为二类防火保护建筑,火灾自动报警系统按二级保护对象设计。火灾报警系统由光电感烟探测器、手动报警按钮、水流指示器组成。本工程的报警控制器设在一层总服务台。各层水流指示器及安全信号阀的动作信号均送至火灾报警系统。火灾时由火灾探测器手动报警按钮接收火灾信号,同时利用声光报警器发出疏散指令并启动外控消防设施、喷淋泵等。图 6-26 至图 6-28 所示为本工程一至三层火灾报警系统平面图。

火灾自动报警系统工程安装要求如下:

① 火灾自动报警系统线路均要求暗敷设在不燃烧体内保护层厚大于 30 mm,个别不能暗敷的管线,要求在镀锌钢管外皮刷防火涂料。施工时,探头位置和灯具位置发生冲突时,探头位置应躲开灯具位置,且距离要满足规范要求。

② 短路隔离器安装在接线端子箱内。施工时,探测器安装的位置距各设备或构件的距离应严格按规范执行。不能在保护范围内时,应增加探头的数量。探测器周围 0.5 m 内,不应有遮挡物。

③ 回路总线,DC24V 主机电源线和联动外控电源线从每层的接线端子箱内引出,所有穿线管应有良好的接地。施工结束时,所有的孔洞必须用防火堵料堵塞。

④ 通信总线,ZR-RVS(2×1.0);DC24V 主机电源总线 ZR-RVS(2×1.5);DC24V 联动外控电源线 ZR-RVS(2×1.5);报警总线,ZR-RVS(2×1.0);多线联动控制线 2×[ZR-RVS(2×1.0)-SC15]消防电话插孔通信线,ZR-RVS(2×1.0);消防电话分机通信线,ZR-RVS-n (4×1.0)。

试计算本工程火灾报警系统工程量,编制火灾报警系统清单汇总表,并套取相应定额编制火灾报警系统计价表。

本工程火灾报警系统清单汇总表见表 6-11,火灾报警系统计价表见表 6-12。

【案例图纸】

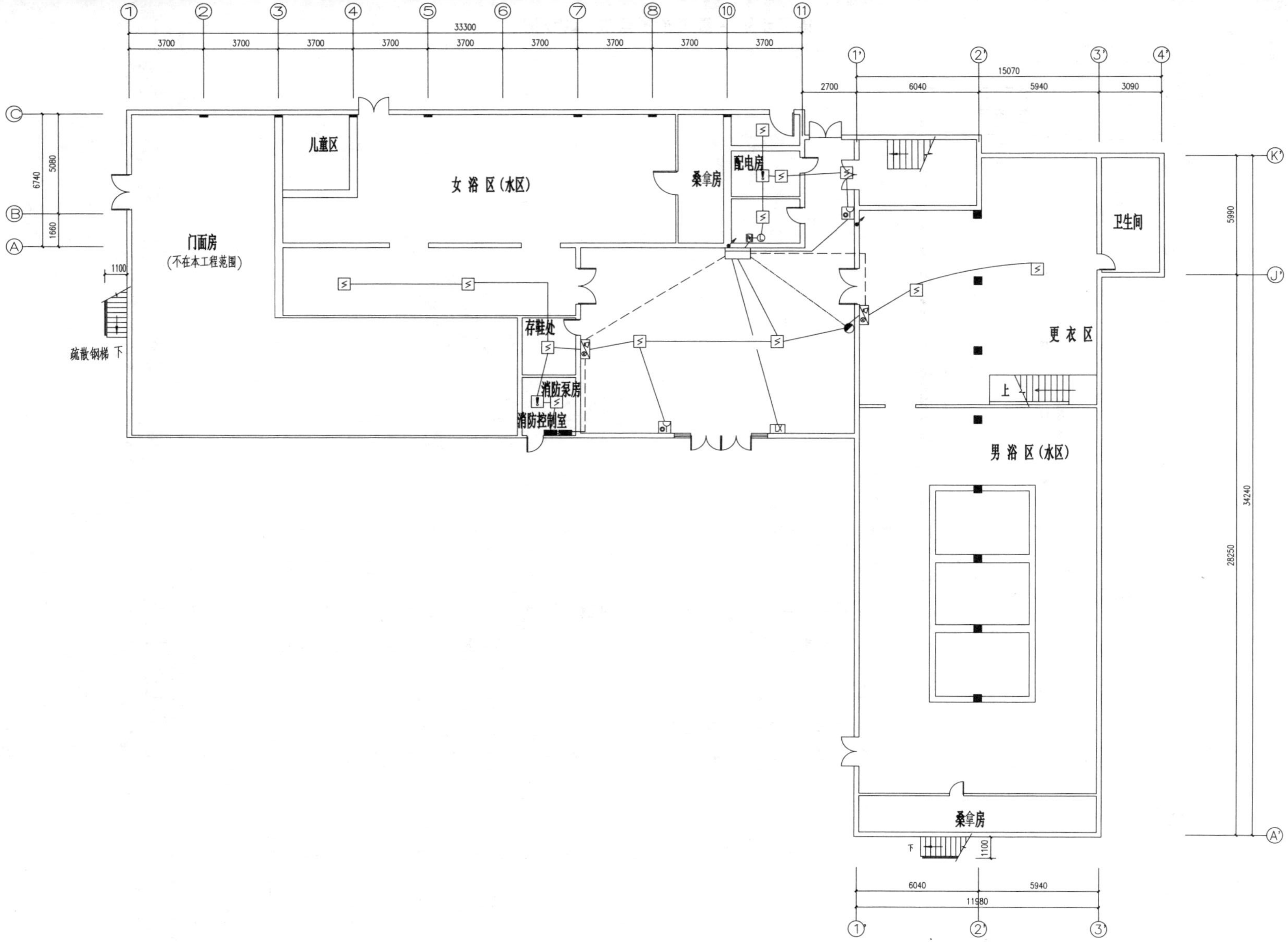

图 6-26　一层火灾报警系统平面图

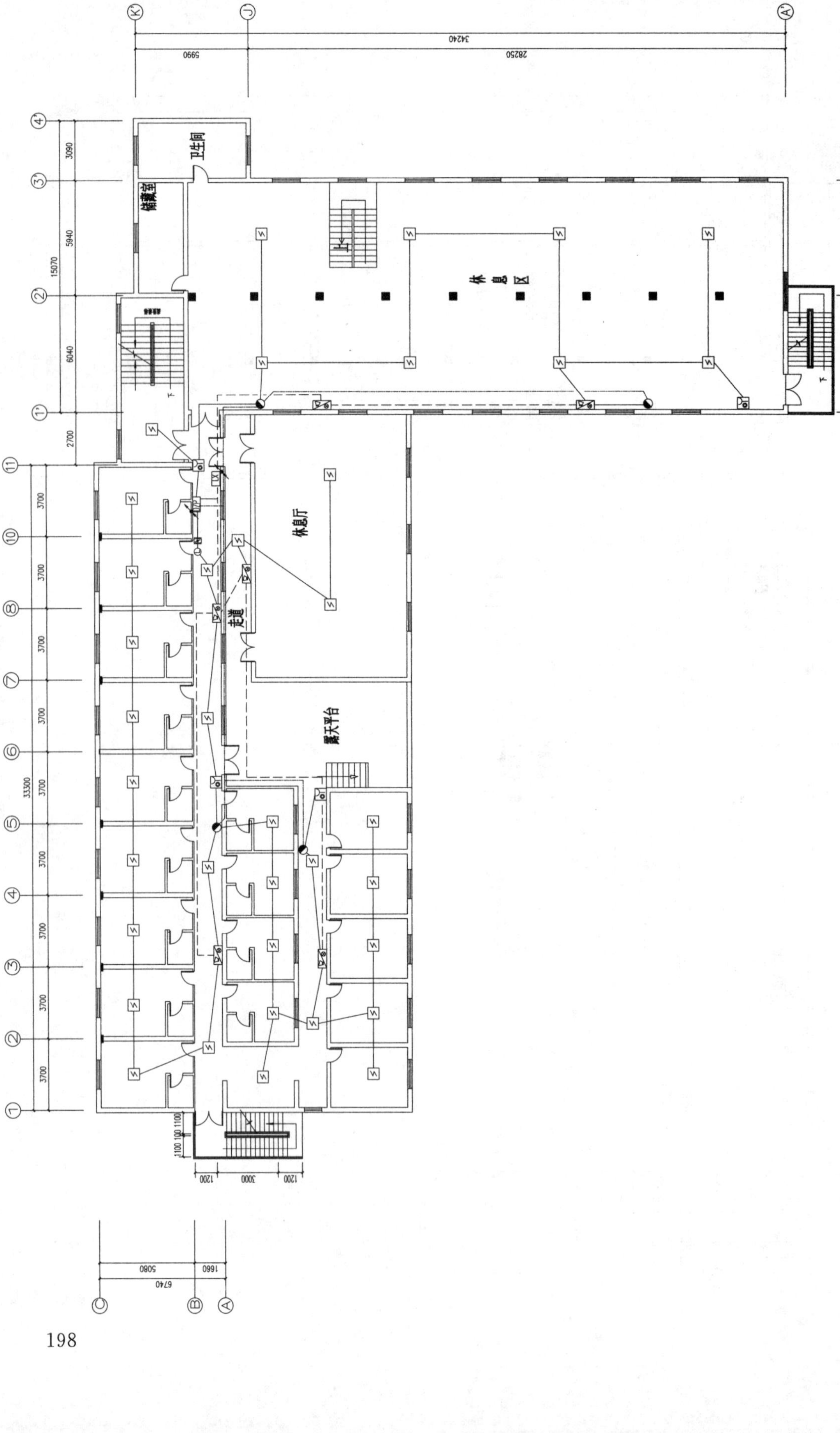

图 6-27　二层火灾报警系统平面图

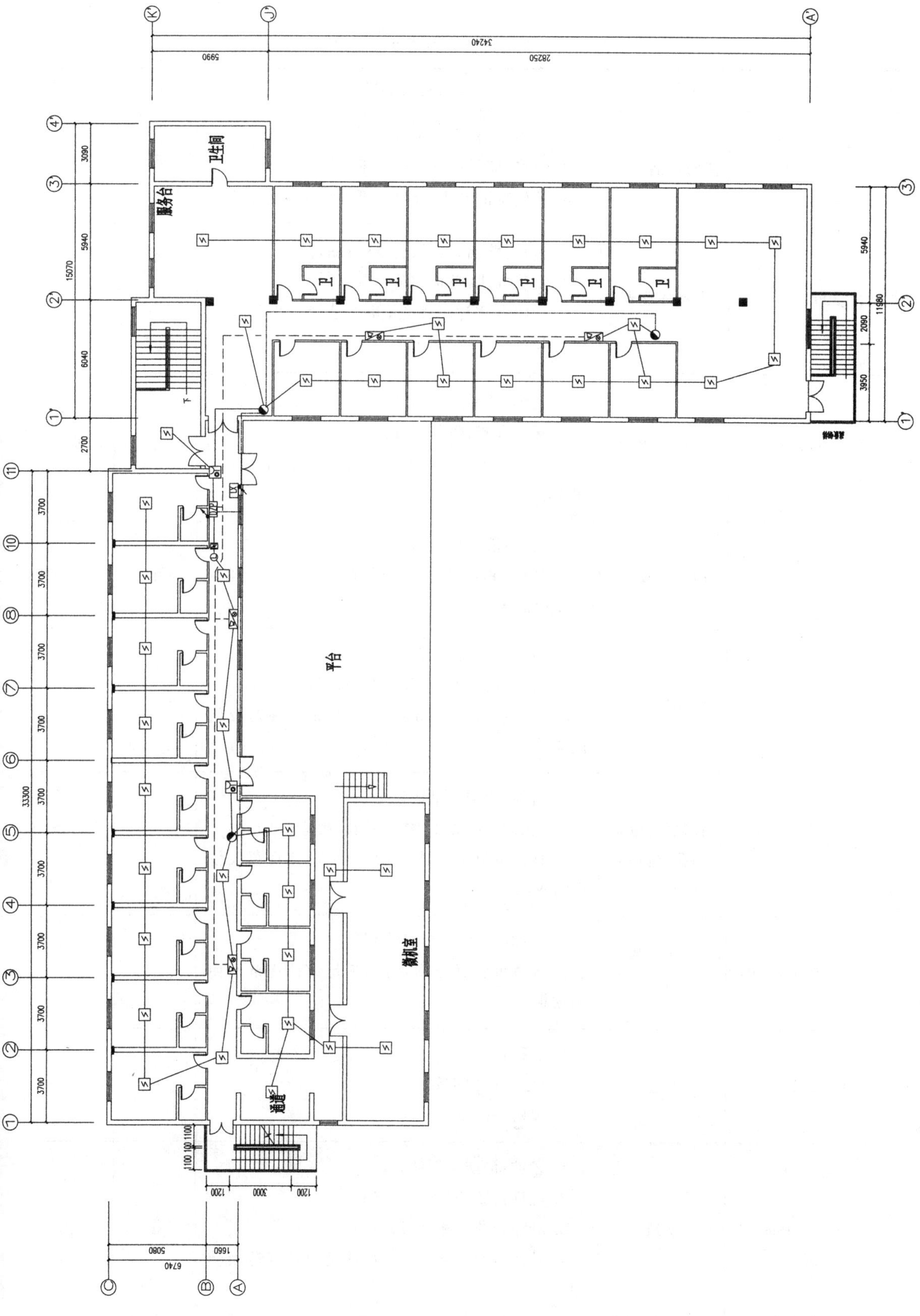

图 6-28　三层火灾报警系统平面图

表 6-11　火灾报警系统清单汇总表

序号	项目编码	项目名称	项目特征描述	计量单位	工程量
1	030904012001	消防广播主机	1. 名称:消防广播主机; 2. 规格:满足设计使用要求; 3. 其他特征描述:详见图纸设计及规范要求	台	3
2	030904001001	点型探测器	1. 名称:感烟火灾探测器(防爆); 2. 安装方式:吸顶安装; 3. 具体事宜详见图纸,并满足设计规范及使用需求	个	92
3	030904001002	点型探测器	1. 名称:感温火灾探测器(防爆); 2. 安装方式:吸顶安装; 3. 具体事宜详见图纸,并满足设计规范及使用需求	个	2
4	030904003001	消火栓按钮	1. 名称:消火栓按钮; 2. 规格:具体事宜详见图纸,并满足设计规范及使用需求	个	4
5	030904004001	声光报警器	1. 名称:声光报警器; 2. 安装方式:墙上、柱上明装,距地 2.4 m; 3. 具体事宜详见图纸,并满足设计规范及使用需求	个	12
6	030904005001	消防报警电话插孔(电话)	1. 名称:消防电话固定分机; 2. 安装方式:墙上、柱上明装,距地 1.3 m; 3. 具体事宜详见图纸,并满足设计规范及使用需求	个	8
7	030904006001	消防广播(扬声器)	1. 名称:消防广播(扬声器); 2. 具体事宜详见图纸,并满足设计规范及使用需求	个	6
8	030412001001	配管	1. 名称:配管; 2. 材质:镀锌钢管; 3. 规格:SC15	m	1060.31
9	030412004001	配线	1. 名称:消防电源线; 2. 规格: ZR-RVS-2×1.5; 3. 沿导管或线槽敷设; 4. 具体事宜详见图纸,并满足设计规范及使用需求	m	112.87

续表6-11

序号	项目编码	项目名称	项目特征描述	计量单位	工程量
10	030412004002	配线	1. 名称：消防信号线； 2. 规格：ZR-RVS-2×1.0； 3. 沿导管或线槽敷设； 4. 具体事宜详见图纸，并满足设计规范及使用需求	m	1005.03
11	030412006001	接线盒	1. 名称：钢制接线盒； 2. 安装形式：暗装	个	124
12	030909003001	自动报警系统调试	1. 名称：自动报警系统； 2. 点数：5000 点以内； 3. 系统调试等	系统	1

表 6-12　火灾报警系统计价表

序号	项目编码	工程项目名称	单位	数量	综合单价
1	030904012001	消防广播主机	台	3	5901.49
	C9-4-61	消防广播及电话主机(柜)安装 消防电话主机(路以内)30	台	3	5901.49
	主材	消防广播主机	台	3	3500
2	030904001001	点型探测器	个	92	154.11
	C9-4-1	点型探测器安装 感烟	个	92	154.11
	主材	感烟火灾探测器	个	92	105
3	030904001002	点型探测器	个	2	199.41
	C9-4-2	点型探测器安装 感温	个	2	199.41
	主材	感温火灾探测器	个	2	150.3
4	030904003001	消火栓按钮	个	4	248.07
	C9-4-12	按钮安装 消火栓报警按钮	个	4	248.07
	主材	消火栓按钮	个	4	68.26
5	030904004001	声光报警器	个	12	149.28
	C9-4-17	声光报警器安装	个	12	149.28
	主材	声光报警器	只	12.12	76.47
6	030904005001	消防报警电话插孔(电话)	个	8	126.96
	C9-4-26	消防报警电话插孔(电话)安装 电话分机	个	8	126.96

续表6-12

序号	项目编码	工程项目名称	单位	数量	综合单价
	主材	消防电话固定分机	个	8	100.83
7	030904006001	消防广播(扬声器)	个	6	99.49
	C9-4-29	消防广播(扬声器)安装 扬声器吸顶式(3~5W)	个	6	99.49
	主材	消防广播(扬声器)	个	6	54.62
8	030412001001	配管	m	1060.31	16.79
	C4-12-26	镀锌钢管敷设 砖、混凝土结构暗配 公称直径(DN)≤15	10 m	106.031	167.83
	主材	镀锌钢管 SC15	m	1092.119	6.17
9	030412004001	配线	m	112.87	3.15
	C4-13-23	管内穿线 穿多芯软导线 二芯 单芯导线截面(mm^2)≤1.5	10 m	11.287	31.48
	主材	ZR-RVS-2×1.5	m	121.9	2.1
10	030412004002	配线	m	1005.03	2.83
	C4-13-22	管内穿线 穿多芯软导线 二芯 单芯导线截面(mm^2)≤1	10 m	100.503	28.21
	主材	ZR-RVS-2×1.0	m	1085.432	1.8
11	030412006001	接线盒	个	124	6.77
	C4-13-164	暗装接线盒	个	124	6.77
	主材	钢制接线盒	个	126.48	1.68
12	030909003001	自动报警系统调试	系统	1	11800.55
	C9-6-3	自动报警系统调试(点以内)256	系统	1	11800.55

7 通风空调安装工程计量与计价

【教学目标】 通过本章的学习，要求掌握通风空调设备及部件、通风管道制作与安装、通风管道部件和通风工程检测与调试的工程量计算及定额套用；熟悉空调水管和冷媒管的工程量计算及定额应用，能够达到正确编制通风空调工程施工图预算的目的。

【教学重点】 通风管道制作与安装的工程量计算及定额套用；通风管道部件制作与安装的工程量计算及定额套用。

7.1 通风空调工程基础知识

7.1.1 通风系统

通风工程是借助换气、稀释或通风排除等手段，控制空气污染物的传播与危害，实现室内外空气环境质量保障的一种建筑环境控制技术。通风系统就是实现通风这一功能，包括送风口、排风口、送风管道、风机、降温及采暖设备、过滤器、控制系统，以及其他附属设备在内的一整套装置。例如，打开门窗来提高室内的新鲜空气量；工厂内部安装排气扇等。

7.1.1.1 通风系统的分类

按照通风动力的不同，通风系统可分为自然通风和机械通风两类；按照通风作用范围的不同，通风系统可分为全面通风、局部通风、混合通风；按通风特征的不同，通风系统可分为进气式通风和排气式通风。

7.1.1.2 机械通风系统的组成

机械通风系统又分为机械排风系统和机械送风系统两种。机械排风系统一般由有害物收集器(吸风口)、净化设备、风管、阀门、通风机、排风口、风帽等组成；机械送风系统由进气室(进风口)、风道、通风机、送风口、阀门组成，如图 7-1 和图 7-2 所示。

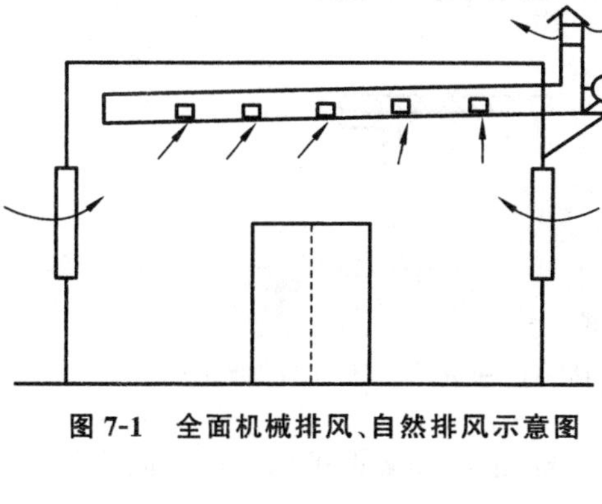

图 7-1 全面机械排风、自然排风示意图

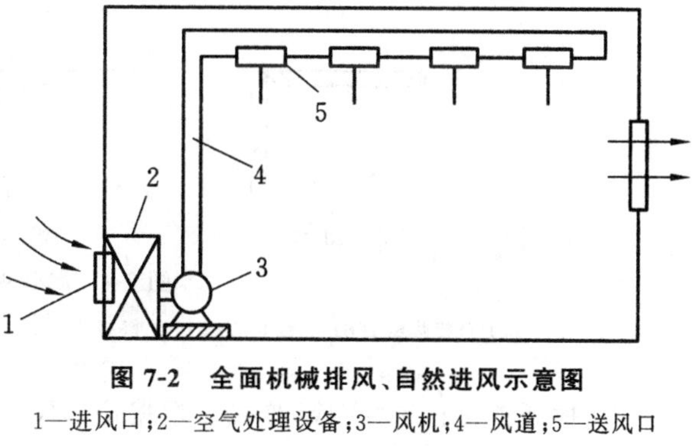

图 7-2 全面机械排风、自然进风示意图

1—进风口；2—空气处理设备；3—风机；4—风道；5—送风口

(1) 风道

风道是通风系统中的主要部件，是用于输送空气的管道。风道的断面有圆形、矩形等形状。风道通常采用普通薄钢板、镀锌薄钢板制作，也可采用塑料、混凝土、砖等其他材料制作。连接方式有咬口连接、焊接连接和插条连接 3 种。

① 咬口连接：把需要相互结合的两个板边折成能相互咬合的各种钩形，钩接后压紧折边。这种连接方法不需要其他材料，适用于厚度 $\delta \leqslant 1.2$ mm 的薄钢板、厚度 $\delta \leqslant 1.0$ mm 的不锈钢板和厚度 $\delta \leqslant 1.2$ mm 的铝板。其咬口形式有单平咬口、单立咬口、转角咬口、联合角咬口、按扣式咬口，如图 7-3 所示。

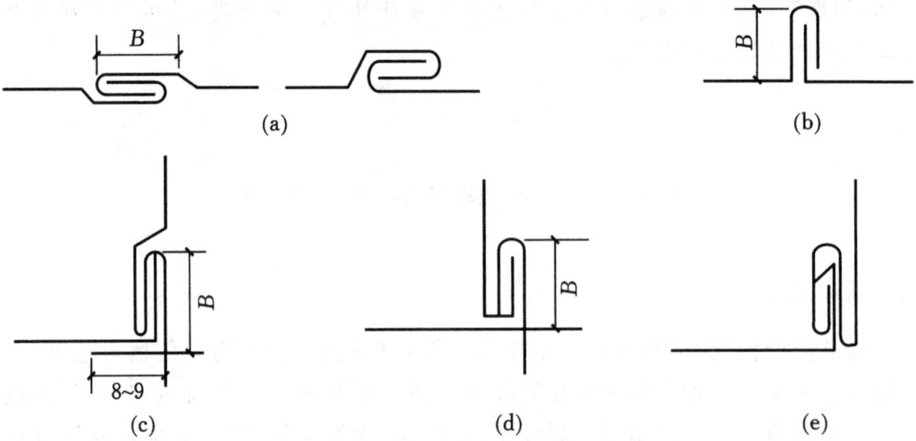

图 7-3 各种咬口形式

(a) 单平咬口；(b) 单立咬口；(c) 转角咬口；(d) 联合角咬口；(e) 按扣式咬口

B—咬口长度

② 焊接连接：当普通(镀锌)钢板厚度 $\delta > 1.2$ mm(或 1 mm)，不锈钢钢板厚度 $\delta > 0.7$ mm，铝板厚度 $\delta > 1.5$ mm 时，若仍采用咬口连接，则因板材较厚、机械强度高而难于加工，且咬口质量也较差，这时应当采用焊接的方法，以保证连接的严密性。常用的焊缝形式有对接焊缝、交锋角焊缝、搭接焊缝、搭接角缝、折边焊缝、折边角焊缝等，如图 7-4 所示。

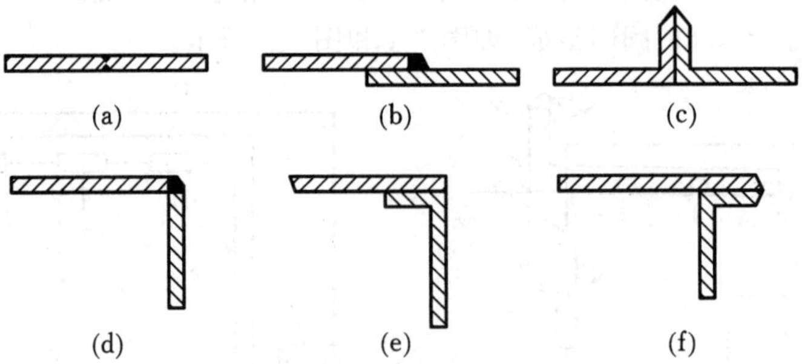

图 7-4 风管焊缝形式

(a) 对接焊缝；(b) 交锋角焊缝；(c) 搭接焊缝；(d) 搭接角缝；(e) 折边焊缝；(f) 折边角焊缝

③ 插条连接也称“搭栓”连接。根据矩形风管边长不同，把镀锌薄钢板加工成不同形状的插条，其形状和连接方法如图 7-5 所示。

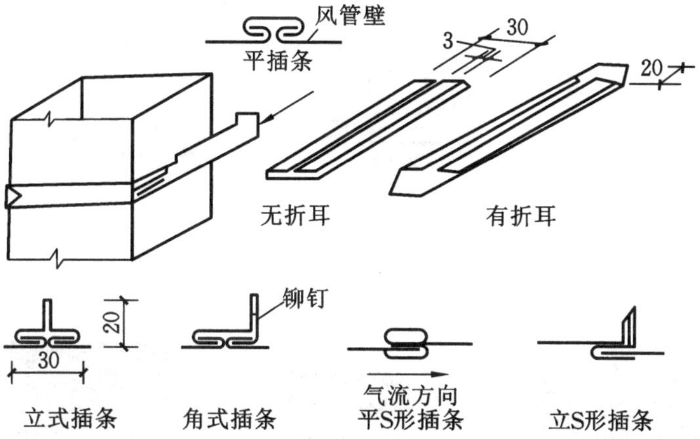

图 7-5　矩形风管无法兰的插条连接

(2) 阀门

阀门是通风系统中用来调节风量或防止系统发生火灾的附件。阀门安装于风机出口的风道、主下风道、分支风道或空气分布器之前等位置。常见的有闸板阀、蝶阀、多叶调节阀、止回阀、排烟阀、防火阀等,如图 7-6 所示。

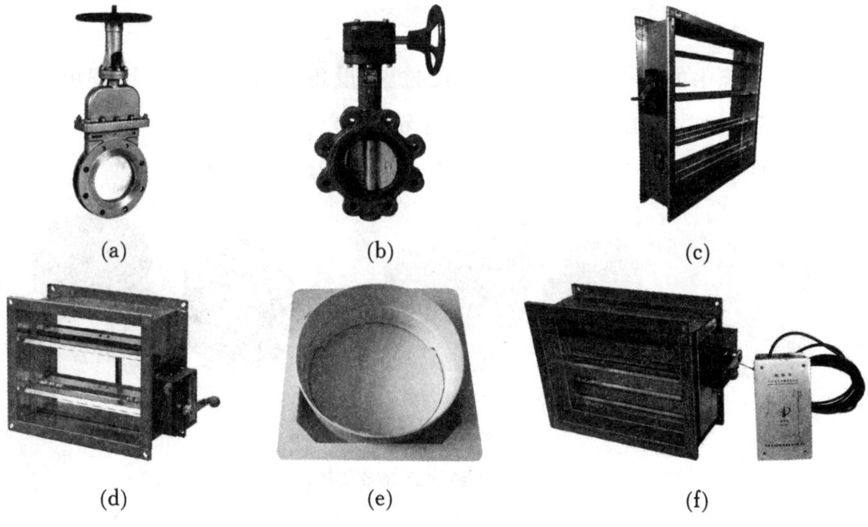

图 7-6　阀门

(a) 闸板阀;(b) 蝶阀;(c) 多叶调节阀;(d) 止回阀;(e) 排烟阀;(f) 防火阀

(3)进、排风装置

进风装置是从室外采集洁净空气(即送风),如空调新风系统的新风口、进风塔、进风窗口。排风装置是将室内被污染的空气直接排到大气中去,如排风口(罩)、排风塔、排风帽等。

(4)室内送、排风口

室内送风口是送风系统中风道的末端装置,常见的送风口形式有侧送、散流器、孔板、喷射式等,如图 7-7 所示。室内排风口是排风系统的始端吸入装置,常见的排风口形式有格栅、单层百叶、金属网格等,如图 7-8 所示。

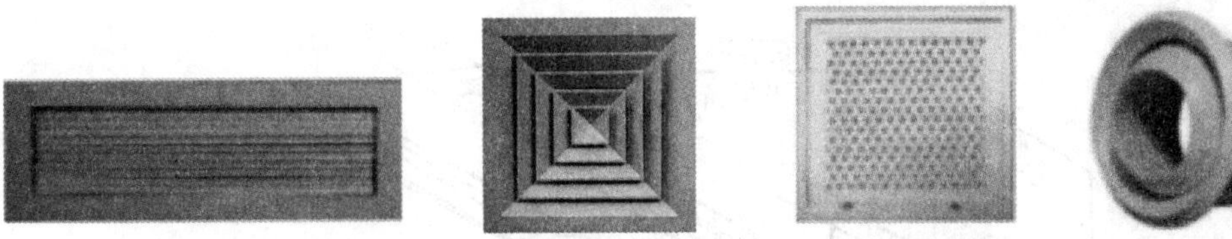

(a)　　(b)　　(c)　　(d)

图 7-7　室内送风口

(a) 双层侧送风口；(b) 方形散流器；(c) 孔板送风口；(d) 喷射式送风口

(a)　　(b)　　(c)

图 7-8　室内排风口

(a) 格栅排风口；(b) 单层百叶排风口；(c) 金属网格排风口

(5)风机

风机是为通风系统中的空气流动提供动力的机械设备。风机按工作原理可分为离心式风机和轴流式风机(图 7-9)。离心式风机主要由叶轮、机壳、机轴、吸气口、排气口等部件组成。离心式风机的主要性能参数有压力(P)、风量(L)、功率和效率、转速。

(a)　　(b)

图 7-9　风机

(a) 离心式风机；(b) 轴流式风机

(6) 通风管件

通风空调管路系统中采用的通风管件有弯头、来回弯、三通、四通、变径管(天圆地方管)，如图 7-10 所示。

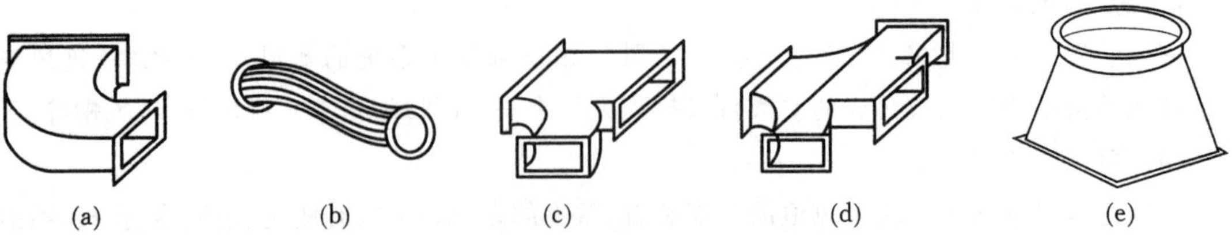

(a)　　(b)　　(c)　　(d)　　(e)

图 7-10　通风管件

(a) 弯头；(b) 来回弯；(c) 三通；(d) 四通；(e) 天圆地方管

7.1.2 空气调节工程

空气调节(简称空调)系统是对空气温度、湿度、空气流动速度及清洁度进行人工调节,以满足人体舒适和工艺生产过程的要求。

7.1.2.1 空调系统的组成

空调系统一般由空调房间、空气处理设备、空气输配系统和冷热源组成,如图 7-11 所示。

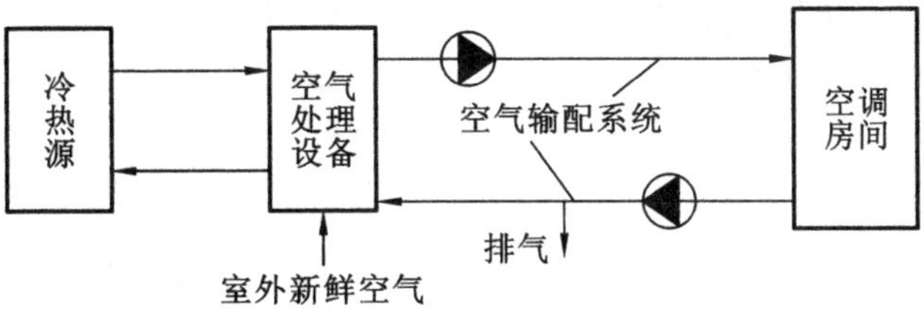

图 7-11 空调系统的组成

7.1.2.2 空调系统的分类

根据空气处理设备布置的不同,空调系统可分为集中式空调系统、半集中式空调系统、分散式空调系统。

(1) 集中式空调系统

集中式空调系统是将空气处理设备(包括风机、冷却器、加热器、加湿器、过滤器等)都集中设置在一个空调机房里,空气经过集中处理后再送往各个空调房间,如图 7-12 所示。集中式空调系统一般由空调处理设备、冷(热)水系统和空气系统组成。

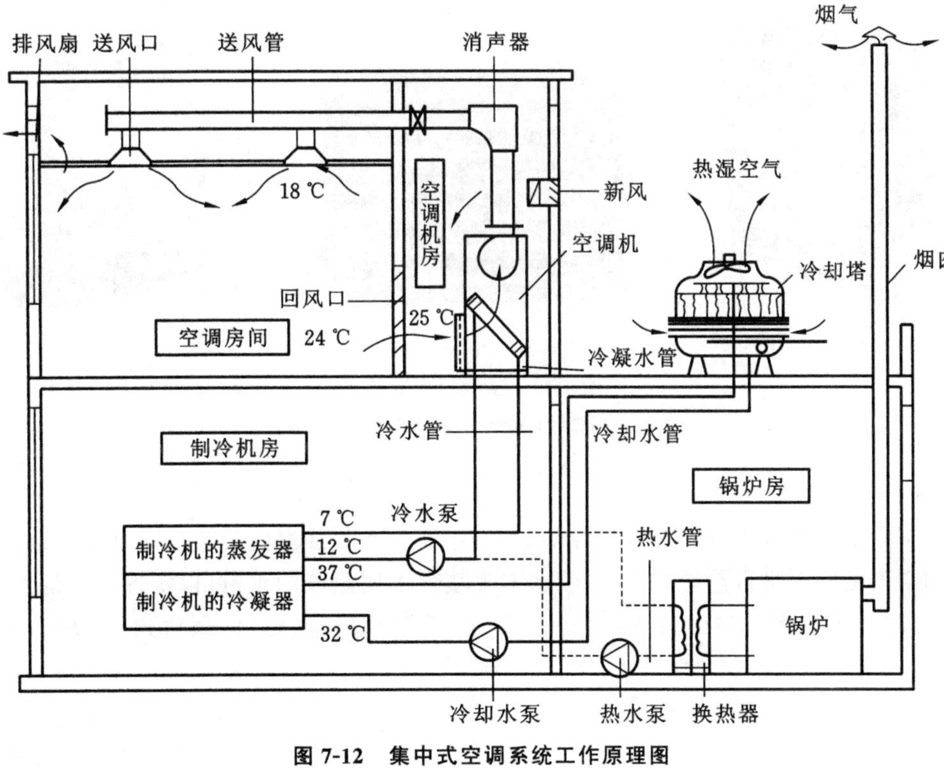

图 7-12 集中式空调系统工作原理图

(2) 半集中式空调系统

半集中式空调系统的大部分空气处理设备在空调机房内,少量二次处理设备(又称末端装置)分散在各空调房间内。空调机房经过集中处理的部分或全部风量,送到各个空调房间或空调区域后,再由末端装置进行补充处理。

(3) 分散式空调系统(局部空调系统)

分散式空调系统又称为局部空调系统,是将冷热源和空气处理、输送设备以及控制设备等集中设置在一个箱体内,组成一个紧凑的空调机组,如窗式空调机、分体式空调机、柜式空调机等,一般不需要专门设置空调机房。

7.1.2.3　空调设备

(1) 空气过滤器

空气过滤器是去除空气中的灰尘,使被处理的空气有一定的洁净度的设备,如图 7-13(a)所示,通常分为初效、中效和高效过滤器 3 种类型。

(2) 空气加热器

空气加热器是对空气进行加热,使空气温度升高的设备,如图 7-13(b)所示。目前广泛使用的加热设备有表面式空气加热器和电加热器两种类型,前者用于集中式空调系统的空气处理室和半集中式空调系统的末端装置中,后者主要用在各空调房间的送风支管上作为精密设备以及用于空调机组中。

(3) 加湿器

加湿器是用于对空气进行加湿处理的设备,如图 7-13(c)所示,如干蒸汽加湿器、电加湿器、超声波加湿器、高压喷雾加湿器、远红外线加湿器、湿膜式加湿器。

(a)　(b)　(c)

图 7-13　空气处理设备

(a) 空气过滤器;(b) 空气加热器;(c) 加湿器

(4) 喷水室

喷水室是空调系统中夏季对空气冷却除湿、冬季对空气加湿的设备。它是通过水直接与被处理的空气接触来进行热湿交换,在喷水室中喷入不同温度的水,可以实现空气的加热、冷却、加湿和减湿等过程。它由喷嘴、喷嘴排管、前后挡水板、底池、附属管道、水泵和外壳等组成。

(5) 空气除湿设备

空气除湿的方法有通风法、制冷除湿机减湿法、固体吸湿剂法、液体吸湿剂法。常用的除湿机为制冷除湿机，其安装方便、简单易行。制冷除湿机减湿法是利用制冷除湿机来降低空气的含湿量。

【在线测试】

(6) 空调机组

空调机组是一种对空气进行过滤和冷湿处理且内设风机的装置。空调机组有组合式空调机组、新风机组、整体式空调机组、组装立柜式空调机组、变风量空调机组等。组合式空调机组由过滤段、混合段、处理段、加热段、中间段、风机段等组成，是集中式空调系统的空气处理设备。整体式空调机组是将制冷压缩机、冷凝器、蒸发器、风机、加热器、加湿器、过滤器、自动调节装置和电气控制装置等组装于一个箱体内。组装立柜式空调机组(图 7-14)是将整体式空调机组的制冷压缩冷凝机组从箱内移出，安装于空调器附近。

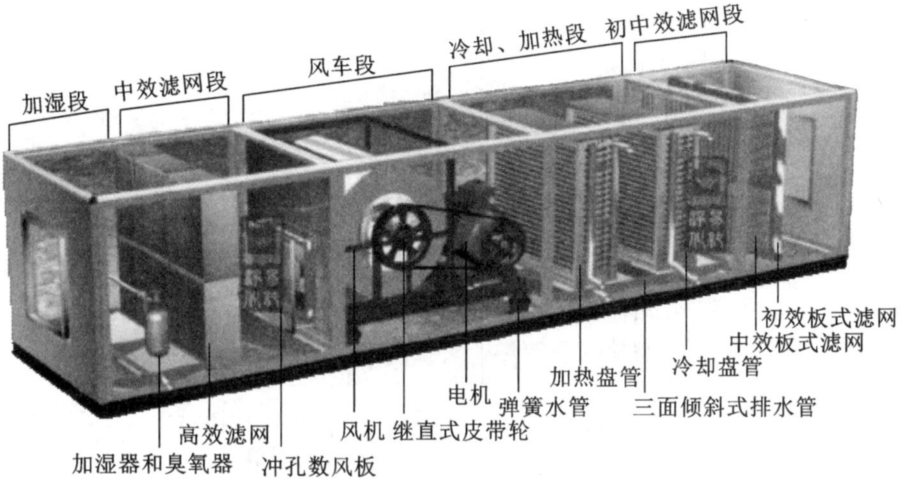

图 7-14　组装立柜式空调机组

(7) 风机盘管

风机盘管是半集中式空调系统中的末端装置，由风机、电动机、盘管、过滤器、室温调节器、机箱组成。风机盘管具有布置灵活、安装方便、节省建筑空间、独立调节等优点，如图 7-15 所示。

图 7-15　风机盘管

7.2　通风空调安装工程计量

本节内容根据通风空调工程中涉及的通风空调设备及部件制作安装，通风管道制作安装，通风管道部件制作安装和通风工程检测、调试等内容，将按照先清单、再定额、最后案例的形式编制相关项目内容。

7.2.1　通风空调设备及部件制作安装(编码:030701)

本部分包括空气加热器(冷却器)，除尘设备，空调器，风机盘管，表冷器，密闭门，挡水板，滤水器、溢水盘，金属壳体，过滤器，净化工作台，风淋室，洁净室等 17 个分项工程项目，其工程量清单项目设置、项目特征描述的内容、计量单位及工程量计算规则见表 7-1。

表 7-1　通风空调设备及部件制作安装（编码：030701）

项目编码	项目名称	项目特征	计量单位	工程量计算规则	工作内容
030701001	空气加热器（冷却器）	1.名称； 2.型号； 3.规格； 4.安装形式	台	按设计图示数量计算	本体安装
030701002	除尘设备				
030701003	空调器	1.名称； 2.型号； 3.规格； 4.质量； 5.安装形式； 6.隔振垫（器）、支架形式、材质			本体安装或组装
030701004	风机盘管	1.名称； 2.型号； 3.规格； 4.安装形式； 5.减振器、支架形式、材质； 6.试压要求			1.本体安装； 2.试压
030701005	表冷器	1. 名称； 2. 型号； 3. 规格	个		本体安装
030701006	密闭门				1.本体制作； 2.本体安装
030701007	挡水板				
030701008	滤水器、溢水盘				
030701009	金属壳体				
030701010	过滤器	1.名称； 2.型号； 3.规格； 4.类型； 5.框架形式、材质	台		1.本体制作； 2.框架制作、安装

项目编码	项目名称	项目特征	计量单位	工程量计算规则	工作内容
030701011	净化工作台	1.名称； 2.型号； 3.规格； 4.类型	台	按设计图示数量计算	本体安装
030701012	风淋室				
030701013	洁净室				
030701014	除湿机				
030701015	人防过滤吸收器	1.名称； 2.材质； 3.规格			
030701016	油烟净化装置	1.名称； 2.型号； 3.规格			
030701017	变风量末端装置				

注：通风空调设备安装的地脚螺栓按设备自带考虑。

(1) 空气加热器(冷却器)(图 7-16)安装，按设备质量，依据设计图示数量计算，以“台”为计量单位。

图 7-16　空气加热器(冷却器)

(2) 除尘设备(图 7-17、图 7-18)安装，按设备质量，依据设计图示数量计算，以“台”为计量单位。

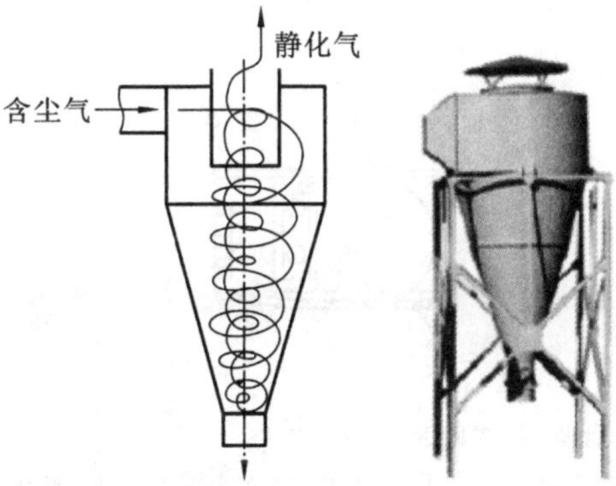

图 7-17　旋风除尘器

图 7-18　袋式除尘器

(3) 整体式空调机组、空调器(图 7-19)安装(一拖一分体空调以室内机、室外机之和),按设备质量,依据设计图示数量计算,以“台”为计量单位。

(a) (b) (c) (d)

图 7-19 整体式空调机组、空调器

(a) 立柜式室内机;(b) 壁挂式室内机;(c) 壁挂式和立柜式室外机;(d) 一拖一连接方式

(4) 组合式空调机组(图 7-20)安装,按设计风量,依据设计图示数量计算,以“台”为计量单位。

图 7-20 组合式空调机组

图 7-21 多联体空调机室外机

(5) 多联体空调机室外机(图 7-21)安装,按制冷量,依据设计图示数量计算,以“台”为计量单位。

(6) 风机盘管(图 7-22)安装,按安装方式,依据设计图示数量计算,以“台”为计量单位。

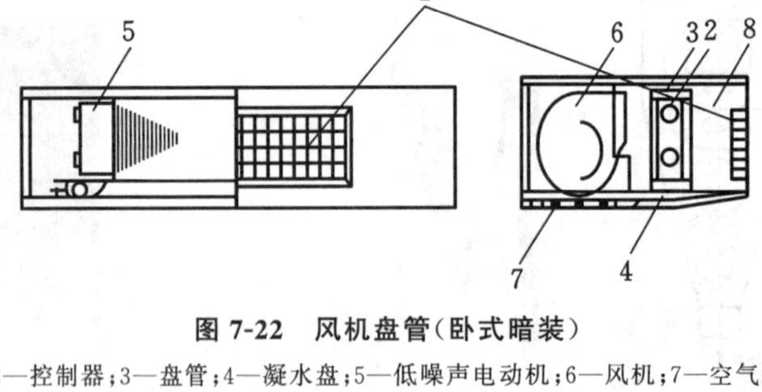

图 7-22 风机盘管(卧式暗装)

1—出风栅格;2—控制器;3—盘管;4—凝水盘;5—低噪声电动机;6—风机;7—空气过滤器;8—箱体

(7) 空气幕[图 7-23(a)]安装，按设备质量，依据设计图示数量计算，以“台”为计量单位。

(8) 变风量系统末端装置[图 7-23(b)]安装，按设计图示数量计算，以“台”为计量单位。

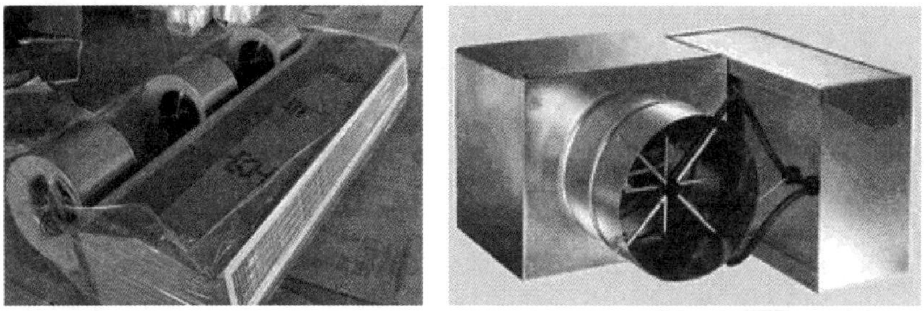

(a) (b)

图 7-23　空气幕与变风量系统末端装置

(9) 分段组装式空调器(图 7-24)安装，按设计图示质量计算，以“kg”为计量单位。

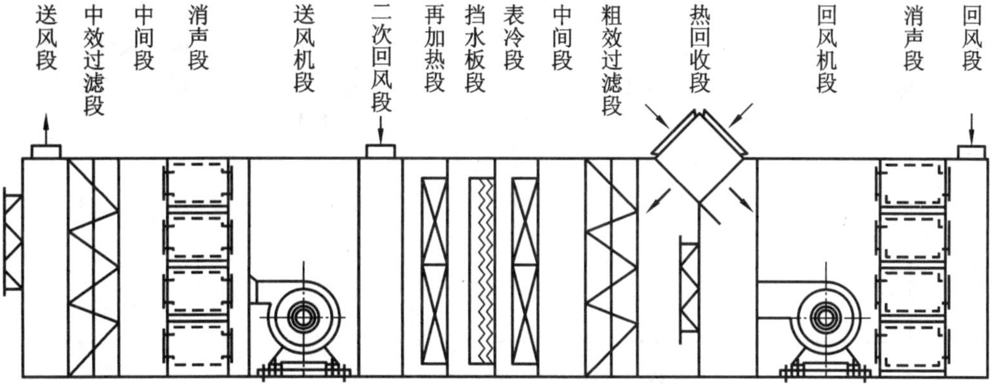

图 7-24　分段组装式空调器示意图

(10) 钢板密闭门安装，按设计图示尺寸，依据设计图示数量计算，以“个”为计量单位。

(11) 钢板挡水板安装，按设计图示尺寸，依据空调器断面面积计算，以“m^2”为计量单位。

(12) 滤水器、溢水盘、电加热器外壳、金属空调器壳体制作安装，按设计图示尺寸，依据质量计算，以“kg”为计量单位。非标准部件制作安装按成品质量计算。

(13) 高、中、低效过滤器和净化工作台安装，按设计图示数量计算，以“台”为计量单位。

(14) 风淋室安装，按设备质量，依据设计图示数量计算，以“台”为计量单位。

(15) 过滤器框架制作，按设计图示尺寸以质量计算，以“kg”为计量单位。

(16) 通风机安装，按不同形式、规格、设计风量，依据设计图示数量计算，以“台”为计量单位。风机箱安装，按安装方式，依据设计图示数量计算，以“台”为计量单位。

7.2.2　通风管道制作安装(编码:030702)

本部分包括碳钢通风管道、净化通风管道、不锈钢板通风管道、铝板通风管道、塑料通风管道、玻璃钢通风管道、复合型风管、柔性软风管、弯头导流叶片、风管检查孔及温度、风量测定孔共 11 个分项工程项目，其工程量清单项目设置、项目特征描述的内容、计量单位及工程量计算规则见表 7-2。

表 7-2 通风管道制作安装(编码:030702)

项目编码	项目名称	项目特征	计量单位	工程量计算规则	工作内容
030702001	碳钢通风管道	1.名称; 2.材质; 3.形状; 4.规格; 5.板材厚度; 6.接口形式	m^2	按设计图示内径以展开面积计算	风管、管件、法兰、零件制作、安装
030702002	净化通风管道	1.名称; 2.材质; 3.形状; 4.规格; 5.板材厚度; 6.接口形式; 7.洁净度			
030702003	不锈钢板通风管道	1.名称; 2.形状; 3.规格; 4.板材厚度; 5.接口形式			
030702004	铝板通风管道	1.名称; 2.形状; 3.规格; 4.板材厚度; 5.接口形式			
030702005	塑料通风管道				
030702006	玻璃钢通风管道	1.名称; 2.形状; 3.规格; 4.板材厚度; 5.接口形式		按设计图示外径以展开面积计算	风管、管件安装
030702007	复合型风管	1.名称; 2.材质; 3.形状; 4.规格; 5.板材厚度; 6.接口形式			

续表7-2

项目编码	项目名称	项目特征	计量单位	工程量计算规则	工作内容
030702008	柔性软风管	1.名称； 2.材质； 3.规格； 4.风管接头形式、材质	m	按设计图示中心线以长度计算	1.风管安装； 2.风管接头安装
030702009	弯头导流叶片	1.名称； 2.材质； 3.规格	m^2	按设计图示以展开面积计算	1.制作； 2.组装
030702010	风管检查孔		个	按设计图示数量计算	1.制作； 2.安装
030702011	温度、风量测定孔				

(1) 碳钢通风管道、净化通风管道、不锈钢通风管道、铝板通风管道、塑料通风管道，按设计图示内径以展开面积计算，玻璃钢通风管道、复合型风管按设计图示外径以展开面积计算，以"m^2"为计量单位，不扣除检查孔、测定孔、送风口、吸风口等所占面积。风管展开面积不计算风管、管口重叠部分面积，计算公式如下：

圆形风管：

$$F=\pi \cdot D \cdot L$$

矩形风管：

$$F=2(A+B)L$$

式中 F——风管展开面积(m^2)；

D——圆形风管直径(m)；

L——管道中心线长度(m)；

A——矩形风管长边尺寸(m)；

B——矩形风管短边尺寸(m)。

【例 7-1】 某工程设计采用矩形镀锌薄钢板($\delta=1.2$ mm)，风管规格为 300 mm×350 mm，长度为 8.18 m，风管采用咬口连接。试计算风管工程量及主材消耗量，并编制其清单。

【解】 根据公式 $F=2(A+B)L$，得风管工程量为：

$$F=2\times(0.3+0.35)\times8.18=10.63\ \text{m}^2$$

主材消耗量为：

$$\frac{10.63}{10}\times11.38=12.097\ \text{m}^2$$

该工程通风管道工程量清单表见表 7-3。

表 7-3　通风管道工程量清单表

项目编码	项目名称	项目特征描述	计量单位	工程量
030702006001	碳钢通风管道	1.名称：通风管道； 2.材质：镀锌钢板； 3.形状、规格：矩形 300 mm×350 mm； 4.板材厚度：1.2 mm； 5.接口形式：咬口； 6.支架要求：厂配	m^2	10.63

（2）计算碳钢通风管道、净化通风管道、不锈钢通风管道、铝板通风管道、塑料通风管道、玻璃钢通风管道、复合型风管长度时，均以设计图示中心线长度（主管与支管以其中心线交点划分）计算，包括弯头、变径管、天圆地方管等管件的长度，不包括部件（阀门、消声器等）所占长度。其部件长度按表 7-4 计取，主管与支管风管面积的计算见图 7-25。

表 7-4　风管部件长度表

序号	部件名称	部件长度(mm)
①	蝶阀	150
②	止回阀	300
③	密闭式对开多叶调节阀	210
④	圆形风管防火阀	300～380
⑤	矩形风管防火阀	300～380

⑥密闭式斜插板阀

型号	1	2	3	4	5	6	7	8	9	10	11	12	13	14
D (mm)	80	85	90	95	100	105	110	115	120	125	130	135	140	145
L (mm)	280	285	290	300	305	310	315	320	325	330	335	340	345	350
型号	15	16	17	18	19	20	21	22	23	24	25	26	27	28
D (mm)	150	155	160	165	170	175	180	185	190	195	200	205	210	215
L (mm)	355	360	365	365	370	375	380	385	390	395	400	405	410	415
型号	29	30	31	32	33	34	35	36	37	38	39	40	41	42
D (mm)	220	225	230	235	240	245	250	255	260	265	270	275	280	285
L (mm)	420	425	430	435	440	445	450	455	460	465	470	475	480	485
型号	43	44	45	46	47	48								
D (mm)	290	300	310	320	330	340								
L (mm)	490	500	510	520	530	540								

续表 7-4

⑦塑料手柄蝶阀

型号		1	2	3	4	5	6	7	8	9	10	11	12	13	14
圆形风管	D（mm）	100	120	140	160	180	200	220	250	280	320	360	400	450	500
	L（mm）	160	160	160	180	200	220	240	270	300	340	380	420	470	520
矩形风管	A（mm）	120	160	200	250	320	400	500							
	L（mm）	160	180	220	270	340	420	520							

⑧塑料拉链式蝶阀

型号		1	2	3	4	5	6	7	8	9	10	11
圆管	D（mm）	200	220	250	280	320	360	400	450	500	560	630
	L（mm）	240	240	270	300	340	380	420	520	570	580	650
方管	A（mm）	200	250	320	400	500	630					
	L（mm）	240	270	340	420	520	650					

⑨塑料插板阀

型号		1	2	3	4	5	6	7	8	9	10	11
圆管	D（mm）	200	220	250	280	320	360	400	450	500	560	630
	L（mm）	200	200	200	200	300	300	300	300	300	300	300
方管	A（mm）	200	250	320	400	500	630					
	L（mm）	200	200	200	200	300	300					

注：D 为圆形风管外径；A 为矩形风管外边宽；L 为管件长度。

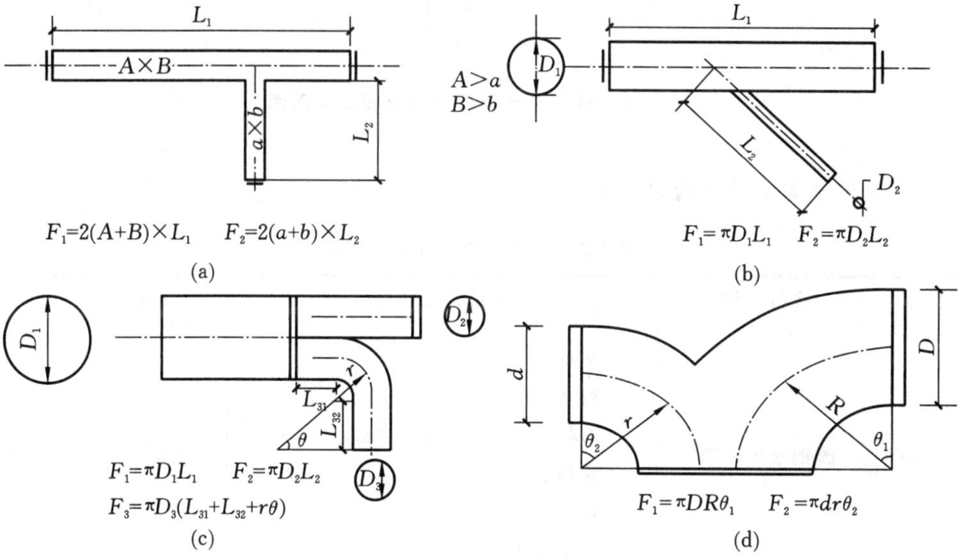

图 7-25　主管与支管风管面积的计算

(a)、(c) 正三通；(b) 斜三通；(d) 异径三通

【例 7-2】 图 7-26 所示为某通风空调系统部分管道平面图，采用镀锌铁皮，板厚均为 1.0 mm，试计算该风管的工程量，并编制其清单。

【解】 630 mm×500 mm 段：

$$L_1=2.50+3.80+0.3-0.20=6.4\ \text{m}$$

$$F_1=2\times(0.63+0.50)\times6.4=14.464\ \text{m}^2(长边长度\leqslant1000\ \text{mm})$$

500 mm×400 mm 段：

$$L_2=2.0+0.15=2.15\ \text{m}$$

$$F_2=2\times(0.50+0.40)\times2.15=3.87\ \text{m}^2(长边长度\leqslant1000\ \text{mm})$$

320 mm×250 mm 段：

$$L_3=2.20+0.63\div2=2.315\ \text{m}$$

$$F_3=2\times(0.32+0.25)\times2.315=2.639\ \text{m}^2(长边长度\leqslant320\ \text{mm})$$

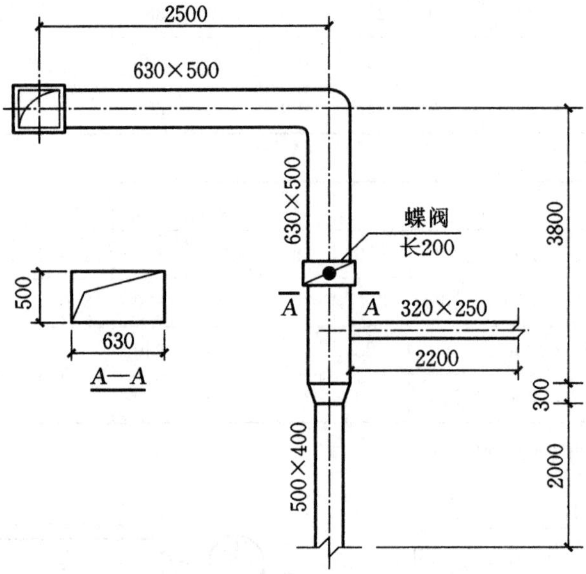

图 7-26 某通风空调系统部分管道平面图

该工程通风管道工程量清单表见表 7-5。

表 7-5 通风管道工程量清单表

项目编码	项目名称	项目特征描述	计量单位	工程量
030702001001	碳钢通风管道	1.名称：通风管道； 2.材质：镀锌钢板； 3.形状、规格：矩形 320 mm×250 mm； 4.板材厚度：1.0 mm； 5.接口形式：咬口； 6.支架要求：厂配	m^2	2.639

续表 7-5

项目编码	项目名称	项目特征描述	计量单位	工程量
030702001002	碳钢通风管道	1.名称:通风管道; 2.材质:镀锌钢板; 3.形状、规格:矩形 630 mm×500 mm,500 mm×400 mm; 4.板材厚度:1.0 mm; 5.接口形式:咬口; 6.支架要求:厂配	m^2	18.334

(3) 整个通风系统设计采用渐缩管均匀送风者,圆形风管按平均直径、矩形风管按平均长边长参照相应规格子目执行,其人工费乘以系数 2.5。

【例 7-3】 某化工厂氯化车间设计图示圆形渐缩送风管道中心线长度 $L_{中}$ 为 32.16 m,大头直径 $D_{大}$ 为 500 mm,小头直径 $D_{小}$ 为 200 mm,采用镀锌钢板风管($\delta=1.2$ mm),风管采用咬口连接。试计算其平均直径和总展开面积,并说明怎样套用定额。

【解】 平均直径:

$$D_{平}=(D_{大}+D_{小})/2=(0.5+0.2)/2=0.35\ \text{m}$$

总展开面积:

$$F=\pi\times D_{平}\times L_{中}=3.1416\times0.35\times32.16=35.36\ \text{m}^2$$

套用定额 7-2-2,且定额人工费乘以系数 2.5,即 671.35×2.5=1678.38 元。

(4) 柔性软风管安装,按图 7-27 所示管道中心线长度以"m"为计量单位,柔性软风管阀门安装以"个"为计量单位。

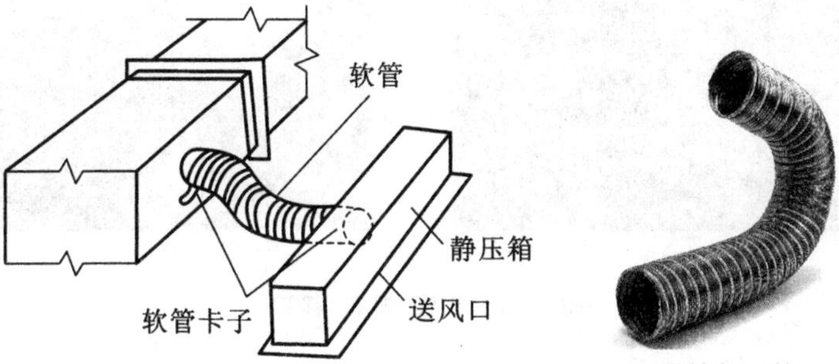

图 7-27 柔性软风管安装

(5) 弯头导流叶片制作安装,按设计图示叶片的面积计算,以"m^2"为计量单位。导流叶片在弯管内的配置应符合设计规范要求,当设计无规定时,可按表 7-6 执行。

表 7-6 矩形弯管内导流叶片的配置

边长(mm)	片数	A_1(mm)	A_2(mm)	A_3(mm)	A_4(mm)	A_5(mm)	A_6(mm)	A_7(mm)	A_8(mm)	A_9(mm)	A_{10}(mm)	A_{11}(mm)	A_{12}(mm)
500	4	95	120	140	165	—	—	—	—	—	—	—	—
600	4	115	145	170	200	—	—	—	—	—	—	—	—

续表7-6

边长(mm)	片数	A_1(mm)	A_2(mm)	A_3(mm)	A_4(mm)	A_5(mm)	A_6(mm)	A_7(mm)	A_8(mm)	A_9(mm)	A_{10}(mm)	A_{11}(mm)	A_{12}(mm)
800	6	105	125	140	160	175	195	—	—	—	—	—	—
1000	7	115	130	150	165	180	200	215	—	—	—	—	—
1250	8	125	140	155	170	190	205	220	235	—	—	—	—
1600	10	135	150	160	175	190	205	215	230	245	255	—	—
2000	12	145	155	170	180	195	205	215	230	240	255	265	280

导流叶片的材质及材料厚度应与风管一致。单片导流叶片的近似面积见表7-7。B为风管的高度。

表7-7 单片导流叶片近似面积表

规格B(mm)	200	250	320	400	500	630	800	1000	1250	1600	2000
面积(m^2)	0.075	0.091	0.114	0.140	0.170	0.216	0.273	0.425	0.502	0.623	0.735

导流叶片面积计算式如下：

$$单叶片面积\ F_{单}=0.017453R\theta h+折边长度$$

$$双叶片面积\ F_{双}=0.017453h(R_1\theta_1+R_2\theta_2)+折边长度$$

(6) 软管(帆布)接口(图7-28)制作安装，按设计图示尺寸，以展开面积计算，以“m^2”为计量单位。

(a)

(b)

图7-28 软管(帆布)接口

(7) 风管检查孔制作安装，按设计图示尺寸以质量计算，以“kg”为计量单位。

(8) 温度、风量测定孔制作安装，依据其型号，按设计图示数量计算，以“个”为计量单位。

7.2.3 通风管道部件制作安装(编码:030703)

本部分包括碳钢阀门，柔性软风管阀门，铝质阀门，不锈钢阀门，塑料阀门，玻璃钢阀门，碳钢风口、散流器、百叶窗，不锈钢风口、散流器、百叶窗，塑料风口、散流器、百叶窗，玻璃钢风口，铝及铝合金风口、散流器，碳钢风帽，不锈钢风帽，塑料风帽，铝板伞形风帽，玻璃钢风帽，碳钢罩类，塑料罩类，柔性接口，消声器，静压箱，人防超压自动排气阀，人防手动密闭阀，人防其他部件等24个分项工程项目，其工程量清单项目设置、项目特征描述的内容、计量单位及工程量计算规则见表7-8。

表 7-8　通风管道部件制作安装(编码:030703)

项目编码	项目名称	项目特征	计量单位	工程量计算规则	工作内容
030703001	碳钢阀门	1.名称; 2.类型; 3.型号; 4.规格	个	按设计图示数量计算	阀体安装
030703002	柔性软风管阀门				
030703003	铝质阀门				
030703004	不锈钢阀门				
030703005	塑料阀门				
030703006	玻璃钢阀门				
030703007	碳钢风口、散流器、百叶窗				1.风口安装; 2.散流器安装; 3.百叶窗安装
030703008	不锈钢风口、散流器、百叶窗				
030703009	塑料风口、散流器、百叶窗				
030703010	玻璃钢风口				风口安装
030703011	铝及铝合金风口、散流器				1.风口安装; 2.散流器安装
030703012	碳钢风帽	1.名称; 2.类型; 3.规格			1.风帽制作、安装; 2.筒形风帽滴水盘制作、安装; 3.风帽筝绳制作、安装; 4.风帽泛水制作、安装
030703013	不锈钢风帽				
030703014	塑料风帽				
030703015	铝板伞形风帽				1.板伞形风帽制作、安装; 2.风帽筝绳制作、安装; 3.风帽泛水制作、安装
030703016	玻璃钢风帽				1.玻璃钢风帽安装; 2.筒形风帽滴水盘安装; 3.风帽筝绳安装; 4.风帽泛水安装
030703017	碳钢罩类	1.名称; 2.类型; 3.型号; 4.规格			1.罩类制作; 2.罩类安装
030703018	塑料罩类				

续表7-8

项目编码	项目名称	项目特征	计量单位	工程量计算规则	工作内容
030703019	柔性接口	1.名称； 2.类型； 3.材质； 4.规格	m^2	按设计图示尺寸以展开面积计算	1.柔性接口制作； 2.柔性接口安装
030703020	消声器	1.名称； 2.材质； 3.规格	个	按设计图示数量计算	消声器安装
030703021	静压箱		m^2	按设计图示尺寸以展开面积计算	静压箱制作、安装
030703022	人防超压自动排气阀	1.名称； 2.类型； 3.型号； 4.规格	个	按设计图示数量计算	排气阀安装
030703023	人防手动密闭阀	1.名称； 2.型号； 3.规格			密闭阀安装
030703024	人防其他部件	1.名称； 2.类型； 3.型号； 4.规格	个(套)		人防其他部件安装

(1) 碳钢阀门安装，按其类型、直径(圆形)或周长(方形)，依据设计图示数量计算，以“个”为计量单位。

(2) 柔性软风管阀门安装，按其直径，依据设计图示数量计算，以“个”为计量单位。

各种阀门见图7-29。

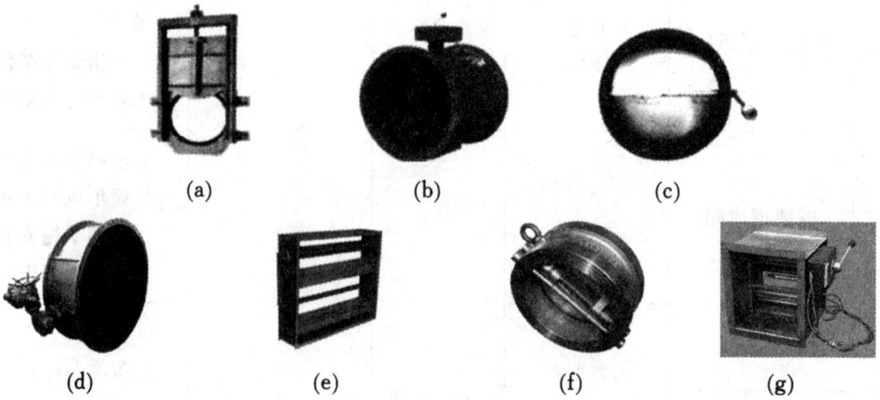

图7-29 各种阀门

(a) 插板阀；(b)、(g) 防火阀；(c)、(f) 止回阀；(d) 蝶阀；(e) 多叶对开阀

【例 7-4】 计算图 7-26 中阀门的工程量,并编制清单。

【解】 蝶阀:1 个,根据其周长 2×(630+500)=2260 mm,套用湖北省 2024 版安装定额 7-3-9。阀门工程量清单表见表 7-9。

表 7-9　阀门工程量清单表

项目编码	项目名称	项目特征描述	计量单位	工程量
030703001001	碳钢阀门	1.名称:蝶阀; 2.周长:2260 mm; 3.成品安装	个	1

(3) 碳钢风口、散流器、排烟口安装,依据类型、规格尺寸,按设计图示数量计算,以"个"为计量单位。

(4) 钢百叶窗安装,依据其框内面积,按设计图示数量计算,以"个"为计量单位。

(5) 不锈钢风口安装、不锈钢板风管圆形法兰制作及吊托支架制作、安装,依据设计图示尺寸按质量计算,以"kg"为计量单位。

各种风口见图 7-30。

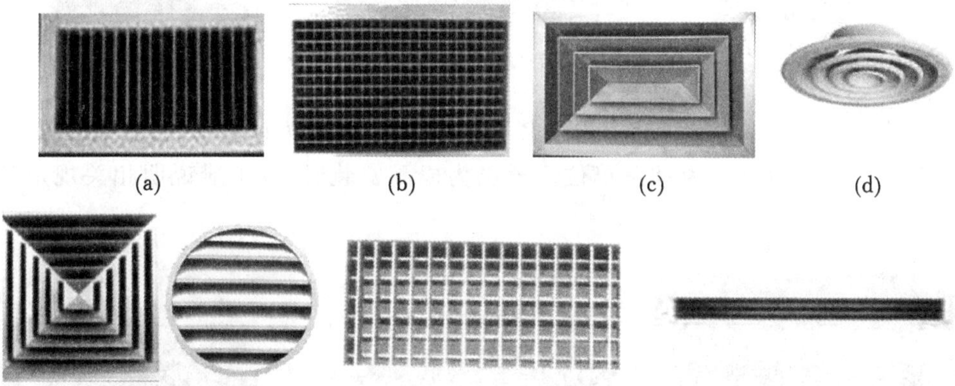

(a)　(b)　(c)　(d)

(e)　(f)　(g)　(h)

图 7-30　各种风口

(a) 矩形单层百叶风口;(b) 矩形栅格式风口;(c) 矩形散流器;(d) 圆环形散流器;(e) 方形散流器;(f) 圆形百叶风口;(g) 双层栅格式风口;(h) 条缝形散流器

(6) 塑料散流器、空气分布器的安装,按其成品质量计算,以"kg"为计量单位。

(7) 铝制孔板口安装,依据其周长,按设计图示数量计算,以"个"为计量单位。

(8) 碳钢风帽、塑料风帽、铝板伞形风帽的制作、安装,依据类型,均按其质量计算,以"kg"为计量单位;非标准风帽制作、安装,按质量计算,以"kg"为计量单位。风帽为成品安装时,按手册说明相关规定计算安装费。

(9) 碳钢风帽滴水盘制作、安装,依据设计图示尺寸按质量计算,以"kg"为计量单位。

(10) 碳钢风帽筝绳制作、安装,依据设计图示规格长度按质量计算,以"kg"为计量单位。

(11) 碳钢风帽泛水制作、安装，依据设计图示尺寸按展开面积计算，以“m^2”为计量单位。

(12) 塑料通风管道柔性接口及伸缩节制作、安装，应依据连接方式，按设计图示尺寸以展开面积计算，以“m^2”为计量单位。

(13) 铝板风管圆形、矩形法兰制作，依据设计图示尺寸按质量计算，以“kg”为计量单位。

(14) 玻璃钢风帽(图 7-31)安装，依据成品质量，按设计图示数量计算，以“kg”为计量单位。

图 7-31 各种风帽

(15) 罩类(图 7-32)制作、安装，均按其质量计算，以“kg”为计量单位；非标准罩类制作、安装按其质量计算，以“kg”为计量单位。罩类为成品安装时，按手册说明相关规定计算安装费。

图 7-32 各种罩类

(16) 微穿孔板消声器、阻抗式消声器、管式消声器(图 7-33)成品安装，依据其周长，按设计图示数量计算，以“节”为计量单位。

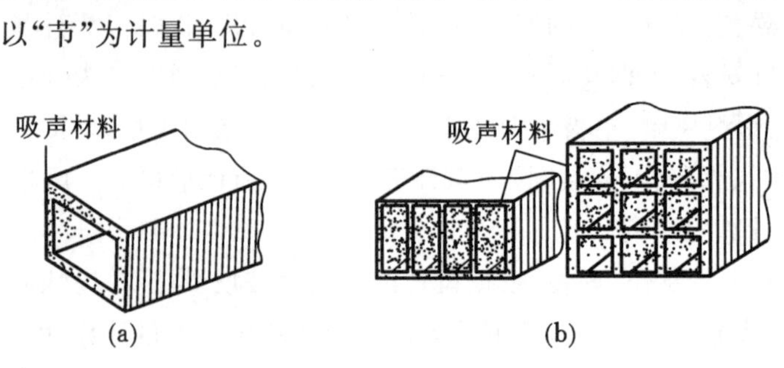

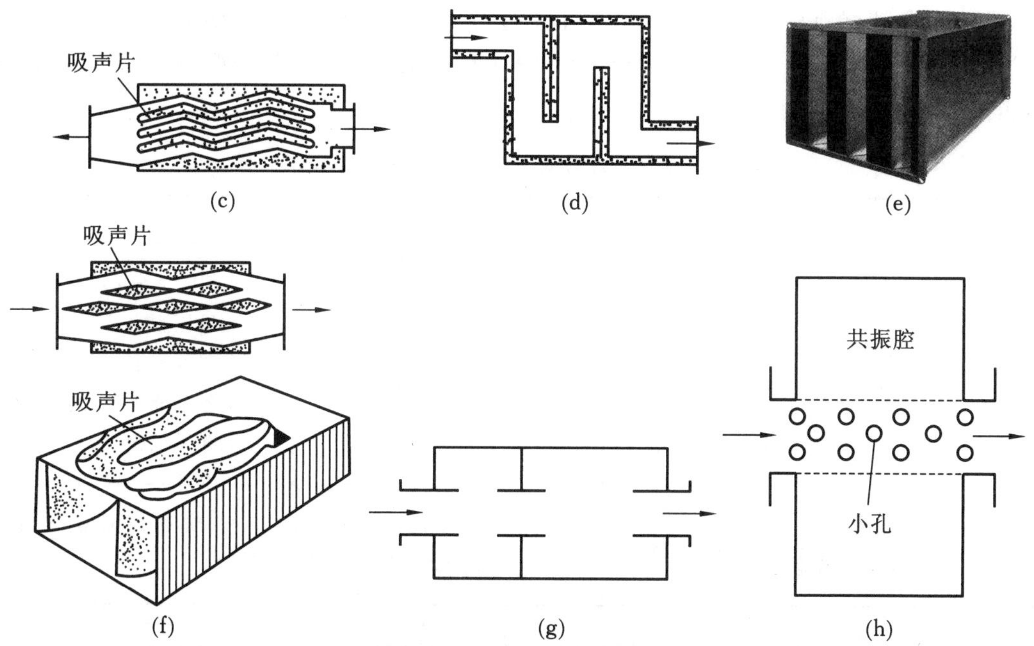

图 7-33　消声器及其示意图

(a) 管式消声器;(b) 片式及蜂窝式消声器;(c) 折板式消声器结构;(d) 迷宫式消声器结构;
(e) 管式消声器实物;(f) 声流式消声器结构;(g) 阻抗式消声器结构;(h) 共振消声器结构

(17) 消声弯头(图 7-34)安装,依据其周长,按设计图示数量计算,以“个”为计量单位。

图 7-34　消声弯头

(18) 消声静压箱安装,依据其展开面积,按设计图示数量计算,以“个”为计量单位。

(19) 静压箱(图 7-35)制作、安装,依据设计图示尺寸按展开面积计算,以“m^2”为计量单位。

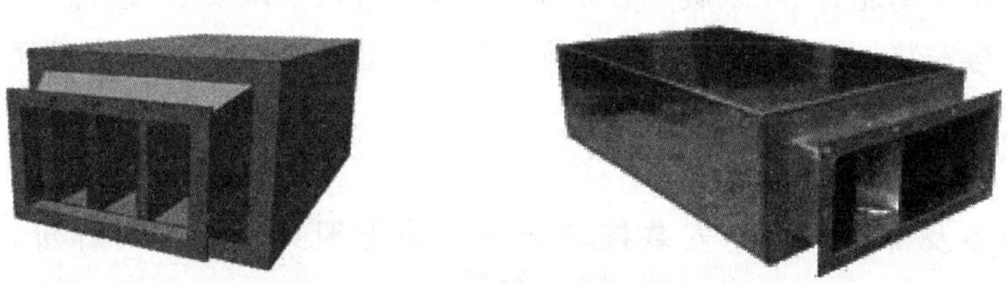

图 7-35　静压箱

7.2.4　通风工程检测、调试、试验(编码:030704)

本部分检测的内容包括通风工程检测、调试,人防通风气密性试验 2 个分项项目。其中,通风工程检测、调试项目，以“系统”为计量单位进行清单设置与计价；人防通风气密性试验项目，以“m”为计量单位进行清单设置与计价。其工程量清单项目设置、项目特征描述的内容、计量单位及工程量计算规则见表7-10。

表7-10　通风工程检测、调试、试验(编码:030704)

项目编码	项目名称	项目特征	计量单位	工程量计算规则	工作内容
030704001	通风工程检测、调试	系统名称	系统	按设计图示通风空调风系统计算	1.风量测定； 2.风压测定； 3.温度测定； 4.各系统风口、阀门调整； 5.漏风试验
030704002	人防通风气密性试验	系统名称	m	按设计图示人防通风管道长度计算	人防通风管道气密性试验

风管系统安装后，必须进行严密性检验，主要检验风管、部件制作加工后的咬口缝、铆接孔、风管的法兰翻边、风管管段之间的连接严密性，检验以主、干管为主，检验合格后方能交付下道工序。

不同工作压力的风管系统，采用不同的方式：低压风管系统可采用漏光法检测；中压风管系统应在漏光法检测合格后，再进行漏风测试的抽检；高压风管系统全数进行漏光、漏风测试。

风管系统按工作压力(P)划分为低压系统($P\leqslant 500$ Pa)，中压系统(500 Pa$<P\leqslant 1500$ Pa)，高压系统($P>1500$ Pa)三个类别。

洁净空调系统制作风管的刚度和严密性，均按高压和中压系统的风管要求进行。其中洁净度等级为N1～N5级的，按高压系统的风管制作要求进行；为N6～N9级的，按中压系统的风管制作要求进行。

【在线测试】

7.3　通风空调安装工程计价

通风空调安装按湖北省2024版安装定额第七册《通风空调安装》进行计价，包括通风空调设备及部件制作与安装、通风管道制作与安装、通风管道部件制作与安装等章节。

7.3.1　通风空调设备及部件制作安装

通风空调设备及部件制作与安装按安装定额第七册第一章进行计价。设备子目中一般不含设备本体价格，设备由承包单位购买时需要补充主材，设备用量通常按设计图示数量计算。

(1) 空气加热(冷却)器

空气加热(冷却)器安装定额中已经包括本体及支架安装的工作内容，按设备质量套价，依据设计图示数量计算工程量，以“台”为计量单位。

(2) 除尘设备、空调器

空调器分为吊顶式、落地式、墙上式以及组合式几种，空调器和除尘设备安装定额中包括本体安装的工作内容。组合式按设备风量(m^3/h)不同套价，其他空调器和除尘设备按设备质量套价。除尘设备和空调器均依据设计图示数量计算工程量，以“台”为计量单位。

(3) 多联体空调机室外机、风机盘管

多联体空调机室外机安装按制冷量，依据设计图示数量计算，以“台”为计量单位。多联体空调系统的室内机按安装方式执行风机盘管子目。

风机盘管按安装方式分为落地式、吊顶式、壁挂式、卡式嵌入式等，依据设计图示数量计算工程量，以“台”为计量单位。

(4) 空气幕

空气幕的支架制作与安装执行设备支架子目，空气幕的子目只包含本体安装。空气幕按设备质量，依据设计图示数量计算，以“台”为计量单位。

(5) VAV 变风量末端装置

VAV 变风量末端装置适用单风道变风量末端和双风道变风量末端装置，风机动力型变风量末端精密空调机组安装装置执行 VAV 变风量末端装置定额人工乘以系数 1.10；再热型变风量末端装置按相应变风量末端装置的定额人工乘以系数 1.10。

VAV 变风量末端装置安装按设计图示数量计算，以“台”为计量单位。

(6) 分段组装式空调器、精密空调机组、新风净化机、新风换气机

分段组装式空调器安装，按设计图示质量计算，以“kg”为计量单位。洁净室安装执行分段组装式空调器安装子目。

精密空调机组安装，按制冷量，依据设计图示数量计算，以“台”为计量单位。

新风净化机安装，按设计风量，依据设计图示数量计算，以“台”为计量单位。

新风换气机安装，按设计风量及安装方式，依据设计图示数量计算，以“台”为计量单位。

(7) 钢板密闭门

钢板密闭门按是否带保温和视孔及设计图示尺寸进行计价，依据设计图示数量计算工程量，以“个”为计量单位。

(8) 钢板挡水板

钢板挡水板安装依据设计图示尺寸，按空调器断面面积计算工程量，以“m^2”为计量单位。玻璃钢和 PVC 挡水板执行钢板挡水板安装子目。

(9) 滤水器、溢水盘、电加热器外壳、金属空调器壳体

滤水器、溢水盘、电加热器外壳、金属空调器壳体制作与安装依据设计图示尺寸，按质量计算，以“kg”为计量单位。非标准部件制作与安装按成品质量计算。

(10) 组合式油烟净化机

组合式油烟净化机安装依据设计风量，按设计图示数量计算，以“个”为计量单位。

(11) 过滤器、过滤器框架、净化工作台、风淋室

低效过滤器包括：M-A 型、WL 型、LWP 型等系列；中效过滤器包括：ZKL 型、YB 型、M 型、ZX-1 型等系列；高效过滤器包括：GB 型、GS 型、JX-20 型等系列。净化工作台包括：XHK 型、BZK 型、SXP 型、SZP 型、SZX 型、SW 型、SZ 型、SXZ 型、TJ 型、CJ 型等系列。

高、中、低效过滤器安装，净化工作台安装按设计图示数量计算，以“台”为计量单位。

过滤器框架制作按设计图示尺寸以质量计算，以“kg”为计量单位。风淋室安装按设备质量，依据设计图示数量计算，以“台”为计量单位。

(12) 恒温恒湿机、通风机

恒温恒湿机安装依据制冷量，按设计图示数量计算，以“台”为计量单位。

通风机安装按不同形式、规格、设计风量，依据设计图示数量计算，以“台”为计量单位。

(13) 铜管氮气吹扫、铜管(液态管)加注冷媒、多联机室外增加冷媒

铜管氮气吹扫依据设计图示外径规格，以“米”为计量单位。

铜管(液态管)加注冷媒依据设计图示外径规格，以“米”为计量单位，室内机加注冷媒不再计算。

多联机室外增加冷媒依据设计图示制冷量，以“kW”为计量单位。

(14) 设备支架

设备支架制作、安装，依据设计图示尺寸，按质量计算，以“kg”为计量单位。

7.3.2 通风管道制作安装

通风管道制作与安装按安装定额第七册第二章进行计价。

(1) 风管

薄钢板风管、净化风管、不锈钢风管、铝板风管、塑料风管按设计图示内径以展开面积计算，玻璃钢风管、复合型风管按设计图示外径以展开面积计算，以“m^2”为计量单位。不扣除检查孔、测定孔、送风口、吸风口等所占面积。风管展开面积不计算风管、管口重叠部分面积。风管长度计算时均以设计图示中心线长度(主管与支管以其中心线交点划分)，包括弯头、变径管、天圆地方等管件的长度，不包括部件所占长度。

柔性软风管安装按设计图示中心线长度计算，以“m”为计量单位；柔性软风管阀门安装按设计图示数量计算，以“个”为计量单位。

复合型风管制作安装子目规格所表示的直径为内直径，周长为内周长；复合型风管计算工程量时，按外径计算展开面积。

【例 7-5】 某工程车间排风除尘系统如图 7-36 所示(图 7-37 为 $A—A$ 剖面图)。风管采用热轧薄钢板。风管壁厚：DN500，$\delta=0.75$ mm；DN500 以上，$\delta=1.0$ mm。对于天圆地方管，请计算该系统通风管道的工程量。

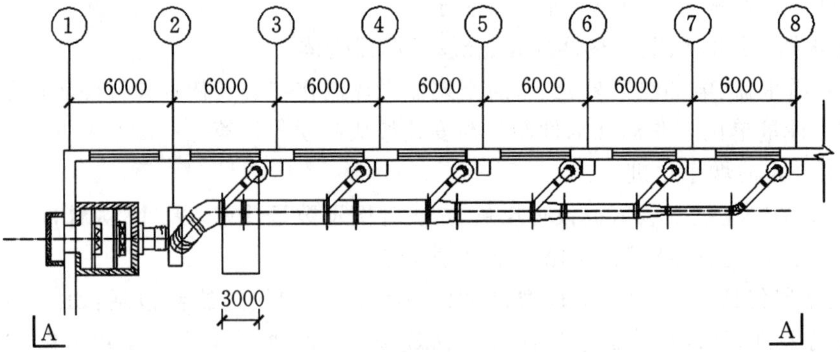

图 7-36 通风管道通风系统平面图

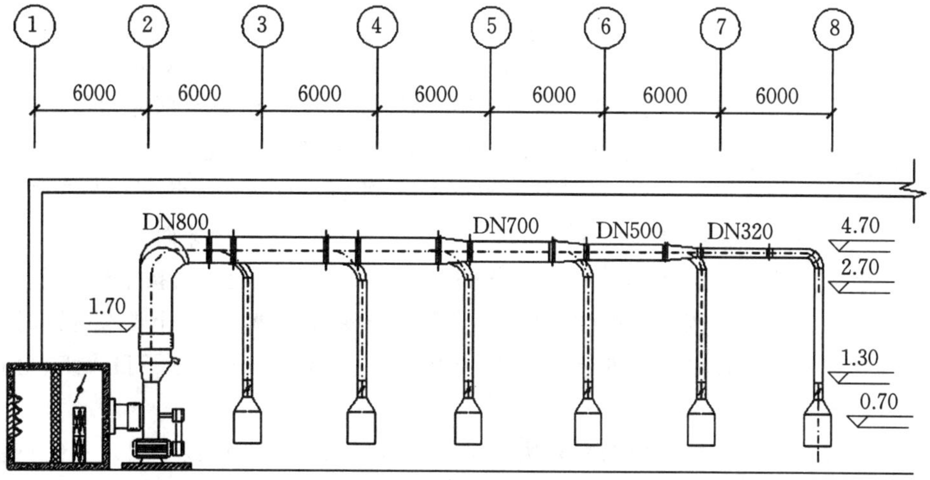

图 7-37　通风管道通风系统 A—A 剖面图

【解】 该项目通风管道的工程量计算表见表 7-11。

表 7-11　通风管道工程量计算表

序号	项目名称	计算式	单位	计算结果
1	通风管道 (DN500 以下，δ=0.75 mm，咬口)	8.64+44.10+0.65+1.69	m^2	55.08
①	薄钢板圆形风管 DN500	[6−0.5(大小头长度)]×0.5×3.14	m^2	8.64
②	薄钢板圆形风管 DN320	{[6−0.5(大小头长度)](主管水平长度)+3×6(6 根支管水平长度)+(4.7−1.3)×6(6 根支管标高差)}×0.32×3.1416	m^2	44.13
③	DN500×320 大小头	0.5×[(0.5+0.32)/2]×3.14	m^2	0.65
④	天圆地方管 DN320/600×300，H=200，6 个	[(0.32×3.1416)/2+0.6+0.3]×0.2×6	m^2	1.69
2	通风管道 (DN1120 以下，δ=1 mm，咬口)	54.27+0.98+12.10+1.18+0.95	m^2	69.48
①	薄钢板圆形风管 DN800	[(4.7−1.7)(标高差)+2(水平长度)+(4.6+6+6)(水平长度)]×0.8×3.14	m^2	54.26
②	天圆地方管 DN800/560×640，H=400，1 个	[(0.8×3.1416)/2+0.56+0.64]×0.4	m^2	0.98
③	薄钢板圆形风管 DN700	[6−0.5(大小头长度)]×0.7×3.14	m^2	12.10
④	DN800×700 大小头	0.5×(0.8+0.7)/2×3.14	m^2	1.18
⑤	DN700×500 大小头	0.5×[(0.7+0.5)/2]×3.14	m^2	0.94

薄钢板通风管道、净化通风管道、玻璃钢通风管道、复合型风管制作与安装子目中，包括弯头、三通、变径管、天圆地方等管件及法兰、加固框和吊托支架的制作与安装，但不包括过跨风管落地支架，落地支架制作与安装执行第七册第一章“通风空调设备及部件制作、安装”子目。风管子目中的板材，如设计厚度不同时可以材料换算，人工、机械不变。

净化圆形风管制作与安装，以直径对应的长边长，执行净化矩形风管制作与安装子目。净化风管涂密封胶按全部口缝外表面涂抹考虑。如设计要求口缝不涂抹而只在法兰处涂抹时，每 10 m^2 风管应减去密封胶 1.5kg 和人工费 65 元。净化通风管道子目按空气洁净度 100000 级编制。净化风管及部件制作与安装子目中，型钢未包括镀锌费，如设计要求镀锌时，应另加镀锌费。净化风管及部件制作与安装子目中，共板法兰按矩形净化风管子目人工、材料、机械乘以 0.8 的系数。

不锈钢板风管咬口连接制作与安装执行镀锌薄钢板风管法兰连接子目。不锈钢板风管、铝板风管制作与安装子目中包括管件，但不包括法兰制作和吊托支架制作与安装；法兰和吊托支架应单独列项计算，执行相应子目。

塑料风管制作与安装子目规格所表示的直径为内径，长边长为内长边长。塑料风管制作与安装子目中包括管件、法兰、加固框，但不包括吊托支架制作与安装，吊托支架执行第七册第一章“通风空调设备及部件制作、安装”子目。塑料风管制作与安装子目中的法兰垫料如与设计要求使用品种不同时可以换算，但人工消耗量不变。塑料通风管道胎具材料摊销费的计算方法：塑料风管管件制作的胎具摊销材料费未包括在内，按以下规定另行计算：风管工程量在 30 m^2 以上的，每 10 m^2风管的胎具摊销木材为 0.06 m^3，按材料价格计算胎具材料摊销费；风管工程量在 30 m^2 以下的，每 10 m^2风管的胎具摊销木材为 0.09 m^3，按材料价格计算胎具材料摊销费。

玻璃钢风管及管件按计算工程量加损耗外加工订做考虑。

法兰垫料按橡胶板编制，如与设计要求使用的材料品种不同时可以换算，但人工消耗量不变。使用泡沫塑料者每千克橡胶板换算为泡沫塑料 0.125 kg；使用闭孔乳胶海绵者每千克橡胶板换算为闭孔乳胶海绵 0.5 kg。

柔性软风管分为有保温套管和无保温套管两类，适用于由金属、涂塑化纤织物、聚酯、聚乙烯、聚氯乙烯薄膜、铝箔等材料制成的软风管。

(2) 弯头导流叶片及其他

弯头导流叶片及其他项目包括弯头导流叶片、软管接口、风管检查孔及温度、风量测定孔等。

弯头导流叶片制作安装按设计图示叶片的面积计算，以“m^2”为计量单位。软管(帆布)接口制作与安装按设计图示尺寸，以展开面积计算，以“m^2”为计量单位。风管检查孔制作与安装按设计图示尺寸以质量计算，以“kg” 为计量单位。温度、风量测定孔制作与安装依据其型号，按设计图示数量计算，以“个” 为计量单位。

【例 7-6】 某工程车间排风除尘系统设备表中有一个帆布软接头，$D=600$ mm，$L=300$ mm。请计算该接头的工程量并编制工程量清单计价表。

【解】 该接头工程量计算如下：

$$3.14\times(0.6\times0.3)=0.5652\ m^2$$

该工程帆布软接头工程量清单计价表见表 7-12。

表 7-12 帆布软接头工程量清单计价表

项目编码	项目名称	项目特征描述	计量单位	工程量
030703019001	帆布接口	$D600, L=300$mm	m^2	0.5652
C7-2-149	软管接口		m^2	0.5652

(3) 抗震支架

抗震支架安装,依据类型按设计图示数量计算,以“副”为计量单位。

7.3.3 通风管道部件制作安装

通风管道部件制作与安装按湖北省 2024 版安装定额第七册第三章进行计价,内容包括碳钢调节阀安装,柔性软风管阀门安装,铝合金风口安装,不锈钢法兰、吊托支架制作、安装,塑料散流器安装,塑料空气分布器安装,铝制孔板风口安装,碳钢风帽制作、安装,塑料风帽、伸缩节制作、安装,铝板风帽、法兰制作、安装,玻璃钢风帽安装,罩类制作、安装,塑料风罩制作、安装,消声器安装,消声静压箱安装,静压箱制作、安装,风管套管制作、安装,铜分歧管安装。

(1) 阀门

阀门安装包括碳钢调节阀和柔性软风管阀门安装。

① 碳钢调节阀

碳钢调节阀安装依据其类型、直径(圆形)或周长(方形),按图示数量以“个”为单位计价。

碳钢调节阀分为空气加热器上通阀、空气加热器旁通阀、圆形瓣式启动阀、风管蝶阀、圆形或方形风管止回阀、密闭式斜插板阀、对开多叶调节阀、风管防火阀。

密闭式对开多叶调节阀与手动式对开多叶调节阀执行同一对开多叶调节阀子目。蝶阀安装子目适用于圆形保温蝶阀,方形、矩形保温蝶阀,圆形蝶阀,方形、矩形蝶阀。风管止回阀安装子目适用于圆形风管止回阀、方形风管止回阀。

② 柔性软风管阀门

柔性软风管阀门安装依据其直径,按设计图示数量计算,以“个”为计量单位。

根据某工程车间排风除尘系统设备表阀门的名称、型号及规格进行计价,选取的定额子目如表 7-13 所示。

表 7-13 某工程车间排风除尘系统阀门对应计价子目表

名称	型号及规格	单位	数量	备注	子目
空气加热器上通阀	1200×400	个	1	23.16 kg/个	C7-3-1
风机圆形瓣式启动阀	D600	个	1	42.38 kg/个	C7-3-3
密闭式斜插板阀	D600	个	1	$G=40$ kg/个	C7-3-25
圆形蝶阀	D320	个	6	5.78 kg/个	C7-3-8

(2) 铝合金风口

铝合金风口安装包括百叶风口、矩形送风口、矩形空气分布器、旋转吹风口、方形散流器、圆形或流线形散流器、带调节阀(过滤器) 百叶风口、带调节阀散流器(圆形)、带调节阀散流器(方、矩形)、送吸风口、活动篦式风口、网式风口、钢百叶窗(按框内面积分别计价)、板式排烟口、多叶排烟口(送风口)等安装。

不锈钢风口、不锈钢圆形法兰(手工氩弧焊或焊接)和吊托支架安装按设计图示尺寸以质量计算,以"100 kg"为计量单位。

塑料直片式散流器、塑料空气分布器的安装按其成品质量,以"kg"为计量单位。

铝制孔板风口安装子目适用于带调节板活动百叶风口、单层百叶风口、双层百叶风口、三层百叶风口、连动百叶风口、135 型单层百叶风口、135 型双层百叶风口、135 型带导流叶片百叶风口、活动金属百叶风口。铝制孔板风口如需电化处理时,电化费另行计算。铝合金各种风口、散流器、排烟口安装依据类型、规格尺寸,按设计图示数量计算,以"个"为计量单位。

(3) 风帽、法兰、伸缩节

碳钢风帽制作与安装包括圆伞形风帽、锥形风帽、筒形风帽、筒形风帽滴水盘、风帽筝绳、风帽泛水等制作与安装。塑料风帽、伸缩节制作与安装包括圆伞形风帽、锥形风帽、筒形风帽、柔性接口及伸缩节(区分有无法兰计价)等制作与安装。铝板风帽、法兰制作与安装包括圆伞形风帽、圆形法兰、矩形法兰等制作与安装。玻璃钢风帽安装包括圆伞形风帽、锥形风帽、筒形风帽等安装。

碳钢风帽、塑料风帽、铝板风帽的制作与安装依据类型,均按其质量,以"100 kg"为计量单位;非标准风帽制作与安装按质量以"100 kg"为计量单位。风帽为成品安装时,按册说明相关规定计算安装费。

碳钢风帽滴水盘制作、安装依据设计图示尺寸,按质量计算,以"100 kg"为计量单位。碳钢风帽筝绳制作、安装依据设计图示规格长度,按质量计算,以"100 kg"为计量单位。碳钢风帽泛水制作、安装依据设计图示尺寸,按展开面积计算,以"m^2"为计量单位。

塑料通风管道柔性接口及伸缩节制作、安装应依据连接方式,按设计图示尺寸以展开面积计算,以"m^2"为计量单位。

铝板风管圆、矩形法兰制作与安装,依据设计图示尺寸按质量计算,以"100 kg" 为计量单位。

玻璃钢风帽安装依据成品质量,以"100 kg" 为计量单位。

(4) 风罩

塑料风罩制作与安装包括槽边侧吸罩、槽边风罩、条缝槽边抽风罩、各型风罩调节阀等制作与安装。定额中未涉及的其他材质和形式的排气罩制作与安装可执行与本章相近的子目。

罩类的制作与安装均按其质量以"100 kg" 为计量单位;非标准罩类制作与安装按其质量以"100 kg" 为计量单位。

(5)消声器

消声器安装包括微穿孔板消声器安装、阻抗式消声器安装、管式消声器安装、消声弯头安装等,管式消声器安装适用于各类管式消声器。

微穿孔板消声器、阻抗式消声器、管式消声器成品安装,依据其周长,按设计图示数量计算,以"节" 为计量单位。

（6）静压箱

消声静压箱安装依据其展开面积，按设计图示数量计算，以“个”为计量单位。静压箱制作、安装，按设计图示尺寸以展开面积计算，以“m^2”为计量单位。静压箱吊托支架执行设备支架子目。

（7）套管、分歧管

风管套管制作与安装按设计图示展开面积计算，以“m^2”为计量单位。

分歧管安装按设计图示数量计算，以“个”为计量单位。

7.4 通风空调安装工程措施费

7.4.1 专业措施项目费

（1）脚手架搭拆项目费

通风空调安装工程脚手架搭拆按照人工费2.8%计算，其中人工费为40%。

（2）超高施工增加费

通风空调安装高度超过安装操作基准面6 m时，安装操作高度增加费按照人工费乘以表1-4中系数计算。

（3）建筑超高、超深增加费

通风空调安装工程建筑超高、超深增加费按照表2-17中的系数计算，其费用中人工费占36.5%，机械与仪器仪表为63.5%。

（4）系统调整费

变风量空调风系统调试按系统工程人工费9%计取，其费用中人工费占35%。，包括漏风量测试费和漏光法测试费、风系统平衡调试费。

变风量空调风系统以外的系统，按系统工程人工费7%计取，其费用中人工费占35%，包括漏风量测试和漏光法测试费用。

7.4.2 安全文明施工费及其他总价措施项目费

通风空调安装工程的安全文明施工费及其他总价措施项目费是以通风空调安装分部分项费和专业措施项目费中的人工费和机械费之和为取费基础，费率按湖北省2024版安装定额中的规定计价。

7.5 通风空调安装工程计量与计价实例

某食堂及活动中心采用两台风机PF01低噪声斜流风机 $N=2.2$ kW对上班人员餐厅(260座)和非上班人员餐厅(80座)进行排风。白案间、蒸煮间和副食库由风机PF02低噪声斜流风机 $N=0.75$ kW进行排风。卫生间则由5台PF03吊顶式通风器 $N=0.06$ kW进行排风。

本项目通风空调工程安装要求如下：

① 本项目一层通风空调工程平面图如图7-38所示。图中风管标高为顶标高，风管变径处以顶对齐为准，未注明标高的则贴梁底安装。

【案例图纸】

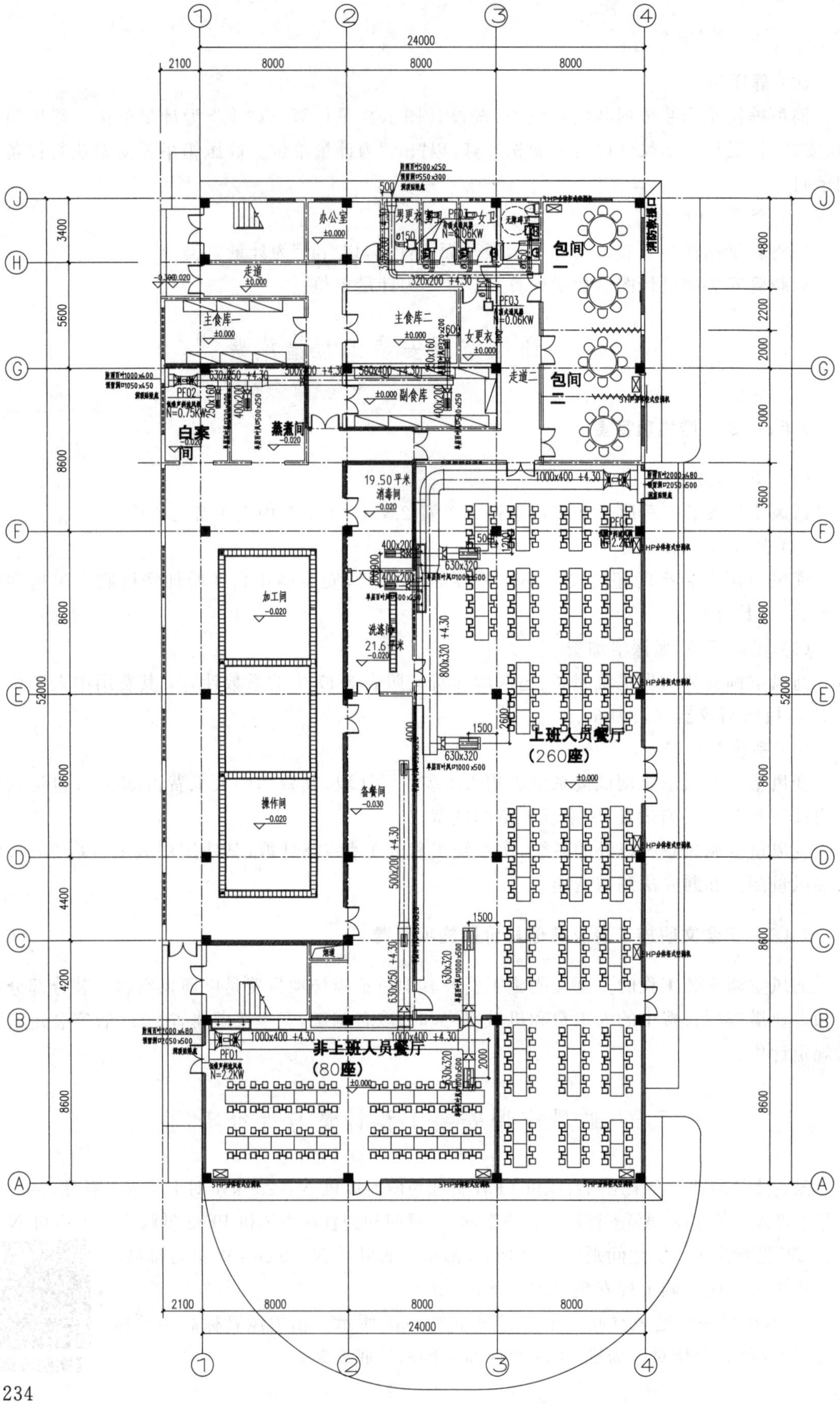

图 7-38　一层通风空调工程平面图

② 穿墙风管设防护套管，四周用耐火材料封堵严密。

③ 风阀应将轴连接处缝隙密封处理，风口、风阀及风管加工好后经检查合格后方可安装。

④ 安装调节阀、蝶阀等调节配件，必须注意将操作手柄配置在便于操作的部位。

⑤ 防火阀的安装位置必须与设计相符，气流方向必须与阀体上标志的箭头一致，严禁反向，防火阀必须单独配置支吊架。

试计算本项目通风空调工程工程量，编制通风空调工程工程量清单汇总表，并套取相应定额编制通风空调工程工程量计价汇总表。

本项目通风空调工程工程量清单汇总表见表 7-14，通风空调工程工程量计价汇总表见表 7-15。

表 7-14　通风空调工程工程量清单汇总表

序号	项目编码	项目名称	项目特征描述	计量单位	工程量
1	030108001001	轴流通风机	1.名称：低噪声斜流风机； 2.规格：风量 10000 m^3/h，全压 320 Pa； 3.减振底座形式、数量：满足设计及规范要求； 4.风机接线检查	台	2
2	030108001002	轴流通风机	1.名称：低噪声斜流风机； 2.规格：风量 3500 m^3/h，全压 300 Pa； 3.减振底座形式、数量：满足设计及规范要求； 4.风机接线检查	台	1
3	030405015001	排气扇	1.名称：吊顶式通风器(带止回阀板)； 2.规格：风量 260 m^3/h，风压 120 Pa，功率 50 W	台	5
4	030405015002	排气扇	1.名称：吊顶式通风器(带止回阀板)； 2.规格：风量 410 m^3/h，风压 130 Pa，功率 50 W	台	2
5	030702003001	不锈钢板通风管道	1.名称：镀锌薄钢板； 2.规格：320 mm×200 mm	m^2	13.87
6	030702003002	不锈钢板通风管道	1.名称：镀锌薄钢板； 2.规格：400 mm×200 mm	m^2	7.39
7	030702003003	不锈钢板通风管道	1.名称：镀锌薄钢板； 2.规格：500 mm×400 mm	m^2	78.68
8	030702003004	不锈钢板通风管道	1.名称：镀锌薄钢板； 2.规格：1000 mm×400 mm	m^2	99.62
9	030702003005	不锈钢板通风管道	1.名称：镀锌薄钢板； 2.规格：直径 150 mm	m^2	2.64

续表7-14

序号	项目编码	项目名称	项目特征描述	计量单位	工程量
10	030703001001	碳钢阀门	1.名称：矩形阀门； 2.规格：250 mm×160 mm	个	2
11	030703001002	碳钢阀门	1.名称：矩形阀门； 2.规格：400 mm×200 mm	个	4
12	030703001003	碳钢阀门	1.名称：矩形阀门； 2.规格：400 mm×200 mm	个	1
13	030703001004	碳钢阀门	1.名称：矩形阀门； 2.规格：500 mm×400 mm	个	1
14	030703001005	碳钢阀门	1.名称：矩形阀门； 2.规格：630 mm×320 mm	个	5
15	030703007001	碳钢风口、散流器、百叶窗	1.名称：单层百叶风口； 2.规格：320 mm×200 mm	个	2
16	030703007002	碳钢风口、散流器、百叶窗	1.名称：单层百叶风口； 2.规格：500 mm×250 mm	个	3
17	030703007004	碳钢风口、散流器、百叶窗	1.名称：单层百叶风口； 2.规格：630 mm×320 mm	个	2
18	030703007005	碳钢风口、散流器、百叶窗	1.名称：单层百叶风口； 2.规格：1000 mm×500 mm	个	4
19	030703007006	碳钢风口、散流器、百叶窗	1.名称：防雨百叶风口； 2.规格：500 mm×250 mm	个	3
20	030703007007	碳钢风口、散流器、百叶窗	1.名称：防雨百叶风口； 2.规格：1000 mm×400 mm	个	1
21	030703007003	碳钢风口、散流器、百叶窗	1.名称：防雨百叶风口； 2.规格：2000 mm×480 mm	个	2

表 7-15　通风空调工程工程量计价汇总表

序号	项目编码	工程项目名称	单位	数量	综合单价
1	030108001001	轴流通风机	台	2	3370
	C7-1-94	轴流式、斜流式、混流式通风机安装　风量(m^3/h)≤25000	台	2	3037.34
	主材	低噪声斜流风机　风量 10000 m^3/h，全压 320 Pa	台	2	2800

序号	项目编码	工程项目名称	单位	数量	综合单价
	C4-6-18	交流同步电动机检查接线　功率(kW)≤13	台	2	296.79
	C7-1-127	设备支架制作、安装　设备支架≤50 kg	100 kg	0.07	1024.54
	主材	角钢 60	kg	3.87	7
	主材	角钢 60	kg	3.41	7
2	030108001002	轴流通风机	台	1	2369.99
	C7-1-94	轴流式、斜流式、混流式通风机安装　风量(m^3/h)≤25000	台	1	2037.34
	主材	低噪声斜流风机　风量 3500 m^3/h,全压 300 Pa	台	1	1800
	C4-6-18	交流同步电动机检查接线　功率(kW)≤13	台	1	296.79
	C7-1-127	设备支架制作、安装　设备支架≤50 kg	100 kg	0.035	1024.54
	主材	角钢 60	kg	1.94	7
	主材	角钢 60	kg	1.72	7
3	030405015001	排气扇	台	5	216.78
	C4-15-73	风扇安装　排气扇	台	5	216.78
	主材	排气扇	台	5	150
4	030405015002	排气扇	台	2	266.78
	C4-15-73	风扇安装　排气扇	台	2	266.78
	主材	排气扇	台	2	200
5	030702003001	不锈钢板通风管道	m^2	13.87	123.66
	C7-2-12	镀锌薄钢板共板矩形风管(δ=1.2 mm 以内咬口)长边长(mm)≤320	10 m^2	1.387	1236.56
	主材	镀锌薄钢板 δ=0.5 mm	m^2	16.367	22.12
6	030702003002	不锈钢板通风管道	m^2	7.39	106.76
	C7-2-13	镀锌薄钢板共板法兰矩形风管(δ=1.2 mm 以内咬口)　长边长(mm)≤450	10 m^2	0.739	1067.54
	主材	镀锌薄钢板 δ=0.6 mm	m^2	8.72	24.5
7	030702003003	不锈钢板通风管道	m^2	78.68	84.42
	C7-2-14	镀锌薄钢板共板法兰矩形风管(δ=1.2 mm 以内咬口)　长边长(mm)≤1000	10 m^2	7.868	844.19

续表7-15

序号	项目编码	工程项目名称	单位	数量	综合单价
	主材	镀锌薄钢板 $\delta=0.75$ mm	m^2	92.842	25.7
8	030702003004	不锈钢板通风管道	m^2	99.62	85.36
	C7-2-14	镀锌薄钢板共板法兰矩形风管($\delta=1.2$ mm 以内咬口) 长边长(mm)≤1000	10 m^2	9.962	853.63
	主材	镀锌薄钢板 $\delta=1.0$ mm	m^2	117.552	26.5
9	030702003005	不锈钢板通风管道	m^2	2.64	330.71
	C7-2-17	薄钢板圆形风管($\delta=2$ mm 以内焊接) 直径(mm)≤320	10 m^2	0.264	3307.12
	主材	热轧薄钢板 $\delta=2.0$ mm	m^2	2.851	18.9
10	030703001001	碳钢阀门	个	2	509.15
	C7-3-26	对开多叶调节阀 周长(mm)≤2800	个	2	509.15
	主材	对开多叶调节阀 260 mm×160 mm	个	2	450
11	030703001002	碳钢阀门	个	4	409.15
	C7-3-26	对开多叶调节阀 周长(mm)≤2800	个	4	409.15
	主材	对开多叶调节阀 400 mm×200 mm	个	4	350
12	030703001003	碳钢阀门	个	1	687.06
	C7-3-32	风管防火阀 周长(mm)≤2200	个	1	687.06
	主材	风管防火阀 400 mm×200 mm	个	1	600
13	030703001004	碳钢阀门	个	1	787.06
	C7-3-32	风管防火阀 周长(mm)≤2200	个	1	787.06
	主材	风管防火阀 500 mm×400 mm	个	1	700
14	030703001005	碳钢阀门	个	5	909.15
	C7-3-26	对开多叶调节阀 周长(mm)≤2800	个	5	909.15
	主材	对开多叶调节阀 630 mm×320 mm	个	5	850
15	030703007001	碳钢风口、散流器、百叶窗	个	2	382.22
	C7-3-44	百叶风口 周长(mm)≤1280	个	2	382.22
	主材	百叶风口 320 mm×200 mm	个	2	352
16	030703007002	碳钢风口、散流器、百叶窗	个	3	533.03
	C7-3-45	百叶风口 周长(mm)≤1800	个	3	533.03

续表7-15

序号	项目编码	工程项目名称	单位	数量	综合单价
	主材	百叶风口　500 mm×250 mm	个	3	475
17	030703007004	碳钢风口、散流器、百叶窗	个	2	602.91
	C7-3-46	百叶风口　周长(mm)≤2500	个	2	602.91
	主材	百叶风口　630 mm×320 mm	个	2	535
18	030703007005	碳钢风口、散流器、百叶窗	个	4	751.91
	C7-3-47	百叶风口　周长(mm)≤3300	个	4	751.91
	主材	百叶风口　1000 mm×500 mm	个	4	674
19	030703007006	碳钢风口、散流器、百叶窗	个	3	650.03
	C7-3-45	百叶风口　周长(mm)≤1800	个	3	650.03
	主材	百叶风口　500 mm×250 mm	个	3	592
20	030703007007	碳钢风口、散流器、百叶窗	个	1	868.91
	C7-3-47	百叶风口　周长(mm)≤3300	个	1	868.91
	主材	百叶风口　1000 mm×400 mm	个	1	791
21	030703007003	碳钢风口、散流器、百叶窗	个	2	1669.97
	C7-3-49	百叶风口　周长(mm)≤6000	个	2	1669.97
	主材	百叶风口　2000 mm×480 mm	个	2	1540

8　计算机辅助工程量计算

【教学目标】 通过本章的学习，掌握利用计算机辅助完成安装工程量计算的基本方法，掌握利用 BIM 软件完成安装工程碰撞检查及调整的方法。

【教学重点】 利用计算机辅助完成安装工程量计算的基本方法。

8.1　安装工程图形算量

目前，安装工程图形算量已进入全面应用阶段，面对市面上多家软件厂商、多款算量软件，有时会无从下手。实际各家软件厂商在算量的流程和应用上都是一致的，从整体的算量应用流程来看，软件算量的基本操作流程可分为两大类，一类是数个数的数量级工程量，一类是量长度的长度级工程量。具体的操作流程如图 8-1 所示。

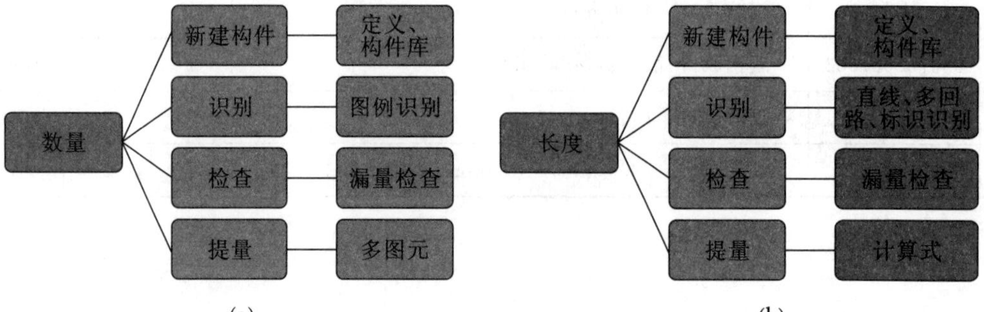

图 8-1　软件算量的基本操作流程

建筑安装工程包含电气安装工程，给排水、采暖、燃气工程，通风空调工程，消防工程等。以电气照明及动力工程为例，电气照明及动力工程包含电气照明工程和动力工程等，而电气照明工程则包含照明灯具、开关、插座、配电箱、桥架、电线、电管等工程内容。下面以电气照明工程为例，最终套取湖北省地区清单和定额内容。

8.1.1　软件操作流程

图纸管理添加图纸→熟悉图纸→填写工程信息→设置楼层→根据设计图纸完善工程设置里的其他信息→分析图纸确定定位点→定位各层图纸→手动分割各层图纸→新建照明灯具，完善照明灯具信息→识别照明灯具→新建开关插座，完善开关插座信息→识别开关插座→识别配电箱→反建配电箱构件→新建电气设备→识别电气设备→读取系统图，建立电线电缆导管→利用多回路，识别电气平面图→选择防雷接地，修改防雷接地构件信息→识别防雷接地构件→选择零星构件，生成套管，生成接线盒，采用自动套用清单库的形式，手动查找定额库内容进行套取，得出清单工程量和定额工程量。

8.1.2 新建工程

打开桌面BIM安装计量快捷图标，弹出软件“开始”界面，点击“新建工程”，弹出“新建工程”界面，如图8-2所示。

图8-2 软件“新建工程”界面

8.1.3 楼层设置

(1) 点击模块导航栏“工程设置-楼层设置”，然后在弹出窗口进行楼层设置，层高按照建筑层高进行设置。

(2) 点击“插入楼层”按钮，进行楼层添加，输入层高信息，如图8-3所示。

楼层设置

插入楼层 删除楼层 上移 下移

首层	编码	楼层名称	层高(m)	底标高(m)	相同层数	板厚(mm)	建筑面积(m^2)	备注
☐	5	机房层	3.8	15.2	1	120		
☐	4	第4层	3.8	11.4	1	120		
☐	3	第3层	3.8	7.6	1	120		
☐	2	第2层	3.8	3.8	1	120		
☑	1	首层	3.8	0	1	120		
☐	-1	第-1层	4	-4	1	120		
☐	0	基础层	3	-7	1	500		

图8-3 添加层高信息

(3) 按钮说明

① 插入楼层:添加一个新的楼层到楼层列表。

② 删除楼层:删除当前选择的楼层。

③ 上移:可调整楼层顺序,将光标选中的楼层向上移一层,楼层的名称和层高等信息同时上移。

④ 下移:将光标选中的楼层向下移一层,楼层的名称和层高等信息同时下移。

(4) 其他说明

① 首层和基础层是软件自动建立的,是无法删除的。

② 当建筑物有地下室时,基础层指的是最底层地下室以下的部分,当建筑物没有地下室时,可以把首层以下的部分定义为基础层。

③ 建立地下室层时,将光标放在基础层时,再点击"插入楼层",这时就可插入第-1层。

8.1.4 绘图输入

(1) 图纸管理

① 点击模块导航栏"工程设置",进入"工程设置"界面。

② 点击"图纸管理",进入"图纸管理"界面。

③ 鼠标左键点击"添加",导入对应专业图纸,如图8-4所示。

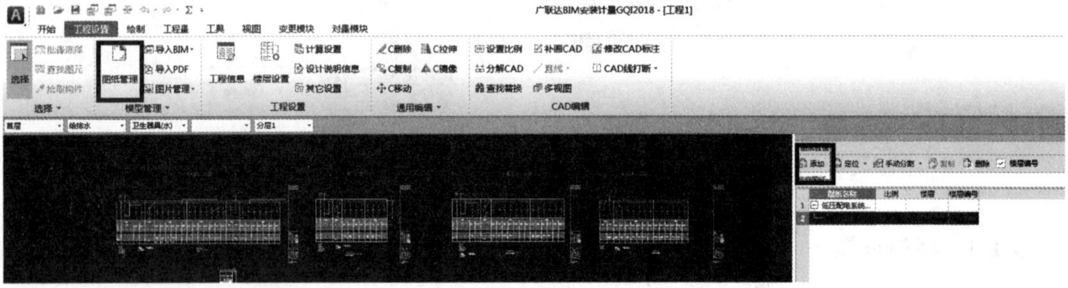

图 8-4 添加图纸

④ 点击"自动分割",鼠标左键框选图纸,右键确认。

⑤ 点击"自动定位",鼠标左键定位图纸,右键确认;若需精确定位,则在自动定位后进行"变更定位"。

(2) 阅读设计说明信息及了解材料表相关内容

了解工程概况,如楼层高度,系统组成,设备选型及安装,电缆、电线选择及敷设方式,防雷接地施工方式等。

(3) 识别材料表

① 在"图纸管理-手动分割"中,将材料表分配到首层。

② 点击模块导航栏"绘制-电气-照明灯具",将光标停在"照明灯具"构件类型处。

③ 点击"材料表",如图8-5所示。

④ 移动鼠标到材料表处,将需要识别的材料表选中,这时放开鼠标左键,被选中区域呈颜色选中状态,并且外围有一颜色框。

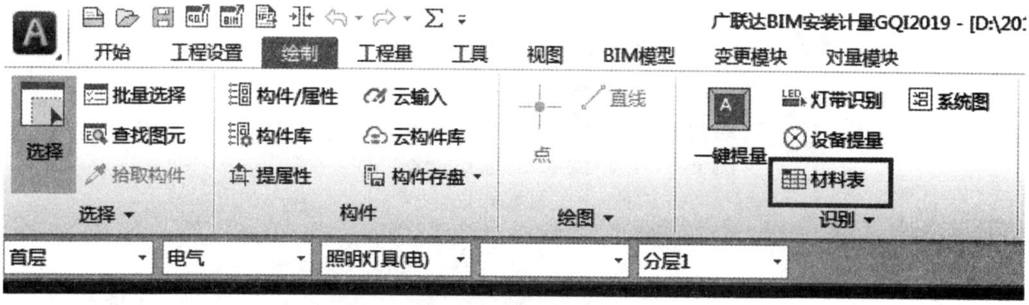

图 8-5　材料表

⑤ 此时，点击鼠标右键，弹出“识别材料表”对话框，如图 8-6 所示。

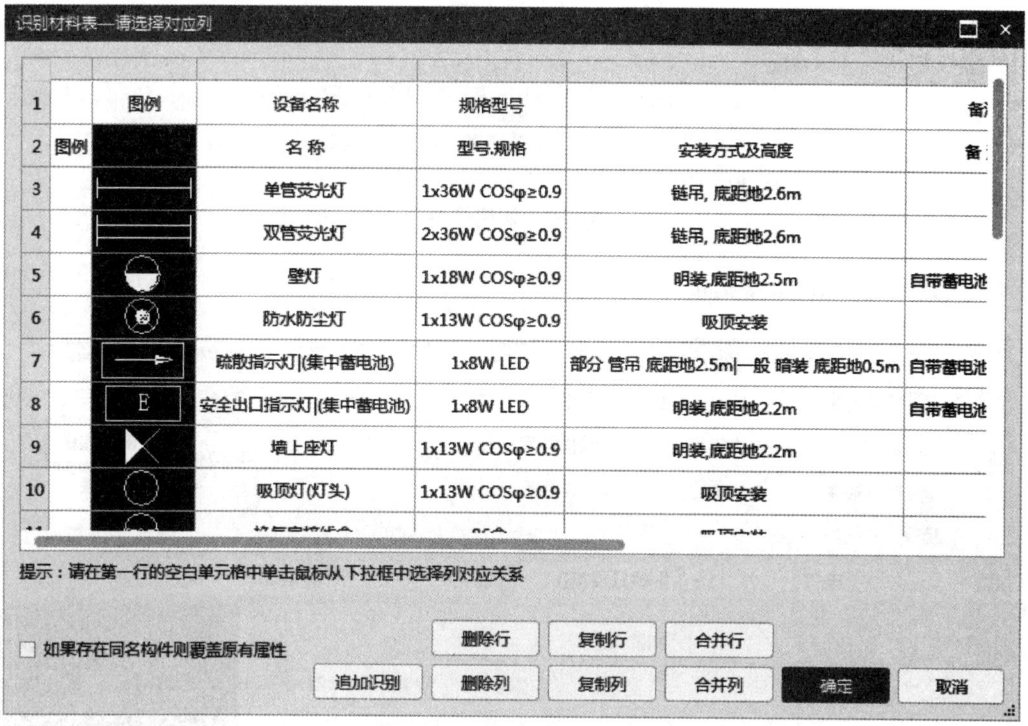

图 8-6　“识别材料表”对话框

⑥ 然后进行列头选择，名称列选择“设备名称”，如名称被分成两列，这时将光标停在后一列，点击功能“合并列”，在弹出的对话框中选择“是”，此时前后两列内容合并。用此种方法可将所有的列进行有效合并。

⑦ 检查所有列与行的单元格，确认无误后，点击右下角“确定”按钮。此时材料表中所有构件生成。

(4) 切换楼层

点击工具栏切换到首层，如图 8-7 所示。

(5) 图例识别

① 点击模块导航栏“电气-照明灯具”，将光标停在“照明灯具”构件类型处。

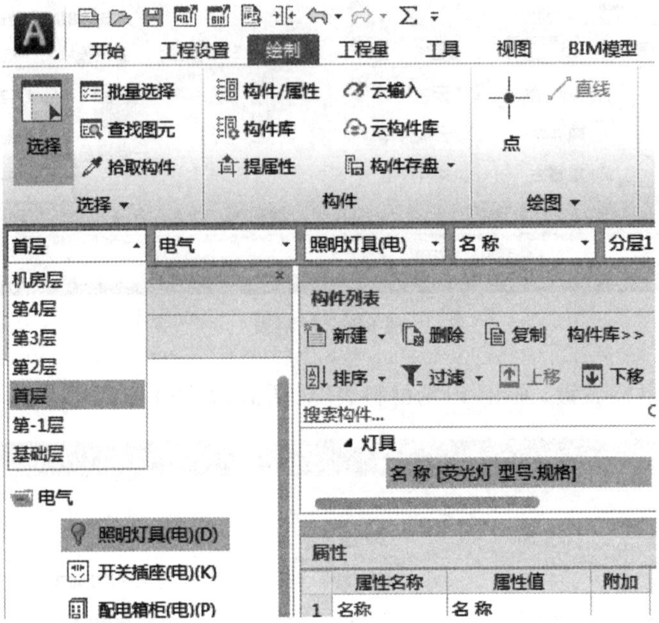

图 8-7　切换楼层

② 鼠标左键点击“设备提量”功能，如图 8-8 所示。

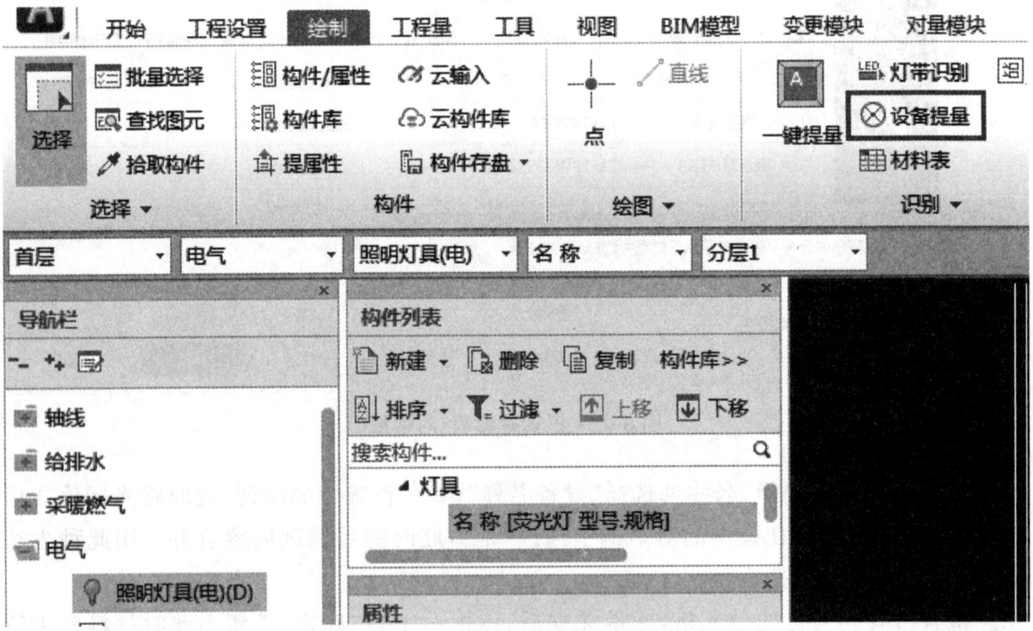

图 8-8　“设备提量”功能

③ 在绘图区移动光标到需要识别的 CAD 图元上，光标变为“回”字形，点击鼠标左键或框选该 CAD 图元，此时该图元呈选中状态。

④ 点击鼠标右键，弹出“选择要识别成的构件”对话框，如图 8-9 所示。

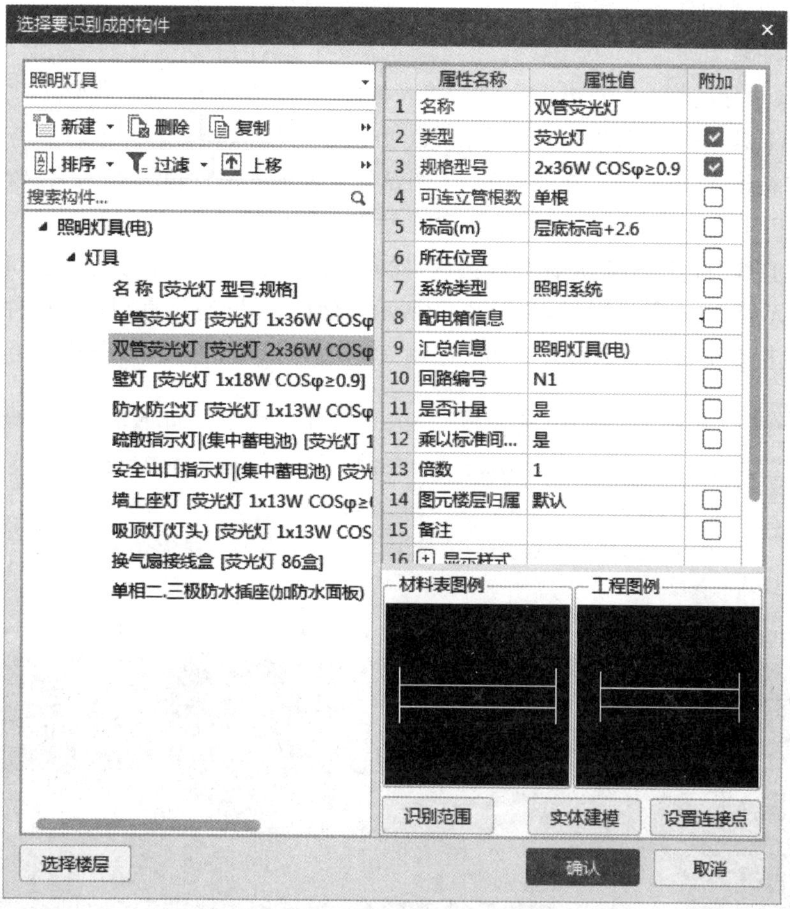

图 8-9 “选择要识别成的构件”对话框(一)

⑤ 在弹出的对话框内选择对应的构件，可以将工程图例与材料表图例进行对应，快速选择需要的构件，确认无误后，点击“确定”按钮。

⑥ 此时会提示识别的数量，点击“确定”按钮，则该图元识别完毕。

采用相同的方法可以将本层所有的灯具、开关、插座、配电箱等点式构件在对应的构件类型下识别完成，识别后的结果如图 8-10 所示。

		编码	类别	名称	项目特征	表达式	单位	工程量
1	◇			安全出口指示灯|(集中蓄电池) 荧光灯 1x8W LED			个	2.000
2	◇			壁灯 荧光灯 1x18W COSφ≥0.9			个	5.000
3	◇			防水防尘灯 荧光灯 1x13W COSφ≥0.9			个	6.000
4	◇			换气扇接线盒 荧光灯 86盒			个	2.000
5	◇			疏散指示灯|(集中蓄电池) 荧光灯 1x8W LED			个	2.000
6	◇			双管荧光灯 荧光灯 2x36W COSφ≥0.9			个	36.000
7	◇			吸顶灯(灯头) 荧光灯 1x13W COSφ≥0.9			个	16.000
8	◇			单控单联跷板开关 250V 10A			个	11.000
9	◇			单控三联跷板开关 250V 10A			个	12.000
10	◇			单控双联跷板开关 250V 10A			个	2.000
11	◇			动力配电箱 600*500*300			个	2.000
12	◇			照明配电箱 600*500*300			个	2.000

图 8-10 查看所有点式构件工程量

本层所有点式构件识别完成后，下面来识别配管配线。

(6) 计算桥架

① 点击模块导航栏“电气-电缆导管”，将光标停在“电缆导管”构件类型处。

② 点击“工具栏-定义”，进入定义界面(也可以点击 F2 快捷键)。

③ 点击“新建-新建桥架”，在属性处，按图纸要求输入各属性值。

④ 采用相同的方法，按图纸要求新建若干桥架。

⑤ 点击“直线”按钮，移动光标到绘图区，此时光标显示为“田”字形，当光标移动至表示桥架的 CAD 图元处，单击鼠标左键，如图 8-11 所示。然后拖动光标，直到找到软件中的另一点，确认后点击鼠标左键，此时“SR200×100”绘制完毕。点击鼠标右键，该段桥架绘制完毕。

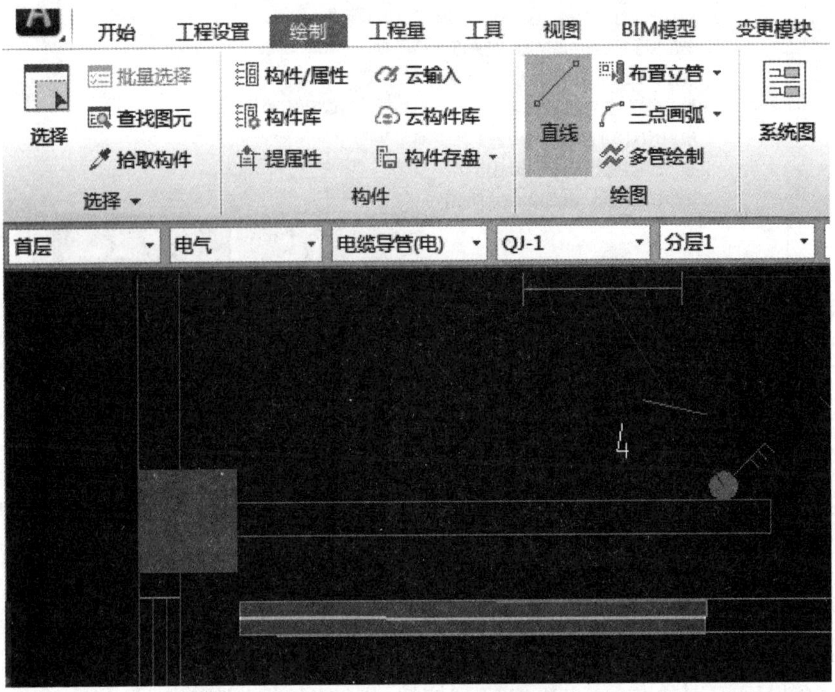

图 8-11　桥架的绘制

(7) 设置起点

① 鼠标左键点击“设置起点”功能按钮。

② 移动光标到连接 AL1 的桥架端点处，此时光标形状变为“手”状。

③ 点击鼠标左键，弹出“设置起点位置”对话框，在此选择需要设置起点的端点后，点击“确定”按钮，此时在该端点处会显示黄色的“×”标记，表示设置成功。

一段桥架只能设置一个起点，当再点击另一端时，一端的起点撤销。

(8) 回路识别

① 单击鼠标左键选择“单回路”，然后移动光标在绘图区点选 WLZ4 回路中所有 CAD 线条，此时选中的回路显示为蓝色，如图 8-12 所示。如果软件的回路选择与用户要求不同，此时再用鼠标左键点击回路，进行补选或取消回路，当确认无误后，点击鼠标右键，然后再用鼠标左键选择下一回路的线段与标识。

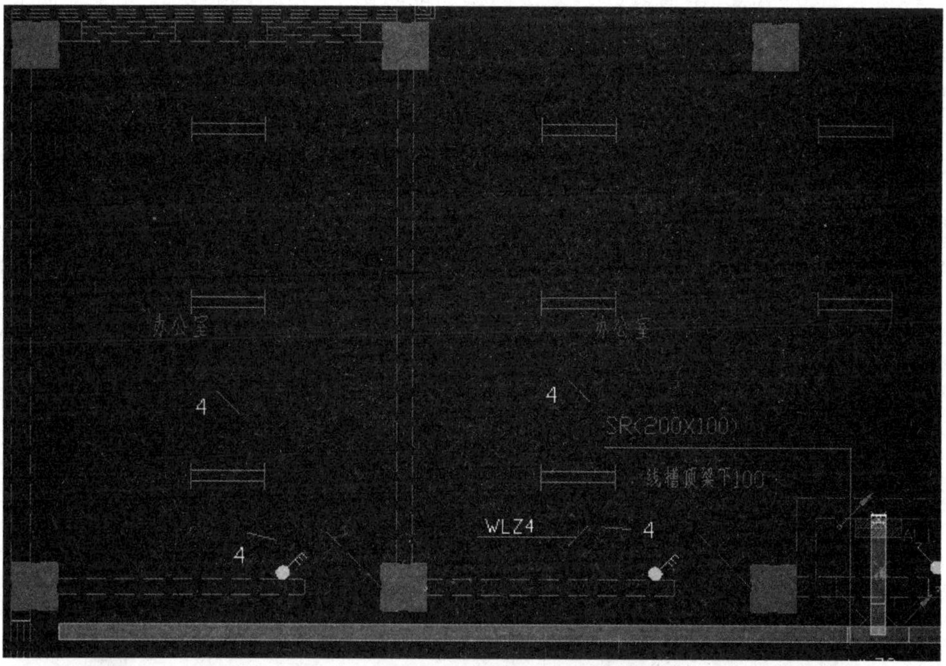

图 8-12　回路识别

② 当所有的回路都选择完成后，点击鼠标右键，此时弹出“选择要识别成的构件”对话框，如图8-13所示。

③ 点击“新建”，新建配管，生成软件默认构件，然后按系统图要求新建回路的配管配线信息。

④ 确认无误后，点击“确定”按钮，照明回路识别完成。

⑤ 同样采用“回路自动识别”的方法，将其余回路识别完成。

(9) 选择起点

“选择起点”功能一般与“设置起点”功能配合使用，只有桥架或线缆设置了起点之后，“选择起点”功能才可使用。

① 鼠标左键点击“设置起点-选择起点”功能。

② 点击鼠标左键选择管，点击鼠标右键确认，弹出“选择起点”对话窗口。

③ 在对话框中点击鼠标左键选择起点后，起点变为绿色，同时计算路径变为绿色，确认无误后，点击“确定”。这时经过“选择起点”后的管道呈黄色，以示与其他管道区分开来，方便检查。

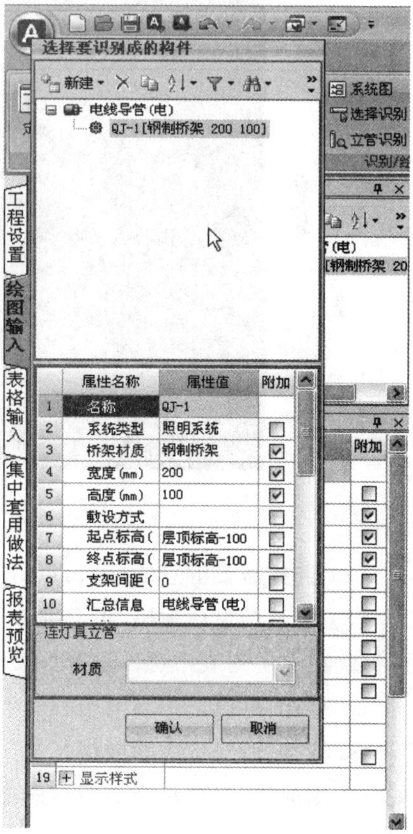

图 8-13　“选择要识别成的构件”对话框(二)

使用“选择起点”功能，主要是针对在该段桥架系统中，一根配管配线起点处有若干个配电箱柜的情况，这样该段配管就会有若干个起点。利用此功能可以在软件分析出的桥架系统中选择起点，然后根据路径计算导线长度。

8.1.5 汇总计算

(1) 点击功能包“汇总计算”，弹出“汇总计算”窗口，如图 8-14 所示。

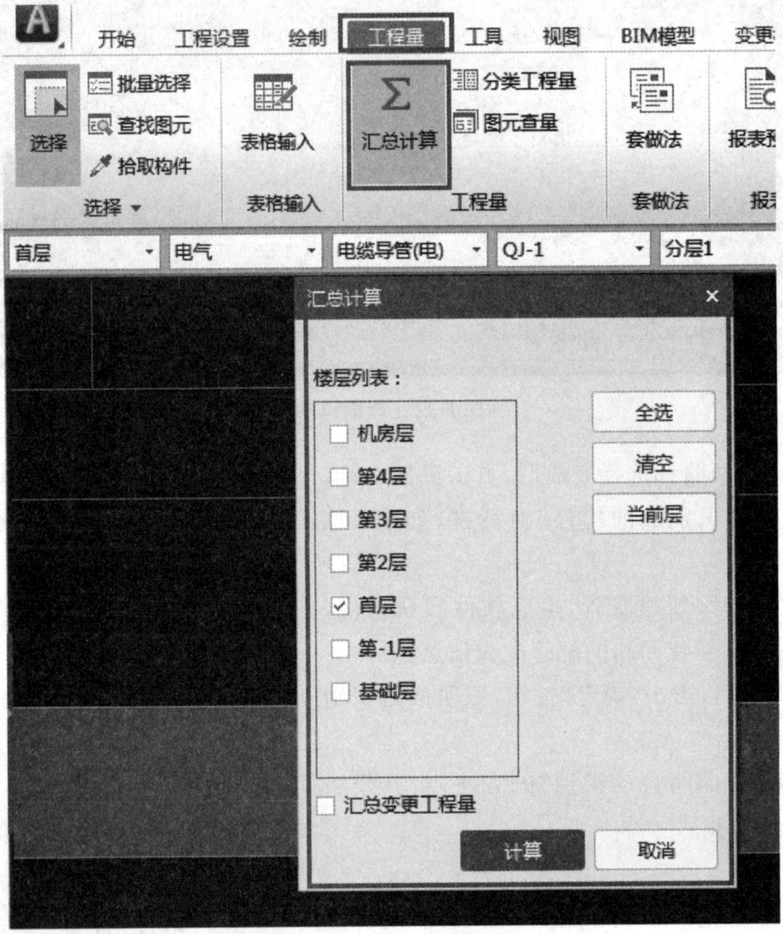

图 8-14 “汇总计算”窗口

(2) 选择需要汇总的楼层，点击“计算”按钮即可。

(3) 汇总结束后弹出“汇总完成”的提示窗口，相关操作如下：

① 在楼层列表中可以选择所要汇总计算的楼层。

② 全选：可以选中当前工程中的所有楼层。

③ 清空：清空选中的楼层。

④ 当前层：只汇总当前所在的层。

8.1.6 集中套用做法

在软件“套做法”的菜单中，软件可以集中套用做法。如图 8-15 所示，软件将汇总后的工程量集中在“套做法”的界面，造价人员既可以根据不同专业所对应的项目套用工程量清单和定额，也可以通过自动套用清单→匹配项目特征→自动套用定额，进行工程量清单和定额的套项工作。

【在线测试】

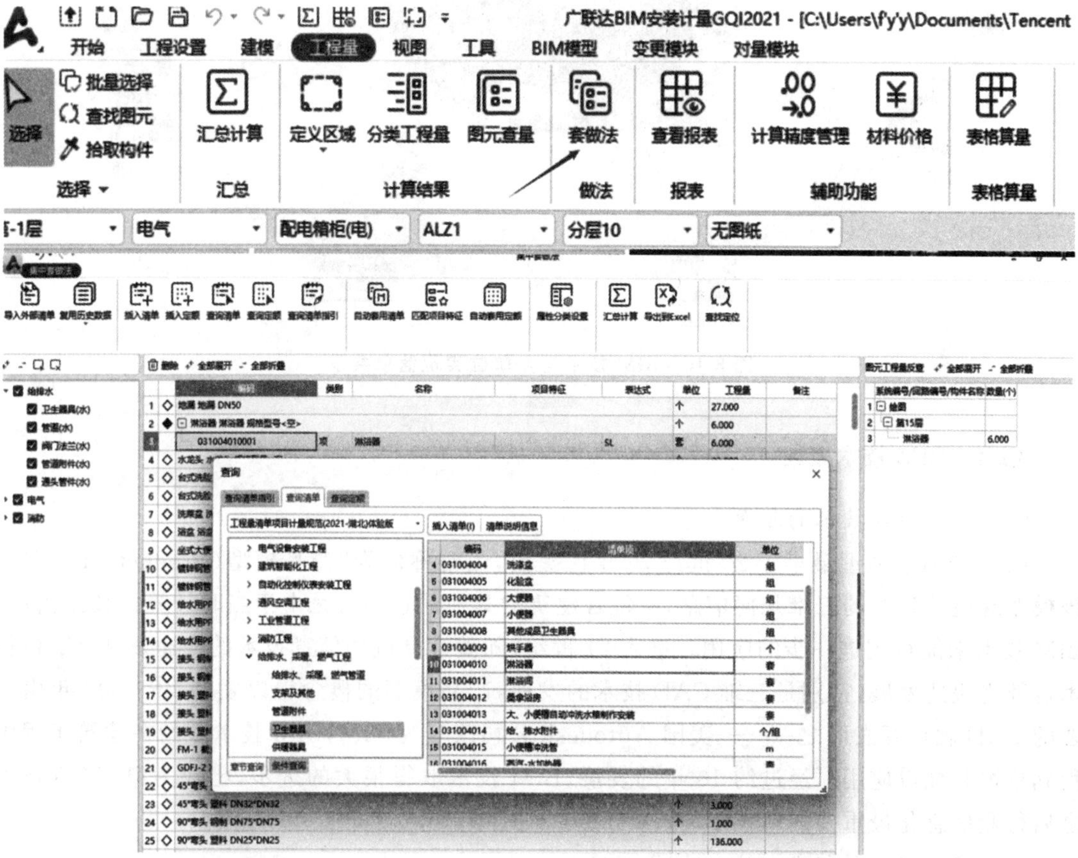

图 8-15　套做法

8.2　BIM 技术在安装工程中的应用

BIM 是英文 Building Information Modeling 或 Building Information Model 的缩写，代表建筑信息模型化或建筑信息模型。BIM 技术即关于建筑信息模型化或建筑信息模型的技术，能与多单位实现信息共享(图 8-16)。其基本理念是，以基于三维几何模型、包含其他信息和支持开放式标准的建筑信息为基础，提供更加强有力的软件，提高建筑工程的规划、设计、施工管理以及运行和维护的效率和水平；实现建筑全生命周期信息共享，从而实现建筑全生命周期成本等关键方面的优化。

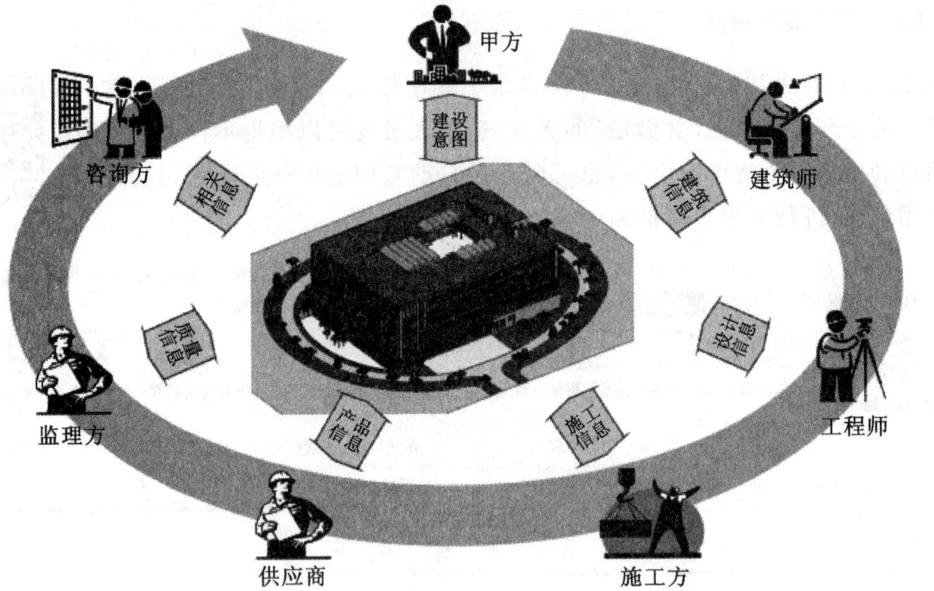

图 8-16 BIM 技术与多单位实现信息共享

8.2.1 BIM 技术概述

8.2.1.1 BIM 技术的起源

BIM 的概念原型最早于 20 世纪 70 年代提出，当时称之为“产品模型(Product Model)”，该模型既包括建筑的三维几何信息，也包含建筑的其他信息。可是由于当时计算机技术落后，BIM 技术未能得到进一步的应用。进入 21 世纪，随着计算机和信息技术的快速发展，CAD 技术也随之快速发展，特别是三维 CAD 技术的发展，产品模型的概念得以发展，于 2002 年由主要的 CAD 软件开发商之一——美国 Autodesk 公司改名为 BIM，BIM 技术开始在建筑工程中得到重视并加以应用。经过约 10 年的发展，BIM 技术取得很大的进步，已成为继 CAD 技术之后行业信息化最重要的新技术。

8.2.1.2 BIM 的特点

BIM 具有可视化、协调性、模拟性、优化性和可出图性五大特点。

(1) 可视化

可视化即“所见即所得”的形式。通过 BIM 技术，可以将以往的线条式构件转变成一种三维的立体实物图形展现在人们的面前。虽然在建筑设计中也有提供效果图的情况，但是这种效果图分包给专业的效果图制作团队，它们是通过识读设计图进而以线条信息制作出来的，并不是通过构件的信息自动生成的，缺少了同构件之间的互动性和反馈性，而 BIM 可视化是一种能够同构件之间形成互动性和反馈性的可视化。在建筑信息模型中，整个过程都是可视化的，因此可视化的结果不仅可以用来做效果图的展示及报表的生成，更重要的是，项目设计、建造、运营过程中的沟通、讨论、决策等都可以在可视化状态下进行。

(2) 协调性

不管是施工单位还是业主及设计单位，无不在进行着协调及互相配合的工作。一旦项目实施过程中出现了问题，就需要将各有关人士组织起来召开协调会，寻找问题出现的原因及解决办法，做出变更或采取相应补救措施等使问题得到解决。但是这种协调属于问题出现后进行的协调。在设计时，由于各专业设计师之间的沟通不到位，常出现各种专业之间的碰撞问题，通过 BIM 技术可以在建筑物建造前期对各专业的碰撞问题进行协调，生成协调数据，以提前解决问题。当然，BIM 的协调作用不仅是解决各专业间的碰撞问题，还可以进行如电梯井布置与其他设计布置及净空要求的协调，防火分区与其他设计布置的协调，地下排水布置与其他设计布置的协调等。

(3) 模拟性

BIM 不仅可以模拟设计出建筑物模型，还可以模拟不能够在真实世界中进行操作的事物。在设计阶段，BIM 可以对设计上需要进行模拟的一些东西进行模拟试验，如紧急疏散模拟、日照模拟、热能传导模拟等。在招投标和施工阶段，可以进行 4D 模拟(三维模型加项目的进度)，也就是根据施工组织设计模拟实际施工，从而确定合理的施工方案来指导施工；同时还可以进行 5D 模拟(基于 3D 模型的造价控制)，从而实现成本控制。在后期运营阶段，可以模拟日常紧急情况的处理方式，如地震发生时人员逃生模拟及火警时人员疏散模拟等。

(4) 优化性

事实上，整个设计、施工、运营的过程就是一个不断优化的过程，当然优化和 BIM 也不存在实质性的必然联系，但在 BIM 的基础上可以做更好的优化。没有准确的信息就做不出合理的优化，BIM 模型不仅提供了建筑物实际存在的信息，包括几何信息、物理信息、规则信息，而且还提供了建筑物变化以后的实际状况。现代建筑物的复杂程度大多超过参与人员本身的能力极限，因此必须借助一定的科学技术和设备的帮助，BIM 及与其配套的各种优化工具提供了对复杂项目进行优化的可能性。基于 BIM 的优化可以做以下几个方面的工作：

① 项目方案优化：把项目设计和投资回报分析结合起来，设计变化对投资回报的影响可以实时计算出来，这样业主在选择设计方案时就不会主要停留在对建筑外形的评价上，而可以更多地考虑哪种项目设计方案更有利于自身的需求。

② 特殊项目的设计优化：如裙楼、幕墙、屋顶、大空间等异型设计，虽然占整个建筑的比例不大，但是所占投资和工作量的比例却很大，而且施工难度通常也较大，施工问题也较多，对这些部分的设计、施工方案进行优化，可以显著缩短工期和降低成本。

(5) 可出图性

目前，BIM 通过对工程对象进行可视化展示、协调、模拟、优化以后，可以帮助业主出以下图纸：

① 综合管线图(经过碰撞检查和设计修改，消除了相应错误以后)；

② 综合结构留洞图(预埋套管图)；

③ 碰撞检查侦错报告和建议改进方案；

④ 设备安装过程中用于指导施工的大样图等。

当然，功能较为完善的 BIM 软件也可以出传统的设计图纸，以满足当前工程建设的需要，但是目前我国相关的标准规定还不完善。

8.2.1.3 BIM 技术应用前景

BIM 被业内认为是一片待开发的蓝海。行内权威机构 Transparency Market Research 预估 2022 年全球 BIM 市场规模将由 2014 年的 26 亿美元增长到 115.4 亿美元。北美是目前世界上最大的 BIM 市场,但是在 2015—2022 年期间,亚太地区是增长最快的区域。

可以预计,BIM 技术将有很好的应用前景,可以归纳为以下三个方面:

(1) 对于新建建筑,运用 BIM 技术将成为一种范式

目前,BIM 技术的应用还主要局限于大型复杂建筑工程,而且限于局部应用,尚未在建筑全生命周期得到充分应用。这主要是因为 BIM 技术目前还不够成熟,因此,在应用上还有较大的难度。在这种情况下,只有将其应用到大型复杂工程中才能得到看得见的效果,从而让人接受其应用价值。随着 BIM 技术应用四要素,即 BIM 人才、BIM 应用软件、BIM 相关标准以及 BIM 技术应用模式的改善,BIM 技术必将取代传统的 CAD 技术,成为新建建筑工程的一种范式。其结果是,BIM 技术将应用到任何建筑工程中,也必将应用到建筑全生命周期中。

(2) 对于既有建筑,其将率先引领 BIM 技术应用与传统 CAD 技术应用的对接

可以预见,在应用 BIM 技术的建筑工程新范式下,将实现建筑全生命周期的信息化管理。到时候,对既有建筑也会建立其 BIM 数据,与新建筑实行统一管理。过去,建立建筑的三维模型被认为是费时、费力的事,近年来随着技术的发展,这一状况已经在改变。例如,利用激光扫描仪可以对建筑物进行自动测量,得到点云,利用计算机对点云进行处理,可以得到点云对应的三维模型。这样将大大提高既有建筑的三维建模效率,从而突破既有建筑三维建模的瓶颈。只要有了建筑的三维模型,就可以像新建建筑一样很容易地对既有建筑,利用基于 BIM 技术的管理信息系统进行高效的管理。

(3) BIM 技术将在数字城市建设、基础设施建设等方面起到重要作用

实现城市的立体化、精准管理,不仅可以提高城市的现代化管理水平,而且有利于高效进行城市防灾减灾的规划、预测和应急处置。数字城市正是支持城市立体化、精准管理的重要手段。建筑作为城市的主要构成元素之一,其数字化对数字城市至关重要。从这个角度讲,数字城市的发展会反过来推动 BIM 技术在既有建筑中的应用。

BIM 技术迄今为止主要应用在房屋建设中,随着 BIM 技术的发展,它开始应用在道路、桥梁、隧道等基础设施建设过程中,从而发挥更大的作用。

8.2.2 BIM 在全过程造价管理中的应用

(1) BIM 在投资决策阶段的应用

投资决策阶段是建设项目最关键的一个阶段,它对项目工程造价的影响程度高达 80%～90%。利用 BIM 技术,可以通过相关的造价信息以及 BIM 数据模型来比较精确地预估不可预见的费用,减少风险,从而更加准确地确定投资估算。在进行多方案比选时,还可以通过 BIM 进行方案的造价对比,选择更合理的方案。

(2) BIM 在设计阶段的应用

设计阶段对整个项目工程造价管理有着十分重要的影响。通过信息交流平台,各参与方可以在早期介入建设工程中。在设计阶段使用的主要措施是限额设计,通过它可以对工程变

更进行合理控制，确保总投资不增加。完成建设工程设计图纸后，将图纸内的构成要素通过BIM数据库与相应的造价信息相关联，实现限额设计的目标。

在设计交底和图纸审查时，通过BIM技术可以将与图纸相关的各个内容汇总到BIM平台进行审核。利用BIM的可视化模拟功能，进行模拟、碰撞检查，减少设计失误，降低因设计错误或设计冲突导致的返工费用，实现设计方案在经济和技术上的优化。

(3) BIM在招投标阶段的应用

BIM技术的推广与应用，极大地提高了招投标管理的精细化程度和管理水平。招标单位通过BIM模型可以准确计算出招标所需的工程量，编制招标文件，最大限度地减少施工阶段因工程量问题产生的纠纷。投标单位的经济标是基于较为准确的模型工程量清单编制的，同时可以利用BIM模型进一步完善施工组织设计，进行重大施工方案预演，做出较为优质的技术标，从而综合有效地制定投标单位的投标策略，提高中标率。

(4) BIM在施工阶段的应用

在进度款支付时，往往会因为数据难以统一而花费大量的时间和精力，利用BIM技术中的5D模型可以直观地反映不同建设时间点的工程量完成情况，并及时进行调整。BIM还可以将招投标文件、工程量清单、进度审核预算等进行汇总，便于成本测算和工程款的支付。另外，利用BIM技术的虚拟碰撞检查功能，可以在施工前发现并解决碰撞问题，有效地减少变更次数，控制工程成本、加快工程进度。

(5) BIM在竣工验收阶段的应用

在传统模式下的竣工验收阶段，造价人员需要核对工程量，重新整理资料，计算细化到柱、梁，并且由于造价人员的经验水平和计算逻辑不尽相同，从而在对量过程中经常产生争议。BIM模型可以将前几个阶段的量价信息进行汇总，真实完整地记录此过程中发生的各项数据，提高工程结算效率并更好地控制建造成本。

8.2.3 碰撞检测案例

8.2.3.1 碰撞检测

(1)单击“碰撞检测”命令，弹出“MagiCAD HPV-碰撞检测选项”对话框，如图8-17所示，勾选需要检测的碰撞检测对象选项，单击“确定”按钮。

检查过程中应注意：

① 通过设置“公差”，可以进行管线间距的检测。比如风管与风管之间公差为“50”，意味着只要风管与风管外皮之间的间距小于50 mm，软件就会当作碰撞进行显示信息提示。

② AutoCAD对象：指MagiCAD绘制风、水、电对象之外的其他对象，比如建筑结构模型等。通过是否勾选该选项，可以控制是否检测本图对象与建筑结构专业之间的碰撞。

③ 外部参照对象：通过是否勾选该选项，可以控制是否检测本图对象与外部参照对象专业之间的碰撞，以及是否检测外部参照对象专业之间的碰撞。

④ 检测管间碰撞最小直径(采暖、给排水)：通过该选项的设定，可忽略小管径采暖、给排水管道之间的碰撞。

⑤ 排除孔洞范围内的碰撞：如果已用MagiCAD预留孔洞，勾选该选项后，孔洞范围内管道与建筑结构的穿越将不再视为碰撞。

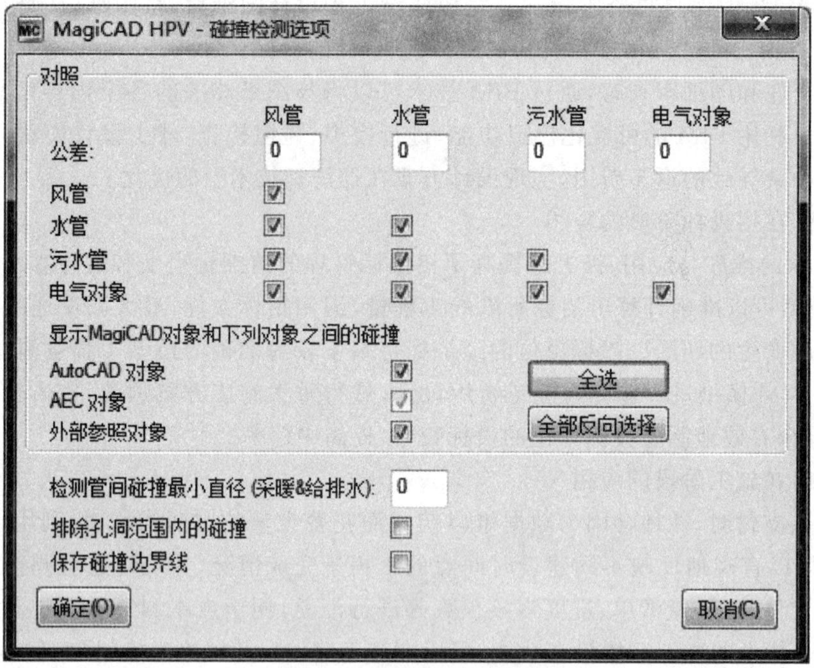

图 8-17 碰撞检测选项

(2) 框选需要进行碰撞检测的范围,回车后即弹出碰撞检测报告,如图 8-18 所示。

图 8-18 碰撞检测报告

8.2.3.2 调整碰撞

(1) 对于交叉碰撞的调整,黄色"×"标记的都是碰撞点,如图 8-19 所示。

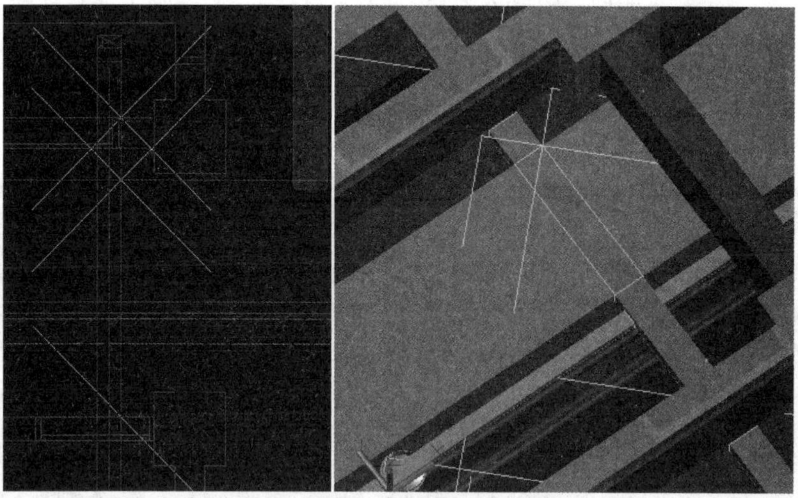

图 8-19 碰撞点

(2) 用"打开外部参照"的方法,打开"地下一层电气桥架平面图.dwg"。

(3) 为便于调整,参照"地下一层通风及排烟平面图.dwg"和"地下一层建筑结构图(Revit 导出).dwg"。

(4) 用"交叉"命令进行调整:

① 单击"电缆桥架交叉"按钮,在平面上指定桥架的第一点和第二点(图 8-20),弹出"MagiCAD-E-高度差"对话框,通过设定"对齐公差"与"高于"的方式进行翻弯高度的自动确定,点击"确定"按钮。

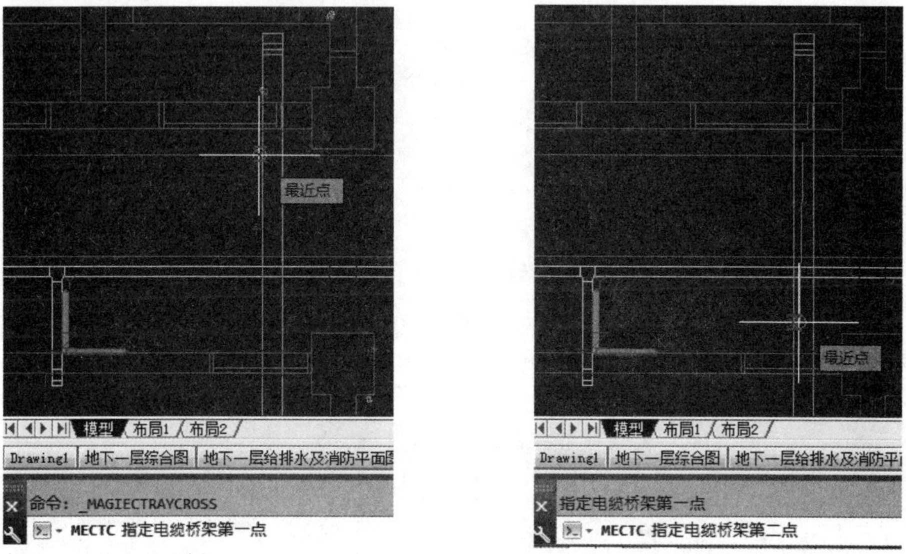

(a) (b)

图 8-20 调整碰撞点

(a)第一点;(b)第二点

【在线测试】

② 设定完相关参数后，在平面上单击鼠标右键，在弹出的快捷菜单中单击“其他物体”命令。

③ 单击“其他物体”命令后，再单击鼠标右键，在弹出的快捷菜单中单击“外部参照”命令，并单击被参照的物体。弹出“MagiCAD-E-高度差”对话框，设定相关参数并单击“确定”按钮。

④ 完成电缆桥架的交叉后，效果如图 8-21 所示。

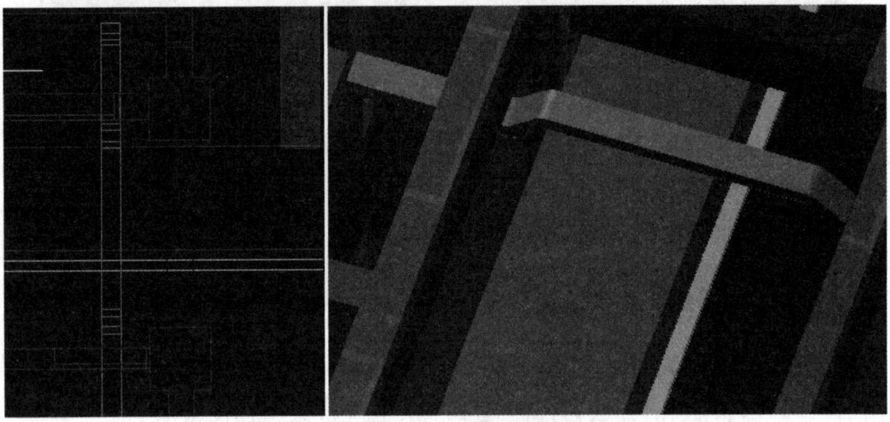

图 8-21 调整后效果图

参 考 文 献

[1] 朱永恒,李俊,陈艳,等.安装工程工程量清单计价[M].3 版.南京:东南大学出版社,2016.

[2] 高继伟.安装工程工程量清单计价编制实例[M].郑州:黄河水利出版社,2008.

[3] 吴心伦.安装工程造价[M].8 版.重庆:重庆大学出版社,2018.

[4] 吴信平,王远红.安装工程识图[M].北京:机械工业出版社,2012.

[5] 宋洁萱,佟勇.建筑安装工程概预算与清单计价[M].大连:大连理工大学出版社,2019.

[6] 文桂萍.建筑水暖电安装工程计价[M].北京:中国建筑工业出版社,2013.

[7] 张孟同.安装工程计量与计价[M].3 版.武汉:武汉理工大学出版社,2019.